沙湾年鉴

2022

中共沙湾市委党史和地方志研究室　编

方志出版社
Publishing House of Local Records

图书在版编目（CIP）数据

沙湾年鉴. 2022 / 中共沙湾市委党史和地方志研究室编.—北京 : 方志出版社, 2022.12
ISBN 978-7-5144-5438-3

Ⅰ. ①沙… Ⅱ. ①中… Ⅲ. ①沙湾市－2022－年鉴
Ⅳ. ①Z524.54

中国版本图书馆CIP数据核字（2022）第244002号

责任编辑：刘方圆
责任校对：刘玉霞
责任印制：梅中英
出 版 者：方志出版社
地　　址：北京市朝阳区潘家园东里9号（国家方志馆4层）
邮　　编：100021
网　　址：http://www.zgfzcb.cn
发　　行：方志出版社图书营销中心（010-67110500）
印　　刷：云南美嘉美印刷包装有限公司
开　　本：889毫米×1194毫米　1/16
印　　张：22.5
字　　数：662千字
版　　次：2022年12月第1版
印　　次：2022年12月第1次印刷
定　　价：180.00元

数字沙湾 2021

面积：12458.16 平方千米

镇：9 个

乡：3 个

常住总人口：19.73 万人

城镇人口：10.77 万人

乡村人口：8.96 万人

男性：99182 人

女性：98131 人

年平均气温：8.6℃

年降水总量：190.5 毫米

年日照时数：2223.5 小时

野生动物：93 种

地区生产总值（现价）：231.21 亿元

第一产业增加值：125.79 亿元

第二产业增加值：31.29 亿元

第三产业增加值：74.13 亿元

农业机械总动力：80.95 万千瓦

农作物正复播面积：226.7 万亩

粮食种植面积：36.41 万亩

棉花种植面积：176.03 万亩

粮食产量：29.4 万吨

棉花产量：26.89 万吨

蔬菜产量：38.22 万吨

植树造林：6480 亩

畜牧业总产值（现价）：19.54 亿元

牲畜存栏：54.3 万头（只）

奶类产量：54000 吨

羊毛产量：508 吨

禽蛋产量：3850 吨

规模以上工业增加值：8.3 亿元

建筑企业产值：57593 万元

房屋施工面积：3.22 万平方米

接待游客：286.35 万人次

旅游收入：16.07 亿元

交通运输业货运量：641.73 万吨

交通运输业客运量：668.92 万人

社会消费品零售总额：17.54 亿元

进出口贸易总额：278.31 万美元

地方财政收入：11.98 亿元

地方财政支出：31.49 亿元

金融机构各项存款余额：168.5 亿元

金融机构各项贷款余额：122.68 亿元

农村居民人均可支配收入：23708.4 元

城镇居民人均可支配收入：34938.24 元

各级各类学校：77 所

年末全县在校学生数：28758 人

全年通过各种途径实现城镇新增就业人数：5294 人

卫生机构：260 个

医疗病床：702 张

卫生专业技术人员：1237 人

编辑说明

一、《沙湾年鉴》是由中共沙湾市委党史和地方志研究室承编的地方综合性年鉴，以马克思列宁主义、毛泽东思想、邓小平理论、“三个代表”重要思想、科学发展观、习近平新时代中国特色社会主义思想为指导，坚持辩证唯物主义和历史唯物主义的立场、观点和方法，旨在全面、系统、逐年记载沙湾经济、政治、文化、社会、生态文明等各方面的建设与发展情况，充分反映沙湾地方特色，为社会各界了解沙湾、研究沙湾、发展沙湾提供丰富、准确、实用的地情资料。

二、《沙湾年鉴（2022）》记述时限原则上为2021年1月1日至2021年12月31日，为保持内容的完整性，部分内容适当上溯或下延。

三、《沙湾年鉴（2022）》采用分类法编纂体例，全书设类目、分目和条目3个层次，部分分目下设副分目。不同层次的标题用不同的字号、字体和辅助标志区别。条目为全书基本记述实体，其标题统一加【 】号表示。

四、《沙湾年鉴（2022）》全书分为27个部类：（1）特载；（2）概况；（3）大事记；（4）专记；（5）中国共产党沙湾市委员会；（6）沙湾市人民代表大会；（7）沙湾市人民政府；（8）中国人民政治协商会议沙湾市委员会；（9）纪检·监察；（10）群众团体；（11）法治；（12）军事；（13）经济监督管理；（14）农业农村；（15）工业·建筑业；（16）城乡建设·环境保护；（17）商务；（18）交通运输·邮政·通信；（19）金融业；（20）文化·广播电视·旅游；（21）教育·科技·气象；（22）卫生健康；（23）人力资源和社会保障；（24）社会生活；（25）乡镇概览；（26）先进集体·人物；（27）附录。

五、《沙湾年鉴（2022）》的记述中，“全年”或没有用年份表述的时间均为2021年，数据增加或减少未说明与某年份比较的，均与2020年比较。书中个别地方农田土地面积沿用“亩”为计量单位，请读者阅读时注意。

六、《沙湾年鉴（2022）》采用的资料是由各部门（单位）撰稿人提供，经部门（单位）领导审核签名并加盖单位公章，供稿人（单位）署名于各相应栏目的文末。因统计时间、口径不同等原因，个别数据在不同稿件中可能不尽一致，反映全市国民经济和社会发展情况的数据，以沙湾市统计局资料为准。

七、《沙湾年鉴（2022）》中所有照片均由中共沙湾市委党史和地方志研究室收集提供，未标明时间的图片均摄于2021年。

沙湾市行政区划图

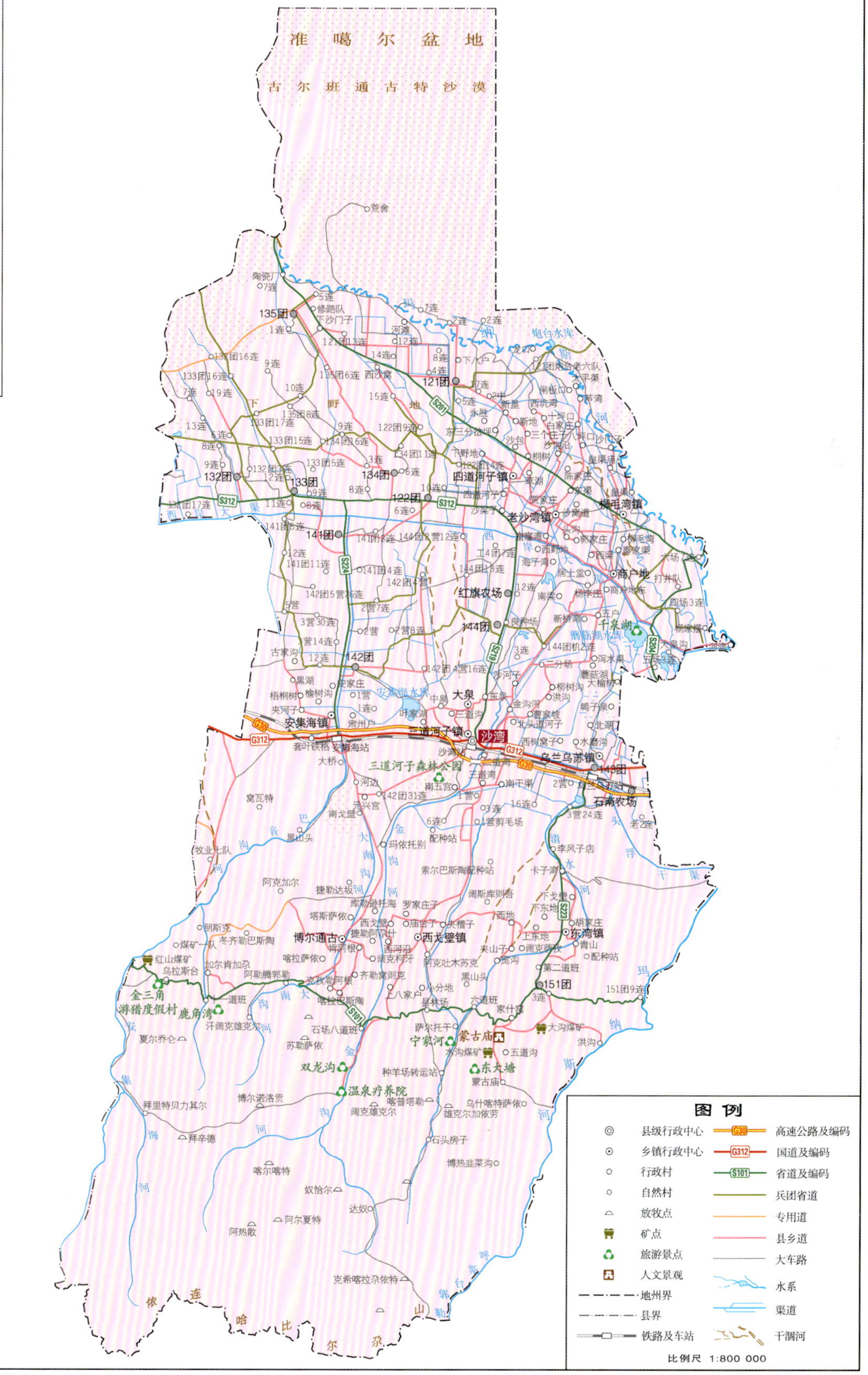

注：此图不作为行政划界依据。

新疆维吾尔自治区第二测绘院编制　审图号：新S(2020)001号

2021年9月2日，中国共产党沙湾市第一次代表大会召开

（中共沙湾市委办公室　提供）

2022年5月28日，中共沙湾市委一届二次全委（扩大）会议召开

（中共沙湾市委宣传部　提供）

安集海镇辣椒丰收场景　　（中共沙湾市委宣传部　提供）

金沟河镇宏丰农业专业合作社标准化圈舍育肥牛

（中共沙湾市委党史和地方志研究室　提供）

新疆天目湖地毯织造有限公司精品地毯车间　　（沙湾工业园区管委会　提供）

山东银鹰化纤装备一流的生产线　　（沙湾工业园区管委会　提供）

市区北京商业街夜景　　（中共沙湾市委党史和地方志研究室　提供）

北坡·国际家居建材城　　（中共沙湾市委党史和地方志研究室　提供）

金墅湾 1 号小区优美环境　　（新疆金福天源房地产开发有限公司　提供）

2021 年 6 月 11 日，沙湾市召开第一次民族团结进步表彰大会

（中共沙湾市委统战部　提供）

2021 年 6 月 27 日，沙湾市举办庆祝中国共产党成立 100 周年文艺晚会

（中共沙湾市委宣传部　提供）

2021 年 12 月 15 日，塔城地区 2021—2022 年冰雪旅游嘉年华启动仪式暨沙湾市“我为北京冬奥会加油”创未来房地产杯迷你马拉松比赛举行　（中共沙湾市委宣传部　提供）

2021 年 6 月 4 日，沙湾市举办“我的入党故事”演讲比赛

（中共沙湾市委宣传部　提供）

2021 年 6 月 4 日，老沙湾镇举办“建党杯”篮球比赛

（中共沙湾市老沙湾镇委员会　提供）

目 录

特 载

概 况

沙湾市概况

经济社会发展

大 事 记

专　记

中国共产党沙湾市委员会

综　述

重要会议

重大决策

巡察工作

政务工作

组织工作

宣传思想工作

统战（民宗）工作

机关党建

老干部工作

机构编制

地方史志

党校工作

网络安全和信息化

沙湾市人民代表大会

重要会议

沙湾市人民政府

中国人民政治协商会议沙湾市委员会

法　治

政法工作

公　安

检　察

法　院

司法行政

军 事

沙湾市人民武装部

中国人民解放军驻市部队

武警沙湾中队

经济监督管理

改革与发展

财 政

农业农村

农村工作

种植业

林 业

畜牧业

乡村振兴

水 利

金融业

文化·广播电视·旅游

文　化

广播电视

融媒体

旅游业

教育·科技·气象

教　育

社会生活

社会救助

社会事务管理

退役军人事务

关心下一代工作

乡镇概览

安集海镇

乌兰乌苏镇

四道河子镇

老沙湾镇

先进集体·人物

附　录

特　载

把握机遇　加速发展
为建设和谐生态宜居沙湾而努力奋斗

——在市委一届二次全委（扩大）会议上的工作报告

中共沙湾市委书记　黄佳俊

（2022年5月28日）

这次会议的主要任务是，以习近平新时代中国特色社会主义思想为指导，深入学习贯彻习近平法治思想，学习贯彻习近平总书记关于新疆工作的重要讲话和重要指示批示精神，完整准确贯彻新时代党的治疆方略，牢牢扭住社会稳定和长治久安总目标，依法治疆、团结稳疆、文化润疆、富民兴疆、长期建疆，按照自治区党委十届三次全会和地委扩大会安排部署，统筹疫情防控和经济社会发展，统筹发展和安全，全面推进法治沙湾建设，扎实推进治理体系和治理能力现代化，紧紧抓住新疆塔城重点开发开放试验区建设历史机遇，奋力推进社会稳定和长治久安，努力营造平稳健康的经济环境、国泰民安的社会环境、风清气正的政治环境，以实际行动迎接党的二十大胜利召开。

现在，我受市委常委会委托，向全委会做工作报告，重点讲13个方面。

一、坚持依法治疆，全面推进法治沙湾建设

（一）充分认识习近平法治思想的重大意义，坚定捍卫“两个确立”、忠诚践行“两个维护”。习近平法治思想内涵丰富、论述深刻、逻辑严密、系统完备，深刻阐明了政治与法治、改革与法治、依法治国与以德治国、依法治国与依规治党

的重大关系，贯穿经济、政治、文化、社会、生态文明建设各领域，涵盖改革发展稳定、内政外交国防、治党治国治军各方面，是中国特色社会主义法治理论的重大创新发展，是新时代全面依法治国的根本遵循和行动指南。我们要切实提高政治站位，增强“四个意识”、坚定“四个自信”、做到“两个维护”，深刻领会习近平法治思想的重大意义、核心要义、丰富内涵、实践要求，不断提高运用法治思维和法治方式深化改革、推动发展、化解矛盾、维护稳定、应对风险的能力，坚定不移用习近平法治思想引领我市改革发展稳定各项工作。

（二）以习近平法治思想为引领，完整准确贯彻新时代党的治疆方略。新时代党的治疆方略，蕴含着习近平总书记对新疆局势的深刻洞察和对新疆工作的深邃思考，是习近平新时代中国特色社会主义思想在新疆工作中的集中体现，是引领新疆工作守正创新、胜利前进的强大思想武器，是做好新疆工作的纲和魂。我们要完整准确理解、长期坚持贯彻新时代党的治疆方略，深刻把握社会稳定和长治久安的总目标、“12个坚持”的丰富内涵，正确处理好“4个方面关系”，把依法治疆摆在更加突出的位置，更好地发挥法治固根本、稳预期、利长远的作用，统筹推进依法治疆、团结稳疆、文化润疆、富民兴疆、长期建疆。

（三）深化普法宣传教育，系统推进法治建设。结合“八五”普法，坚持定期学法、用法、送法，增强各族干部群众的政策观念、法治意识，推动全社会尊法学法守法用法。围绕贯彻落实“一规划两纲要”，坚持依法治疆、依法执政、依法行政共同推进，法治沙湾、法治政府、法治社会一体建设，统筹推进科学立法、严格执法、公正司法、全民守法。要强化法治政府建设，坚持依法行政，完善政府权责清单，规范行政决策程序，将政府行为全面纳入法治轨道。要坚持严格执法和公正司法，持续提升执法司法质量、效率和公信力，让各族群众在每一项法律制度、每一个执法决定、每一个司法案件中都感受到公平正义。

（四）抓住领导干部这个“关键少数”，不断提高依法行政的能力和水平。总书记强调，各级领导干部要带头尊崇法治、敬畏法律、了解法律、掌握法律。全市各族党员干部，特别是领导干部要发挥好“关键少数”的表率示范作用，以身作则、率先垂范，牢记职权法定，严守党纪国法，科学审慎用权，依法依规用权，坚决摒弃“人治”思维和“长官”意识，坚决杜绝以言代法、以权压法，引领各族干部群众自觉崇法向善、循法而为；要坚持把依法决策、依法办事作为重要的政治纪律和政治规矩，谋划工作要对标法律要求，找准法律依据，推进工作要依法治、重程序，严格按照宪法法律、党内法规和各项制度规矩办事。要完善党领导立法、保证执法、支持司法、带头守法制度，压实党政主要负责同志推进法治建设第一责任人的责任，常态化开展述法工作，不断提高党员领导干部依法履职的能力和水平。

二、高举社会主义法治旗帜，推进反恐维稳法治化常态化（略）

三、运用法治手段开展涉疆对外斗争，营造有利于我的发展环境（略）

四、铸牢中华民族共同体意识，不断巩固发展民族团结（略）

五、坚持党的宗教工作基本方针，积极引导宗教与社会主义社会相适应（略）

六、牢牢掌握意识形态工作领导权，全面深入实施文化润疆工程（略）

七、坚持新发展理念，加快现代产业体系和基础设施体系建设（略）

坚持“一产上水平、二产抓重点、三产大发展”，加快新型产业合理布局，补齐基础设施建设短板，促进经济社会高质量发展。

（一）强化基础设施建设。坚持基础先行、统筹规划、合理布局、优化配套，加快建设一批管全局、利长远的重大基础设施项目，努力消除发展瓶颈制约、不断积蓄发展后劲。交通运输方面，大力完善城镇道路，推进“四好农村公路”建设，打造通畅城乡路网体系，解决好群众出行问题。现代水利方面，加快推进窝巴特渠首除险加固、玛纳斯河防洪治理、柳树沟水库进出库渠道改造、宁家河灌区现代化提升改造等项目建设，抓好水资源管理，构建稳固的水利保障体系。电力方面，加大电力基础设施建设，全面提升城乡供电可靠性和电能质量，促进电网智能化升级，探索实施智能变电站、电动汽车充电基础设施建设。信息化方面，将5G网络建设纳入国土空间规划，鼓励电信企业加快5G基站建设，进一步提升通信网络质量；实施“互联网+”行动，加快推进重要景区、宾馆、农（牧）家乐、城区主要街区免费WiFi建设，推动信息化与城镇化、基础设施和社会服务管理融合发展。城建方面，强化市政公用设施配套，推进海绵城市和城市地下综合管廊建设，完善防洪排涝、污水垃圾处理等设施体系，提升水电气暖供给保障能力。开展“蜘蛛网”整治，采取“多杆合一”“多箱合一”“集约设置”等措施，推进架空线缆入地改造，拆除各类违法线杆、废弃线杆，确保空中“蜘蛛网”全部入地，切实解决居民生活领域突出问题。

（二）提升现代农牧业发展水平。要坚持“创新强农、协调惠农、绿色兴农、开放助农、共享富农”的发展理念，以实施乡村振兴战略为总抓手，深化农业供给侧结构性改革，全面提高农业基地建设能力、科技支撑能力、加工转化能力、市场开拓能力，努力向“全国一流、全疆领先”目标迈进。要按照“稳粮、优棉、强畜、扩种、促果蔬、兴特色”的思路，调整农业产业结构，优化农业生产布局，大力培育绿色粮油、优质机采棉、畜牧养殖、蔬菜林果、辣椒番茄、富硒产业等优势产业基地。要坚持粮食安全党政同责，坚决扛起粮食安全政治责任，抓好主产区粮食生产，充分调动农民种粮积极性，把粮食种植面积稳定在36万亩以上。合理保障农民种粮收益，稳步提高粮食生产能力，确保粮食丰收。要全面落实最严格的耕地保护制度，坚持“零容忍”态度，采取“长牙齿”的硬措施，坚决守住守好耕地红线。要实施好新一轮高标准农田建设规划，以粮食生产功能区、重要农产品生产保护区以及小麦、玉米、棉花、特色经济作物等为重点，加快高标准农田建设步伐。要全面落实自治区种业振兴行动实施方案，认真研究“十四五”制种规划，依托自治区棉花、玉米、小麦和特色作物“四个百万亩”制种基地建设，大力推进育种、制种基地建设。要大力探索棉花“大数据中心+棉农+联合社+棉轧厂+纺织企业+期货公司”产业发展新模式，推动棉花全产业链发展，进一步提高棉花生产效益，确保棉花面积稳定在175万亩左右。加大政策对接，积极争取沙湾市棉花期货交易市场和棉花交割库项目落地。要大力开展畜牧业振兴行动，全力推进牲畜品种改良，加快建设肉牛、肉羊、奶牛、生猪生态养殖基地，全力推进天山北坡优质畜产品供应基地建设。要扎实推进林果业提质增效，促进林果业规范化标准化生产、市场化营销、产加销一体化发展。要加快培育发展农业全产业链，实现种植、加工、运输、销售融合发展，提高农产品质量、效益和竞争力，促进农民增收。要坚持把现代农业产业园建设作为提升农业全产业链建设水平的重要平台载体，合理布局园区产业，努力形成以园区化推动现代农业发展的建设格局。要实施品牌战略，做好绿色、生态、有机农产品的申报，积极打造“沙湾大盘鸡”“沙湾富硒农产品”等地域特色突出、功能属性独特的区域公用品牌。要充分发挥示范引领作用，继续落实“五级书记”抓乡村振兴要求，加快实施“八大示范行动”（农业产业链现代化、人才服务乡村振兴、乡风文明提升、美丽乡村建设、乡村治理能力现代化、农民共同富裕、基本公共服务优质共享、城乡融合发展行动），全面推进乡村振兴。

（三）推动工业强基增效和转型升级。要坚

持“绿色、集约、融合、高效”的产业高质量发展方向，积极推动传统优势产业改造升级，加快培育战略新兴产业，持续推进工业向绿色发展、高质量发展转型升级。要大力发展劳动密集型产业，坚持以就业为导向，大力发展纺织服装、农副产品加工等产业，积极引进电子产品、鞋帽、玩具、假发、箱包等劳动密集型产业，积极推进葡萄酒、种业、乳制品等特色产业发展，完善配套政策，打造品牌、形成优势，持续拓宽就业渠道，带动各族群众持续稳定增收。要着力发展资源密集型产业，以沙探1井区为重点，支持中石油、中石化持续加大沙湾区块油气资源勘探开发力度，鼓励地方企业参与或与中石油、中石化共同开发油田资源。以区域内丰富的煤炭资源为依托，加快推进矿区各项手续办理和矿产资源整合开发，稳步发展石油石化工、煤炭煤化工等产业。要加紧推进新型智慧城市建设，利用信息技术、网络技术，采集、整合和挖掘城市多种信息资源，推进政府职能转变。要着力抓好新能源、新材料等新兴产业的孵化培植，积极发展生物降解材料、工程塑料、新型高分子材料等化工新材料，充分发挥太阳能、生物质能等资源优势，推进光伏发电、以农林废弃物为原料的生物质成型燃料项目，推动新能源综合利用产业化发展。要积极发展装备制造业，重点发展番茄、辣椒等特色农作物采收装备制造、水利水电设备制造等先进机械设备制造业。要扎实做好规上工业经济运行监测，实施“一企一策”精准帮扶，做好“煤、电、油、气、运”生产要素服务保障和企业产值、产品产量等统计数据的监测，确保规上企业运行正常。要以碳达峰碳中和牵引产业绿色低碳发展。要大力推进工业园区“5G+智慧园区”建设，充分发挥园区平台优势，加速企业引进，打造优势产业集群，提升产业集聚优势和核心竞争力。

（四）全力释放服务业发展活力。要深入实施旅游兴疆战略，按照“全域旅游、突出特色、打造核心、生态自然”发展思路，立足天山草原、森林峡谷、民族文化等多样特色，以S101天山地理画廊为纽带，打造集自然观光、生态康养、民族风情等为一体的综合性品牌景区，构筑“天山画廊”大景区，培育沙湾旅游业新的增长极。要加快鹿角湾AAAA级景区巩固和提升改造，推进温泉AAAA级景区创建。围绕补齐“三难一不畅”短板，加大景区旅游厕所、加油站、停车场等旅游配套设施建设。要深入实施专业服务提质增效行动，鼓励发展租赁、保理、担保、供应链金融、消费金融等各类金融业务，支持征信、会计、审计、评估、法律、咨询、知识产权保护等高端商务服务业发展。要加快现代物流业发展，大力推进“公共服务配送中心”“冷链物流项目”“跨境电商物流产业园、进口物资储运转运基地”等项目建设实施，不断推动物流业高质量发展。要推进夜间文化和旅游消费商业街区建设，丰富夜间文化演出市场，优化文化和旅游场所夜间餐饮、购物、演艺等服务。要大力发展农村电子商务，完善村级服务网点建设，提高电子商务对市域经济的贡献率。要推动生活性服务业升级，鼓励社会力量和资本投资医疗健康、养老、育幼、文化、体育、家政、物业等服务业，加强公益性、基础性服务业供给，不断满足各族群众的多样化需求。

八、积极服务和融入新发展格局，发展壮大各类市场主体

（一）加快推进丝绸之路经济带核心区建设。紧紧抓住建设塔城重点开发开放试验区重大战略机遇、宝贵政策机遇和特殊历史机遇，努力把沙湾建成丝绸之路经济带北通道的关键枢纽。依托沙湾现代农牧业基础和农业科技园区，重点建设农牧业科技交流、跨境农牧业合作、农牧业合作金融服务和农牧产品贸易物流“四大平台”，全力打造出口农牧产品生产、农副产品精深加工、农牧业装备制造、粮经饲和优质畜禽种源、农牧产品物流集散“五大基地”。大力建设现代农牧业发展示范区、制造业创新发展示范区和生态文化旅游示范区，构

建起支撑市域经济发展的现代产业体系，提升经济内生动力。

（二）拓展开放的广度和深度。深入贯彻落实习近平总书记同中亚五国建交30周年视频峰会上的重要讲话精神，瞄准中亚五国深化向西开放。积极融入全国统一开放大市场，要主动出击，围绕健全西引东来、东联西出的产业链、供应链、物流链，聚焦主导产业、优势产业、特色产业、新兴产业，加大招商引资力度。发挥对口援疆优势，建立健全与援疆省市开放平台的对接联系机制，加强在招商引资、项目孵化、人才培养、市场拓展等服务平台方面的合作，探索“飞地经济”“飞地园区”合作模式。强化招商引资，完善引资优惠政策，创新招商引资方式，加强专业招商队伍建设，围绕产业定位、重点产业关键链条、关键技术、关键环节，重点引进产业链、价值链上的适宜项目，提高产业关联度，培育形成产业集群。积极承接东中部产业组团式、链条式、集成式转移，疆内疆外农产品销售两张网等平台，推动沙湾优质产品走出去，更好进入国内大市场。

（三）深化重点领域改革。要优化提升营商环境，深入贯彻《优化营商环境条例》，持续开展优化营商环境建设年活动，继续深化“放管服”改革，全面实行政府权责清单制度，大力推进“一站式办理”“最多跑一次”“最快送一次”改革，推行“马上办、网上办、掌上办、自助办、就近办”，推动更多政务服务事项“一件事一次办”，切实把沙湾打造成为投资软环境最优地区。要发展壮大民营经济，全面梳理落实国家和自治区出台的支持民营经济发展的政策措施，确保广大民营企业享受政策红利。精准解决民营企业发展存在的突出问题，让民营企业发展更有动力、更加安心、更有信心。要深化国资国企改革。实施国有企业三年行动，大力推进市属21家国企改革工作，有效突破国企发展瓶颈，推动国有资本做强做优做大，培育一批具有核心竞争力的国有企业。要深化农村改革。依托农经及国土确权数据，充分发挥农村大数据平台作用，完善乡镇产权改革体系，加快建设市场化运作、企业化管理的农村土地产权交易平台，争取10万亩土地上平台交易，农村家庭承包土地流转率达到50%。要深化财税金融体制改革。深化预算管理体制改革，强化预算约束和绩效管理。强化涉税信息互通，建立和完善税源管理部门联系制度，积极做好土地使用权出让收入、矿产资源专项收入征收职责划转工作，形成税源控管合力，及时发现和挖掘增量税源，促进税收增长。健全金融有效支持实体经济体系机制，加强金融监管，进一步提高风险管理能力和水平。我市债务风险等级情况不容乐观，要做好防范化解工作，坚决摒弃“等靠要”思想，想尽一切办法主动化解债务风险，降低风险等级。要促进中小微企业、个体工商户健康发展，健全支持中小微企业发展长效机制，完善落实支持个体工商户发展的一揽子政策。当前，要聚焦中小微企业和个体工商户的实际困难，在推进减税降费、缓解成本上涨压力、支持稳岗扩岗等方面，加大政策扶持力度。要实施科技驱动战略，以农业科技园区、科技大市场等载体为依托，申报实施一批科技计划项目，培育一批创新型科技人才，提升科技支撑能力。

九、加强生态环境保护建设，科学统筹发挥水资源作用

（一）调整完善水资源的配置和领导体制管理机制。要强化整体观念、系统思维、问题导向，深化水资源的领导体制改革，打破流域管理、区域管理、分割管理的水资源管理体制，要将水资源调动与市域发展有机结合起来，通盘考虑，梯级管理，统筹推动，不断提升精细化、规范化、法治化的管理水平，提高水资源的配置能力和使用效率。

（二）系统强化水资源节约利用。要始终坚持节水优先的方针，全面推进实施农业深度节水、深化农业水价综合改革，提高节约利用水平。推广农业高效节水和田间节水技术综合措施，有效减少

蒸发渗漏，不断提高节水实效，提高水资源利用率。要结合实际制定农业灌溉用水量超计划超定额累进加价方案，充分运用价格杠杆调控水价，倒逼节约。

（三）系统抓好生态环境保护建设。牢固树立“绿水青山就金山银山、冰天雪地也是金山银山”的生态发展理念，坚决打赢打好蓝天、碧水、净土保卫战。坚持最严格的生态保护制度，严格执行能源、矿产资源开发自治区政府“一支笔”审批制度，坚决守住生态保护红线、环境质量底线和资源利用上线。强化“能耗双控”管理。严格控制煤炭消费总量，继续实施分散供热电采暖改造，逐年降低燃料用煤总量，完成煤炭消费总量削减目标任务。加强重点用能企业能源管理，将节能挖潜任务分解到每一个重点用能企业，坚决淘汰落后产能。重点推进帅科煤化、永弘焦化、合运焦化公司整合扩建，加大焦炉煤气、余热回收再利用。对无法满足或技改后仍无法满足“能耗双控”的企业坚决关停。强化环境高效治理。持续推进“乌—昌—石”区域大气污染联防联控和重污染天气应对，完成自治区下达的主要污染物总量减排和大气质量目标任务，扎实推进中央环保督察反馈问题整改工作。全面落实河（湖）长制、林长制，积极开展国土绿化行动，大力实施退耕还林、荒山造林工程，稳妥有序推进退地减水工作，保护好国家重点公益林，实施林草业重点生态工程，加强湿地保护修复，筑牢生态安全屏障。推动绿色低碳循环发展。严格建设项目环境准入，严禁“两高”项目落户，从源头上控制新污染源产生。进一步调整优化能源结构、产业结构，做好碳中和、碳达峰，加快发展节能环保、清洁生产产业，发展绿色建筑，积极倡导简约舒适、绿色低碳生活方式，努力建设环境友好型社会。强化生态保护考核和责任追究，严格落实环境保护“一票否决”制度，实行生态环境损害责任终身追究制。综合运用“三线一单”、生态环保督察执法等行政手段，切实解决群众反映强烈的环保突出问题，让各族群众喝干净的水、呼吸洁净的空气、感受到环境改善的成果。

十、坚持以人民为中心，持续增进各族群众福祉

（一）稳定扩大就业增收。强化就业优先战略，落实更加积极的就业政策，完善创业带动就业、多渠道灵活就业保障制度，突出抓好城乡富余劳动力、高校毕业生、退役军人、困难群体就业，确保零就业家庭保持动态清零。要切实发挥技工学校主阵地作用，加大就业技能培训力度，以技能提升稳定就业，带动收入增长，努力实现“让每个人都掌握一技之长，每一个家庭都至少有一个人稳定就业”的目标。

（二）巩固拓展脱贫攻坚成果同乡村振兴有效衔接。要认真做好巩固拓展脱贫攻坚成果同乡村振兴有效衔接考核评估发现问题整改工作，主动对照，认真自查，查漏补缺，确保整改到位。要保持主要帮扶政策总体稳定，完善和落实防止返贫减贫监测机制，对有返贫风险和突发严重困难的农户全部纳入监测范围，做到早发现早干预早帮扶，确保不发生规模性返贫致贫。要加快发展乡村特色产业，完善联农带农机制，提高脱贫人口家庭经营性收入。要大力实施乡村建设行动，突出宜居宜业，加快农村水电路气网基础设施提档升级。要深入实施农村人居环境整治行动，分类推进“五类乡村”建设，合理调整村庄布局，建立农村人居环境整治长效机制，重点在每个乡镇打造2—3个“美丽乡村”示范点，着力补齐公共服务短板。

（三）提高基本公共服务和社会保障水平。着力解决教育、医疗、社保、住房、养老、育幼等实际问题，努力让群众看到变化、得到实惠。教育方面，坚持教育优先发展战略，持续巩固国家通用语言文字教育，推进学前教育普及普惠发展，优化市域普惠性资源布局规划，多渠道解决“入园难”问题，推进学前教育健康发展。巩固城乡义务教育一体化均衡发展成果，推进义务教育优质均衡创

建，巩固教育在塔城地区的领先地位。鼓励高中阶段学校多样化发展，推动职业教育改革发展，完善职业教育培训体系，强化产教融合、校企合作，加快鞍沙职教城建设，力争尽快投入使用。科学推进“双减”工作，积极推进课后托管服务，有效减轻义务教育阶段学生作业负担和校外培训负担。医疗方面，扎实开展城乡居民健康体检，完善疾病预防控制体系、公共卫生应急物资保障体系，加强市人民医院、疾控中心建设，提高应对突发公共卫生事件的能力和水平。继续推进公立医院综合改革，加快建设分级诊疗体系，推进市域医共体、医联体建设，注重培养以全科医生为重点的基层医疗卫生人才，不断提升基层医疗条件水平。全面落实疆内异地就医门诊费用直接结算，年内所有定点医药机构实现跨省异地就医门诊费用直接结算。社保方面，实施全民参保计划，健全基本养老保险制度，完善失业和工伤保险制度，扩大城乡居民人身意外伤害保险、城镇职工大病保险覆盖面，完善城乡居民最低生活保障标准动态调整机制，推进有意愿的农村“五保”老人全部实现集中供养。住房方面，坚持租购并举、因地施策，稳步实施城镇棚户区和城中村改造，加快培育发展住房租赁市场，巩固提升住房保障能力。建立多主体供给、多渠道保障的住房供应体系，促进房地产市场平稳健康发展。生活条件方面，要大力发展农村电商快递进村“最后一公里”，将“煤改电”“煤改气”结合起来，不断改善各族群众供暖条件，落实电力补贴优惠政策，降低群众生活成本。

（四）织密织牢公共安全防护网。毫不动摇地坚持“动态清零”的方针，持续抓好常态化疫情防控，防止出现规模性输入和反弹。严格落实安全生产责任制，深入开展安全生产专项整治三年行动，加强安全监管，坚决遏制重特大安全事故发生。坚持唱黑脸、出重拳、除隐患，时刻保持“严”字当头、“实”字落地，紧盯事故预防、狠抓隐患整治，铁腕执法、铁面无情、从严打击，坚决把事故隐患消除在萌芽阶段。加强食品药品安全监管，做好防灾减灾救灾工作，保障各族群众生命财产的安全。

十一、聚焦新时代兵团使命任务，促进兵地融合发展

牢固树立“兵地一盘棋、兵地是一家”思想，打破行政区域界线，全方位开展联合协作，推动兵地融合发展。坚持疫情防控无边界，完善兵地联防联控联保机制，构建无缝隙、无死角健康防线。要全力支持兵团深化改革，推动形成融合机制共建、稳定责任共担、经济发展共赢、生态保护共为、社会事业共享、民族团结共创、文化交流共融、干部人才共育的融合发展格局。要主动加强与驻地兵团的沟通联系，健全综合治理联动机制，既划清管段、明确责任，又密切配合、协调联动，实现精准化、可视化、扁平化调度指挥。要加快推进兵地基础设施融合发展，将沙湾小城镇建设与周边团场建设有机结合起来，统筹推进兵地水利、交通、能源、信息、城建等基础设施建设；打通东西走廊，与兵团第八师石河子市、第七师建立共同生活都市圈，互通往来，加快形成优势互补、互利共赢的兵地区域一体化发展局面。要深度拓展军地融合发展，巩固和扩大“全国双拥模范县”成果，围绕解决部队家属就业、子女就学、驻市部队供暖供电、环境保护等问题，全面开展双拥共建活动，进一步巩固和发展“同呼吸、共命运、心连心”的新型军政军民关系。要推进油地深度融合，建立油地联席会议、领导定期会商等工作机制，完善《沙湾市支持石油石化产业发展工作措施》，统筹利用好油地创新资源、产业资源、企业资源等，开展项目合作、技术合作、人才合作，进一步挖掘合作潜能，拓展合作领域，推动油地深度融合发展。

十二、充分发挥人大、政协作用，构建大统战工作格局

一是支持人大依法履职。要坚定不移把党的领导贯穿人大依法履职的全过程，加强和改进对人

大工作的领导，支持和保证人大及其常委会依法履行职责，贯彻落实自治区人大“八项机制”，持续推进代表工作室、代表联络站建设，实现代表“室站”规范化、常态化、长效化的目标要求。落实市人大代表履职管理办法，优化代表履职管理和服务保障，提升代表议案建议办理水平。支持人大用好宪法法律赋予的监督权，加强对法律法规实施情况的监督检查、对“一府一委两院”的工作监督，增强监督工作的刚性和实效。要充分发挥人大代表作用，深入落实“双联系”制度，健全吸纳民意、汇集民智的工作机制。二是发挥好政协政治协商、民主监督、参政议政作用。要加强党对人民政协工作的全面领导，定期听取政协工作情况汇报，及时研究解决重大问题。要发挥好协商机构作用，把助推市委中心工作和重点工作的落实作为着眼点，不断完善协商议政格局，健全协商制度机制，拓宽委员知情明政渠道，紧紧围绕依法治疆、铸牢中华民族共同体意识、推进新疆伊斯兰教中国化、实施文化润疆工程，推动经济高质量发展等重大问题深入协商、集中议政。要加强思想政治引领，广泛凝聚共识，引导各党派团体和各族各界人士深入学习党的创新理论、时事政策和新时代党的治疆方略，积极面向社会传播共识。要强化政协委员责任担当，政协委员要旗帜鲜明讲政治，充分发挥人才、智慧聚集的优势，坚定不移做党的政策宣传者、群众利益维护者、社会和谐促进者。三是支持群团组织发挥好桥梁纽带作用。全力支持工会、共青团、妇联等人民团体创造性开展工作，切实把工人阶级主力军、青年生力军、妇女半边天作用发挥出来，不断增强群众工作能力本领，当好联系群众的桥梁纽带，把各族群众更加紧密地团结在党的周围，巩固党的阶级基础，扩大党的群众基础。加强和改进党外知识分子和新的社会阶层人士统战工作，改进方法，分类施策，不断提高同各类群体打交道、做思想政治工作的观念，努力寻求最大公约数，画出最大同心圆。

十三、坚持全面从严治党，营造良好政治生态

要坚持党要管党、全面从严治党，充分发挥党委总揽全局、协调各方的领导核心作用，做到管党有方、治党有力、建党有效，筑牢党的执政根基，为落实总目标提供坚强的政治保证。

（一）毫不动摇坚持和加强党的全面领导。以党的政治建设为统领，认真贯彻落实中央、自治区党委和地委关于加强党的政治建设的意见措施，严守政治纪律和政治规矩，健全完善学习贯彻习近平总书记重要讲话指示批示精神和新时代党的治疆方略工作制度，严格执行新形势下党内政治生活若干准则，落实民主集中制、重大事项请示报告等制度，对标对表党中央决策部署，经常性开展对照检查，及时校准工作偏差，不折不扣抓好各项工作落实，不断提高政治判断力、政治领悟力、政治执行力，切实增强“四个意识”、坚定“四个自信”、做到“两个维护”，始终在政治立场、政治方向、政治原则、政治道路上同以习近平同志为核心的党中央保持高度一致。

（二）坚持正确选人用人导向，建设忠诚干净担当的高素质专业化各民族干部人才队伍。坚持新时代好干部标准和民族地区干部“四个特别”标准，把政治标准贯穿干部选任全过程，建立健全领导干部“一人一档”政治素质档案，完善干部政治表现“正（负）面清单”，用好政治素质考察结果，建立源头培养、跟踪培养、动态调整机制，分层分类建立优秀年轻干部、少数民族干部、专业性干部储备库。严格落实全国党政领导班子建设规划纲要，科学制定领导班子和干部队伍建设规划，不断拓宽选人用人视野，强化领导班子配备动态监测，打破路径依赖和惯性思维，着眼各个领域、各个行业、各条战线，持续优化领导班子来源、经历、年龄、专业等结构。采取“走出去+请进来”“线上+线下”等方式，精细精准抓好干部教育培训。加强公务员队伍建设，全面提升公务员

队伍管理科学化、规范化、法治化水平。建立健全从严管理体系，持续加强对领导班子和干部队伍的管理监督。坚持党管人才原则，完善人才工作考核和述职制度，加快构建人才工作新格局，完善人才政策体系，科学编制沙湾市“十四五”人才发展规划，制定出台有一定吸引力和竞争力的人才引进、评价、使用等政策。大力引进创新创业人才及各类高层次人才，全面推动各领域人才素质整体提升，统筹用好现有人才。优化人才服务，落实领导干部定期联系服务专家制度，积极营造爱才敬才的社会氛围，努力营造拴心留人、干事创业的良好环境。坚持“三个区分开来”，完善容错纠错机制，落实休假、体检、探亲、心理关怀等制度，激励干部担当作为、奋发有为。

（三）加强党的基层组织建设，着力打造坚强战斗堡垒。以提升组织力为重点，突出政治功能，全面落实基层党建工作责任制，充分发挥“三级示范引领”作用，牢固树立正确的政绩观和大抓基层的鲜明导向。紧紧围绕实现党的组织、党的领导、党的作用、党的工作全覆盖，加强乡镇、村（社区）党组织对基层各类组织和各项工作的统一领导，突出抓党建促乡村振兴促基层治理。扎实开展村（社区）“两委”换届“回头看”，建强村党组织书记队伍，建立健全社区工作者职业化体系，加快基层干部能力素质整体提升，推进基层党组织规范化标准化建设，常态化整顿软弱涣散基层党组织，统筹推动机关、学校、医院、国有企业等领域基层组织建设。抓好2021—2025年发展党员工作规划落实，加大在农村一线、青年农牧民、创业致富带头人群体中发展党员力度，总结用好农村发展党员违规违纪问题排查整顿工作有效做法和成功经验，提高发展党员质量，发挥党员先锋模范作用。深化新时代“访惠聚”驻村工作，结合实际、因地制宜、因村施策，优化“访惠聚”驻村工作力量配备、责任体系和运行机制，坚定不移抓好“四项重点任务”，重点在选强人育新人、提能力强素质、补短板强弱项三个方面持续用心用力。充分发挥职能部门作用，加强基层工作力量，严格执行乡镇干部任期调整、最低服务年限等规定，深入开展各项工作专班、抽（借）调人员清理整治，规范临聘人员使用管理，加强和改进选调生工作，扩大西部计划志愿者队伍，科学制定招录计划，做好退役士兵招录工作，每村动态择优储备4—6名村级后备力量，2023年底完成村干部和后备力量集中培训全覆盖，加快打造“永不走的工作队”。

（四）严格执行中央八项规定精神，深入开展反腐败斗争。要坚持全面从严治党战略方针，坚持一手抓反分裂斗争、一手抓党风廉政建设和反腐败斗争。要严格执行中央八项规定及其实施细则精神，持续加固中央八项规定的堤坝，严肃整治“四风”，紧盯关键少数，深化整治形式主义、官僚主义，严肃纠治享乐主义、奢靡之风，持续释放越往后执纪越严的强烈信号。要深化政治巡察，加强巡视巡察上下联动，强化巡察整改和成果运用，持续推进巡察工作高质量发展。常态化识别干部政治素质，严肃查处干部队伍中的“两面人”，要深入推进腐败治理，紧盯重点领域关键环节，深化粮食购销、惠民惠农等领域腐败问题专项整治，坚决查处政治问题与经济问题相交织的腐败案件，坚决整治发生在群众身边严重侵害群众利益的腐败现象，一体推进不敢腐、不能腐、不想腐。要持续深化巩固拓展脱贫攻坚成果同乡村振兴有效衔接专项监督，聚焦“小切口”抓好民生领域损害群众利益问题治理。要依规依纪依法监督执纪问责，健全尽职免责、失职追责，精准问责的机制，用好“四种形态”，精准良性执法。要健全基层监督体系，推动各类监督贯通协同，进一步提升监督治理效能。

（五）切实转变作风，确保党中央决策、自治区党委安排部署和地委工作要求落地落实。自治区党委十届三次全会和地委扩大会议的工作部署十分明确，为我们今后的工作理清了思路、指明了方向，关键是要凝心聚力、锲而不舍、付诸实践，不动摇、不懈怠、不折腾，坚定不移、坚持不懈抓落实，切实转化为全市各级党员干部和各族群众的实际行动。要坚定不移对标看齐，领导干部要率先垂范，谋划部署推进工作主动与新时代党的治疆方略对标，遇到矛盾问题自觉从习近平总书记关于新疆工作的重要讲话重要指示精神中找思路、找方法、找答案、找遵循，确保各项工作始终看得齐、跟得上、路子对、效果好。要坚定不移践行法治，认真对标习近平法治思想和关于依法治疆的部署要求，着力提高法治思维和依法办事的能力，做到谋划工作运用法治思维，处理问题运用法治方式，用习近平法治思想引领全市改革发展稳定各项事业。要坚定不移统筹谋划，学会运用辩证法处理好局部和全局、当前和长远、重点和非重点的关系，用十个指头“弹钢琴”，做到整体施策、多措并举，全方位、全领域、全过程地统筹推进各项工作，确保经济社会发展各项工作能够更高质量、更有效率、更可持续。要坚定不移防范风险，必须牢记“疫情要防住、经济要稳住、发展要安全”的要求，切实增强忧患意识，强化“时时放心不下”的责任感，扎实履行好防范化解重大风险的政治责任，下好先手棋、打好主动仗，为党的二十大胜利召开营造安全稳定的政治社会环境。要坚定不移服务人民，始终把人民的利益摆在至高无上的地位，注重通过网络走好群众路线，积极回应群众关切、解疑释惑，自觉同各族群众想在一起、干在一起，以稳定发展成果和利民惠民实绩更好地满足人民对美好生活的向往。要坚定不移勇于担当，必须时刻把使命印在心上、把责任扛在肩上、把任务抓在手上，对党中央、自治区党委和地委部署的重大任务、试点任务敢于先行先试、主动担当，用实实在在的工作成绩回报总书记的殷切嘱托、自治区党委、地委的关心关怀和全市各族人民群众的期盼。要坚定不移敢于斗争，主动投身到维护稳定、疫情防控的第一线、经济建设的主战场、涉疆对外斗争的最前线，与敌对势力、发展困难作斗争，在吃劲的岗位上真刀真枪地干，以敢于斗争、善于斗争的拼搏精神应对好每一场重大风险挑战，以知重负重、攻坚克难的实际行动诠释对党的忠诚，对人民的赤诚。要坚定不移开发开放，紧紧抓住塔城重点开发开放试验区和丝绸之路经济带核心区发展机遇，紧贴民生推动经济高质量发展，不断扩大对外开放的层次和水平，以开放之勇、开放之姿，引领开放之变，创造无愧于人民、无愧于时代的业绩。

同志们，宏伟蓝图已经绘就，实现梦想唯有奋斗！沙湾新一轮发展的历史机遇期已经到来，我们的责任更加重大，使命更加光荣。让我们更加紧密地团结在以习近平同志为核心的党中央周围，全面贯彻习近平新时代中国特色社会主义思想，学深悟透做实新时代党的治疆方略，胸怀“两个大局”，牢记“国之大者”，弘扬伟大建党精神，坚定信心、攻坚克难，努力为建设团结和谐、繁荣富裕、文明进步、安居乐业、生态良好的新时代中国特色社会主义新疆做出沙湾贡献，以优异成绩迎接党的二十大胜利召开。

政府工作报告

——在沙湾市第一届人民代表大会第二次会议上

市长　俄合拉斯·斯巴达克

（2022年1月24日）

一、2021年工作回顾

2021年，我们坚持以习近平新时代中国特色社会主义思想为指导，在地委、行署和市委的坚强领导下，在市人大、政协的监督支持下，贯彻落实上级党委、政府和市委决策部署，全面贯彻新发展理念、推动高质量发展，坚持稳中求进总基调，统筹疫情防控和经济社会发展，狠抓各项工作落实，着力推动经济平稳健康发展，切实保障和改善民生，顺利完成了年初确定的各项目标任务，市域经济社会发展取得新成就。地区生产总值预计同比增长7%。一般公共预算收入预计完成8.58亿元，同比下降10%。社会消费品零售总额预计完成17.5亿元，同比增长20%。固定资产投资预计完成14.8亿元。城镇居民人均可支配收入预计增加660元，同比增长2%，农村居民人均可支配收入预计增加1509元，同比增长7.3%。完成外贸进出口额278.31万美元。

（一）综合治理成效显著，社会大局和谐稳定。

（二）优化产业结构，推动经济平稳发展。农业现代化水平稳步提升。始终把粮食安全摆在突出重要位置，全力保障粮食等重要农产品有效供给。完成作物总播面积226.93万亩，其中粮食作物36.9万亩、棉花176.62万亩、加工番茄0.8万亩、加工辣椒5.2万亩。冬小麦压种任务全面完成。新增无人植保机、农业用北斗终端、精量播种机、残膜回收一体机等新型农机具1331台（架），棉花、小麦、玉米、番茄、辣椒等大宗农作物机耕、机播、机收均实现100%机械化。大力推广棉花超宽膜种植新技术，测土配方施肥技术推广面积215.5万亩。加快制种产业发展，建成玉米、小麦、棉花制种基地6.21万亩。加大牲畜品种改良力度，共发放冻精1.77万枚，完成牛冻精冷配8223头。持续提升疫病防控专业化水平，春秋两季重大动物疫病免疫率100%。工业经济不断提质增效。预计全市规上企业完成工业总产值54.2亿元，实现工业增加值8.3亿元。纺织服装标准厂房和哈拉干德污水资源化利用项目建设有序推进，园区基础设施进一步完善。精准落实“一企一策”，召开地、市层面政银企座谈交流3次，争取贷款贴息274.87万元，拨付纺织专项补贴942.94万元，切实为企业纾困解难。积极引进昌吉州粮油购销集团完成盘龙油脂公司破产重整，为盘活破产、僵尸企业起到示范带动作用。新升规企业1家、复规企业4家，为工业经济稳步增长奠定基础。完善招商引资项目库建设，组织开展外出招商，完成招商引资到位资金35.03亿元，同比增长72.17%，落实执行招商引资项目58项。现代服务业蓬勃发展。深入实施“旅游兴疆”战略，编制完善《沙湾市鹿角湾景区控制性详细规划》。推动旅游景区品质升级，开发6条短期旅游线路，完成鹿角湾景区大门、游客中心外立面改造，鹿角湾云栖山庄组团式星空屋、疆山纪（鹿角湾）野奢营地项目成功落地实施，全年接待游客286.35万人次，同比增长52.7%，实现旅游综合收入16.07亿元，同比增长58.49%。电子商务、现代物流等产业加快发展，建成30个农家菜园子直销店、15个乡镇级电子商务服务站（乡镇服务中心）、131个村级电子商务服务网点，基本建成市乡村三级电商运行管理服务体系。推动馕产业加快发展，馕食加工和馕文化展示基地建成投用，日加工各类馕食产品达8.3万个。

（三）持续深化改革开放，发展活力逐步显现。加快推进重点领域改革。大力推进供给侧结构性改革，继续推进“三去一降一补”，落实减税降费政策，降低企业用电、用气、物流等成本。全面推进简政放权、放管结合、优化服务，进一步梳理行政审批事项，优化行政审批流程，精简审批材料，缩短审批时限，提升公共服务能力。全年累计办理行政审批和公共服务事项42.81万件，办结率达98%。与天津农村产权交易所签订战略合作协议，借助天津市成熟的市场建设和运营模式，共建沙湾市农村产权流转交易市场。积极协调自治区第一测绘院完成了自治区农村承包地确权登记颁证数据汇交工作，并顺利通过自治区验收。

（四）巩固拓展脱贫攻坚成果，全面推进乡村振兴。被自治区确定为20个乡村振兴示范引领县之一，24个自治区厅级单位助力我市91个示范村共同推进示范引领工作。成立乡村振兴局，乡村振兴工作体制机制更加完善。与新疆农业大学合作，签订《农业科技战略合作协议》，挂牌成立新疆农业大学沙湾市乡村振兴学院。严格落实“四个不摘”“八个不变”要求，做到“八个衔接”，强化19户、64人监测户帮扶，综合运用低保兜底、社会帮扶、培训就业等措施，确保监测户稳定增收。加快乡村公共服务基础设施建设，争取项目资金1.56亿元，建成镇、村（社区）供排水管网42千米、垃圾集中收集处理等基础设施，购置配套垃圾处理设施设备34辆（台），4个行政村的生活污水接入城市排污管网，实现城乡一体化处理，3个行政村新建一体化污水处理设施。大力推进农村人居环境整治，建成垃圾集中处理点130个，清理转运生活垃圾、粪污5.57万吨，打造改厕示范村13个、改厕示范户141户，村容村貌持续改善。

（五）基础设施建设力度持续加强，经济发展基础不断巩固。新型城镇化建设稳步推进，投资1.2亿元新建、改扩建杭州路、广州路等10条城市道路，改造提升城区5个道路交叉口，打通城市道路“堵点”“痛点”。城市供排水管网不断完善，实施排涝管网工程，完成排涝管网18千米，新建供水管网24千米。加快推进老旧小区改造，累计投资1.97亿元改造老旧小区8个，涉及楼栋268栋、居民6924户。开展市容市貌专项整治，城市面貌不断改善。投资7064万元实施玛纳斯河防洪治理沙湾段续建、巴音沟灌区节水配套改造、窝巴特渠首除险加固、金沟河十级水电站、宁家河二级水电站建设等项目，防汛抗旱能力不断提升。投资1.07亿元新建改造10千伏线路346.35千米，新建变压器111台，新增配变容量4.44万千伏安，电网供给保障能力不断增强。

（六）秉承绿色发展，持续保护生态环境。持续开展“乌—昌—石”大气污染联防联控、同防同治工作，挥发性有机物排放重点企业治理工作基本完成，智慧能源和恒力热力脱硫脱硝设备建成投用。实行最严格的生态保护制度和空间用途管制制度、最严格的水资源管理制度，完成5个“千吨万人”以上饮用水水源地保护区划定。加大金沟河等重点河流管控力度，严厉打击采砂、取土、砍伐、排污等破坏生态环境违法行为，确保良好水体水质和生态服务功能不降低。

（七）以人民为中心，民生福祉保障有力。大力推进就业惠民。实施扩大就业工程，积极落实就业政策，突出抓好城乡富余劳动力、高校毕业生、退役军人和困难群体就业，实现城乡新增就业5294人，农村富余劳动力转移就业1.53万人次，城镇登记失业率控制在3.5%以内，零就业家庭保持动态清零。教育科技事业加快发展。农村学前三年免费教育全面落实，投入6000万元完善各学校幼儿园基础设施，义务教育基本均衡持续巩固，教学条件进一步改善。九年义务教育巩固率达100%。高中新课程改革稳步推进，教学质量稳步提升，中高考成绩均位列塔城地区第一，本科上线率达78.3%。职业教育办学水平稳步提升，学生就业、升学率稳定在95%以上。大力培养职业教育“双师型”教师，实践教学能力不断提高。落实教育惠民政策，发放补助资金1174.31万元，受益学生1.3万人次，发放助学贷款48.02万元。实施自治区科技计划项目15项、科技特派员农村创业行动项目9项，沙湾国家农业科技园区顺利通过科技部评估验收。医疗卫生事业稳步发展。全面推进公立医院高质量发展，以“智慧医院”建设为载体，投入1300万元建设紧密型市域医共体信息一体化平台，打造全疆互联互通一体化医疗服务模式示范样板，带动市乡村医疗服务能力不断提升。国家医保信息系统在我市成功上线，群众就医报销实现无感切换。市人民医院作为新疆医院协会医共体管理专业委员会主委单位，示范引领全疆紧密型市域医共体建设深入推进。依托市人民医院推行一体化管理中医医院机制，着力打造友好路院区（中医医院）中医药特色院区建设，构建市域医疗机构“一院两区”布局，辐射带动7个乡镇卫生院中医综合服务区（中医馆）能力提升，不断推动中医药传承创新发展。建立重大疾病的救治与管理制度，全面推进急诊急救“五大中心”建设。社会保障水平稳步提升。切实发挥社会救助保障困难群众基本生活的重要作用，累计发放低保、五保、老龄补贴、残疾人“两项补贴”2054.57万元。2021年度城乡居民基本医疗、养老保险参保率均在95%以上。城乡困难群众医疗救助深入推进，实行市乡村三级联审联批制度，医疗救助困难群众6909人次。扎实做好军民融合和双拥共建工作，加强退役军人服务保障体系建设，维护退役军人合法权益。持续加强残疾人康复服务、就业等工作，加快推动重度残疾人纳入城乡低保，不断提高残疾人生活质量。援疆工作成效显著，实施援疆项目19个，总投资4723万元。深入推进医疗教育援疆，援疆医生诊疗患者2000余人次、手术716例、抢救危重患者210人，填补技术空白10项，推广新技术9项。

（八）加强政府自身建设，政府履职能力得到提升。我们持续加强政府自身建设，扎实开展党史学习教育，务实开展“我为群众办实事”实践活动。依法自觉接受人大及其常委会法律监督、人民政协民主监督、纪委监委监督、审计监督、统计监督以及社会各界监督，办理人大议案和代表建议56件，政协提案29件。推动政务服务向基层延伸，“12345”政务服务便民热线上线运行，办结率、群众满意率稳步提升。持续加强和改进干部作风，巩固减负成果，大力整治形式主义、官僚主义突出问题。树牢过紧日子的思想，大力压减“三公”经费。认真落实中央八项规定，着力防范政府廉洁风险，政府运行更加阳光透明。

与此同时，审计、统计、外事、供销、气象、机关事务服务等工作扎实推进，妇女儿童和老年人权益得到有效保障，工会、共青团、地方志等工作也取得新进展，为市域经济社会发展做出了积极贡献。

各位代表，过去的一年，我们在克服新冠肺炎疫情影响、统筹抓好经济发展进程中，取得了优异的成绩，撤县设市圆满成功，确定的各项重点工作任务顺利完成。这些成绩的取得，是地委、行署和市委统揽全局、正确领导的结果，是人大、政协有力监督、鼎力支持的结果，是社会各界团结奋斗、通力协作的结果，更是全市各族干部群众开拓进取、真抓实干的结果。在此，我代表市人民政府，向辛勤劳动、无私奉献的全市各族干部群众，向给予政府工作大力支持的人大代表、政协委员、离退休老同志和各人民团体，向驻市部队官兵、武警战士、消防救援队员和公安民警，向辽宁鞍山援疆干部及友邻团场干部职工，向所有参与和关心、支持沙湾发展的各界朋友，表示衷心的感谢并致以崇高的敬意！

在肯定成绩的同时，我们也清醒地认识到，一些影响和制约市域经济社会发展的问题依然存在，主要表现在：经济结构还不够合理，财政收支矛盾突出；农业产业化经营水平不高，农牧民持续增收压力大；大型工业骨干企业少，企业自我发展能力不强；基础设施亟待加强，发展承载力不足，抵御自然灾害能力弱，生态环境还比较脆弱；各项社会事业发展与广大群众的要求还有一定差距；部分干部工作作风和依法行政水平有待进一步提高，等等。这些问题需要我们在今后的工作中认真加以解决。

二、2022年总体要求和重点任务

各位代表，2022年是喜迎党的二十大胜利召开之年，我们必须全力营造平稳健康的经济环境、国泰民安的社会环境和风清气正的政治环境，为开启全面建设和谐生态宜居沙湾夯实基础。

今年，我市工作总的要求是：高举中国特色社会主义伟大旗帜，深入贯彻党的十九大和十九届历次全会精神，贯彻落实第三次中央新疆工作座谈会精神，坚持以马克思列宁主义、毛泽东思想、邓小平理论、“三个代表”重要思想、科学发展观、习近平新时代中国特色社会主义思想为指导，增强“四个意识”、坚定“四个自信”、做到“两个维护”，全面贯彻党的基本理论、基本路线、基本方略，完整准确贯彻新时代党的治疆方略，牢牢扭住社会稳定和长治久安总目标，统筹推进“五位一体”总体布局，协调推进“四个全面”战略布局，坚持依法治疆、团结稳疆、文化润疆、富民兴疆、长期建疆，坚持稳中求进工作总基调，立足新发展阶段，贯彻新发展理念，构建新发展格局，以推动高质量发展为主题，以深化供给侧结构性改革为主线，以改革创新为根本动力，以满足人民日益增长的美好生活需要为根本目的，以推进治理体系和治理能力现代化为保障，统筹发展和安全，加快建设现代化经济体系，实现经济行稳致远、社会安定和谐，努力为建设和谐生态宜居塔城，建设团结和谐、繁荣富裕、文明进步、安居乐业、生态良好的新时代中国特色社会主义新疆做出沙湾贡献。

奋斗目标是：完成地区生产总值同比增长8%左右，规模以上工业增加值同比增长10%左右，固定资产投资同比增长50%左右，社会消费品零售总额同比增长10%左右，城镇居民人均可支配收入增加1000元，农村居民人均可支配收入增加1300元，一般公共预算收入同比增长7%左右，居民消费价格指数涨幅3%左右，单位生产总值能耗下降3%左右。

围绕实现上述目标，我们将重点做好以下工作：

（一）坚持全面依法治疆，保持社会大局持续稳定长期稳定

（二）坚持铸牢中华民族共同体意识，持续巩固民族团结宗教和谐成果。加强民族团结。深入开展“民族团结一家亲”和民族团结联谊活动，推动各民族广泛交往、全面交流、深度交融。深入开展民族团结进步宣传教育和民族团结进步创建工作，积极创建全国民族团结进步模范市。大力推进各民族互嵌式社区结构和社区环境建设，营造各民族手足相亲、守望相助的良好环境。促进宗教和谐和睦。全面贯彻党的宗教工作基本方针，坚持保护合法、制止非法、遏制极端、抵御渗透、打击犯罪，坚持我国宗教中国化方向，更好引导宗教与社会主义社会相适应。依法保障信教群众正常宗教需求和正常宗教活动，加强宗教人士关爱培养。依法管理宗教事务，持续推进“去极端化”，不断巩固我市宗教和谐的良好局面。推进文化润疆。推动中

华优秀文化进学校、进家庭、进社区，打造1—2个非物质文化遗产传承实践基地。提升“两馆一站”免费开放水平，不断加大基层文化供给，完善公共文化服务体系。加大精品文艺作品创作力度，打造一批既叫好、又叫座的文艺精品，完成舞台剧《大盘鸡的故事》编排，争取国家艺术基金和自治区艺术扶持资金支持。举办大盘美食文化旅游节、草原文化节等大型节庆活动，开展“庆祝中国共产党第二十次全国代表大会”系列主题庆祝活动和“我们的中国梦文化进万家”等系列品牌文体活动，不断丰富各族群众精神文化生活。

（三）坚持创新驱动发展，培育高质量发展新动能。把科技创新作为引领发展的第一动力，启动国家科普示范县创建工作。引导企业加大研发投入，开展技术研发和专利申报，夯实科技工作基础。持续推进沙湾国家农业科技园区建设，提升园区核心竞争力。积极引导“企业+院校”组建技术创新战略联盟、工程技术研究中心，建成技术创新、产品研发、产业化示范为一体的全产业链技术创新示范基地，打造沙湾科技创新新高地。强化科技人才支撑。优化人才发展环境，用好留住现有人才，引进急需紧缺人才，培养专家技术人才，补齐补强人才技术短板，为美丽沙湾建设提供智力支持。

（四）培育壮大特色优势产业，奋力推动经济高质量发展。坚持把发展经济的着力点放在实体经济上，主动适应经济发展新常态，坚持稳中求进总基调，加快推动一、二、三产业融合发展。加快农牧业提质增效。坚持稳粮、优棉、强畜、扩种、促果蔬、兴特色，坚决遏制耕地非农化、防止“非粮化”，坚决保障粮食安全，完成粮食种植35万亩。突出优化布局、提升品质、稳定产量，推动棉花高质量发展，完成棉花种植170万亩左右。探索棉花“大数据中心+棉农+联合社+棉轧厂+纺织企业+期货公司”产业发展新模式，推动棉花全产业链大数据建设，积极引进秦天实业等企业打造棉花全产业链，积极争取沙湾市棉花期货交易市场和棉花交割库项目落地实施，进一步提高棉花生产效益。深入实施果业提质增效工程，稳定葡萄、桃等特色林果面积。逐步完善设施农业产业链，建设基础完善、品种齐全、质量安全的各类蔬菜基地，完成蔬菜种植1万亩，丰富百姓的“菜篮子”。实施畜牧业振兴行动，大力推进牲畜品种改良，加快建设肉牛、肉羊、奶牛、生猪生态养殖基地，新建现代化牛羊活畜交易市场，引进企业建设生猪、牛羊屠宰分割冷链物流生产线，全力打造天山北坡优质畜产品供应基地。深入实施农业品牌战略。积极提升“中国辣椒之乡”“中国大盘美食之乡”品牌市场影响力，着力打造“沙湾大盘鸡”“沙湾富硒农产品”等地域特色突出、功能属性独特的区域公用品牌。推动制种业加快发展，加快实施棉花种子现代加工及仓贮体系建设项目，确保沙湾市80%的用种量本地化，实现用种安全。大力推广使用现代化农机，扩大超宽膜播种机、残膜回收一体机、采棉机、无人机保有量。加快培育一批农副产品深加工龙头企业，大力建设安集海镇辣椒、乌兰乌苏镇富硒杂粮等农产品生产加工基地，扶持宏基、双泉、农科金岳等一批新型经营主体，不断提升农业产业化水平。稳步推进工业转型升级。深入实施工业强市战略，大力推动传统优势产业改造升级，加快培育战略新兴产业，持续推进工业向绿色发展、高质量发展转型升级。着力发展资源密集型产业。稳步发展石油化工、煤炭煤化工等产业。以天安1井、沙湾1井等探井为重点，支持中石油、中石化持续加大沙湾辖区油气资源勘探开发力度，鼓励地方企业参与油田建设准入资格，在石油装备制造、石油精深加工、配套服务等领域与中石油、中石化开展混合制合作。以区域内丰富的煤炭资源为依托，加快推进矿区各项手续办理和矿产资源整合开发，积极争取榆神工业区民祥矿务有限公司新疆公司总部落户沙湾，加快推进宏业煤矿90万吨/年及宝英、恒源、恒力、东升、鑫泉煤矿60万吨/年改扩建工程，年底力争形成210万吨的产能。着力发展劳动密集型产业。在现有基础上继续巩固发展纺织服装业、农副产品加工业、馕产业、家政服务业与快递服务业、现代建筑业等劳动密集型产业。积极推进我市纺织服装产业向织造、家纺、针织、成衣等下游产业纵深延伸，积极发展化纤、织造、针织产业，推广少水、无水印染、数码喷墨印花等新技术，带动纺织服装面料、家纺面料和工业用纺织品发展，引导城乡有劳动能力的待业、失业人员向劳动密集型产业转移就业。加快培育战略新型产业和信息技术产业。重点发展番茄、辣椒等特色农作物采收、水利水电等先进机械设备制造，加快富春水电、汇鑫机械拖车及箱式挂车生产等装备制造项目建设。紧跟碳达峰、碳中和国家重点战略目标，加大与联合国小水电中心对接力度，依托富春水电装备制造建设项目，加快建设面向西北五省、辐射中亚五国的小水电装备制造安装中心。积极发展生物降解材料、工程塑料、新型高分子材料、高性能纤维等化工新材料、充分发挥太阳能、生物质能等资源优势、推进光伏发电、以农林废弃物为原料的生物质成型燃料项目，推动新能源综合利用产业化发展。以推进沙湾工业园区“5G+智慧园区”建设为引领，以“5G+医疗健康”等项目申报为契机，加快推进5G基站建设，不断扩大5G网络覆盖面积。着力做好规上工业经济运行监测。探索建立给予“小升规”“升规纳统”企业一定资金奖励，推动符合条件的企业“升规入统”，完善重大工业项目库，为工业高质量发展夯实基础。实施“一企一策”精准帮扶，增强“煤、电、油、气、运”生产要素保障，确保规上企业运行正常。着力化解过剩产能，盘活处置好僵尸企业。找准“僵尸企业”问题症结、分类施策，确保企业职工妥善安置。对于钢铁、水泥、煤化工企业要通过差别化电价、环保节能政策等经济手段逐步淘汰落后产能，对手续不全、也不积极主动办理的企业进行关停。全力释放三产发展活力。加快推进旅游业发展。修订《沙湾市全域旅游发展规划》，编制《沙湾市“十四五”文化和旅游产业发展规划》《沙湾市温泉景区总体规划及控制性详细规划》。加快旅游基础设施建设，有序推进鹿角湾景区旅游资源整合、完善景区旅游基础设施，加快鹿角湾云栖山庄组团式星空屋、疆山纪（鹿角湾）野奢营地等项目建设，开发低空观光、草原休闲等旅游产品，着力把鹿角湾打造成为我市精品核心景区。积极推进温泉景区旅游基础设施建设、安集海大峡谷开发建设、“一个人的村庄”乡村文学文化休闲区等项目，全力提升景区可进入性和品牌影响力。加快实施旅游厕所、通信光纤和停车场改造提升等项目，下大力气解决好景区“三难一不畅”短板。开展星级民宿评级挂牌，整合盘活特色民居、城市公寓等存量资源，开发多种类型、不同档次的精品民宿，打造民宿产业聚集区，推动民宿提质升级。加快实施文旅中心、文化产业基地、市全域旅游集散中心等项目建设，打造文化旅游产业核心区，推进文旅融合发展。深入开展全域旅游示范区创建、“智慧旅游”建设，推动旅游业由传统服务业向现代旅游业转变。创新旅游营销宣传，推动旅游业高质量发展，重拳打击和整治景区低价营销，无序竞争，全面提升旅游服务水平，力争接待游客373万人次、实现旅游收入21.63亿元。推进服务业结构优化升级、提质增效。运用市场化机制推进铁路专用线及物流园建设，大力发展冷链物流，积极发展第三方物流，实施专业交易市场提升工程，推进棉花、农资农产品、煤炭等交易市场及服务体系建设。鼓励发展租赁、保险、担保、供应链金融、消费金融等各类金融业务，支持征信、会计、审计、评估、法律、咨询、知识产权保护等高端商务服务业发展，实现生产性服务向专业化和价值链高端延伸。推动生活性服务业向高品质和多样化升级，深入挖掘沙湾风味小吃、美食菜品，重点培育壮大沙湾大盘鸡品牌，通过打造特色美食街区，建立原料基地、建设中央厨房、推进连锁经营，举办美食节、美食论坛等方式，全面提升沙湾餐饮在全疆以至全国的知名度和美誉度，打造国际美食之都。积极申报创建地区级夜间经济示范街区，推进夜游、夜购、夜品、夜健、夜娱、夜学等消费业态融合发展。鼓励社会力量和资本投资育幼、文化、体育、家政、物业等服务业，不断满足各族群众的多样化需求。着力构建以居家为基础、社区为依托、机构为补充的养老服务体系，推进养老服务协同发展。加快殡葬改革和殡葬管理，倡导文明节俭、生态绿色、节地环保的殡葬新风尚。大力发展电子商务，加快完善电商物流设施，布局建设物流仓储和快件处理中心，完善村级服务网点建设，提高电子商务对市域经济的贡献率。

（五）加快推进示范引领，全面促进乡村振兴。实施乡村振兴战略，是全面建设社会主义现代化国家的重大历史任务，是新时代做好“三农”工作的总抓手。持续巩固拓展脱贫攻坚成果。坚持动态、实时预警、未贫先防、突贫速扶，坚决守住发生规模性致贫底线，重点关注群众“两不愁、三保障”及饮水安全有保障，对“三类户”按照缺什么补什么的原则，一户一册精准帮扶，稳定消除风险，规范退出监测。着力发展壮大特色优势产业。完善联农带农机制，确保农村富余劳动力稳定就业、持续增收。实施推进农村人居环境整治提升五年行动和美丽乡村“千村示范、万村整治”工程，抓好农村厕所革命、污水治理和生活垃圾处置，开展村庄绿化美化行动，改善村容村貌和人居环境。抓好村庄规划编制工作。以规划引领建立乡村建设项目库，持续加快示范村建设，充分整合各类资金、发挥各级力量，挖掘现有资源，对产业、人居环境、交通运输、文化等方面进行升级改造提升，集中打造特色鲜明、带动力强的安集海镇、大泉乡、金沟河镇、乌兰乌苏镇、老沙湾镇、柳毛湾镇6个乡村振兴示范乡镇，将乌兰乌苏镇城庄子村、大泉乡烧坊庄子村作为自治区级乡村振兴示范村重点村进行打造，为示范引领县建设提供有力支撑，成为农业提质增效、乡村宜居宜业、农民富裕富足的生动实践。着力提升乡村治理水平。充分发挥党组织核心引领作用，加强村（社区）文化活动阵地建设改造提升和功能资源整合，提高文化阵地利用率。组建乡镇、村（社区）志愿服务队，打通联系服务群众的“最后一公里”。完善矛盾纠纷排查调处机制，持续推进平安乡村、法治乡村建设。积极推广应用积分制、清单制管理模式，引导、激发农牧民参与村级事务的积极性，不断提升基层治理效能。

（六）全面提升城镇化质量，统筹城乡融合发展。抢抓自治区“一圈一带一群”和塔城国家级重点开发开放试验区建设战略机遇，深入推进以人为核心的新型城镇化建设。坚持规划引领。加快推进沙湾市国土空间规划和乡镇、村庄规划“多规合一”编制工作，充分挖掘传统特色与多元文化融合的现代城市内涵，将城乡规划、产业布局和全域旅游结合起来，提升城市建设总体规划和控制性详规，塑造完美展示“历史与现代交相辉映”“文化与创新深度融合”的城市形象。实施城市更新行动。加快城镇基础设施和公共服务设施建设，推进供水、排水、供热管网和污水垃圾处理项目等市政基础设施项目建设和储备，加快实施老旧小区改造，不断提高城市综合承载能力。提升城市精细化管理水平。完善城市精细化管理制度，建立健全城市管理和服务标准体系。依法规范管理城市，加大对违法建设、占道经营、架空线复挂等痼疾顽症的执法力度，提升城市综合执法水平。加大城区市政设施日常运行维护，完善公共停车位建设与管理，稳步提升城市道路机械化清扫率，加快推进生活垃圾分类和建筑垃圾资源化利用，不断提升城市形象。健全完善物业管理长效机制，打造一批优秀示范小区和品牌物业企业，全面提升物业服务水平。实施城区公交站改造提升项目，加快推动城乡交通一体化项目落地实施，逐步推进城市公交向周边镇村延伸，改善居民出行条件。统筹城乡发展。深化户籍制度改革，有序推进农业转移人口市民化。

完善城乡融合发展体制机制，推动城乡要素平等交换、双向流动，城乡基础设施统一规划、建设和管理，促进基础设施向农村延伸、公共服务向农村拓展、资源要素向农村倾斜、现代文明向农村辐射，构建工农互促、城乡互补、协调发展、共同繁荣的新型工农城乡关系。

（七）抓好重点领域改革，扩大对内对外开放。坚持全面深化改革，破除发展面临的体制机制障碍，激活发展潜能，实现经济社会高质量发展。深化重点领域改革。深化“放管服”改革。严格执行《优化营商环境条例》，全面实行政府权责清单制度，大力推进“一站式办理”“最多跑一次”“最快送一次”改革，推动更多政务服务事项“一件事一次办”，着力解决市场主体和群众办事难问题。深化国资国企改革。深入实施国有企业三年行动实施方案，做大做强国有资本和国有企业，将22家国有企业重组整合6大集团企业，加快建立完善产权清晰、权责明确、政企分开、管理科学的现代企业制度，不断增强国有经济竞争力、抗风险能力。深化农村改革。推动村集体经济股份合作社委托第三方经营试点，实现每个乡镇不少于1个村集体经济组织按股分红，推动村集体经济不断壮大，稳步提升农民财产性收入水平。依托市农经及国土确权数据，充分发挥农村大数据平台的作用，完善乡镇产权改革体系，加快建设市场化运作、企业化管理的农村土地产权交易平台，争取10万亩土地上平台交易，全面使用自治区统一规范合同文本。深化财税金融体制改革。深化预算管理体制改革，强化预算约束和绩效管理。强化涉税信息互通，建立和完善税源管理部门联系制度，积极做好土地使用权出让收入、矿产资源专项收入征收职责划转工作，形成税源控管合力，及时发现和挖掘增量税源，促进税收增长。健全金融有效支持实体经济体系机制，加强金融监管，进一步提高风险管理能力和水平。扩大对外对内开放。加快推动塔城重点开发开放试验区建设，大力推动将沙湾建设成为开发开放试验区塔南经济走廊和天山北坡经济带的重要节点城市。发挥沙湾现代农业发展优势，支持推进绿色有机农副产品由初加工向精深加工发展，依托沃谷、天海、天宝等粮食油料加工企业建设进出口粮油加工基地。依托纺织服装标准厂房和天目湖、信泰、裕鑫源等企业，积极引进中上游企业落地，延伸产业链形成产业集群。利用公共物流配送中心，打造中哈农产品（蔬菜）国际物流中心和冷链物流基地。积极为外贸企业争取项目补贴，加大“单一窗口”免费申报制度的培训推广力度。依托资源优势，重点培育大盘鸡全产业链，推广沙湾大盘鸡特色美食品牌，打造“特色大盘美食之都”。持续推进保税街区申报建设，吸引区内外游客，不断提升旅游业开放水平。着力抓好招商引资。做好国土空间规划编制衔接，留足工业发展用地空间。加快制定招商引资优惠政策，编制完善招商引资产业目录，建立重点工业项目库，广泛开展产业链招商、驻点招商、援疆招商、以商招商、会展招商、小分队招商，确保建设一批、开工一批、储备一批。坚持“抓大不放小”理念，发挥“小项目”在农业生产和工业生产中的关键作用，发挥本地企业招商名片作用，扩大企业示范效应，吸引更多企业项目落地见效。

（八）抓好财税金融工作，夯实高质量发展基础。抓好财源建设，狠抓财政增收。坚持依法征税，确保应收尽收，坚决杜绝寅吃卯粮、虚收空转。抓好国有土地承包费收入、水资源费的征收，加大历欠土地出让金清收。统筹调剂安排现有行政事业单位资产，盘活闲置存量资产，实现保值增值。持续加大对受疫情影响的中小微企业、个体工商户纾困解难支持力度，全面落实自治区扶持性政策措施，及时按规定退付各项税费，增强发展活力。不断优化财政支出结构，树立过紧日子的思想，严格压缩一般性支出，严控“三公”经费，在保工资、保运转、保重点民生的基础上，加大对重点领域支持力度，提高资金配置效率。发挥金融服务实体经济作用，搭建完善政银企交流合作平台，支持金融机构为重点工业企业、项目建设提供便捷融资服务，积极引导涉农金融机构把经营重点放到服务“三农”“小微”领域，不断提升市域金融服务规模和水平。加强政府财务债务管理和金融监管，进一步提升风险管理能力和水平。

（九）抓好生态环境保护，让天蓝地绿水清成为常态。牢固树立绿水青山就是金山银山、冰天雪地也是金山银山的生态发展理念，坚决打赢打好蓝天、碧水、净土“三场标志性战役”。健全生态环境保护机制。坚持实行最严格的生态保护制度，严格执行能源矿产资源开发自治区政府“一支笔”审批制度。守住生态环保红线、环境质量底线和自然资源利用上线。强化国土空间规划和用途管控，严格落实生态保护、基本农田、城镇开发等空间管控边界。强化“能耗双控”管理。严格控制煤炭消费总量，继续组织推动分散供热电采暖改造，逐年降低燃料用煤炭总量，实现煤炭消费总量削减目标任务。做好新建项目的节能审查，引导企业进行技术改造，改进工艺流程，挖掘节能潜力，降低用能总量及强度。提升环境治理能力。持续推进“乌—昌—石”区域大气污染联防联控和重污染天气应对，实现重点污染源在线监测全覆盖。全面落实河（湖）长制、林长制，积极开展国土绿化行动，大力实施农田防护林、退耕还林工程，稳妥推进退地减水工作，保护好国家重点公益林，加强湿地保护修复，实施林草业重点生态工程，筑牢生态安全屏障。加大金沟河等重点河流管控力度，严厉打击采砂、取土、砍伐、排污等破坏生态环境违法行为，确保良好水体水质和生态服务功能不降低。推动绿色低碳循环发展。严格建设项目环境准入，严禁“两高”项目落户，从源头上控制新污染源的产生。着力调整和优化产业结构、能源结构，做好碳中和、碳达峰，加快发展节能环保、清洁生产产业，发展绿色建筑，积极倡导简约舒适、绿色低碳生活方式，努力建设环境友好型社会。综合运用“三线一单”、生态环保督察执法等行政手段，切实抓好群众反映强烈的环保突出问题整改，让各族群众喝干净的水、呼吸洁净的空气、感受到环境改善的成果。对中央环保督察反馈问题、中央环保督察转办信访案件等突出环境问题进行“回头看”，全力做好迎接第二轮中央环保督察准备工作。

（十）持续推进各项惠民工程，着力保障和改善民生。牢固树立以人民为中心理念，聚焦解决群众最急难愁盼的问题，坚持把本级财政支出的70%以上用于保障和改善民生，让各族群众获得感、幸福感、安全感更加充实、更有保障、更可持续。稳定扩大就业工程。全力推动各类就业政策落实，突出抓好城乡富余劳动力、高等学校毕业生、退役军人、困难群体就业，确保零就业家庭动态清零。提升教育工程。全面加强国家通用语言文字教育，巩固学前教育普及普惠发展成果，创建全国学前教育普及普惠县。持续改善义务教育办学条件，完成一小、二小、三小、七小综合楼建设，确保秋季开学投入使用，推进学校（园）风雨操场、运动场地提升改造以及附属维修、设备采购等项目实施，促进全市义务教育优质均衡发展，保持教育事业在塔城地区的领先地位。稳步推进高中新课程改革，推进普通高中教育高质量发展。深化职业教育改革，推进校企合作办学，产教深度融合，加快鞍沙职教城建设力争年内投入使用。完善覆盖全员全学段自助体系，保障特殊群体受教育权利。实施全民健康工程。持续开展全民健康体检，深入开展爱国卫生运动。完善疾病预防控制体系、公共卫生应急物资保障体系，加快市人民医院诊疗能力提升、疾控中心升级改造项目建设，提高应对突发公共卫生事件的能力和水平。继续推进公立医院综合改革，加快发展分级诊疗体系，深化医联体医共体协作模式，巩固扩大和区内三甲医院构建医联体，发展建设特色专科。积极推进医保基金支付方式改革，开展按病种分值付费试点，提高付费精准度。改进个人账户制度，实施职工基本医疗保险门诊共计保障，减轻职工医疗费用负担。注重培养以全科医生为重点的基层医疗卫生人才，不断提升基层医疗条件水平。积极落实三孩生育政策，鼓励社会组织开展婴幼儿照护服务，推进“幸福工程—困境母亲”扶弱济困项目实施。完善城乡体育设施建设，努力构建15分钟健身圈，开展好全民健身活动。实施社保扩面工程。继续推进全民参保计划，有序扩大社会保障覆盖面。到2022年底，基本医疗保险和基本养老保险参保率达到95%以上，有意愿的五保老人集中供养、孤儿集中收养均达到100%。继续推进低保审核确认权限下放到乡镇工作，完善社会救助绩效评价、联合监督检查工作机制，确保困难群众“求助有门、受助及时”。加大安居保障力度。加强保障性住房管理，严格审核程序，实现应保尽保。持续推进1000户农房抗震防灾工程建设，切实保障农牧民群众住房安全。实施煤改电工程。将“煤改电”“煤改气”结合起来，不断改善各族群众供暖条件，落实电力补贴优惠政策，降低群众生活成本。

（十一）加快推进兵地油地融合，提升融合经济发展水平。牢固树立“兵地一盘棋、兵地是一家”思想，打破行政区域界线，全方位开展联合协作，推动兵地融合发展。坚持疫情防控无边界，完善兵地联防联控联保机制，构建无缝隙、无死角健康防线。全力支持兵团深化改革，推动形成融合机制共建、稳定责任共担、经济发展共赢、生态保护共为、社会事业共享、民族团结共创、文化交流共融、干部人才共育的融合发展格局。加强与驻地兵团的沟通联系，健全综合治理联动机制，既划清管段、明确责任，又密切配合、协调联动，实现精准化、可视化、扁平化调度指挥。加快推进兵地基础设施融合发展，将沙湾小城镇建设与周边团场建设有机结合起来，统筹推进兵地水利、交通、能源、信息、城建等基础设施建设；打通东西走廊，与兵团第八师石河子市、第七师建立共同生活都市圈，互通往来，加快形成优势互补、互利共赢的兵地区域一体化发展局面。推进油地深度融合，建立油地联系会议、领导定期会商等工作机制，完善《沙湾市支持石油石化产业发展工作措施》，统筹利用好油地创新资源、产业资源、企业资源等，积极推动央地企业合作，鼓励本地企业与中石油、中石化等央企开展合作，共同编制石油石化产业发展规划，在油气勘探开发及石油装备制造、配套服务等领域开展合作，打造本地石油化工产业。

各位代表！沙湾的繁荣和发展离不开钢铁长城的捍卫。要加强国防教育，支持国防和部队建设，扎实做好新时代退役军人工作，发挥“全国双拥模范县”示范带动，着力解决部队家属就业、子女就学、驻市部队供暖供电、环境保护等问题，推动构建军人荣誉体系，全面巩固和发展“同呼吸、共命运、心连心”的新型军政军民关系。

各位代表！对口支援新疆是一项重大战略，是党中央对新疆的特殊关怀。要持续巩固拓展对口支援成果，完善对口支援工作机制，抓好21个援疆项目建设，强化援疆资金审计监管，提高资金使用效益。要认真学习辽宁鞍山的先进理念，加强辽宁省鞍山市与沙湾市的经济技术交流合作，积极对接产业转移，争取在推动城镇化建设、新型材料加工、纺织服装、农产品加工方面取得新突破。要加强干部人才培养培训工作，坚持把引进和培养人才作为援疆工作的重点，加大教育、医疗、文化、体育等优秀专业人才援沙力度，最大限度发挥对口援疆综合效益。

各位代表！当前国际国内疫情防控形势依然严峻复杂。要慎终如始常态化抓好疫情精准防控。紧盯“两节”、“两会”、冬奥、二十大等重大时间节点，坚持不懈抓实抓细“外防输入、内防反弹”防控策略和“四早”“五字”防控要求，落实“及时发现、快速处置、精准管控、有效救治”常态化防控机制，坚决压紧压实“四方责任”，落实落细“八项监测预警机制”，依法防控、科学防控、精准防控。加强健康科普知识宣传，引导全市上下持续保持战略定力，牢牢把握疫情防控主动权，形成全民防疫工作格局，全力守住当前良好的疫情防控形势，维护人民群众生命安全和身体健康。

各位代表！新形势需要新担当，新征程呼唤新作为。我们将始终坚持党对政府工作的全面领导，坚持巩固党史学习教育成果，崇尚对党忠诚的大德、造福人民的公德、严于律己的品德、努力建设人民满意的服务性政府。坚定正确政治方向。始终把政治建设摆在首位，深学笃行习近平新时代中国特色社会主义思想，进一步增强“四个意识”、坚定“四个自信”、做到“两个维护”。始终胸怀“两个大局”、心系“国之大者”，自觉从全局和政治高度审视问题、推动工作，不断提高政治判断力、政治领悟力、政治执行力，确保政府工作始终沿着正确的政治方向坚定前行。始终坚持依法行政。坚持依宪施政、依法行政、依纪从政，善于运用法治思维、法治方式推动工作，扩大政务公开，规范权力运行，推进科学民主决策，认真落实“八五”普法规划，建设法治政府。主动接受人大法律监督和工作监督，政协民主监督、纪委监委监督和社会各界监督，认真办理人大议案、代表建议和政协委员提案，广泛听取工商联、无党派人士和人民团体意见建议，聚合各方面的力量推动发展。提升干事创业本领。推进学习型政府建设，全面加强思想淬炼、专业训练、实践锻炼，学习借鉴发达地区先进经验，解放思想、开阔视野，树立与新时代发展同步、与市情实际相符、与人民期待呼应的思维方式和工作理念，提高推动经济发展的能力水平，历练破解难题瓶颈的斗争精神，使政府工作更好体现时代性、把握规律性、富有创造性。坚守廉洁从政底线。认真履行全面从严治党主体责任，严守党章党规党纪，严格执行中央八项规定精神，坚决抵制形式主义、官僚主义。持续推进政府系统廉政建设，坚决惩治腐败和不正之风，加强重点领域、关键环节的廉政风险防控，加大审计监督力度，强化制度执行，堵塞工作漏洞，从源头上促进工作规范。

春风得意启新程，策马扬鞭勇奋进。各位代表、同志们！使命召唤，我们当勇往直前；重任在肩，更需要苦干实干。让我们更加紧密地团结在以习近平同志为核心的党中央周围，在市委的坚强领导下，牢记人民之托，扛起发展之责，激发奋进之志，凝聚前行之力，为建设团结和谐、繁荣富裕、文明进步、安居乐业、生态良好的新时代中国特色社会主义新疆贡献沙湾智慧和力量！

概　况

沙湾市概况

【地理位置】 沙湾市是新疆维吾尔自治区确定的天山北坡经济带优先发展的县市之一，是塔城地区的东大门，位于新疆维吾尔自治区西北部，准噶尔盆地南缘，天山北麓，地处北纬43°29′—45°56′、东经84°57′—86°9′。沙湾市区位优势得天独厚，土地肥沃，光照充裕，河流纵横，空气清新，水质良好，交通便捷；东距自治区首府乌鲁木齐市185千米，东接石河子市、玛纳斯县，与玛纳斯县隔河相望；南到依连哈比尔尕山分水岭，与和静县、尼勒克县毗连；西至巴音沟、开干齐、小拐，与乌苏市、奎屯市、独山子区接壤；北伸古尔班通古特沙漠，与克拉玛依市、和布克赛尔蒙古自治县为邻。亚欧第二座大陆桥——北疆铁路和连霍高速（G30）、国道312线、省道101线、省道201线自东向西横穿境域，219、223、224线3条省道和3条市道自南向北贯穿全市。公路成网，遍布城乡，交通十分便利。

【地势地貌】 区域内地貌轮廓非常明显，南为天山，中部为冲积平原，北部为准噶尔盆地、古尔班通古特沙漠。地势南高北低，南部山区最高海拔5242.5米，北部盆地最低海拔256米，相差4986.5米。

【气候】 2021年，沙湾市光照条件比较丰富，全年太阳实照时数为2223.5小时。年平均气温为8.7℃，比历年同期平均值偏高0.2℃。年内极端最高气温37.5℃，出现在7月5日，极端最低气温-27.6℃，出现在1月6日。降水量略偏少，年降水量为190.5毫米，比历年平均值偏少10%。年最大积雪深度28厘米。开春期出现在3月21日，入冬期出现在11月3日；初霜期出现在10月8日，终霜期出现在4月26日。

【河流水系】 沙湾境内共有河流34条，其中境内河流25条、跨境河流9条。流域面积1000平方千米以上河流5条，为玛纳斯河、金沟河、巴音沟河、宁家河、板桥河；流域面积100—1000平方千米河流15条，为特里肯萨拉、吐尔条沟、玛纳斯河左支四河、阿克达斯沟、阿尔夏特、大南沟、卡拉莫依纳克蒙沟、三个泉子、东河坝、徐家台沟、拜辛德郭勒河、阿东萨拉河、头道河子、元兴宫沟、大牛沟；流域面积100平方千米以下河流14条，为通古特、水磨沟、大车沟、东河坝右之河、阿克布拉克、小南沟、大白杨沟、回回沟、吉吾恰依沟、铁斯克塔斯达拉、塔斯萨依沟、石头沟、玛纳斯河左支四河左支河、女恰沟。境内河道总长1899.6千米，其中大河长度1062千米、中小河流长度837.6千米。

【自然资源】 沙湾市矿产资源丰富，市内蕴藏石油、煤炭、石灰石、天然气、砂金、芒硝、页岩、玉石等40多种矿产资源，其中已探明煤炭储量17亿吨，远景储量100亿吨；探明石灰石储量3.5亿吨，远景储量5亿吨；石油、天然气地质储量分别在5亿吨和2000亿立方米以上。

土地资源　沙湾市土地面积8515.19平方千米（不含兵团），其中，农用地7355.23平方千米、建设用地171.08平方千米、未利用地988.89平方千米；按类型分，湿地75.85平方千米、耕地1655.17平方千米、种植园用地6.69平方千米、林地1675.47平方千米、草地4067.41平方千米、城镇村及工矿用地141.96平方千米、交通运输用地62.75平方千米、水域及水利设施用地467.10平方千米、其他用地362.80平方千米。

水资源　沙湾市境内地表水资源总量为21.038亿立方米，全市地下水资源量为3.204亿立方米。可利用水资源总量7.208亿立方米，其中地表水4.958亿立方米、地下水2.25亿立方米（以上数据现状为2011年）。2021年，全市总供水量10.5362亿立方米。其中，地表水源供水量2.9544亿立方米，占28%；地下水源供水量7.5168亿立方米，占71.3%；其他水源供水量0.0650亿立方米，占0.7%；农业灌溉用水占95.5%、工业用水占0.7%、生活用水占1.3%、生态与环境补水量2.5%。

旅游资源　沙湾市旅游资源得天独厚，是享誉全国的美食大盘鸡的故乡，境域内有浩瀚沙漠、苍茫戈壁、葱郁绿洲、广袤草原、逶迤雪山、湛蓝湖泊、丝路古道、民族风情、历史文化9种代表新疆旅游的特色旅游资源。从资源类型上看，有水域风光类2处、休闲求知健身类4处、地文景观类5处、购物类3处；从资源等级分布来看，全市有国家AAAA级景区1家（鹿角湾）、国家AAA级景区10家（温泉、东大塘、乌沙安集海大峡谷、森林公园、大盘美食城、华录文化广场、千泉湖、娟道影视城、文化广场、汉唐文化酒庄）、国家水利风景区和国家湿地公园1处（千泉湖）；全国农业旅游示范点和自治区四星级农家乐1处（相约田园）。

鹿角湾景区　鹿角湾景区位于距沙湾市区西南70千米的天山脚下，西邻巴音沟河，东接大南沟，由景区服务区、牧场核心区、雷达山庄、加尔肯加尕民俗村四大景点构成，总面积1.9万多公顷，省道101线沿景区而过，是天山马鹿生息繁衍的地方。马鹿每年要蜕落一次角壳，因此在山涧、河边遗留下大量蜕落的鹿角壳，俯拾皆是，故名“鹿角湾”。2005年被评为国家AAA级旅游风景区，2020年创成国家AAAA级景区。景区包括雪峰冰川、高山裸岩、高山松林和高山草原四个完整的山地垂直自然景观带，可谓“四季风光一眼揽”，是一处集雪山景观和森林草原于一体的多层次旅游胜地。景区内天山山脉气势磅礴，冰峰雪岭与蓝天白云相映生辉，高山峻岭上的森林层层叠叠，参天松树万株相倚、郁郁苍苍，风起时松涛阵阵、汹涌澎湃；在景区中部草原与山脚的接合处，湾坳曲折，溪水潺潺，桦树、白杨、忍冬等树木形态各异，色彩斑斓，绿杉成帐，绿草没膝；向北山脚下，是辽阔无垠的山前草原，芳草茵茵，如同一块翠绿的地毯，铺展至天边，与雪山融为一体。鹿角湾的夏季，草原辽阔，苍穹高远，鲜花争相怒放，香气袭人，毡房点点，炊烟袅袅，奶茶飘香，涌动的羊群，奔驰的骏马，踱步的牛驼，共同构成了一幅既静谧温馨，又粗犷豪放的草原风物画卷。

温泉景区　温泉景区位于金沟河谷之中，四面层峦叠嶂，云杉蓊郁成帐，夏季无酷暑，冬季少严寒，是一处集旅游、疗养、休闲、娱乐于一体的国家AAA级旅游风景区。景区内温泉泉眼众多，泉水由周围的山崖石壁中溢出，无色透明，温热发烫，呈碱性，含有碳酸根、硫化氢、钙、镁、锶、钠、铁等30多种对人体有益的矿物质，洗浴后，肌肤爽滑，通体舒畅，面色红润，具有独特的美容效果，被誉为“神水天医”。温泉景区内坐落着清代存留下来的山中古刹灵泉寺，建于同治年间，造型工艺奇特，其雕梁画栋与瓦纹飞檐，呈现出浓郁清代建筑风格。玉石沟泉水汩汩畅流，河流两岸密布苍松翠柏，深入天山腹地，直达雪峰，是一处以原始深山野林探险为特色的景点。景区内的新疆天赐圣泉度假酒店是以“康养原汤温泉文化”为主题，打造了室内外天然温泉汤池、儿童水上乐园、健身房、演艺厅、露天音乐静吧、汗蒸广场、干湿蒸房、景观休息大厅、保健养生SPA、休闲茶吧等设施，可同时接待2000余名宾客，该景区初步打造成为疆内文旅康养新城、新疆知名的温泉旅游新地标。

东大塘景区　东大塘景区位于天山深处，依连哈比尔尕山北麓，景区距石河子市、沙湾市区各70余千米，东与“蒙古庙”旅游区隔山相望。2005年被评为国家A级旅游景区。东大塘景区分为东、南、西三区，南部高山峻岭绵延，峰顶白雪皑皑，寒光熠熠，山中有河，清流淙淙。东部三面环山，有百米瀑布从崖头飞泻直下，直泻沟底深潭，浪花泛起，白雾弥漫。西面是主景区东大塘，丘陵之间分布着山坳与盆地，柳树、桦树、杨树、松树与野花草场混交，形成了特殊的丘陵草原。沿松林中的崎岖小道可达山顶，顶部一片起伏绵延的碧绿草地，云杉苍郁，间有松柏散布。景区独特的天山风光，壮观的石刻景观，纯朴的哈萨克民俗，古老的游牧生活，浓郁的草原文化气息和源远流长的佛教文化使景区具备了开展综合旅游的发展潜力，是休闲、避暑、怡情养性、登山及科学考察的好去处。

千泉湖景区　千泉湖景区南距市区约26千米，因湖区泉眼众多，故名千泉湖，属于典型的湿地草甸沼泽型自然风光区。千泉湖畔苇荡中，雨后的蘑菇如白云落地，又被称为“蘑菇湖”，是国家AAA级旅游景区。这里除蘑菇奇景之外，还是芦苇的迷宫、泉水的世界、水族动物的乐园、鸟类的王国，天鹅、鸬鹚、草鱼等穿梭于芦苇荡中，北岸有千亩以上保护完好的平原原始次生林，这里活跃着野兔、狍鹿、黄鸟、苍鹰，湖区内有蟹苗、虾苗繁育基地。提供餐饮、住宿、水上娱乐等设施，系国家级水利风景区、婚纱摄影基地。

森林公园　森林公园位于沙湾市区西2千米处、312国道旁，占地面积53公顷，公园被250多公顷水果基地环绕，环境优美，风光旖旎，系国家AAA级旅游景区、自治区级森林公园、自治区生态文明教育基地、自治区四星级农家乐和全疆百家乡村旅游示范点。景区内树林参天，绿荫簇拥，水渠、溪流穿梭其中，公园中覆盖有300多亩果林，有近2千米长的葡萄长廊，是沙湾市各旅游景点中最具特色的生态文化型城市园林景区。

大盘美食城　大盘美食城位于沙湾城西1千米处，占地面积4.4万平方米，总投资1.2亿元。各楼体店铺装修各具特色，室内设计风格融合沙湾的地方历史风情，以沙湾悠久的“吉祥文化”为内涵，为单体楼取名百吉宴、黄沙梁、清镇将军府、杏花村、铁门槛、酒肆、丝绸之路和游客服务中心等，是国家AAA级旅游景区。整个美食碧玉城以百吉宴为核心，以沙湾大盘美食为重点，以全疆各地特色餐饮为辅助，以其他娱乐、服务、烟酒等服务行业为补充，充分借助沙湾当地名吃“大盘鸡”品牌，打造以大盘餐饮为龙头的沙湾旅游产业体系，大力开发具有沙湾特色的地方餐饮。

绢道影视城　绢道影视城位于新疆沙湾市境内天山北侧、省道101线旁，影城距离沙湾市55千米，东侧距沙湾温泉景区10千米，西距鹿角湾景区18千米，是西天山旅游线上的必经之地。影视城建成于2018年1月，是大型古装电视剧《九州缥缈录》中主要场景“北都城”的拍摄地，影视城在其基础上经过多方打磨逐渐成为“影视+旅游”的特色体验区，并于同年获评国家AAA级旅游景区。

雪水坊汉唐文化酒庄　雪水坊汉唐文化酒庄坐落于西北地区唯一以烧酒作坊命名的大泉乡烧房庄子村，酒庄占地6.3公顷，整个酒庄以沙湾原始农业村庄烧酒作坊的历史风貌为原型，不添加任何现代气息，游客可目睹雪水坊的酿造全过程，感受传统工艺的独特魅力，体验绿色健康原生态现场酿酒，是一处具有浓厚原生态村落文化的旅游景点。雪水坊天山藏酒洞位于天山深处的依连哈比尔尕山北麓，距沙湾市60千米，占地近7公顷，洞中冬暖夏凉，四季恒温，远离污染，任岁月时光在这里流淌，让纯粮美酒在洞里静默老熟。酿酒烧坊庄，洞藏天山上。新疆村落文化历史名酒“雪水坊”把新疆悠久的酒文化与天山紧紧连接在了一起，以山的高度决定酒的高度，以酒的高度感染熏陶着人品的高度，诠释着真善美的最高境界。

文化广场　沙湾市文化广场位于市区中心地带，乌伊公路和少年路、健康西路交会片，1998年6月始建，1999年9月竣工，占地面积53662平方米，是集娱乐、休闲、活动与一体的多功能广场。广场总体布局呈多边形，其中大理石铺装4000平方米、草坪绿地5000平方米、广场砖硬化1000平方米。广场中央区域为圆形，中心位置是一座喷泉，直径12米，广场四周有月季、万寿菊、一串红、侧柏、大叶榆、白蜡、垂柳、铁树等各色花木，花草相映，疏密有致；有变色喷泉灯、庭院灯、草坪灯等60余盏，高低错落，动静结合；此外还有石凳、雕塑小品、人工湖等设施，与广场协调一致，融为一体。

华录文化广场　沙湾市华录广场景区位于沙湾市区智慧大道东路，与新建的沙湾一中隔路相望。周边大型住宅区、商业街、物流中心云集。华录文化广场作为城市商业中心，涵盖影院、乐园、儿童体验乐园、健身中心、网咖等多种文化消费业态。2019年1月被评为国家AAA级旅游景区；项目建设用地面积为12974平方米，总建筑面积约为16500平方米，其中地下建筑面积4000平方米、地上建筑面积12500平方米，包含华录电影院2100平方米、儿童乐园800平方米、健身房1100平方米、电玩城600平方米、网吧550平方米、商铺3500平方米，其余为交通及附属设施面积。

【建置沿革】　沙湾历史悠久，秦代为塞种、乌孙、匈奴等古代民族游牧之地，自汉代以来就是中国领土不可分割的一部分。西汉神爵二年（前60），汉朝在乌垒域（今新疆轮台县境内）设西域都护府，沙湾作为乌孙东境，属西域都护府辖地。

魏晋南北朝时期，今沙湾市境先后被柔然人、高车人统辖。

唐贞观二十三年（649），唐朝设瑶池都护府，隶属于安西都护府，管辖天山北麓，今沙湾市境归其统辖。唐永徽二年（651），唐瑶池都督阿史那贺鲁背叛中央政府，唐朝政府于永徽四年（653）废除瑶池都护府建制。唐显庆二年（657），唐朝大将苏定方大破阿史那贺鲁，擒其回长安。唐中央政府设16羁縻府、州，分别隶属于昆凌、濛池都督府，总隶属于安西大都督府治下，今沙湾市境归盐泊都督府管辖。武则天统治时期，于长安二年（702），在庭州（今吉木萨尔）设北庭都护府，今沙湾市境归其管辖。

南宋绍兴二年（1132），辽宗室耶律大石率部在叶密立（今额敏县境）称帝，建西辽王朝，今沙湾市境归其管辖。

南宋开禧二年（1206），铁木真统一蒙古各部，称成吉思汗，建立蒙古汗国，并于南宋宝庆元年（1225），将其领地分封诸子，今新疆的大部分地区为其次子察合台、三子窝阔台领地，沙湾市境为窝阔台领地。到元至大二年（1309），窝阔台领地并入察合台领地，今沙湾市境归察合台管辖。

明永乐四年（1406），明朝中央政府在哈密设卫，哈密卫是明朝政府在新疆地区设立的行政和军事机构，同时，明朝政府通过册封地方头目为王，管辖天山南北，今沙湾市境就有土尔扈特部、准噶尔部游牧活动。

清乾隆二十二年（1757），清政府派兵在今老沙湾、乌兰乌苏、安集海驻军屯田；邮驿的设置便利了交通，使今沙湾市成为北疆的交通枢纽。乾隆三十三年（1768），设绥来县丞，今沙湾市域归其管辖。

民国4年（1915），从绥来县析出建沙湾县，县治小拐，隶属迪化道。民国6年（1917）改隶塔城道。民国18年（1929），沙湾县府迁至沙湾庄（今老沙湾镇），隶属塔城行政区。

1950年，沙湾县属于塔城专区。1952年经国务院批准，将玛纳斯河以西石河子、乌兰乌苏、西二、三宫、头浮、下四宫等地划归沙湾县管辖。1956年10月26日，经国务院批准，沙湾县城由老沙湾迁至三道河子。1976年，经国务院批准，沙湾县划入石河子地区；1978年，从石河子地区划出，隶属塔城地区至今。2021年1月，经国务院批准，民政部批复，同意撤销沙湾县，设立县级沙湾市，3月16日正式挂牌成立。

【行政区划】 2021年，沙湾市辖9个镇、3个乡，173个村（队）、14个社区。

经济社会发展

【经济总量】 2021年，全市实现地区生产总值231.21亿元（含兵团），比上年增长6.9%。其中，第一产业完成增加值125.79亿元，同比增长7.5%；第二产业完成增加值31.29亿元，同比下降0.7%；第三产业完成增加值74.13亿元，增长9.1%。第一产业增加值占地区生产总值比重为54.4%，第二产业增加值占13.5%，第三产业增加值占32.1%。

【农村经济】 全市完成农业总产值108.26亿元，比上年同期增长13.8%。其中，种植业完成产值82.29亿元，同比增长19.1%；畜牧业完成产值19.54亿元，增长15.1%；林业完成产值1.67亿元，增长0.6%；渔业完成产值0.46亿元，增长1.5%；农林牧渔服务业完成产值4.3亿元，下降37.6%。农作物正复播面积达226.7万亩，基本与上年持平。粮食种植面积36.41万亩，同比下降7.3%；粮食总产29.4万吨，同比增长33.3%。其中，小麦面积为8.32万亩、同比下降30.1%，总产3.67万吨、同比增长7.8%；玉米面积为28.03万亩、同比增长2.8%，总产25.7万吨、同比增长38.2%。油料作物播种面积为0.36万亩，总产0.1万吨。其中，花生0.045万亩，总产207吨，同比分别下降10%和2.4%；油葵0.31万亩，总产766吨。棉花种植面积176.03万亩、同比增长0.9%，总产26.89万吨、同比增长1.2%，其面积占总正播面积的77.9%，比上年增长0.8%。全市蔬菜播种面积为7.08万亩，同比增长0.8%；总产38.22万吨，同比下降1.6%。其中，工业用番茄0.81万亩、同比下降2.4%，总产7.0万吨、同比增长9.0%；工业辣椒5.04万亩，总产2.3万吨，同比分别下降9.0%和8.0%。瓜果、饲草料等种植面积分别为0.26万亩、5.4万亩，总产分别为0.56万吨、25.5万吨。年末牲畜存栏54.3万头（只），同比增长8.7%。其中，牛7.44万头，同比增长11.9%；猪6.37万头，同比下降7.1%；羊38.75万只，同比增长9.9%。年内牲畜出栏50.6万头（只），同比增长7.3%。其中，牛4.33万头，同比增长4.3%；猪9.54万头，同比增长4.3%；羊35.52万只，同比增长6.0%。家禽出栏152.78万羽，同比增长38.2%；肉类总产量2.54万吨、奶类产量5.4万吨、羊毛产量508吨、禽蛋产量3850吨，分别增长7.4%、90.5%、0.2%、9.7%。年末拥有农业产业化服务组织932家。农业机械总动力809476.69千瓦，拥有大中型拖拉机12725台、小型拖拉机6810台，农作物机耕面积150700公顷，农作物机播面积150540公顷。

【工业和建筑业】 全市规模以上工业完成总产值54.2亿元，同比增长38.7%；完成增加值8.3亿元，同比下降3.1%。规模以上工业销售产值55.58亿元，同比增长43.7%。规模以上工业产品销售率102.5%，比上年增长5.1个百分点。全年建筑企业完成产值5.76亿元，同比增长113.4%；建筑企业房屋建筑施工面积达3.22万平方米，竣工面积12.41万平方米，竣工产值5.43亿元。

【固定资产投资】 全市固定资产投资同比下降13.7%。第一产业投资下降15.1%，第二产业投资下降57.9%，第三产业投资增长38.5%，其中房地产投资增长96.7%；三次产业投资比重由上年的17.2∶44.5∶38.3调整为2021年的16∶21.9∶62.1。

【交通运输、邮政通信和旅游】 全年各种交通运输工具共完成货运量641.73万吨，同比增长57.5%；货物周转量33970.16万吨千米，同比增长51.8%。完成客运量668.92万人，同比增长32.7%；旅客周转量5035.68万人千米，同比增长413.4%。实现邮政业务收入2932.46万元。全年旅游收入16.07亿元，同比增长58.5%，共接待旅游人数286.35万人次，同比增长52.7%。

【国内贸易和对外经济】 全年社会消费品零售总额17.54亿元，同比增长16.6%。按经营地划分，城镇零售额为13.49亿元，同比增长17.4%，占整个市场的比重为76.9%；乡村零售额为4.05亿元，同比增长13.9%。按行业划分，零售业零售额为14.97亿元，同比增长17.5%；批发业零售额为0.26亿元，同比增长10.3%；住宿业零售额为0.27亿元，同比增长18.6%；餐饮业零售额为2.05亿元，同比增长10.6%。完成进出口贸易总额为278.31万美元；其中，番茄酱出口额227.81万美元，氰化钠等危险化学品出口额50.5万美元。

【财政、金融、保险】 全市地方财政收入11.98亿元，同比增长18.4%；公共财政预算收入8.58亿元，同比下降11.5%。地方财政支出31.49亿元，同比下降21.1%；公共财政预算支出24.99亿元，同比下降6.3%。年末金融机构各项存款余额168.5亿元，比年初增加34.49亿元，较上年增长25.8%。金融机构各项贷款余额122.68亿元，比年初增加30.83亿元，较上年增长33.5%。全年保险公司完成保费收入3.03亿元，与上年基本持平。其中寿险保费收入1.62亿元，同比增长6.3%；财险保费收入1.41亿元，同比下降6.6%。

【文教卫生事业】 全市文化艺术、广播影视事业健康发展，市、乡、村三级文化网络基本建立健全。年末全市共有文化馆、文物管理所、电影管理服务站、文工团各1个，图书馆8个。全市12个乡镇全部建立健全了文化站、图书室、活动室、文化广场等文化活动场所。2021年广播节目综合人口覆盖率为99%，电视节目综合人口覆盖率为98.5%。各级各类教育全面发展，全市有各级各类学校77所。有幼儿园45所，其中公办40所、民办3所、部队2所；义务教育学校30所，其中小学21所、初级中学9所；高级中学1所；中等职业技术学校1所。全市共有基础教育教学班868个，其中学前教育206个、义务教育579个（小学414个、初中165个）、高中83个。全市在校（园）基础教育学生28758人，其中幼儿园5591人、小学12557人、初中6618人、高中3992人。全市共有基础教育教职工3250人，其中幼儿园498人、小学1267人、中学1485人。专任教师2635人，其中幼儿园378人、小学1001人、中学1256人。卫生事业稳步发展，全市共有医疗卫生机构260个，拥有床位702张；专业技术人员1237人，其中医生506人、护士532人。

【居民生活与环境保护】 农村居民人均可支配收入23708.4元，增长15.2%；城镇居民人均可支配收入34938.24元，增长6.7%。

全年城市污水日处理能力达3万立方米，2021年日处理量1.4万立方米，城市污水处理率达到94.74%。城镇绿化覆盖率达到38.6%。2021年沙湾市有环境监测站1个、监测人员8名，全年完成环境污染治理投资400万元，全市氮氧化物减排151吨。

【劳动就业与社会保障】 全市通过各种途径实现城镇新增就业5294人，完成目标任务的120.3%。转移农村富余劳动力1.53万人次。

年末基本养老保险参保（含离退休）130356人；机关事业养老保险（含离退休）12359人；城乡居民基本医疗保险参保149886人；城乡居民养老保险（含60周岁以上）94027人；失业保险参保15998人；工伤保险参保14515人；生育保险参保18920人。全市有福利机构4个，收养老人176人，收养儿童31人。全市44243人次享受最低生活保障，其中城镇9176人次、农村35067人次。

大 事 记

1月

1月1日，沙湾县开展“文化润疆·书香沙湾”系列活动之迎新年读书活动。

1月5日，中共沙湾县委十二届八次全委（扩大）会议胜利召开。县委书记黄佳俊作题为《坚定信心　务实笃行　为夺取沙湾县“十四五”新胜利而努力奋斗》的报告。受县委委托，黄佳俊就《中共沙湾县委员会关于制定国民经济和社会发展第十四个五年规划和二〇三五年远景目标的建议》向大会作了说明。

1月6日，沙湾县委常委、人武部政委，副县长张卫武及某部队代表一行走访慰问在部队荣获“三等功”的现役军人崔望龙、陈伟、韩高飞家属，并送上立功喜报和慰问金。

1月7日，位于大泉乡城郊西村的沙湾县博物馆农耕分馆正式揭牌成立。这是沙湾县在加强文化遗产保护、促进文化繁荣发展和推进文化旅游深入融合发展中取得的又一项成果。

1月8日，沙湾县召开2020年度基层党（工）委书记抓基层党建述职评议考核会议。县委书记黄佳俊主持会议并讲话，地区社会主义学院党组书记、副院长周广敏到会指导。

1月9日，自治区纪委监委驻自治区市场监督管理局纪检监察组组长、自治区市场监督管理局党组成员吕栋一行在沙湾县开展第三次中央新疆工作座谈会贯彻落实情况督查。

1月12日，沙湾县举办科级干部学习党的十九届五中全会精神和第三次中央新疆工作座谈会精神专题培训班。县委书记黄佳俊参加开班式并作专题辅导，县委常委、组织部部长李永翔主持开班仪式。

1月14日，中国人民政治协商会议沙湾县第十五届委员会第六次会议开幕，来自沙湾县社会各界的78名政协委员出席了会议。

1月15日，沙湾县第十六届人民代表大会第六次会议开幕，177名代表出席了会议。

1月21日，沙湾县召开2021年征兵工作会议，会议对2021年春季征兵工作进行再安排再部署。

1月25日，央视新闻新媒体直播团队到沙湾县，向全国各地的网友传授沙湾大盘鸡的烹饪秘诀，推出《冬天的味道》系列网络直播，为观众们送上“年菜下厨宝典”。

1月26日，自治区团委党组成员、副书记达列力别克·坎加汗一行在沙湾县开展疫情防控专项督导。

是月，沙湾县第一小学在自治区举办的“我爱祖国海疆”系列青少年科技模型网络教育竞赛活动中取得优异成绩，县第一小学共有55名学生参加其中4个项目的比赛，其中一等奖17人、二等奖6人、三等奖19人、优胜奖6人，两名同学分别在“百年航程”红船模型场景创意赛和“大国重器”航海模型制作赛中位居单项比赛第一名。

是月，在自治区举行的抗击新冠肺炎疫情表彰大会上，沙湾县人民医院发热门诊荣获“自治区级先进集体”称号，沙湾县学雷锋志愿者协会党支部书记、会长顾海英被评为“自治区抗击新冠肺炎疫情先进个人”。

是月，经国务院批准，民政部批复，同意撤销沙湾县，设立县级沙湾市，以原沙湾县的行政区域为沙湾市的行政区域。

2月

2月2日，沙湾县2021年文化科技卫生“三下乡”暨新时代文明实践志愿服务活动启动仪式在县委党校举行。

2月5日，沙湾县召开2021年农业农村工作会议，总结2020年全县农业农村工作，部署2021年农业农村工作，并着眼长远部署“十四五”时期“三农”工作。县委书记黄佳俊出席会议并讲话。

2月10日，中共沙湾县第十二届纪律检查委员会第六次全体会议召开。县委书记黄佳俊出席会议并讲话，县委副书记、纪委书记、监委主任邹勇主持会议并代表县纪委常委会作题为《知责于心　担责于身　履责于行　坚定不移推进纪检监察工作高质量发展　为夺取沙湾县“十四五”新胜利提供坚强保障》的工作报告。

2月13日，地委副书记、行署专员木合亚提·加尔木哈买提就春节期间疫情防控、社会稳定、安全生产以及经济高质量发展等工作在沙湾县进行实地调研。

2月18日，沙湾县召开县乡领导班子换届工作会议，对全县县乡领导班子换届工作进行动员部署。县委书记黄佳俊出席会议并讲话。

2月24日，沙湾县召开党史学习教育动员会议，全面贯彻落实党中央、自治区党委、地委党史学习教育动员大会精神，安排部署全县党史学习教育。

是日，沙湾县召开全面依法治县工作会议，对当前和今后一个时期全面依法治县工作作出部署。县委书记黄佳俊出席会议并讲话。

2月28日，在新疆医科大学第一附属医院介入治疗中心主任任伟新的协助下，沙湾县人民医院成功开展首例肿瘤介入治疗及支架植入。两台手术的成功开展，标志着沙湾县在肿瘤、外周血管介入治疗技术上实现新的突破。

3月

3月1日，广播直播节目《党旗飘扬》在沙湾县融媒体中心正式开播。

3月3日，塔城地区举办招商引资大会暨签约仪式，沙湾县在签约仪式上与新疆京奥宏博节能科技有限公司、广东悦颜妆生物科技有限公司、沙湾县交投洪通能源有限公司3家企业签约，签约资金达3.88亿元。

是日，沙湾县残联组织开展助听器免费适配发放活动，共为18名残疾人免费发放总价值3.2万元的助听器。

3月4日，沙湾县“弘扬雷锋精神，志愿服务同行”学雷锋志愿服务月活动启动仪式在三道河子镇伊宁路社区举行。

3月7日，沙湾县举行“三八”国际妇女节纪念大会。会上，县妇联负责人宣读了《关于对沙湾县妇联系统2020年度先进集体、先进个人、各类家庭的表彰通报》，4位巾帼宣讲员对沙湾县涌现出的优秀女性先进事迹进行了宣讲。

3月8日，沙湾县委副书记、政法委书记、县人大常委会党组书记、副主任张大江，县委常委、人武部政委王宏平等，为沙湾县荣立二等功的现役军人杜戈的家属送去了立功喜报和慰问金。

3月15日，沙湾县各族党员干部群众通过网络收听收看塔城地区首场“云宣讲”现场直播，深入学习领会中共十九届五中全会和第三次中央新疆工作座谈会精神。

是日，沙湾县开展2021年“3·15”国际消费者权益日宣传暨销毁假冒伪劣商品活动。

3月16日，沙湾举行撤县设市揭牌仪式。自治区人民政府副主席、自治区党委政法委副书记、自治区自然资源厅厅长哈德尔别克·哈木扎出席揭牌仪式并讲话，自治区民政厅党组书记王志军、地委书记薛斌参加揭牌仪式，自治区人民政府副秘书长李涛主持揭牌仪式。揭牌仪式在雄壮的国歌声中开始。王志军宣读了自治区人民政府《关于撤销沙湾县设立县级沙湾市的通知》，薛斌宣读了自治区党委《关于撤销中国共产党沙湾县委员会和纪律检查委员会成立中国共产党沙湾市委员会和纪律检查委员会的通知》。哈德尔别克·哈木扎、薛斌共同为中国共产党沙湾市委员会、沙湾市人民代表大会常务委员会、沙湾市人民政府、中国人民政治协商会议沙湾市委员会、中国共产党沙湾市纪律检查委员会、沙湾市监察委员会揭牌。

3月17日，自治区纪委监委驻人社厅纪检监察组组长、人社厅党组成员张海一行在沙湾市调研第三次中央新疆工作座谈会有关工作。

3月17日至18日，十二届沙湾县委第二十一轮巡察工作动员部署会及进点动员会召开。

3月18日，自治区人民政府副秘书长，自治区扶贫办党组书记、主任曹志文一行在沙湾市调研乡村振兴工作。

3月20日，沙湾市举行2021年春季新兵入伍欢送仪式。市委分管领导赵震出席欢送仪式并讲话，王宏平同志主持欢送仪式。

3月21日，伊犁州政协副主席刘庆华一行到沙湾市开展文化润疆工程专题调研并召开座谈会，市政协党组主要负责人刘永华陪同调研，市人民政府分管领导李艳参加座谈会。

3月22日，沙湾市举办村干部和后备力量素质提升三年行动启动仪式暨2021年集中培训（第一期）开班典礼，来自全市各乡镇（场）的100余名村干部和后备力量参加培训。

3月23日，沙湾市党员干部党史学习教育读书班开班，市委主要负责人黄佳俊出席会议并讲话。

是日，沙湾市召开新时代“访民情、惠民生、聚民心”驻村工作会议。

3月27日，沙湾市全面开展新冠病毒疫苗全民免费接种工作。

是日，沙湾市2021年第一批重点建设项目集中开工仪式在市人民医院友好路分院举行。

是日，地区歌舞团在安集海镇安集海村开展“送文艺下村”暨十九届五中全会及第三次中央新疆工作座谈会精神宣讲活动。

3月29日，塔城地区公安机关“弘扬英模精神”先进事迹报告会沙湾专场在沙湾市科技中心主会议厅举行。

3月31日，沙湾市开展庆祝中国共产党成立100周年系列文化活动之——“百年荣光　薪火相传”文艺社团交流展演活动。

是月，由供销社、家家乐农资销售有限责任公司与天宝绿色食品有限公司、新疆瑞禾绿色农业发展有限公司共同合作成立的博尔通古乡小麦和玉米收购站正式揭牌。

是月，沙湾新华书店专门设置“红色专区”图书展台，展出《论中国共产党历史》《中国共产党历史图志》等著作。

4月

4月1日，八师石河子市艺术剧院豫剧团《豫剧》非遗传承实践基地沙湾挂牌仪式在沙湾市文化馆举行。

4月7日，阿克苏地委委员、自治区“访惠聚”办乡村振兴联络组副组长王凯旋一行在沙湾市调研乡村振兴工作，并召开乡村振兴工作座谈会。

4月10日，沙湾市召开党史学习教育专题宣讲报告会。市委主要负责人黄佳俊在会上作党史学习教育专题宣讲。

是日，沙湾市开展第二轮新冠疫苗接种工作。

4月11日，沙湾市举行塔城地区2021年重点项目分会场集中开工仪式。

4月12日，塔城地区2021年超宽膜棉花种植模式试点试验现场会在沙湾市举行。

是日，地委委员张立东在力铭鑫通石油化工有限公司、鸿旭浩瑞有限公司、天舜众鑫沥青有限责任公司、新疆帅科煤化有限公司开展安全生产工作大检查。

4月15日，由中组部、农业农村部主办，以乡村治理与发展为主题的2021年第一期农村实用人才带头人和大学生村官示范培训班在沙湾市大泉乡三道沟村农村实用人才培训基地开班。

是日，自治区纪委常委、自治区党委巡视办主任邹令春一行在沙湾市开展安全生产工作大检查。

4月15日至19日，地委副书记、行署专员阿依丁·托留汗到沙湾市就安全生产责任制落实情况进行督导检查。

4月19日，新疆农业大学党委书记、教授谢树青一行到沙湾市调研考察并与沙湾市人民政府签订农业科技发展战略合作协议。

是日，沙湾市举行乡村振兴学院揭牌仪式。

是日，地委委员、组织部部长宁雪松在沙湾市调研，并前往柳毛湾镇巡河。

4月20日，自治区妇联在沙湾市开展“家庭学校进农户”活动。

4月22日，沙湾市学百年党史诵红色经典暨“书香沙湾·全民阅读”活动在新华书店启动。

4月25日，自治区党委常委、组织部部长李邑飞在沙湾市召开玛纳斯河2021年巡河湖座谈会，到沙湾市乡村振兴大数据中心、鹿角湾景区、温泉景区调研，走访了西戈壁镇上八家户村、西戈壁镇五道沟村群众。

4月26日，塔城地区举行4月招商引资项目集中签约大会，沙湾市在分会场上与两家企业签约，签约资金达8.56亿元。

是日，沙湾市“百万党员学党史　学习达人挑战赛”在市委党校举行。

4月28日，塔城地区和沙湾市博物馆联合开展“建设美丽新疆　共圆祖国梦想”——“新疆四史”主题流动展活动。

4月28日至30日，自治区党史学习教育领导小组办公室第一巡回指导组副组长、自治区科协二级巡视员艾春根一行到沙湾市指导检查党史学习教育开展情况。

是月，沙湾市人民医院普外泌尿外科体外冲击波碎石室正式投入使用。

5月

5月1日至5日，沙湾市政府主要领导俄合拉斯·斯巴达克带队先后前往阿克苏地区阿瓦提县、乌什县、阿克苏市学习考察乡村振兴工作。

5月4日，乌什县委副书记、教育党工委书记刘世锋一行在沙湾市调研。

5月6日，沙湾市委主要领导黄佳俊在市委党校为2021年度“中青年干部培训班、基层干部双语培训班和基层干部国语培训班”等主体班次学员作专题授课。

5月8日，沙湾市举行首届“万步有约”健走激励大赛启动仪式。

5月10日，地委副书记、行署专员阿依丁·托留汗在沙湾市调研。

5月11日，伊犁州政协第十三届委员会常务委员会第十八次会议在沙湾市召开。

5月12日，辽宁省调研考察组一行在沙湾市人民医院开展义诊活动，并在沙湾市进行实地走访调研。

5月15日，沙湾市举行塔城地区第二批重点建设项目分会场集中开工仪式。

是日，沙湾市“打击治理电信网络诈骗犯罪集中宣传月活动”工作领导小组办公室举行打击治理电信网络新型违法犯罪工作新闻发布会。

5月16日，中组部、农业农村部农村实用人才带头人“大学生村官能力建设”主题培训班在沙湾市开班。

5月21日至26日，由新疆财经大学文化与传媒学院的10名师生组成的采访团，对沙湾市农业发展水平、大盘鸡产业链发展情况、乡村振兴战略实施情况等进行采访。

5月29日，自治区人大常委会副秘书长、自治区党委政法委教育整顿驻点第二指导组副组长古丽·吐依洪一行实地督导沙湾市政法队伍教育整顿工作开展情况。

5月31日，沙湾市举行乡村振兴局揭牌仪式。

是日，塔城地区举行5月招商引资项目集中签约大会，沙湾市在分会场上与3家企业签约，签约金额达134.4亿元。

是月，新疆西部银泰建设工程有限公司车队工会被中华全国总工会授予“全国模范职工小家”荣誉称号，是沙湾市唯一获此殊荣的工会小组。

6月

6月3日，中组部、农业农村部农村实用人才带头人创业富民（电商）主题培训班在沙湾市开班。

6月4日，沙湾市举办“我的入党故事”演讲比赛。

6月8日，沙湾市召开2021年第一批城市公共租赁住房分配大会，符合公租房申请条件的20户家庭喜获新居。

6月11日，沙湾市组织市域内部分非物质文化遗产传承人及文化志愿者开展2021年“文化和自然遗产日”宣传展示活动启动仪式。

是日，沙湾市举行“光荣在党50年”纪念章颁发仪式。

是日，沙湾市召开第一次民族团结进步表彰大会，市委书记黄佳俊出席会议并讲话。

6月15日，沙湾市召开打击欺诈骗保专项整治行动动员大会。

6月16日，自治区党委常委、宣传部部长田文在金沟河开展巡河工作，在翠山砂石料场、金沟河渠首进行了调研。

6月17日，自治区党委常委、组织部部长李邑飞一行在沙湾市农科金岳农机农民专业合作社联合社、金沟河镇宋圣宫村、沙湾盖瑞乳业有限责任公司、沙湾市第一中学、大泉乡烧坊庄子村进行了调研；慰问了先进模范人物、自治区优秀共产党员赛尔江·托列干，老党员史洪珍夫妇；在党政办公楼主会议厅召开了乡村振兴工作座谈会。

6月19日，沙湾市首届“健康杯”职工篮球赛在大泉乡正式开赛。

6月23日，沙湾市举行塔城地区第三批重点建设项目分会场集中开工仪式。

是日，沙湾市召开“永远跟党走”庆祝中国共产党成立100周年理论研讨会。

6月24日，沙湾市举办“践行初心使命　深化岗位建功”万名党员当先锋百日行动主题志愿服务活动。

是日，沙湾市组织部分副县级以上退休老干

部参观全市经济社会发展情况。

6月25日，沙湾市举行“颂歌献给亲爱的党”庆祝中国共产党成立100周年合唱音乐会。

6月26日，沙湾市委书记黄佳俊走访慰问老干部赵忠宪、陈克定，以及生活困难党员吐尔逊古丽·尼亚孜和老党员陈少华。

是日，市委副书记、县长俄合拉斯·斯巴达克走访慰问离休老干部徐光安、退休老干部铁木尔别克·阿合买德。

6月27日，沙湾市新党员入党宣誓和党员重温入党誓词仪式在沙湾市影剧院广场召开，县处级以上领导干部，市直各党（工）委、党组织负责人，新党员代表参加仪式。

6月27日，沙湾市举行庆祝中国共产党成立100周年“沙湾儿女心向党”文艺晚会。

是日，沙湾市庆祝中国共产党成立100周年座谈会在党政办公楼主会议厅召开。

6月28日，沙湾市举办“党在我心中”美术、书法、摄影和剪纸艺术展。

是日，塔城地区举行6月招商引资项目集中签约大会，沙湾市在分会场上与12家企业签约，签约资金达11.38亿元。

6月29日，自治区纪委监委驻自治区党委政法委纪检监察组副组长南田地一行在沙湾市督导中国共产党成立100周年庆祝活动安排部署、“3+1”重点任务等工作落实情况。

6月30日，阿克苏地委委员，自治区“访惠聚”办乡村振兴联络组副组长王凯旋与自治区国资委、央企、区属企业负责人一行在沙湾市考察调研。

7月

7月3日，沙湾市举行庆祝中国共产党成立100周年座谈会。市委书记黄佳俊出席会议并讲话，市委副书记、县长俄合拉斯·斯巴达克主持会议。

是日，沙湾市委宣传部、市民族团结进步创建工作领导小组办公室举办“永远跟党走”——沙湾市庆祝中国共产党成立100周年宣讲员大赛。

7月6日，武昌理工学院影视传媒学院“雪域未来”计划——新月支疆志愿服务团队到沙湾市开展全国大中专学生“三下乡”暑期社会实践活动。

7月7日，自治区人大常委会副秘书长、自治区党委政法委教育整顿驻点第二指导组副组长古丽·吐依洪一行在沙湾市实地督导沙湾市政法队伍教育整顿工作开展情况。

是日，新疆文化旅游投资集团有限公司党委副书记、总经理王宏江一行在温泉景区、鹿角湾景区、乌沙安集海大峡谷调研。

7月16日，中共沙湾县委十二届九次全委（扩大）会议召开。

7月22日，遵义市人大常委会主任范元平一行在沙湾市调研。

7月25日，地委委员、统战部部长加尔肯·江布尔拜一行到沙湾市调研民族团结进步创建工作。

7月26日，沙湾市召开人居环境整治暨“厕所革命”和清理规范违规发放公务员工资津贴补贴工作动员部署会议。

是日，沙湾市第一次归侨侨眷代表大会胜利召开。地委统战部常务副部长、社会主义学院党组书记周广敏，市委常委、统战部部长图尔逊·木拉提出席大会并讲话。大会审议并通过沙湾县侨联第三届委员会工作报告，选举产生沙湾市侨联第一届委员会，选举安金华为侨联主席，达列勒·毛拉提汗、艾提哈孜·苏里坦当选为侨联副主席，阿不来提·阿布力米提当选为侨联秘书长，张玲当选为侨联常务委员。

7月27日至28日，全疆未成年人检察工作现场会在沙湾市召开。会上，自治区人民检察院党组成员、副检察长买吐送·吐地买买提作题为《能动履职　探索创新　为未成年人健康成长提供综合司法保护》的讲话。

8月

8月7日，沙湾市召开鞍山市第四批援疆专业技术人才总结表彰会。

8月10日，沙湾市召开上半年机关企事业单位党组织“四旗管理法”考评定级授旗会议。市委常委、组织部部长曹自乾出席会议并讲话。

8月11日，沙湾市召开2021年巡察工作会议，市委书记、巡察工作领导小组组长黄佳俊出席会议并讲话。

8月12日，沙湾市贯彻落实习近平总书记“七一”讲话宣讲报告会暨专题党课在市委党校学术报告厅举行。

8月24日，新疆雪峰投资控股有限责任公司与沙湾市现代农业战略合作签约仪式在党政办公楼三楼市委会议室召开，新疆雪峰投资控股有限责任公司党委书记、董事长康健与市委副书记、县长俄合拉斯签订战略合作协议。

8月30日，沙湾市在大泉乡二道河子村举行塔城地区第四批重点建设项目分会场集中开工仪式。市委常委、常务副县长王超出席开工仪式并讲话。

9月

9月2日至12日，中国共产党沙湾市第一次代表大会，沙湾市第一届人民代表大会第一次会议、中国人民政治协商会议沙湾市第一届委员会第一次会议相继召开。

9月14日，自治区司法厅二级巡视员、法治调研处处长周卫带领调研组到沙湾市进行专题调研。地区行署副专员、地区公安局党委书记、局长闫枫，市委副书记、政法委书记张大江，副市长、公安局局长杨新立等有关领导陪同调研。

是日，中组部、农业农村部2021年农村实用人才带头人和到村任职、按照大学生村官管理的选调生示范培训乡村发展与治理主题培训班在沙湾市开班。

9月17日至18日，地区农村厕所革命工作推进会议暨现场观摩会在沙湾市召开。地委副书记、行署专员阿依丁·托留汗参加会议并讲话。

9月23日，阿勒泰地委委员、哈巴河县委书记陈凯一行在沙湾市调研。

9月24日，沙湾市召开2022年度城乡居民基本医疗保险参保工作电视电话会议。政府副市长齐新英出席会议并讲话。

9月26日，沙湾市举行优质棉基地棉花开采仪式。市委常委伊斯凯德·乌拉英出席仪式并致辞。

9月27日，自治区人民政府副主席、自治区党委政法委副书记哈德尔别克·哈木扎一行在沙湾市永弘焦化、新疆裕鑫源纺织有限公司、宝英煤矿、新疆力铭鑫顺工贸有限责任公司调研。

是日，沙湾市召开鞍山市第四批中期轮换援疆专业技术人才见面会。

9月29日，由塔城地区行署、塔城地区生态环境局主办，沙湾市人民政府、塔城地区生态环境局沙湾市分局、市应急管理局、市公安局、市卫健委、沙湾天山水泥有限责任公司协助开展“塔城地区辐射事故综合应急演练暨沙湾天山水泥有限责任公司放射源丢失辐射事故应急演练”。

9月28日，沙湾市举行“馕文化产业园”开园仪式，市委常委范正权，市委常委、副市长马宁等领导出席仪式，副市长魏东军主持开园仪式。

9月30日，新疆艺术剧院民族乐团“我们的中国梦——文化进万家”文化惠民演出在沙湾市大盘美食城举行。

是日，沙湾市举行“两新组织”新建工会授牌仪式。市委组织部、市总工会及30余家“两新组织”企业有关负责人参加仪式，对新成立工会的“两新组织”企业进行集中授牌。

是月，“中国辣椒之乡”安集海镇的辣椒再次获评年度气候品质认证“特优”等级，是安集海镇自2017年至今连续五年获此殊荣。

10月

10月5日，沙湾市2021年冬小麦播种现场推进会在大泉乡五道河子村召开。

10月13日，市委副书记、市长俄合拉斯·斯巴达克一行在中国华电沙湾能源有限公司实地调研冬季供热运行情况。

10月20日，沙湾市2021年党员干部意识形态和文化润疆工作专题培训班在市委党校举办。市委常委、宣传部部长李艳出席开班仪式并讲话。

10月21日，沙湾市农村产权流转服务平台启用仪式在金沟河镇举行。市委常委伊斯凯德·乌拉英参加启用仪式，并与天津市农村产权交易所副总经理周健共同为天津市农村产权交易所沙湾市金沟河镇工作站和沙湾市农村产权流转服务中心金沟河镇分中心揭牌。

10月22日，第八师150团中学根据校际年度活动计划再次到沙湾市第七小学开展“手拉手结对互助”教学教研交流活动。

是月，第三十一届（2020年度）新疆新闻奖评选结果在天山网公示，沙湾市共有4件作品获奖。其中，广播、电视3件，新媒体1件。此次广电部分获奖情况：广播消息《虾兵蟹将开道闯出致富新路》获三等奖；电视新闻专题《为零而战》获三等奖；电视消息《沙湾：生态环境向好天山马鹿下山》获三等奖；新媒体作品——短视频新闻《6旬老人迷失雪山　警民联动雪夜救援》获二等奖。

11月

11月3日，沙湾市2021年健康教育专题培训班在市委党校学术报告厅开班。政府副市长齐新英出席开班仪式并讲话。

11月5日，沙湾市2021年高标准农田建设项目全面开工。高标准农田建设项目总投资5142.3万元，建设规模4万亩，涉及老沙湾镇、金沟河镇、商户地乡等4个乡镇7个村。

11月7日，沙湾市庆祝第22个记者节表彰活动在沙湾市新时代文明实践中心隆重举行。市委副书记赵震，市委常委、宣传部部长李艳出席表彰活动。

11月8日，沙湾市人民医院友好路院区（沙湾市中医医院）开诊试运行。

11月11日，沙湾市召开侨界代表座谈会。市委常委、统战部部长图尔逊·木拉提出席会议并讲话。

11月12日，沙湾市举行专场报告会，传达学习中共十九届六中全会精神、自治区第十次党代会精神。市委书记黄佳俊主持报告会，领学《中国共产党第十九届中央委员会第六次全体会议公报》，并传达学习了自治区第十次党代会精神。市委副书记、市长俄合拉斯·斯巴达克领学自治区党委民族工作会议精神。

11月18日，在全国法院执行案款集中发放日活动中，沙湾市人民法院设立分会场，现场发放案款8笔，共37万余元。

是日，沙湾市计划生育协会第一届会员代表大会召开。大会听取并审议了上一届计划生育协会工作报告；审议通过《沙湾市计生协会第一届会员代表大会选举办法》；表决通过总监票人、监票人、计票人名单；大会选举产生沙湾市计生协会第一届理事会理事、计生协会第一届理事会常务理事、计生协会第一届理事会会长、副会长及协会秘书长。

11月26日，沙湾市陕西商会第一次会员代表大会暨揭牌仪式在一方天酒店举行。市委统战部、陕西省人民政府驻新疆办事处、新疆陕西商会及相关部门领导和沙湾市陕西商会会员代表参加大会。

11月28日，兵团猛进秦剧团到沙湾市开展非物质文化传承展演及秦腔艺术培训交流活动。

12月

12月3日，沙湾市委组织召开以“习近平法治思想为指引 坚定不移走中国特色社会主义法治道路”为主题的宪法宣讲报告会。

12月9日，学习贯彻中共十九届六中全会精神塔城地区宣讲报告会在沙湾举行。塔城职业技术学院思政处负责人、高级讲师刘敏作宣讲报告。

12月14日至15日，中央驻疆及自治区媒体采访团走进沙湾市进行集中采访报道，就沙湾市农业产业化高质量发展、乡村振兴、职业技能培训及转移就业、文旅融合发展等方面涌现出的先进经验、典型做法进行集中采访报道。

12月15日，由塔城地区文化体育广播电视和旅游局、市人民政府共同主办的塔城地区2021—2022年冰雪旅游嘉年华启动仪式暨沙湾市“我为北京冬奥会加油”创未来房地产杯迷你马拉松比赛在沙湾市举行。

是日，2021年“全民健身·健康中国”全国县域社会足球赛事活动暨沙湾市“健康杯”11人制足球比赛在市第三中学开幕。

12月16日，沙湾市领导干部中共十九届六中全会和自治区第十次党代会精神集中培训班在市委党校开班。市委书记黄佳俊出席开班仪式并作示范宣讲，市委常委、组织部部长曹自乾主持开班仪式。市四套班子在家领导在主会场参加开班仪式。

12月22日，自治区卫生健康委宣传处副处长、二级调研员王永义带领评估专家组一行到沙湾市开展国家级健康促进县技术复评工作。

12月24日，沙湾市党组织书记抓党建促乡村振兴专题培训班在市委党校开班。市直各部门（单位）党组（党委）书记，各乡镇（场）党委主要领导、分管领导，各村（社区）党支部书记参加培训。

12月28日，新疆医院协会第四届理事会医共体管理专业委员会委员代表大会在市人民医院以线上线下的方式召开。会议经委员投票选举产生新疆医院协会第四届理事会医共体管理专业委员会委员、常务委员、主任委员、副主任委员。自治区卫生健康委员会副主任伊尔扎提·扎达，国家卫生健康委员会基层卫生健康司运行评价处处长、自治区卫生健康委基层卫生处处长陈凯，市委书记黄佳俊及中国医院协会副会长、新疆医院协会会长、省部共建中亚高发病成因与防治国家重点实验室主任温浩等出席大会。

12月30日，市委书记黄佳俊会见榆林市榆神工业区民祥矿务有限公司董事长韩安民一行，并就企业进一步投资沙湾市煤炭行业加快发展进行深入交流。

专 记

全面深化改革

全面深化改革综述　2021年，沙湾市全面贯彻落实中央、自治区、地区全面深化改革系列部署要求，围绕“3+1”重点工作，以供给侧结构改革为主线，全力推动重点领域和关键环节改革。制定印发《沙湾市委全面深化改革委员会2021年工作要点》《沙湾市委全面深化改革委员会2021年工作要点任务分工表》，实行市委改革委领导领衔推进落实重大改革任务制度，层层压实改革主体责任，确保高质量完成各项改革任务。始终紧紧聚焦社会稳定和长治久安总目标，坚持依法治疆、团结建疆、文化润疆、富民兴疆、长期建疆，坚定不移贯彻新发展理念、推进高质量发展、构建新发展格局，坚持问题导向和目标引领，在经济高质量发展、民生改善、维护社会稳定、党的建设等重点领域和关键环节，谋划推出一批重点改革任务和试点，为建设和谐生态宜居沙湾提供动力和活力。

深化国有企业改革　积极稳妥深化混合所有制改革，健全市场化经营机制，分层分类深化国企改革，推进国有资本与产业联动，在农牧业、文化旅游、基础设施、公共服务、招商服务等重点领域，培育一批具有核心竞争力的企业，做强做优做大国有资本。健全组织机构有力推进改革。成立沙湾市国有企业改革领导小组，制定印发《沙湾市贯彻落实〈塔城地区国有企业三年行动实施方案（2020—2022）〉责任分解方案》，成立以市长任组长、常务副市长任副组长、相关单位为成员的国企改革工作领导小组，从组织建设、组织机构、国企改革内容、改革步骤等多方面予以明确，确保市属国有企业改革工作顺利推进。整合改制国企做好分类管理。根据公司性质、资产及经营状况、发展规模及前景，进一步健全国有企业法人治理结构，推动国有资本做强做优，将市国资委监管国有企业21家进行整合改制，正在将21家监管企业整合改制为六大公司。注入资本金赋能高质量发展。多方式、多途径为国有企业注入资本金，不断壮大资产规模，做优资产结构。向盛博科技有限公司注入资本金2517.71万元，向新丝路公司注入资本金670万元；研究制定《沙湾市本级国有资本经营预算管理办法》，建立由市财政局（国资委）监管、各国有企业执行的国有资本经营预算管理体系，加快国有资本经营预算执行，支持国有企业健康发展。加强党的领导保障国企治理。明确市属国有企业将党建工作要求写入公司章程，确定党组织在企业决策、执行、监督各环节的权责，实现党组织发挥领导核心作用和政治核心作用的组织化、制度化、具体化，推动引领全市国有企业改革发展，为深化国企改革保驾护航。2021年，已由国资委牵头，组织市属国有企业书记等在党校进行党建工作专题培训1次。

深化农业农村改革　全面实施乡村振兴战略。坚持“创新强农、协调惠农、绿色兴农、开放助农、共享富农”的发展理念，以实施乡村振兴战略为总抓手，深化农业供给侧结构性改革，全面提高农业基地建设能力、科技支撑能力、加工转化能力、市场开拓能力。加强组织领导，严格落实市、乡、村三级书记抓乡村振兴责任，将乡村振兴工作纳入年终考核；建立市级领导包乡联村责任机制，全市29名市级领导分别包联11个乡镇、173个行政村。高标准编制规划，安排各部门围绕五大振兴着手编制部门乡村振兴5年规划和10年规划；与新疆农业大学合作，签订《农业科技战略合作协议》，挂牌成立新疆农业大学沙湾市乡村振兴学院，借助“农大智慧”，指导相关部门编制完善“十四五”农业现代化发展等相关规划。抓好项目建设，调整完善“十四五”期间乡村振兴项目储备227项，总投资177.4亿元。2021年计划实施项目42项，其中高标准农田建设、农网升级改造等12个项目已动工实施，各乡镇、村队自筹自建的农村环境集中整治、亮化美化等项目正在抓紧施工；总投资1.625亿元的一般债券项目已全部开工建设；总投资2368万元脱贫攻坚与乡村振兴衔接资金项目近期可挂网招标；第二批一般债项目已做好项目储备。大力推广普及农业先进实用技术。推广测土配方施肥技术14.37万公顷，涉及1.2万农户；开展有机肥大田示范推广666.67公顷，施用有机肥600吨。完成棉花超宽膜种植地块466.67公顷、棉花主推品种种植9.45万公顷。扎实开展农村产权制度改革。完成244个村组农村集体产权制度改革登记赋码工作和全市246个村（组）2020年度清产核资工作，累计核资105473.97万元。借助天津市成熟的市场建设和运营模式，共建沙湾市农村产权流转交易市场，方便农民参与流转交易。率先在金沟河镇、大泉乡、安集海镇开展产权交易试点工作，做好流转合同登记备案签证工作，产权交易平台已成功实现网络竞价，村集体机动地和农户二轮土地已有序在平台进行流转交易。2021年农民合作社等经营主体通过土地经营权抵押贷款2100万元。深化农业水价改革。2021年农业水价改革项目建设正在修建渠道标准断面；9月30日农业水价综合改革工作已完成市农业水价综合改革领导小组组织的自验和地区农业水价综合改革领导小组组织的复验。推进包联助力乡村振兴。紧紧抓住本市作为自治区乡村振兴示范引领县战略机遇，发挥自治区确定的24个单位包联本市91个示范村利好政策优势，与包联单位设立信息联络员，加强信息互通，结合各示范村实际情况，针对各村发展短板弱项，突出效果可见，综合包联单位人才、资金、技术等优势，重点谋划一批群众关联紧密、建设周期短、时效长、实效突出的乡村项目，切实发挥包联单位作用，借力推进乡村振兴发展。各乡镇、村已结合实际编制项目规划，正在与各包联单位研讨2022年包联项目事宜。全面推进河长制工作。严格按照“全覆盖、零容忍、严执法、重实效”的要求，对所辖河道内的安全隐患和违法行为进行逐一排查，发现问题及时处理。2021年，通过联合检查发现问题6个，整改6个，下达责改通知书5份、现场检查反馈单46份，限期整改通知书27份。各级河长累计开展区、地、市及乡镇（村队）级巡河244次，巡河达260余千米。

推进财税金融体制改革　全面推进预算管理一体化系统2.0平台建设，提高财政管理水平。已完成系统安装调试，与人民银行、代理银行、预算单位开展支付业务测试。积极推进预算制度改革，加强四本预算的统筹衔接，加快推进支出标准体系建设。深化投融资体制改革，发挥政府投资对社会资本的引导带动作用，采取资本金注入、直接投资、投资补助、基金注资、以奖代补、运营补贴等不同投资方式，提高政府投资资金使用效率。稳妥规范运用政府和社会资本合作，拓宽补短板领域尤其是基础设施和公共服务项目的投融资来源，巩固发展基础，扩大公共服务供给能力。深化税收征管改革，将税收征管改革相关内容纳入“十四五”发展规划，围绕“以地控税”、减税降费、风险应对等内容，建立精诚共治机制，着力构建由政府主导、财税主责、部门联动的征管工作格局。严格落实“首违不罚”清单制度、税务事项证明告知承诺制等规定动作，办理首违不罚85户、税务事项证明告知承诺业务80件次。创建“吴晓红工作室”纳税服务品牌，选拔业务骨干组成服务团队，解决纳税人、缴费人个性化问题；优化办税方式，在政务大厅设置“绿色优办”等一批“夕阳红”老年人专窗，实现“一厅联办”。

深化旅游供给侧结构性改革　坚持规划先行，编制完成《沙湾市鹿角湾旅游景区总体规划暨控制性详细规划》《鹿角湾创建国家AAAA景区提升方案》，以《沙湾市全域旅游发展规划》为指导，完善各旅游项目空间布局，使市域的旅游产品更加合理与科学。落实“互联网+旅游”，开通“沙湾文旅之声”微信公众号，展示市域丰富多彩的旅游资讯、美食、美景、旅游攻略，发布市旅游资讯、景区优惠信息、节庆活动消息等内容，为游客提供便捷的旅游信息服务；推进鹿角湾、东大塘、温泉在“游新疆”平台预约管理，全面实施门票线上预约。推动“旅游+”“+旅游”，推动“旅游+文化”“旅游+美食”“旅游+乡村”“旅游+民宿”“旅游+体育”，形成旅游文化品牌，提升品牌影响力。巩固鹿角湾AAAA景区提升改造，用好2000万元专项债券资金，实施鹿角湾景区的游客中心内部装修、游客中心前广场绿化亮化、旅游厕所及相关配套设施建设，提升景区品质；跟踪服务做好疆山纪（鹿角湾）野奢营地、雷达山庄星空度假屋、“沙漠家园”旅游景区建设工作，不断丰富旅游产业新业态植入；借助S101改道对鹿角湾景区全封闭管理，提升景区整体安全性。积极推动重点项目建设，2021年申请到地方专项债券资金2亿元，分别实施1.8亿元沙湾市文化产业基地项目和2000万元鹿角湾旅游景区基础设施升级改造项目二期工程，完善文化旅游基础设施建设。

健全生态环境保护机制　坚决执行最严格的生态保护制度，守住生态保护红线、环境质量底线和自然资源利用上线。落实自治区加快建立健全绿色低碳循环发展的经济体系实施意见和自治区建立健全生态价值实现机制的实施意见，启动重要生态系统保护和修复重大工程。全面落实林长制，开展国土绿化行动，加强湿地保护修复，大力实施林草业重点生态工程。制定《沙湾市全面推行林长制领导小组工作细则》《沙湾市林长巡查制度》《沙湾市全面推行林长制领导小组办公室工作细则》等七项林长工作制度，扎实推动森林草原生态保护修复、森林草原防火、科学开展国土绿化等10项重点任务落地。

扎实推进教育体制改革　不断改善办学条件，争取3505万元建设一小、二小、三小、七小教学及辅助用房，争取2139万元对31所学校、40所幼儿园软化室外活动地面、修建玩教具，实施附属设施维修改造，采购班班通、学生课桌椅、学生机房设备等，营造教育高质量发展的良好外部环境。开展教学信息化2.0建设工作，大力开展联盟活动，确定“联盟校交叉式智慧课堂”试点，打造智慧教育“示范校”，新建网上云阅卷端口3条，覆盖全市所有中学，新装31套录播教室，搭建3条鞍沙专线，引进辽宁鞍山市优质教学资源，实现教育资源配置进一步优化。为解决中小学“放学早、接送难”矛盾，各学校实施公益性的义务教育阶段课后托管服务，综合施策破解中小学生校外负担过重难题，增强教育服务能力。2021年，开展课后服务学校12个，参与教师865人，惠及学生1万余人。坚持教育优先发展战略，巩固义务教育学校标准化建设和城乡义务教育一体化均衡发展成果，推进义务教育优质均衡创建工作。大力发展中等职业教育，加快推进沙湾职业技术学校整体搬迁和鞍沙职教城园区运营衔接工作，构建沙湾大职教大培训格局。加大公共教育资源向农村转移力度，深化教育联盟捆绑发展。高度重视国家通用语言文字工作，将语言文字工作纳入教育事业发展规划，强化语言文字宣传教育力度。2021年末，国家通用语言文字普及率达100%。

推进医疗卫生体制改革　深化公立医院改革，不断巩固“先诊疗、后付费”“一站式”结算服务成果，加快推进医联体、医共体和信息化建设，深入实施“互联网+医疗建设”。加强科室学科建设，成立全民健康体检质量控制中心，建立心脑血管疾病、重度创伤、眩晕、危重孕产妇和危重新生儿分级诊疗体系，提升重大疾病防治水平。2021年，全民健康体检完成12.69万人，完成率96.68%。完成7个中医综合服务区（中医馆）服务能力建设项目，完成各项奖励优惠政策申报，审核农村奖扶等政策1562人（户），奖励资金正在有序发放；积极推广计生系列保险，投保1012户、10.06万元；网上预约1213人次，网上挂号3639人次，远程会诊182人次。加快发展分级诊疗体系，积极推进“医联体”“医共体”协作模式，与北京301医院、新疆医科大学第一附属医院、自治区人民医院等7所医院建立远程会诊。加快构建紧密型医共体信息化网络，申请国债资金1300万元，努力建成以紧密型医共体牵头医院为纽带，向下辐射乡镇卫生院和村卫生室，向上与三级医院远程医疗系统对接的远程医疗服务网络，项目各项工作在稳步推进中。

深化社会保障体制改革　坚持把促进就业放在各项工作优先位置，健全自主择业、市场调节就业、政府促进就业相结合的机制，创造平等就业机会。加强退役军人服务保障体系建设，维护退役军人合法权益，持续加强残疾人康复服务、就业等工作，精准落实残疾人“两项补贴”，加快推动重度残疾人纳入城乡低保，提高残疾人生活质量。2021年，新增城镇就业5504人，转移农村富余劳动力1.37万人次，城镇登记失业率控制在3.5%以内；拨付各类惠民就业政策补贴资金1306.5万元，实现新增创业实体1083户，创业带动就业1610人，引领37名大学生自主创业，开展高校毕业生创业培训圆梦计划9人；累计发放低保、五保、老龄补贴、残疾人“两项补贴”2054.57万元。2021年，城乡居民基本医疗、养老保险参保率均在95%以上。

深化法治改革　充分发挥市法治政府建设工作领导小组作用，逐级建立党委领导、政府负责、相关单位齐抓共管的组织体系，提高依法治市工作的针对性和有效性。进一步细化全面依法治市委员会协调小组工作职责，健全请示报告、协调督办、信息报送、专家咨询论证、重要决定和方案备案等制度，切实把党的领导贯穿立法、执法、司法、守法、普法全过程，确保全市依法治市工作有序推进。多种形式开展法治宣传活动，利用4月宪法法律宣传月和5月沙湾市“美好生活·民法典相伴”开展专项法治宣传行动。充分发挥“访惠聚”驻村工作队、驻村管寺干部、村党支部第一书记、下沉包村干部、村居法律顾问的作用，利用“大喇叭”、巡逻车、宣传车等向基层各族群众开展宪法法律和疫情防控宣传。2021年，开展各类普法宣讲1万余场次，发放普法调查问卷2.8万余份、折页1.9万余份、应知应会手册2.5万册、宣传彩页23.8万张，悬挂宣传横幅1万余条，制作展板5880块，利用380辆出租车24小时滚动播放宣传标语。

推进市域社会治理体系改革　强化矛盾纠纷

排查化解，坚持和发展好新时代“枫桥经验”，依托沙湾市公共法律服务中心，不断丰富司法、行政、人民调解“三大联动”形式，有效整合调解资源，强化矛盾化解。2021年，公共法律服务中心接待来访群众6850余人次，发放各类法治宣传材料6900余份，为群众解答各类法律咨询3000余人次，办理各类公证事项860件；受理法律援助案件33件，配合检察机关办理认罪认罚案件，提供法律帮助159人次，见证并签署刑事案件认罪认罚意见书159件，办理司法鉴定业务90件。加强流动人口和出租房屋管理，坚持“以房管人、以证管人、以业管人”。扫黑除恶攻坚战长效常治，将常态化扫黑除恶同治安工作融合，聚焦娱乐场所、旅馆业、出租房屋等重点部位开展“地毯式”集中整治，紧盯民间借贷、“黄赌毒”、网络等黑恶犯罪，延伸打击淫秽、赌博、吸毒、传销、拐卖等违法犯罪。固化专项斗争期间线索核查和案件侦办运行机制，重点聚焦“四大领域”分别制定5个机制，以“公安提示函”为抓手，采取案情通报、情报会商等措施，建立健全部门协作机制，在推进信息网络领域涉黑涉恶违法犯罪专项行动中加大“裸聊敲诈”网络违法犯罪攻坚，破获网络领域“裸聊”敲诈勒索涉恶案件2起，抓获14人。

深化民族团结进步创建工程　围绕“中华民族一家亲，同心共筑中国梦”主题，通过民族团结联谊、微宣讲、百姓乐大舞台、典型选树、村队大喇叭等群众喜闻乐见的形式，常态化开展民族团结进步宣传。充分利用“沙湾好地方”App、沙湾零距离等新媒体功能，发挥塔城零距离、石榴云、学习强国等主流媒体优势，推动民族团结宣传教育长效化。全市共设立永久性民族团结宣传标语600余条，制作宣传展板142块，累计发放民族团结宣传画册、折页1.8万余份，开展宣讲活动142场次，受教育群众4万余人次，发表外宣稿件1900余条。常态化开展“民族团结一家亲”和民族团结联谊活动，全市4996名结亲干部、3707名教师常态化做好“民族团结一家亲”“三进两联一交友”活动，2021年，累计为各族群众排忧解难、办实事好事7209件，开展联谊活动994场次，参与1万余人次。深化“细胞工程”创建，开展“好村（居）民、好家庭、好巷道、好小区、好干部、好科室”等系列创建活动，民族团结进步创建“细胞工程”覆盖率达100%。大力弘扬民族团结模范人物和先进事迹，召开沙湾市第一次民族团结进步表彰大会，对20个模范集体、50个模范个人进行表彰；同时，对获自治区民族团结进步先进个人荣誉称号的31人进行表彰。

稳步推进新时代文明实践中心、所（站、点）建设　投资2000万元建设沙湾市新时代文明实践中心；13个乡镇（场）新时代文明实践所、187个村队（社区）新时代文明实践站全部挂牌运行。组织召开沙湾市新时代文明实践所（站、点）建设工作推进会，围绕“一所一站一点一特色”，加快打造全市5个新时代文明实践示范所、20个示范站、15个精品示范点。

健全基层党组织建设制度　推行乡镇（场）党委书记基层党建项目，落实市级领导包乡联村制度，实行“挂图作战”、销号管理，常态化运用“互学互促”等措施，层层压实责任。着重抓好自治区党委“1+2”文件落实，统筹推进各领域党建工作。实行村级后备力量“四个一批”适时使用机制，以村“两委”换届为契机，及时补充到村“两委”班子及村级各类组织614人、进入发展党员程序23人、挂职锻炼248人。持续深化社区“大党委”区域化党建机制，制定“项目、需求、资源”双向清单，认真落实大党委成员单位联系会议机制、社区大党委成员单位作用发挥评估反馈机制。广泛开展“党建+志愿服务”活动，发动党员、群众参与志愿活动，社区组建各类志愿者服务队337个，为群众提供便民服务。推行“党建+业主委员会”服务，坚持党建引领，有序推进业主委员会选举工作，指导选举产生业主委员会53个、委员197名，其中党员82名，进一步提升服务效能。推动“党建+物业管理”新模式，对全市35家物业服务企业、197个居民小区进行摸底排查，指导成立3个物业企业党支部，推行社区和物业服务企业工作人员“双向进入、交叉任职”。召开三方联席会，对居民反映的有关小区治理的29个问题梳理分类，建立台账、办理销号，以党建引领物业强化社会治理。

健全人才管理工作制度　持续加大年轻干部发现和培养力度，通过集中调研发展一批、主要领导实名推荐一批、组工干部走基层发现一批、常态化现场比选一批的“四个一批”发现机制，及时将表现优秀、业绩突出、有培养潜力的干部发掘出来，分类别、分专业、分层次建立年轻干部信息库，储备优秀后备干部460余名。加强优秀年轻干部多岗位锻炼，先后抽调200余名干部参与疫情防控、维护稳定、脱贫攻坚、民族团结进步创建等工作。2021年，共调整干部12批次，涉及402人次，其中，从基层一线培养选拔优秀干部78名，占提拔任用人数的91.76%，形成良好选人用人导向。

深入推进纪检监察体制改革　有效整合监督检查、审查调查和派驻机构力量，严格落实地区纪委监委《关于采取“轮驻+协作”模式做细做实派驻监督工作的方案》要求，认真探索试行“轮驻”模式。“轮驻+协作”组把开展政务窗口“政务服务水平再提升”作为优化营商环境的“主战场”，督促被监督单位认真履职，深化“放管服”改革各项举措，聚焦落实“应进必进”，督促被监督单位严格依规依法实施行政审批、服务事项，建立“六权三单一流程”，实行动态调整，实现清单式目录管理，规范化审批服务，督促被监督单位加大授权力度，真正让企业和群众“只进一扇门、办成所有事”。聚焦落实“简化优化办理方式”，督促被监督单位开展“五减一优”（减环节、减材料、减时限、减费用、减中介、优流程）活动，规范前置条件，提高“马上办”“一窗办”事项比例，提升办结时效，方便群众企业办事创业。聚焦落实“政务服务公开化”，督促被监督单位通过多种方式公布行政审批、公共服务事项，公开办理主体、办理依据、办理条件、办理程序、承诺事项等信息，实时公开办理过程和结果，主动接受群众监督。聚焦落实“服务事项向基层延伸”，按照网上办、马上办、一次办、就近办的要求，进一步梳理群众可就近办理、可网上申请的、基层可办事项，推进市级部门行政服务事项向基层延伸。聚焦落实“改进工作作风”，督促被监督单位特别是进驻行政服务中心工作人员始终想群众之所想，急群众之所急，以便民、利民和群众满意为工作的出发点和落脚点，深入开展整治窗口庸懒散慢现象，解决冷硬横推、庸懒散拖等不作为、慢作为、乱作为问题。2021年，地委巡察移交问题线索98件，已办结80件，办结率81.63%，给予党纪政务处分34人，组织处理18人。市委巡察移交问题线索433件，已办结325件，办结率75.06%，给予党纪政务处分96人，组织处理98人。

（市全面深化改革领导小组办公室）

党史学习教育

沙湾市党史学习教育参学单位55个、党支部604个、“两新”组织74个，全市党员共有13211名，其中在职党员5721名、离退休党员1754名、“两新”组织党员613名、农（牧）民党员4953名、持流动党员证的流动党员170名。党史学习教育开展以来，沙湾市坚持以习近平新时代中国特色社会主义思想为指引，全面落实区地开展党史学习教育的部署要求，明确学教任务目标，制定工作方案，创新落实工作举措，建立完善工作机制，为群众办实事解难题，力促力推学教成效走深走实。

一是聚焦落实重点任务，在下好先手棋上“见真章” 成立以市委书记为组长、市委组织部和宣传部主要负责人为副组长、各党委（党组）负责人为成员的党史学习教育领导小组和工作机构，下设办公室和综合协调组、实践活动组、简报信息组、新闻宣传组、巡回指导组5个小组，明确职责任务，分工抓好落实。抽调23名政治素质高、业务能力强、组织纪律严、熟悉党务宣传工作的干部充实到市党史学教办工作，实行“小组分片、个人联乡（单位）”的模式，“点对点”指导业务、解疑答惑、推进工作。成立18个工作指导组，全程开展日常巡回指导工作。55个党委（党组）均成立了党史学习教育领导小组专班，全市上下构建了纵向到底、横向到边的学教工作领导体系。及时召开全市党史学习教育动员大会，先后制定印发《沙湾市党史学习教育实施方案》《沙湾市党史学习教育推进方案》《“永远跟党走”群众性庆祝活动工作方案》等文件，规范学习内容、明确阶段任务、创新学习方式、完善保障措施。组织开展专题动员培训学习4场次，各乡镇（场）党委、市直各党委（党组）开展支部党员层层动员培训168场次。

二是聚焦学习教育内容，在学深悟透上“动真格” 保障学习教材。全市共完成4本指定学习材料征订11884套，征订参考学习材料600余套，发放可视化教材2批次各484套，发放“永远跟党走”党史学习教育群众读本口袋书共13万余册，确保全体党员干部人手一本，群众读本口袋书每户一册。制定学习计划。采取集中学和自学相结合的方式开展，市委中心组率先制订学习计划，市级领导带头学，市四套班子主要领导分别在5月和7月、11月开展了累计11天的专题读书班，通过集中学习、交流心得、专题研讨、党课辅导等形式开展学习。各参学党组织结合实际每周固定1天为学习日，利用学习日开展集中学习，制定周学习清单，党员根据周学习清单制订自学计划。丰富学教载体。把开展活动与党史学习教育相结合，先后开展了“奋斗百年路 启航新征程”知识竞赛、“新疆百万党员学党史·学习达人挑战赛”、“党史知识我知道”月考、“党在我心中”征文比赛、“永远跟党走”庆祝中国共产党成立100周年群众性系列主题活动、“我的入党故事”演讲比赛、“红歌颂党恩”线上合唱展播、“书香沙湾·红色经典诵读”等活动。“七一”前，为全市391名老党员颁发光荣在党50年纪念章，全市130名（个）“两优一先”得到隆重表彰，通过榜样力量促进学习提升。各级党组织围绕习近平总书记“七一”重要讲话精神、自治区第十次党代会精神和十九届六中全会精神，组织广泛开展微党课、微故事、微朗读、微分享“四微”活动，创新推行党史自学“找故事、讲故事、找差距、抓落实”活动，依托“三会一课”和“党旗映天山”主题党日等活动载体，真正让学教活动“活”起来、“潮”起来、“实”起来。抓好“四史”学习教育。在“沙湾融媒”抖音平台、“沙湾好地方”App开展“四史”专题视频培训4期，全市各中小学围绕“四史”学习教育开设主题班会，上好秋季开学党史学习教育第一课；精选学习强国平台《“四史”学习教育资料汇编》《习近平文汇·论中国共产党史》《党史故事》等学习资料推送至各参学党组织，要求党员把“四史”学习好、领悟好。学好用好三部“简史”。在继续组织学好用好党史学习教育指定用书的基础上，坚持与学习贯彻第三次中央新疆工作座谈会精神相结合，做好三部“简史”的学习使用工作，纳入集中学习计划和个人自学计划中。

三是聚焦总书记“七一”重要讲话精神学习宣传，在提升广度深度上下足“真功夫” 市委中心组开展习近平总书记“七一”重要讲话精神专题理论学习中心组学习，同时跟进学习习近平总书记在福建、广西、贵州、西藏、陕西榆林等地考察时重要讲话精神、在参观“‘不忘初心、牢记使命’中国共产党历史展览”时重要讲话精神，在中央民族工作会议上的重要讲话精神，四套班子领导开展了为期2天的学习重要讲话精神专题读书班。组织全市党员干部、村民代表、“访惠聚”工作队集中收看中国共产党成立100周年庆祝大会，认真学习习近平总书记“七一”重要讲话精神，组织党员干部结合实际工作谈想法、表决心。精心组织学习研讨，全市各党委（党组）就学习习近平总书记“七一”重要讲话精神开展专题交流研讨，党员干部结合实际谈学习计划、谈贯彻落实措施，增强学习活力。市委书记带头讲党课，市委党校将学习习近平总书记“七一”重要讲话精神纳入主题培训计划和教学安排，市委重点围绕习近平总书记“七一”重要讲话精神以视频会形式在市委党校设立学习主会场，市委书记做开班第一讲，同步对全市720名科级领导干部进行专题培训。扎实开好组织生活会，全市围绕“学党史、悟思想、办实事、开新局”主题，分批次压茬推进党史学习教育专题组织生活会。强化多种形式宣传，制定印发《沙湾市学习宣传“七一”重要讲话宣传工作方案》，围绕学习“七一”重要讲话精神主题，精心制作群众喜闻乐见、便于传播收看的图文信息56篇、海报565张、H5和VR短视频79个，在沙湾融媒、“沙湾零距离”等媒体平台广泛推送。开展主题系列庆祝活动，组织开展了沙湾市庆祝中国共产党成立100周年“永远跟党走”群众性宣传教育系列活动，召开“永远跟党走”沙湾市庆祝中国共产党成立100周年理论研讨会，启动“践行初心使命 深化岗位建功”沙湾市万名党员当先锋主题志愿活动，举办沙湾市“颂歌献给亲爱的党”合唱音乐会、“沙湾儿女心向党”文艺晚会及沙湾市“党在我心中”书画摄影作品展等大型群众性主题活动等，推出原创舞台剧《特殊党课》，向全市各族群众呈现了一台党史学习教育文化盛宴，将学习“七一”重要讲话精神推向新高潮。

四是聚焦十九届六中全会精神学习宣传，在融会贯通抓落实上“钉钉子”。各党委（党组）把党的十九届六中全会精神作为理论学习中心组必学内容，作为党史学习教育必学内容，组织党委（党组）理论学习中心组成员深入、准确、系统学习《中国共产党第十九届中央委员会第六次全体会议公报》《中共中央关于党的百年奋斗重大成就和历史经验的决议》和重点学习辅导书籍。充分运用好“学习强国”“石榴云”“沙湾零距离”等学习平台，通过线上学和线下学相结合、个人自学和集体学习相结合等方式做到在职党员干部学习全覆盖。市委党校把党的十九届六中全会精神纳入常态化培训教学重要内容，市委、市政府及各乡镇（场）各部门主要负责人、全市各党委（党组）理论学习中心组成员结合本部门、本行业、本领域开展精神解读。把宣传全会精神作为学习贯彻的工作重点，市融媒体中心各平台迅速联动，开设“贯彻落实六中全会精神”专栏，及时转发人民网、新华网、《人民日报》等中央媒体刊发的相关图文信息。沙湾新闻栏目刊播了全市各级党员干部群众学习十九届六中全会反响稿件12篇。发挥融媒体传播矩阵作用，采用微视频、图解、海报、短视频、H5、MG动画等各族群众喜闻乐见的形式，制作推出一大批接地气、易传播的新媒体作品。

五是聚焦干事创业担当，在践行初心使命上用好“组合拳”。印发《沙湾市开展“我为群众办实事”实践活动实施方案》，聚焦重点任务，精心安排部署，列出“10+15”工作清单（10项惠民工程和15件为民实事），每项重点任务由1—2名市领导牵头负责。结合岗位建功、“双报到”和志愿服务活动，发挥党员设岗定责和承诺践诺机制、社区大党委包联双促机制、派出单位后盾作用、新时代文明实践所（站、点）的优势，动员42个市直部门（单位）党员到包联双促社区和“访惠聚”工作队所驻村（社区）集体报到，领办困难家庭“微心愿”，认领涉及“政策宣讲”“疫情防控”等10个志愿服务岗位，设立党员先锋岗258个，划定党员责任区193个，党员为民办实事好事8500余件，为群众实现“微心愿”2136个，开展各类志愿服务11000余场次，受益群众达20万余人次，充分体现了广大党员干部的先锋模范作用，拉近了党群关系，获得群众点赞。

六是聚焦成果转化“办实事”，在推动走深做实上展现“新作为”。始终将“学史力行”作为党史学习教育的落脚点，通过开展党史学习教育、“岗位建功”“志愿服务”等，当好各族群众的贴心人、知心人和领路人，扎扎实实为群众办实事、解难题。至年底，共收集群众“急难愁盼”事项1375件，各级党组织共确定实事1899件，总投资6.93亿元，已全部办理完成。按照“四个一批”（出台一批全面推进乡村振兴的政策举措、推出一批惠民实招、实施一批造福于民的项目工程、解决一批损害群众利益的矛盾纠纷）要求，分层次建立党委（党组）、支部、党员三级办实事清单、台账，实行闭环管理，指导组跟踪问效、确保落实。党史学习教育开展以来，全市城镇新增就业5294人，分配公共租赁住房67套，建成抗震安居房开工276户，开展全民免费健康体检131511人次，实施薄弱校能力提升项目、校舍安全建设项目、园舍维修建设项目66个，全市有意愿入住中心敬老院且符合集中供养条件的72位“五保”老人全部实现集中供养；孤儿18名已全部实现集中收养，通过实施系列紧贴民生的项目，不断实现人民对美好生活的向往，巩固了党史学习教育成果。

（市党史学习教育领导小组办公室）

“访民情、惠民生、聚民心”驻村工作

2021年，沙湾市坚决贯彻落实党的十九届五中全会和第三次中央新疆工作座谈会精神，特别是习近平总书记重要讲话精神，按照自治区、地区新时代“访惠聚”驻村工作会议要求，紧紧围绕社会稳定和长治久安新疆工作总目标，抓实驻村工作重点任务，推动“访惠聚”驻村工作提质增效。

坚持“四聚”，激活驻村工作“四力”　聚焦“履职”抓主体，立体推动“提效力”。市委主要领导亲自抓，制订印发沙湾市贯彻落实意见的责任分解方案，引领带动市乡村三级党组织负责人及各派出单位主要领导对驻村工作亲自抓、亲自管，把责任动态压实到“神经末梢”，形成驻村工作目标同向、上下联动、逐级负责的工作格局，全力保障驻村工作经费1439.11万元，推动提质增效。聚焦“六做”抓落实，点面结合“添活力”。围绕“做优派驻、做强培训、做实保障、做严考核、做精选拔、做好决策”，实行注重摸清实情、注重选派标准、注重压茬交接“三个注重”，优化派驻力量，探索建立“访惠聚”工作“4+1”工作机制，实施贴心健康体检、关心职级晋升、舒心心理疏导、暖心落实休假驻村补助“四心”服务，发放驻村干部暖心加油卡753张，由62家商家提供暖心服务，开展5期驻之星、派之星、队之星、月之星“1123每月之星”评比，激励驻村干部担当作为。2021年，共提拔和进一步使用干部92人，其中有驻村经历57人，占全市提拔和进一步使用干部总数的61.96%。共职级晋升154人，其中有驻村经历133人，占全市职级晋升总数的86.36%。聚焦“三实”抓后盾，上下联动“聚合力”。建立“四个必访”走访慰问机制，做到重大节日必访、调换人员必访、新老交接必访、调研指导必访，实地调研指导623人次，协调解决各类问题196个，派出单位投入25.4万元，走访慰问驻村干部家属1860人次，帮助解决驻村干部及家属实际困难208个。建立三方联系沟通机制，压实乡镇党委、派出单位、市访办职责，共同协调解决驻村难题6个，约谈落实直接责任不到位的派出单位3个，合力推动驻村工作落实。聚焦“作风”抓管理，严管厚爱“生动力”。建立日常学政策、学文件、学讲话、学经验、学方

法，派出单位纪律培训、乡镇专题培训、市访办视频培训，擂台比武“五学三培一比武”机制，切实增强驻村干部服务群众工作能力。按照工作任务建立常态化视频调度+工作清单+工作提示制度，指导工作队开展工作，并利用微信、电话、实地走访等方式督促工作队履职，下发整改督办函17件，对检查发现的问题要求乡镇和派出单位共同整改。

抓好“三强”，筑牢维稳堡垒“三线”　强化入户走访，筑牢维稳防线。常态化落实维稳措施，开展入户走访群众90.41万人次，排查化解矛盾纠纷2299件，排查出租房屋7245间、流动人口1.8万人次，通过每月“说事日”解决困难诉求2309件。强化安全生产，筑牢安全防线。驻村工作队紧盯人员密集场所和各类水库、地质灾害隐患点、农村道路、大型农机具春耕春播、农村随意堆放秸秆等薄弱环节和危险因素，扎实推进安全整治，坚决堵塞安全漏洞。开展安全生产大排查1989场次，消除安全隐患1421个。强化疫情防控，筑牢防疫防线。利用多种方式教育引导各族群众积极参与核酸检测和疫苗接种，做到应测尽测、应接尽接。

聚焦“四帮”，夯实战斗堡垒“四抓”　聚焦“1+2”抓强干部队伍。发挥工作队优势，协助村党组织建立村级后备力量择优选拔机制，结合党史学习教育共同开展“每日一学”，开展各类重要会议精神学习培训2040场次，参加50500人次，着力提高村干部、后备力量素质能力。聚焦“制度”抓好规范运行。聚焦“三个中心”职责任务，通过“派工研判”及时安排落实任务，做到权责统一、各司其职、各尽其责。严格执行“三会一课”、“四议两公开”、村级财务管理等制度，帮助完善村规民约（居民公约）184个，积极发挥村务监督委员会作用，确保村民会议、村民代表会议等民主管理制度落实到位。聚焦“五全”抓实传帮带。按照“全覆盖结对、全过程帮带、全捆绑考核、全促进监督、全结果对应”原则，坚持双向分析、双向帮带，统筹753名驻村干部与1320名村干部采取交叉任职确定结对关系，制订“一对一”帮带方案，实施“带推辅放”四步走，打造“永不走的工作队”。聚焦“作风”抓好群众满意。坚持理清工作思路，调动党员群众参与村级管理、民生建设及各类活动的主动性，调动村“两委”积极作为、主动服务、促进发展的积极性，充分发挥基层党组织战斗堡垒作用，组织党员群众全身心投入“3+1”重点工作。

统筹“五好”，巩固驻村工作“五促”　抓好学习贯彻，促进推动落实。采取“驻村干部讲、村（社区）干部讲、驻村管寺干部讲和带头学、深入学、宣传学”，建立三讲队伍，成员457人，开展三学活动9410场次，做到真学、真懂、真感恩，促进学史、学中共十九届五中全会和第三次中央新疆工作座谈会精神等出成效。把好意识教育，促进民族团结。深入开展民族团结“一家亲”活动，融入“红色”元素，在法治教育、双语学习中，促进群众法治意识和国语水平“双提升”，共开展民族团结教育活动736场次，受教育群众20312人次，开展民族团结联谊活动365场次，参加3444人次。做好服务管理，促进宗教健康发展。全力做好信教群众宣传教育，结合宪法宣传月开展“去极端化”教育活动435场次，受教育群众11615人次。规范“四项活动”审批程序，严格开展申报、测温、登记、排查外来人员等疫情防控措施，累计登记“四项活动”789件，发放慰问金15.98万元，引导群众树立现代文明价值观。开展基层干部和驻村干部宗教工作业务培训243场次，参加2830人次，切实提高“导”的本领。守好意识形态，促进群众宣传教育。培育文艺队148支1601人、体育队67支615人、志愿服务队249支3870人，以民族团结一家亲、中国共产党成立100周年、中国梦为主题，创新开展“宣传+文化”云活动695场次，“四微”宣讲活动5230场次，志愿服务活动620场次，开展各类科普培训205场次，参与群众5830人次。组建草根宣讲员491人，大力讲好新疆故事4980场次，惠及群众6.8万人次。用好脱贫成果巩固，促进乡村振兴。依托自治区专家下乡行动，通过服务产业发展、普及科学知识等，提升“访惠聚”驻村工作质量。累计开展技能培训685场次，参加8120人次，发展庭院经济7120户、帮助群众就业1250人次，教育引导各族群众主动利用先进科学技术发展产业，实现增收致富。工作队深入村队“四老人员”、困难群众、少数民族干部等群体家中，通过“面对面、心贴心”交流谈话，切实帮助解决实际困难和问题。2021年投入资金1677万元，为群众办实事好事1910件，帮助困难适龄儿童就学121人、帮助困难群众就医420人次，慰问群众3918户次，让各族群众切身感受到了党和政府的关怀与温暖，坚定不移感党恩、听党话、跟党走。

紧盯换届“重点”，当好换届“四员”　紧盯重点环节，当好换届“指导员”。坚持先学一步，认真学习研读村（社区）“两委”换届相关政策法规，着力提升自身政策水平和业务能力。全力发挥熟悉政策、掌握情况等优势，指导村（社区）做好换届选举各项工作，组织开展换届政策专题培训1689场次，做到换届政策流程“一口清”，并全程参与指导，确保关键环节依法依规进行。紧盯宣传教育，当好换届“宣传员”。坚持将宣传教育群众感党恩、发动群众参与基层治理贯穿换届选举全过程，成立宣讲团184个，采取入户走访宣讲、村级大喇叭宣传等形式，做好换届选举政策法规的宣传，教育引导广大村（居）民了解掌握换届选举的目的意义、政策法规和方法步骤，切实提高党员群众参与换届选举的积极性和自觉性。紧盯风险隐患，当好换届“调解员”。利用入户走访摸清村情社情，按照“一村一策”提前制订工作预案，及时与乡镇党委、派出所沟通联络，联动接访、联动核查、联动处置换届信访问题，做好相关人员稳控，对群众反映的困难诉求和问题，派专人重点跟进、妥善解决。紧盯依法依规，当好换届“监督员”。结合“十个严禁”“十个不提名”要求，驻村工作队聚焦推选选举委员会、选民登记、初次提名等关键环节，通过设立专门举报箱、公布举报电话等方式畅通监督渠道，实行纪律监督、法律监督、民主监督、社会监督相结合的立体监督模式，加强换届纪律督查，做到发现问题及时上报，督促指导各项流程依法依规。

（市“访惠聚”驻村工作领导小组办公室）

民族团结进步创建工作

近年来，沙湾市以习近平新时代中国特色社会主义思想为指导，以铸牢中华民族共同体意识为主线，高举中华民族大团结旗帜，促进全市各民族紧跟时代步伐，在实现共同富裕、迈向社会主义现代化的征程中同舟共济、携手并进。

一、加强顶层设计，高位引领，全方位构筑自上而下的工作体系

市委、市政府将民族团结进步创建工作纳入政治、经济、社会、文化、生态文明建设中，制定阶段性计划和长远规划，精心组织实施，确保创建活动有效开展。召开全市创建自治区民族团结进步示范市工作动员会。成立由市委书记任组长的创建工作领导小组，下设办公室，抽调专职工作人员5名。将创建经费列入财政预算，2020年以来，县、乡（部门）已累计投入经费180余万元，做到了机构、人员、经费、机制“四个到位”，形成了党委统一领导、政府依法管理、统战部门牵头协调、民族工作部门履职尽责、各部门通力合作、全社会共同参与的新时代党的民族工作格局。

二、传承中华文化，凝聚人心，举全市之力共建美好精神家园

一是深入开展文化润疆工程，举办专题音乐

会等大型群众性文化活动60场次，开展各类文体竞赛活动569场次、非遗展演活动6场次；深入实施“两馆一站”免费开放，图书馆、文化馆等活动场所累计接待各族群众达9万余人次，培养各族群众文艺爱好者650余人，不断满足各族群众的精神文化需求。二是弘扬传统文化，推动中华文化元素和标志性符号进博物馆、文化馆，2021年开展流动博物馆进乡村、进社区、进校园、进机关巡展20场次，积极做好红山水库古墓抢救性挖掘，清理墓葬32座，共出土文物12件，不断加强各民族优秀传统文化传承保护和互鉴交融。结合乡村振兴普查非遗资源项目26个，成功申报“黄沙梁苦瓜酒制作技艺”为市级非物质文化遗产，成功打造老沙湾镇黄沙梁苦瓜酒非遗传承实践基地和大泉乡维吾尔族小刀非遗传承实践基地，为基层文化产业发展和推进乡村文化振兴注入新的活力。三是推广普及国家通用语言文字，实现全市各级各类学校国家通用语言文字教育教学全覆盖。加强少数民族语言文字培训，常态化举办农牧民夜校。2021年，市委党校开展少数民族党员干部群众国家通用语言文字班412个，培训61.2万人次，在全社会形成互学语言、共学共进的良好氛围。

三、多措并举优化民生服务，共同谱写社会主义现代化事业新篇章

一是大力实施惠民工程项目。把改善民生、凝聚人心作为出发点和落脚点，大力实施发展富民工程，将资金、项目向少数民族群众集中的乡镇、村倾斜，全市民生支出占一般公共预算支出的74.77%以上，累计实现城镇新增就业2.89万人，农村富余劳动力转移就业6.89万人次，南疆籍劳动力有组织转移稳定就业率达95%以上。二是深入推进乡村振兴战略。不断完善村队巷道硬化、亮化、美化等基础设施建设，持续改善农村人居环境，不断提升各族群众的获得感、幸福感、安全感。2021年开展技能培训6457人，落实职业培训补贴83.82万元，累计建成农村安居工程6966户、公租房及棚户区改造2228套。三是深入开展对口援疆工作。坚持发挥援受双方两个积极性，辽宁鞍山累计投入援助资金3.01亿元，实施援助项目23个，实施了一批各族群众所思所盼的民生工程。

四、促进团结统一，携手同心，形成团结奋进的强大纽带

一是促进各民族交往交流交融。常态化开展“民族团结一家亲”和民族团结联谊活动，全市4996名结亲干部每季度和重点节庆期间走访实现全覆盖，通过开展丰富多彩的联谊活动，进一步弘扬传统文化，增进干部和群众之间的情谊。全市3077名教师开展“三进两联一交友”，与3077名学生家庭结对，引导各族学生自觉维护促进民族团结。2021年，结亲活动共为各族群众排忧解难、办实事好事7209件，捐款1.19万余元。通过多层次、全方位互动式走访，各族群众感情不断融洽。二是巩固发展全市各民族在空间、文化、经济、社会等方面的全方位互嵌。把铸牢中华民族共同体意识融入办学治校、教书育人全过程，有序推进全市各民族学生合校、混班混宿，让各民族孩子共同成长进步。全市77所学校的1108个班级均为互嵌式班级。全市197个小区均为互嵌式小区，每个小区少数民族居民居住比例平均16.8%。全市12个乡镇92%以上村队（社区）均为互嵌式村队（社区），全市各民族之间相互欣赏、相互包容、相互学习、相互了解。三是丰富创建载体，强化典型带动，全面深入持久开展民族团结进步示范建设，精心打造一批引领型创建示范点。全市301个单位创建为地区级民族团结进步示范单位，创建率达100%。市乡村振兴大数据中心、检察院、第二小学等30余个单位成为引领全市民族团结进步创建的示范点。2021年，乌兰乌苏镇、顾海英分别荣获“自治区民族团结进步模范单位”和“自治区民族团结进步先进个人”称号，信泰纺织公司创建为“自治区民族团结进步示范企业”。四

是牢固树立“兵地一盘棋”思想，坚持互利共赢、融合发展理念，与八师石河子市拟定《沙石两地民族团结融合发展框架协议》，全市6个乡镇已和相邻兵团团场、连队签订兵地民族团结共建共创协议，兵地群众开展联谊活动30次，石河子市工作队在沙湾市实施“五共同一促进”项目6个，地方学校接纳兵团学生就学71名，兵团学校接纳地方学生就学6583名，双方取长补短，互通有无，推动教育领域兵地融合向纵深发展。五是向基层各族农牧民发放《永远跟党走　铸牢中华民族共同体意识》习近平总书记在中央民族工作会议上的重要讲话精神学习读本3.6万册，通过入户宣讲、举办宣讲比赛等方式开展巡回宣讲活动3100余场次，累计受众14.7万人次，进一步巩固各族干部群众休戚与共、荣辱与共的共同体理念。六是积极推进与上级媒体的深度合作，市融媒体中心制作的《新疆北部棉田开始播种　新栽培模式助农增收》等融媒体产品在中央电视台《朝闻天下》《新闻直播间》和《新疆新闻联播》等平台推送。2021年，在央视、新华社等中央媒体刊播新闻作品40余篇，在新疆广播电视台、《新疆日报》“石榴云”等平台上稿352篇，在学习强国、人民网等平台上稿1598篇，通过各级媒体讲好沙湾市石榴花开一家亲的生动故事。七是央视直播团队在农民丰收节对安集海辣椒产业进行直播，中央、自治区级主流媒体刊播沙湾市安集海丰收节主题新闻共计529篇，总观看量达877.5万人次，凝聚起全市各族干部群众奋进新时代、阔步新征程的磅礴伟力。八是扎实开展“好村（居）民、好家庭、好巷道”等系列创建评比活动，民族团结进步创建“细胞工程”覆盖率达100%。2021年，召开沙湾市第一次民族团结进步模范表彰大会，对20个模范集体、50名模范个人进行表彰；为31名获“自治区民族团结进步先进个人”称号的个人颁发了荣誉证书，在全社会大力营造学习先进、争当先进的良好氛围。

五、加强依法治理民族事务能力建设，坚决防范民族领域重大风险隐患

一是全面贯彻落实民族区域自治制度和民族区域自治法，依法保障各民族合法权益，依法妥善处理涉民族因素问题，严厉打击破坏民族团结和制造民族分裂的违法犯罪行为，坚持真情服务，结合“我为群众办实事”实践活动、“三会一课”“主题党日”等活动，每月开展民族团结主题活动，为群众解决实际困难，切实提升各族群众安全感幸福感。二是坚决防范民族领域重大风险隐患，铸牢意识形态“主阵地”。市委组织部统筹党校、文旅局等主要行业部门，开办沙湾市党员干部意识形态领域专题培训班，引导各级党委（党组）党员干部抓好意识形态工作。持续加强对新闻出版、文化场馆以及报告会、研讨会、各类文化活动等阵地建设、监管和审批报备，严格落实“三审三校”制度。深入推进“扫黄打非”五大专项行动，检查各类文化经营场所560余家次，销毁收缴非法盗版图书音像制品227件（册）。

（市民族团结进步创建工作领导小组办公室）

抗击新冠肺炎疫情

2021年，沙湾市把疫情防控作为基本前提，紧盯疫情发展趋势，狠抓“人、物、环境”三个重点不放松，坚定坚决守好“三道门”，严格落实“八项监测预警机制”，全面落实“四早”“五字”措施要求，扎实推进常态化疫情防控各项工作措施落实落细落到位，全力巩固好、发展好来之不易的疫情防控大好局面。

一、紧盯思想教育凝聚全员防疫“一条心”，筑牢疫情防控的思想基础

沙湾市始终坚持把学习贯彻习近平总书记关于新冠疫情防控的系列重要讲话精神和自治区党委安

排部署、地委工作要求作为最重要的政治任务，树牢全疆“一盘棋”、兵地“一盘棋”的思想，把疫情防控作为基础和必要条件贯穿全市各项工作始终，坚持逢会必讲疫情防控、调研走访必看疫情防控、工作汇报必听疫情防控，引导全市各族党员干部充分认识疫情防控的长期性、艰巨性、复杂性和德尔塔病毒传播快、载量大、病情重的特点，切实增强疫情防控工作的危机感、紧迫感和责任感；教育全市各族党员干部进一步树牢忧患意识和底线思维，坚持问题导向，保持战略定力，慎终如始、再接再厉，克服麻痹思想、厌战情绪、侥幸心理、松劲心态，构筑起坚强的思想防线，全市上下一条心、齐上阵，全力抓实抓细常态化疫情防控各项措施。

二、健全组织体系做到疫情防控“一盘棋”，夯实疫情防控组织基础。

一是坚持体制不变，始终保持应急机制。沙湾市坚持常态化领导小组“双组长”、指挥部“双指挥长”的集中统一领导，做到指挥部实体化“体制机制不变、人员力量不减、防控措施不降、平战顺滑切换”，设兵地副指挥长16名，统筹综合协调组、疫情防控组、医疗救治组、社会管理及外事工作组、疫情防控物资保障组、督促指导组、宣传组及信息和网格化管理工作组8个工作组及1个“八项监测预警机制”指挥调度中心，配齐配强26名实体化办公人员，紧盯全国疫情发展趋势，时时动态跟踪疫情变化，及时综合分析、科学研判，全面落实定期会商、晨会推进、月月调度、“双推双核”、“双向共管”、“五个一”、24小时值班值守等工作机制，全面做到信息畅通、步调一致、协调联动，构建领导小组决策安排、指挥部研究部署、专项组具体负责、责任部门一线落实的四级指挥体系，统筹推进全市各项疫情防控措施落实落细落到位。

二是坚持研究部署，持续压实工作责任。坚持紧盯疫情防控形势，常态化开展研究讨论和安排部署，始终做到在实战中不断磨合、在工作中持续融合，特别是针对自治区党委、地委关于疫情防控的措施和具体要求，立足市域实际，先后印发《沙湾市常态化疫情防控工作措施》《疫情防控常态化下沙湾市新冠肺炎疫情防控工作指挥部工作方案》《沙湾市贯彻落实习近平总书记重要指示精神扎实做好新冠肺炎疫情防控工作的任务分解方案》《沙湾市疫情防控工作指挥部职责任务清单》等118份具体管用的措施和办法，下发工作提示96份，整理印发会议专报203期，持续明确任务、统一标准、细化措施，压紧压实“四方责任”，让各族党员领导干部肩上有担子、心中有责任，清楚明白干什么、为什么干和怎么干，努力做到人人身上有责任、人人都要负责任，切实形成一级抓一级、层层抓落实的防疫工作格局。

三、强化网格管理织密疫情防控“一张网”，打牢疫情防控群众基础

时刻紧绷疫情防控弦，科学调配领导力量、工作力量、干部力量，健全33名市级干部包联乡镇、293名乡镇干部包联村队（社区）、2552名村队（社区）干部和753名“访惠聚”驻村干部“四位一体”网格服务管理新机制，科学划分1151个网格，组建283个网格党支部，配齐配强工作力量，建立村队（社区）“5包1”疫情防控网格化管理专班，健全协调联动、分析研判和责任追究“三项”机制，研究制定疫情防控工作清单，与党员逐个签订《党员领导干部承诺书》，明确网格管理服务台账，进一步细化管理区域、管理人员、重点场所、重点单位、重点要素，列出网格内人、物、环境全覆盖监测管理点位清单，定期采样检测，有效统筹各网格长、楼栋长、单元长、联户长及民警、党员、志愿者等各支力量，构筑了横向结合、纵向贯通“联得紧”和全面监管、快速反应“动得快”的群策群力联动机制，切实织密疫情防控网。

四、坚持关口前移坚定坚决守好“三道门”，构建疫情防控外部防线

一是全面做好境外未归人员“双稳”工作。坚持境外工作“境内做”“线上做”，持续压紧压实基层党组织的包联责任，实行“一人一台账”式的跟踪管理服务，通过电话联系、视频通话、微信交流、亲属走访、生活帮扶等方式，保持对境外未归人员的常态沟通联系和困难帮扶解决机制，与沙湾市户籍已入境不满56天人员基层党组织签订包联承诺书，全面做好境外人员“双稳”工作。

二是严防死守“入沙大门”。持续强化卡口的疫情防控力度，分别在火车站和4个环城卡点成立1个党工委和4个临时党委，选派6名市级领导担任书记，统筹公安局、卫健委、市直医疗单位、部分乡镇、社区卫生院（服务站）和市直单位抽调干部，全面落实“前端筛查、后端管控”，健全完善卡口三级响应和“无接触”八项前置机制，适时分级增开卡口数量和管控级别，严查严控保畅通，严管进疆“四类人员”，对入沙人员在“前端”严查戴口罩、测体温、健康码、行程码，对疆外入沙人员开展“即入即采即走”核酸检测，详细登记录入信息，第一时间推送至“后端”基层党组织督促外来人员下载安装“健康塔城”小程序，查验28日内行程轨迹，登记梳理上报，定期督促开展核酸检测，切实形成市级领导牵头抓总、多部门协调联动、分级启动响应的卡口疫情防控联合处置机制。

三是坚决守好单位社区院门。严把部门（单位）入口关，常态化做好测体温、戴口罩，严格查验核酸检测报告及疫苗接种信息，全面落实“戴口罩、勤洗手，测体温、多通风，不聚集、少聚餐，一米线、用公筷”八句话要求；持续压紧压实乡镇属地管理责任和党政机关、企事业单位主体责任，通过印发《工作提示》、签订《党员干部承诺书》，持续教育全市群众“非必要不出沙、非必要不返沙”，减少跨省市、跨区域流动，确需出沙返沙的严格落实基层组织研判审批报备制。对出疆和尚在涉疫地区未归人员，按照属地管理原则，由户籍所在地基层党组织落实包联管控措施，将人员稳控在原地暂不返沙，明确告知私自返沙自行承担隔离费用，对隐瞒轨迹人员严肃追究相关责任。通过组织引导、基层落实、群众监督等多种方式开展教育引导工作，全市各族群众的疫情防控意识不断增强。

五、紧盯关键环节，全面抓实“八项监测预警机制”，落细疫情防控“四早”要求

组建“八项监测预警机制”指挥调度中心，配齐配强1名科级领导负责4名骨干力量支撑的人员队伍，投入90余万元完成245平方米房屋改造及设备采购等工作，建设完成“两大一小”视联网调度会议室，将入沙信息、核酸检测、疫苗接种、环境监测消杀及货物的跟踪管理等信息实现数据实时上传、平台定期监测、问题反馈督促、定期视频调度，切实形成前端登记筛查、中期跟踪管理、后端管控追溯的全流程闭环管理。

（一）紧扣质量控制和能力储备，抓好核酸检测全覆盖。一是强化核酸采检“双质控”。在核酸采检全流程严格落实实验室“内标线”制度和国家、自治区盲样考评制度，推行日报告、周通报、旬研判，强化采检质量的跟踪问效、倒查追责、回炉培训等措施，全面提升核酸检测能力和水平。二是扎实开展全员核酸检测工作。进一步完善市乡村三级大规模全员应急核酸检测工作预案，将全市群众按照风险等级精准划分为1天、3天、7天核酸检测频次，细分为高危、重点、关注、特殊、普通及初次入沙六大项、60类，对人员实行动态调整。在“定人、定责、定点、定检”的基础上，建立储备全民核酸检测队伍，定期培训实战拉练，保持“呼之即来，来之能战”的应急状态。三是做好应急核酸检测能力储备。坚持全民核酸检测的常态化应急拉动，紧扣全员核酸采样周期和增频加密要求，定期拉动一个乡镇的2个村队（社区）按照应急要求，从安排部署、组织动员、采检流程、信息报送、后期处置等环节进行全方位演练，通过现场指导、后期点评等方式，不断提高核酸检测应急能力，已完成14个乡镇场、24个村队的拉动工作。

（二）紧扣培训考核和效果评估，抓好环境监测落到位。严格遵循“五要”“七不宜”的工作要求，通过专班、专人、专职、专管，切实形成常态化的消杀和检测管理体系机制，确保全面消杀工作精细化、全覆盖、无死角。一是加大培训考核。在坚持常态化现场指导、视频授课、网络连线等方式开展消杀培训指导的基础上，深入推进消杀人员考核持证上岗机制，分批次、分时段、分级别对全市三级消杀队伍开展拉网式培训考核工作，培训1万余人次，消杀人员全部考核合格后持证上岗。二是落实效果评估。紧盯消毒过程和效果两个关键，建立市乡村三级包联的网格消毒责任分包体系，严格落实终末消杀后的效果评价及日常消杀后的月抽检、季度全覆盖的评价要求。三是强化环境监测。按行业监管，明确全市重点场所检测点位，进行清单式管理，分别落实3天、7天、14天频次核酸采样检测，建立检测异常快速处置机制。

（三）紧扣服务管控和链条追溯，抓好冷链食品和邮件的检测预警。一是做好待检冷库的“建管用”。科学设置1600立方米集中待检冷库，配备3名专职管理人员实施封闭式管理措施，对所有入沙冷链食品集中进入待检冷库，严格执行专区、专库、专人、专车、专班的“五专”管理措施，实现检测合格出库台账式销售，确保销售产品去向可追。严格按照自治区指定进货渠道实施定期、定点的订单式购入，通过卡口查验、入店抽检等方式，坚决打击和禁止非正常途径购入的国外、国内高中风险地区的冷链食品，切实做到冷链食品备案、采购、运输、消杀、储存、检测、销售全链条闭环式管理机制。全市冷链实现统一订购、统一储存、统一检测的“三统一”要求，全市3865户食品经营主体全部入驻“查安康—新疆冷链食品追溯管理系统”，实现100%首站赋码。二是建立邮件领域干部包联责任制。实行行业主管部门主要领导总抓、分管领导牵头抓、干部包联具体抓的长效机制，科学设置货物分拣中心，对邮件实行分区存放、分级管理，设置中高风险“重点区”提示牌，消杀人员按照环境监测采样要求对货场外车辆进行预防性消杀，工作人员严格落实一级防护措施，对中高风险区入沙邮件100%进行核酸检测，低风险地区入沙邮件每批次抽样检测，严格落实货物检测结果阴性后流通。

（四）紧扣宣传引导和监督检查，严防人员聚集。一是强化监管。坚持专班、专管，修订《人员不聚集监督管理预警机制实施方案》，印发《沙湾市人员不聚集监测预警机制工作责任状》，健全不聚集监测预警机制七级工作网格工作模式，分别与行业部门和商户签订工作责任状，压实责任到人。联合行业部门着力抓好事前、事中、事后全流程闭环监管，累计检查、抽查各类人员聚集性活动600余场次，下发通报10期。二是严格审批。按照“凡聚集必审批”和“谁主管、谁负责”“谁经营、谁负责”的原则，严格审核各类聚集性活动审批报备，明确审批和监管职责，加大层层审核、层层把关力度，保障各类活动规范有序进行。针对易发生人员密切接触的经营场所、聚集性活动，在审批前严格限定规模，对单位或个人上报的所有方案、预案、人员名册等材料进行严格审核，确保各环节不出纰漏。根据国内外、疆内外疫情防控形势，适时调整审批政策，严控聚集性活动数量，压缩规模和时间，最大限度降低聚集性疫情风险，2021年，共审批各类聚集性活动1281件。

（五）坚持闭环管理，全面做好交通运输人和物监测预警机制。一是研究下发《关于进一步加强交通运输货物和车辆管理的通知》，在严防疫情输入的前提下，确保物流通畅，切实实现了“摸清底数、提前申报、卡点分流、暖房消检、行业跟进”的全流程闭环管理的管控模式。二是细化完善进口货物管控任务清单，明确牵头市领导和责任部门，细化五条措施，持续压紧压实各乡镇党委及发改、园区、商工、市监等行业监管部门的属地管理和行业监管责任，加强对各类企业的宣传引导，按照“非必要不进货”的要求，再次明确不得从境外进口货物，严禁进口境外冷链食品，对确需进口货物的严格落实审批报备制，严禁私自进口。督促指导各部门（单位）、各乡镇、各进口企业，加强对进口货物的动态监测和服务管控，定期开展梳理摸排，确保底数清、情况明、管控到位。

（六）全面抓好重点场所管控。持续压实学校、敬老院、儿童福利院等重点单位部门的疫情防控职责，严格落实封闭式管理，对人员常态化开展健康监测、定期核酸检测和环境每日消杀，确保不出问题。坚持疫情防控“一校一专班”，持续压实市级、乡级、卫健、公安、教科领导干部包校的五级包联责任，强化组织领导，层层压实责任，按照“一校一策”要求，完善家校“两点一线”、常态消杀等各项防控应对措施，为师生的生命安全筑牢防线。坚持疫情防控和复工达产相结合，强化企业疫情防控，建立行业主管部门入企包联、每月督促检查、定期分析研判疫情防控的风险点和薄弱环节，协助企业健全完善应急预案，强化人员台账式动态管理和健康监测，科学设置留观室（点）、配齐配全防疫设备，真正实现疫情防控和复工达产双赢。

六、紧扣“平战结合”，全面做好隔离场所的规范管理和应急储备

一是坚持科学管理和精准服务相结合，提升服务管理水平。严格落实“八个严格”，做到市领导日常包联，常态化印发《工作提示》，持续压实责任、明确任务，统筹开展隔离工作，严格按照隔离人员风险等级、入沙方式和时间实行分点、分层管理，指导各点位严格落实日常消毒消杀、视频监看等措施。严格落实封闭管理，全面推进“红、黄、蓝”三色管理法，健全集中隔离人员管理“1卡4书10表4台账”；组建健康巡诊队伍，对集中隔离人员定期点对点开展心理疏导和健康巡诊；录制心理疏导音频资料，常态化通过微信服务群推送，持续开展集中隔离人员思想教育、心理疏导、法律宣教等工作；按照标准精心提供多样免费饮食，为集中隔离人员免费提供提高免疫力中药汤剂，坚决做好隔离人员“吃好、休息好、上中药”。二是坚持常态启动和应急扩容储备相结合，提高应急处置能力。全面推进集中医学观察点达标验收工作，对常态化“3+1”个点位的351间集中医学观察房间全面进行升级改造，配齐配强5名科级干部担任临时党支部书记，带领64名工作人员驻点开展集中医学观察服务管理工作。按照应急扩容要求，同步对27个点位的1434间集中医学观察房间进行改造，储备300余名干部按照“平战结合”的要求，平时正常上班定期培训，“战时”呼之即来来之能战，实现定期培训和紧急拉动的顺滑转换，全力做好集中医学观察服务。

七、坚持“四个紧扣”，全面推进新冠病毒疫苗接种工作

一是紧扣高位推动，夯实组织保障。及时研究部署，成立市委主要领导为组长的工作领导小组，健全八个专项组，完善方案预案，细化九项重点工作，指导全市12个乡镇同步成立领导机构，签订《新冠病毒疫苗接种目标责任书》，建立市乡联动、常态督促检查、每日汇总通报的工作机制。二是紧扣宣传引导，筑牢群众基础。及时刊发《致全市人民的一封信》《接种公告》，录制30余条疫苗接种宣传音视频，依托广播电视、政府网站、微信、抖音等融媒体账号不间断宣传，同步发挥753名“访惠聚”驻村工作队队员、89名驻村管寺干部、5102名民族团结一家亲结亲干部作用，走村入户向各族干部群众开展疫苗接种面对面微宣讲，点对点答疑解惑，切实做好组织动员的“最后一公里”，让疫苗接种成为各族群众主动参与疫情防控的思想共识。三是紧扣统筹协调，凝聚工作合力。压实乡镇属地管理和行业部门监管责任，分级、分类、分年龄段对全市接种人群进行全面摸底，精准精细分类制定台账、分步分批次接种计划，确保“应接尽接”；科学设置21个固定接种点位

和1个临时接种点位，实现198名接种人员培训合格上岗，合理划分“六个区域”，健全“1书1卡6台账”，配齐配全急救设施设备和药品的同时，全面落实市人民医院救治医师驻点，开通绿色通道，做好救治和服务保障。四是紧扣摸排评估，做好应接尽接。及时成立专家评估组，研究制定《沙湾市新冠疫苗不宜接种人群评估指导手册》，对禁忌症人员严格按照“个人申报、基层组织初评、专家组集中评估”三步完成评估研判，确保不漏一人。2021年，累计接种322040剂次，覆盖164436人，其中完成第三剂次接种10819人、完成两剂次接种135966人、仅接种第一剂次17651人。

八、紧盯规范诊疗和隐患排查，全面压实医疗机构疫情防控责任

一是紧盯规范化诊疗提升。充分吸取今年辽宁、安徽等省份个别医疗机构不具备条件擅自接诊新冠患者的教训，研究印发《关于卫健系统医疗机构严格落实疫情防控措施的通知》，进一步明确医疗机构书记、院长（法人）负责制，压实全市医疗机构疫情防控责任，落实首诊负责制、预检分诊制，落细“十必须”“十严禁”，规范医疗机构发热人员筛查、报告、转运工作机制；全面实行药店下架“两退一抗”药品，严禁民营医院、诊所等医疗机构接诊感冒、发热、咳嗽等症状人员。二是压实医疗机构院感防控责任。紧扣“院内零感染目标”，在全市48家医疗机构分别建立以院感防控第一责任人为主要负责人的工作领导小组，严格落实院长管理责任制，设置专岗、配备专人、建立定期会议制度，建立院感防控责任清单，细化科室分工、明确岗位职责。强化住院患者闭环式管理。对住院患者和陪护严格落实定期核酸检测和每日健康监测，对所有住院患者谢绝探视、固定陪护，落实病区闭环管理，大力开展疫情防控健康宣教，切实守住院感防控底线。三是规范开展医废处置。对全市医疗废物实行分级、分类处置，明确集中隔离点、核酸采样点、疫苗接种点、医疗机构的医疗垃圾全部由市医院专岗、专人、专车、定时、定点位、定路线的“两专四定”处置要求，落实称重、运输、处置、消毒全程台账，实现“产、消、运”全流程闭环管理。四是全面开展医疗卫生系统隐患排查。由卫健系统科级干部成立包联医疗机构专项检查指导组，聚焦易发事故的薄弱环节和危险因素，分组、分片区在医疗机构自查的基础上，深入各医疗机构全面开展隐患排查排除工作，及时补短板堵漏洞。共检查医疗机构33家，下达督导检查反馈单51份，检查发现问题248条，均立查立改。

九、加大资金保障力度，全面提高防控水平

一是坚持投入和储备并行，全面发挥资金后盾作用，2021年筹措资金7221.21万元用于疫情防控，在购置必须设施设备的基础上，投入4600余万元用于各项疫情防控物资采购，在满足常态化疫情防控需求的同时，确保各类医疗物资至少储备2个月的量。二是强化医疗物资库管理，严格落实专班、专人、专库、专管，按照常态化疫情防控物资储备要求，定期统计物资、时时梳理库存、及时补充采购，确保学校、幼儿园、医疗机构、监所、敬老院、福利院、隔离点等一线重点部位应急医疗物资保障到位。2021年，累计购置各类口罩791.0577万片、医用防护服17.9071万件、隔离衣14.9824万件、护目镜及防护面罩18.2876万个、核酸检测试剂124.4366万份、全自动提取试剂121.9866万份、采样管36.4688万个、各类消毒用品4.0705万公斤等物资，为全市疫情防控开展奠定基础。

十、紧扣“兵地一盘棋”构建联防联控格局，全力打赢疫情防控协同战

研究制定《沙湾市兵地联防联控联治疫情工作方案》《沙湾市兵地常态化疫情联防联控联治会商制度》，与周边兵团第七师、兵团第八师、奎屯市、石河子市及玛纳斯县疫情指挥部建立指挥部之间、防控责任部门之间、乡镇与周边团场之间的三级定期联席会议机制、通报机制、联合调查处置机

制，实现信息互通、资源共享、核查管控、兵地联防，织密疫情联防联控联治网络，坚决守护好各族人民群众的生命安全和身体健康。

十一、狠抓“宣传+普及”做好大众教育，形成全民抗疫的强大攻势

一是不断加大社会宣传教育力度，全面动员群防群治。录制市疫情防控指挥部各类公告、健康科普知识等内容汉语版和哈语版音频23个，充分发挥全市520个村级大喇叭和三道河子镇193个居民小区进出口便携式音响作用，持续在乡镇、村队（社区）、车站、超市等人员密集场所高频次、多时度、全方位对防疫科普知识等内容进行播报，让疫情防控知识入耳、入脑、入心。二是组建“马背上的宣传队”，统筹260辆警务巡逻车辆对全市偏远散村队农户开展宣传。组织20辆防控科普知识流动宣传和党员先锋宣传车，深入全市各乡镇、村队（社区）进行全覆盖宣传。在全市3个户外大屏幕上和全市各企事业单位、沿街商铺、警务站165块LED屏全天候滚动播放温馨提示语和科普知识。三是发挥文艺志愿者、草根宣讲员的作用，创作接地气的“宣讲+文艺”作品100余个，择优通过村级大喇叭、抖音、微信群在全市广泛播放，让各族群众足不出户就能及时了解防控知识，做到防控科普知识宣传无盲区、无死角。四是依托融媒体制作短视频300余个、H5作品2个、宣传海报80余张，总阅读量达到3000万次，形成全民抗疫的强大宣传攻势。

十二、坚持“督导+整改”持续压实责任，全力守好疫情防控的底线、红线、高压线

始终坚持“党中央决策部署到哪里，监督检查就跟进到哪里”，紧盯疫情防控关键环节，常态化对各乡镇、各部门（单位）贯彻落实疫情防控措施情况进行监督检查，做到靠前监督、全程监督、精准监督、有效监督，以纪检监察监督实效保障了疫情防控工作高效顺畅开展。2021年，共开展监督检查10轮（次），走访干部群众4000余人次，检查点位1658个，发现问题1022个，查处疫情防控工作中作风漂浮、弄虚作假、思想松懈麻痹等相关责任人14名，其中给予组织处理11人（次）、党政纪处分3人。此外，针对疫情防控短板和不足，及时下发政府通告，明确十条要求，对群众参与疫情防控进行明确和规定，并根据《中华人民共和国治安管理处罚法》对隐瞒行程轨迹、绕卡拒不配合防疫、不主动参加核酸检测的6人进行行政处罚并全市通报，形成强大震慑作用。始终把反馈问题整改作为当前重点工作，切实增强抓整改的政治自觉、思想自觉和行动自觉，紧紧围绕自治区、地区指导组、督导组反馈的299条问题和30条建议，研究制订整改方案，逐条制定整改措施，逐项明确责任领导、责任部门和时间要求，坚持举一反三，均完成整改。

（市疫情防控指挥部）

中国共产党沙湾市委员会

综　述

【抗击新冠肺炎疫情】　2021年，沙湾市始终把疫情防控作为基本前提，紧盯疫情发展趋势，狠抓“人、物、环境”三个重点不放松，扎实推进常态化疫情防控各项工作措施落实落细落到位，全力巩固好、发展好来之不易的疫情防控大好局面。全面做好境外未归人员“双稳”工作，严防死守“入沙大门”，坚决守好单位社区院门，有效构建疫情防控的外部防线。抓好核酸检测全覆盖，累计开展全员核酸检测42轮，完成636.7万人次核酸检测。抓好环境消杀，累计完成127个场所784份样本的采集检测，合格率达97%。强化环境监测，累计环境采样65.83万份，均为阴性。抓好冷链食品和邮件检测预警，全市3865户食品经营主体全部入驻“查安康—新疆冷链食品追溯管理系统”，实现100%首站赋码。最大限度减少人员聚集，累计审批各类聚集性活动1281起。全面抓好重点场所管控，持续压实学校、敬老院、儿童福利院等重点部门疫情防控职责，严格落实封闭式管理；强化企业疫情防控，实现疫情防控和复工达产双赢。坚持常态启动和应急扩容储备相结合，对常态化点位的351间集中医学观察房间全面进行升级改造，按照应急扩容要求，同步对27个点位的1434间集中医学观察房间进行改造，提高应急处置能力。全面推进新冠病毒疫苗接种工作，累计接种322040剂次，覆盖164436人。全面发挥资金后盾作用，筹措7221.21万元用于疫情防控，其中投入4600余万元用于疫情防控物资采购，全面提高疫情防控水平。

【抓好安全生产】　2021年，沙湾市严格落实安全生产“党政同责、一岗双责、齐抓共管、失职追责”的刚性要求，狠抓责任落实，全市未发生重特大安全生产事故。全面落实安全生产责任制，及时调整23个安全生产专业委员会成员单位和职责分工，明确相关行业部门监管职责，按季度开展风险隐患研判；压实企业主体责任，组织各企业深入学习习近平总书记重要指示批示精神，学习《中华人民共和国安全生产法》和《自治区安全生产严格执法十项措施》，分析身边的重大安全生产事故，教育企业负责人做到警钟长鸣、警惕常在。扎实开展安全生产专项整治，深刻吸取已发生各类事故教训，举一反三，全面开展地毯式、拉网式专项整治，切实把各项措施落到实处。按照“全覆盖、零容忍、严执法、重实效”的原则，常态化组织开展道路交通、煤矿、危险化学品、非煤矿山等重点行业领域安全生产专项行动，累计发现问题隐患10368条，已整改9434条，下达整改通知书2306份、执法文书413份，停产停业整顿40家。提升应急救援能力，组建各类专（兼）职应急队伍53支，配强配齐监管力量，修订完善各类安全生产应急预案，制定《沙湾市地震应急准备专项预案》《沙湾市应急物资保障方案》，积极组织应急管理、医疗卫生、地震、供电、水利等部门（单位）建立协调联动机制，分单元、分类别有序组织实施应急演练44次，参演3300余人次。

【推进改革发展】 2021年，沙湾市深刻把握“三新”原则，强化“三个统筹”，扎实做好“六稳”工作、落实“六保”任务，坚持一产上水平、二产抓重点、三产大发展，着力破除各种瓶颈制约，有效应对各种风险挑战，推进经济高质量发展。2021年，全市实现地区生产总值231.21亿元（含兵团），比上年增长6.9%；完成地方财政收入11.98亿元，同比增长18.4%；实现社会消费品零售总额17.54亿元，同比增长16.6%；农村居民人均可支配收入达23708.4元，增长15.2%；城镇居民人均可支配收入达34938.24元，增长6.7%。乡村振兴战略全面实施，农业供给侧结构性改革进一步深化，现代畜牧业加快发展，农业基地建设能力、科技支撑能力、加工转化能力、市场开拓能力进一步提高。抢抓塔城重点开发开放试验区政策优势，加快构建现代化产业体系，坚持“绿色、集约、融合、高效”的产业高质量发展方向，积极推动传统优势产业改造升级，加快培育战略新兴产业，以绿色食品、纺织服装、精细化工、建材制造、新型能源等为重点，抓龙头、筑链条、建集群，着力招大引强选优，壮大工业经济规模，持续推进工业向绿色发展、高质量发展转型升级。全年规模以上工业完成总产值54.2亿元，同比增长38.7%。以旅游业为龙头，统筹生产性服务业和生活性服务业，优化服务产业结构，加快推进三产服务业发展。加快电子商务发展，升级改造村级服务点81个，建成农家菜园子直销点30个，基本建成市乡村三级电商运行管理服务体系。加快推动馕产业发展，建成占地面积3300平方米馕食加工和馕文化展示基地，成立“美沙食品有限公司”专门负责馕产业发展；成立沙湾市馕及烘焙食品产业协会，吸纳全市各类馕食加工经营主体185个，解决各类就业人员430人，全市日加工各类馕食产品达83000份。大力推进供给侧结构性改革，继续推进“三去一降一补”，落实减税降费政策，降低企业用电、用气、物流等成本。全面推进简政放权、放管结合、优化服务，进一步梳理行政审批事项，优化行政审批流程，精简审批材料，缩短审批时限，办理行政审批和公共服务事项42.81万件，办结率达98%。大力推进农村集体产权制度改革，完成244个村组的农村集体产权制度改革登记赋码工作和246个村（组）2020年度清产核资工作；与天津农村产权交易所签战略合作协议，借助天津市成熟的市场建设和运营模式，共建沙湾市农村产权流转交易市场。

【保障改善民生】 2021年，沙湾市加快完善以就业、教育、卫生、社会保障、安居工程为重点的基本公共服务，将财政支出和对口援疆资金的70%以上用于保障和改善民生，全市民生支出达15.3亿元，占一般公共预算支出的76.9%。全面落实稳就业政策，全力推进技工学校建设管理工作，着力抓好农村富余劳动力转移、城镇失业人员等重点群体就业工作，实现城镇新增就业6451人，转移农村富余劳动力14341人次。推行国家通用语言文字教育，巩固学前教育发展成果，学前三年毛入园率达95.84%。推进城乡义务教育一体化发展，小学巩固率达99.3%，初中巩固率达100%。加大公共教育资源向农村转移力度，深化教育联盟捆绑发展，建立教育信息化平台，通过智慧课堂实行远程交互式同步教学。教育教学质量不断提高，2021年高考成绩位列塔城地区第一，本科上线率达78.3%。落实教育惠民政策，发放各类教育助学金657.44万元，惠及学生13045人次。积极推进医联体、医共体建设，深入推进“互联网+医疗”，继续实施全民免费健康体检，推进家庭医生个性化签约服务，全民卫生健康水平不断提升。社会保障体系更加完善，全民参保计划深入实施，全市城乡居民参保人数达14.98万人，参保率稳定在95%以上，一般农户困难群众参保率实现100%。

【全面从严治党】 2021年，中共沙湾市委落实全面从严治党主体责任，坚持把习近平新时代中国特色社会主义思想作为各级党组织日常学习的必修内容，常态化抓好党员干部教育培训工作，教育引导党员领导干部增强“四个意识”、坚定“四个自信”、做到“两个维护”。严肃党内政治生活，采取“主题党日+”模式扎实落实“党旗映天山”主题党日制度，全力落实双重组织生活制度和民主评议党员活动。以组织体系建设为重点，把党支部建设放在突出位置，全面贯彻落实两个“条例”，深入推进党支部标准化规范化建设。聚焦“1+2”文件精神，强化村党组织领导核心地位，健全完善“一支部三中心”组织架构，科学统筹、整合配置村级各类组织和各类人员。推行“三定三包三促”工作机制，构建三级书记抓党建促乡村振兴格局，通过落实产权制度改革、培育农业新型经营主体、“党支部+合作社”、清理规范土地发包、探索红色股份等方式盘活壮大集体经济，集体经济收入100万元及以上村34个、50万元至100万元村47个。开展政治监督，把“两个维护”作为最根本的政治纪律和政治规矩立起来、严起来，坚持党中央决策部署到哪里，监督检查就跟进到哪里。2021年，接受信访举报98件次，处置问题线索556件，立案审查240件，结案164件。运用监督执纪“四种形态”处理368人；查处违反中央八项规定、“四风”及其隐形变异问题23件37人。紧盯群众反映强烈的热点难点问题，持续整治群众身边的腐败和作风问题28件42人。

（吕　龙）

重要会议

【县委十二届八次全委（扩大）会议】 1月5日，中共沙湾县委十二届八次全委（扩大）会议召开。会议强调，做好2021年工作事关全局、事关长远、极其重要。各级各部门要聚焦治疆方略，坚持好“三新”原则，强化“三个统筹”，着力抓好以下重点工作。一要积极融入丝绸之路经济带核心区建设。依托塔城重点开发开放试验区，打造沙湾经济发展新的增长极，不断完善商贸物流基础设施，逐步形成互联互通的交通体系，不断深化对外贸易合作。二要推动一、二、三产业融合发展。推动农业提质增效，工业强基增效和转型升级，大力发展现代服务业，加快构建现代产业体系。三要大力加强基础设施建设。坚持补短板、强弱项、谋长远，为高质量发展打下坚实基础。四要积极推进新型城镇化。加快统筹协调发展，提升市政基础设施建设水平，建设美丽沙湾。五要持续实施乡村振兴战略。巩固拓展脱贫攻坚成果，实施乡村建设行动，深化农业农村改革，培育农业经营管理服务人才。六要深化重点领域改革。持续深化“放管服”改革，国资国企改革，推进财税金融体制改革，发展壮大民营经济，探索对口援疆新模式。七要积极培育和践行社会主义核心价值观。深入实施文化润疆工程，持续开展“习近平新时代中国特色社会主义思想进万家”活动，铸牢中华民族共同体意识，推进新疆伊斯兰教中国化，提高社会文明程度，推进文旅深度融合发展，确保意识形态领域绝对安全。八要加强生态环境保护。健全生态保护机制，持续强化环境治理，加大环境监管力度。九要推进兵地融合发展。全力支持兵团深化改革，加快推进兵地融合发展，深度拓展军地融合发展。十要着力保障改善民生。坚持稳定、发展、民生“三位一体”，扎实推进“十项惠民工程”。十一要坚持加强党的领导，把党的政治建设摆在首位，切实筑牢基层基础，不断建强领导班子和干部队伍，切实加强党风廉政建设，推动全面从严治党向基层延伸。

【2021年基层党（工）委书记抓基层党建述职评议考核会议】 1月8日，2020年沙湾县基层党（工）委书记抓基层党建述职评议考核会议召开。会议强调，要突出政治功能，发挥组织优势，统筹推动“1+3”重点工作取得新成效。一要强化维护稳定的政治责任，牢牢扭住新疆工作总目标，系统谋划基层党建工作，持续在事关根本、基础、长远的问题上聚焦发力，全力维护社会大局持续稳定长期稳定。二要强化疫情防控的政治担当。继续充分发挥基层党组织战斗堡垒作用和党员先锋模范作用，全面落实疫情防控工作要求，持续巩固疫情防控来之不易的成果。三要强化决胜脱贫攻坚的政治使命。把抓党建促脱贫攻坚作为重大政治任务，高质量打赢脱贫攻坚巩固战，统筹推动脱贫攻坚与乡村振兴有效衔接。四要强化推动经济高质量发展的政治意识。主动适应经济社会发展新形势新任务，全面贯彻新发展理念，按照自治区党委“一产上水平、二产抓重点、三产大发展”的安排部署，坚持以供给侧结构性改革为主线，牢牢把握稳中求进总基调，扎实做好“六稳”工作，全面落实“六保”任务，为实施好“十四五”规划和2035年基本实现社会主义现代化远景目标开好头、起好步。五要强化全面推进乡村振兴的政治决心。积极推进乡村组织振兴与乡村产业振兴、人才振兴、文化振兴、生态振兴有机结合。积极探索“党支部主导、合作社运营、老百姓分红、村集体增收”的“党支部+”新模式。注重发挥村级党组织和党员干部的先锋模范作用，全面改善农村人居环境，加快农业农村现代化建设。会议还对述职人员抓基层党建工作情况进行测评。

【2021年农村工作会议】 2月5日，沙湾县委2021年农村工作会议召开。会议强调，要贯彻落实新发展理念，全力推动新发展阶段农业农村工作高质量发展。一要全面推进巩固拓展脱贫攻坚成果同乡村振兴有效衔接，实现发展可持续、收入稳增长。二要加快构建完善的现代乡村产业体系，继续调整优化农业产业结构，促进农业由数量型向质量效益型转变，不断提高农业市场有效供给保障能力。三要全面提升农业科技支撑能力，推进现代农业高质量发展。四要着力提升农业产业化水平，提升农业市场竞争力。五要做精做优乡村旅游新业态，打造一批乡村旅游的精品。六要加快完善农业基础设施，提升农业综合生产能力。七要深入推进农村环境卫生整治，提升乡村宜居水平。八要加强乡村治理，提高乡村善治水平。九要深化农业农村体制改革，激发农村资源要素活力。

【第十二届纪律检查委员会第六次全体会议】 2月10日，沙湾县第十二届纪律检查委员会第六次全体会议召开。会议强调，全县各党委（党组）要强化组织领导，为推动全面从严治党不断向纵深发展提供坚强保障。要全面落实责任，坚持真管真严、敢管敢严、常管长严，切实担负起管党治党的政治责任，同时要强化运用“第一种形态”进行监督检查。要强化组织保障，加强对纪检监察工作的领导，建强用好纪检监察干部队伍。要加大宣传力度，营造人人关心、人人参与、人人支持党风廉政建设和反腐败工作的良好氛围。

【全面依法治县工作会议】 2月24日，沙湾县全面依法治县工作会议召开。会议强调，要坚定不移走中国特色社会主义法治道路，切实做到依法治县、依法执政、依法行政一体推进，法治国家、法治政府、法治社会一体建设；要坚持习近平法治思想指导地位，把习近平法治思想作为推进全面依法治县的根本遵循和行动指南。坚定坚决贯彻落实新时代党的治疆方略，全力维护社会大局稳定、长期稳定。坚持“依法治疆、团结稳疆、文化润疆、富民兴疆、长期建疆”总体要求，为建设和谐生态宜居沙湾提供有力法治保障。

【新时代“访民情、惠民生、聚民心”驻村工作会议】 3月23日，沙湾市新时代“访民情、惠民生、聚民心”驻村工作会议召开。会议强调，做好新时代驻村工作，要坚持以习近平新时代中国特色社会主义思想为指导，全面贯彻中共十九大和十九届二中、三中、四中、五中全会精神，贯彻落实第三次中央新疆工作座谈会精神，特别是习近平总书记重要讲话精神，完整准确贯彻新时代党的治疆方略，牢牢扭住新疆工作总目标，落实自治区党委“3+1”重点工作部署，重点抓好七项任务落实。一是深入学习贯彻中共十九届五中全会和第三次中央新疆工作座谈会精神，武装头脑、指导实践、推动工作。二是聚焦总目标、打好组合拳，保持社会大局持续稳定长期稳定。三是铸牢中华民族共同体意识，巩固加强民族团结，持续巩固社会稳定和长治久安的群众基础。四是坚持新疆伊斯兰教中国化方向，促进宗教健康发展。五是深入做好意识形态领域工作，大力讲好新疆故事。六是巩固拓展脱贫攻坚成果同乡村振兴有效衔接，大力保障改善民生。七是抓基层、打基础，把基层党组织建设成服务群众、维护稳定、反对分裂的坚强战斗堡垒。

【中国共产党沙湾市第一次代表大会】 9月2日，中国共产党沙湾市第一次代表大会召开。会议回顾总结了中国共产党沙湾县第十二次党代会以来的工作，分析了形势，明确了今后五年发展的总体思路、奋斗目标和工作重点。会议强调，“十四五”时期是沙湾撤县设市踏上新征程的第一个五年，做好“十四五”时期各项工作，对沙湾市开好局、迈好步至关重要。一要完整准确贯彻新时代党的治疆方略，确保社会大局持续稳定长期稳定。二要坚持生命至上，扎实做好疫情防控工作。三要树牢安全发展理念，切实维护人民群众生命财产安全。四要坚决贯彻新发展理念，紧贴民生推进高质量发展。五要抓紧补齐短板弱项，夯实高质量发展基础。六要坚持以人民为中心，切实保障和改善民生。七要坚持新时代党的建设总要求和新时代党的组织路线，推进全面从严治党向纵深发展。

【中共十九届六中全会精神、自治区第十次党代会精神专场报告会】 11月12日，沙湾市举行专场报告会，传达学习中共十九届六中全会精神和自治区第十次党代会精神。会议强调，要以习近平新时代中国特色社会主义思想为指导，坚决贯彻落实中共十九届六中全会精神、自治区第十次党代会精神，不断增强“四个意识”、坚定“四个自信”、做到“两个维护”，胸怀“两个大局”，牢记“国之大者”，切实把思想和行动统一到中共十九届六中全会精神、自治区第十次党代会精神上来，以更加昂扬的姿态迈进新征程、建功新时代。

（吕　龙）

重大决策

【重要决定】 6月2日，中共沙湾市委员会、沙湾市人民政府印发《关于表彰沙湾市民族团结进步模范集体和模范个人的决定》。

7月2日，中共沙湾市委员会印发《关于表彰优秀共产党员、优秀党务工作者和先进基层党组织的决定》。

8月4日，中共沙湾市委员会、沙湾市人民政府印发《关于表彰鞍山市第四批援疆专业技术人才的决定》。

9月9日，中共沙湾市委办公室、沙湾市人民政府办公室印发《关于表彰沙湾市2021年优秀教师的决定》。

【重要通知】 1月9日，中共沙湾县委办公室印发《关于开展党的十九届五中全会和第三次中央新疆工作座谈会精神教育培训工作》的通知。

2月22日，中共沙湾县委办公室、沙湾县人民政府办公室印发《沙湾县进一步提高自然灾害防治能力切实加强自然灾害防治工作实施方案》的通知。

3月4日，中共沙湾县委办公室、沙湾县人民政府办公室印发《沙湾县大力发展庭院经济建设美丽乡村实施方案》的通知。

3月9日，中共沙湾县委办公室、沙湾县人民政府办公室印发《沙湾县构建互嵌式社会结构和社区环境实施方案》的通知。

3月15日，中共沙湾县委办公室、沙湾县人民政府办公室印发《沙湾县实施乡村振兴战略推动新型农业经营主体高质量发展实施方案》的通知。

4月3日，中共沙湾市委办公室印发《沙湾市关于做好任华严重违纪违法案以案促改工作的整改方案》的通知。

4月7日，中共沙湾市委办公室印发《关于在全市组织开展党史专题宣讲活动》的通知。

4月11日，中共沙湾市委办公室、沙湾市人民政府办公室印发《沙湾市农村电子商务提质增效三年行动实施方案》的通知。

4月14日，中共沙湾市委办公室、沙湾市人民政府办公室印发《关于成立沙湾市乡村振兴领导小组和推进乡村振兴工作服务组》的通知。

4月14日，中共沙湾市委办公室印发《关于建立沙湾市市级领导干部乡村振兴联乡包村工作制度》的通知。

4月19日，中共沙湾市委办公室印发《沙湾市全面推行林长制的实施方案》的通知。

5月10日，中共沙湾市委办公室印发《贯彻落实自治区党委办公厅印发关于进一步解决形式主义问题做好2021年为基层减负工作主要措施的分工方案》的通知。

6月21日，中共沙湾市委办公室印发《关于庆祝中国共产党成立100周年广泛组织开展“永远跟党走”群众性主题宣传教育活动实施方案》的通知。

7月20日，中共沙湾市委办公室、沙湾市人民政府办公室印发《沙湾市以实现“四个满意”为目标推动旅游产业高质量发展工作方案》的通知。

8月2日，中共沙湾市委员会印发关于认真学习贯彻《习近平总书记在庆祝中国共产党成立100周年大会上的讲话》的通知。

8月30日，中共沙湾市委办公室印发《关于召开中国共产党沙湾市第一次代表大会》的通知。

11月2日，中共沙湾市委办公室印发《沙湾市排查整顿农村发展党员违规违纪问题工作实施方案》的通知。

11月29日，中共沙湾市委员会印发《关于认真学习宣传贯彻落实党的十九届六中全会精神的实施意见》的通知。

12月4日，中共沙湾市委办公室印发《沙湾市开展“大培训、大就业、大评比”活动实施方案》的通知。

12月9日，中共沙湾市委办公室印发《沙湾市开展党员干部“转变作风、示范引领”工作实施方案》的通知。

12月13日，中共沙湾市委办公室印发《沙湾市深入开展党的十九届六中全会精神和自治区第十次党代会精神教育培训方案》的通知。

（吕　龙）

巡察工作

【概况】 2021年，沙湾市委巡察工作领导小组办公室（以下简称“市委巡察办”）深入贯彻落实中央、自治区党委、地委巡视巡察新精神新部署新要求，坚守政治巡察定位，围绕“三个聚焦”，紧盯“关键少数”，统筹疫情防控和巡察监督，综合运用常规、专项巡察方式，圆满完成十二届沙湾县委巡察工作全覆盖任务，稳步有序开启一届市委第一轮巡察工作，共完成2轮对39个党组织的巡察，发现问题441个、问题线索54件，立行立改问题12个。

【主体责任落实】 2021年，中共沙湾市委带头履行工作职责，将巡察工作纳入全市整体工作布局，列入年度工作要点统筹安排。市委书记作为巡察工作第一责任人，落实“四个亲自”，把巡察监督作为落实全面从严治党主体责任的重要抓手和具体行动，年内召开巡察工作会议1次、市委常委会11次、书记专题会3次，研究部署巡察工作。书记专题会上市委书记点人点事6人20件，对巡察工作作出指示批示24次，巡察工作领导小组听取巡察工作汇报4次，有力推动了巡察工作顺利开展。

【精准发现问题】 2021年，沙湾市委巡察办坚守巡察政治监督职能定位，坚持问题导向，围绕“发现问题是巡察工作的生命线”的工作原则，拓展方式，常专结合，创新方法，精准画像，不断提升巡察发现问题的针对性和精准度。巡前开展专题培训，提升巡察干部发现问题能力。进驻前充分利用各方资源，从函询、通报材料中准确筛选需跟进了解的问题；巡中进行督导指导，协助巡察组把准方向、理清思路。各巡察组在综合使用听取汇报、个别谈话、受理信访、调阅资料、问卷调查等巡察方式基础上，拓展“谈”“访”技巧，将精准谈话与错时谈话相结合，提高巡察谈话效果，同时紧盯关键人坚持“六必访”，增强发现问题深度；巡后通过组办会商巡察报告、巡察工作领导小组集中会审巡察报告，着力提高巡察发现问题线索质量。

【巡察整改】 2021年，沙湾市委巡察办坚持重点问题向分管市领导反馈、具体问题向被巡察党组织反馈、监督责任问题向纪检组织反馈、行业监管问题向上级党委及相关部门单位反馈的“四反馈”方式，压实整改责任。严格执行“三审一定”制度，层层把关审核整改方案，确保措施可行。健全完善巡察整改促进机制，积极构建市级分管领导靠前指挥、纪委监委和组织部日常监督、派驻机构贴身督导、行业主管部门职能督办、市委巡察机构协调指导的五方促改监督格局，形成整改闭环，推动整改落实。年内多方联动开展整改专项督查9次，成效评估1次，下发通报4期，推动地委巡察反馈问题整改314个，整改率达93.73%，十二届县委巡察反馈问题整改4797个，整改率达97.64%。对落实整改不力、敷衍整改、虚假整改的，适时启用“约谈+函告+问责”的整改督促机制，市委书记亲自约谈落实整改责任不力相关分管市领导3名、乡镇党委书记4名，问责整改不力党员领导干部66人，推动被巡察党组织坚决扛起整改政治责任、主体责任。

【成果运用】 2021年，沙湾市综合运用巡察成果，既着力解决具体人和具体事的问题，也着力解决体制机制问题，发挥巡察标本兼治战略作用。认真总结梳理汇总巡察中发现的普遍性、规律性问题，形成综合性专报，移交组织、纪检监察、财政等相关职能部门（单位）开展专项治理，深化巡察成果。把巡察发现问题整改与专项整治结合起来，紧盯问题不放，推动被巡察党组织紧紧抓住问题多发易发领域和环节，从制度和机制上查漏洞补短板，形成靠制度管权、管事、管人的长效机制，充分发挥巡察监督保障执行、促进完善发展作用。加强巡察信息化建设，通过数据比对分析，充分发挥信息技术手段，确保监督检查无盲区、整改落实无死角、上下衔接无缝隙，有效提高巡察监督实效。

2021年7月13日，市委巡察办组织开展“不忘初心践使命　巡察岗位建新功”情景展示活动

（何　岩）

政务工作

【秘书工作】 2021年，沙湾市委办公室认真做好各类会议活动组织工作，根据会议活动要求，及时谋划、精心准备，提前制订方案，细致周密地做好筹备和服务工作，做到各环节联系紧密、秩序井然。先后筹办组织了自治区党委领导赴沙湾指导工作、巡河，地委书记魏建国赴沙湾检查调研、沙湾撤县设市揭牌仪式、中国共产党沙湾市第一次代表大会、沙湾市庆祝中国共产党成立100周年座谈会等20余场（次）重要会议和活动。进一步修改完善市委办公室文字工作制度，坚决冲破思想观念障碍，摒除因循守旧、循规蹈矩陋习，力求做到推陈出新、有所突破，努力与市委领导思维“同频共振”。先后起草了《县委十二届八次全委（扩大）会议报告》《中国共产党沙湾市第一次代表大会报告》《在沙湾市庆祝中国共产党成立100周年座谈会上的讲话精神》等100余篇高质量文稿。

【督查工作】 2021年，沙湾市委办公室主动适应新形势，把督促检查作为落实各项工作的第一推力，健全完善督查机制，优化督查流程，改进督查方法，提高督查的针对性、精准性。围绕“3+1”重点工作、各类会议和讲话精神，保质保量完成地委专项督查23期，办理地委主要领导批示台账、督查台账40期，办理市委主要领导批示台账12期，督办市委班子重点工作28期，下发督办通知70期，有力推动了党中央和各级党委决策部署贯彻落实。

【信息工作】 2021年，沙湾市委办公室整合壮大信息工作力量，明确文秘人员全员撰写信息职责，健全文秘人员学习制度，搜集“3+1”重点工作新动态、新进展和新经验，完善信息培训课程，修订市委办信息工作考核办法及全市单位、部门党委信息目标管理考核办法，加大考核奖惩力度，拓宽信息报送渠道，做到目标到位、责任到位、奖惩到位，使文秘人员人人成为“信息员”。2021年，市委办公室编发沙湾信息500余篇，被自治区、地区采用90余篇，信息工作在全疆名列前茅，获自治区党委办公厅通报表彰。

【基层减负】 2021年，沙湾市聚焦精文减会、督导检查考核与调研规范开展、网络工作群清理等重点工作，精准施策，扎实有序开展集中整治。制定印发《沙湾市2021年文件会议计划目标》《沙湾市2021年督查检查考核计划》，将目标量化到季度，逐月盘点、以月促年，确保减负目标不折不扣落到实处。全市累计制发精简类文件577期，比目标计划减少45.26%；累计召开精简类会议105场，比目标计划减少45.03%。根据会议时间、重要程度和参会对象，牵头分类整合、集中安排，实现“多会合一、一会多开、开会中会”，让基层干部少跑路。扎实做好网络工作群、移动互联网应用程序、政务App等清理，从源头上消除“指尖上的形式主义”。2021年，累计接到电话举报3次，督促落实整改2次。

【机要保密】 2021年，沙湾市委机要保密局持续强化密码通信网络管理，落实机要工作24小时值班制度，确保机要文书及时收发、传递和办理。严格执行密级文件签收、登记、阅读、传达、保管、清退等制度，做到进出有据、流转有序、管理规范。深化日常保密法规的宣传教育，通过专题讲座、案例分析、法律解读等方式，加大干部教育培训力度，增强干部保密意识。坚持举一反三，督促各部门（单位）认真开展自查自纠，全面抓好重点部门、重点行业领域保密工作。2021年，先后开展保密执法检查3次，检查计算机190余台，下发整改通知书68份，反馈问题386个。

【档案工作】 2021年，沙湾市档案馆健全档案保管、保护规章制度，完善档案库房“八防”及档案安全应急预案，对档案库房、档案保管保护等设施实行专人管理，不定期进行安全巡查，确保档案绝对安全。加强档案接收与征集，完成2020年823件疫情档案及目录移交，同步完成数字化整理。强化撤县设市后旧公章的收缴管理，累计移交各类公章2050枚。接待查档及群众咨询40余人次，查阅档案60余卷（册）。

【全面深化改革】 2021年，沙湾市制定印发《沙湾市委全面深化改革委员会2021年工作要点》《沙湾市委全面深化改革委员会2021年工作要点任务分工表》，充分发挥总揽全局、协调各方的核心作用，健全完善督促检查制度，对改革方案落实情况定期开展督促检查，将全面深化改革中的重要情况和重大问题及时向市委报告。及时传达学习中央、自治区党委、地委全面深化改革委员会会议精神，认真落实好会议部署的各项改革任务。2021年，组织开展推进会1次、专题会议4次、专题调研2次、督促检查3次，逐条逐项进行推进，持续提升改革工作成效。

（吕　龙）

组织工作

【概况】 2021年末，沙湾市共有各级党组织747个，其中，党委23个、党总支部69个、党支部655个；党组42个，市委派出工委3个；乡镇（场）基层党组织424个，教育系统基层党组织80个，国有经济控制基层党组织15个，集体经济控制基层党组织1个，非公有制基层党组织34个；机关单位基层党组织186个，社会组织基层党组织11个。党员总数13845人，其中，女性4542名，少数民族2949名；预备党员865名。党政机关工作人员中有党员1703人，事业单位工作人员中有党员1828人，公有制企业工作人员中有党员207人，非公企业中有党员468人，社会组织中有党员28人，农牧民中有党员5748人，退休人员中有党员2101人。

基层组织建设

【概况】 2021年，中共沙湾市委围绕党要管党、从严治党新要求，严格落实全面从严治党“七个一”工作机制，坚持把党建工作同“3+1”重点工作同部署、同安排、同落实，先后召开常委会、党的建设工作领导小组会、党建工作推进会12次，制定《沙湾市党的建设工作领导小组2021年工作要点》等9个文件。着眼破解党建工作长期存在的突出问题，领办市乡党委书记基层党建项目14个，推动党建工作项目化、项目推进责任化。落实市级领导包乡联村制度，实行“挂图作战”、销号管理，建立“工作清单化、调度实时化、管理台账化”工作机制和“考村评乡评干部”考核机制，常态化运用“周调度、月自查、季考评”和“四旗”管理法等措施，进行“双向排名”，运用监督执纪“第一种形态”，对抓党建工作落实不力的6名干部进行组织约谈，持续将压力传导到“神经末梢”。

【农村党建】 2021年，中共沙湾市委组织部着力建强党的基层组织。以组织体系建设为重点，健全完善“一支部三中心”组织架构，研究绘制“三个中心”统筹图，将新时代“访惠聚”驻村工作7项重点任务和星级化创建39项工作分类合并串珠成链，分解至“三个中心”，形成党组织领导下的精干高效的运转体系；深入开展“基层基础工作集中提升月”活动，编制《沙湾市基层党建基础工作工具书》，持续推进党支部标准化规范化建设；充分发挥县、乡、村三级示范引领作用，建立领导联系、蹲点调研、上下联动、定期评估等机制，大力推行“一村一特、一乡一册”，分类培育党建示范点35个、乡村振兴示范点7个；落实“四包一”工作机制，对23个软弱涣散基层党组织转化提升成效进行“回头看”，全面推动基层党组织建设提质增效。狠抓基层干部队伍建设。聚焦自治区党委“1+2”文件精神，研究制定《沙湾市贯彻落实〈关于村干部和后备力量素质提升培训行动计划〉任务分解方案》《沙湾市2021年村干部和后备力量集中培训方案》及相关经费预算方案，采取“三个一批”方式，把致富带富能力强、敢闯敢拼的“土专家”“田秀才”选拔成为村党组织书记，选派44名优秀国家公职人员到村任职，跨村任职村党组织书记6名。严格落实村干部市级联审和村（社区）党组织书记组织部门备案管理机制，坚持“三凡三必”原则，按照“一人一档”标准，集中备案管理党组织书记档案117本，完成新增、调整村干部和后备力量市级联审3034人，坚决将存在12种负面清单行为的人堵在“门外”。不断创新培育方式，整合各方资源，公开聘任59名兼职教师，建立80节精品课程库和30个实践锻炼库，采取训、导、教、析、践“五步法”培训村干部和后备力量600人。按照每村4—6名的标准，动态储备村级后备力量747名，实行“四位一体”帮带和“636”培养机制，研究制定《沙湾市村级后备力量培养纪实手册》，进行全程纪实管理，实行“四个一批”适时使用机制，以村（社区）“两委”换届为契机，及时补充到村“两委”班子及村级各类组织614人，使用率达81.2%，动态调整754人，保持后备力量“一池活水”。同时，以“七个一”为抓手，深入开展“大培训、大就业、大评比“活动，开办村（社区）“两委”正职示范班、农牧（居）民党员示范班、村（社区）干部国家通用语言培训班3期140人；全覆盖集中轮训村（社区）干部10天；开办农牧（居）民夜校1015场次，通过学政策、学国语、学技能培训党员干部群众2.79万人次，不断提升党员干部群众素质能力，激发乡村振兴内生动力。推进党建引领中心工作。毫不放松抓好维护稳定、疫情防控和安全生产“三件大事”，探索实施“网格化管理+组团式服务”模式，化解矛盾纠纷2099件，解决群众困难诉求2309件，排查流动人口1.7万人次。推行“三定三包三促”工作机制，构建三级书记抓党建促乡村振兴格局，通过落实产权制度改革、培育农业新型经营主体、“党支部+合作社”、清理规范土地发包、探索红色股份等方式，盘活集体经济。全市集体经济收入100万元及以上村56个、50万元至100万元村36个。强化基层基础保障。坚持人往基层走、钱往基层投、劲往基层使，积极争取项目资金、自筹资金1356万元用于村级阵地新建和改造提升，足额拨付村级运转和为民办实事经费，村“两委”正职平均报酬达4230元/月，其他村干部3384元/月，积极协调187名村队（社区）党组织书记到市健康管理中心体检，实现村干部养老、医疗、意外伤害保险全覆盖。推荐2名优秀村干部转录乡镇公务员（事业编），择优推荐3名村党组织书记进入乡镇领导班子；在村任职国家公职人员中提拔使用5人，晋升职级18人，评定职称、调任3人，切实让基层干部有奔头、有待遇、受尊重。

【城市党建】 2021年，中共沙湾市委组织部健全完善长效工作机制。深化“大党委”工作机制，实行“市委—乡镇党委—社区+驻区单位”的

"1+1+2"联办机制，组织召开"大党委"联席会议72场次，签订共驻共建协议书14份，协调解决问题50余件，有效促进组织共建、机制衔接、整体联动。完善"三道河子镇—社区—居民片区—房屋（楼栋）格点"四级网格指挥体系，创新实行"党员中心户"模式，设立各级指挥长、网格长348名，党员中心户45名，成立28个网格党支部、44个网格党小组，形成多方参与、规范管理、服务群众的良好氛围。持续推动在职党员进社区"双报到双服务"，组织1194名在职党员认领"政策咨询岗""志愿服务岗"等十大岗位，推行"1+N"组团式服务，组建各类志愿服务队337个，开展志愿服务350余场次。采取"群众点单、社区下单、组团接单"的方式，为民办实事好事200余件，慰问困难群众800余人，点亮"微心愿"460个，凝聚在职党员服务群众的正能量，共建基层党建工作新格局。建强社区工作队伍。采取"示范班+流动党校+视频远程班"相结合的方式，分层分类对社区"两委"班子及居务监督委员会成员进行业务培训，着力提升社区干部综合素质能力。建立社区工作者"三岗十八级"薪酬体系，132名财聘人员正在按程序择优转岗，鼓励11名优秀社区工作者考取社会工作师资格证，大力推进社区工作人员职业化。持续宣传、鼓励从社区工作人员中推荐招录乡镇公务员政策，畅通社区干部发展渠道。党建引领基层治理。推行"党建+业主委员会"服务，指导选举产生业主委员会53个、委员197名，进一步提升服务效能。推进"红色物业"模式，对全市居民小区进行摸底排查，指导成立3个物业企业党支部，推行社区和物业服务企业人员"双向进入、交叉任职"。召开三方联席会，对居民反映的有关小区治理的29个问题梳理分类，建立销号台账，以党建引领物业强化社会治理。

【"两新"党建】 2021年，中共沙湾市委健全市委统一领导、"两新"工委牵头实施、委员单位协同配合的上下联动、齐抓共管工作机制，组织召开委员单位联席会议7场次，下发工作提示5期，协调解决"两新"组织诉求13件。全力巩固"两个覆盖"成果，以"六建一管"的模式分类指导、挂图作战、对账销号，采取"三个一批"的方式，实现"两新"组织党组织应建尽建。"三有"非公企业党组织覆盖率达到100%，单独组建率100%；剥离城乡社会组织党组织覆盖率达到100%，单独组建率60.71%。按照"双向进入、交叉任职"的要求，选任支部书记52名，党建工作指导员492名，发展党员27名，确定积极分子38名，递交入党申请书424份，不断为"两新"组织提质加速注入"红色"血液。积极指导工青妇部门建立工会152个、团组织16个、妇女组织403个，推动党建和群团建设工作整体推进、共建互促。采取企业自筹、税前列支、党费拨返等方式，多渠道解决"两新"组织党建经费筹集难的问题，全年共拨返党费7.5万元，实现党务经费有保障。强化党建引领促服务，不断创新党建工作载体，深入开展"亮身份、争先锋"活动，设立党员示范车间1个、党员先锋岗（号）11个、党员诚信经营户5户；建立"指导员走访、党组织收集、多部门解决"工作机制，解决企业发展难题29件、党员职工烦心事32件；开展"抓党建、促沟通、强服务"等志愿活动86场次，走访慰问、助困帮扶党员78人，投入资金117.96万元，打造功能多样、综合集成的红色阵地21个，"两新"组织党建工作实现从有形覆盖到有效覆盖转变。

【机关党建】 2021年，中共沙湾市委组织部坚持建机制压担子，探索实施机关、企事业单位党支部"四旗"管理动态考评分类定级办法，全年授旗2次，形成奖优罚劣、争先创优的鲜明导向。持续推进"两建设一活动两提升"工程，从严落实"三会一课"、领导干部参加双重组织生活等制度，抓好政治学习和党性教育，先后开展宣讲10场次，参加干部群众800余人次。开展警示教育143场次，受教育党员干部4300余人，投入资金10万元打造党建示范点5个，着力建设讲政治、守纪律、负责任、有效率的模范机关。

【学校党建】 2021年，中共沙湾市委组织部严格落实党组织领导下的校长负责制，创新推行“三制一卡”（党建责任制、公开承诺制、考核评价制和行动目标卡）党建工作法，实施“三培三带”工程，把20名骨干教师培养成党员，把28名党员培养成骨干教师，把11名党员骨干教师培养成后备干部；紧扣党建促教学，持续创建“一校一品”党建特色品牌，学校党建质量不断提升。

【公立医院党建】 2021年，中共沙湾市委组织部坚持典型引路，创新“党建+”载体，设立27个特色医疗党小组，办理“民生微实事”49项，开展健康教育宣讲30余次，上门义诊30余次，不断发挥党员模范作用，激发党员内在动力。投入资金9.1万元，全力打造“情暖妇幼”“医路先锋”“疾控为民”“阳光执法护航健康”4个党建品牌，使党建文化成为工作的动力源泉。

【国有企业、互联网党建】 2021年，中共沙湾市委组织部聚焦国有企业改革三年行动实施方案，指导22家国有企业建立党组织前置研究讨论重大经营管理事项清单。深化“党建+”载体，开展“党员联学、品牌联创、资源联享、服务联动”活动，国有企业党建有了新提升。持续组织开展互联网领域党建“巩固深化年”活动，投入2万元，打造互联网企业党建品牌1个，实现党的工作与互联网企业共融发展。

【党员队伍建设】 2021年，中共沙湾市委组织部始终把提高发展党员质量、抓好党员教育管理、加强党内关怀帮扶作为一项基础性经常性工作来部署，深入推进管党治党。严把党员入口，坚持政治标准，实行发展党员“三级联审”制度，落实“五个一”培养机制，畅通与纪检、政法、法检等部门沟通渠道，取消10名存在违法记录的发展对象资格，全年共发展党员694名。加强党员管理，扎实组织开展民主评议党员工作，稳妥有序做好不合格党员处置。与法院、检察院、公安局等单位建立每季度信息通报机制，妥善处置核查涉嫌违纪违法党员17名。采取“线上”“线下”相结合、以证管人的方式，发放流动党员证323个，规范流动党员管理。抓好党内激励关怀，严格落实党内激励关怀帮扶机制意见，细化党内激励、党内关怀、党内帮扶8项措施，常态化推进落实。建立党员干部“政治生日”台账，为1.1万余名党员过“政治生日”，激励广大党员干部牢记并践行入党誓言。

【庆祝中国共产党成立100周年活动】 2021年，中共沙湾市委组织部以庆祝中国共产党成立100周年为契机，按“自下而上、上下结合”的方式，在全市广泛开展优秀共产党员、优秀党务工作者、先进基层党组织逐级推荐评选表彰工作，推荐表彰区地市三级优秀共产党员86名、党务工作者41名、基层党组织36个。抓实“光荣在党50年”纪念章颁发工作，通过摸排、登记、档案初审、三级联审、公安审查，采取“光荣在党50年”纪念章集中颁发仪式、主题党日、“七一”走访慰问等形式，举行集中颁发仪式33场，为391名党员颁发纪念章。广泛开展走访慰问活动，采取组团式分级分类慰问方式，由市级领导牵头、各乡镇党委主要领导、组织部干部、老干部局干部组成34个慰问组，对252名获得党内功勋荣誉表彰的党员、生活困难党员、老党员、老干部和烈士遗属开展走访慰问，使广大党员干部切实感受到党和政府的关怀。

干部工作

【干部队伍建设】 2021年，中共沙湾市委围绕“忠诚干净担当”，把政治标准贯穿干部选任全过程，围绕政治忠诚、政治定力、政治担当等5项内容列出20项正面清单和“负面台账”，建立领导班子和领导干部政治素质档案652本。探索建立领导职数配备实时分析、领导班子常态化研判、领导干部任职年限预警、岗位人选综合比选“四项机制”，准确掌握班子运行和干部履职情况，不断优化班子结构。2021年，采取民主推荐和党组织推荐相结合、理论测试与组织考察相结合的“双推双考”方式调整干部13批次462人次，配齐配强144名乡镇班子成员。把重大任务、重点项目、应对重大事件作为检验干部的主战场，提拔人员中有维护稳定、疫情防控、经济发展、“访惠聚”等急难险重、基层一线工作经历的干部78名，占91.76%，树立起重实绩、重基层的鲜明导向。

【年轻干部培养】 2021年，中共沙湾市委组织部创新推行集中调研发现一批、主要领导推荐一批、互学互评掌握一批、急难险重岗位类比一批“四个一批”工作机制，分类建立年轻干部、女干部、少数民族干部、党外干部库，储备干部460余名。实施年轻干部蹲苗工程，举办中青班1期，采取集中培训、一线历练、轮岗训练等方式，选派300余名年轻干部参与疫情防控、维护稳定、巡察、驻村管寺等重要岗位锻炼，实现年轻干部与重点工作的相融互促。采取跟踪培养、动态管理、分级负责的方式，定期开展年轻干部队伍建设分析，建立健全谈心谈话制度，帮助年轻干部纠偏正行。按照“成熟、可使用”“较优秀、可培养”“有潜力、待观察”三个使用梯次，大胆提拔13名综合素质好、发展潜力大的“90后”干部进入乡镇党政班子，对政治过硬、敢于担当的10名优秀少数民族年轻干部大胆使用。

【干部考核评价】 2021年，中共沙湾市委组织部健全领导班子及领导干部绩效考核评价机制，围绕市委中心工作，建立“基础项目+动态调整项目”考核体系，采取述职、测评、谈话、查核、审议等方式完成全市79个科级班子及563名科级干部年度考核工作。发挥考核“指挥棒”作用，选拔任用年终考核“优秀”等次班子干部263人，提醒谈话18名“不确定等次”干部，及时兑现公务员考核奖励金、年终一次性奖金，考核助推器作用得到发挥。坚持严管厚爱，细化关心关爱干部措施，认真落实谈心谈话、健康体检、轮休休假、探亲等政策，与59名退休干部、试用期满任职干部、交流任（挂）职干部谈心谈话，帮助解决夫妻分居、子女就学、老人就医、婚恋成家等实际困难38件。持续做好赴南北疆交流任职干部管理服务，节假日寄送“家乡特产大礼包”108人次，走访慰问家属4次，鼓励干部在他乡担当作为。合理容错纠错，建立健全容错纠错、澄清正名制度，坚持“三个区分开来”，对13名受处分影响期满、符合有关条件的干部合理使用。

【干部监督管理】 2021年，中共沙湾市委组织部坚持“管在日常、严在经常”的监督理念，改进日常监督措施，通过紧盯关键人、关键时、关键事，督促党委（党委）严格按照13种处置情形、9种处置方式等“第一种形态”处置干部151人，对6个单位和11名“一把手”开展经济责任审计。实施干部监督信息月报制度、落实科级干部请销假及重大事项报告等制度，进一步规范细化出国（境）审批流程，日常监督日趋严实。开展公职人员兼职兼薪专项清理，针对自治区审计组反馈78名公务员违规兼职和出资办企业的170条问题，逐一制定整改方案、建立整改台账、压实包联责任，整改率达94.12%，对6名未按期完成整改的干部移交纪委进行处置。严格日常监督，实施干部监督信息月报制度，严格落实科级干部请销假、重大事项报告等制度，进一步规范细化出国（境）审批流程，做好第19轮巡察反馈问题整改，提升整改工作质量。规范股级干部的选拔，对17个单位选任的88名股级干部进行全程督促指导，持续有力做好干部日常监督和选人用人监督。

【公务员管理】 2021年，中共沙湾市委组织部深入贯彻落实《中华人民共和国公务员法》及配套法规，绘制18项工作流程图，分类制定一次性告知单，建立职务职级晋升、奖惩、考核等10类动态基础台账，健全完善公务员工作提醒机制、定期抽查工资待遇落实机制、平时考核监督检查机制，全年发放提醒函20份、办理日常手续800余人，清理违规享受待遇、补贴30人次，公务员工作不断规范。加大分类改革、职级晋升工作力度。重新认定申报参公单位，启动行政执法类公务员职位设置及职数预核，分类管理稳步推进。建立职级职数周转池制度，探索“三三三”晋升机制，通过单位推荐一部分、急难险重任务掌握一部分、考核结果运用一部分等方式对全市23个单位启动首次晋升，对27个单位38名表现优秀干部进行二次晋升，全市晋升职级425人（含警察序列190人），超75%的晋升人员有维护稳定、疫情防控、“访惠聚”等基层一线工作经历，公务员干事创业激情得到激发。注重激励培养。探索推行公务员“4+X”培训制度，建立公务员培训档案，强化公务员培训。完善平时考核机制，分级分类建立平时考核联系点10个，采取实地指导、访谈等方式指导联系点反馈问题48条，不断加强公务员平时考核工作，大泉乡被确定为自治区、中组部平时考核联系点。加大公务员激励力度，授予336名年终考核优秀公务员嘉奖，授予35名公务员三等功。加强公务员工作队伍建设。探索建立“定期学+适时考+随时查”的公务员工作队伍学考用机制，探索实施公务员工作“季度述职评议”制度，全年紧扣公务员录用、登记、培训、职级晋升、考核、奖惩等重要环节，分8批举办组织人事培训班4期，培训370余人，开展述职评议3次，公务员工作队伍能力素质明显提升。

人才工作

【概况】 2021年，中共沙湾市委及时调整人才工作领导小组成员单位，明确各成员单位任务分工。将人才工作纳入全市绩效考核，建立重点人才任务月报告制度，定期召开领导小组会议、专题培训会，指导各成员单位各司其职、序时推进，压实各单位责任。落实党委联系服务专家制度，统筹安排212名领导联系358名各行业领域专家人才，组织开展走访慰问、座谈联谊、建言献策等活动，及时帮助解决各类困难和问题36个。

【引才育才】 2021年，中共沙湾市委组织部积极争取地区人才发展专项资金100万元，实施“引才聚沙”项目，柔性引进教育医疗高层次人才95人，通过开展“同课异构”“手术带教”等活动65场次，培养帮带骨干人才58人，填补医疗空白两项。探索搭建社企联盟、“医共体”等载体，整合党校、职业技术学校、三道沟全国农村实用人才培训基地、辽宁鞍山等优质资源，创新实践“院校+基地+农户”人才培养模式，培养医疗卫生、文化旅游、企业经营管理等方面急需紧缺人才200余人，分领域培训1.26万人次。统筹推进各领域人才队伍建设，注重发挥“人才工作室”“名师名医工作室”等作用，开设经济社会建设、乡村振兴、电子商务等专题培训班，培训干部、人才1500人次。加快推进乡村人才振兴，开展“菜单式”“订单式”培训25场次。围绕本地特色劳务群体和务工技能需求，开展职业技术培训186期，培训7000余人次，培训后实现就业5968人，乡村人才素质不断提升。启动万名农业科技人才服务乡村振兴行动，成立乡村振兴专家服务团，225名农业技术人才包联173个村队全覆盖指导服务，开展活动100余场（次），将“三农”政策、种植管理方法及病虫害防治等技术送到田间地头，惠及群众1万余人次，服务辐射面积20万余亩。

【人才政策服务】 2021年，中共沙湾市委组织部积极搭建人才创新创业平台，组织申报“名师名医工作室”9个、“西部之光访问学者”1人，推荐“优秀基层人才”20名，1人入选自治区天山英才第三期培养对象，建成乡村人才培养基地4个，成立新疆农业大学沙湾乡村振兴学院，举办沙湾市2021年创新创业大赛。研究制定塔城开发开放试验区人才政策贯彻落实措施，持续推进人才政策落地，落实入编、周转房等优惠政策，发放购房补贴20万元、高校毕业生到基层就业补贴58万元。加大政策宣传力度，发布人才工作政策、人才供求等各类信息100余条，公布72家单位的空缺职位223个，组织开展“春风行动”、秋季专场招聘会，营造了服务人才队伍的良好氛围。

【干部人才援疆】 2021年，中共沙湾市委组织部坚持严管与厚爱，严格执行请销假、封闭管理、谈心谈话等制度，开展安全教育活动9次。建立和落实援疆干部人才生日看望、生病慰问、重大节假日走访等机制，组织援疆干部人才开展各种文体活动，不断丰富援疆生活，让每名援疆干部感受到家的温暖。突出抓好智力支援，组织援疆干部人才开展“送医”“送教”“送技术”“援疆人才+课题（项目）”等活动，开展培训17场次，受益干部群众500余人次；科学编制“十四五”援疆规划，精准设计援疆项目4个。高标准做好中期轮换交接、岗前培训、任职等工作，表彰14名援疆干部人才，中期轮换平稳有序。积极打造“党建+援疆”工作模式，鞍山援疆工作队党支部荣获“自治区先进基层党组织”称号。

其他重点工作

【换届工作】 2021年，中共沙湾市委围绕“依法依规”，压紧压实责任，扎实做好换届工作。市委多次召开市委常委会会议，研究制定各级换届工作方案、组织机构、工作通知及各类简报等重要文件。抽调88名干部，成立党委、人大、政协、村“两委”换届专班和工作指导组，坚持“2111”学习机制，全面掌握工作方法、程序、步骤，实行“小组分片、个人联乡、选举下沉”的模式，对换届工作全程指导监督，确保换届工作圆满成功。严格政治标准，选出一支好代表、委员队伍。以“四查四清”为抓手，各级包联领导深入12个乡镇和市直党（工）委、175个村队（社区）进行摸底、调研、督促和指导，严格推选程序，制定换届流程时间表，实行“挂图作战”，通过严把代表委员名额分配关、“三个比对”严把构成比例关、“三审三校”严把资格审查关、“三个标尺”严把考察关等方式，经支部推荐、广泛酝酿、多次沟通、层层联审、严格考察等环节，成功选出市党代表300名、乡（镇）党代表691名、市人大代表212名、乡（镇）人大代表640名、政协委员110名。严格选任标准，配强一个好班子。按照县（市）、乡镇党委换届工作要求，扎实做好乡领导班子集中换届工作。通过乡镇换届，选优配强144名乡镇党政班子成员，合理优化班子和干部队伍结构。加大“五类人员”和年轻干部选用力度，选配“五类人员”16人进入乡镇领导班子，坚持从政策要求、个体素质、整体合力等层面综合考虑各类干部的配备，重点从维护稳定、疫情防控、脱贫攻坚等急难险重和“访惠聚”、驻村管寺等基层一线选拔出乡镇领导班子成员，确保了每个乡镇领导班子中至少有1名30岁以下的干部，女干部、少数民族干部、非党干部人数均不少于上届。坚持求真务实，开出一个好会议。市委切实发挥主体责任，加强对党代会、人代会和政协会的组织领导，明确纪委的监督责任，规范会议的程序议程。提前准备市党代会、人代会和政协会会议方案及7个大会应急预案，细化责任分工，抽调100余名骨干尖兵全程负责“三会”服务保障工作。在地委组织部细心指导下、市委坚强领导下，科学谋划、精心组织、周密实施，顺利圆满召开市党代会、市乡人代会和政协会议，各职候选人均全票当选，圆满实现组织意图。村（社区）两委换届取得新突破。坚持目标导向，建立市、部门、乡（镇）、村（社区）、驻村工作队“三级五方”换届工作体系，形成分析研判、信息通报、应急处置等联动机制，研究制定换届时间倒排表、换届要求流程图、换届操作指导手册等“一表一图一手册”，坚持将精准指导、问题导向、选优配强、依法依规、教育引导、有序衔接贯彻始终，选举产生村“两委”班子成员1320人，其中村党组织成员965人、村民委员会成员805人、交叉任职450人；选派国家公职人员到村任党组织书记44人，占27.33%；书记、主任“一肩挑”村59个，占50.43%；新一届村“两委”班子成员平均年龄46岁，较上届降低3岁；高中（中专）及以上学历占61.36%，较上届增长20.95%，实现年龄学历“一降一升”，班子结构更加优化，实现组织意图与群众意愿高度统一。

【自身建设】 2021年，中共沙湾市委组织部结合党史学习教育活动，邀请优秀共产党员、党代表、援疆干部人才到部内讲学，深入红色教育基地、党建示范点、廉政教育基地等开展革命教育、部史部风教育，引导组工干部坚定党性立场，增强政治机关意识。坚持从严治部，探索实行“科室设岗、干部定责”机制，健全制度25项，规范发展党员、工资福利审批、党组织关系转接等流程53项。落实“五步工作法”，严实工作作风，探索推行组工干部工作日志、周报、月任务清单制度，部机关运行更加规范。研究制定市委组织部科室（中心）考核办法，探索建立“争创五星科室、争当三强干部”季度述职机制，实施组工干部“素质能力提升”工程，扎实开展“大学习大练兵”活动，开设“组工干部讲堂”。实行全员办信息、积分管理等制度，信息外宣成效明显，被自治区级以上各级媒体采用党建和组织工作经验做法153条，其中，被《人民日报》《中国组织人事报》、人民网、共产党员网等央媒采用34条，被《新疆日报》、新疆访惠聚、新疆党员教育等自治区级媒体采用119条，组工干部能力素质进一步提升。深入开展干部作风整治专项活动，成立领导小组，制定“六个一”推进落实措施，边自查边整改，持续推进作风整治。带头为“基层减负”，把高标准严要求作为组工干部的常态要求，推动组工干部在业务工作以及结亲、走访入户、联系乡镇等各项工作中走在前、做表率。

（胡松涛）

宣传思想工作

【概述】 2021年，沙湾市宣传思想文化工作以习近平新时代中国特色社会主义思想为指引，深入学习贯彻习近平新时代中国特色社会主义思想和中共十九大精神、十九届历次全会精神，深入贯彻落实第三次中央新疆工作座谈会精神和新时代党的治疆方略，坚持党对意识形态工作的全面指导，做大做强理论舆论，厚植厚培文化文明，不断增强“四个意识”、坚定“四个自信”、做到“两个维护”，牢牢扭住“举旗帜、聚民心、育新人、兴文化、展形象”的使命任务，锐意进取、真抓实干，以党史学习教育为有力抓手，坚持“1158”工作思路，即紧扣“学习宣传贯彻习近平新时代中国特色社会主义思想”这一重大主题，突出“庆祝中国共产党成立100周年”这一重要主线，抓好文化润疆、党史学习教育、重大主题宣传、新时代文明实践中心建设、融媒体中心运行五项重点工作，扎实开展党的创新理论走心、主题宣传报道、文旅融合发展、文化润疆惠民、核心价值观引领、形象沙湾推介、意识形态护航、“四力”锻造提升“八大工程”，全市宣传思想文化工作再上新台阶，为实现沙湾社会稳定和长治久安提供坚强思想保证和强大精神动力。

【意识形态工作】 2021年，中共沙湾市委认真贯彻《中国共产党宣传工作条例》和《党委（党组）意识形态工作责任制实施办法》，落实自治区《贯彻〈党委（党组）意识形态工作责任制实施办法〉的实施细则》《关于加强新时代新疆意识形态工作的意见》。2021年，市委常委会专题研究部署意识形态工作3次，召开宣传思想工作领导小组成员单位联席会议4次，下发意识形态工作指导清单8期，健全完善《沙湾市意识形态工作负面台账》和意识形态工作“例会＋清单”制度，及时对当前意识形态领域风险隐患进行分析研判并提出应对措施。加强意识形态阵地管控，建立管理台账、自查台账，开展意识形态阵地自查4次。加强意识形态工作培训，2021年10月，在市委党校开办为期5天的沙湾市2021年党员干部意识形态领域专题培训班，全市各基层党委（党组）共计60余人参加。组建沙湾市意识形态工作责任制专项检查人才库，加强各级党委（党组）意识形态工作人才队伍建设。配合地委、市委巡察开展意识形态专项检查，督促整改问题136个。印发《2021年度沙湾市意识形态工作责任制考核方案》，对全市各基层党委（党组）开展意识形态工作专项检查2次，下发反馈单134份，反馈问题203个，已全部完成整改。针对考核结果，撰写2021年度意识形态工作考核通报，提请市委常委会讨论研究。深入开展“扫黄打非”五大专项行动，检查各类文化经营场所560余家次，销毁收缴非法盗版图书音像制品227件册。

【思想理论建设】 2021年，中共沙湾市委持续强化理论武装，始终把学习贯彻习近平新时代中国特色社会主义思想作为首要政治任务，完善“年安排、季计划、月跟进”工作机制，统筹全年22次专题学习，下发《2021年理论学习中心组学习的指导性计划表》，每季度提前下发中心组学习季度指导计划，明确学习时间、主题和内容。召开全市理论学习中心组学习推进会，下发《关于进一步加强和改进党委（党组）理论学习中心组学习的通知》，系统培训学前调研、学习报备、人员考勤、研讨发言、点评讲评、学后报告、档案管理等要求，统一使用中心组学习报备表、建立一单位一台账的学习报备制度，规范学习内容和形式，提升学习效果。市委中心组发挥辐射引领、层层传导作用，开展专题讨论，坚持深入学、悟原理、有收获，用理论指导实践工作，解决好热点难点问题。发放《第三次中央新疆工作座谈会》精神党员读本及群众读本8.33万册。全市各党委（党组）开展中心组学习1172场次，在部分党委（党组）推行开展1—2次列席旁听制度，选树中心组学习示范典型10个。持续推动党员干部每周政治理论学习，结合主题党日、党课教育、线上学习等形式强化学习效果，形成领导干部带头学、党员干部全面学、理论骨干深度学、广大群众跟着学的良好局面。全市科级以上领导干部结合学习，撰写理论研讨文章450篇，择优选出20篇优秀文章印制《沙湾市庆祝中国共产党成立100周年优秀理论研讨文章集》。“七一”前召开了“永远跟党走”沙湾市庆祝中国共产党成立100周年优秀理论研讨会，充分展示全市各领域理论创新、制度创新、工作创新成果，为更好推动沙湾市经济社会高质量发展提供理论支持和智力支撑。持续加大“学习强国”推广使用力度，坚持实行“学习强国”App参与度、活跃度、学习积分日排名、月通报和末位约谈制度，及时调整各学习管理组织管理架构，坚持开展“学习强国”季度评选表彰活动，对全市每季度学习强国积分靠前的10名“学习达人”进行集中表彰，激发党员干部群众持续学习的热情。

【重大主题宣传】 2021年，中共沙湾市委宣传部常态化开展好疫情防控科普宣传，激活线上线下所有宣传资源，利用大喇叭、流动宣传车、户外电子屏、广播、电视、网络等多种形式立体发声，加大疫情防控科普宣传力度，帮助公众树立战胜疫情的信心，增强防范意识，汇聚起干群齐心抗疫的强大合力。围绕防控形势，主动发声，灵活采用新闻报道、海报、短视频、H5、流动宣传车、村级大喇叭等传播形式，做好常态化疫情防控科普宣传。精心组织“中国共产党成立100周年”“走向我们的小康生活”“决战脱贫攻坚　决胜全面小康”及塔城重点开发开放试验区建设等重大主题宣传，在融媒体中心各平台、沙湾政府网开设“走向我们的小康生活”“学党史　悟思想　办实事　开新局”等13个专题专栏，组织融媒体采访小分队广泛开展蹲点调研，更好满足受众多层次、个性化的信息需求。将庆祝中国共产党成立百年主题宣传融入沙湾本土红色资源，创作微视频、微党课等新媒体作品；开展“党史知识在线答题”、党课网络直播等活动，进一步推动党史学习教育成果转化成为民办实事动能。自党史学习教育开展以来，沙湾市融媒体中心共刊播（发）关于党史学习教育稿件2635篇，其中，在重点新闻节目中发稿708篇，新媒体作品1015篇（个），市融媒体中心发稿总量1190篇，累计阅读量约370万次；在中国新闻网等央级媒体发稿430篇。

【对外宣传】 2021年，中共沙湾市委宣传部健全对外宣传工作联席会议机制，完善新闻线索实时报送机制，建立重大主题宣传策划机制，完善新闻发布工作机制。拓展传播渠道，提高沙湾故事的传播速度。注重外宣资料库建设，更新完善沙湾市新闻线索库、口径库、图片库等外宣资料库内容，梳理对外采访点、线13条，为迎接各类媒体记者采访提供丰富的储备资料。外宣实现量质提升，主动对接中央、自治区、地区主流媒体，用好用活新媒体平台，聚焦重大主题，多维度讲述沙湾故事；全年接待和配合各类媒体记者19批40人次。在中央、自治区级主要媒体刊发各类重要稿件7000余篇。央视系列品牌栏目接连点赞沙湾，《朝闻天下》《新闻直播间》对沙湾辣椒、番茄丰收景象进行了重点报道。新华社、《人民日报》对沙湾二小女足、棉花丰收等主题进行重点关注。国际传播实现新突破。新华社、中新社多次刊发海内外电讯主消息、组稿、综述评论等，新华社GLOBALink、《中国日报》、《人民日报》海外版、中国网等外宣媒体，采用英语、法语、意大利语、俄语、阿拉伯语、日语等多语种，刊发专版、海报、短视频等，形成海外传播矩阵效应。如，新华社刊发的《新疆棉，来啦！画面极度舒适！》图文消息等。

【基层宣讲】 2021年，中共沙湾市委宣传部重点围绕习近平新时代中国特色社会主义思想、第三次中央新疆工作座谈会精神、习近平总书记“七一”重要讲话精神、中央民族工作会议精神、自治区第十次党代会精神、“四史”、疫情防控等内容，组建学习5类（乡镇（场）宣讲团、市直部门单位宣讲团、市直中学宣讲团、企业宣讲团、草根宣讲团）237个宣讲团，开展巡回宣讲活动3100余场次，累计受众14.7万人，在“沙湾融媒”抖音平台开展党史“云宣讲”39期，累计观看点击量达50余万次；组织基层党组织、“访惠聚”驻村工作队、基层宣讲员采取入户微宣讲的形式宣讲习近平总书记“七一”重要讲话精神、中央民族工作会议和自治区第十次党代会精神，向基层各族农牧民发放《永远跟党走　铸牢中华民族共同体意识》学习贯彻习近平总书记在中央民族工作会议上的重要讲话精神学习读本3.6万册。举办沙湾市“永远跟党走”主题宣讲员大赛，承办塔城地区“永远跟党走——铸牢中华民族共同体意识”宣讲员大赛，同时精选12名宣讲达人参加塔城地区“中国共产党的故事”和“镌刻在塔城大地上的红色印记”2个主题的宣讲大赛，分别获得个人和集体一、二、三等奖。

【精神文明建设】 2021年，中共沙湾市委宣传部开展文明创建系列活动，组织开展新时代文明实践“文明交通·志愿启航”爱心送考、文明交通安全知识宣传进乡镇、进校园、“畅游沙湾”网络直播周等活动，结合文化科技卫生“三下乡”，广泛开展各类文明宣传活动100余场次；下发《关于命名沙湾市文明村镇、文明单位和第一届文明校园的决定》，授予全市4个乡镇、27个村（社区）、33个单位、6个校园市级文明创建荣誉称号。对全市地区及以上183个文明村镇、文明单位、文明校园、文明家庭进行动态督查管理，确保创建成果。制定下发《关于持续深化精神文明教育　大力倡导文明健康绿色环保生活方式的通知》，引导各族群众树立文明美好生活新风尚。参与地区、自治区道德模范、乡村振兴人物榜评选活动，全市4人荣获地区第五届道德模范称号，2人荣获自治区第七届道德模范称号，东湾镇卡子湾村村民张秋良成为全疆唯一被推荐的CCTV2021年度第二届“乡村振兴人物榜”候选人，同时入选2月中国好人榜。全市各乡镇（场）以落实《新时代公民道德建设实施纲要》为基础，表彰新时代文明实践示范户、十星级文明户、好婆婆、好儿媳140余人。结合“我们的节日”主题活动，组织开展各类实践活动400余场次。各乡镇（场）新时代文明实践所、村（社区）新时代文明实践站充分利用新时代文明实践大讲堂，组织党员干部群众深入学习讨论“七一”重要讲话精神、自治区第十次党代会精神670余场次。未成年人思想道德建设扎实开展，加强对全市6所乡村学校少年宫管理运行指导。深化拓展“扣好人生第一粒扣子”主题教育实践活动，组织32所中小学校共25300余名学生分别观看《2020寻找最美孝心少年颁奖典礼》，持续推进国防教育“进学校、进课堂、进头脑”，强化中小学生的国家安全意识、国防意识和忧患意识，引导师生增强国防意识、关心国防、学习英雄。开展“新时代好少年”评选推荐活动，对入围的13名“新时代好少年”层层选拔推荐，向地区报送“新时代好少年”2人，其中，1人被地区推荐为自治区“新时代好少年”。投入资金2000万元，完成市新时代文明实践中心建设，为全市各族党员干部群众提供了深入学习贯彻习近平新时代中国特色社会主义思想的新平台。制定下发《沙湾市新时代文明实践中心建设工作拓展提升实施方案》，对全市13个乡镇（场）新时代文明实践所，187个村（社区）新时代文明实践站建设、运行提质增效作出安排部署。加快全市6个新时代文明实践示范所、29个示范站、15个示范点精品打造。以党史学习教育“我为群众办实事”为契机，制定下发《沙湾市关于深化岗位建功和党员志愿服务活动的实施方案》，全市组建各类新时代文明实践志愿服务队伍500余支，注册志愿者25826人，新时代文明实践志愿者开展各类志愿服务7500余场次，受益群众29万余人次，极大丰富市民群众的精神文化生活，提升了广大市民的文明素质。

【社科联工作】 2021年，沙湾市社会科学界联合会认真抓好《新疆维吾尔自治区社会科学普及条例》学习宣传贯彻工作。《新疆维吾尔自治区社会科学普及条例》（以下简称《条例》）颁布之后，作为意识形态领域主要阵地，市社科联先学一步、学深一层，做好《条例》的学习、领悟、宣传、解读工作，社科联干部学深悟透《条例》精神内涵和丰富内容，领悟其精髓要义，并做好宣传发动工作，下发专门文件，在全市范围内开展《条例》的大学习、大讨论，掀起学习宣传贯彻《条例》的热潮。全市各党委（党组）、各部门单位均召开《条例》学习宣传专题会议，通过专题学习传达、农村大喇叭常态化播放宣传、橱窗、横幅、标语等广泛宣传《条例》。将《条例》的学习宣传与党史学习教育结合起来，把《条例》的学习作为“三会一课”、组织生活会学习研讨、党员干部自学的必修课，将《条例》纳入各级党委（党组）理论学习中心组学习和党校培训的重要内容，推动领导干部熟知、宣传干部精通、党员群众了解。将《条例》的学习宣传贯彻落实情况纳入全面落实意识形态工作责任制主体责任，纳入领导班子和领导干部考核内容，纳入巡视巡察范围。抓好课题申报，树立“抓住前沿问题、树立前瞻思维、走在同行前列”的新理念，增强课题研究的敏锐性、预见性和创新性。做好地区社科基金项目申报工作，及时转发文件，与市委党校对接，提出具体措施；做好宣传发动，召开专门会议，传达自治区、地区社科基金项目申报的新精神，对2021年的申报工作进行全面动员部署，发动社科工作者积极申报；加强申报指导，市社科联积极与地区对接，了解申报流程等，就项目选题、课题论证等方面进行指导，对课题申报进行全程跟进、答疑解惑，做好服务和指导工作；加强课题负责人资格审查、论证内容和申请材料方面审查把关，及时剔除不合要求课题。经严格筛选，已申报两个一般类社科基金项目。

【队伍建设】 2021年，中共沙湾市委宣传部年初召开全市宣传思想文化工作会议，制定贯彻落实自治区、地区宣传部长会议精神任务分解方案和贯彻落实地区“八项工程”“十项活动”任务分解方案和工作任务清单，统筹自治区、地区和市委安排部署的重点工作任务，印发《沙湾市2021年宣传思想文化工作要点》，每月提前制定下发工作清单，完善宣传思想文化系统各类会议和宣传部机关相关制度，规范宣传文化系统干部管理，铸牢宣传思想文化工作基础。制定《沙湾市宣传思想文化战线2021年增强“四力”教育实践工作实施方案》和《市委宣传部建设学习型机关工作实施方案》，在全市开展宣传思想文化干部“三四五”素质提升工程，即“三心”（坚定一颗忠心、守住一颗初心、保持一颗戒心）、“四力”（增强笔力、脚力、脑力、眼力）、“五股劲”（攻坚克难的拼劲、开拓创新的闯劲、真抓实干的狠劲、坚持不懈的韧劲、久久为功的实劲），开展“学习强国”供稿策划暨培训交流会2次，在各乡镇分批次开展“践行四力”基层通讯员新闻写作、新媒体制作培训班20场次，组织文体指导员深入乡镇开展培训40场次，提升宣传思想文化旅游战线干部队伍的能力和素质。按照自治区“3+1”重点工作安排部署，统筹抓好宣传思想文化系统常态化疫情防控和经济高质量发展、脱贫攻坚同乡村振兴有效衔接、维护稳定、党建党廉、民族团结、安全生产、国家安全、保密等重点工作，按时开展理论学习中心组学习、“三会一课”，认真履行党风廉政“一岗双责”责任制，开展廉政谈话14人次，廉政主题教育学习22次，严格公车管理和公务接待，宣传文化系统各项工作有序开展。

（朱亚萍）

统战（民宗）工作

【概况】 2021年，中共沙湾市委统战部坚持以习近平新时代中国特色社会主义思想为指导，全面贯彻落实中共十九大和十九届中央历次全会精神，深入贯彻落实第三次中央新疆工作座谈会精神特别是习近平总书记重要讲话精神，完整准确贯彻新时代党的治疆方略，牢牢扭住社会稳定和长治久安总目标，聚焦党中央、自治区、地区、市委统战工作决策部署，坚持稳中求进、守正创新，坚持求真务实、与时俱进，着力抓思想引领、抓服务大局、抓风险防控、抓能力提升，充分发挥新时代统一战线“法宝”作用，在攻坚克难中砥砺初心，在服务大局中践行使命，在应对风险中担当作为，积极推动新时代沙湾统战工作高质量发展。

【宗教事务工作】 2021年，中共沙湾市委统战部加强宗教人士队伍建设，选派宗教人士外出培养培训，全年累计选派7名伊斯兰教宗教人士到自治区经学院及分院进行培养、提升学历，选派23名伊斯兰教宗教人士到自治区、地区社会主义学院进行培训、提升能力水平。加强宗教人士日常培训，各驻村管寺管委会每周组织宗教教职人员进行政策理论、法律法规学习、国家通用语言文字学习和《卧尔兹演讲集》备课学习，全面提高宗教人士综合素质。2021年，组织宗教人士集中学习500余场次，开展国家通用语言文字测试11次。落实宗教人士关心关爱，落实“四险一保”制度，为每名宗教人士购买300元的意外伤害保险，按时发放宗教人士生活补助，落实领导干部“两项制度”，帮助解决宗教人士家庭生产生活中实际困难。2021年，地厅级领导联系7次、市级领导联系138次、乡科级领导联系316次；慰问宗教人士40余人次，慰问金额2.1万元，帮助解决宗教人士家庭生活困难27件。依法管理宗教事务，按照公共场所安全管理标准和消防安全管理制度要求，落实宗教活动场所安全和防疫措施，严格进入人员安全防疫检查，确保宗教活动场所整体安全。进一步完善宗教活动场所基础设施，确保场所“七进两有”“九配备”正常运行。健全宗教活动场所法人章程，依法对宗教活动场所进行登记备案和法人登记。严格宗教活动场所建设审批管理，按照规定程序依法予以登记审批。规范管理宗教活动，严格落实“四有”“三必须”制度，管理好宗教活动。严格执行“四定一审”规范讲经解经活动，落实全疆共念“一本经”，严格按照《伊斯兰教教务活动手册》规定内容使用国家通用语言文字开展教务活动，扎实做好斋月期间宗教活动管理服务工作，确保宗教活动规范有序。规范管理信教群众“四项活动”，驻村管寺干部会同所包片村队（社区）党组织和红白理事会做好少数民族群众“四项活动”，倡导文明新风尚，积极推进移风易俗，落实好疫情防控工作措施，根据信教群众需求指派宗教人士参加站礼，驻村管寺干部全程跟踪管理服务。

【民族团结工作】 2021年，沙湾市常态化开展“民族团结一家亲”和民族团结联谊活动，制定每轮结亲活动指导细则，着力在强化思想引领、优化活动内容、扩大覆盖面、用心用情用力上下功夫，画好民族团结同心圆。全市4906名结亲干部每季度和重点节庆期间走访实现全覆盖，全市3077名教师“三进两联一交友”结对3077名学生家庭。2021年，结亲活动共为各族群众排忧解难、办实事好事7209件，其中，帮助解决就学就业930人次，就医1074人次，解决其他困难2770件，捐物2435件，捐款1.19万余元，开展联谊活动994场次，参与1万余人次，通过多层次、全方位互动式走访，各族群众情谊不断加深、感情不断融洽，形成“你中有我、我中有你”的生动局面。“细胞工程”深入推进，进一步完善民族团结进步创建“细胞工程”标准和规范，从时间安排、工作程序、核心要点等方面进行详细安排，全市扎实开展“好村（居）民、好家庭、好巷道、好小区、好干部、好科室”等系列创建活动，民族团结进步创建“细胞工程”覆盖率达100%。沙湾市以开展民族团结进步创建工作为基础，引导各民族共居共学共事共乐，选树民族团结进步“好家庭”2543个、“好邻居”1325个、“好大院”327个、“好巷道”384个；打造互嵌式示范社区14个、示范村53个、示范小区15个；6月11日，召开沙湾市第一次民族团结进步模范表彰大会，对20个模范集体、50名模范个人进行表彰；7月9日，对31名获自治区民族团结进步先进个人荣誉称号的个人进行通报，并颁发荣誉证书，在全社会大力营造学习先进、争当先进的良好氛围。民族团结进步创建示范引领成效显著，市委、市政府把民族团结进步创建“十一进”作为促进各民族“共同团结奋斗、共同繁荣发展”和交往交流交融的有效载体和抓手，制定民族团结进步创建示范机关、示范乡镇、示范村队、示范社区、示范学校、示范企业测评细则，精心打造市乡村振兴大数据中心、检察院、第二小学、乌西路社区四季花城小区等30余个全市民族团结进步创建示范点。截至2021年年末，全市301个单位创建为地区级民族团结进步示范单位并授牌，创建率达到100%。2021年，乌兰乌苏镇、顾海英分别荣获自治区民族团结进步模范单位和个人称号，信泰纺织公司创建为自治区民族团结进步示范企业。

【侨务工作】 2021年，中共沙湾市委统战部顺利完成侨联换届工作。根据地委统战部工作安排，积极筹备沙湾市侨联换届工作，于2021年7月26日顺利召开沙湾市归国华侨联合会第一次代表大会，选举产生沙湾市第一届侨联主席1名、副主席1名、兼职副主席1名、秘书长1名，圆满完成沙湾市第一届侨联换届工作；认真开展“侨心向党 同心筑梦”侨界法治学习宣传实践活动，不断增强归侨、侨眷的爱国意识。以庆祝中国共产党成立100周年为主题，结合党史学习教育，围绕习近平法治思想和中央全面依法治国工作会议精神、《中华人民共和国归侨侨眷权益保护法》及其他涉侨法律政策，深入基层群众当中，以召开座谈会、组织专题培训、发放宣传资料等多种形式，向广大群众大张旗鼓宣传党和国家涉侨法律、法规及政策，使法治思想深入侨心。2021年，市侨联在2020年开展侨情调查工作的基础上，再次深入全市村（队）、社区，对全市归侨、侨眷及留学生进行摸排统计，通过调查摸底，全面掌握市侨民的数量、分布及家庭情况，进一步健全全市归侨、华侨、外籍华人、侨眷留学生人员统计台账，做到底数清、情况明。

（李　成）

机关党建

【概况】 2021年，中共沙湾市委直属机关工作委员会（以下简称“机关工委”）坚持以贯彻习近平总书记在中央和国家机关党的建设工作会议上的讲话精神为主线，以推动机关党建高质量发展为主题，突出庆祝中国共产党成立100周年，扎实开展党史学习教育，不断加强机关党的政治建设和组织体系建设，有力提升机关党建标准化、规范化水平。机关工委下属党组织有11个机关党委、12个党总支、172个党支部，共计2600余名党员（不含“访惠聚”工作队党组织关系转出的党员）。

【组织体系建设】 2021年，机关工委围绕短板弱项抓重点工作落实。强化党的建设和业务工作“两个统筹”，先后下发《2021年机关党建工作要点》《2021年机关党建工作责任清单》，研究部署机关党建工作，抓实党建重点任务的落实。围绕巡视抓整改，针对机关党建和业务“两张皮”5个方面32个具体表现，全面深入地开展排查整改。全面开展代表选举工作，先后举办培训班3期，培训党组织书记和党建干事180人次，选出机关工委党代表会议代表120名，提名推荐酝酿塔城地区出席自治区第十次党代会代表候选人初步人选51名，共完成64个党支部、118名委员改选、补选工作。举办由53名党务干部参加的党建知识示范培训班，开展发展党员、组织生活会、主题党日等情景模拟、岗位练兵活动，提高党务干部的政治素质。做好发展党员工作，举办入党积极分子培训班2期，培训120人，共发展党员83名，丰富“三会一课”内容形式，深化主题党日活动，对照“党旗映天山”主题党日清单，先后开展“学雷锋、在行动”“整治人居环境、守护美好家园”“微心愿、见真情”“奋斗百年路 启航新征程”等主题党日活动1500场次，使主题党日成为学习日、议事日、奉献日。组织开展庆祝中国共产党成立100周年系列活动，组织提名、初审、考察，向自治区党委、地委、市委推荐“两优一先”名单，根据党中央安排首次向25个党支部的102名、党龄达到50年、一贯表现良好的老党员颁发“光荣在党50年”纪念章。对党支部实施“四旗”管理法动态考评分类定级，通过“抓两头带中间”，扩大先进党支部增量，提升中间党支部水平，整顿后进党支部，推进基层党组织全面进步、全面过硬，由常态化指导组全覆盖调研指导，根据每月的任务清单，逐单位、逐支部开展调研指导工作，帮助查找党建工作中存在问题。抓好整改落实工作，推进支部规范化标准化建设，促进各类党支部党建工作上水平上台阶，深化“两建设一活动两提升”工程，因地制宜全力打造党建活动室、党建文化长廊、党性教育长廊、党建活动角，体现党建元素、红色基因，寓教育性、展示性、服务性等为一体，使其成为党员活动、展示单位党建工作特色亮点的窗口，推进党建工作与业务工作深度融合。在机关、企事业单位实施“四旗管理法”动态考核、分类定级工作，结合“基层基础工作集中提升月”活动，对86个机关党支部、12个国企党支部、22个非公经济党支部进行党建常态化调研指导授旗，切实增强“不进则退、慢进也是退”的危机意识，层层传导压力，层层压实责任，聚焦问题抓实整改，推动支部建设全面过硬、全面进步，营造齐心协力抓党建、比学赶超争一流的浓厚氛围。

2021年8月10日，沙湾市召开上半年机关企事业单位党组织“四旗管理法”考评定级授旗会议

【教育培训】 2021年，机关工委扎实开展党史学习教育活动。以习近平《论中国共产党历史》等4本书为主要内容，坚持集中学习和自主学习相结合，征订学习材料2600余套，发放十九届五中全会辅导等书籍3000余册，22个机关党委、总支层层开展“奋斗百年路　启航新征程”知识竞赛和“我的入党初心”演讲比赛，市委党校代表队在全市的党史知识竞赛中获得第一名，组织党校老师及部门主要领导深入开展巡回宣讲，先后举办党史、第三次中央新疆工作座谈会和十九届五中全会精神宣讲22场次，参加干部群众1700余人次。充分发挥理论学习中心组示范引领作用，在理论学习中心组的带动下，持续办好“理论大讲堂”、充分用好“学习强国”学习平台，有效激发党员干部的学习热情。共开展中心组学习200余场、专题研讨60余场次。

【作风建设】 2021年，机关工委通过组织专题学习、举办知识竞赛、参观廉政教育基地、开展剖析评议等形式，推动党员干部自觉遵守党的纪律，加强先进典型宣传教育，用好违纪党员领导干部典型案例、忏悔录等反面教材开展警示教育189场次，受教育党员干部5600余人，用身边事教育警示身边人。坚持不懈地贯彻落实中央八项规定及其实施细则精神，坚定不移纠“四风”、树新风，坚决整治形式主义、官僚主义，扎实开展机关党组织与农村、社区党组织“三联三同三送”工作，把“访惠聚”驻村、“民族团结一家亲”和民族团结联谊活动作为最大的群众工作，严格落实领导干部联系服务群众的有关规定，提高包联工作成效。组织干部参与疫情防控、基层维稳、“访惠聚”驻村、乡村振兴等工作中，用实际行动解决基层和群众的实际问题，开展民族团结一家亲联谊活动120余场次，先后解决群众的烦心事380余件。

【党风廉政建设】 2021年，机关工委严格党员日常管理。完善重温入党誓词、入党志愿书以及党员过政治生日等政治仪式，通过佩戴党员徽章、创建党员先锋岗、争当服务群众标兵、党员承诺践诺等，引导党员增强党员意识，彰显先进性。严肃党内政治生活，深入学习、严格执行党章和新形势下党内政治生活若干准则，贯彻执行民主集中制，着力提高党内政治生活的政治性、时代性、原则性、战斗性。围绕民主生活会的主题和中央第六巡视组反馈问题，广泛征求意见建议，把自己摆进去、把职责摆进去、把工作摆进去，结合思想、工作和生活实际，深入思考、深刻分析，确保问题找得准、原因查得清、措施订得实，切实把思想行动统一到党中央决策部署上来，增强“四个意识”、坚定“四个自信”、做到“两个维护”。强化政治机关意识，教育引导广大机关党员干部深化思想认识，及时发现和纠正各种“低级红”“高级黑”现象。认真落实意识形态工作责任制。以《纪要》精神为根本遵循，用好《新疆的若干历史问题》等“三个白皮书”，教育引导党员干部深刻认识大政方针，坚决反对和抵制各种错误思潮和负面言论。根据派出纪检组“轮驻”期间反馈问题，坚持问题导向，扎实推进整改落实，做到件件有落实、事事有回音。

（罗　菊）

老干部工作

【概况】 2021年末，沙湾市行政事业单位退休干部3359人，其中，行政单位1150人、事业单位2209人。沙湾市委老干部局负责管理服务的离休干部11名，其中，抗日战争时期1人、解放战争时期10人，行政事业单位离休干部8人，企业离休干部3人。

【思想政治建设】 2021年，中共沙湾市委老干部局注重政治学习，继续坚持集体学习制度，采取送学上门、座谈讨论等多种方式，扩大学习普及面。为保证学有资料，市委组织部、老干部局为县级退休干部和离休干部征订《老年康乐报》《塔城日报》102份，为活动中心阅览室征订《求是》《中国老年报》《今日新疆》《家庭医生》《家庭用药》等各类报刊58种。以庆祝中国共产党成立100周年为契机，开展“我看建党百年新成就”专题调研座谈会、“忆红色岁月・传百年精神”党史专题学习研讨会、“我的入党故事”50年以上党龄党员专题座谈会、“过政治生日、忆红色初心”主题党日等活动，采取谈感悟、赞成就、微分享等形式，增强党史学习教育感染力。开展老干部大宣讲活动5场次，组织老干部宣讲进农村、进机关、进校园、进社区，发挥老干部正能量作用。开展系列活动，发挥红色阵地资源优势，组织党员干部参观大泉乡三道沟村新疆金禾富红色记忆博物馆、红军团团史馆，追忆红色记忆、感怀革命情怀、接受革命传统教育。开展“重温红色电影、传承红色精神”观影活动2场次，激发党员干部爱国热情，坚定理想信念。

2021年6月22日，老干部局组织退休干部及在职党员参观团史馆

【服务管理】 2021年，中共沙湾市委老干部局不断加强老干部服务管理工作，开展离休干部待遇落实情况自查工作，完善13名离休干部信息，规范离休干部遗孀补助审批发放工作；联合组织、财政和人社部门，6月30日前，完成13名离休干部提高生活补贴标准审核审批工作。做好慰问品发放工作，

向2165名老干部发放价值67万元的慰问品；分批向3300名退休干部发送春节祝福短信；制定《老干部局机关干部结对包联离退休干部工作机制》，开展“温暖夕阳”常态化走访活动，每季度走访一次、每月联系一次，收集离退休干部困难诉求7件，累计解决7件。以“温暖夕阳”走访和“孝满天山·德润民心”主题系列活动为载体，协调市人民医院为8位离休干部开展上门体检服务；为10位离休干部送去家用灭火器、排查老干部家天然气使用安全隐患，保障老干部生产生活安全；做好离休干部反映困难、问题情况收集工作，落实老干部来访“首访制”，先后协调解决老干部反映问题21件；组织党员到离休干部家中、困难果农院中开展志愿服务活动4场次，投入资金8950元，办实事14件，受益172人；开展《老年康乐报》订阅费集中报销工作；通过送法治、送健康、送文化等形式，让老干部共享稳定发展红利。组织老干部艺术团开展“文化进万家、送春联进社区”“写春联　送温暖　民族团结一家亲”“喜迎新春佳节文化润疆　老有所乐”等活动，为社区各族居民送去新春的问候和祝福；围绕庆祝中国共产党成立100周年，组织老干部参加“忆红色岁月·传百年精神”主题征文、“我为党旗增辉、百年伟年”书画摄影展，召开“我看建党百年新成就”专题调研座谈会、“忆红色岁月·传百年精神”党史专题学习研讨会、“我的入党故事”50年以上党龄党员专题座谈会，开展“过政治生日、忆红色初心”主题党日等活动，组织老党员积极参加市委庆祝中国共产党成立100周年文艺专场活动3场次，展示老干部风采。开展“文化润疆、老有所乐”线上文化活动，录制唱红歌、跳支舞小视频，传播红色正能量，为经济社会发展建言献策、作表率。开通“沙湾老干部风采”微信公众号，被“新疆老干部”“金色天山”“沙湾党建”“沙湾零距离”等县级及以上微信公众号采用信息44篇次。

（仝玉华）

机构编制

【概况】 2021年，中共沙湾市委机构编制委员会办公室（以下简称市委“市委编办”）落实全国编办主任会议、全区编办主任会议和地委编办主任会议精神，不断完善党政机构职能体系、优化机构编制资源配置，积极履行机构编制管理职能，以改革创新精神推动机构编制工作高质量发展。扎实做好机构编制统计及实名制管理、公务员招录和事业单位招聘计划审核上报以及机关、群团组织统一社会信用代码赋码、事业单位年检工作。

【机构编制管理】 2021年，市委编办认真贯彻落实《中国共产党机构编制工作条例》及配套法规，严格执行机构编制上报审批、备案、撤一建一等机构编制管理政策，按照党管机构编制原则和归口管理要求，调整市委机构编制委员会组成人员，修订完善《沙湾市委机构编制委员会工作规则》和《沙湾市委编办工作细则》，进一步规范机构编制管理议事程序、审批程序，认真贯彻落实《机构编制报告制度实施办法》，及时向市委、地委编办上报机构编制政策落实情况及工作开展情况，坚决杜绝出现违反机构编制纪律的现象。积极协调组织、人社、财政等成员单位，召开市委编委会3次，及时研究机构编制事项。发挥机构编制基础性、前置性作用，积极配合组织、人社部门做好领导任命、工作人员调动、机关事业单位招录（招聘）等用编审核以及后续的入编手续办理工作，全年共开具编制使用通知单460份。2021年，根据撤县设市后实际工作需要，经中央编办同意、自治区党委编办批准，申请增加了2个机构限额，解决了设置乡村振兴局和恢复设置信访局的问题。新成立技工学校、国家安全信息中心等机构13个；同时，为医疗保障、审计等部门调整增加了事业编制，全年共调配使用编制93

名。配合撤县设市，对全市475个机关事业单位统一进行更名，并重新办理了统一社会信用代码证。

【公务员招录、事业单位招聘】 2021年，市委编办根据自治区、地区公务员招录、事业单位招聘通知要求，结合全市行政机关、事业单位空编、人员需求情况和公务员招录、事业单位招聘政策，配合组织、人社部门审核上报2021年招录（招聘）编制使用计划201名，切实保障招录（招聘）工作正常开展。

【机构编制核查】 2021年，市委编办按照中央编办部署和自治区党委编办、地委编办要求，成立以市委常委、组织部部长为组长的机构编制核查工作领导小组，办公室设在市委编办。制定《沙湾市开展全市第二次机构编制核查的实施方案》，明确机构编制、组织、人社、财政等成员单位的职责和经办人员，以及机构编制核查的目标、范围、内容、方法步骤等程序。通过核查全市机构编制基础数据的真实性、准确性、完整性和规范性，核清机构编制资源数量、结构、分布等实际配置情况，实现机构清、编制清、人员情况清的目标，并进一步完善了机构编制实名制管理数据库，为加强和改进机构编制管理，持续深化党政机构改革，推进党政机构职能体系建设提供依据和保障。

【事业单位法人年检】 2021年，市委编办健全完善事业单位登记管理各项规章制度，严格规范年检程序，严把审验材料关。及时印发关于做好2020年度事业单位法人年度报告工作的通知及相关提示，对年度报告的范围、时间、程序、所需材料、报告书填写要求以及注意事项进行了明确，同时将网上登记专用光盘的使用方法及注意事项、网上登记流程图、图片编辑方法及格式标准要求告知各参加年度报告的单位，提高工作效率。同时，对各单位新上岗、新到位的经办人员通过现场培训和电话、微信、QQ等线上培训方式，不断提高经办人员的能力，有效确保了年检工作质量。213个事业单位的年审工作在规定的3月31日前全部完成，年度报告率100%，年度报告合格率100%。

2021年2月3日，事业单位登记管理局工作人员开展事业单位法人年检工作

【做好撤县设市后续工作】 2021年，市委编办坚持靠前作战，纵横联系，积极主动向国家事业单位登记管理局、自治区党委编办、地委编办请示，对接沟通撤县设市相关后续工作事宜，通过细致研究、精心组织，于3月底通过地委编办审核同意，对全市475个机关事业单位统一进行了更名，并指导各部门单位重新刻制了公章。制定印发《关于开展沙湾市机关、编办直接管理机构编制的群众团体统一社会信用代码变更工作的通知》，对全市51个行政单位、8个群团组织、3个垂直管理单位进行名称和地址变更。同时，专门下发《关于做好2021年度事业单位法人年度报告变更工作的通知》，对全市在事业登记管理系统中设立的单位统一进行了地址和名称的变更，5月初全面完成了工作任务。积极配合做好撤县设市后城市街道的设置工作，并提前谋划制定街道及所属事业单位机构设置、编制调配、领导职数核定以及社区拆分等工作方案，为后续城市管理架构设置奠定基础。

（文晓荣）

地方史志

【概况】 2021年，中共沙湾市委党史和地方志研究室在市委、市政府的坚强领导和上级业务部门的指导下，深入学习贯彻习近平新时代中国特色社会主义思想、中共十九大和十九届中央历次全会精神，聚集总目标，扎实推进史志鉴编纂工作，服务文化润疆工程，积极发挥史志“存史、资政、育人”功能，为沙湾经济社会发展提供了强有力的历史证据和智力支持，史志工作取得了长足进步。

【党史研究】 2021年，中共沙湾市委党史和地方志研究室完成2021年大事记编辑工作，完整准确地记录2021年度内沙湾大事要事。为庆祝中国共产党成立100周年和沙湾撤县设市，认真做好《百变沙湾》书籍编纂工作，2021年末，完成初稿编辑工作。

【志书编修】 2021年，中共沙湾市委党史和地方志研究室加大二轮志书推进力度，严格把好志书政治关、史实关、体例关、保密关和文字关，对涉及历史、民族、文化、宗教、保密等重点内容进行审读，进一步提高编修志书质量。

【年鉴编纂】 2021年，中共沙湾市委党史和地方志研究室紧紧围绕市委、市政府中心工作，坚持质量第一，突出时代特征和地域特色，在实现“一年一鉴、公开出版”的基础上，着力在提高质量、持续巩固方面下功夫，确保年鉴编纂成果经得起历史检验。扎实做好《沙湾年鉴（2021）》编纂工作，研究制定《〈沙湾年鉴（2021）〉篇目结构（征求意见稿）》，起草《关于做好〈沙湾年鉴（2021）〉组稿编纂工作的通知》，由市委办、政府办下发至各单位，于5月底完成《沙湾年鉴（2021）》全稿编辑工作，送兵团出版社出版。

【其他业务工作】 2021年，中共沙湾市委党史和地方志研究室在单位人手少、工作任务重的情况下，高质量完成《新疆年鉴（2020）》《伊犁年鉴（2020）》《塔城年鉴（2020）》《塔城丰碑》中沙湾市图片资料供稿工作。配合宣传部完成小康社会录入平台市级、乡镇级大事记整理、审核工作。收集新时代文明实践中心展陈资料，并按时上报市委宣传部。

（李　琪）

党校工作

【概况】 2021年，中共沙湾市委党校全年举办集中培训各类班次57期，培训9009人。该校教师在地委党校组织的精品课比赛中两次获得二等奖，在博州伊犁州兵地党校系统理论研讨会上1篇论文入选，在塔城电大综合考评中荣获三等奖。北疆党员示范教育培训基地已经完成主体框架。

【干部培训工作】 2021年，中共沙湾市委党校按照市委组织部下发的《关于做好2021年干部教育培训工作的通知》要求，积极开展各类培训。围绕市委中心工作，举办远程专干、市直党工委党务工作者、党章党规、村（社区）党员干部学习党史教育、新一届两代表一委员、巡察干部、统一战线工作暨民族宗教理论政策、国有企业党建工作、党员干部意识形态、文化润疆、旅游产业、卫健党工委2021年党组织书记、党务干部党建工作等专题培训班27期，接受培训人员达4848人。培训采取集中培训、统一管理方式，教学采取专题讲授、现场观摩、大会交流、撰写心得形式，通过培训，全市干部能够更深入地了解、更集中地掌握习近平新时代中国特色社会主义思想。圆满完成各类主体班次培训，根据市委安排，制订教学计划，科学设置教学专题，丰富培训内容，拓展培训方式，举办中青班、国语班、双语班、发展对象培训班、新任公务员培训班、村两委暨后备力量培训班、科级干部集中培训班等主体班次培训30期，接受培训人员达4161人。流动党校深入开展，按照市委安排，配合宣传部门开展大宣讲活动，共开展宣讲77场次，受众人数达47793人，使习近平新时代中国特色社会主义思想、中国共产党历史、新中国史、改革开放史、社会主义发展史、习近平总书记在中国共产党成立100周年大会上的讲话、党的十九届六中全会等精神深入人心。

2021年12月16日，沙湾市领导干部党的十九届六中全会和自治区第十次党代会精神集中培训班开班

【教学工作】 2021年，中共沙湾市委党校教学布局坚持以学习习近平新时代中国特色社会主义思想为中心内容和首要任务。按照理论联系实际的要求，不断创新教学方式。专题教学综合运用讲授式、研讨式、体验式、互动式、现场式、访谈式、情景模拟式等教学方法，教学采取辅导、自学、市内实地调研、研讨、网络学习等多种手段。特别是2021年在村干部培训班上推行的情景模拟式教学方法，经过讨论、撰写演说词、排练、展示等环节，效果非常好，学员收获颇多，指导性、可操作性强。开展丰富多彩的党性锻炼活动，组织学员开展课前微论坛、微分享等“四微”活动，把党史学习教育的成果落到实处。开展多种方式宣讲，在疫情特殊状况下，该校骨干教师通过腾讯视频、云宣讲（党校教师作客电视台）开展宣讲，受众面大，宣讲频次高，凸显了党校的宣讲主力军作用。

【科研工作】 2021年，中共沙湾市委党校教师发表或获奖科研成果共计9篇，其中发表在国家级刊物上4篇、省级刊物上3篇，1篇论文在沙湾市理论研讨会上获一等奖。两项课题被塔城地委党校立项。王银珊与人合著的两本书已经公开出版。5月，邀请地委党校教授级高级讲师到学校指导科研工作。

【教师队伍建设】 2021年，中共沙湾市委党校通过公务员考试录用一名公务员。3名教师在参加研究生学历培训。完成对教师补签、续签事业编制工作人员合同11人，其中晋级晋岗人员5人。选派教师外出参加自治区党校和新疆开大的各类培训4人次。全校教师参加了中央党校、自治区党校、地区党校的线上培训与网上继续教育。

【开大工作】 2021年，开大春季招生130人，秋季招生109人，全年招生239人。学校专门聘请了2名人员担任专职开大教师。每学期都指导学员查分、填写课程注册单并缴费，开放办在平台里选课、报考，督促学员在国开学习网和新疆开大一体化平台里网学。按时进行社会实践指导、毕业信息审核，完成纸质形考册。每年两次进行随学随考和期末纸质考试，严格按防疫要求查看行程码、测温、消毒等。2021年共举行两次毕业典礼，有79人毕业。9月新疆开大和塔城开大正式挂牌，电大这一名称成为历史。1名学员被评为全地区唯一的国家开放大学优秀毕业生。

（张礼谦）

网络安全和信息化

【概况】 2021年，中共沙湾市委网信办始终坚持以习近平新时代中国特色社会主义思想为指导，深入学习宣传贯彻落实中共十九大及十九届中央历次全会精神和第三次中央新疆工作座谈会、自治区第十次党代会精神，聚焦重点工作，以新疆网信工作架构为依托，落实好新时代党的治疆方略，为全市社会稳定和长治久安提供强大的网络支持、可靠的网络安全保障、有力的信息化支撑，在网络意识形态综合治理中持续用力，取得了一定成效。

【思想政治建设】 2021年，中共沙湾市委网信办始终把抓好网信干部素质能力作为重点工作，健全完善干部理论学习制度，结合党史学习教育，组织全体干部深入学习中国共产党简史、中共十九届六中全会精神，第三次中央新疆工作座谈会、习近平总书记系列重要讲话精神，自治区党委和地委及市委各有关重要会议精神等，通过采取学原文、读原著、悟原理的方式，反复学、深入学、思考学，逐步提升网信干部理论水平、政治站位，把思想和行动统一到习近平总书记重要讲话精神上来，转观念、谋长远，树牢把工作岗位当阵地守、把本职工作当事业干的信心和理念。

【互联网领域党的建设】 2021年，中共沙湾市委网信办对全市网站、平台严格实行备案审批，均已实现党组织覆盖，并采取动态管理，全面巡查。全年通过召开述职评议、座谈交流、专题培训、岗前培训、工作推进会10余场次，不断提升互联网党建指导员的素质能力。同时，扎实落实领导联系点制度，坚持因人制宜、因时制宜，通过实地调研、走访谈话、参加组织生活等多种形式，强化对互联网企业的指导联络，建言献策，充分发挥示范点辐射带动作用，推进企业健康发展。

【网络宣传】 2021年，中共沙湾市委网信办坚持党管媒体，强化网上意识形态阵地管理，始终牢牢把握正确导向，引导属地网站、平台等媒体坚持正确的政治方向、舆论导向、价值取向，有效针对中央、自治区党委重大主题、重大活动、重大会议设置议题。全年组织政府网、党建网、沙湾好地方App在全国“两会”、中国共产党成立100周年、国庆72周年等期间飘红主页面，设置专题专栏，点击浏览量达700余万次。线上结合线下多种形式开展网络文化活动，确保全市网络空间正能量充沛、主旋律高昂。

【网络社会工作】 2021年，中共沙湾市委网信办持续用力网络统战，牢固树立“大网络、大统战”的理念。不断完善填充属地大V账号库，通过建立联络群组、网来网去交流互动，结合定期组织举办短视频拍摄、剪辑制作、普法教育等系列活动，实现润物无声、凝聚共识，防微杜渐注射网络安全“免疫针”。截至2021年年末，建立网络名人库22人，各类网络大V参与“新春走基层”“新疆明天更美好”“新疆棉中国心”“万人说新疆”等话题互动及短视频拍摄评选活动。深入实施2021年网络公益行动，精选推送网络公益工程案例4个，推动网络公益成为弘扬社会主义核心价值观的重要载体，切实服务广大人民群众对美好生活的向往和建设清朗网络空间的要求。

【网络安全保障】 2021年，中共沙湾市委网信办健全联合安全保障工作机制，完善市域网络安全技术保障人才库，统筹全市资源力量，成立了公安、通信三大运营商等专业保障工作专班、专家救援技术队，平战结合，强化应急演练、协作配合、联动指导。采取“人工+技术”的方式对属地网站、平台、账号进行动态监测、动态管理。

开展关键信息基础设施和重要系统实地督查检查4次，下发问题整改通知单8份、安全隐患报告10份，网络安全运行预警4次，预警整改低危漏洞12个，建议关停网站1家。

【网络安全宣传教育】 2021年，中共沙湾市委网信办制定《2021年沙湾市开展网络安全宣传周活动实施方案》，结合全市当前常态化疫情防控措施，统筹相关部门开展好“教育日”“法治日”等主题活动，累计推送相关图文信息、音视频16篇（条），浏览量7万余次，切实提升了各族干部群众的网络安全意识和个人防护技能。同时，借力用好各支宣传宣讲小分队，采取“定向+普灌”的方式，开展各类网络安全普法宣传教育示范讲座15场次，受教育人数2.5万余人次，各行业部门通过多种方式开展宣传教育培训700余场次，教育达10万余人次。

2021年12月4日，市委网信办工作人员在市区开展网络安全普法宣传活动

（王向向）

沙湾市人民代表大会

重要会议

【县第十六届人民代表大会第六次会议】 2021年1月14日至16日，沙湾县第十六届人民代表大会第六次会议在科技中心主会议厅召开。会议听取和审议沙湾县人民政府工作报告、沙湾县人大常委会工作报告、沙湾县人民法院工作报告、沙湾县人民检察院工作报告，审查和批准沙湾县国民经济和社会发展第十四个五年规划和2035年远景目标纲要（草案）、沙湾县2020年国民经济和社会发展计划执行情况及2021年国民经济和社会发展计划（草案）、沙湾县2020年财政预算执行情况和2021年财政预算（草案），表决通过设立沙湾县人民代表大会专门委员会的决定（草案），选举沙湾县人民政府县长，补选沙湾县第十六届人大常委会副主任。

【市第一届人民代表大会第一次会议】 2021年9月7日至11日，沙湾市第一届人民代表大会第一次会议在科技中心主会议厅召开。会议听取和审议沙湾市人民政府工作报告、沙湾市人大常委会工作报告、沙湾市人民法院工作报告、沙湾市人民检察院工作报告；审议沙湾市“十三五”国民经济和社会发展计划执行情况与“十四五”国民经济和社会发展计划（草案）的报告，审查和批准沙湾市“十三五”国民经济和社会发展计划执行情况与“十四五”国民经济和社会发展计划；审议沙湾市“十三五”预算执行情况和“十四五”预算草案的报告，审查和批准沙湾市“十四五”预算；选举沙湾市第一届人民代表大会常务委员会组成人员，选举沙湾市人民政府市长、副市长，选举沙湾市监察委员会主任、沙湾市人民法院院长、沙湾市人民检察院检察长；表决通过沙湾市第一届人民代表大会法制委员会、财政经济委员会、社会建设委员会主任委员、副主任委员、委员。

【县第十六届人大常委会】 2021年，沙湾县第十六届人民代表大会常务委员会召开5次会议。

1月13日，沙湾县第十六届人民代表大会常务委员会第二十七次会议召开，会议审议通过关于召开县第十六届人民代表大会第六次会议有关事宜；讨论县人大常委会工作报告。

3月25日，沙湾县第十六届人民代表大会常务委员会第二十八次会议召开，会议审议通过《沙湾县人大常委会关于接受李永翔、穆勇2名同志辞去县第十六届人大常委会委员的请求决定》；决定干部人事任免事项。

5月31日，沙湾县第十六届人民代表大会常务委员会第二十九次会议召开，会议决定人事任免事项；审议通过《关于调整沙湾市第一届人民代表大会代表组成结构的决定（草案）》《关于调整沙湾市第一届人民代表大会常务委员会组成人员结构的决定（草案）》《关于确定沙湾市乡镇人民代表大会代表名额的决定（草案）》《关于确定沙湾市、乡（镇）人民代表大会代表选举日的决定（草案）》《关于设立沙湾市选举委员会、任命组成人员的决定（草案）》《关于设立乡镇选举委员会、任命组成人员的决定（草案）》《关于任命良种场、驻县团场、南山社区选举工作领导小组成员的决定（草案）》；审议通过《关于撤销沙湾市三道河子镇设立街道办的议案（草案）》；审议通过《关于沙湾市2021年财政预算安排的报告》《关于沙湾市2021年财政预算调整方案（草案）的报告》；听取政府《关于沙湾市2021年直达资金管理使用情况的报告》；听取春耕生产和乡村振兴工作检查情况的汇报；听取关于农村离婚率逐年走高状况的调研报告。

7月3日，沙湾县第十六届人民代表大会常务委员会第三十次会议召开，会议审议通过市选举委员会及各乡（镇）选举委员会组成人员辞职的申请。

8月28日，沙湾县第十六届人民代表大会常务委员会第三十一次会议召开，会议决定人事任免事项；审议通过《沙湾县人大常委会关于接受玉山·阿依甫、张大江同志辞职请求的决定（草案）》；听取和审议关于沙湾市2021年财政预算调整方案（草案）的报告、关于沙湾市2021年上半年预算执行情况的报告、关于沙湾市2021年7月预算调整方案（草案）的报告、关于沙湾市2021年8月预算调整方案（草案）的报告、关于沙湾市2021年上半年国民经济和社会发展计划执行情况报告；审议通过沙湾县第十六届人大常委会代表资格审查委员会关于沙湾市第一届人民代表大会代表资格审查报告（草案）、关于召开沙湾市第一届人民代表大会第一次会议有关事宜；讨论县人大常委会工作报告。

【市第一届人大常委会】 2021年，沙湾市第一届人民代表大会常务委员会召开1次会议。

11月9日，沙湾市第一届人民代表大会常务委员会第一次会议召开，会议决定干部人事任免事项；审议通过《关于设立沙湾市第一届人民代表大会常务委员会代表资格审查委员会的决定（草案）》《关于许可对沙湾市第一届人民代表大会代表张小民采取治安拘留处罚的决定（草案）》《关于接受张小民辞去沙湾市第一届人民代表大会代表职务的决定（草案）》；听取审议《沙湾市2020年重点项目绩效评价报告》《沙湾市2020年绩效评价结果及结果应用的报告》。

重大事项

3月20日，自治州人大常委会副主任热孜燕·阿布力孜带队，对沙湾县贯彻实施《中华人民共和国职业病防治法》进行执法检查。实地检查盖瑞乳业公司、天目湖地毯织造有限公司、天宝面粉公司，并召开汇报座谈会。

4月20日，沙湾县人大常委会副主任马晖带队，对沙湾县春耕备耕生产和乡村振兴工作进行检查，实地查看了东湾镇、乌兰乌苏镇、柳毛湾镇、老沙湾镇、大泉乡5个乡镇春耕生产和乡村振兴工作开展情况。

5月13日至5月14日，地区人大工委党组书记、副主任侯兴会带队，对2020年度沙湾市环境状况和环境保护目标完成情况进行调研，实地调研了银鹰工贸有限公司、大泉乡烧坊庄子村、哈拉干德区工业固废填埋场、帅科煤化、天舜众鑫沥青有限责任公司、恒巍工贸公司、丝路明珠三期项目工程、市生活垃圾填埋场、科发水厂，并召开座谈会。

5月19日，沙湾县人大常委会副主任马晖带队，对政府贯彻实施《中华人民共和国种子法》《自治区实施〈中华人民共和国种子法〉办法》情况进行执法检查。

5月20日，沙湾县人大常委会副主任阿力木·哈力带队，对农村婚姻家庭关系情况进行调研。实地调研了东湾镇、西戈壁镇、博尔通古乡。

5月27日，地区人大工委党组成员、秘书长、机关党组书记、一级调研员安金龙带队，对沙湾县贯彻实施《中华人民共和国义务教育法》及《自治区实施〈中华人民共和国义务教育法〉办法》进行执法检查。实地查看博尔通古乡中心校、第三中学、第七小学义务教育、师资队伍等情况。

6月8日，沙湾县人大常委会副主任马晖带队，对政府贯彻实施《中华人民共和国固体废物污染环境防治法》进行执法检查。

6月11日至12日，地区人大工委组织退休老干部赴沙湾市开展以“庆建党一百周年，看地区发展变化”为主题的退休老干部考察活动。

7月23日，贵州省遵义市人大常委会主任范元平带领辣博会代表团赴沙湾市考察安集海镇辣椒基地建设情况。

7月26日，沙湾县人大常委会副主任马晖带队，对沙湾市政府贯彻实施《中华人民共和国草原法》情况进行执法检查。

8月12日，受地区人大工委委托，沙湾县人大常委会副主任马晖带队，赴各乡镇对乡村振兴地方立法工作进行调研。

9月15日至16日，地区人大工委党组成员、副主任玛依努尔·加汗带队，对沙湾市“七五”普法决议实施情况及地区宗教工作进行调研。实地调研了市公共法律服务中心、三道河子镇少年路社区、人民法院调研“两个一站式”服务中心、青年路清真寺、伊宁路社区、大泉乡二道河子清真寺，并召开汇报座谈会。

10月15日，石河子市人大常委会党组成员、副主任艾尼江带队，对沙湾市旅游产业协同发展情况进行考察。

10月18日，沙湾市人大常委会副主任阿力木·哈力带队，对政府贯彻实施《中华人民共和国知识产权法》情况进行执法检查。实地查看广海记农业科技发展有限公司、天宝绿色食品有限公司、刺柏树食品有限公司、天目湖地毯织造有限公司，并召开汇报座谈会。

10月28日，沙湾市人大常委会副主任阿力木·哈力带队，对法院民事审判、执行，检察院控告申诉检察工作进行视察。

11月16日至17日，地区人大工委党组成员、副主任玛依努尔·加汗带队，对沙湾市公共卫生服务体系建设进行专题调研。实地调研了金沟河镇卫生院、三道湾村卫生室、凯旋路社区卫生服务站、市人民医院，并召开汇报座谈会。

监督工作

【经济工作监督】 2021年，沙湾市人大常委会围绕融入新发展格局，听取审议“十四五”规划实施，计划预算、政府债务限额、预算调整方案、绩效评价结果及应用等报告作出审查批准的决议。调研春耕备耕生产和农业产业发展情况，开展种子法以及自治区实施办法执法检查，在推动农业现代化发展、助力农民增产增收等方面提出建议。加强对重点项目建设情况的监督，在推动项目落地见效上提出建议。完善国有资产监督职能，听取审议国有资产管理情况综合报告，提出优化国有资本布局和结构的建议。推进预算联网监督系统建设，编制运行规范，提升财经监督智能化水平。

【民生领域监督】 2021年，沙湾市人大常委会检查职业病防治法贯彻实施情况，使具有劳动能力者稳定就业。开展义务教育法执法检查，视察调研学前教育、高中教育、职业教育发展及校园周边环境情况，在落实“双减”政策、提升教学质量上提出建议。开展食品安全法执法检查，聚焦问题整改，依法保障人民群众舌尖上的安全。配合地区人大调研公共卫生服务体系建设工作，促进卫生服务体系建设进一步完善。联合石河子市人大考察旅游产业情况，促进了兵地文化旅游融合发展。与贵州遵义市考察团接洽辣椒产业发展工作，相互学习借鉴辣椒产业发展经验。持续关注教育卫生、城乡环境、基础设施建设等民生事业发展，促进了一批民生实事落地见效。

【专项工作监督】 2021年，沙湾市人大常委会党组主要领导担任全市疫情防控指挥长，全面统筹协调，及时分析研判，周密部署安排、科学精准制定预案，抓实抓细“外防输入、内防反弹”防控策略和“四早”“五字”防控要求，部署守好“三道门”，依法从细从实执行，抓好疫情防控具体措施落地。常委会其他班子成员主动参与疫情防控各项工作，坚持严督实导，督促分管工作领域落实疫情防控主体责任。人大常委会机关、各级人大代表带头落实疫情防控有关工作要求，积极投入疫情防控，参加各项志愿服务活动，全力巩固常态化疫情防控成果。围绕乡村振兴工作开展监督，常委会班子成员全程参与全市乡村振兴工作，认真落实包乡联村责任机制，抓好农村人居环境卫生整治、乡村振兴示范建设等工作。带头与困难群众结对帮扶，全力协调解决群众在住房、饮水、就业、教育、医疗等方面的困难和问题。围绕乡村振兴战略实施，多次对乡村振兴工作进行调研，对乡村振兴促进条例实施情况进行执法检查，对全市巩固拓展脱贫攻坚成果开展集中排查，在调研检查中建言献策。围绕乡村振兴发展，代表积极提出建议55件，对老旧小区改造、大泉乡烧坊庄子村和东泉村农业用水总渠道城区段清理改造、老沙湾镇卫生院办公楼建设等涉及群众切实利益的建议进行重点督办。围绕生态文明建设开展监督，开展“天山环保行”执法检查，全面了解固体废物污染环境防治法、草原法贯彻实施情况，听取审议政府环境状况和环境保护目标完成情况报告，在推动法律法规落实，促进全市生态环境质量持续改善上提出建议。对地区生态环境局沙湾分局开展工作评议，以环保督查反馈问题整改和群众信访反映问题为突破口，帮助查找了在环保责任落实和大气、水、土壤污染防治、人居环境整治等方面的问题，并提出切实可行的建议，促使评议单位更好地履行职责、转变作风、改进工作、提高效率。

【司法工作监督】 2021年，沙湾市人大常委会视察法院、检察院半年工作开展情况；调研执行、控告申诉检察工作，“七五”普法决议贯彻落实情况，并听取审议专项工作报告，作出相应决议；调研民事审判、涉法涉诉信访案件办理、公益诉讼实施情况，组织代表旁听案件审理、参加新闻发布、不起诉案件听证会20余场次，为提升“两院”办案质量提出建议。深入开展宪法法律宣传月、国家宪法日宣誓主题活动。认真协调解决涉法涉诉信访问题，与政协联合对婚姻矛盾纠纷进行调研并提出建议。完成自治区人大对平安建设条例、便民警务站条例、国安法等立法征求意见工作。

代表工作

【概况】 2021年，沙湾市人大常委会始终坚持尊重代表、依靠代表、服务代表，加强代表工作能力建设，丰富代表联系群众的内容和形式，使人民当家作主和全过程人民民主得到充分体现。丰富代表活动方式，建成市级人大代表工作室1个、乡镇人大代表联络站26个，充分发挥“室、站”学习提能、为民服务、改进工作的作用。常态化开展“百年辉煌感党恩、万名代表进万家”主题实践活动，各级人大代表积极行动，进“室”入“站”开展宣传宣讲1656人次，联系群众1748人次，听取和收集群众意见建议295条，为群众办实事好事841件，累计参与代表1274人次。邀请代表参加“一府一委两院”活动273人次，参加执法检查、视察调研、建议督办100余人次。强化代表履职服务管理，制定保障代表依法履职4项具体工作措施。采取线上线下培训相结合的方式，对人大代表分批分级培训，开展深入学习贯彻习近平法治思想、“七一”重要讲话、中共十九届六中全会、中央人大工作会议精神等6场主题鲜明的培训活动，参训代表4800余人次。有针对性地对新当选的852名市乡人大代表进行履职、法律法规、议案建议撰写培训。健全“双联系”制度，常委会组成人员联系91位市人大代表，市人大代表联系1055名群众。

【议案建议办理】 2021年，沙湾市人大常委会改进代表议案建议办理方式，在召开督办会、组织代表视察、代表满意度测评的基础上，实行常委会班子成员领衔督办机制，从重答复率向重办成率转变，重点督办与人民群众利益密切相关的议案建议。县十六届六次代表提出的62件议案建议已办复，市一届一次代表提出的议案建议办成率保持在85%以上，推动解决一大批实事问题。

人事任免

【概况】 2021年，依法任免国家机关工作人员53人次，接受1人辞去人大常委会主任职务，1人辞去人大常委会副主任职务，2人辞去委员职务，1人辞去代表职务。

【任免情况】 3月25日，沙湾县第十六届人民代表大会常务委员会第二十八次会议决定：任命穆勇为沙湾县应急管理局局长，也尔肯·包尔拜为沙湾县林业和草原局局长；张建喜为沙湾县人大常委会办公室主任；免去代洪涛沙湾县应急管理局局长职务，夏提合·朱马汉沙湾县林业和草原局局长职务；接受李永翔、穆勇辞去沙湾县第十六届人大常委会委员职务。

5月31日，沙湾县第十六届人民代表大会常务委员会第二十九次会议决定：任命齐新英为沙湾县人民政府副县长，免去李艳沙湾县人民政府副县长职务。

8月28日，沙湾县第十六届人民代表大会常务委员会第三十一次会议决定：任命杨小江为沙湾县人民检察院副检察长、检察委员会委员，杨峻爱为沙湾县人大常委会法工委主任，母祥民为沙湾县乡村振兴局局长，徐德亮为沙湾县住房和城乡建设局局长、县人民防空办公室主任，马琴为沙湾县教育和科学技术局局长，任志愿为沙湾县审计局局长，张魏琴为沙湾县监察委员会委员，叶尔哈力·托合提拜为沙湾县监察委员会委员，孟珊为沙湾县人民检察院检察委员会委员，余传备为沙湾县人民检察院检察员，李林龙为沙湾县人民检察院检察员；免去米磊沙湾县人民政府副县长职务，刘平海沙湾县人民检察院副检察长、检察委员会委员职务，母祥民沙湾县住房和城乡建设局局长、县人民防空办公室主任职务，赵春林沙湾县教育和科学技术局局长职务，穆合亚提·苏莱曼沙湾县监察委员会委员职务，王和艳沙湾县监察委员会委员职务。接受玉山·阿依甫辞去沙湾县第十六届人民代表大会常务委员会主任职务，张大江辞去沙湾县第十六届人民代表大会常务委员会副主任职务。

11月9日，沙湾市第一届人民代表大会常务委员会第一次会议决定：任命马宁为沙湾市人民政府副市长、杨新立为沙湾市公安局局长、任继刚为沙湾市人民政府办公室主任、李坚为沙湾市发展和改革委员会主任、马琴为沙湾市教育和科学技术局局长、闫海为沙湾市商务和工业信息化局局长、高西京为沙湾市民政局局长、席金军为沙湾市司法局局长、陈俊涛为沙湾市财政局局长、张新忠为沙湾市人力资源和社会保障局局长、徐德亮为沙湾市住房和城乡建设局局长、刘长兴为沙湾市交通运输局局长、宋才吉为农业农村局局长、丁志毅为沙湾市文化体育广播电视和旅游局局长、蒋涛为沙湾市卫生健康委员会主任、唐顺天为沙湾市退役军人事务局局长、代洪涛为沙湾市应急管理局局长、任志愿为沙湾市审计局局长、葛振龙为沙湾市市场监督管理局局长、王立军为沙湾市统计局局长、也尔肯·包尔拜为沙湾市林业和草原局局长、母祥民为沙湾市乡村振兴局局长、卢梦宁为沙湾市自然资源局局长，免去王道强沙湾县水利局局长职务、王金海沙湾县财政局局长职务、王洪斌沙湾县交通运输局局长职务、唐新涛沙湾县农业农村局局长职务、王云沙湾县退役军人事务局局长职务、穆勇沙湾县应急管理局局长职务，接受张小民辞去沙湾市第一届人民代表大会代表职务。审议通过《关于地方国家机关有关人事转任的决定》，决定由沙湾县第十六届人民代表大会常务委员会任命的沙湾县人大常委会内设机构工作人员，沙湾县监察机关、审判机关、检察机关工作人员其现职务转任为沙湾市人大常委会内设机构相应职务，沙湾市监察机关、审判机关、检察机关相应职务。

沙湾市人民政府

重要会议

【政府党组会议】 2021年，政府党组召开14次专题学习会议。

1月22日，政府党组召开专题学习会议，传达学习《中共中央关于加强党的政治建设的意见》《习近平出席中央统战工作会议并发表重要讲话精神》《中国共产党十九届中央委员会第五次全体会议公报》，学习第三次中央新疆工作座谈会精神并进行专题研讨。

1月27日，政府党组召开班子成员民主生活会，会议通报上年度民主生活会整改落实情况和本次民主生活会的征求意见建议情况，县长俄合拉斯·斯巴达克代表政府党组班子作对照检查，班子成员依次作民主生活会发言，其他班子成员提出批评意见，本人进行表态。本次民主生活会在严肃认真的氛围中开展，达到相互提醒、相互团结、促进工作的效果。

2月10日，政府党组召开专题学习会议，传达学习《习近平同志在中央农村工作会议上的讲话》《中共中央办公厅国务院办公厅关于严格规范村庄撤并工作的通知》《陈全国、雪克来提·扎克尔同志在自治区党委经济工作会议上的讲话》《自治区各级党委（党组）运用“第一种形态”实施办法的通知》《关于撤销沙湾县设立县级沙湾市的通知》等相关文件精神，研究部署审计自查工作、巡视反馈整改等有关事宜。

3月30日，政府党组召开专题学习会议，传达学习《生态环境部党组书记孙金龙在2021年全国生态环境保护工作会议上的讲话》，传达学习《落实总体国家安全观　做好新时代人民政府保密工作》，传达学习《习近平总书记在中共中央政治局第二十九次集体学习时强调保持生态文明建设战略定力努力建设人与自然和谐共生的现代化》等相关文件精神。俄合拉斯·斯巴达克指出，政府办要加大文件审核力度，严格保密要求，时刻牢记“绿水青山就是金山银山”理念。

4月15日，政府党组召开班子巡视整改专题民主生活会，会议通报本次民主生活会的征求意见建议情况，俄合拉斯·斯巴达克代表政府党组班子作对照检查，班子成员依次作民主生活会发言，班子成员进行自我批评和相互批评，本人进行表态。本次民主生活会在严肃认真的氛围中开展，达到相互提醒、相互团结、促进工作的效果。

4月30日，政府党组召开专题学习会议，传达学习《中国共产党统一战线工作条例》《中国共产党党委（党组）理论学习中心组学习规则》《自治区党委学习习近平总书记安全生产重要论述》《自治区党委办公厅关于印发〈贯彻党委（党组）意识形态领域工作责任制实施办法的实施细则〉》《中国共产党宣传工作条例》《关于认真贯彻落实自治区党委安全生产工作视频会议精神切实做好防范遏制事故工作的紧急通知》《转发〈国务院安委办公室关于近期重大及典型事故情况的通报〉的通知》。

5月18日，政府党组召开班子关于乌苏夹皮沟一带破坏生态环境案件议案促改专题民主生活会，会议通报本次民主生活会的征求意见建议情况，俄合拉斯·斯巴达克代表政府党组班子作对照检查，班子成员依次作民主生活会发言，班子成员进行自我批评和相互批评，本人进行表态。本次民主生活会在严肃认真的氛围中开展，最后，俄合拉斯·斯巴达克强调，要深刻吸取教训，引以为戒，对本次民主生活会提出的批评意见要认真制定整改措施，明确整改时限，立行立改，对照销号。

6月30日，政府党组召开专题学习会议，传达学习《中共中央关于加强对“一把手”和领导班子的监督的意见》《习近平总书记在中共中央政治局第二十九次集体学习时强调保持生态文明建设战略定力努力建设人与自然和谐共生的现代化》《生态环境部党组书记孙金龙在2021年全国生态环境保护工作会议上的讲话》《沙湾市委保密委员会工作规则》等。

7月7日，政府党组召开专题学习会议，传达学习《习近平在“七一勋章”颁受仪式上的讲话》《习近平在庆祝中国共产党成立100周年大会上的讲话》《新疆维吾尔自治区党委九届十二次全会精神》《中共新疆维吾尔自治区关于表彰自治区优秀共产党员、优秀党务工作者和先进基层党组织的决定》《团结带领中国人民为美好生活而奋斗——习近平总书记在庆祝中国共产党成立100周年大会上的重要讲话号召全党践行初心使命争取更大荣光》《学习贯彻习近平总书记对湖北十堰市张湾区盐湖社区集贸市场燃气爆炸事故重要指示批示精神》。俄合拉斯·斯巴达克指出，要扎实开展党史学习教育，市领导要带头开展“为群众办实事”实践活动，要抓实抓牢安全生产工作，排查重点场所安全，确保各项工作落实到位。

8月9日，政府党组召开专题学习会议，传达学习《自治区党委常委会（扩大）会议传达学习习近平总书记在西藏考察时的重要讲话精神和对防汛救灾工作、深入推进农村厕所革命作出的重要指示精神》《自治区党委常委会（扩大）会议传达学习习近平总书记在庆祝中国共产党成立100周年大会上的讲话精神》《习近平对防汛救灾工作作出重要指示要求始终把保障人民群众生命财产放在第一位 抓细抓实各项防汛救灾措施》《中国共产党领导国家安全工作条例》。俄合拉斯·斯巴达克同志指出，要把习近平总书记的指示批示精神学深学透、入脑入心，推动工作上水平。

9月22日，政府党组召开专题学习会议，传达学习《贯彻落实习近平总书记关于安全生产的重要论述推进新时代安全生产高质量发展的意见》《坚持防范遏制事故安全生产严管严控36条措施》《塔城地区关于加快新疆塔城重点开发开放试验区高质量发展有关政策（试行）的通知》《召开第三次全国民政系统对口支援新疆工作推进会议精神》《中华人民共和国安全生产法》《强化安全生产领导责任与安全生产重点任务办法（试行）》《中共中央、国务院关于优化生产政策促进人口长期均衡发展的决定》。市长俄合拉斯·斯巴达克强调，各副市长跟进各自分管领域项目进展情况，加大对企业安全隐患大排查，确保安全生产不出大小事。

10月29日，政府党组召开专题学习会议，传达学习《陈全国书记在贯彻落实习近平总书记重要指示精神坚决遏制“两高”项目盲目发展工作时的讲话》《陈全国书记在研究审议〈自治区防范和惩治统计造假、弄虚作假问责办法〉时的讲话》《中央审计委员会关于加强地方党委审计委员会工作指导意见》《自治区党委审计委员会第六次会议精神》《自治区推进政务公开工作》《自治区全面推行河湖长制领导小组会议精神》《自治区进一步做好防范和化解拖欠企业账款工作电视电话会议精神》《自治区贯彻落实第八次全国对口支援新疆工作会议精神工作部署会》。市长俄合拉斯·斯巴达克强调，要认真贯彻落实习近平总书记重要讲话精神，增强“四个意识”、坚定“四个自信”、做到“两个维护”，加强理论学习，提高党性修养，砥砺政治品格，锤炼过硬本领。

11月18日，政府党组召开专题学习会议，传达学习《中国共产党第十九届中央委员会第六次全体会议精神》《自治区党委办公厅印发〈关于进一步加强巡视整改和成果运用工作的意见〉的通知》《自治区人民政府关于印发〈新疆塔城重点开发开放试验区建设总体规划〉的通知》《中共中央关于党的百年奋斗重大成就和历史经验的决议》。市长俄合拉斯·斯巴达克强调，要认清形势，增强信心，扎实做好2021年一个多月的重点工作，确保圆满完成各项任务。

12月18日，政府党组召开专题学习会议，传达学习《地委第七巡查组关于对沙湾市开展涉粮问题专项巡查的意见反馈》《新疆维吾尔自治区地方储备粮食管理办法》《中央经济工作会议在北京举行　习近平作重要讲话》《自治区九届纪委工作报告》《自治区畜牧业高质量发展现场推进会精神》。市长俄合拉斯·斯巴达克强调，要进一步提高政治站位，全力做好涉粮问题整改工作。

（张　江）

【政府常务会议】 2021年，政府共召开8次常务会议。

第一次常务会议　1月27日，县委副书记、县长俄合拉斯·斯巴达克主持召开县人民政府第一次常务会议。会议研究《关于土地手续办理事宜》《关于公安局申请预算执行情况进行审计的请示》《关于自然资源局申请预算执行情况进行审计的请示》《关于博尔通古牧场、牛圈子牧场、曹家坡牧场资产、债权债务移交工作划转方案的请示》《关于沙湾市疆山纪项目建设工程涉及古墓葬进行抢救性考古挖掘的请示》《关于沙湾市创建义务教育优质均衡县实施方案的请示》《关于调整沙湾县人民政府教育督导委员会委员单位及组成人员的请示》《关于沙湾县创建学前教育普及普惠县工作实施方案的请示》，听取相关工作汇报，并对相关工作进行部署。县委常委、常务副县长王超，县委常委、副县长马宁，副县长杨新立、张卫武、李艳、米磊出席会议。

第二次常务会议　4月27日，县委副书记、县长俄合拉斯·斯巴达克主持召开政府第二次常务会议。会议研究《关于沙湾市2021年预算安排的报告》《关于申请绩效管理工作购买第三方服务的请示》《关于签订〈购买服务补充协议〉并核销相应债务的请示》《关于提前归还农发行融资贷款的请示》《关于塔城恒基武装守护押运有限责任公司使用办公场地的请示》《关于申请玛纳斯河、金沟河等7条河流岸线管理范围勘界定桩费用的请示》《关于上报建议保留沙湾市宝英矿业两处石灰岩矿采矿权的请示》《关于申请沙湾市温泉地热矿产资源探矿权挂牌出让的请示》《关于第三监狱周边用地处置的建议》《关于土地手续办理事宜》，听取相关工作汇报，并对相关工作进行部署。县委常委、常务副县长王超，县委常委、副县长马宁，副县长杨新立、张卫武、米磊，政府党组成员齐新英出席会议。

第三次常务会议　5月7日，县委副书记、

县长俄合拉斯·斯巴达克主持召开政府第三次常务会议。会议研究《关于沙湾市兵地确权有关事宜》《沙湾市与新疆路桥建设集团有限公司合作框架协议书》《沙湾市盛博农业科技有限公司薪酬改革方案》《关于沙湾火车站变更站名相关工作的请示》《关于协调沙湾市智慧城市一期建设项目应诉相关问题的请示》《关于移交开干齐都塘区域土地的请示》《关于国有农牧场改革和管理林草地、建设用地权属问题的请示》《关于〈沙湾市良种场改革实施方案〉的请示》《关于2020年棉花目标价格改革补贴亩产补贴标准的请示》《沙湾市乡村振兴有关事宜》《关于商户地乡申请拨付千泉湖国家湿地公园退耕还湿补偿资金的请示》《关于解决吕国虎等4人千泉湖湿地公园土地矛盾纠纷的请示》，听取相关工作汇报，并对相关工作进行部署。县委常委、常务副县长王超，县委常委、副县长马宁，副县长张卫武、米磊，政府党组成员齐新英出席会议。

第四次常务会议　7月3日，市委副书记、县长俄合拉斯·斯巴达克主持召开政府第四次常务会议。会议研究《支持乡村振兴战略合作协议》《关于编制乡村振兴战略规划的请示》《关于举报沙湾市宝英煤炭有限责任公司违法违规线索核查情况的报告》《关于对闲置周转房进行处置的报告》《关于上报沙湾市2021年预算调整方案（草案）的报告》，听取相关工作汇报，并对相关工作进行部署。市委常委、常务副县长王超，市委常委、副县长马宁，副县长杨新立、齐新英，政府党组成员魏东军出席会议。

第五次常务会议　7月26日，市委副书记、县长俄合拉斯·斯巴达克主持召开政府第五次常务会议。会议研究《关于沙湾政务服务向基层延伸工作方案的报告》《关于开展沙湾市供水改革及成本监审工作的请示》《关于申请确定沙湾矿区东区总体规划井田内煤矿深部资源协议出让开发主体的请示》《关于废止部分文件的司法建议》《关于塔城地区S101等国省干线及农村公路包PPP项目运营维护方案及预算的请示》《关于协调解决原曹家坡牧场两名职工社保缴费的请示》《土地手续办理事宜》《关于沙湾市东升煤炭有限责任公司东升矿井申请划定矿区范围的请示》，听取相关工作汇报，并对相关工作进行部署。市委常委、常务副县长王超，市委常委、副县长马宁，副县长杨新立、齐新英，政府党组成员魏东军，市直机关四级调研员米磊出席会议。

第六次常务会议　9月8日，市委副书记、县长俄合拉斯·斯巴达克主持召开政府第六次常务会议。会议研究《沙湾市产业发展资金使用方案》及拨付沙湾市第一批、第二批产业发展资金，《关于向盛博农业科技有限公司和新丝路城市建设公司出资的请示》《关于沙湾市党政机关事业单位租赁使用新能源汽车情况的请示》《关于沙湾市农村饮水安全巩固提升工程PPP项目清算协商的请示》《关于对沙湾市农村饮水安全工程供水价格调整方案的请示》《一中西校区资产进行公开拍卖事宜》《关于申请2022年地方政府专项债券储备项目及2022年申报中央预算内投资项目过会的请示》《土地手续办理事宜》，听取相关工作汇报，并对相关工作进行部署。市委常委、常务副县长王超，市委常委、副县长马宁，副县长杨新立、齐新英，政府党组成员魏东军出席会议。

第七次常务会议　10月30日，市委副书记、市长俄合拉斯·斯巴达克主持召开市人民政府第七次常务会议。会议研究《关于申请批复沙湾市5G通信基站站址专项规划（2021—2025）的请示》《关于申请编制沙湾市各乡镇、村队国土空间规划的请示》《土地手续办理事宜》《关于对〈疆山纪（鹿角湾）野奢营地修建性详细规划〉的请示》《关于盛博公司国有土地承包的请示》《关于沙湾市土地流转及规模化经营项目的请示》《关于废止计划生育相关文件的请示》，听取相关工作汇报，并对相关工作进行部署。市委常委、常务副市长王超，市委常委、副市长马宁，副市长齐新英、魏东军、王卫东，市直机关四级调研员米磊出席会议。

第八次常务会议　11月29日，市委副书记、市长俄合拉斯·斯巴达克主持召开市人民政府第八次常务会议。会议研究《关于对博牧场以北都塘区征缴相关规费措施》《关于上报沙湾市2021年预备费动用方案的请示》《关于沙湾市国有资产经营公司与沙湾市天宝绿色食品有限公司、新疆瑞嘉资产投资有限公司达成和解协议的请示》《关于原农行沙湾市支行不良贷款情况的请示》《沙湾市国有企业公司制改制和兼并重组方案（讨论稿）》《沙湾市大修厂家属楼1号楼疏散安置方案》《关于支付沙湾影剧院托管运营费用及续签租赁合同的请示》《关于〈沙湾市良种场改革实施方案〉的请示》《关于沙湾市拟挂牌出让砂石料矿采矿权的请示》《关于土地出让、租赁、划拨等相关事宜》《关于加快推进哈拉干德工业园管道输配项目建设的请示》，听取相关工作汇报，并对相关工作进行部署。市委常委、常务副市长王超，市委常委、副市长马宁，副市长齐新英、魏东军、王卫东，市直机关四级调研员米磊出席会议。

（马彩云）

重要文件

【重要通知通报】 2021年2月2日，沙湾县人民政府办公室印发《沙湾县建筑领域职业技能培训工作实施方案》的通知。

2021年2月16日，沙湾县人民政府办公室印发《沙湾县新冠肺炎疫情防控常态化期间深入开展爱国卫生运动实施方案》的通知。

2021年3月1日，沙湾县人民政府办公室印发《沙湾县创建义务教育优质均衡发展县实施方案》的通知。

2021年4月23日，沙湾市人民政府办公室印发《沙湾市首届“万步有约”健走激励大赛活动实施方案》的通知。

2021年5月14日，沙湾市人民政府办公室印发《沙湾市2021年全国防灾减灾日宣传周活动方案》的通知。

2021年10月14日，沙湾市人民政府办公室印发《关于公布沙湾市第三批市级非物质文化遗产名录的通知》。

2021年12月10日，沙湾市人民政府办公室印发《沙湾市2021年健康促进县复评工作实施方案》的通知。

（吕　星）

政务工作

【办文工作】 2021年，沙湾市人民政府办公室严格收发文程序，深化领导批示件的交办与督查，对领导批示件实行记录台账、定期汇总。2021年接收、传阅各种公文4673件，共印发政府文件546件，下发督查、督办通知81件，有效提高了办公室干部办件率，为市领导各项科学决策和加强工作指导提供服务。提高文稿水平，高标准完成政府工作报告等综合性材料，全年撰写政府领导各类讲话稿200余篇，得到市领导的充分肯定。做好信息编报工作，编写有情况、有分析、深层次、高质量和有特色、有突破的信息。2021年，编辑《沙湾信息》494期，政务信息排名位居塔城地区第一。议案、提案承办质量不断提高，及时向政府各相关部门转办人大议案建议、政协提案，加强办理过程督查，认真承办人大代表建议和政协委员提案，对每条建议都认真办理、及时答复。2021年，办理完成人大代表议案4个、建议116个，政协委员提案26件，已全部高质量按时办结，答复件规范率、走访率、代表满意率均有较大提高。

【办会工作】 2021年，沙湾市人民政府办公室为提高办会质量，以会前周密准备、会中认真服务、会后狠抓落实为目标，在办会前明确会议时间、地点、内容、议程、参会人员范围等，做好会议方案，特别是对政府常务会议、政府党组会等会议，严格会议议程、议题审核把关，报政府领导审定同意后提交会议研究，从源头上确保了会议的权威性和高效性。2021年，高水平组织完成自治区、地区各类会议320余场次，市政府各类会议18场次，会务质量明显提高。

【办事工作】 2021年，沙湾市人民政府办公室积极协助市政府领导抓好分管部门衔接工作，对领导交办的各项工作及时办理。2021年，农口、科教文卫、社会事务等业务部门共迎接自治区领导调研29次、地区领导调研97次。本着“规范、高效”的原则，通过细化接待流程，强化细节服务，尽量做到事前想细、事中做细、事后谋细，切实做好接待工作的各项任务，住宿安排、就餐安排、会议安排、调研视察、车辆保障、车辆调度等任务落实到人，人人各负其责，相互衔接，共同为推进市域经济社会发展贡献力量。

【督查工作】 2021年，沙湾市人民政府办公室始终把督查落实作为办公室辅政之基，以政府目标管理为统揽，坚持靶向督办，推动政府各项工作落到实处。完善督查工作机制，建立健全请示报告、情况反馈、检查通报、考核奖惩等规章制度，市政府重要决策跟踪督办，使督查工作规范化、制度化。规范督查工作程序，政府重大决策、重要工作部署出台后，及时提出督查工作建议，拟订督查方案，报常务副市长批准后实施；督查结束后及时形成督查报告呈报领导审阅批示。改进督查工作方法，创新督查形式，采取电话、网络、实地相结合方式，跟踪重点工作落实情况，全方位、多角度督查各责任单位工作进度，确保督查事项件件有落实、事事有反馈。全年下发督查、督办通知81件，督促检查及配合搞好上级对沙湾市各项重点工作、重点项目等检查80余次。

（张　江）

电子政务

【党政协同办公系统应用】 2021年，市党政协同办公系统正式启用，接入单位53个，承担了市内部门间的公文交换，自上线以来，市党政协同办公系统与市委的公文传输平台以同时并发的方式进入试运行。

【政府网站运行】 2021年，政府网站平稳运行，及时发布市域经济、社会、文化等方面的动态，并建立专题专栏8个。政府网站已成为政务公开工作主阵地，为适应政务公开工作新要求，增设了市长信箱、财政资金直达基层和惠民工程、规划公开、污染防治、乡村振兴等群众关心关注的热点栏目。2021年9月，完成了政府网站IPv6部署改造，支持互联网协议第6版。

【政府信息公开】 2021年，沙湾市人民政府办公室贯彻落实《中华人民共和国政府信息公开条例》，贯彻落实党中央、国务院关于政务公开工作决策部署，坚持以公开为常态、不公开为例外，依法全面主动公开相关政务信息，着力提升信息公开质量和实效。积极推进“12345”政务服务热线建设，实现线上全覆盖、线下全联通、数据全汇聚、结果全公开的政务服务体系。2021年，公开市政府信息

401条，其中公开政府和政府办公室文件21件，于1月发布政府信息公开年度报告。

【电子政务外网维护】 2021年，沙湾市人民政府办公室继续做好电子政务外网接入、维护工作，全年为审计、信访视频系统提供通信保障。为自治区“政务一体化”“12345热线”及中央“互联网+督查”工作在本市应用提供线路保障。

（杨静贤）

政务服务

【提高审批效能】 2021年，沙湾市政务服务中心加强业务管理，通过每季度开展红旗窗口、服务之星和民族团结之星的评比，增强窗口工作人员的责任心和荣誉感。加强办事公开，对每项窗口审批业务，明确办理依据、办理条件、申办要求、办理时限、办理结果，做到行政审批事项的事前、事中、事后全方位全过程公开，实现阳光审批，方便群众监督评判。加强窗口绩效管理，每月下发通报，将窗口业务办理、工作人员考勤、工作作风等综合情况向主管部门反馈，建立中心与主管部门间的良性互动，解决窗口管理中存在的问题。不断完善综合服务功能，围绕窗口行政审批，引进打印、复印、企业注册、产房评估、投资咨询等中介服务机构，努力实现由过去的“进百家门办一件事”向现在的“进一家门办百件事”转变。2021年，进驻中心的部门和单位有24家，办理各类行政审批和公共服务事项281项，窗口工作人员120名，各类政务审批及政务服务事项累计470363件，其中行政审批及行政许可事项42017件、公共服务事项428346件，办结率99.8%。

【制度建设】 2021年，沙湾市政务服务中心为进一步提升窗口整体形象，根据巡察整改工作要求，共废止制度、办法16项，修订完善26项，新增8项，进一步完善了《窗口服务规范》《工作人员考勤管理办法》等34项规章制度，坚持每天上下班“四考勤、四巡视”机制，加强窗口工作人员日常行为管理，不断完善窗口工作日检查、月通报、季考核、年总评的考核体系，进一步强化各窗口及人员的管理。结合自治区一体化在线政务服务平台的部署，组织各职能部门编制完成审批事项的“四统一”工作。对审批事项办事流程、办结期限、申请材料的要素进行再次梳理，并重新印制《窗口服务指南》《一次性告知单》，通过网上公示、公开举报电话等多种措施，提高窗口服务透明度。认真落实《首问责任制》《一次性告知制》《限时办结制》等制度，进一步增强工作人员主动为民服务意识。

【窗口服务】 2021年，沙湾市政务服务中心共评选出“党员集体先锋岗”4个、“红旗窗口”8个、“服务标兵”16名、“民族团结之星”16名，通过大会表扬现场颁发奖牌的形式，及时向派出单位进行反馈。创新服务模式，户籍、出入境、不动产、公积金窗口相继开展“延时服务、预约服务、电话咨询服务、上门服务、邮寄服务”等个性化服务，节约群众办事跑办时间及成本，实现多渠道、多途径提升办事效率和服务水平。2021年，共开展预约服务900余件次、电话咨询8000余件次、上门服务500余件次、邮寄服务3000余件次，引进打印复印、照相、财务、证照办理、房产评估、购电、燃气等中介窗口，不断满足办事群众“只进一扇门”需求。

【政务服务建设】 2021年，沙湾市政务服务中心深入推进政务服务事项标准化建设，严格按照市委、市政府“放管服”改革要求，梳理全市政务服务事项清单，实现政务服务事项“应上尽上”，及时梳理调整相关政务服务事项，重点在简化流程、压缩办件期限、减少申请资料等方面有所突破。除法律法规有特殊规定的事项外，原则上都要做到网上全程可办。以办理材料、办理流程等要素为重点，深入推进政务服务事项标准化建设。做好“跨省通办”相关事项，继续组织相关各职能单位、部门根据自治区厅局下放“跨省通办”132项高频政务服务事项，对事项进行维护，对丝路通办中枢系统进行配置，达到企业和群众异地办事“马上办、网上办、就近办、一地办”。加快“一件事一次办”步伐，认真梳理市级认领的审批事项和市域高频事项，对相关业务进行归类，定制套餐服务事项，配套相关申请材料，实现一家部门受理，相关部门分头办理模式，提高审批效能；设立“一件事一次办”综合受理窗口，建立互联互通和免费帮代办机制。按照“前台综合受理、后台分类审批、综合窗口出件”的“一窗受理”要求，统一设置“一件事一次办”综合受理窗口，依托自治区一体化在线政务服务平台实现市乡村三级互联互通。加快自治区一体化在线政务服务平台的推广应用，通过各种媒介宣传“互联网+政务服务”工作模式，同时各职能部门做好对办事群众辅导工作，让办事群众熟悉掌握网上办件操作流程。继续做好政务服务向基层延伸工作，按照“就近能办、同城通办”的目标，扩大基层乡镇、村队（社区）网上办事范围，并梳理公布乡镇、村队（社区）事项目录，编制简单易懂的办事指南；规范设置便民服务中心，逐步推广“村队（社区）前台综合受理，县乡后台分类办理，村队（社区）统一窗口出件”的基层便民审批服务新模式。

（赵　瑞）

机关事务服务

【公务接待】 2021年，沙湾市机关事务服务中心严格落实中央八项规定及公务接待管理办法，始终坚持有利公务、务实节俭、严格标准、简化礼仪、高效透明、精心细致的原则，切实加强公务接待、会议、培训等活动，圆满完成上级督导组153批6807人次接待任务。根据《沙湾市公务接待管理办法》和《沙湾市党政机关国内公务接待实施细则》，印发《进一步规范公务接待的补充通知》，规范各类公务接待活动，严格执行公务接待标准，控制接待经费。坚决制止餐饮浪费行为，合理安排好就餐，及时对接就餐人数随时做好调整，避免因人员减少而产生的餐桌浪费。加强党政机关食堂用餐管理，做到厉行勤俭节约，杜绝铺张浪费。

【节能管理】 2021年，沙湾市机关事务服务中心坚决落实过紧日子要求，更好发挥党政机关表率作用，扎实推进公共机构节能工作。开展节能低碳环保宣传教育。组织开展全国公共机构第31个节能宣传周低碳日活动。通过线上线下、电子屏、微视频等进行宣传，发放节能知识宣传册500余份，循环播放节能宣传公益微视频100余次。推行绿色办公，坚持无纸化办公，降低纸张消耗，大力倡导修旧利废，延长文印设备的使用寿命。积极使用节水节电产品，限制使用一次性办公用品。实行生活垃圾分类，根据自治区《关于进一步推进党政机关公共机构生活垃圾分类工作的通知》要求，继续抓好公共机构生活垃圾分类各项措施落实，巩固现有工作成果。做好节约型机关验收创建工作，按照自治区、地区《关于节约型机关创建行动实施方案》，2021年年初，21家单位全部完成2020年度节约型机关创建工作。2021年度全市12家党政机关开展节约型机关创建工作，中心对创建单位围绕节能目标完成情况、节能措施落实情况等方面进行服务指导，对创建单位干部职工开展公共机构节能知识宣传。

2021年7月8日，机关事务服务中心工作人员督导公安局节约型机关创建工作

【公房管理】 2021年，沙湾市机关事务服务中心科学合理地对党政机关办公用房进行调配和管理，做到逢调必查。2021年，对办公用房使用情况进行10次实地抽查测量，并进行“回头看”；对超标准使用、装修或违规占用办公用房等问题进行自查自纠。加强行政事业单位公房出租出借统一管理工作，加大对出租公房监管维护，掌握出租公房的动态，实行租售收支两条线，推动国有资产保值增值，中心负责的25间门面房全部出租。加强干部周转房管理，共有周转房29套，全力做好各项保障工作；已调配8套，共维修维护53次。做好闲置办公用房出售出租，将原农业局办公大楼南侧以公开招标的形式进行出租，市押运公司以每平方米0.7元的价格中标。加强安全生产工作，组织中心人员认真学习《习近平总书记对湖北十堰市燃气爆炸事故造成重大人员伤亡作出重要批示》，传达学习全国、自治区、地区安全生产工作电视电话会议精神，观看警示教育片，排查党政机关办公用房建筑结构、消防安全等隐患14条，均已整改完成。

【公务用车管理】 2021年，沙湾市机关事务服务中心严格公务用车控购审批，严格履行审批手续，执行购置标准，报地区机关事务管理局审批后，办理注册登记工作。2021年，共购置公务用车30辆，其中，新购置公务用车5辆、特种专业技术用车19辆、执法执勤车6辆。做好公务用车处置工作，严格履行公务用车处置审批手续，做到处置工作规范严谨，及时办理登记变更手续。2021年，共调剂公务用车18辆，报废公务用车10辆，公开拍卖公务用车13辆，拍卖价格为220.04万元，全部收入上缴市财政。规范配备使用越野车，从严管理越野车配备使用，根据工作需要统一调度使用。做好新能源汽车推广工作，2021年4月，沙湾市被自治区确定为第一批区级公共用车管理专项领域新能源汽车推广使用示范点。中心采取多种形式进行广泛宣传，营造良好氛围，并主动谋划，通过调研走访、实地洽谈等方式，对接相关车企、汽车租赁公司，为推广使用新能源汽车做好前期准备。严格遵守中央八项规定及其实施细则要求，在确保“三公”经费不增长、公务用车数量不增加前提下，采取市直机关与乡镇之间车辆调剂、报废和更新车辆等方式进行，在合理使用现有公务用车资源的前提下，推广和使用好新能源汽车，保障好各级公务正常用车需求。计划租赁为期5年，办理新能源纯电动执法执勤用车30辆和一般公务车20辆的招标手续。加强公务用车使用管理。不断完善公务用车数据平台，监督指导全市各单位落实“一车一档”制度，要求全市各单位严格按规定使用公务用车，制定车辆管理制度。

2021年11月14日，机关事务服务中心工作人员检查市公安局报废车辆

【后勤保障服务】 2021年，沙湾市机关事务服务中心加强联合办公大楼日常管理，加大水电暖及电梯等设施的维护，做好联合办公大楼消防安全管理，与石河子开发区绿洲明珠消防服务公司限签订消防维保检测合同，不定期对大楼消防设施进行检测，常态化对电梯进行安全检查保养，加强公共卫生日常巡查工作，确保大楼安全及环境卫生整治。做好联合办公疫情防控工作，认真落实疫情防控各项措施，做好办公楼各公共区域卫生消杀工作，加强人员管理，对进出人员按规定流程进行体温检测、安检、信息登记等工作，做到“四问一测三处置”。抓好机关食堂管理工作，加强食品安全管理，抓好采购环节管控和成本核算。严格执行制止餐饮浪费制度，加强和规范餐饮节约行为，安排专人负责食堂巡视检查，坚决杜绝浪费行为。开展“理性消费、光盘行动”宣传活动，在就餐区域明显位置张贴宣传标语或宣传画，摆放提示牌。

（陈　颖）

对口援疆

【概述】 2021年，沙湾市积极克服疫情等不利因素影响，全力推进对口支援工作提质增效，实现项目建设、招商引资、交往交流交融等工作齐头并进，较好完成既定任务。2021年，沙湾市计划实施援疆项目19个，总投资4723万元，全部为援疆资金。其中，“交钥匙”项目2个，援疆资金884万元，占年度资金18.7%；“交支票”项目17个，援疆资金3839万元，占年度资金的81.3%。当年安排向基层、向民生倾斜项目13个，援疆资金3991万元，占年度资金的84.5%。当年安排固投项目11个，援疆资金3803万元，占总投资的78.33%（建设类项目6个、采购类项目5个）；非固投项目8个，援疆资金1052万元，占总投资的21.67%；19个项目全部开工建设。积极把握“塔南经济走廊重要节点城市”建设机遇，不断加大招商引资企业服务力度，创新拓展招商引资方法渠道，提升招商引资工作水平，圆满完成参加“辽洽会”等任务，落实执行区外招商引资项目58个，同比增长55.83%。

【产业援疆】 2021年，沙湾市安排援疆资金260万元，实施产业援疆项目3个。其中，沙湾市农业惠民项目，旨在通过补贴形式，进一步开拓特色产品外销市场，助推各类农产品销售活动，大力开展消费扶贫；沙湾市振兴新农村产业融合项目，依托旅游景区“线下实体+线上营销”策划推广，带动餐饮、住宿和商贸，加快沙湾产业转型升级，实现以城带乡、以商促农，推动乡村振兴；沙湾市农副产品转化促农增收项目，挖掘4类文创旅游产品，设计1个旅游IP，建成1个非遗文化展示厅，促进文旅融合，提升旅游核心吸引力。

【人才援疆】 2021年，沙湾市采取实地支援和外出培训等方式，积极发挥对口支援特别是智力支援作用。认真落实任实职、分实工、担实责要求，6名党政干部全部担任各级各部门班子成员，专业技术人才全部担任学科带头人和科室负责人。持续开展“援疆人才+课题”模式，2021年，开展课题攻关11项，填补技术空白10项，结对帮带28人；援疆医生诊疗患者2000余人次，开展手术716余例，抢救危重患者210人，推广运用新技术9项；援疆教师讲授示范课16次，举办专题讲座6场。安排援疆资金222万元，实施沙湾市村干部和村级后备人才素质提升赴鞍培训、公安民警公共安全服务保障能力提升2个外出培训项目和民生项目管理咨询智力支持项目。

【教育援疆】 2021年，沙湾市计划安排援疆资金380万元，对2个乡镇中心校的操场进行硬化，年末，实施方案已批复，正在开展土地平整等相关工作。

扎实开展教育人才“组团式”援疆工作，实际到位10名援疆教师已全部在沙湾一中上岗工作，进疆伊始，便开展教学讲座3次、讲授公开课5节、听课评课35次，有力推动沙湾一中教育教学水平提升。

（尹　鸣）

信访工作

【概况】 2021年，沙湾市认真贯彻落实中央、自治区、地区信访工作会议精神，高度重视信访工作，积极开展矛盾纠纷排查，扎实推进信访业务规范化建设，落实好群众来访接待制度，合理解决群众诉求。2021年，全年共受理网上群众来信来访181批199人次，与上年同期相比，分别上升27.3%、22.26%，其中集体访2批11人次、个体访179批188人次；赴地区上访2批5人次，赴自治区上访4批5人次。

【矛盾纠纷排查】 2021年，沙湾市信访局按照市委统一安排，对13个重点领域，开展三次全市范围矛盾纠纷排查，累计共排查出29件突出信访问题。对排查出的突出问题逐个建立台账，制定包案领导，以信访联席会议办公室名义向各包案市领导分发提示函，告知其工作职责，提出工作要求，督促市领导高度重视重点问题的解决。责任单位视情对信访人员进行“见面、谈话、评估”，逐案进行研判，提出化解方案。

【重复信访积案化解】 2021年，沙湾市委、市政府先后召开市委常委会会议、信访联席会，对沙湾市治理重复信访、化解信访积案工作进行专项安排，市委书记亲自安排部署，市委信访分管领导对交办的案件逐个上会研究，确定责任人，明确化解时限。制定治理重复信访、化解信访积案工作责任书，各相关责任单位主要领导分别与市委分管领导签订责任书，采取一个问题一个领导专班、一套化解方案落实责任，确保按期化解。市委书记亲自带头包案，市委、市政府、人大、政协等市领导进行认领包案。按照市领导包案分工，信联办向市领导送达工作提示函，各包案市领导通过组织责任单位召开推进会，推动问题化解。各责任单位根据工作实际对问题进一步细化，责任进一步落实，主要领导亲自挂帅，靠前工作，协调处理、做好信访人员的思想疏导。信联办充分发挥跟踪督办作用，不定期对案件办理情况进行督促，掌握化解进度，对办理过程中存在的问题及时向分管领导、各包案领导汇报。

（张荣玲）

中国人民政治协商会议沙湾市委员会

重要会议

【政协沙湾县十五届六次会议】 2021年1月14日至15日，中国人民政治协商会议沙湾县第十五届委员会第六次会议在沙湾县委党校学术报告厅召开。县政协主席周卫东向大会作工作报告、县政协副主席成哈尔·帕孜别克向大会作十五届五次会议以来提案工作情况的报告。委员们列席沙湾县第十六届人民代表大会第六次会议，听取并讨论县长俄合拉斯·斯巴达克所作的政府工作报告；会议期间成功补选伊斯凯德·乌拉音为政协沙湾县第十五届委员会副主席，会议审议并通过政协沙湾县十五届六次会议关于常务委员会工作报告的决议、政协沙湾县十五届六次会议关于十五届五次会议以来提案工作情况报告的决议、政协沙湾县十五届六次会议政治决议。

【政协沙湾市一届一次会议】 2021年9月3日至7日，中国人民政治协商会议沙湾市第一届委员会第一次会议召开。会议听取和审议通过了政协沙湾县第十五届委员会常务委员会工作报告和提案工作情况报告，听取并协商讨论了市委副书记、县长俄合拉斯·斯巴达克在沙湾市第一届人民代表大会第一次会议上所作的《政府工作报告》，并表示赞同。讨论了市人民法院、市人民检察院工作报告及其他报告。会议选举产生政协沙湾市第一届委员会主席、副主席和常务委员。

【专题党组会议】 2021年1月23日，政协党组召开理论学习中心组第一次集体学习会议，会议按照民主生活会要求开展专题学习。

2021年2月24日，政协召开党组（扩大）会议，学习换届工作相关文件，讨论政协工作经费计划支出项目。

2021年3月5日至6日，政协党组召开理论学习中心组第四次集体学习会议，班子成员围绕党史学习教育开展为期2天的专题学习。

2021年4月27日，政协召开党组（扩大）会议。会议研究讨论2021年政协党组工作重点和2021年政协协商计划，并研究近期财务支出费用。

2021年5月15日，政协召开党组（扩大）会议，会议研究讨论政协换届选举筹备工作小组和政协换届工作实施方案。

2021年5月30日至31日，政协党组召开理论学习中心组第九次集体学习会议，班子成员围绕新民主主义时期历史、社会主义革命和建设时期历史、改革开放新时期历史、中共十八大以来的历史开展为期2天的专题学习。

2021年7月9日至10日，政协党组召开理论学习中心组第十二次集体学习会议，班子成员围绕习近平总书记在庆祝中国共产党成立100周年大会上的重要讲话精神开展为期2天的专题学习。

2021年8月4日，政协召开党组（扩大）会议，会议听取组织部副部长张建辉作关于新一届政协委员提名情况的说明；研究讨论政协沙湾市第一届委员会参加单位、政协沙湾市第一届委员会界别设置、政协沙湾市第一届委员会委员名单、政协沙湾县第十五届委员会常务委员会工作报告和提案工作情况的报告。

2021年8月27日，政协召开党组（扩大）会议，会议研究讨论政协沙湾市第一届委员会第一次会议日程、议程、主席团成员、主席团会议主持人、秘书长名单等相关事宜。

2021年11月25日至26日，政协党组召开理论学习中心组第二十二次集体学习会议，班子成员围绕中共十九届六中全会精神开展为期2天的专题学习，并研究政协党组班子成员、市级干部分工情况。

重要工作

【专题协商】 2021年，市政协探索常态化疫情防控下的履职方式，首次实施微协商微视察活动，开展专题协商、视察活动共计20余次，参加委员120余人次，提出协商建议、参考意见70余条。圆满承办伊犁州政协以铸牢中华民族共同体意识为主线、推进文化润疆工程工作为主题的专题议政性常委会，配合上级政协开展调研协商9次，并有5项协商成果得到上级政协肯定。

【民主监督】 2021年，市政协组织政协委员参加听证会、庭审旁听等活动10次，推荐政协委员担任部门特约监督员、政风行风评议员，积极为委员履职建言创造条件、搭建平台，推动委员做好“委员作业”。

【提案办理】 2021年，县政协十五届六次会议征集提案85件，审查立案26件，办复率达100%。市政协一届一次会议征集提案67件，审查立案29件，办复率达100%。

【其他工作】 2021年，市政协以铸牢中华民族共同体意识为主题，配合伊犁州政协、地区政协工委完成推进文化润疆工程、不断巩固民族大团结调研协商活动；以铸牢中华民族共同体意识为主线推进文化润疆工程、不断巩固民族大团结2项协商成果分别在伊犁州政协专题议政性常委会、地区政协工委季度协商会上进行了交流。围绕少数民族家庭离婚率升高的问题，与人大组成联合调研组，深入山区片乡镇开展调研，协商研究对策和建议并报市委。先后选派政协委员赴伊犁州、自治区参加政协业务培训；采取集中培训、领导讲座、专家辅导等形式，对新一届政协委员开展专题培训2次。组织机关干部、部分退休干部、政协委员围绕“庆祝建党百年·传承红色基因座谈交流会”主题开展庆“七一”座谈交流会。在中国共产党成立100周年之际，市政协向全体政协委员发表《致委员的一封信》，号召全体政协委员紧扣市委中心工作，建言献策、凝心聚力，为沙湾社会稳定、经济发展、民生改善做出积极贡献，以优异成绩庆祝中国共产党成立100周年。

（柴瑞阳）

纪检·监察

【概况】 2021年，沙湾市纪委监委坚持严的主基调不动摇，坚定不移惩治腐败，深化标本兼治，反腐败斗争压倒性胜利不断巩固拓展。锲而不舍落实中央八项规定精神，坚决纠治“四风”顽疾，开展干部作风专项整治，促进党员干部转变作风、履职担当。整治群众反映强烈的突出问题，开展扶贫领域、粮食购销领域突出问题专项整治，推动解决群众“急难愁盼”问题。持续深化政治巡察，发挥党内监督利剑和密切联系群众纽带作用。履行监督基本职责，突出加强对“一把手”的监督，做实做细日常监督，深化运用“四种形态”，加强对权力运行的制约和监督。一体推进纪检监察“三项改革”，提升纪检监察工作规范化、法治化、正规化水平。从严从实加强自身建设，锻造政治过硬、本领高强的纪检监察干部队伍。

【中共沙湾县纪委十二届六次全会】 2021年2月10日，中共沙湾县第十二届纪律检查委员会第六次全体会议召开。县委书记黄佳俊出席会议并讲话。县委各常委，人大、政府、政协副县级以上领导出席会议。全会回顾总结2020年全县党风廉政建设和反腐败工作，安排部署2021年工作任务。全会审议通过县委常委、纪委书记、监委主任邹勇代表县纪委常委会所作题为《知责于心　担责于身　履责于行　坚定不移推进纪检监察工作高质量发展　为夺取沙湾市“十四五”新胜利提供坚强保障》的工作报告。

2021年2月10日，中共沙湾县第十二届纪律检查委员会第六次全体会议召开

【中共沙湾市纪委一届一次全会】 2021年9月4日，中共沙湾市第一届纪律检查委员会第一次全体会议召开。全会选举中国共产党沙湾市第一届纪律检查委员会常务委员会委员、书记、副书记，报中国共产党沙湾市第一届委员会第一次全会批准。

【政治监督】 2021年，沙湾市纪委监委强化对全市各党委（党组）贯彻落实习近平新时代中国特色社会主义思想、党中央治疆方略，特别是对新疆工作总目标、常态化疫情防控、安全生产、经济高质量发展、巩固拓展脱贫攻坚成果同乡村振兴有效衔接、优化营商环境、党史学习教育、严肃换届纪律、以案促改、巡视巡察反馈问题整改、粮食购销领域腐败问题专项整治工作部署落实情况的监督检查。全年监督检查中发现问题460个，给予党纪政务处分206人、组织处理149人。严肃党的政治纪律特别是反分裂斗争纪律，查处违反政治纪律案件4件。加强换届纪律监督检查，回复党风廉政意见3814人次。推进粮食购销领域腐败问题专项整治，查处粮食购销领域腐败案件，共发现涉粮领域问题线索16条，给予党纪政务立案4件4人，采取留置措施2人。

【作风建设】 2021年，沙湾市纪委监委严格落实中央八项规定及其细则精神，紧盯重大节日、重要节点，紧盯党中央决策部署只表态不落实、加重基层负担以及不作为、乱作为、慢作为等不良风气，对执行政策层层加码、违规向基层摊派任务以及违规收送礼品礼金、公车私用、私车公养、餐饮浪费、乱发津补贴、违规吃喝等问题靶向施治，严肃查处隐形变异“四风”问题。全年共查处违反中央八项规定、“四风”及其隐形变异问题26件41人，给予党纪政务处分37人、组织处理4人，通报曝光典型案例13件18人。全面开展干部作风专项整治，发现问题737个，其中问题线索96个，立案审查9件。开展优化营商环境专项治理，督促落实“放管服”改革和项目跟踪服务机制，开展相关监督检查9轮次，督促整改问题38条。

【群众身边腐败和作风问题整治】 2021年，沙湾市纪委监委持续加大对扶贫领域贪污侵占、虚报冒领、截留挪用等违纪违法行为的查处力度，坚决纠治教育医疗、养老社保、生态环保、安全生产、食品药品安全、执法司法等重点领域腐败和作风问题，开展惠民惠农财政补贴资金“一卡通”发放管理问题专项治理、供热领域漠视侵害群众利益问题集中整治、高龄老人生活保障补贴专项整治，查处群众身边腐败和作风问题33件48人，给予党纪政务处分44人、组织处理4人，其中，查处扶贫领域腐败和作风问题2件2人，给予党纪政务处分2人。探索开展集体“三资”提级监督试点工作，确定乌兰乌苏镇黄家梁村和金沟河镇三道湾村为提级监督试点村，加强对村队（社区）集体“三资”管理不规范、监管缺失等问题以及侵占挪用、低价发包等损害群众利益问题的监督检查。

【案件查处】 2021年，沙湾市纪委监委探索开展片区协作监督办案模式，打破区域界限，提升监督能力，实现执纪执法资源的全面整合和最大化利用。突出抓好审查调查和“走读式”谈话安全，确保“双安全”“零事故”。2021年，共接收信访举报160件次，处置问题线索655件，立案审查301件，结案215件。运用监督执纪“四种形态”处理493人次，其中第一、第二、第三、第四种形态分别占比58.4%、31.4%、5.7%、4.5%。加强常态化警示教育，通过编印《违纪违法典型案例选编》、召开警示教育大会、观看警示教育片、发送廉政短信、签订“家庭助廉承诺书”、打造清廉示范点等多种形式，教育警醒广大党员干部知敬畏、存戒惧、守底线。建立健全教育回访制度，对257名受处分党员干部进行回访教育。

【纪检监察体制改革】 2021年，沙湾市纪委监委坚持“两为主一报告”，发挥派驻机构近距离、全天候、常态化监督优势，统筹运用走访、调研、督查等方式开展下沉监督，加强对各行业主管部门履行主管责任情况的日常监督。2021年，各纪检监察组检查被监督单位670次，主动约谈166人，列席被监督单位“三重一大”会议195次，推动被监督单位建章立制273条。各派驻纪检监察组共处置问题线索110件，立案39件；各乡镇纪委（监察办公室）共处置问题线索304件，立案155件。

【自身建设】 2021年，沙湾市纪委监委选优配强纪检监察干部队伍，通过选任、选调、公开招录等方式，多渠道充实干部队伍，派驻机构、巡察机构、乡镇监察办公室人员配备率分别达86.15%、100%、100%，聘任村级监察信息员576名。做实一周一考、在线测试、一月一练、一年两赛系列培训活动。加大综合部室和业务部室干部轮岗交流力度，选派24名年轻干部到业务一线岗位进行锻炼，选派8名干部分别到自治区纪委监委、新疆纪检监察学院、塔城地委党校学习，选派12名巡察干部参加地区交叉巡察。坚持“刀刃向内”，从严教育、从严管理、从严查处，坚决做到“零容忍”。全年组织处理纪检监察干部3人，开除党籍、开除公职1人。

（聂金梅）

2021年12月24日，沙湾市纪检监察系统干部作风专项整治暨以案促改警示教育大会召开

群众团体

沙湾市总工会

【概况】 2021年，沙湾市总工会坚持以习近平新时代中国特色社会主义思想为指导，聚焦工会主责主业，在团结组织各族职工建功立业上出实招、在加强职工思想政治引领上勇担当、在履行职责使命上有作为、在增强工会工作活力上抓落实、在提高党建工建水平上见成效，全心全意为各族职工服务。2021年年底，沙湾市有工会组织313家，其中企业工会182家、行政事业单位工会131家。全市有各级劳动模范和先进工作者113名，其中全国劳模1名、自治区劳模13名、伊犁州劳模6名、地区劳模11名，市劳模82名。其中2021年受表彰伊犁州劳动模范4人。

【职工权益维护】 2021年，沙湾市总工会扎实推动企业建立平等协商、集体合同和职工代表大会制度，全年签订“三项合同”30家。通过电话和实地走访的形式，对43家“八大群体”职工更新完善相关信息，统计会员数1210人。为激励“八大群体”职工爱岗敬业，市总工会于4月20日联合市相关部门组织召开“八大群体”职工表彰大会，推荐评选出28名优秀职工。11月初开展“工会进万家·新就业形态劳动者集中入会活动”，慰问200名新就业形态劳动者，送去价值2万元的慰问品。积极打造户外站点，切实履行维权服务的基本职责，全年共建16家户外站点，投入资金6万余元。

【工会普惠服务】 2021年，沙湾市总工会为推动自治区总工会在职职工互助保障工作有效开展，3月8日至11日，市总工会通过发放职工互助保障宣传手册、“面对面”宣讲以及现场解答的形式，宣传职工互助保障的相关惠民政策及流程，全市共有13家单位413人参加互助活动，全年享受医疗保险报销的有16人7622.78元。在元旦、春节、“五一”、中秋、国庆五大节日，对煤矿工人、企业职工、防疫一线职工、未返乡就地过年职工、供排水、电力、公安和“访惠聚”工作队等一线职工开展慰问，累计慰问140家单位4897人，送出慰问品价值30万余元。

2021年5月1日，沙湾市总工会走访慰问一线职工

【职工文化活动】 2021年，沙湾市总工会开展沙湾市第九届职工技能大赛（新冠肺炎疫情防控岗位练兵技能竞赛），共76家医疗机构参赛，通过培训+笔试+实操，助力沙湾市疫情防控再上新台阶。协助组织沙湾市技术工人参加地区职业技能竞赛暨全国乡村振兴职业技能竞赛选拔赛，7名工人获得不同名次的荣誉，并获得奖励金共5200元。

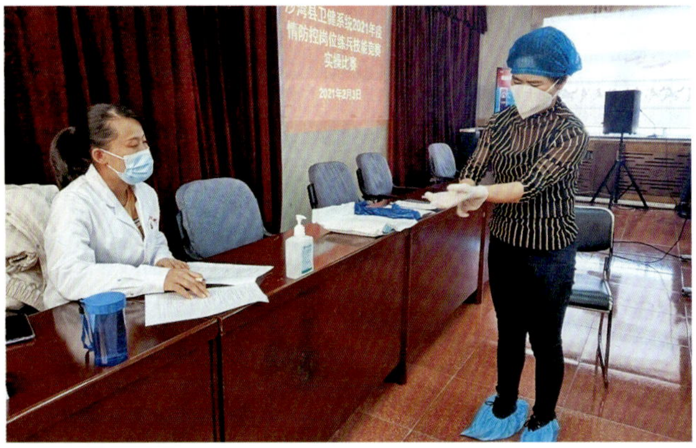

2021年2月3日，总工会、卫健委系统2021年疫情防控岗位练兵技能竞赛实操比赛

（张　欢）

中国共产主义青年团沙湾市委员会

【概况】 2021年，中国共产主义青年团沙湾市委员会共有下级团组织447个，其中团委20个、团工委1个、团总支7个、团支部367个，有团员7406名，其中2021年新发展团员500名。全市共有少先队大队22个、中队443个，少先队员16298人。

【基层组织建设】 2021年，中国共产主义青年团沙湾市委员会稳步推进“3214”基础团务规范化运行，落实每月召开基层团组织工作例会制度，由基层团委书记述职，并随机进行基础团务测试，夯实基层基础；完成发展500名团员工作；举办团代表联络站揭牌仪式，用好用活智慧团建系统，全力做好毕业生团组织关系转接，为团组织开展活动、推动工作提供支持。指导督促做好基层团组织换届工作，研究制定《沙湾市村（社区）团组织换届选举工作手册》《沙湾市村（社区）团组织换届选举时间图》，对全市乡镇、村队、社区开展换届培训，选举产生团支部成员525人，其中团支部书记175人。抓好党团组织衔接工作，举办“学党史、强信念、跟党走”主题宣讲大赛、讲团课大赛及知识竞赛、团干部“岗位大练兵　能力大提升”集中培训测试、“学党史、庆六一、我为青少年送关爱”圆梦行动、融情一日营、沙湾市首届少先队队委培训班暨少先队委技能大赛、“你来我家吃馓子、我到你家吃月饼”、红领巾讲师团宣讲活动等50余场次；创新开展系列青少年寻访活动，通过寻访抗美援朝老兵、抗战老兵、优秀共产党员、劳动模范、消防救援人员等活动31场次，参与学生人数1600余人；持续开展“书信手拉手”活动，全市各学校1500名学生与辽宁省学生进行通信联系；组织开展“献礼建党百年　学总书记七一讲话”主题宣讲活动，深入各社区、村队和边远农牧区开展宣讲，发放团务大礼包，切实打通学习宣传的最后一公里；在全市设立“红领巾小课堂”活动点29个，并将“七一”重要讲话内容作为暑期“红领巾小课堂”必学科目。扎实推进“两新”组织团建工作，会同组织部门及其他行业主管部门加大

“两新”组织团建工作，新建“两新”团组织71个，青年工作委员会87个。

2021年7月15日，团市委举办“两新”组织集体建团仪式

【青少年政治思想引领】 2021年，中国共产主义青年团沙湾市委员会坚持“每月三统一”主题团队课，统一开展主题团日活动，每期主题活动覆盖中小学30余所、乡镇12个，涉及团员、积极分子3320余人，少先队员16120人。深化“青年大学习”行动，每周组织全市各领域团员青年参与“青年大学习”网上主题团课，少先队员参与“红领巾爱学习”网上主题队课。注重舆论引导，坚持做优“青春沙湾”共青团微信公众号，微信公众号粉丝达19000余人；注册“团团在沙湾”视频号，发布各类青少年活动视频信息，增强青少年群体引领力；开展“团团巴扎·助力乡村振兴”抖音直播带货活动，主要展销、推广本地特色美食及风景旅游胜地，直播浏览量2700多次，直播销售各类产品4000余元。稳步推进少先队工作，每月召开少先队名师工作室工作例会，共同学习、培训，集体备课，探讨少先队工作“三个时代性”战略课题；开展“传承红色基因 争做时代新人”少先队主题教育活动，团市委充分发挥党建带团建、带队建作用，开展“传承红色基因 争做时代新人”少先队主题教育活动，将每个月赋予一种“红色精神”，教育引导青少年学习党史国史，厚植爱国情怀；疫情期间，在“青春沙湾”微信公众平台上推出“红色基因”系列线上少先队活动课，引导少先队员重温红色历史，走进英雄的故事；举办少先队队委及辅导员技能大赛，选派前三名赴塔城地区参赛，沙湾市第四中学辅导员获得“调研报告二等奖”的好成绩。深化“共青团爱心生日会”活动，在“99公益日”活动期间，召集各级团队组织开展爱心捐款活动，筹集善款约2万元，全年共开展“共青团爱心生日会”160余场次，覆盖青少年5700余人，为1820余人实现生日微心愿。

【青年创新创业】 2021年，中国共产主义青年团沙湾市委员会进一步深化青年就业创业行动，主动和沙湾市人社局对接，及时在团委公众号发布各类招聘信息，切实解决青年群体就业难的问题。开展“共青团促进快递外卖行业吸纳少数民族青年就业专项行动”招聘会，对提供的59个就业岗位进行招聘，共有49人前来应聘、咨询。

2021年9月19日，团市委举行青联“希望小屋”授牌捐赠仪式暨“共青团爱心生日会”活动

【志愿服务】 2021年，中国共产主义青年团沙湾市委员会、少工委联合市关工委、市青年联合会、市学雷锋志愿者协会，在安集海镇中心学校举行沙湾市青联“希望小屋”授牌捐赠仪式，给孩子们捐赠价值2000余元的图书及文体用品；动员广大青少年广泛开展“学雷锋日”“清洁家园”“访贫问困”“交友联谊”“高考助力”等志愿服务活动160余场次；持续做好西部计划志愿

者管理服务工作，定期召开例会，开展“净滩”行动等各类公益性志愿服务活动；开展“共青团圆梦微心愿”活动，为130名困境家庭青少年实现心愿。

【青少年维权工作】 2021年，中国共产主义青年团沙湾市委员会组织沙湾市第三中学代表队参加地区第六届青少年模拟法庭大赛，进一步增强青少年法治意识。在“禁毒日”“宪法日”“网络安全周”等节点，各级团组织、少先队组织积极组织开展知识竞赛、手抄报、黑板报、观看视频等活动，强化青少年法治教育。着力推进未成年人保护法实施，全疆未成年人检察工作在沙湾市召开，与会代表观摩沙湾市人民检察院“向阳花”未成年人法治教育保护实践基地并给予高度评价。沙湾市团委联合市检察院共同开展“检爱同行　共护未来”未成年人保护法律监督专项行动，并将沙湾市人民检察院“向阳花”未成年人法治教育保护实践基地命名为“少先队校外实践教育基地”。

（扎若拉·哈依拉提）

沙湾市妇女联合会

【概况】 2021年年末，沙湾市有乡镇妇联组织12个、社区妇联24个、村妇联161个，乡镇、社区妇联组织组建率为100%。2021年，沙湾市妇女联合会按照市委、市政府总体部署和上级妇联工作要求，以联系和服务妇女儿童为工作主线，围绕中心抓服务、重点突出抓特色、上下联动抓落实，切实发挥群团组织联系妇女群众的纽带作用，各项工作取得实实在在的成效。

【妇女思想引领】 2021年，沙湾市妇女联合会大力开展“百千万巾帼大宣讲”活动，结合“家庭学校进农户”活动以入户宣传、面对面宣讲等方式向各族妇女群众宣传十九届五中全会、第三次中央新疆工作座谈会精神、习近平总书记“七一”重要讲话精神，并宣讲疫情防控、卫生健康、安全生产知识等内容，共开展线上宣讲200场次、线下宣讲322场次，累计受益达35489人次。积极配合自治区、地区妇联在沙湾市开展“文化润疆进家庭”宣讲活动，以中共十九届五中全会、第三次中央新疆工作座谈会精神和妇女维权知识为主要内容，共宣讲50场次，受益人群达638人。在大泉乡三道沟村启动沙湾市妇联“文化润疆进家庭”宣讲活动，开展“文化润疆进家庭”党史学习专题宣讲活动6场次，受教育人员180人。精心策划实施“文化润疆进家庭”活动，积极响应自治区妇联安排，组织开展“文化润疆进家庭”“三个一”活动，即举办一场专题讲座、开展一场最美家庭宣讲、发放一套宣讲书包；依托巾帼沙湾微信公众号平台常态化开展“向党说句心里话”、家庭诵读红色经典线上征集活动，共征集文字作品67篇、视频作品40个。开展千册知识书包图书送农家活动，共向基层乡镇、村队、家庭赠送图书540册。以“巾帼心向党　奋斗新征程”为主题，充分运用巾帼沙湾微信公众平台，围绕重要节点，向全市妇女、家庭和儿童发出新年寄语、新春祝福、家庭助清廉倡议书等，以及开展“金点子”征集活动、纪念“三八”节“祝福寄语”视频、“最美女性笑脸”征集、家书征集等线上活动，不断提升网上宣传效果。

【妇女创业培训】 2021年，沙湾市妇女联合会举办沙湾市妇联系统巩固脱贫攻坚成果同乡村振兴有效衔接工作及巾帼志愿活动启动仪式，对妇联系统脱贫攻坚冬季攻势和开展巾帼志愿服务关爱行动工作进行安排部署，邀请沙泉职业技术培训学校校长黎淑杰就就业创业理念进行专题培训。利用沙湾市妇联“巾帼沙湾”微信公众号、妇女工作例会等大力宣传党的乡村振兴方针政策，帮助妇女及时了解、掌握和运用强农惠农富农政策，引领妇女把智慧和力量凝聚到实施乡村振兴战略的目标任务上来。承办自治区“家庭学校进农户”培训活动，围绕美容美发、面点制作、育婴护理及养老等内容，采用理论与实践相结合的方式开展技能培训，其间对6个村开展交叉授课12天，培训受益达183人次。按照《塔城地区妇联实施就业培训“七个一工程”工作方案》要求，及时开展妇联系统实施就业培训“七个一”培训意向、女大学生从事家政服务行业创业就业情况摸底统计工作。

【最美家庭建设】 2021年，沙湾市妇女联合会持续开展“最美家庭”评选，常态化开展寻找“最美家庭”工作，对24户“最美家庭”及优秀平安家庭进行命名通报，并成功推荐命名地区级“最美家庭”6户。对家庭教育进行专题培训，联合薇学堂培训机构在乡镇、市直单位开展家庭教育公益讲座5场次，共培训家长150余人次。扎实开展“国际家庭日”活动，下发《沙湾市妇联关于开展2021年“国际家庭日”活动的通知》，在全市开展“国际家庭日”“四个一”活动，并在四道河子镇、东湾镇等五个乡镇开展“小家传大爱·共筑家国梦”家庭教育知识巡讲活动。活动期间，全市各级妇联共组织开展知识讲座40场次，走访慰问48人，征集家书28封，举办家庭茶话会15场次。市妇联在大泉乡烧坊庄子村开展“国际家庭日”主题活动，活动中宣读致广大家庭的一封信倡议书，宣讲地区级“最美家庭”贾桂兰家庭的典型事迹，向县级“美丽庭院”示范户家庭赠送《中华人民共和国民法典》婚姻篇、绿色家庭手册等宣传资料20余本，并对该镇的最美家庭、残疾家庭进行走访慰问。对6户地区最美家庭开展送奖到基层走访慰问活动，送去最美家庭荣誉册、奖牌及价值450元的慰问品。邀请高级讲师祁宇阳举办“科学育儿进家庭，培养聪明好宝宝”知识讲座，40余名家长聆听讲座。在全市启动“家规家训格言、家风故事”征集活动，并征集上报家规家训格言10条、家风故事5个及好家风、好家训照片10户。

【妇女儿童发展】 2021年，沙湾市妇女联合会联合民政局、检察院、三道河子镇等单位开展沙湾市“把爱带回家”2021寒假儿童关爱服务“四送”活动启动仪式，为三道河子镇10名困难儿童代表赠送书包等物品，并组织儿童及家长一起观看“家庭教育”微视频、参观未成年人保持基地。联合检察院开展“一堂内容丰富的法治课”“一次别开生面的校园手抄报评比”“一次检察开放日”等活动，进一步加大对保护青少年儿童法律法规的宣传力度，为儿童健康成长营造良好的社会环境。认真做好“两癌”宣传、筛查、审核及上报工作，组织基层妇联开展妇女“两癌”防治知识到村庄、到社区专题讲座活动，共开展110场宣传活动，共有11231名女性群众参加线上线下培训活动。对2013年以来发放“两癌”项目救助金的102名妇女档案资料查漏补缺，联合卫健、医保、乡村振兴、民政等部门对38名新申报“两癌”项目的救助人员材料进行审核，将符合低收入妇女“两癌”项目人员5人相关材料及时向地区妇联报送。对2020年摸底上报“母亲微笑”行动的5名唇腭裂儿童进行再对接，了解具体病情，并及时通知人员到指定医院进行手术治疗。

【扶贫帮困献爱心活动】 2021年，沙湾市妇女联合会联合沙湾市女企业家协会开展稳岗留工暖心活动，走进信泰纺织有限公司进行联谊并向留沙务工人员代表送上新春的祝福和总价值2.3万元的由蚕丝被、生活洗漱用品等组成的“新春大礼包”。开展“恒爱行动”爱心毛衣发放仪式，共计发放毛衣200余件。“三八”“六一”期间，市乡村三级妇联组织走访508名困难妇女和166名困境儿童，送上价值6.77万元的慰问品，开展关爱困难妇女（儿童）

圆梦微心愿活动，活动期间共为115名困难妇女、165名困境儿童实现微心愿，心愿礼物总价值4.77万元。下发《关于开展2021年“爱心一元捐”项目募集的通知》，动员各级妇联组织加大筹款力度，共筹集善款8万余元。及时对2020年各乡镇申报的123名“爱心一元捐”救助人员资料进行审核，于11月初将救助金发放到位，救助资金235228元。

2021年2月4日，市妇联携手市女企业家协会前往新疆信泰纺织有限公司开展“四个一”送温暖留心活动

【妇女合法权益维护】 2021年，沙湾市妇女联合会利用“巾帼沙湾”微信公众平台，结合宪法宣传日、艾滋病宣传日、“三八”维权周、宪法法律宣传月、“六一”等节点，持续开展网上《中华人民共和国民法典》婚姻篇及《中华人民共和国妇女权益保障法》《中华人民共和国反家庭暴力法》《中华人民共和国未成年人保护法》等法律内容宣传。同时，线下向基层妇联干部发放宣传手册、资料，举办法律服务讲座、面对面宣讲、入户等多种形式宣传活动，不断提升妇女法律意识和法治素养。联合人大办、司法局等部门下发《关于建立健全法规政策性别平等评估机制的意见实施方案》，推动性别平等评估机制工作在沙湾市落实。定期开展矛盾纠纷排查化解，充分发挥妇联职能作用，定期在市法律服务中心进行坐班值班，并认真做好市妇联本级信访接待工作，做到第一时间进行答复、解释、协调、办理，获得群众的好评。2021年，市妇联共接待来访人员17人次，办结率达100%；全市各级妇联组织参与调解案件290件，调解成功并达成协议238件。

【基层组织建设】 2021年，沙湾市妇女联合会定期召开工作例会，通报各乡镇工作开展情况，安排部署重点工作，结合例会，开展观摩培训、互学互评，进一步提高乡镇妇联干部业务能力。按照地区妇联《在全地区村（社区）“两委”换届中推进女性参选参政和做好妇联换届工作意见》要求，通过召开会议安排、开展专题培训、视频会议调度、开展互学互评等措施，推动全市185个村（社区）顺利完成村（社区）妇联组织“会改联”后首次与村（社区）“两委”同步换届工作。以提升健全完善基层组织为根本出发点，坚持“党建带动妇建，妇建服务党建”，着力推进两新组织妇建工作。通过反复摸底、会议动员、专题培训、走访调研、弹性组建等措施，顺利完成全市有固定女性从业人员“两新”组织的妇建工作，在全市417个有女性从业人员的两新组织中组建妇联13家、妇委会15家，设妇女小组72个、女工委2个。在全市开展“两新”妇女组织“三亮四有五抓”活动，进一步对“两新”妇女组织进行规范。

2021年9月18日，市妇女联合会举行“两新”组织妇联（妇委会）授牌仪式

（马　琴）

沙湾市科学技术协会

【概况】 2021年，沙湾市科学技术协会认真贯彻落实习近平新时代中国特色社会主义思想，以贯彻实施《全民科学素质行动计划纲要》为重点，以科普示范创建为抓手，以提高全民科学文化素质为目标，大力普及科学知识，弘扬科学精神，传播科学思想和科学方法，提升公众科技素养，不断夯实科协组织基础，全面提升科协自身建设水平，努力实现新形势下科协事业的新突破。截至年底，沙湾市共有科技辅导员25个、科普宣传员13个、科普示范基地8个。

【应急科普】 2021年，沙湾市科学技术协会引导广大居民科学合理用药，普及安全用药知识。7月14日，邀请石河子大学药学院“三下乡”志愿服务团队，以药品安全宣传为契机，在林场路、乌西路、塔城路、哈拉干德、阔克加依达克社区及柳毛湾镇开展安全用药知识进社区宣传活动。

2021年7月14日，市科协在柳毛湾镇开展安全用药知识进社区宣传活动

【科普活动】 2021年，沙湾市科学技术协会制定下发《关于印发〈沙湾市第三十二届“科技之冬”活动方案〉的通知》，持续开展“科技之冬”活动，不断提高各族群众科学文化素质，巩固脱贫攻坚成果，助力乡村振兴。结合2021年文化科技卫生“三下乡”暨新时代文明实践志愿服务活动，发放科普画册、科普宣传品、手提袋等3000余份，引导群众正确理性看待疫情，增强自我防范意识和防护能力。利用“科普大篷车”深入流动牧区冬草场，开展丰富多彩的科普知识宣传活动，共发放疫情青少年科普防控手册、科技知识、环保知识等宣传资料1000余份。开展全国“科普活动日”活动，组织沙湾市安集海镇中心学校老师学生参观体验农村科技馆；与八师石河子市科技局（科协）及玛纳斯县科技局（科协）联合举办“全国科普活动日”活动，组织科技工作者、老科技工作者、青少年及各族人民群众参观“‘十三五’兵团科普成就展”和“我和我的祖国——中国科学家精神”主题展等展览；开展线上线下科普报告会11场；开放石河子大学博物馆、石河子大学护士学校人体生命科学馆，石河子大学新疆植物药资源利用教育部重点实验室、自治区抗震救灾科普示范基地、沙湾市乡村振兴大数据中心等科普示范基地。

【青少年科普】 2021年，沙湾市科学技术协会与沙湾市教科局、市文旅局、市总工会、团市委、市妇联联合举办以“新疆棉　中国心”为主题的风筝节活动，共有200余名青少年学生在老师及家长陪同下参加了活动。由新疆天文学会联合新疆青少年科技辅导员协会组织开展2021年“天文知识校园巡展”活动，在市科协积极努力争取下，在沙湾市第一中学、第三中学拉开巡展帷幕，主要展示美丽星云和火星探测两大块内容，一中全校2800多名师生、三中全校1600多名师生利用课余时间观看学习。举办以“体验、创新、成长”为主题的第一届青少年科技创新大赛，全市2000多名青少年和科技辅导员参加比赛。举办沙湾市首届“信息素养大赛”，大赛设立12个项目，对750件青少年作品和82件教师作品进行评比。

2021年11月13日，市科协举办以“体验、创新、成长”为主题的第一届青少年科技创新大赛

（达吾列提·乌拉力汗）

沙湾市工商业联合会

【概况】 2021年，沙湾市工商业联合会持续围绕“政治引领好、队伍建设好、商会建设好、作用发挥好、工作保障好”开展“五好”工商联建设工作。持续深化民营经济人士理想信念教育实践活动，探索构建规范化常态化的民营经济教育培养工作和制度体系。积极参政议政，在县政协第十五届五次会议上，非公经济政协代表提交提案8件，涉及民生、教育、卫生等多个领域。组织非公经济企业参与“百企帮百村”，开展定点对口帮扶，向社会帮扶及捐助资金130万余元，帮助对口扶贫村做好事实事。疫情期间发出倡议，非公经济人士积极响应争当志愿者，为群众提供各类服务。截至2021年底，沙湾市工商业联合会（以下简称“工商联”）会员总数150个，其中企业会员26个、直属商协会4个、个人会员120个。

【非公有制经济服务】 2021年，沙湾市工商联以沙湾市人民检察院驻市工商联检察联络室为依托，充分发挥沙湾市民营企业投诉中心作用，组织开展“民营企业法律咨询服务日”活动，认真收集民营企业法律诉求，邀请检察院专业人员为民营企业代表提供专业的法律、政策咨询服务，帮助企业解决实际问题；联合检察院开展“问需求保权益促发展”检察开放日活动，以案释法，护航民营企业健康有序发展；会同税务局开展“惠苗政策进万家”减税降费政策户外宣传活动，发放宣传册100余份。联合税务局开展了“春雨润苗 助力小微 携手共赢”专项行动座谈会及“助苗服务优体验”互动体验活动。

2021年6月18日，市工商联联合税务局开展小微企业税费服务座谈会现场

【非公有制经济人士教育引导】 2021年，沙湾市工商联深入扎实开展新时代民营经济人士理想信念教育活动，以习近平新时代中国特色社会主义思想为指导，深入学习中共十九届四中、五中、六中全会及第三次中央新疆工作座谈会，习近平总书记在庆祝中国共产党成立100周年大会上的讲话，自治区第十次党代会精神等内容，推动党的会议精神进商会、进企业，引导广大民营经济人士提高政治站位，胸怀“两个大局”、心怀“国之大者”，坚定不移听党话、跟党走。积极组织推荐优秀企业家参加地、市民营经济人士座谈会和地区招商引资座谈会暨银企项目对接会，引导非公有制经济人士开展“跟党走、谋发展、做贡献”主题活动。全市各非公经济党组织开展了庆祝中国共产党成立100周年系列活动，全体党员通过共唱红歌、重温入党誓

词、聆听专题党课、观看红色影片，为党的百年诞辰送上祝福。

【非公有制经济人士参政议政】 2021年，沙湾市工商联高度重视做好非公有制经济代表人士的政治安排推荐工作，积极配合市委组织部、统战部向各级人大、政协推荐人选。积极建言资政，在2021年政协沙湾县十五届五次会议上，非公经济人士政协委员提交各类提案8件，9月在政协沙湾市一届一次会议上提交各类提案9件。非公经济人士市人大代表在市第一届人民代表大会第一次会议上提交议案1件，意见建议14件，内容涉及民生、教育、农牧业发展、营商环境等方面。

【商会协会建设】 2021年，沙湾市工商联注重培养挖掘更多优秀的民营经济人士加入工商联队伍，特别是年轻一代民营经济人士加入工商联队伍，工商联会员覆盖各个领域，会员较上年增加10%。挖掘组建新商会，积极发展各类商会会员，吸收代表性强、成长性强、热心工商联商会工作的企业入会，壮大会员队伍，优化会员结构，充实非公经济代表人士后备梯队。11月26日，陕西商会成立。

2021年11月26日，沙湾市陕西商会成立大会暨揭牌仪式举行

【非公有制经济党的建设】 2021年，沙湾市工商联按照党的组织全覆盖要求，全市非公经济领域党建工作全面铺开，全市“三有”非公企业党组织覆盖率达100%。各非公企业党组织结合“主题党日”卓有成效地开展各种学习教育和组织活动，通过活动提高职工的技能和素质，维护职工权益，丰富管理水平，增强组织的凝聚力和向心力，激发职工的工作积极性和创造性，提高工作的效能，从而使党建与企业文化建设等相互融合、相得益彰，有力地促进非公有制企业的健康发展，形成良好的工作格局。

（桑利德）

沙湾市文学艺术界联合会

【概况】 2021年，沙湾市文学艺术界联合会鼓励各文艺协会及团体，发挥行业优势，寓教于乐，积极开展文艺活动，对创作和展览展演的文艺作品和文艺节目内容进行审核把关，确保文学艺术作品导向正确。坚持以人民为中心的创作导向，始终把各族群众对美好生活的向往、对精神文化生活的需求作为出发点和落脚点，坚持以文化人、以文育人、以文培元，让各族群众共享文化发展成果，为传播当代中国价值观念、弘扬中华优秀文化凝聚强大精神力量。

【文艺活动】 2021年，沙湾市文学艺术界联合会紧紧围绕市委中心工作，扎实开展文化润疆乡村行动。组织动员美术、书法、民间艺术协会会员积极参与美丽乡村示范点打造，深入乡镇村队帮助策划创意设计建设方案，用手中的彩笔描绘新时代新农村，一幅幅精美的绘画作品、栩栩如生的雕塑作品让乡村充满浓厚的艺术气息，不仅弘扬了中华文化，营造了文明氛围，更为美丽乡村建设增添了色彩，注入了生机与活力。助力市党史学习教育深入开展，配合完成2场庆祝中国共产党成立100周年大型文艺演出和优秀征文集编印。完成地区文联下达的《食在塔城》《歌在塔城》资料征集审核上报和其他工作任务。鼓励各协会会员通过创作和展演丰富多彩的文艺作品和活动引领各族群众重温红色经典，走进光辉岁月，为中国共产党成立100周年献上华丽赞歌。“永远跟党走”红色文化走基层活动、红歌演唱会、党史故事演讲赛、庆祝中国共产党成立100周年群众性文艺会演、主题美术书法作品展等系列活动都深受各族群众好评和欢迎。群众性文化活动丰富多彩，组织各协会会员和文艺爱好者组成文艺小分队深入企业村队、田间地头，以群众喜闻乐见的方式，开展“我们的中国梦”文化进万家、“文化润万家”春联大展送、“送欢乐下基层”、“墨香飘进农家院”等群众性文化活动，为各族群众送去欢歌笑语和美好精神食粮，各族文艺志愿者采用“文艺+宣讲”的形式，通过快板、冬不拉弹唱、歌舞表演、知识竞答等形式，大力宣传中央、自治区重大会议精神及党的各项惠民政策。充分利用各类文艺工作室培养和提升文艺爱好者和文艺人才专业素养的同时，积极组织开展基层农牧民文艺培训班，推广和普及中华传统文化，共举办绘画、书法、戏曲、舞蹈、音乐等专题培训班36期，培训人员近1000人次。加强与全疆各文艺协会、文艺人才、文艺工作室之间的交流合作，进一步促进格局提升和出产精品。2021年，各协会共有26件文艺作品在各地举办的各类文艺赛事和展览中获奖。充分发挥市、乡两级文联组织的作用，积极参与新时代文明实践文化志愿服务活动，不断丰富文艺志愿服务活动的内容，创新文艺志愿服务的形式，坚持“送文化、种文化、传精神”的工作思路，全年共开展各类文艺志愿服务活动42场次，组织文艺志愿者进入农牧民技能培训班和新任村社区干部培训班，开展国画、书法、戏曲、音乐培训23班次，共培训500余人。

（朱亚萍）

沙湾市残疾人联合会

【概况】 2021年，沙湾市残疾人联合会办理残疾人证840本，注销567本。年底，全市有持中华人民共和国残疾人证的残疾人4413人，其中视力残疾516人、听力残疾546人、言语残疾45人、肢体残疾2098人、智力残疾394人、精神残疾555人、多重残疾259人。

【残疾人康复服务】 2021年，沙湾市残疾人联合会制定下发《沙湾市残疾人精准康复行动方案》，明确各相关部门职责任务，确定残疾人精准康复评估机构和服务机构，开展精准康复筛查评估工作。为10名精神残疾人落实服药补助0.9万元。组织指导3名肢体残疾人、17名残疾儿童开展线上、线下康复训练，落实康复补助资金22.14万元。免费为156名残疾人配发轮椅、拐杖、助行器、助听器、助视器、盲文语音电饭锅等辅助器具和无障碍设备，并开展适配服务。聘请专业教师授课，举办社区康复协调员和社区残疾人康复知识培训班，普及残疾预防和残疾人康复知识，培训康复协调员及残疾人82名。组织家庭医生签约团队为380名重度（困难）残疾人开展精准康复指导服务，落实补助资金7.22万元。

【残疾人就业培训】 2021年，沙湾市残疾人联合会全面落实扶持残疾人就业政策措施。依托科技之冬、科技之夏等活动，举办残疾人畜牧养殖与防疫使用技术培训2期，培训残疾人50名。推动党政机关、企事业单位按比例安排残疾人就业工作，审核企业17家，共安置残疾人就业41人。与人社部门举办2场招聘会，提供用人岗位12个，达成就业意向3人，协调人社部门通过公益性岗位安置残疾人就业，全年累计就业13名。

【残疾人社会保障】 2021年，沙湾市残疾人联合会精准落实残疾人“两项补贴”政策，2021年审核发放残疾人“两项补贴”478.36万元，惠及残疾人2701人。积极协调民政部门，落实对靠父母或其他亲属供养的二级以上1344名残疾人纳入城乡低保。以落实残疾人“两项补贴”、残疾人事业发展项目为重点，做好235名困难残疾人访视工作。积极协调人社、医保部门落实低保、五保家庭的残疾人参加城乡居民基本养老保险、医疗保险政府补贴自缴部分保费政策，减轻其缴费负担。协调教育部门通过随班就读、家庭送学等形式，指导帮助141名残疾少年儿童完成九年义务教育。为3名考入大专院校、家庭经济困难的残疾学生发放“爱心天使”助学项目补助6000元。

【维护残疾人合法权益】 2021年，沙湾市残疾人联合会通过“12345”政务服务平台，及时回应残疾人关切的热点难点问题，切实维护残疾人合法权益。加强残疾人证管理，严格残疾等级评定。结合残疾人基本状况调查有序推进残疾人证清理工作，对人证不符、目测办证、户口迁出等情况进行重新认定，共注销残疾人证567本。加强无障碍环境建设，实施残疾人家庭无障碍设施改造项目，投资23万元为80户重度肢体残疾人家庭安装灶台、坡道、热水器、扶手、座便椅等无障碍设备。

（魏　芳）

沙湾市红十字会

【概况】 2021年，沙湾市红十字会持续推进“三救三献”工作开展，统筹疫情防控工作，助力保障和改善民生。全年新发展10个学校红十字组织，10个团体会员单位，成立越野兄弟995救援服务队，共新增发展会员100余人，新增志愿者20余人。至2021年年末，沙湾市共有基层红十字组织11个、团体会员51个、个人会员6300余人、志愿者240余人。

【宣传活动】 2021年，沙湾市红十字会重点做好应急救护和科普防病知识进学校、进社区工作，在市技校举办一期初级应急救护培训班，时长8小时，颁发初级卫生急救培训证书117册，共发放宣传资料120余册。组织医务人员、志愿者深入学校、小区为居民群众进行心肺复苏实操演练，进行应急救护及疾病预防知识宣传、检查血糖、测量血压等活动。全年开展应急救护知识普及受益人数达1055人，发放红十字会应急救护及疾病预防知识宣传手册800余册。开展“红十字博爱周”系列活动，开展以“关爱生命　救在身边”为主题的宣传活动，在沙湾市电视台沙湾新闻中插播为期一个月的红十字博爱周标语宣传活动；在市医院、疾控中心、妇幼保健院、市迎宾馆电子屏幕大力宣传红十字博爱周标语。在沙湾市林场路社区举行2021年“博爱送万家”活动发放仪式，开展对贫困家庭和器官捐献家庭进行走访慰问，走访慰问东湾镇田家庄村、串庄子村、伊宁路社区等贫困家庭及残疾、老人家庭，共计为74户143人送去粮油、大米、面粉和被褥、棉衣等生活用品，走访慰问眼角膜捐献者家属，送去1000元现金，大米、面粉、清油等慰问品。

【捐赠】 2021年，沙湾市红十字会对无偿献血、造血干细胞捐献遗体捐献等工作进行宣传，于9月4日、9月23日联合市卫健委开展两次无偿献血活动，并且在现场进行无偿献血、造血干细胞工作采集、应急救护知识进行宣传；两次组织全市机关事业单位干部职工、部分群众、红十字志愿者300余人参加献血，累计献血量10万余毫升，发放应急救护知识宣传手册300份，悬挂横幅4条。为2名群众做好遗体捐献登记工作，为53名网上登记遗体器官捐献志愿者发放登记卡并进行告知工作。完成地区下达造血干细胞采集工作任务50个，为3名患儿申报“小天使基金”“天使阳光基金”等救助项目。

【志愿服务】 2021年，沙湾市红十字会推进红十字志愿者服务队开展志愿服务活动。市红十字综合志愿服务队在春节来临之际，给福利院老人捐赠211箱牛奶。3月24日，向福利院捐赠736提生活用纸。“三八”妇女节慰问8名困难妇女，各发放300元的米面油。为安集海中心申请一所音乐教室项目，配备1万元音乐器材。5月，两次为环卫工人捐赠540件夏季服装。高考期间，组织50辆志愿车辆，参加3天的高考爱心送接考活动。志愿者顾海英精通法律知识和应急救护知识，无偿开展6场法律基本常识知识培训和1期应急救护知识培训班。端午节之际，为福利院捐赠粽子600个。筹集并发放645个温暖包，受益645人。志愿者服务队参与无偿献血、造血干细胞采集等工作，并且经常性地开展志愿服务活动，取得良好的口碑及社会影响力。

（田文英）

法 治

政法工作

【矛盾纠纷排查化解】 2021年，沙湾市依托公共法律服务中心，不断丰富司法、行政、人民调解“三大联动”形式，有效整合调解资源，强化调解职能。加快构建市、乡、村三级公共法律服务体系，充分发挥乡镇司法所、派出所、信访室、值班室为一体的“四位一体”矛盾纠纷接待受理窗口作用，24小时“不打烊”接待受理各类矛盾纠纷。调处成功率达97.8%。加大婚姻家庭纠纷、涉众型经济案件利益受损群体、土地草场类纠纷、拖欠农民工工资以及涉疫情矛盾纠纷等重大矛盾纠纷和涉及人员排查化解力度，严格落实“四联包”工作机制，实行一案一策，一案一调处小组，采取联合“攻关”、多元调处等办法，有效调解疑难复杂矛盾纠纷。新建立8个远程调解室，借助覆盖全市的综治视联网可视化、智能化远程视频系统，点对点开展远程法治宣传教育培训、远程调解、法律咨询，及时化解矛盾纠纷。大力规范建设以村级人民调解组织为重点的多元调解载体，积极提倡“村民说事日”制度，引导各乡镇成立“家事调解室”“调节大院”，以及以人大代表、政协委员，合作社为载体的256个多元调解新模式，使村队（社区）的各类矛盾纠纷在多元调解体系的调节下得到有效化解。全面开展人民调解组织、调解员队伍和工作机制规范化建设，提高调解员队伍素质和工作水平，进一步推进人民调解工作领域拓展，真正做到把问题化解在基层、人员吸附在当地，问题不出乡、矛盾不上交。

【扫黑除恶专项斗争】 2021年，沙湾市坚持常态化机制化推进扫黑除恶专项斗争，保持目标任务不变、工作要求不松，考核力度不减。建立完善六项常态化工作机制，加强专项治理、系统治理、依法治理、综合治理、源头治理，与反腐“拍蝇”和加强基层组织建设相结合，继续保持对黑恶势力违法犯罪的高压态势。同时深入推进信息网络、交通运输、工程建设、自然资源四大行业领域专项整治，切实防范传统行业粗放管理、资源行业非法垄断、娱乐行业藏污纳垢、新兴行业非法野蛮生长等问题。全面加强行业领域监管，纪检监察机关、政法机关与行业领域监管部门加强信息共享和工作联动，对发现的行业乱象问题和监管漏洞及时制发“三书一函”，强化跟踪问效、督办问责，实现全链条打击整治。紧盯涉黑涉恶线索核查，加强涉网黑恶类案件侦办力度，全面开展涉黑涉恶重点案件（线索）倒查，建立健全常态化工作机制，持续提高扫黑除恶法治化、规范化、专业化水平，全力推进深挖整治向长效常治目标转换。

【重点要素管控】 2021年，沙湾市加强供水、供气、供电、供热、供油、金融、广播、电视、交通、信息通信网等单位安全检查，指导各单位修订完善应急预案，不断提高实战能力。加强寄递物流行业监管，严格落实收寄验视、实名收寄、过机安检三项制度，严格协议用户的审查管理。加强新领域新业态管理，压实各行业主管部门责任，综合运用科技化、信息化手段，加大对二手车交易、网约车、低慢小飞行器等新领域新业态管理。完善铁路、交通等安全防范措施，坚决消除不稳定因素。强化枪支弹药、危爆物品、管制器具、散装汽油等要素管理，落实源头控制、定点销售、流向管控、实名登记等全流程管理措施，严防不法分子用其危害社会。加强输油气管道的安全防范，严厉打击涉恐涉盗油气管线违法犯罪，抓好管道隐患整治工作，督促输油气管道保卫部门建立专职巡逻队伍，积极探索武装巡护值守机制，提高巡控范围、频率。

【平安建设】 2021年，沙湾市持续深化平安沙湾建设。紧紧围绕“发案少，秩序好、服务优、群众满意”创建目标，成立各行业（部门）平安建设组织领导机构，把无命案（事故）、无越级访、无诉讼案件、无电信诈骗、无民转刑案件作为重要指标，制定工作方案、考核办法。全面开展平安单位、平安市场、平安交通、平安医院、平安景区、平安校园、平安企业、平安工地、平安村队、平安家庭等覆盖各领域的平安创建活动。常态化开展社会治安重点地区和突出治安问题排查整治，严厉打击涉枪涉爆、“黄赌毒”“盗骗抢”“食药环”、电信网络诈骗等群众反映强烈的违法犯罪活动，净化基层社会治安环境。强化平安沙湾的宣传，讲好平安沙湾故事，善于运用直播、短视频等自媒体，采取多方位、多渠道方式宣传居民身边的典型，全面调动各单位、各族干部群众参与平安建设，对工作不重视、不主动、活动未开展、出现各类问题的，严格按照平安考核办法奖惩，形成权责明晰、奖惩分明、分工分责、齐抓共管的社会治理责任链条，各级平安建设领导小组机构健全，运转正常。

【法治沙湾建设】 2021年，沙湾市坚持围绕中心、服务大局，贯彻落实中央全面依法治国、自治区党委全面依法治疆以及地委全面依法治地工作会议精神，着力强化依法治理，加快完善社会治理体系和城乡基层治理体系，不断践行法治理念，凝聚法治力量，营造法治环节。加强法治政府建设，加快转变政府职能，提高依法行政水平，坚持把严格执法和规范、公正执法、打击犯罪和保障群众合法权益结合起来，善用讲法释法、说服教育、思想疏导等方式，实现执法形式和执法目的的统一。着力营造法治化营商环境，充分释放经济发展活力动力，用法治护航改革、推动发展。建设社会主义法治文化，深入开展宪法宣传教育活动，推动各级党员干部特别是领导干部带头尊法、学法、用法，带动全社会自觉地从法向善、学法而为。科学谋划沙湾市“八五”普法规划，加强《中华人民共和国民法典》宣传工作，推进公共法律服务体系建设，增强各族群众法律意识。加强法治队伍建设，提高法治人才培养质量，推进法治队伍革命化、正规化、专业化、职业化。

【政法队伍教育整顿】 2021年，沙湾市委政法系统深入开展第一批政法队伍教育整顿。全市政法系统紧紧围绕政治建设这个首要任务，坚持以学习教育为先导，始终聚焦“四项任务”，聚力抓好“三个环节”，坚持高站位谋划、高标准推进、高质量落实，突出“严”的主基调和“实”的总要求，对标对表顽瘴痼疾，自觉主动查摆问题，切实解决全市政法干警教育、管理、监督等方面的突出问题，政治生态进一步优化、纪律作风进一步好转、能力素质进一步提高、司法公信力进一步提升，取得了“铸魂扬威、宽严处置、顽疾整治、服务群众”阶段性成效。

（兰　天）

公　安

【概述】 2021年，沙湾市公安局深入贯彻党的十九大和十九届中央历次全会精神、第三次中央新疆座谈会精神，完整准确贯彻落实新时代党的治疆方略，特别是社会稳定和长治久安总目标，深化党史学习教育和政法队伍教育整顿成效，增强“四个意识”、坚定“四个自信”、做到“两个维护”，圆满完成各项任务。2021年，共有59个集体、个人荣获地区级以上表彰，其中，3人获评国家级“突出个人”、1人被评为“全疆优秀人民警察”、1人立“二等功”、2个集体立“二等功”。

2021年1月10日，县公安局喜迎首个警察节

【网络安全防范】 2021年，沙湾市公安局网安大队加大网上有害信息巡查查处工作，严打网络谣言、及时跟进工作措施，严防形成炒作热点。同时，及时发现、删堵涉疫情网络谣言和不实、有害信息，及时消除现实风险隐患。

【道路交通安全管理】 2021年，沙湾市公安局交警大队紧紧围绕自治区党委“3+1”工作部署，以中国共产党成立100周年交通安保为牵引，以事故预防“减量控大”为主线，全力以赴做好疫情防控常态化下各项公安交管工作。紧盯重点人、车、路、企业等源头风险隐患，常态化排查、动态化清零，切实消除安全风险，落实动态排查、抄报整改、公布提示“三位一体”常态化机制，滚动摸排整改道路交通安全隐患风险；积极联合交通、运管、路政等部门，深入辖区危化品、客货运输企业、客货运场站，特别是安全生产责任企业单位，开展拉网式大排查、大整治行动。聚焦“减量控大”总目标，围绕重点时段、路段、车辆，加大现场执法力度，强力推动“八大攻坚行动”，不断提升预防道路交通事故能力水平；积极对接消防救援、城建城管、街道社区、小区物业、大型商超等相关职能部门及有关责任单位，针对联防共治、责任落实、执法曝光、长效管理等方面提出各类意见建议，协调解决老旧小区整治停车难问题；着力开展校园周边交通环境治理，确保学生上学、放学期间道路交通安全。落实交警认真改进执法“六项措施”，精心组织交通安全宣传提示，营造浓厚的社会氛围。积极推动建立快递外卖行业路面联合劝导、定期违法抄告、行业企业惩戒；深入开展“美丽乡村行”主题宣传活动，完成宣传阵地建设工作；建立精准宣传常态化机制，充分发挥广播、电视、报刊、网络以及微博、微信、抖音等媒体作用，采取多种形式加强宣传报道，营造浓厚的社会氛围。12月6日，沙湾市公安局交警大队辅警马常发获2021年度“新疆好辅警”称号。

【现代警务】 2021年，沙湾市公安局以打造快速预警研判、即时高效处置“指挥枢纽”为主线，广泛借力信息化、智能化建设基础成果，大力发挥大数据服务警务实战的效能，构建以“最大数据、最全手段、最高权限”为核心的新型信息化警务运行机制，加快推进社会治安防控体系建设，积极构建以“三个体系、一项工程和五项机制”为主要内容的立体化、信息化防控体系，全面提升防控整体效能。全面推进“非接触、无感知、无差别、精准化”智能安检新模式，在检查站、党政机关、学校、医院、小区、商超、市场、宾馆酒店、娱乐场所等重点复杂部位安装无感知人脸识别摄像头，做到司乘人员摇下车窗即时抓拍、自动比对、智能预警的“刷脸快速通关”新模式，减少人员排队等候。充分利用高级云搜索系统、视频图像信息联网共享平台、车辆大数据平台，强化数据资源汇聚整合、挖掘分析、应用共享，积极响应疫指、联指、情报等部门数据分析需求紧密协作，打破常规，每日通过大数据获取铁路订票、客运订票、车辆卡口、人员活动等后台数据，进行比对预警，并建立数据结果报送机制，第一时间接收、第一时间分析、第一时间汇总反馈，全程盯办，分秒必争，为防控工作赢得宝贵时间。充分发挥无人机、高空云盘的制空优势，利用5台“高空云盘”、6架“无人机”在超市、广场、居民小区等人员密集场所和重要路口，通过空中巡逻、高空喊话提醒广大居民“出行规范佩戴口罩、不聚集、不扎堆、保持间距、遵守交规、安全消杀”，真正实现科技信息化服务疫情防控、交通安全管理、社会面防控等工作。

社会治安管理

【重点单位部位管控】 2021年，沙湾市公安局组织派出所对辖区水、电、气、热、油、金融机构、邮政、学校、医院等治安保卫重点单位、重要部位和各类广场、商场、车站等人员密集场所开展日常安全大检查。同时，坚持分险导向、情报导巡，指导有关单位和基层组织，充分发挥社会力量，群防群治参与企业事业单位、人员密集场所、党政首脑机关巡逻。

【危爆物品监管】 2021年，沙湾市公安局以非法枪爆物品打击整治、缉枪治爆、涉危涉化涉爆管控等专项行动为载体，压实“监管单位、企业法人、管理员和从业人员”四级责任，抓实“出入库登记、运输流向、实名购销备案”全流程监管，抓好全市27家加油站、6家加气站、10条输油气管线、1家刀具生产和销售企业、4家销售点、89家涉危涉化涉爆企业日常管理和隐患排查，落实全市21家物流寄递业“三个100%”和“低慢小”管制措施。

【行业场所监管】 2021年，沙湾市公安局以“净风”专项行动为契机，严格落实行业场所主体责任，不断加强阵地管控。按照“主动列管，动态掌控”的原则，逐一完善场所行业台账资料，及时更新，做到底数清、情况明。督促各行业场所严格落实实名登记、信息上传等，切实做到不错登、漏登一人，及时发现打击藏匿在场所行业中的违法犯罪人员。同时，坚持常态检查和集中清查相结合的原则，采用公开检查、明察暗访等多种措施，定期对行业场所经营情况进行检查，通过提醒、告诫、限期整改等手段督促整改到位。在指导经营场所加强内部管理和安全防范的同时，保持对场所内的“黄赌毒”等违法行为露头就打，及时化解各类治安风险隐患。

【校园安保】 2021年，沙湾市公安局结合《加快推动全国中小学幼儿园安全防范建设三年行动计划》，派出所、便民警务站、交警，调整校园安保勤务模式，严格落实上下学“高峰勤务”“护校岗”制度，做好校内外安全隐患排查整治，校园周边警力对可疑人员、车辆进行盘查，对周边道路进行疏导，并对校园周边各类重点人员定期见面，进行思想稳控，常态化对校园保安开展背景审查，定期开展校园演练，严防发生涉校个人极端案事件。

【重点要素管控】 2021年，沙湾市公安局督促沙湾市5家管制器具生产、销售店铺落实实名登记制度，积极做好新购入刀具的打码工作。重点对全市21家物流寄递业落实“三个100%”制度进行督促检查，物流高峰期、重大节假日、重要节点联合职能部门加大检查力度，严防不法分子通过寄递渠道从事违法犯罪活动。完善对“低慢小”飞行器备案登记制度飞行报备制度，加大地面巡逻和空中监测管控力度，严厉打击“黑飞”行为。

【派出所等级评定】 2021年，沙湾市公安局党委高度重视，成立由主要领导为组长，局党委成员为副组长，9个警种为主要成员，其余部门全力配合的派出所等级评定工作领导小组，下设常态工作专班推进。在2020年开展工作的基础上，动态调整完善《派出所等级评定考核方案》《派出所等级评定工作规范》《派出所等级评定任务分解表》《派出所等级评定时间图》等文件，全年先后5轮开展派出所等级评定工作，全面了解掌握基层派出所工作现状，建立派出所等级评定“常态考评”机制、“领导定点联系”机制，全局各警种联动在警力、技术、资金、业务指导等方面给予全面倾斜，特别对申报一级、二级公安派出所，抽调业务骨干驻所帮扶指导，申请10万元专项资金，用于软硬件设施、办公设备、外观标识的更新更换。在公安厅2021年公安派出所等级评定帮扶考核中，1个一级派出所、1个二级派出所予以提级命名，2个二级所予以降级摘牌为三级派出所。

【治安防控】 2021年，沙湾市公安局以“两站+三警”为载体，网格化巡控为抓手，加大社会面显性用警，突出发挥63个便民警务站的应急处突快速打击职能作用，强化人员密集场所、背街小巷等重点区域的安全防范，提高背街小巷、偏远散区域的“见警率、管事率”，坚决守好“1分钟、3分钟”快速打击底线。同时，围绕电信网络新型诈骗、非法集资、盗抢骗和黄赌毒等高发案件，每日进行警情通报，调整警力部署，严打各类违法犯罪。2021年，街面共出动警力12.8万人次，盘查人员490万余人、车辆289万余辆。抓获在逃8起，现行13起。同时完善联勤联动机制，沙湾市已完成14个警务室落实“站室合一、警网融合”勤务机制改革，高效整合警务区协同联动，最大限度做到警务前移、防范前移、服务前移。充分发挥警网融合优势，以党建为引领，与网格员加强联系，通过联席会议织密社区（村队）、“两站+三警”防控网络，动员网格员、志愿者、治安积极分子、老党员围绕“街面、单位、社区”开展联勤联控，有力震慑违法犯罪。指导企事业单位、沿街商铺开展应急演练，切实提高突发事件处置能力。

打击违法犯罪

【打击侵权犯罪】 2021年，沙湾市公安局刑警大队牢牢把握为人民服务这一根本宗旨，强化依法严打，切实担当起平安建设的主力军和人民群众的守护神的职责，不断提升人民群众的安全感和满意度。紧紧围绕事关人民群众切实利益的侵财犯罪，认真分析研判，加大打击力度，通过大量调查走访、摸排分析工作，充分利用专项行动，破获各类系列诈骗案、系列盗窃案等一系列社会反响大、影响面广的案件，为群众及时挽回经济损失。12月5日，破获地区督办案件“12・2”新疆福保田采棉服务有限公司财物被盗案。

【打击有组织犯罪】 2021年，沙湾市公安局坚决打好扫黑除恶攻坚战，推动长效常治。加强对信息网络、自然资源、交通运输、工程建设四大领域涉黑涉恶现象集中整治，不断规范线索摸排，2021年平台推送6条线索已全部核查完毕，无涉黑涉恶案件。同时加大“裸聊敲诈”网络违法犯罪攻坚，破获网络领域“裸聊”敲诈勒索涉恶案件2起，涉全国6个省市，捣毁位于贵州六盘水市窝点1个，抓获14人。

【食药环犯罪侦查】 2021年4月24日，揭牌成立沙湾市公安局食药环犯罪侦查大队，同市场监督、自然资源、林草等单位建立4项联动机制，召开联席会议20次，联合执法163次，移交线索39条。

【扎实开展“云剑”行动】 2021年，沙湾市公安局严厉打击治理电信网络诈骗犯罪。市委政法委组织5次推进会，统筹全市23个成员单位和14个乡镇“一把手”做好国家反诈中心App安装和预防宣传；市局成立领导小组、组建专班，全局各警种联动，加大预警劝阻、快速支付冻结等工作，对重大案件实行倒查机制。2021年，立电信诈骗案107起，破获54起，破案率50.47%，财产损失1106.47万元。

【深入开展“断卡”行动】 2021年，沙湾市公安局深入开展“断卡”行动，采取果断措施，严厉打击整治非法开办、贩卖电话卡、银行卡违法犯罪活动，坚决切断“两卡”开办贩卖产业链，2021年，共破获13起帮助信息网络犯罪活动案，抓获犯罪嫌疑人18人，训诫、签订承诺书109人，在全社会形成有力震慑。

【组织开展“团圆”行动】 2021年，沙湾市公安局以失踪被拐儿童家属实现团圆梦为工作目标，精心组织，周密部署，利用DNA数据库开展相关比对工作，摸排疑似涉拐儿童11人，血样检验完毕已录入全国打拐库，疑似涉拐儿童比中亲生父母5人。

【全面推进“惊雷1号”】 2021年，沙湾市公安局“奋战60天·追逃创佳绩”行动开展以来，把追捕命案积案逃犯、涉黑涉恶逃犯摆在突出位置，对上网逃犯展开凌厉攻势。2021年，共抓获网上在逃人员83人，其中，抓获2001年“10·19”持枪抢劫杀人案中未归案1名犯罪嫌疑人、抓获2名10年以上外地逃犯，“惊雷1号”清理逃犯2名。

【“净疆2021”寄递物流渠道集中清理整治】 2021年，沙湾市公安局理清辖区寄递物流基础数据，明确摸排整治重点，根据线索潜心侦查，彻底斩断一条涉及全国网络制贩假章证犯罪链条，抓获犯罪嫌疑人6名，捣毁位于湖南娄底制证窝点1个；成功破获2021年“2·22”伪造、变造、买卖国家公文证印章案件，该案侦破情况受到地区刑侦支队表彰。

【“净边2021”专项行动】 2021年，沙湾市公安局禁毒大队发挥禁毒主力军作用，以“净边2021”专项行动为抓手，依托案件扩线、技术侦控、合成作战等手段，构建以“大数据”情报共享为基础，刑侦、网安、技侦合成攻坚的缉毒打处模式，多警联动、合成作战，持续保持对涉毒违法犯罪行为的严打高压态势。禁毒大队对辖区吸毒人员开展管控，并结合吸毒人员滥用毒品种类、现实表现等由村队（社区）、派出所及乡镇党委形成三级联管，每季度对本辖区涉毒人员进行风险评估分类管控，并联合派出所对494名组织管控人员全面开展尿液、毛发检测和综合评估工作。加强对青少年禁毒预防教育宣传工作，2021年，禁毒大队被团中央命名为2019—2020年度全国“青少年维权岗”，并被共青团沙湾市委员会命名为“青少年校外实践教育基地”。

【打击经济犯罪】 持续开展“打帮恐、破钱庄、断链条”专项行动，2021年，沙湾市公安局经侦大队依托“打破断”、打击跨境赌博、打击洗钱犯罪等专项行动，积极创新工作思路，改进工作方法，扎实开展各项工作。2021年，侦破1起反洗钱案，已成功移送起诉；配合国保、刑侦等部门调查资金线索数百案，继续开展资产查控，分析研判。全力开展“猎狐”追逃工作，进一步对经侦类在逃人员缜密分析，充分依托技网侦等各项数据资源，深入研判，落实完善“一人一档”管理，继续加强对其近亲属进行生物采集、通信采样及劝返工作。持续打击涉税犯罪及“百城会战”专项行动，聚焦数据赋能实战，以情报导侦为引领，以大数据系统为依托，充分运用“云端”系统，紧密联系技网侦部门，多手段并用，大力开展线索研判，梳理上报跨区域涉税案件线索34条；强化线索串并、案情梳理、人员落地，扩线查证，力争战果最大化。在对“昆仑系”虚开专用发票团伙集群战役线索协查中，积极与地区税务稽查的同志密切配合，对涉及沙湾市的四家企业展开核查。

公安行政服务

【深化“互联网+交管服务”】 2021年，沙湾市公安局交警大队结合政法队伍教育整顿工作，将“我为群众办实事”实践活动贯穿交警工作始终，努力为人民群众做好事、办实事、解难事。在全面落地6批55项公安交管“放管服”改革措施工作中，沙湾市公安局交警大队车管所以“数据多跑路、让群众少跑腿”的服务理念，不断提升服务管理效能和人民群众满意度。在互联网交管业务平台上办理驾驶人、机动车及违法处理的网办业务，通过“交管12123”手机App办理免检车审验业务，“流动车管所”累计下乡服务900余次，为群众上门办理车驾管业务1万余笔，切实打通了服务群众“最后一公里”。违法处理办公室自“放管服”工作开展以来，已实现全国各地机动车非现场处理均可到违法处理大厅处理，并实现“一站式”办结，罚款缴纳采取大厅扫描二维码、“交管12123”手机App、自助缴费机实现，不出大厅即可办结，减少群众业务办理时间。2021年，共受理非现场处理办结12277起，其中4462起有“交管12123”手机App办结。

【放管服改革】 2021年，沙湾市公安局出入境管理大队以“放管服”改革为切入点，大力推进各项便利举措，优化服务措施、落实全国通办措施，积极推行前台微信缴费、免费自助照相、自助港澳二次签注使用。同时，针对因紧急事由确需出国境的群众开通“绿色通道”，急事急办、特事特办，保障其顺利出行。2021年，共受理各类出国及住港澳地区证件93本（普通护照65本、往来港澳通行证28本），通过微信缴费93人次，异地办理出入境证件9人次，使用自助照相设备141人次。登记临住外国人23人，在做好疫情防控的前提下，通过短信、电话、微信劝导280余人，实现制证“零差错”、服务“零投诉”、队伍“零违纪”的目标。

【营商环境优化】 2021年，沙湾市公安局持续优化营商环境，减事项、减流程、减材料、减时限、减费用，从“五减”入手提高审批效率和服务水平。按照“受理、审批、办结”的基本流程，不断规范审批程序，其中，清理典当业许可1项；将第一批下放的18项户政简政放权业务中所需的140种材料精简至96种；临时身份证业务由原来的3个工作日缩减为当日取、立等取；二代身份证业务由原来的2个月缩减为20个工作日；主项变更业务由原来的42个工作日缩减为10个工作日；居住证业务由原来的15个工作日缩减为7个工作日，民用爆炸物品的购买许可由原来的5个工作日缩减为2个工作日；按照上级文件通知精神免收办事群众首次申领身份证件、申请准迁证件、迁移证件的工本费用。实行

“5+2”延时、错时、便民服务工作机制，办证窗口全天提供服务，不分双休、不分上下班弹性工作制，确保群众什么时候来都找得到人、办得了事。对“老、弱、病、残、孕”等特殊人群开通“绿色通道”，实行优先办理和上门服务。同时，对外公布窗口电话，做到急事急办、特事特办；延伸服务触角，推行自助服务。在窗口安放POS机、设置微信二维码，供群众刷卡或扫码支付身份证工本费用，做到受理、审核、缴费、发证“一次排队，一次办结”。充分发挥掌上移动终端新疆公安App便捷高效的优势，进一步完善网上服务大厅功能，申请人通过扫描“二维码”，即可登录公众号，进行在线咨询、受理点查询等相关事项办理，实现“手机扫一扫，网上全知晓”。开通邮寄渠道提供证件速递服务，为急需用证的群体再次提供“最多跑一趟”服务，办理完证件后可以邮递到家中，无须上门领取。以公安部和各地人口信息管理系统为依托，实现西部七省（自治区），即甘肃、内蒙古、云南、西藏、青海、新疆和兵团之间户口迁移及开具户籍类证明“跨省通办”，优化办事流程，明确实施路径，利用帮办代办进行托底，形成前台受理、审批人员业务对接模式的“全省通办。

（詹　艳）

检　察

【概况】 2021年，沙湾市人民检察院认真落实《中共中央关于加强新时代检察机关法律监督工作的意见》及自治区党委的实施意见，坚持“讲政治、顾大局、谋发展、重自强”，牢牢扭住社会稳定和长治久安总目标，主动作为，奋发图强，以高度的政治自觉、法治自觉、检察自觉，全面履行刑事、民事、行政、公益诉讼检察职能，做实做强法律监督工作，在维护社会稳定、维护公平正义、维护公共利益等各个方面展现检察担当、贡献检察力量。荣获全国维护妇女儿童权益先进集体、全国检察机关“文明接待室”、自治区“民族团结一家亲”和民族团结联谊先进集体、自治区民族团结创建示范单位、全疆检察信息工作先进集体、地区优秀基层党组织、塔城地区检察机关先进集体等称号。“向阳花”未成年人检察工作室被评为全疆检察机关“优秀办案团队”。2021年，塔城地区检察系统综合考核排名第一，7个单项考核中，4项取得第一名、3项取得第二名。

【刑事检察】 2021年，沙湾市人民检察院依法批准逮捕各类刑事犯罪嫌疑人98人，提起公诉263人。全面贯彻“少捕慎诉慎押”刑事司法政策，不批准逮捕19人，不捕率16.3%；不起诉74人，不诉率22.6%，不捕不诉案件复议、复核率首次实现零的纪录。自行补充侦查16件，认罪认罚从宽制度适用率82.4%。在反腐败斗争中发挥检察作用，依法起诉职务犯罪10人。积极参与“断卡”“打击治理跨境赌博”等专项行动，依法起诉涉电信网络诈骗犯罪18人。坚决服务防范化解金融风险，依法起诉首起聂江平洗钱案。坚持“在办案中监督、在监督中办案”，纠正违法7件次，依法监督立案1件、监督撤案12件，追捕追诉6人，改变定性8人。对一审判决未生效案件提出抗诉3件。针对刑事执行检察监督中发现的隐患和问题，制发检察建议、纠正违法通知书47件次，均得到整改落实并回复。与司法局联合建立社区矫正巡视检察制度。依法开展羁押必要性审查31人，提出变更强制措施建议2人，采纳建议2人。

【民事检察】 2021年，沙湾市人民检察院积极运用检察建议、支持起诉、提请抗诉等综合手段，聚焦群众关心关切，办理民事监督案件852件，办理生效裁判监督案件10件，提请抗诉4件，上级院支持抗诉4件。办理审判人员违法行为监督案件333

件、民事执行监督案件211件。办理民事支持起诉案件298件，帮助农民工“讨回”拖欠工资340余万元。

【行政检察】 2021年，沙湾市人民检察院综合采取监督纠正、促进和解、调查核实、公开听证等方式，持续开展“加强行政检察监督，促进行政争议实质性化解”专项活动，促进案结事了政和，增强群众获得感。办理行政监督和行政生效裁判监督案件20件。办理行政（非诉）执行监督案件6件，提出检察建议6件。通过“检察监督+公开听证”，一起长达30年的行政争议案件得到实质性化解。

【公益诉讼检察】 2021年，沙湾市人民检察院向行政机关制发公益诉讼诉前检察建议166件，回复整改率100%，公益诉讼有力推进社会治理和法治政府建设，在国有资产保护、资源保护、生态环境保护、食品药品安全等各个领域“全面开花”。积极协商建立“河长（林长）+检察长”协作机制。开展“公益诉讼守护美好生活”专项监督活动，督促整改驼奶粉、饮用水、高空抛物、窨井盖等群众舌尖上、头顶上、脚底下的安全问题。

【控告申诉检察】 2021年，沙湾市人民检察院建立法律监督年报告制度，检察院党组首次向市委报告法律监督工作情况，当好“法治参谋”。及时公布检察业务主要办案数据，为社会治理提供“法治天气预报”。结合办案，制发社会治理类检察建议16份，有力促进“行业清源”。全面推行检察建议公开宣告送达，实现“检察机关+被建议单位+第三方”同堂，推动检察职能向社会治理深层次延伸。持续做实群众信访“件件有回复”，受理群众信访44件，均在7日内告知“已收到、谁在办”，3个月内办理过程或结果答复率100%。向市人大常委会专题报告控告申诉检察工作情况，得到充分肯定。持续开展困难刑事被害人司法救助专项行动，办理司法救助案件9件11人、联合救助1件1人。办理涉民营企业案件2件，依法相对不起诉1件。监督清理涉民营企业刑事挂案4件。2021年，荣获“全国文明接待室”称号。

【未成年人检察】 2021年，沙湾市人民检察院贯彻落实最高检“一号检察建议”，倾力打造未成年人检察工作品牌。开展“检爱同行、共护未来”未成年人保护法律监督专项行动，通过检察监督促进家庭、学校、社会、网络、政府、司法“六大保护”相互融合、整体落实。2021年7月，全疆未成年人检察工作现场会在沙湾召开，推广未成年人检察工作“沙湾模式”。

（徐志康）

法 院

【概况】 2021年，沙湾市人民法院在市委的坚强领导下，在市人大、政协的监督下，在市政府的支持和上级法院的指导下，坚持以习近平新时代中国特色社会主义思想为指导，深入学习贯彻中共十九大和十九届二中、三中、四中、五中、六中全会精神，学习贯彻习近平法治思想和中央全面依法治国工作会议、中央政法工作会议和第三次中央新疆工作座谈会精神，深入贯彻落实党史学习教育和政法队伍教育整顿各项工作要求，紧紧围绕“努力让人民群众在每一个司法案件中感受到公平正义”的目标，充分发挥审判职能作用，服务经济社会高质量发展，维护人民合法权益，各项工作实现新发展。全年共受理各类案件12349件（包含司法确认案件1198件、财产保全审查及实施类案件3466件），办结各类案件10153件，法官人均结案441件。

【刑事审判】 2021年，沙湾市人民法院坚持严打和扫黑除恶常态化方针不动摇，审结6起恶势力团伙案件，落实“打财断血、黑财清底”，综合运用判处财产刑、追缴、没收违法所得等手段，彻底铲除黑恶势力滋生土壤。严惩腐败犯罪，审结韩慎平、曹文宽贪污贿赂等职务犯罪案件5件。依法打击邪教组织，审结涉“全能神”等利用邪教组织破坏法律实施罪案件4件49人。审结危险驾驶罪案件113件，依法从严、从快审理帮助信息网络犯罪案件8件。全年共审结刑事案件187件，依法判处各类罪犯203人，有效打击和遏制各类刑事犯罪活动。

【民事审判】 2021年，沙湾市人民法院认真贯彻实施《中华人民共和国民法典》，加强民生司法保障，审结各类民商事案件5316件。坚持“调解优先、调判结合”的原则，审慎做出裁判，妥善化解辖区内民间借贷、物业服务、买卖合同等各类民商事矛盾纠纷，引导人民群众和社会各界运用法治思维和法治方式分析解决问题。审结婚姻家庭案件397件，充分发挥家事审判在婚姻家庭救治、情感修复等方面的职能，维护家庭稳定和谐。审结涉民生劳务合同纠纷案件258件，切实维护人民群众的合法权益，积极服务构建新发展格局，进一步促进辖区经济社会高质量发展。

2021年2月9日，县人民法院法官到东湾镇西地村巡回审判

【行政审判】 2021年，沙湾市人民法院坚持做到监督与支持行政机关依法行政和保护行政相对人合法权益并重，审理行政诉讼案件6件，行政非诉审查案件11件，有力维护行政执法权威。落实行政机关负责人出庭应诉制度，出庭应诉率100%，促进行政争议实质化解，推动法治政府建设。

2021年3月5日，县人民法院邀请县纪委监委、人大代表、政协委员及县直各单位代表旁听职务犯罪案件庭审

【案件执行】 2021年，沙湾市人民法院全年共执结各类执行案件4480件，执行到位标的1.91亿元。全面推行“1+N”执行团队，简案快办、繁案精办、“骨头案”攻坚；规范终本案件办理，严格终本结案审查，全节点监督、全流程留痕；规范“一案一账号”案款管理，全年共清理发放案款1073.78万元。先后开展“亮剑执行难、护航新发展”“执行法院争一流”“秋季攻坚集中执行”“我为群众办实事——高效为民执行”等专项执行活动，集中执行涉民生、涉金融等案件137件，执行到位2942.3万元。司法拍卖全部实现网络化，网拍成交金额1312.22万元。

【司法便民】 2021年，沙湾市人民法院打造集诉讼引导、登记立案、查询咨询、信访接待、判后答疑等便民功能于一体的一站式诉讼服务。利用新疆移动微法院、人民法院调解平台等畅通网上诉讼服务渠道，提供立案、缴费、开庭、调解、送达等全方位服务，充分运用智慧法院建设成果办理、化解纠纷，全年网上立案4832件、跨域立案15件。加大涉企立案服务与审执工作力度，助力60余家企业收回资金2550万元。进一步加强基层人民法庭“一庭一品”打造，西戈壁人民法庭设立“多斯”调解室，在国家AAAA级旅游景区鹿角湾设立“旅游巡回法庭”；老沙湾人民法庭挂牌涉农专业法庭，根据“四季案件”规律，探索推行“提前释法、高效调解、1+审判、善意执行”的“四法”贯通机制，形成了“四季案件四法结”诉源治理新模式。两个基层法庭全年共受理案件1004件，审结1002件，调解706件，结案率99.8%。

【诉源治理】 2021年，沙湾市人民法院健全诉讼与非诉讼衔接机制，积极推动“人民法院调解平台”进乡村、进社区、进网格，基层调解组织和行业性调解组织入驻平台，设立“顾海英调解工作室”。推进“一村一法官”工作，在全市12个乡镇设立“法官工作站”，173个村、14个社区设立巡回审判联系点，张贴“法官联系卡”，开展“有案办案、无案送法、带案调解”的“送法下乡”活动，加大集中巡回调解力度，共开展巡回审判和普法宣传12次，全年通过诉前调解方式化解矛盾纠纷1400余件，依法司法确认1198件。

【司法救助】 2021年，沙湾市人民法院健全完善司法救助机制，对涉及农民工及妇女、儿童、老人等合法权益的案件开辟绿色通道，实现优先立案、优先排期开庭、优先分流审理。全年依法缓、减、免诉讼费85518元，对涉及困难群体的5件案件发放司法救助金17.7万元，让人民群众感受到司法温度。

【司法改革】 2021年，沙湾市人民法院完善审判权责清单制度，强化审判流程节点控制。召开专业法官会议19次，研究讨论案件62件，统一裁判尺度，提高审判质量。强化院庭长办案示范引领，院庭长办理各类案件8675件，占全院结案总数的76.42%。进一步完善“四类案件”监督制约机制，院庭长履职指引和案件监管全程留痕，确保监督和放权相统一。

【审判监督】 2021年，沙湾市人民法院以审判管理月报为载体，审判绩效考核指标为指引，推动审判管理精细化。每月对案件质量、信息录入等方面进行详细评查，将调解率、案件发改率、庭审直播率等指标纳入绩效考核，全年评查案件4889件，及时指出评查中发现的问题，增强法官的案件质量意识和责任意识，倒逼审判质效提升。建立发回重审、改判案件、长期未结案件评查、剖析制度，实行院领导包案督办机制，查漏补缺、及时整改。

【审判公开】 2021年，沙湾市人民法院坚持倡导“阳光是最好的防腐剂”，全年庭审直播139件，庭审同步录音录像1922件，审核并上网文书6671件，上网率90.71%。举办“法院开放日”12次，主动邀请人大代表、政协委员、公职人员、在校师生等410余人走进法院，保障人民群众对司法工作的知情权、参与权、监督权。加强以案释法教育，深入基层开展零距离普法19次，普及法治新理念，传播法治正能量，累计受教育的各族农牧民群众达7200余人。

【人大监督】 2021年，沙湾市人民法院坚持及时向市委汇报重大工作部署、重点工作和重要问题，坚定不移地执行市委的决策部署。严格执行重大事项向市人大及其常委会报告制度，主动走访联络代表委员，及时、主动地听取人大代表、政协委员对法院工作的意见建议。召开人大代表、政协委员座谈会5场次，邀请人大代表、政协委员观摩庭审5场次。认真落实人民陪审员制度，适用普通程序审理的案件陪审率达99.16%。

（朱静静）

司法行政

【概况】 2021年，沙湾市司法局下辖司法所12个，共有政法专项编制35个、工勤事业编制1个；有实际在岗人员57人，其中司法行政干警30人、驾驶员1人、财聘人员24人、公益性岗位2人。有管理法律服务机构17家，其中法律服务所13个、律师事务所3个、公证处1个（含差额事业编3个）。全市共有法律服务工作者64人、执业律师22人、执业公证员2人。2021年，沙湾市司法行政系统统筹协调法治建设工作，认真履行行政立法、行政执法、刑事执行和公共法律服务四项职能，积极推进法治政府建设工作，取得扎实成效。

【法治宣传】 2021年，沙湾市全面依法治市委员会办公室起草印发《关于在全体公民中深入开展法治宣传教育的第八个五年规划（2021—2025年）》等十余个文件，对全市2021年法治宣传工作做出了安排。充分利用广播、电视、网站和微信等新媒体平台，采用电子屏幕、海报、LED、横幅、发放宣传材料等多种形式，加强宪法法律和疫情防控方面的法治宣传，引导各族群众树立依法防控意识，自觉履行防控义务和责任。利用4月宪法法律宣传月、9月沙湾市“美好生活·民法典相伴”专项法治宣传行动、“12·4”宪法宣传日等，把普法工作做到群众的心里，打通法律服务“最后一公里”。不断推动落实国家机关“谁执法、谁普法”责任制、普法责任清单、工作报告等制度。坚持公职人员学法述法工作，推进领导干部述职述法评议，推动领导干部做尊法学法守法用法的模范。利用“法宣在线”云平台，对公职人员进行学法考试，覆盖率和及格率均为91%。组织法治宣传员、志愿者、律师、人民调解员、法律服务工作者以及司法执法人员等，面向基层群众开展“送法下乡”、法治宣讲、释法宣教、法律咨询等活动45场次，现场解答法律咨询案件100余件，定向开展矛盾纠纷化解30余件，发放宣传材料1万余份。推进法治文化阵地建设。按照“五个一”、乡镇场“四个一”、村队“三个一”法治文化阵地建设要求，2021年，沙湾市共建法治文化墙539面、法治文化图书角539个、法治文化主题广场12个、法治文化长廊3个、法治文化主题公园3个。推动法治文化与社会文化有机融合、法治文化设施与公共文化服务设施功能互补，重点在提质扩面、增强效能上下功夫，将乌兰乌苏镇三宫店村打造为具有地域特色的“法治文化建设示范基地”，发挥典型引路，以点带面作用。

【社会矛盾化解】 2021年，沙湾市司法局坚持以人民为中心，以新时代“枫桥经验”为引领，不断强化工作指导监督，狠抓人民调解队伍建设，健全完善调解网络，积极构建多元化的矛盾纠纷化解机制。依托沙湾市公共法律服务中心，建立矛盾纠纷化解联合服务中心，实现一个大门进来，一个中心对接，一揽子解决问题的一站式服务，建立了“王晓明”“李德喜”等5个个人工作室，同时建立医疗、交通、土地、草场等10个行业性、专业性矛盾纠纷调委会，统一挂牌、公示，方便群众选择调解员。结合各乡镇村队特点，打造有特色的调解室，如针对草场纠纷比较多，在博尔通古乡设有“马背上的调解室”阿吾巴克尔·加帕拜调解室；针对沙湾市近年来婚姻家庭类矛盾纠纷比较突出的问题，与市妇联联合在各乡镇村队成立“家事调解室”。与市人民法院在公共法律服务中心联合设立诉调对接工作站，在基层司法所设立诉调对接工作点，统筹各方力量，加强协作，共同开展矛盾纠纷排查调处工作，为市域和谐稳定作出应有贡献。

2021年，全市共有人民调解调委会212个，其中行业性专业性调委会11个；共有人民调解员1071人，其中专职调解员6人。全年共排查调处矛盾纠纷1353件，调解成功1339件，调解成功率达99%。

2021年3月21日，沙湾市开展基层人民调解员业务培训

【行政规范性文件备案审查】 2021年沙湾市共出台10件规范性文件，按照行政规范性文件清理相关要求，沙湾市对照规范性文件清理范围、清理标准、清理方法步骤和清理要求，对现行有效的行政规范性文件进行全面清理。经过全面清理，废止9件涉及《中华人民共和国行政处罚法》、计划生育、优化营商环境的行政规范性文件。

【行政复议应诉】 2021年，沙湾市司法局进一步做好行政复议和线索核查工作。年内共接收4件行政复议案件，行政机关自行撤销处罚决定3件，行政复议案件1件。完成政法队伍教育整顿6件线索核查工作，保证行政执法工作严肃性和政法队伍的纯洁性。为了更好地开展行政复议工作，起草下发《沙湾市行政复议体制改革的任务分工方案》。

【行政执法】 2021年，沙湾市司法局为进一步保证行政执法工作有序开展，共开展2次行政执法案卷评查工作，评查12个行政执法单位的25个行政处罚案卷，及时解答各行政执法单位的疑难问题，保证行政执法工作有序开展。同时做好行政执法证管理工作和换证工作。截至2021年年底，沙湾市28个行政执法单位共申请办理执法证584个，申领监督证人员69个。

【法律服务】 2021年，沙湾市公共法律服务中心准确把握法律服务行业面临的新形势、新任务、新要求，不断深化政务服务改革，推广法律服务网络平台办理模式。引导人民群众通过法律服务热线“6912348”、视联网等平台，采取打电话、网上约、线下办等方式灵活办理，实行“菜单式”供给、“订单式”精准服务，努力提供更加便捷高效的法律服务。坚持与中心工作深度融合，助推乡村振兴。通过覆盖全市的综治视联网可视化、智能化远程视频系统，进行点对点对接、点对点互动等多种功能开展远程法治宣传教育培训、远程调解、法律咨询，及时化解矛盾纠纷。全年共接待来访群众8500余人次，发放各类法治宣传材料8600余份，为群众解答各类法律咨询3900余人次；办理各类公证事项2006件；提供法律帮助262人次，见证并签署刑事案件认罪认罚意见书262件；办理各类司法鉴定业务412件。接待、受理、办结人民调解895件。利用公共法律服务中心视联网系统开展法制宣传教育培训25场次，共计4500余人次参加；开展视联网远程预约法律咨询工作35件，远程解答35件，电话解答120人次。

【法律援助】 2021年，沙湾市法律援助中心秉承忠诚、奋斗、创新、专业、廉洁的宗旨，以群众需求为导向，做到应援尽援。共受理法律援助案件42件，其中承办未成年人援助案件4件、残疾人援助案件3件、妇女援助案件8件、农民援助案件3件、农民工援助案件14件、老年人援助案件3件、其他经济困难人员7件。

【特殊人群管理】 2021年，沙湾市在“特殊人群”

服务管理中认真落实自治区、地区特殊人群服务管理工作要求，结合市域实际，增强帮扶干部责任心，精准管人管事，跟踪开展，切实做好相关人员思想转化、困难解决，直至帮其树立正确认识，最终引导其感党恩、听党话、跟党走。严把“特殊人群”入口关，认真贯彻执行社区矫正、安置帮教相关法律法规政策要求，依法规范建立市、乡（镇）两级社区矫正委员会及办公室，配强工作力量，确保遇到问题有领导指导，具体工作有人落实，形成党委政府统一领导，司法行政机关牵头组织，公安、法院、检察院等部门支持配合，社会力量广泛参与的社区矫正、安置帮教工作格局。实行信息共享互通，加强配合，形成合力，做好社会稳定和长治久安基础工作。指定专人负责反馈、接收社区矫正、安置帮教相关信息；严格执行人民法院判决、裁定，依法办理社区矫正入（解）矫手续；规范落实刑满释放人员必接必送、矫正转帮教工作制度，严防“特殊人群”脱管漏管虚管。落实“多帮一”的帮教小组，并定期做好分析研判，预防和减少重新犯罪，努力实现就业市场化、帮教社会化、管理信息化的规范要求，着力抓好职业技能培训帮其促进就业。

（李　菲）

军　事

沙湾市人民武装部

【概况】 沙湾市人民武装部成立于1960年3月，由沙湾县兵役局改编，隶属于新疆军区塔城军分区。1986年7月，改归地方建制；1994年12月，收归军队建制，受塔城军分区和沙湾县委、县政府双重领导。2005年，被中华人民共和国国防部表彰为“全国征兵先进单位”，2009年被新疆维吾尔自治区和新疆军区表彰为“征兵工作先进单位”。

【打牢强军思想根基】 2021年，沙湾市人民武装部深入学习贯彻习近平新时代中国特色社会主义思想和习近平强军思想，坚持大事大抓、主责主抓，把政治建军要求落实到单位建设的各方面和全过程，持续深化理论武装，通过参观军史馆、重温入党誓词等活动，筑牢官兵思想根基。

【双拥共建】 2021年，沙湾市人民武装部持续开展乡村振兴工作，投入1万元为大泉乡烧坊庄子村购买办公设备，积极协调沙湾特色农产品上架电商机构销售；部领导多次深入共建村宣讲党的理论知识，积极参加村党支部组织生活，进一步密切军地之间关系；积极协调驻地部队军人子女入学，全力解决军人的后顾之忧，让驻地部队军人感受到地方党委、政府的关心关爱，不断提升官兵幸福感。

【提升民兵队伍能力】 2021年，沙湾市人民武装部紧贴军事斗争任务抓动员备战，加快推动国防潜力向战争实力转化。深入贯彻军委军事训练会议和全国国防动员会议精神，精准组织动员潜力调查和民兵实力核查，分阶段组织民兵专业训练，在各项任务中提高保障能力，有效提升民兵队伍整体建设水平。

【严格征兵组织程序】 2021年，沙湾市委、市政府和人武部坚决贯彻上级有关征兵工作一系列重要指示精神，扎实抓好征兵各项环节、严肃各项纪律，将沙湾市优秀的应征青年送入部队，圆满完成2021年度新兵征集任务。

（胡兴景）

中国人民解放军驻市部队

【概况】 2022年，驻市部队深入贯彻习近平总书记系列重要讲话精神，始终坚持稳中求进总基调，扭住举旗铸魂抓引领，突出实战牵引抓备战，坚持从严从紧抓党建，着眼强基固本抓基层，厉行依法治军抓秩序，部队建设协调稳步发展。驻市部队某部先后被新疆军区表彰为先进旅团级党委、备战打仗先进单位、党风廉政先进单位、政法工作先进单位、安全管理工作先进单位，被师表彰为新闻舆论工作先进单位。驻市部队某部先后涌现出第十三届全国人大代表、中央军委“最美新时代革命军人”及陆军“四有”新时代革命军人标兵马和帕丽、一等功臣黄文津、汽车能手马佳乐、铁甲神医齐小林等一大批先进典型。

【双拥共建】 2021年，中国人民解放军驻市部队结合疫情防控实际，利用团史馆，接待驻地党政机关、学校、企事业单位1000余人次到军营开展主题党日、军事日活动，接受国防教育。协调石河子市政府、沙湾市政府帮助3名随军未就业家属解决就业难题、办理一次家属随调工作；对自主就业创业遇到困难或受疫情影响较大的，提供地方政策咨询、优先办理等服务，协调享受税收等优惠政策；协调石河子市教育局落实军人子女教育优待政策，对部队官兵子女给予特殊关爱，在入园入托、义务教育阶段入学升学或异地转学、借读等方面给予倾斜照顾，采取定向招生、增加拥军指标等办法，让军人子女优先选择就读院校。积极协调石河子市和沙湾市司法局法律援助中心，为涉法涉诉官兵家庭提供司法服务，依法优先办理，快捷高效落实；协助退役军人事务局及时掌握官兵家庭遭受自然灾害、重大变故等情况，主动靠上去排忧解难，加大救济扶持力度；对执行任务重伤亡官兵，高标准落实抚恤优待政策，为官兵亲属提供精神抚慰、心理疏导等针对性服务。推进军地联建联创，部队机关积极开展军地基层党组织互学互帮互促“三互”活动，共学创新理论、共过组织生活、共解发展难题，强化基层党组织功能，帮助创建安全、文明、团结、和谐村；适时开展军地联谊活动，组织军营开放日活动，邀请结亲对象、驻地群众、学校师生观摩军体表演、军营内务，参观团史馆、主席故事园、廉政文化园等，让驻地群众感受军营先进文化，接受光荣传统教育。

【扶贫帮困】 2021年，中国人民解放军驻市部队接续开展巩固脱贫攻坚、衔接乡村振兴工作，为帮扶社区10户困难群众，精准施策，保底稳增，资助10万元生产资料。结合元旦、春节等重大节日及学雷锋活动，组织官兵到驻地社区与居民群众共升国旗，组织政策宣讲，为居民义务理发130余人次，维修家电60余件，免费义诊80余人次，发放各类药品价值3000余元。大力扶持教育事业，启动“梦想起航”专项助学基金，投入专项助学资金帮助驻地学校完善教学设施、改善教育条件；持续帮扶社区7名贫困大学生，捐资助学7000元。以结亲对象和困难户为重点，组织领导干部与石河子市和沙湾市建档立卡贫困家庭学生开展“一帮一”助学活动；部队幼儿园每年为驻地困难家庭学生预留招收名额，使其接受良好学前教育。积极开展医疗扶持，每季深入帮扶村开展送医送药、健康体检、巡诊治病等活动，加大对结对帮扶和困难群众的医疗救助力度，防止出现因病致贫、因病返贫。加大对宁家河村、卡子湾村卫生站帮扶共建工作，定期走访慰问、互学互帮，捐赠医疗设备，帮助培训医疗骨干，组织医疗知识宣讲，开展基本的体检诊治和送必备药品活动。

【民族团结】 2021年，持续深化民族团结，在领导干部中继续开展“民族团结一家亲”结对认亲活动，坚持重大节日庆典联系一次，进一步加强军民团结，帮助少数民族群众解决困难。适时组织集体活动，帮助多名驻地村群众解决困难。结合任务形势及部队工作实际，深入开展民族团结、群众纪律教育和政策宣讲、理论解答活动。结合走访慰问、理论宣讲、文艺演出等时机，广泛开展“三学一交”活动，进一步增进官兵与各族群众的感情。

（何新颖、张衡）

武警沙湾中队

【概况】 中国人民武装警察部队塔城支队沙湾中队，组建于1950年1月，前身为沙湾县保安局保安队。2021年，中队持续抓教育统思想，突出抓能力强中心，扎实抓经常打基础，全力抓安全谋发展，带领全队官兵艰苦创业、埋头苦干，持续推动中队建设全面安全创新发展，先后多次受到武警新疆总队和驻地党委、政府的表彰。中队多次参加沙湾市抗雪救灾、抗洪抢险、灭火救灾任务，累计解救被困农牧民59户，转运牲畜5200余头，帮助牧民搬运家电、交通工具801余台，挽回经济损失311余万元。

【扶贫帮困】 2021年，武警沙湾中队紧紧围绕群众所盼，与帮扶社区、扶贫办取得联系，对特困家庭人员进行慰问，赠送慰问品、慰问金，对病患家庭开展送医送药、义务巡诊活动，帮助困难家庭树立脱贫信心；支援地方教育事业，向赠贫困儿童送书籍。

【军民共建】 2021年，武警沙湾中队积极参加社区综合环境治理，累计出动官兵100余人次帮助驻地10余户村户、2条便民街道清理积雪、垃圾。主动联系沙湾市图书馆签订图书共建协议，常态化存放图书1000余册，丰富团队图书资源，拓宽官兵精神文化视野。

【抢险救援】 2021年，武警沙湾中队主动协调市应急管理局、气象局、地震局等部门，随时掌握全市气候变化、地理地质，遇有自然灾害能按预案及时出动应急力量，协助开展抢险救援。

（杨　贺）

经济监督管理

改革与发展

【概况】 2021年，沙湾市坚定不移贯彻新发展理念，坚持稳中求进工作总基调，统筹疫情防控和经济社会发展，狠抓各项工作落实，全力推动经济高质量发展。2021年，全市实现地区生产总值231.21亿元，同比增长6.9%。其中，第一产业完成增加值125.79亿元，同比增长7.5%；第二产业完成增加值31.3亿元，同比下降0.7%；第三产业完成增加值74.12亿元，增长9.1%；三次产业在国民经济中的比例为54.4：13.5：32.1。全市实现地方财政收入11.98亿元，同比增长18.4%；公共财政预算收入8.58亿元，同比下降11.5%。全年社会消费品零售总额17.54亿元，同比增长16.6%。

【项目及投资管理】 2021年，沙湾市全年开工72个项目，全市固定资产投资较上年下降13.7%。在项目推进上，扎实开展项目指导服务，建立常态化项目跟踪督办机制，动态掌握重点项目问题清单，及时分解梳理、每周跟踪落实，实行销号管理。深入项目现场实地督查，对项目进展滞后、存在问题迟迟未解决的，及时下发工作提示函、督办函，通报责任单位限期整改。2021年，共开展项目实地指导服务20余次，下发项目工作提示函、督办函30余份，确保项目每个环节有效推进。狠抓项目调度，集中力量解决难题。为确保项目高效运转，坚持7天一例会、10天一调度、1月一通报的会议制度，共召开项目调度会34次，印发固定资产投资专报7期。牵头策划组织举办集中开工活动5次，力促重点建设项目全面开工建设。2021年，共审批项目20余项，备案项目30余项。共争取落实中央预算内项目15项，总投资6206万元，其中中央预算内投资4786万元。2021年，联合财政局和相关行业部门共申报地方政府专项债券项目22个，总投资30.8亿元，计划申请专项债券资金13.8亿元，实际争取下达地方政府专项债券项目9个，专项债券资金3.7亿元。

【“一带一路”建设】 2021年，沙湾市发改委编制印发《沙湾市2021年推进实施“一带一路”建设工作要点》，推进各项重点工作顺利开展。着力提升发展承载力，积极配合编制《新疆塔城重点开发开放试验区建设总体规划》，争取沙湾市列入试验区面积2041.41平方千米，沙湾国家农业科技园区顺利通过科技部评估验收，总规模50万平方米的纺织服装标准厂房及配套设施项目加快推进。积极开展光伏产业、马产业、日加工100万立方米天然气制LNG、抢抓试验区机遇加快发展、紧抓现代煤化工、石化产业发展机遇推动哈拉干德园区化工产业高质量发展、培育企业上市工作研究等方面的调研分析，提出发展建议供决策参考。多措并举推进产业发展，落实招商引资项目58项，到位资金35.03亿元。争取落实纺织专项补贴942.94万元、产业发展资金4603.22万元。积极推广“信易贷”助力企业发展，已入驻“信易贷”平台企业、个体工商户321家，通过平台融资贷款208笔，发放贷款2.56亿元。支持商贸企业做大做强，积极挖掘、摸排有进出口意向的企业，加强与家和番茄、中安华金、裕鑫源纺织等重点外贸企业的联系、对接，推动企业应出尽出、应进尽进；支持新疆沃谷农业发展有限公司建设海关监管仓项目，鼓励新疆中安华金商贸有限公司开展跨境电商，2021年实现进出口贸易总额278.1万美元。加快发展文化旅游业，加强区域内文化交流，积极开展兵地戏曲非遗项目授牌、交流展演、培训活动。深入实施“旅游兴疆”战略，不断完善基础设施，积极申请专项债券资金，实施文化产业基地、鹿角湾旅游景区基础设施升级改造工程，不断完善文化旅游产业发展基础。积极开发旅游资源和产品，启动安集海大峡谷整体开发、鹿角湾野奢营地、组团式星空度假屋项目。

【粮食管理】 2021年，沙湾市发改委认真贯彻落实《粮食流通管理条例》和《粮食流通监督检查暂行办法》，理清思路坚定发展信心，依法履行行政管理职责，加强监督检查，规范粮食市场秩序，切实维护消费者的利益。编制印发《沙湾市发改委2021年安全生产工作方案》和《2021年沙湾市发改委粮管股安全生产年度计划》，提出粮食工作大检查总体要求、目标任务、时间安排等，确保粮食工作有序开展。严格按照“管行业必须管安全，管业务必须管安全、管生产必须管安全”的要求，坚决压实粮食企业安全生产经营主体责任和企业负责人第一责任人责任，累计开展检查30余次，检查涉粮单位60余处次，发现问题42个。针对检查中发现的问题，督促企业认真制定整改措施，做到迅速整改，不能立即整改的建立整改台账，明确整改措施、责任人和整改时限。按照《粮食流通管理条例》对全市10家粮食收购企业进行了备案，规范粮食收购市场。2021年，全市冬春小麦播种面积8.32万亩，其中冬小麦7.25万亩、春小麦1.07万亩。收购工作主要由粮油购销公司、天宝绿色食品有限公司承担，共收购小麦57268吨，其中粮油购销公司累计收购小麦33128吨、天宝绿色食品有限公司累计收购小麦22249吨、中储粮累计收购小麦1890吨。修改完善《沙湾市粮食应急预案》，切实加强应急粮源保障、粮油加工应急供应体系建立，与粮油收储、加工企业、各大超市签订《应急物资供应保障协议》，并建立沙湾市成品粮油储备。为提高应急储备保障供应能力，积极向财政部门申请资金建立市级原粮和扩充应急物资品种数量。

【价格监测】 2021年，沙湾市经济总体平稳，重要民生商品供应充足。总体来看，面粉、粳米价格基本稳定，本地主销的葵花油、菜籽油、花生油、大豆油价格小幅上涨，猪肉价格下降且降幅较大，牛肉、羊肉、鸡肉、牛奶价格基本稳定，鱼类价格稳中有升，鸡蛋、蔬菜价格涨跌互现，居民生活用煤、供热用煤价格大幅上涨，籽棉平均收购价格上涨，尿素和磷酸二铵价格上涨，成品油价多次调整并且总体呈现出十四涨六跌四搁浅的走势格局。电价、水价、医疗、交通、住宿、学费、通信费等价格基本稳定。

【收费年审】 2021年，沙湾市发改委完成自治区系统2020年度行政事业性收费年审131个单位，2020年度全市共计发生行政事业性收费53421.52万元，其中行政性收费项目44个，年收费额24040.55万元，占收费总额的45%；事业性收费项目74个，年收费额29380.97万元，占收费总额的55%。

【收费监管】 2021年，沙湾市发改委会同教育、市场监管部门进一步加强义务教育阶段学科类校外培训收费监管，建立健全工作协调机制，制订详细工作方案，加快推进对义务教育阶段学科类校外培训收费实行政府指导价管理工作。

【能源安全与发展】 2021年，沙湾市发改委将能源安全发展与能源保供作为一项重点工作抓紧抓实，始终坚持紧盯安全生产不放松，压紧压实监管责任，督促企业落实主体责任，全年全市煤炭、电力及油气管线保护领域无事故发生，安全生产总体平稳。检查煤矿企业6家，执法检查45矿次，查处隐患189条，行政处罚3次，约谈企业1家；驻矿日常排查隐患404条。呼图壁丰源煤矿“4·10”透水事故发生后，沙湾市发改委顶着安全生产和保供双重压力，积极推动煤矿复工复产，宝英煤矿于2021年8月18日复产，是北疆首个60万吨复工复产矿井，宏业煤矿于2021年11月12日复产。为保证2021年供暖季全市热力煤炭供应，沙湾市发改委会同政府多次与煤矿协商，签订保供用煤合同22万吨。2021年，宝英煤矿上级公司对宏业煤矿完成股权收购，新疆天富电力小沟煤矿与恒源煤矿达成整合协议，煤炭资源整合工作取得一定成效。2021年，沙湾市发改委检查电力企业10次，查处隐患90条，督促企业将所有隐患按期整改销号。沙湾市发改委积极协调电力企业做好保电应急抢修及物资准备工作，圆满完成年度保电任务，沙湾市电力领域全年安全生产平稳。2021年，沙湾市发改委开展4次长输油气管道保护联合专项检查，协调市安委会聘请专家全面排查隐患4次，共查处安全隐患103条，完成整改97条。开展系统安全检查12次，共查处隐患96条，已全部整改完成。

【发展环境营造】 2021年，沙湾市发改委依法完成市农村饮水安全工程供水价格成本监审工作，深入各村对63名用水户开展入户调查，并深入12个乡镇64个村组，就价格调整方案征求意见，完成城市供水价格成本监审及供热价格成本监审工作。强化各项棉花加工企业安全监管措施，督促企业落实棉花目标价格改革企业名单公示工作，联合市监、消防、财政、税务、应急管理等部门开展各类检查，督促协调收购款兑付和收购信息上传录入工作。对2020年棉花目标价格补贴中出现的问题及时提出解决措施建议，完善目标价格补贴措施。指导企业做好棉花采收期间的安全生产工作，督促企业按时完成收购款兑付和收购信息采集录入工作，督查企业提高加工质量，落实质量补贴试点等各环节工作。按照政策规定，了解掌握鹿角湾景区门票价格情况，及时完成鹿角湾景区门票价格整合工作。对全市社会力量经营服务性收费事项，实行事中事后备案审核制，办理经营服务性收费备案9项、商品房销售价格备案1358套。受理各类价格认定案件95件，价格认定标的98.35万元。其中，涉嫌刑事案件89件，涉案金额65.61万元；涉嫌违法违纪案件6件，涉案金额32.74万元，办结率100%。

（马鑫旺）

财　政

【概况】 2021年，沙湾市财政局坚持以习近平新时代中国特色社会主义思想为指导，坚持稳中求进工作总基调，扎实做好“六稳”工作、全面落实“六保”任务，保持对经济恢复的必要支持力度，兼顾稳增长和防风险需要，大力调整优化支出结构，加强财政资源统筹，强化地方政府债务管理，促进财政可持续发展。2021年，沙湾市完成全口径财政收入176223万元，比上年增收21689万元，增长14.04%。其中税务部门完成全口径收入83022万元，比上年减收10726万元，下降11.44%；财政部门完成全口径收入93201万元，比上年增收32415万元，增长53.33%。2021年，沙湾市地方财政收入完成119757万元，完成预算138757万元的86.3%，较上年增收18600万元，增长18.4%。其中，一般公共预算收入完成85813万元，完成预算103757万元的82.7%，较上年96965万元减收11152万元，下降11.5%；基金预算收入完成33944万元，完成预算35000万元的97.0%，较上年4192万元增收29752万元，增长709.7%。2021年，沙湾市地方财政支出完成314939万元，较上年减支84056万元，下降21.1%。其中，一般公共预算支出完成249867万元，较上年减支16838万元，下降6.3%；基金支出完成65072万元，较上年减支67218万元，下降50.8%；地方政府一般债券还本支出32177万元，专项债券还本支出2550万元。专项上解支出6433万元，体制上解支出3416万元。预算外教育收费支出1013万元，较上年增支47万元，增长4.86%。

【财源建设】 2021年，沙湾市财政局通过督促协助税务部门加强重点税源、重点企业、重点行业的税收征管工作，加大清收力度、挖掘增收潜力，依法征收、应收尽收。积极培植和涵养税源，充分利用塔城重点开发开放试验区优惠政策，有力有序有效推进试验区分区高起点规划、高标准建设、高质量发展，简化优化办事程序，依法依规配置政府掌控的资产资源，加大招商引资，扶持现有骨干税源产业和企业发展，实现税收收入稳步增长。落实国有资源有偿使用制度，增加政府资源性收入。清理公共住房，依法予以征收，结合棚户区改造有序出让土地。清理国有农用地资源，依托市国有农用地经营管理公司，依法合规收取国有土地承包费，实现收入2亿元。盘活闲置国有资产，实现保值增值。通过中介机构对存量闲置资产进行评估，面向社会公开拍卖出售。盘活国有股权，增加财政收入。

【财政保障】 2021年，沙湾市财政局把落实市委、市政府决策部署作为首要任务，坚持统筹兼顾、突出重点，加大支出结构调整力度，全力保障“三保”、维护稳定、疫情防控、教育等重点领域支出和债务还本付息等刚性支出，合理保障维持部门正常运转和履职的必需支出。严格落实国家出台的各项减税降费政策，确保减税降费政策红利落地。支持建设高质量教育体系，推进卫生健康体系建设，提高社会保障水平，完善住房保障体系，推动文化体育事业发展。全面巩固拓展脱贫攻坚成果，推进农业高质量发展，提升乡村建设和治理能力。支持深入打好污染防治攻坚战，加强生态系统保护和修复。管好用好专项债券资金，拉动有效投资，发挥政府投资引导带动作用。

【财政管理】 2021年，沙湾市财政局坚持厉行节约，勤俭办一切事业。严格差旅费预算管理，严控因公出国（境）支出、公务接待支出、公务用车购置及运行维护费支出，确保“三公”经费只减不增。加强财政投资评审，提高资金使用效率。2021年，沙湾市累计完成评审项目85项，审定投资9.813亿元，审减投资1.16亿元，审减率21.30%。加强国有资产管理，完成全市2020年度产权登记和资产报表报送工作，2020年行政事业单位资产总量29.29亿元，其中行政单位年末资产总量14.06亿元、事业单位资产总量15.23亿元。负债总量11.18亿元，净资产18.11亿元。严格政府采购管理，截至2021年年底，政府采购云平台已完成交易总额22304.60万元，交易笔数6062笔，全面实现“线下无交易、采购全监管、信息全公开”的政府采购改革要求。加强会计基础管理，深入贯彻执行会计法、政府会计准则制度等法律法规，规范会计人员行为，逐步完善内部控制组织架构，建立有效的会计基础管理内部控制机制。

【税政法规】 2021年，沙湾市财政局深化财税体制改革，全面落实财税政策。认真组织贯彻实施国家财税法规，负责财政法制宣传工作，组织实施财政普法工作。负责财税联系，分析反馈有关税收政策执行情况，提出参考意见和建议。协助税务部门办理退税审核工作。收集、整理、反馈财税政策动态。负责财税法规、规章和有关规范性文件的清理工作。

【预算编制】 2021年，沙湾市财政局认真开展预算编制工作，提高预算编制科学化水平。推进综合预算管理，规范部门预算编报范围，将预算单位符合规定的各项资金全部纳入部门预算管理，一个部门一本预算。增强各类预算之间的统筹协调，加大政府性基金预算、国有资本经营预算与一般公共预算的统筹力度。优化财政支出结构，加大对重要政策和重点项目，以及深化供给侧结构性改革、打好三大攻坚战、促进教育文化卫生事业发展方面的支持力度，更好地服务经济社会发展。落实过紧日子要求，进一步压减非刚性、非重点项目支出和公用经费。从严控制“三公”经费，坚决取消无实质内容的公务接待等活动，严格控制车辆报废更新。理顺预算管理关系，按照“放管服”改革要求，赋予部门更多的预算管理权限，更好地发挥部门在预算编制、执行中的主体地位和责任。

【预决算信息公开】 2021年，沙湾市财政局贯彻落实中央、自治区和地区有关预决算公开的工作要求，切实推进预决算公开工作。主动接受人大审计监督，逐步细化报送人大审议的部门预决算内容。牢固树立公开是“底线”“红线”的意识，强化部门主体责任，提高部门预决算公开的主动性和积极性，除涉及国家秘密的信息外，所有使用财政资金的149个部门和单位（不含2个涉密单位）都按规定时限和内容公开预决算信息。落实公开责任，细化公开内容，做到真实、准确、完整、及时公开财政信息，接受社会监督，以财政公开推进廉洁政府、清明政府建设。

【财政预算绩效管理】 2021年，沙湾市财政局强化部门预算绩效管理，实现项目绩效目标、绩效执行监控、绩效自评、绩效责任四个全覆盖。推进绩效管理与预算管理紧密结合，实行预算编制、执行、监督全过程的绩效管理工作机制，对预算执行情况和绩效目标实现程度进行“双监控”，及时纠正偏差。部分项目绩效自评结果和重点项目绩效评价提交市人大常委会，稳步推动绩效信息向社会公开。

【政府绩效管理】 2021年，沙湾市牢固树立“花钱必问效、无效必问责”的绩效理念，积极稳妥推进政府绩效管理工作，全市153个单位编制了预算项目绩效目标及整体绩效目标，覆盖率达98%。根据各单位上报的预算项目绩效目标及整体绩效目标，结合实际批复给各单位，要求各单位强化资金意识，将资金落到实处，以绩效目标为导向，以绩效评价为抓手，提高公共产品质量和控约成本的同时，充分发挥财政资金使用效益，不断提升服务水平。

【国库管理】 2021年，沙湾市财政局本着国库无小事的原则，通过推行岗位责任制，强化国库总预算核算体系基础工作，加强国库监管，确保资金使用规范、安全、有效；强化财政决算管理，提升预算执行分析水平，进一步完善部门决算工作机制，结合经济运行态势和财政中心工作，对影响财政收支的各类因素进行分析；完善国库集中支付运行机制，提高财政支付审核效率，提高预算执行的规范性和时效性；健全税收和非税收入收缴管理，认真组织税收、非税收入，做到应收尽收、及时入库；做好财政统发工资监管，认真执行财政统发工资规定，不断提高工资统发审核和发放效率，简化业务流程；做好直达资金监控管理工作，根据《中华人民共和国预算法》和直达资金管理要求，将直达资金监控系统共收到直达资金指标全部纳入监管范围，从资金到账、资金使用到建立台账、监控预警处理等全方位及时跟踪掌握，保证资金按要求使用。

【非税收入】 2021年，沙湾市非税收入占总收入的63.6%，非税收入呈现出逐年上升趋势。从近三年的数据可以看出，非税收入占比从55.5%、60.62%提高到2021年的63.6%。受大环境影响，如“减税降费”政策、环保、房地产市场低迷等多方面因素，税收降幅逐年上升，而非税收入来源多为一次性收入，其中国有土地承包收入、资产收益等一次性收入占非税收入的72.7%。长期以来沙湾市非税收入的增幅一直倚重一次性收入来实现。沙湾市在非税收入管理方面通过一系列的制度创新、技术创新、机制创新，逐步建立了新的政府非税收入管理机制，充分运用了信息技术，财政部门加强了对政府非税收入收缴的事前事中控制，规范了政府部门的执收行为，提高了政府非税收入管理的透明度，提高了财政监管水平。

【政府性债务管理】 2021年，地区批复下达沙湾市2021年末政府债务限额502849万元，其中，一般债务限额238499万元、专项债务限额264350万元，并经县第十六届人大常委会第三十一次会议《关于批准〈沙湾市2021年8月预算调整方案（草案）的报告〉的决议》（沙人常字〔2021〕38号）批准。截至2021年年末，沙湾市负有偿还责任的政府债务446183万元，其中，一般债务195068万元、专项债务251115万元。沙湾市2021年债务余额控制在地区及市人大批准的限额之内。2021年，沙湾市全年新增法定债务72802万元，全部为自治区发行的政府转贷债券，其中，新增一般债券24902万元、专项债券37000万元、一般再融资债券10900万元，债券资金已全部支付完毕。2021年，沙湾市全年偿还法定债务本息50097万元（本金34727万元，利息15370万元），其中，一般债务本息39200万元、专项债务本息10897万元。

【政府采购】 2021年，沙湾市继续深化“放管服”改革，认真贯彻落实《中华人民共和国政府采购法实施条例》，强化发挥采购人主体责任，推进简政放权放管结合和政府采购一体化交易平台建设，优化政府采购流程，提高政府采购质量和效率，积极完成各项采购工作任务。至2021年年底，沙湾市政府采购云平台系统政府采购共注册568家正式供应商，有545家供应商提交有效协议，其中，324家供货商入围网上商城供应电商；220家供货商入围政采云工程设计与咨询服务、互联网接入服务、机动车服务、印刷服务、保险服务、维修保养服务、商务中介服务、小额工程、租赁服务、会议服务、物业管理服务等17个大类43个小类服务市场模块。共有25091种办公用品、办公设备、家具用品、日用百货、生活电器、数码设备、计算机设备、教学科研、体育用品、劳保用品、五金工具、灯具商品、机电设备及食品饮料、汽车配件、车辆、矿与矿物（仅含煤）等类采购内容纳入网上商城采购范围，完全满足全市预算单位日常采购需求。实现网上办理政府采购计划备案、审批、核准、合同备案等事项，全面提高政府采购效率。至2021年年底，政府采购云平台已完成交易总额为31550.28万元，交易笔数8244笔，全面实现“线下无交易、采购全监管、信息全公开”的政府采购改革要求。深入贯彻党中央、国务院、自治区关于打赢脱贫攻坚战的决策部署，强化脱贫攻坚投入保障，落实政府采购支持脱贫攻坚等政策。

【财政支持经济建设】 2021年，沙湾市加大基础设施建设投入力度，积极争取上级专项及地方政府债券资金支持累计达27707万元，用于支持巩固拓展脱贫攻坚成果同乡村振兴有效衔接，投入示范村人居环境整治综合提升项目、示范村镇垃圾集中收集清运项目、大泉乡乡村道路建设改造项目和2017年市政基础设施建设、沙湾城区排涝管网工程（二期）、公共配送中心建设项目、老旧小区改造项目。积极筹措资金逐步加大对市级安全生产投入，2021年，安排安全生产专项资金369.35万元，用于应急指挥中心融合通讯云平台建设、消防救援工作保障、消防员高危补助、安全监督执法设备购置、千泉湖水库除险加固、小型水库安全运行、水利管理站防洪物资购置。

【财政保障教育科学文化】 2021年教育科学文化旅游总投入64303万元，其中：教育支出61207万元，主要用于全市各幼儿园、小学、初中、高中、中等职业技术学校、党校培训等教育支出；宣传等事务支出319万元，科学技术支出157万元，文化旅游体育与传媒支出2620万元，主要用于图书馆、文化馆、文工团、旅游、文物保护、广播电视等方面的文化支出。

【财政支农惠农】 2021年，沙湾市财政局进一步加强惠民惠农补贴资金“一卡通”管理，巩固惠民惠农财政补贴资金“一卡通”专项治理成效，加大发放管理的监管力度，确保惠民惠农政策落实落地。2021年，通过农民补贴信息及“一卡通”网络负责发放的各类涉农补贴共28项，涉及金额130594.37万元。主要包括棉花目标价格改革试点补贴资金、农村安居工程补助资金、完善退耕还林还草补助、农机购置补贴、耕地地力保护补贴、草原奖补资金、农田水利项目资金、支持巩固拓展脱贫攻坚成果同乡村振兴有效衔接地方政府债券资金、衔接项目资金、农业保险保费补贴资金、个体工商户小额信贷财政贴息资金等。

【城乡居民社会保障】 2021年，沙湾市进一步完善城乡居民大病保险政策，加大困难群众医疗救助力度，优化职工医疗救助基金，完善职工门诊大额医疗费用补助，居民医保财政补助。积极落实城乡低保、城乡特困人员、孤儿生活补助。加大公共财政对养老服务事业的投入，持续优化养老服务扶持政策。

【医疗卫生支出保障】 2021年，沙湾市财政安排基本公共卫生补助资金、传染病防治等重大公共卫生补助资金，推进市级公立医院改革、公立医院药品零差率销售、卫生人才引进培养和医院综合发展，全市继续深化其他医药卫生体制改革，推进市级公立医院全面预算管理，强化预算约束，推进基层医疗卫生机构建设和医疗联合体建设，促进分级治疗。

【住房财政保障】 2021年，沙湾市加强住房财政保障工作，努力筹措保障性安居工程资金，对11个乡镇276户房屋进行验收，对已达到建设标准的276户建房户，按照一般户每户1.85万元（中央补助1.08万元、自治区补助0.77万元），发放补助资金510.6万元。创新资金筹集方式，统筹安排保障性安居工程资金20507万元，不断完善老旧小区改造，逐步规范小区停车位，不断加强小区安防，努力为居民营造活动宽松、心情舒畅的宜居环境。

【财政支持自然资源和生态环境】 2021年，沙湾市牢固树立保护生态环境就是保护生产力、绿水青山就是金山银山的理念，加大对环境保护项目资金支持力度，积极筹措资金12980.35万元用于环境污染防治攻坚战相关支出。主要用于示范村人居环境整治综合提升项目、示范村镇垃圾集中收集清运项目、城市排涝管网工程（二期）、再生水厂污水处理服务费、农村环境整治专项资金、翠山生态绿化工程供水费用、翠山绿化供水和城西机井电费等。

【行政事业单位国有资产管理】 2021年，沙湾市财政局严格执行制度办法，认真贯彻《行政事业性国有资产管理条例》，制定下发《关于进一步规范行政事业性国有资产管理的通知》，进一步强化资产管理主体工作责任，明确工作流程，规范管理行为。将资产管理与政府采购等管理相结合，严格资产配置标准，坚持以存量控制增量，严格资产处置管理，把好资产出入关口。加强资产基础信息化管理，动态反映单位资产使用情况，做到账账、账卡、账实相符；严格执行资产月报制度，认真执行资产报告制度，向市人民政府报送2020年度行政事业单位国有资产等专项报告，作为政府向人大报告全市国有资产报告的组成部分，全面反映全市行政事业单位年度国有资产情况。针对审计、巡查反馈问题，加强单位业务培训，督促指导单位做好相关整改工作；完成公租房住房资产、已使用在建工程转固统计工作，要求单位将在建工程应转尽转。

【会计管理】 2021年，沙湾市财政局加强会计人员信息采集工作和会计人员继续教育学习的宣传认定工作，推进会计专业技术人员继续教育管理工作的规范化科学化，做好宣传推广和释疑解惑，及时向会计专业技术人员传达学分管理和数据对接的有关要求。加强委托代理记账机构管理，严格审批标准，规范报备制度，认真做好市域内委托代理记账机构的申请和备案工作，按时开展委托代理记账机构资质年检工作。全市共有代理记账机构14户，严格按照《中华人民共和国会计法》《会计基础工作规范》《代理记账管理办法》《小企业会计准则》等法律法规相关规定开展代理记账工作。采取各种措施组织开展《中华人民共和国会计法》《中华人民共和国预算法》《中华人民共和国政府采购法》《政府会计制度》《国库集中支付管理办法》等法律法规学习，宣传学习普及财政法规知识，进一步提高财政干部、财会人员的专业知识水平和业务素质。

【财政监督】 2021年，沙湾市财政局以完善财政管理、促进财政改革、维护财经秩序、服务科学发展的财政监督和预算绩效管理工作为目标，高效地履行财政监督和绩效管理职能。开展违反中央八项规定精神专项整治工作、粮食购销领域腐败问题专项整治工作，认真做好2015年度“小金库”专项治理发现问题的整改落实回头看工作，在全市范围内开展了2019年度、2020年度地方预决算公开情况专项检查。认真开展预算绩效评价工作，根据地区要求，对各部门单位财政预算安排的720个项目（不含中央转移支付资金）实行项目支出绩效评价。根据自治区及地区要求，对2020年度3个重点项目绩效评价进行审核并公开，预算金额共计5113.2万元。

【财政信息化建设】 2021年，沙湾市财政局全面推进预算管理一体化系统2.0平台建设，保证与地区同步建成平台，确保2.0平台在2022年正常运行使用。加强在财政专网网络安全、数据、服务器维护、财政大平台建设完善、财政业务系统培训、财政人员权限制度、财政信息安全保密等方面的工作。

【国有资产监督管理】 2021年，沙湾市国资委主动适应经济发展新常态，以资金资产资源配置最优化为目标，以分类改革、分类监管改革为重点，以改革激活力、促发展、提效益，推动市管国企改革发展，服务经济社会发展大局。认真贯彻落实“国企改革三年行动”，成立沙湾市国有企业改革三年行动领导小组，研究制订沙湾市国有企业三年行动责任分解方案，挂图作战、跑表计时，实现改革任务年度目标，取得一系列重要阶段性成果。深度推进加强党的领导，扎实推动市属国有企业将党建工作要求写入公司章程，明确党组织在企业决策、执行、监督各环节的权责，实现党组织发挥领导核心作用和政治核心作用的组织化、制度化、具体化。推进市属国企整合改制，对市属22家国有企业，根据公司性质、资产及经营状况、发展规模及前景，研究制订整合改制方案，整合为六大集团公司。

沙湾市2021年一般公共预算收入完成情况表（分税种）

表1

项　目	2021年预算数（万元）	2021年决算数（万元）	2021年度完成预算百分比（%）	2020年决算数（万元）	收入同比增加额（万元）	同比增长百分比（%）	各项收入占一般预算收入比重（%）
一般公共预算收入合计	103757	85813	82.71	96965	–11152	–11.50	100.00
税收收入小计	42000	31205	74.30	38182	–6977	–18.27	36.36
一、增值税	16700	12547	75.13	14160	–1613	–11.39	14.62
二、企业所得税	4900	3791	77.37	4469	–678	–15.17	4.42
三、个人所得税	1100	1497	136.09	1096	401	36.59	1.74
四、资源税	1200	860	71.67	1125	–265	–23.56	1.00
五、城市维护建设税	2600	2522	97.00	2405	117	4.86	2.94
六、房产税	1900	1728	90.95	2045	–317	–15.50	2.01
七、印花税	1000	1107	110.70	918	189	20.59	1.29
八、城镇土地使用税	2000	1531	76.55	1947	–416	–21.37	1.78
九、土地增值税	1900	765	40.26	1863	–1098	–58.94	0.89
十、车船税	1400	1508	107.71	1361	147	10.80	1.76
十一、耕地占用税	3300	729	22.09	3040	–2311	–76.02	0.85
十二、契税	4000	2627	65.68	3789	–1162	–30.67	3.06
十三、其他税收收入	—	–7	—	–36	29	–80.56	–0.01
非税收入小计	61757	54608	88.42	58783	–4175	–7.10	63.64
十四、专项收入	3000	2359	78.63	2361	–2	–0.08	2.75
十五、行政事业性收费收入	2500	1629	65.16	1736	–107	–6.16	1.90
十六、罚没收入	3000	2493	83.10	1903	590	31.00	2.91
十七、国有资产经营收入	33000	39717	120.35	19775	19942	100.84	46.28
十八、国有资源（资产）有偿使用收入	15600	6894	44.19	32443	–25549	–78.75	8.03
十九、捐赠收入	—	—	—	—	—	—	0.00
二十、政府住房基金收入	200	213	106.50	179	34	18.99	0.25
二十一、其他收入	4457	1303	29.23	386	917	237.56	1.52

沙湾市2021年政府性基金收入完成情况表

表2

项　目	2021年预算数（万元）	2021年决算数（万元）	2021年度完成预算百分比（%）	2020年决算数（万元）	收入同比增加额（万元）	收入同比增长百分比（%）	各项收入占基金预算收入比重（%）
政府性基金收入合计	35000	33944	96.98	4192	29752	709.7	100.0
一、国有土地使用权出让收入	32000	31870	99.59	3569	28301	793.0	93.9
二、城市基础设施配套费收入	1000	1128	112.80	—	1128	—	3.3
三、其他政府性基金专项债务对应项目专项收入	2000	946	47.30	623	323	51.8	2.8

沙湾市2021年一般公共预算支出完成情况表

表3

项　目	2021年调整预算数（万元）	2021年决算数（万元）	2021年度完成预算百分比（%）	2020年决算数（万元）	增加额（万元）	增长百分比（%）	所占比重（%）
一般公共财政预算支出合计	251513	249867	99.35	266705	-16838	-6.3	100.0
一、一般公共服务	13622	13622	100.00	18280	-4658	-25.5	5.5
二、外交	—	—	—	—	0	—	0.0
三、国防	—	—	—	—	0	—	0.0
四、公共安全	20494	20494	100.00	25981	-5487	-21.1	8.2
五、教育	61207	61207	100.00	56605	4602	8.1	24.5
六、科学技术	173	157	90.75	74	83	112.2	0.1
七、文化体育与传媒	2620	2620	100.00	2730	-110	-4.0	1.0
八、社会保障和就业	35905	35905	100.00	34627	1278	3.7	14.4
九、卫生健康	27955	27955	100.00	33171	-5216	-15.7	11.2
十、节能环保	1753	1251	71.36	7195	-5944	-82.6	0.5
十一、城乡社区事务	15877	15262	96.13	8343	6919	82.9	6.1
十二、农林水事务	43755	43381	99.15	44375	-994	-2.2	17.4
十三、交通运输	750	748	99.73	2145	-1397	-65.1	0.3
十四、资源勘探电力信息等事务	8130	8130	100.00	6184	1946	31.5	3.3
十五、商业服务业等事务	1030	996	96.70	353	643	182.2	0.4
十六、金融监管等事务支出	84	84	100.00	21	63	300.0	0.0
十七、地震灾后恢复重建支出	—	—	—	—	—	—	0.0
十八、自然资源海洋气象等支出	821	821	100.00	1032	-211	-20.4	0.3
十九、住房保障支出	4466	4363	97.69	14033	-9670	-68.9	1.7
二十、粮油物资储备管理事务	152	152	100.00	896	-744	-83.0	0.1
二十一、灾害防治及应急管理支出	828	828	100.00	755	73	9.7	0.3
二十二、其他支出	4831	4831	100.00	2817	2014	71.5	1.9
二十一、国债付息支出	7023	7023	100.00	7058	-35	-0.5	2.8
二十三、债务发行费用支出	37	37	100.00	30	7	23.3	0.0

沙湾市2021年政府性基金支出完成情况表

表4

项 目	2021年调整预算数（万元）	2021年决算数（万元）	2021年度完成预算百分比（%）	2020年决算数（万元）	基金预算支出同比增加额（万元）	基金预算支出同比增长百分比（%）	各项支出占基金预算支出比重（%）
政府性基金支出合计	66261	65072	98.21	139740	−74668	−53.4	100.0
一、社会保障和就业	43	7	16.28	27	−20	−74.1	0.0
二、城乡社区支出	19381	19381	100	7450	11931	160.1	29.8
其中：国有土地使用权出让收入安排的支出	18791	18791	100	1950	16841	863.6	28.9
农业土地开发资金支出	590	590	100	500	90	18.0	0.9
棚户区改造专项债券收入安排的支出	—	—	—	5000	−5000	−100.0	0.0
三、其他政府性基金支出	38451	37298	97.00	105406	−68108	−64.6	57.3
四、债务付息支出	8347	8347	100	5244	3103	59.2	12.8
五、债务发行费支出	39	39	100	123	−84	−68.3	0.1
六、防疫特别国债支出	—	—	—	14040	−14040	−100.0	0.0

（王建军）

税 收

【概况】 2021年，国家税务总局沙湾市税务局组织税收收入80983万元，减少12.18%。税收收入提供地方可用财力31611万元，减少19.58%。社会保险基金收入60888万元，增长66.55%；非税收入3027万元，增长9.08%，社会保险基金收入和非税收入完成一般公共预算收入合计63915万元，增长66.7%。税收收入中，含免抵调库增值税191万元，减少52.72%；不含免抵调库增值税29328万元，减少20.88%；企业所得税12194万元，减少7.28%；个人所得税4943万元，增长42.74%；“地方十税”14902万元，增长27.25%；消费税14928万元，增长1.29%；车辆购置税3721万元，增长22.81%；非税收入中，教育费附加、地方教育费附加分别为1549万元、1030万元，分别减少0.001%、0.004%；残疾人就业保障197万元，增长51.54%。

【落实减税降费政策】 2021年，国家税务总局沙湾市税务局始终围绕“六稳”“六保”工作，积极落实税收政策，服务塔城重点开发开放试验区建设，助力乡村振兴、激活市场主体活力等重大决策部署，建立减税降费工作常态机制，利用“网格化管理”“一企一策”等方式抓实抓细延续实施和新出台的税费优惠政策落实。

【税收征管】 2021年，国家税务总局沙湾市税务局以加强税收风险管理精准度为目标，积极开展5C监控评价指标验证工作，在强化征管基础数据质量基础上，完善风险应对工作机制，以重点控管和动态控管相结合的办法，科学研判经济税收走势，最大限度挖掘税源潜力。2021年，沙湾市税务局组织入库各项税收收入80983万元；组织社会保险费收入60888万元，同比增长66.55%；非税收入3027万元，同比增长9.08%。

2021年9月9日，沙湾市税务局、市场监督管理局召开摸清市场主体座谈会

【依法治税】 2021年，国家税务总局沙湾市税务局严格规范税务执法，全力推进“首违不罚”清单制度、税务事项证明告知承诺制等，加大对一线税收执法人员的培训力度，不定期开展“三项制度”培训，规范日常执法，为严格落实“三项制度”奠定基础。2021年，审批符合首违不罚事项172户、办理税务事项证明告知承诺业务146笔，办结重大税务决定（税务行政处罚）法制审核事项1件。

【纳税服务】 2021年，国家税务总局沙湾市税务局以“我为群众办实事”为着力点，扎实开展“便民春风行动”“春雨润苗”专项行动、“千名税务干部访万企”活动等，问计问需服务对象；将“非接触式”办税事项由186项提升至214项，稳步推行不动产登记“一窗受理”，财行税整合“十税合一”申报，增值税、消费税“主附税合并申报”等生活关联度高、业务发生频次高的业务；通过在办税服务厅设置多媒体触摸查询一体机，在工商银行设立社会化办税缴费网点，在政务大厅设置“绿色优办”等老年人专窗等，拓宽办税缴费渠道，提高办税缴费便利化水平。

【增值税改革】 2021年，国家税务总局沙湾市税务局全面落实好提高小规模纳税人年销售额标准、部分行业增值税留抵退税等配套政策，稳妥推进增值税专用发票电子化改革，关注重点行业增值税政策落实情况，打好“强培训、广宣传、精辅导”组合拳，将优惠政策分门别类、点对点进行推送辅导，确保优惠政策应知尽知、应享尽享。

【留底退税工作】 2021年，国家税务总局沙湾市税务局通过制作政策宣传辅导卡、微信联系、电话通知等多种形式对辖区内符合留抵退税的59户（累计数）企业宣传辅导400余次，鼓励纳税人根据政策内容，按照要求申请进行增量留抵税额退税，累计为8户企业办理增量留抵税额退税9笔。

【小微企业税收优惠减免】 2021年，国家税务总局沙湾市税务局通过开展“春雨润苗”专项行动，组织业务骨干梳理企业相关税收政策要点，成立宣传团队，在文化广场、超市门口设立宣传点，张贴宣传海报，广泛普及税收知识，就纳税人缴费人比较关注的社保、个税等相关政策及办税缴费过程中存在的疑问进行现场解答；针对小微企业资金周转困难问题，主动服务对接企业，联合金融机构持续开展“银税互动”业务，助力小微企业发展。

2021年3月31日，沙湾市F2购物中心“税宣驿站”税务人员现场讲解税收知识

【纳税信用建设】 2021年，国家税务总局沙湾市税务局纳入信用管理3199户，评价户数2962户，其中A级纳税人249户、B级纳税人1026户、M

级纳税人1454户、C级纳税人13户、D级纳税人220户。本地区未纳入个体工商户纳税信用评价试点。

【银税合作】 2021年，国家税务总局沙湾市税务局进一步加大“信息共享·信用互认·银税互动”合作模式的推广，在现有合作银行的基础上，开发兵团农业银行和工商银行在“银税贷”“地方授信兵团企业”等多种纳税信用授信贷款融资方式，累计共享1454条合法纳税信息，突破基本账户与放款银行一致的限制，为需要发展资金的30户次纳税人提供快速放贷融资金融服务，发放贷款3855万元。

2021年2月7日，沙湾市税务局干部联合工商银行“税务贷”主管宣讲“银税互动”

【纳税人学堂】 2021年，国家税务总局沙湾市税务局认真落实各项纳税服务工作内容，通过纳税人学堂积极宣传和落实各项税惠政策，辅导纳税人、缴费人学习新办纳税人涉税事宜、增值税电子专票领、抵、用操作、个体工商户网上办税、个人所得税综合所得汇算清缴业务、职工基本养老保险、医疗保险等，不断落实和完善有关制度建设，提高办税服务质量，做到真正服务于纳税人的合理需求。2021年，共计培训9场，合计270人次。

（吕梦宇）

审计监督

【概况】 2021年，沙湾市审计局牢牢扭住新疆工作总目标和自治区党委“3+1”工作部署，依法全面履行审计监督职责，不断加强审计机关自身建设，做好常态化“经济体检”工作，发挥了审计在党和国家监督体系中的重要作用。2021年，共完成审计项目30个，其中审计27个、专项审计调查3个。查出主要问题金额7.58亿元，其中管理不规范资金7.57亿元；审计发现非金额计量问题62个；出具审计报告和专项审计调查报告30篇。移送处理事项6件。审计期间整改金额744万元，审计促进整改落实有关问题资金741万元，提出审计建议48条，被采纳46条。

【重大政策措施落实跟踪审计】 2021年，沙湾市审计局扎实推进新冠肺炎疫情防控、支持旅游发展、公共卫生等重大政策措施落实情况跟踪审计和新增债券使用情况审计，重点关注疫情防控资金和物资使用情况、旅游发展战略落实、提高全民卫生健康水平、防范化解政府债务情况、规范债务资金用途等方面。通过审计，有效保障资金安全有效运行，促进了财政资金提质增效。

【同级财政审计】 2021年，沙湾市审计局聚焦财政管理，抓好政府及部门预算执行、财政财务收支和财政决算审计监督，组织实施本级预算执行和其他财政财务收支审计，并延伸审计8个单位，重点揭示收入预算编制、预算绩效管理、国有资产管理、财务管理、督促各部门落实过“紧日子”要求等方面问题。通过审计，发现管理不规范资金6.7亿元，归还原渠道5.5亿元，上交财政3570万元。

【重点民生项目审计】 2021年，沙湾市审计局围绕民生大事、难事、急事，持续加大重点民生资金和项目审计力度，组织开展保障性安居工程、就业资金等重大民生资金和项目审计，追回挪用资金76.52万元，促进分配保障性住房125套。

【领导干部经济责任审计】 2021年，沙湾市审计局认真落实两办经济责任审计规定，依法依规确定审计内容，重点对领导干部贯彻执行重大方针政策及决策部署、重大经济事项决策及执行、财政财务管理和经济风险防范、民生保障和改善、落实有关党风廉政建设和遵守廉洁从政规定等情况开展审计，共开展领导干部经济责任审计项目6个，涉及领导干部11人，查出管理不规范资金2.3万元。

【领导干部自然资源资产离任（任中）审计】 2021年，沙湾市审计局聚焦生态环境保护和建设，以落实打赢“污染防治”攻坚战、推动生态环境质量持续好转、促进领导干部牢固树立绿色发展理念和正确政绩观为目标，开展领导干部自然资源资产离任（任中）审计项目2个，涉及领导干部4人，重点揭示了贯彻执行生态文明建设方针政策和决策等方面问题，推动了领导干部自然资源资产管理和生态环境保护责任的落实。

【重大公共工程项目审计】 2021年，沙湾市审计局围绕市委、市政府中心工作，采取跟踪审计方式，以促进项目管理廉洁高效和公开透明为审计目标，依法全面履行审计监督职责，积极推动投资审计工作转型，促进政府投资审计工作健康发展。开展了井电双控建设项目，乌兰乌苏镇、安集海镇、大泉乡3万亩农田建设项目、大南沟灌区、安集海饮水安全，玛纳斯河防洪工程等建设项目审计，有效促进提高项目管理水平和资金使用效益。整合审计资源，通过公开招标方式，聘请中介机构对沙湾市域内PPP农村公路41个合同段项目实施审计。

2021年8月15，市审计局开展安集海镇饮水安全巩固提升工程现场踏勘

【支持新疆发展资金和项目审计】 2021年，沙湾市审计局与鞍山市审计局组成联合审计组，围绕援疆项目工程招投标、资金管理、工程质量管理等关键环节，开展大泉乡村级阵地、安集海镇村级阵地、贫困人口医疗保险兜底补助、贫困学生补助、市人民医院病房楼建设项目审计，查出损失浪费资金10.18万元，多计工程款271万元。

（张　霞）

统　计

【概况】 2021年，沙湾市统计局共有干部15名，主要承担核算、农业、工业、投资、建筑、房地产、交通、商贸、能源等专业月报、季报、半年报、年报等定期报表任务，组织实施全市人口、经济、农业等重大国情国力普查，汇总、整理和提供有关国情国力方面的统计数据的工作任务。

【城乡一体化住户调查】 2021年，沙湾市统计局把好源头数据“关节”，针对乡镇统计员、辅助调查员制定专门培训内容，严格源头数据审核职责。同时制定一览表，把记账户家庭情况、就业状况、收入情况记录在册，确保能够真实掌握每个记账户家庭基本情况，做到及时更新，确保记账数据的准确、真实、完整。强化错误信息反馈，针对记账错误信息，业务人员因账制宜，实行记账记录日审周清月结，发现问题及时通过QQ、微信、短信、电话等反馈给记账户核实处理，做到规范记账。积极开展访户工作，业务人员不定期深入每个调查点走访调查户，了解他们的生产生活情况，对记账过程中的问题及时解答，增进与调查户的感情，提高了记账质量。

【统计服务】 2021年，沙湾市统计局以“领导干部手册”“统计要情参考”“统计经济运行分析”等为载体，强化对经济运行情况的跟踪监测和预判预警，充分发挥统计部门“智库”和“数库”的作用。发挥“智囊团”作用，统计分析研判更加及时，月度数据汇总完成之后第一时间撰写“经济要情参考”和月度统计分析，增强针对性、可用性和实效性，为领导决策提供参考。2021年撰写月度各专业统计分析24期，印发沙湾统计简报65期、领导要情参考10期、“2021年沙湾市领导干部手册”200册。发挥“协调员”作用，及时与石河子市统计局对接，了解掌握在市域内7个团场的经济发展趋势，初步预测全市经济发展趋势。认真开展“双随机”调研工作，自4月以来，每月制定调研任务计划表，按时完成下沉企业调研任务，定时召开研讨会，各专业撰写报告，对企业调研情况进行发言讨论。2021年，全局完成所有规上企业调研任务2轮次，撰写调研报告17篇、专业调研分析4篇，为准确把握全市经济运行情况奠定了基础。

【统计基础保障建设】 2021年，沙湾市被自治区确定为全疆“统计基层基础建设”示范市。为全面提升全市乡镇街道统计规范化建设和工作水平，努力打造自治区乡镇经济（统计）发展中心示范点，市统计局先后下发《统计工作规范化管理建议》《关于进一步规范统计工作的督办函》等文件对此项工作进行安排部署，局领导亲自带队多次深入乡镇对统计服务中心电脑和打印机设备使用、统计专干配备情况、近三年统计资料及基层统计台账整理情况等进行督导和检查，及时发现问题并督促整改。将基层统计建设及统计专干培训纳入局党组学党史“为民办实事好事”具体任务，邀请地区统计骨干和市局骨干开展5次统计业务集中培训，制定统计专干跟班学习制度，全市各乡镇（场）统计专干实现跟班培训学习全覆盖。研究制定《统计局基层基础建设考核内容及评分标准》，编撰印刷《乡镇街道统计人员岗位知识》和《统计法律法规选编》书籍，发放《致全市调查对象的一份信》宣传单和《统计法律法规知识》海报，进一步规范乡镇基层基础统计工作考核机制，增强了统计专干依法宣传、依法纳统、依法履职尽责的认识。通过一系列举措，全市基层统计服务中心基本实现统计人员专职化、统计工作规范化、报表台账标准化、统计管理制度化、统计调查法治化、统计手段现代化的“六化”目标。

【统计法治建设】 2021年，沙湾市统计局狠抓普法宣传，将《中华人民共和国统计法》《中华人民共和国统计法实施条例》等统计法律法规、条例和政策性文件纳入“八五”普法宣传学习内容。开展入户释法，每个季度组织结亲干部对亲戚宣讲《中华人民共和国宪法》《中华人民共和国民法典》等法律法规，进一步提高村民宪法法律意识。开展“统计法进党校”专题讲座，局班子领导为2021年春季中青班、秋季“生态文明建设”专题培训班学员作了以“数据真实是统计工作的生命线”为题的统计法知识讲座。认真组织开展第十二届“中国统计开放日”宣传活动，开展以“赓续红色血脉　奋进统计未来”为主题的“中国统计开放日”活动。建立健全“双随机”抽查机制，深入企业开展统计数据质量核查，有力地推进统计法治建设，确保了统计数据质量。

【名录库建设】 2021年，沙湾市统计局继续深化规范名录库，扎实做好基本单位名录库维护更新工作，完成市场监督管理局提供的2001个企业单位、民政局提供的36个协会名单、编制委员会提供的198个单位信息的核对工作，梳理基本单位名录库2500个法人单位、386个产业单位的信息，完成1286个歇业（停业）单位的再次核实，各专业对照标准，对基本单位新增、变更基础资料进行认真收集、整理、审核和上报，对出现问题的企业及时加以解决，对申报“四上”企业，资料提供不完整的，及时要求其补充资料，对暂不符合标准的企业不进行申报，确保基本单位名录库的真实、准确和完整。2021年，工业企业新入库1家、复规1家，入库固定资产投资项目92个，入库商业企业2家。每月对于固定资产投资额度较大的企业，坚持到项目现场查看，及时查询核实，确保数出有据。

【迎接国家统计督察】 2021年，沙湾市统计局全力做好迎接国家统计督察工作。成立迎接国家统计督察工作领导小组，详细制订迎检方案，明确统计督察迎检目标任务和迎检分工，细化落实措施，责任到人。多次组织全体干部、全市统计人员及相关行业主管部门对习近平总书记关于统计工作重要指示批示精神进行集中培训学习，确保学习传达上下贯通、落地见效。狠抓迎检清单档案梳理，切实加大统计数据质量管控力度，加大对企业统计基础建设指导、督促力度，抓紧抓好自查，抓好问题梳理，采取有力有效措施切实整改，全力做好迎接国家统计督察工作。

（李世春）

市场监督管理

【概况】 2021年，沙湾市市场监督管理局“以执法为民，惠民服务”为工作主线，紧盯食品药品、特种设备和工业产品质量“三大安全”，充分发挥监管职能，牢牢守住全市市场监管安全底线，提升监管效能，在统筹推进疫情防控和经济高质量发展中发挥了重要作用。以“证照分离”“多证合一”和全程电子化认证平台建设为抓手，深化商事制度改革。实现“零见面、无介质、无纸化”办理营业执照，办理时间由原来的15天缩短到1天。截至年末，登记内资企业213户、登记注册资金319485.31万元；私营企业1812户、注册资本1119031.40万元；农民专业合作社851户、出资总额303929.48万元；个体工商户9204户，登记注册资金76093.32万元。2021年，新增个体工商户1611户，比上年增长89.97%；新增企业238户，比上年增长17.24%；新增农民专业合作社29户，比上年增长7.4%。2021年，共办理各类市场主体设立登记1264户、变更登记1088户、注销登记1027户。

市场主体许可

【股权出质登记】 2021年，沙湾市市场监督管理局通过股权出质登记方式，办理股权出质登记108件，为51户企业融资21.67亿元，帮助企业解决燃眉之急。

【药品、医疗器械经营许可】 2021年，沙湾市市场监督管理局强化药械经营许可监管，严把药、械经营许可市场准入，在册药品经营企业数量共计91家，在册医疗器械经营企业数量共计81家。现场核查6家新开办药品企业，1家医疗器械企业，换发10家药品经营许可证，信息变更12家。

市场主体监管

【信用与风险监管】 2021年，企业年报1631户，年报率89.56%；农民专业合作社年报649户，年报率

78.95%；个体工商户年报7187户，年报率92.2%。随机抽查企业、个体工商户、农民专业合作社194户，随机抽调执法人员66人次进行检查，按时完成15项清单，检查率、公示率均为100%，真正做到公开透明，阳光执法。

【网络交易监管】 2021年，沙湾市市场监督管理局扎实推进网络商品交易市场监管，不断提升网络交易监管水平。针对辖区内涉及电商平台销售产品的企业，通过网上发现、源头追溯、落地查处的电子商务产品质量监管模式，依法处理，维护群众合法利益。全年对91家微商经营者、10家企业门户网站开展巡查检查，对2起网络违法经营行为进行立案查处。

市场与消费环境监管

【价格监督检查与反不正当竞争】 2021年，沙湾市市场监督管理局坚持事前预防与事后查处相结合、执法检查与社会监督相结合、专项整治与日常监管相结合，建立健全价格监管机制，切实提高价格监管效率。处理价格投诉案件20余件，立案4件，结案4件，退款34万余元。加大公平竞争政策审查力度，强化竞争性政策基础地位，充分发挥市公平竞争审查联席会议作用，开展存量政策清理和增量文件审查，严格审查排除、限制竞争行为，确保不同市场主体的公平市场待遇。加大违法案件查办力度，办理反不正当竞争案件20件，维护人民群众的合法权益。

【市场执法稽查】 2021年，沙湾市市场监督管理局开展“铁拳”“蓝天”“双打”和网络侵权“剑网行动”等专项行动。检查市场主体单位800余家，检查冷链食品专营店16家、检查药品化妆品店260家、检查教育机构和中介机构20家、检查监测电商平台10个次。查处翻新“黑气瓶”类案件2件；“山寨”酒水、节令食品类案件11件。2021年，行政处罚案件立案313件，结案273件，其中食品案件101件，“两品一械”案件44件，知识产权案件41件，反不正当竞争案件20件、产品质量案件15件，特种设备案件8件，价格、计量、无照经营案件等44件。做好消费维权工作。2021年，沙湾市市场监督管理局共处理各类投诉举报案件834件，为消费者挽回经济损失45.21万元；接受投诉举报受理率达到100%，办结率100%。

【广告监管】 2021年，沙湾市市场监督管理局坚持导向监管，净化广告市场。主营广告经营主体68家，其中公司23家、个体45家。加强对店内及牌匾广告的监督管理，共办理门头牌匾广告备案126个；同教科、城建、网信、交通等部门对28家学科类和非学科类培训机构进行检查，清理户外牌匾、小区、住宅楼、微信、公众号等不规范广告48条，配合网信清理校外培训机构公众号广告260条；严查“特供专供”“神医神药”等不良影响广告，先后开展5项集中专项整治行动。

2021年4月14日，沙湾市市场监督管理局召开整治虚假广告暨规范户外广告管理联席会

质量安全监督

【产品质量安全监管】 2021年，沙湾市市场监督管理局推进“质量强市”活动。组织开展“质量

强企”系列活动，严格按要求将市辖区内10家企业列入第二梯队帮扶名单，将70家企业列入第三梯队名单。已完成4批次质量帮扶专题培训活动，参加培训人员达到200余人次，有效帮助企业建立完善质量档案，提升质量管理理念。深入推进“质量提升”战略。2021年，自治区局对沙湾市取证危化品、化肥生产领域产品监督抽查4批次，合格率达100%；对全市地膜监督抽查12批次，合格率91.67%；地区抽检地膜产品监督抽查合格率100%，实现监督检查计划全覆盖。依据塔城地区定期监督检验计划相关要求，结合实际制定沙湾市定期监督检验计划，内容涵盖地膜、化肥、煤炭、煤沥青等生产领域工业产品及车用汽柴油、化肥等流通领域重点消费品，完成10批次地膜、6批次砂石料、12批次商品煤、16批次车用汽柴油、15批次化肥的抽样检验工作。全力做好棉花目标价格与质量挂钩试点工作，成立棉花质量监管领导小区，将全市43家企业按区域分为6片区，责任落实到人，对所有企业实现全方位无盲区监管。全市19家质量补贴试点企业按要求完成质量补贴试点牌匾悬挂、质量补贴追溯系统安装，已收购质量补贴试点棉花的企业严格按要求对试点种植户的棉花进行单品单堆单放。

2021年9月15日，沙湾市市场监督管理局召开棉花质量监管工作推进会

【食品安全监管】 2021年，沙湾市市场监督管理局落实餐饮服务食品安全量化分级管理制度，构建餐饮服务食品安全长效监管机制，提高沙湾市餐饮业食品安全整体水平。全市持证餐饮经营户1554户，已量化分级共1523户，量化分级率已达98%。对全市获得食品经营许可证的餐饮单位全面实行量化分级管理。开展放心食品超市、放心餐厅自我承诺活动，开展网络食品安全、保健食品安全专项整治，检查经营户854家次。组织781户经营户、1124人餐饮服务提供者、食品销售者通过查安康网络平台进行培训考核。对全市57家食品生产企业开展日常监督检查工作，对重点品种和重点环节食品安全进行监督检查，制定乳制品、食用植物油、白酒风险清单、措施清单和责任清单。启动食品快速检测车开展食品快速检测，共随机抽检样品26个批次，其中检测蔬菜农药残留6个批次，检测兽药残留16个批次，检测大米黄曲霉素4批次，最终检测结果显示全部合格。对17家食品小作坊使用的包装袋，开展标签标识管理专项工作，对不合格情况均进行立案查处。

【药品化妆品监管】 2021年，沙湾市市场监督管理局开展现场演练，全年共上报药品不良反应307例（严重的16例、新的87例、一般204例）、医疗器械不良反应254例、化妆品不良反应104例。坚持对药械化违法行为“零容忍”，严厉打击药品违法违规行为，强化药械经营许可监管，严把药、械经营许可市场准入标准，提升全市药品安全应急处置能力，确保药品安全工作落到实处。

【特种设备安全监管】 2021年，全市有特种设备1729台（不含压力管道），其中在用设备1302台、停用设备427台；锅炉在用26台，压力容器在用592台，电梯在用593台，起重机械在用40台，场内机动车在用42台，大型游乐设施在用6台，客运索道在用3条，压力管道73042.5米全部在用。持续开展电梯安全专项整治，加大电梯维保平台运用，电梯刷卡维保率100%，应急救援平台运行顺畅。加强电梯责任险投保力度，电梯责任险投保率100%。

完成气瓶充装单位溯源系统建设，实现气瓶充装电子标签封闭运行。加强特种设备定期检验，做到全年在用特种设备检验率100%。

【计量检定】 2021年，沙湾市市场监督管理局质量与计量检测所共计完成计量器具检定3301台（件），其中，数字指示称652台、天平72台、水分测定仪27台、容重器25台、加油机131枪、加气机29枪、膜式燃气表1994台、出租车计价器291台、压力表23块、非自行指示秤57台。开展产品质量委托检验90批次，其中食品类检验76批次，合格率97.3%；建材类检验14批次，合格率100%。组织开展辖区内定配眼镜、黄金销售、加油站等重点计量器具使用单位专项检查，年内共检查计量器具1300余台件。对检查中发现的使用临期强检计量器具的单位督促及时申请，杜绝使用超周期和未检定计量器具的违法行为发生。

知识产权保护

【概况】 2021年，专利申请59件，其中发明专利4件、实用新型专利51件、外观专利4件，共有9件有效发明专利。商标申请318件，有效注册193件，共有939件有效注册商标，集体商标6件。在开展“铁拳”“蓝天”“双打”和网络侵权“剑网行动”等专项行动中，协调知识产权保护的13个成员单位共同开展有关知识产权保护的联合执法检查2次，对1000余种图书、500种日用百货、20种品牌的文体用品、18种品牌的音像制品进行检查；以超市、药店、化妆品店为重点，对620种商品中近20多种标注有专利标记的商品进行登记，对16种涉嫌假冒专利、标志标识不规范专利产品进行核查取证，下架专利标志标识不规范产品171个，下架假冒专利产品15个。查处知识产权案件41件。

2021年4月26日，沙湾市市场监督管理局深入天海粮油公司开展知识产权周活动

（赛日格）

自然资源管理

【概况】 2021年，沙湾市自然资源局紧紧围绕“尽职尽责保护自然资源、节约集约利用自然资源、尽心尽力维护群众权益”的职责，抓好疫情防控工作的同时，统筹兼顾自然资源领域各项工作的推进落实，切实提高自然资源管理水平和经济发展的保障服务能力。2021年，实现土地、矿产总收入10860.85万元，被塔城地区自然资源局评为优秀单位。

【国土空间开发保护】 2021年，沙湾市自然资源局加快推进国土空间规划编制工作；落实最严格的耕地保护和集约节约用地制度，完成“三区三线”划定及规划方案。积极做好与沙湾市“十四五”发展规划的衔接，充分发挥国土空间规划承载作用，确保规划与未来发展相匹配，满足未来发展需要。强化规划引领，做好过渡期内现有规划衔接协同。系统梳理当前最急切需要实施的项目，依法依规做好过渡期内土地利用总体规划和城市总规的衔接工作，保障重点项目落地实施。

【永久基本农田划定】 2021年，沙湾市自然资源局对三调工作中涉及耕地家底、保有量、永久基本农田的数量做到心中有数。年初和各乡镇场签订耕地保护责任书，构建市、乡、村、组四级耕地管护网络，做好日常动态巡查检查。加大宣传力度，提高耕地保护意识，加大基本农田巡查力度，做到早发现早制止，严守耕地保护红线，确保耕地保有量和基本农田保护面积不减少、质量不降低。积极开展永久基本农田调整补划与补充耕地核查工作，占耕地占一亩补一亩，做好占补平衡，最终划定沙湾市永久基本农田面积为82720.57公顷。

【重大项目跟踪服务】 2021年，沙湾市自然资源局做好用地报批工作，组卷上报自治区批次项目11个，用地总面积51.0464公顷；组卷上报单独选址项目12个，用地总面积289.1586公顷。做好土地供应工作，办理建设用地手续48宗，供应土地228.32公顷。开辟绿色通道，实行用地计划指标应保尽保等一系列措施，优化审批流程，在规划服务、土地供应等方面探索“互联网+”服务，主动为项目单位和群众提供优质高效服务。共计办理建设项目“三证一书”手续118项。处置批而未供方面，完成供地面积218.02公顷，超额完成年度任务；闲置土地已全部处置到位。对历年来系统中未挂钩项目进行撤回，重新挂钩后上报；对符合供地条件的项目，报请市人民政府批复后及时供地；在未来招商引资项目和固定资产投资项目选址过程中，优先选用批而未供土地。

【矿产资源开发管理】 2021年，沙湾市自然资源局积极推进沙湾市矿产资源“十四五”规划编制工作，根据市域经济现状，合理调整砂石料开采区，确保规划高质量编制。编制并实施《沙湾市2021年地质灾害防治方案》和《沙湾市突发地质灾害应急预案》。认真做好矿山企业的监督管理工作，督促矿山企业科学合理开发利用矿产资源，严禁越层越界越深违法开采。做好露天矿山综合整治工作，按照河湖长制要求，5家砂石料厂已全部完成河床内的恢复治理并通过初验。严格矿产资源有偿使用，认真做好采矿权到期延续告知提醒，督促矿山企业按时延续登记。严格矿山环境管理，制定矿山环境治理恢复年度工作计划，督促指导矿山企业按照开发利用方案进行开采，推动矿山复绿建设，落实边开采边治理措施。严格矿业权数据清理，公示注销14家已过期兵团矿山企业采矿权。完成自治区、地区地质灾害监测预警点建设项目和地质灾害专项勘查项目。

【国有农用地管理】 2021年，沙湾市自然资源局积极宣传国有农用地管理和退地减水政策，完成对全市村集体发包国有土地的清理核查工作。强化土地费征收工作，统筹部门力量，做到应收尽收。心系农户扎实做好农作物信息采集和棉花补贴申报工作，做到应报尽报。加强对春季土地复垦高峰期的动态巡查工作，坚决制止复垦情况发生，巩固了退地减水成果。

【不动产登记】 2021年，沙湾市自然资源局有序做好自然资源调查监测和不动产登记发证工作，实现让人少跑路、让数据多跑路，方便各族群众。实现相关业务“跨省通办”，完成“跨省通办”业务884件。全面深化“放管服”改革，实行“一窗受理、一窗办理”，实现让群众“最多跑一次办成事”的工作目标。全年办理不动产证书5834本、不动产抵押证明3299份。2021年，全市农村宅基地应发证宗地26049宗，集体建设用地应发证780宗，至年底，沙湾市农村宅基地和国有农牧场土地使用权确权登记发证工作全面完成。

【测绘行政管理】 2021年，沙湾市自然资源局积极开展测量标志巡查工作，对市辖区内托管的39处不同等级测量标志进行两次巡查，检查标石的现状及其附属物的情况，对测量标志进行日常维护并逐步设立警示标志。经巡查，市区托管39处测量标志基本完好并做好巡查档案。积极开展地图市场检查工作，集中开展地图市场检查，通过检查，新华书店等所售地图书店全部都有审图号，无“三不地图”及其制品、无存在失泄密隐患地图。开展测绘资质单位复审换证实地核查工作，根据自治区测绘资质单位复审换证工作部署，对2家注册地在沙湾市的测绘单位开展测绘资质单位复审换证实地核查工作，并提出指导意见，有效提高换证率和测绘行政服务和管理能力。

【专项清理整治】 2021年，沙湾市自然资源局扎实开展农村乱占耕地建房问题和耕地“非农化”专项整治行动，制订工作方案，有序推进专项整治行动。沙湾市共计农村乱占耕地578个图斑，已销号各类图斑106个。经核实，下发的非农化图斑中，不涉及超标准建设绿色通道、占用永久基本农田扩大自然保护地、违法违规批地用地现象。沙湾市“大棚房”问题专项清理整治行动领导小组办公室针对市域内7宗“大棚房”问题（涉及土地面积37.53亩）进行回头看，这7宗土地全部整改到位，已全部耕种，经自治区验收通过。2021年，再次进行全面排查，均未发现问题反弹。

【自然资源行政执法】 2021年，沙湾市自然资源局持续强化自然资源执法监管措施，加强自然资源执法监察力度，努力提升执法成效。做好2021年变更图斑调查工作。做好2021年土地、矿产卫片图斑的核查处理，国家下发沙湾市2021年度第1至4季度卫片538个图斑；经内外业核查，其中已移交兵团图斑54个；地方图斑中涉及的8个违法图斑，已移交市执法队处理完毕。持续开展执法巡查工作，及时发现制止自然资源违法行为。强化普法宣传，营造浓厚的法制宣传范围。

2021年4月22日，市自然资源局开展“世界地球日”法治宣传活动

（江磊、徐佳丽）

应急管理

综　述

【概况】 2020年，沙湾市应急管理局认真贯彻落实习近平总书记有关安全生产工作重要指示批示精神，牢固树立“人民至上、生命至上”的理念，坚决落实自治区党委“3+1”重点工作部署，聚焦“十抓十盯”，做到“五个到位”，深刻吸取“4·10”事故教训，认真研究分析安全生产形势，抓好安全生产各项措施落实，全力防范化解重大安全风险，切实做到“安全标准高于周边”，坚决守住绝不发生重特大安全生产事故的底线。

【应急管理宣传】 2021年，沙湾市应急管理局持续开展对习近平总书记关于安全生产和防灾减灾工作重要指示批示精神，对安全生产、防灾减灾救灾、自然灾害普查等相关知识和技能宣传活动，进一步提升社会公众安全防范意识、应急避险和自救互救能力。充分利用“5·12”防灾减灾日、“安全生产法宣传周”、“12·4”国家宪法日暨全国法制宣传日等活动，各乡镇、各成员单位累计发放各类宣传材料20186份、安全知识读本560余册，举办防灾减灾知识讲座75次，开放科技馆、科普教育基地8所，安全宣传教育展板29块，接待现场咨询600余人次，通过答题环节发放小礼品230余份，受教育人数达74664人。新《中华人民共和国安全生产法》于9月1日重新修订，为营造强大的舆论氛围和良好的执法环境，使社会各界了解新安全生产法，坚决扛起安全生产政治责任。2021年，共开展新《中华人民共和国安全生产法》学习2场次，参与人数500余人。组织开展安全生产大培训、大宣讲专题活动，层层传导压力，层层推动落实，组织开展市级层面学习宣讲14场次、部门单位学习39场次、企业学习142场次，邀请专家讲座13场次。

【综合减灾】 2021年，沙湾市成立由市长任主任，分管领导为副主任，各部门单位负责人为成员的市减灾委员会及防汛抗旱指挥部、森林草原防灭火指挥部、防震减灾和抗震救灾指挥部三个专项指挥部，由沙湾市应急管理局承担“一委三部”办公室日常工作，统筹协调全市自然灾害预防管理，抢险救援和救灾工作。全市7座水库落实安全度汛行政责任人、抢险技术责任人、值守巡查责任人“三个责任人”，通过沙湾市应急指挥中心随时对水库进行调度，并借助平台开展应急演练，为防范化解重大安全风险、及时处置各类灾害事故提供了坚强保障。制订《沙湾野外火源管理专项治理行动方案》和《沙湾2021年森林草原火灾风险隐患排查整治工作方案》，在各景点入口设立11个综合检查站，对进山人员车辆信息进行登记检查。完成天山中东部森林草原航空巡护工作任务，出动巡护人员321人次、车辆221辆，开展火灾隐患排查158次，排查入山车辆27820辆，收缴火种110个，消除森林草原火灾隐患68个。做好防震减灾和抗震救灾工作，抓好森林草原防灭火工作，已完成天山中东部森林草原航空巡护113个小时工作任务。全市各类企业备案73家。

【灾害风险防范】 2021年，沙湾市应急管理局成立普查领导小组办公室，配齐配强普查办工作力量，制定普查办公室工作细则，完善办公室职责规定。完成全市乡镇村（社区）的区划代码、名称的核对、修改。结合自然灾害防治重点工作，协调推进落实自然资源、水利、林草、气象、住建、文旅、农业农村、交通、消防等部门召开专题自然灾害风险形势研判会5次，对每季度、重点时段（节点）进行灾害风险形势会商分析研判，预测评估自然灾害风险，制定应对措施，形成会议纪要和自然灾害风险形势报告，下发至各乡镇、部门（单位），督促落实各项应对措施，提高灾害防治能力。按照市、乡镇、村（社区）三级灾害信息员网络建设要求，遴选配备市级灾害信息员2名、乡镇灾害信息员26名、村队（社区）灾害信息员374名，全市组成402名灾害信息员网络队伍，确保灾害预警、感知、灾情的发布上报工作落实到位。全年开展灾害信息员培训2次，提升了沙湾市自然灾害防治能力，保障人民群众生命财产安全。根据国务院办公厅《关于开展第一次全国自然灾害综合风险普查的通知》（国办发〔2020〕12号）文件精神，2021年圆满完成风险普查调查阶段工作，完成应急管理系统承载体195条、减灾能力224条、历史灾害706条、家庭减灾能力680条数据的调查，为2022年编制灾害综合防治区划图奠定坚实基础。

【救灾保障】 2021年，沙湾市应急管理局以消防救援大队、救援救护中队和森林草原防灭火半专业化救援队伍为依托，分行业领域建立各类专兼职应急救援队伍，共建立专兼职应急队伍53支、889人。2021年，沙湾市组织开展应急演练574场，参与人数10.4余万人次，投入经费8.98余万元。加强应急物资储备体系建设，制定《物资储备管理制度》和《物资调拨制度》，已与五家粮食收储、加工企业、四家超市签订《粮食应急保障供应协议》，自备编织袋11.2万余条、物资转运车35辆、土方拉运车20辆、挖掘机46台、铲车47台、推土机1辆、其他车辆8辆、发电机20台、铁（铅）丝923千克等物资，为应对重大灾害事故做好准备。

安全生产监督管理

【概况】 2021年，沙湾市发生一般性安全生产事故4起，其中一般交通生产责任事故3起，受伤4人，比上年增长50%；一般工贸安全生产责任事故1起，死亡1人，比上年增长100%；直接经济损失80.1万元，比上年增长1601%。

【安全生产责任制】 2021年，沙湾市按照自治区党委“3+1”重点工作部署，切实把安全生产责任落实到每一个环节、每一个岗位，织密织牢安全生产责任网络，层层压实安全保稳定的政治责任。强化政府领导责任，全面落实“党政同责、一岗双责、齐抓共管、失职追责”责任体系，督促安委会各成员单位落实“管行业必须管安全、管业务必须管安全、管生产经营必须管安全”和乡镇属地管理职责，健全各级党政领导专题研究、督导检查、履职报告、问责追责等制度。

【安全生产执法监督】 2021年，沙湾市坚持计划执法和日常监管执法相结合，严厉打击非法生产、违法建设，督促企业加大安全生产投入、严格安全管理、治理安全隐患。全面开展落实安全生产“七个一”工作，聘请专家对企业安全风险隐患进行地毯式、拉网式全面排查。针对化工整治专业性强、操作要求高的特点，于4月、8月、12月分别聘请自治区安科院专家为企业开展全覆盖、全方位、多层级的隐患排查服务，帮助企业查找安全隐患并提出整改建议。认真贯彻落实新《中华人民共和国安全生产法》和《新疆维吾尔自治区安全生产事故隐患排查治理条例》以及市政府要求，制定印发《沙湾市安全生产风险分级管控与隐患排查治理体系建设实施方案》，编印《检查清单》，及时召开专题会、培训会，帮助指导涉及危险化工工艺和构成三、四级重大危险源的7家化工企业全过程、全方位开展风险辨识、评估分级等工作。通过示范带动，全市45家危险化学品及一家烟花爆竹批发企业分别建立了“风险点库、风险分级清单、管控清单、隐患排查清单”等“三单一库”，有序推进了“双体系”建设工作。深刻吸取昌吉州呼图壁县雀尔沟镇丰源煤矿“4·10”透水事故和银鹰工贸“7·8”事故教训，全力防范化解重大安全风险，切实做到“安全标准高于周边”。凡发现化工及危险化学品生产经营企业存在重大事故隐患的，责令整改并进行行政处罚，逾期未整改的一律停产停业整顿；要求危险化学品建设项目试生产前，安全设施、消防设施、压力容器管道、防雷防静电必须检验检测合格，在专家组出具试生产方案是否可行、现场是否满足试生产条件两个结论的审查意见书后方可试生产，凡达不到安全条件的一律不得试生产。

【危险化学品安全监督管理】 2021年，沙湾市应急管理局督促企业制订2021年攻坚计划，同时定期梳理专项整治阶段性进展和“一情况两清单”，细化分解落实责任、目标任务、时间节点等，确保如期完成专项整治任务。严格执行危险化学品重大风险“一票否决”制度，联合工业园区管委会、发改、住建等成员单位在涉及“两重点一重大”的危险化学品建设项目方面，组织专家开展安全条件、设施设计的审查工作，确保安全设施一次性建设到位、一次性验收通过、一次性投入使用；严禁经营没有“一书一签”的危险化学品，并对危险化学品生产经营单位执行“一书一签”制度的情况进行督促检查。2021年，安全生产大检查共检查点位296个，发现隐患问题3057条，已整改隐患问题3057条，整改率100%，下达整改通知书296份、现场处理措施决定书9份。其中，危化企业检查点位158个，发现隐患问题1496条，已整改隐患问题1496条，整改率100%，下达整改通知书158份；工贸企业检查点位83个，发现问题隐患1236条，已整改隐患问题1236条，整改率100%，下达整改通知书83份；烟花爆竹检查点位22个，发现问题隐患71条，已整改隐患问题71条，整改率100%，下达整改通知书22份；非煤矿山企业检查点位33个，发现问题隐患254条，已整改隐患问题254条，整改率100%，下达整改通知书33份。依法对违反新《中华人民共和国安全生产法》等相关配套法律法规的企业依法进行处罚，办理行政处罚案件23宗，需缴纳罚款67.2万元，实际缴纳62.2万元，未缴纳5万元，所办理案件无行政诉讼、行政复议情况发生。

【安全生产长效管理】 2021年，经市安全生产委员会研究决定，制定实行分析研判机制、专项治理机制、挂牌督办机制、综合协调机制、约谈通报机制巡查考核机制，对安委会工作职责进行再次明确，建立健全统筹协调抓总机制。分行业、领域建立重点行业领域安全生产和应急管理专业委员会工作机制，及时调整成立24个安全生产专业委员会，进一步明确责任领导、责任部门和工作职责，细化工作措施和工作要求，形成常态化拉网式安全生产隐患大排查、大整治的联动机制。各专业委员会结合实际超前研判各种安全风险113条，制定针对性管控措施123项，制定《沙湾市落实强化安全生产领导责任包保安全生产重点任务工作实施方案》，由各个牵头市领导组织实行包保责任制，包保重点企业85家，全力抓好各项措施落实。

【安全生产专项治理】 2021年，沙湾市突出重点，扎实开展安全生产专项整治三年行动，市委、市政府以高度的政治自觉和政治站位，将安全生产专项整治三年行动作为学习贯彻习近平总书记关于安全生产重要指示精神的具体体现。2021年，多次召开安全生产专项整治三年行动工作部署会议，强化对专项整治三年行动“攻坚”任务进行安排部署，将防风险、除隐患、遏事故的责任分解到乡镇、部门（单位）、压实到领导，实行重点企业管控、安全风险分级辨识管控、安全风险防范、事故隐患排查整改等重点工作的责任落到实处。市专项整治三年行动领导小组及专项整治工作专班认真组织开展分析研判，深入推进各行业领域安全专项整治。针对“1+2+16”的任务框架，及时完善更新问题隐患和制度措施“两个清单”，聚焦各自安全生产工作中的问题短板、风险隐患，对应制定有力的整治措施。把解决实际问题、安全风险分级辨识管控、夯实企业主体责任、风险隐患排查治理、严格监管执法等内容作为集中力量攻坚，切实把安全最薄弱的底板补全补牢补实。

【应急指挥体系建设】 2021年，沙湾市完成对煤矿企业、危化企业、烟花爆竹企业、水库、学校、旅游景区等人员密集场所的重要安全生产视频点位接入，对23个安全生产专业委员会、危化行业、非煤等实行常态化应急指挥调度。沙湾市应急指挥中心已接入煤矿企业5家（79路）、危化39家（614路）、工贸12家（405路）、烟花爆竹4家（24路）、人员密集场所［车站、商超、市场、广场、电影院、娱乐场所、宾馆、学校、医院、加油（气）站、物流等］2276路，共计3398路监控视频。安排专人以日调度、日巡查、电话抽查等方式，对各企业安全生产情况进行随机视频巡查，对发现违章作业行为企业，及时安排执法人员进行现场执法处置。2021年度，完成视频调度1000余次，视频巡查1700余次。

（常　丽）

防震减灾

【抗震救灾体系建设】 2021年，沙湾市制定下发《关于调整沙湾市抗震救灾指挥部和完善防震减灾工作联席会议制度的通知》，成立沙湾市抗震救灾指挥部，建立抗震救灾指挥部办公室和防震减灾工作联席会议办公室，确定各成员单位，明确两个办公室工作职责，建立完善防震减灾和抗震救灾工作体系。建立由市委常委、常务副市长、副市长担任抗震救灾指挥部牵头领导，负责统一领导、指挥、协调全市抗震救灾工作。督促各乡镇、各部门（单位）按职责分工实施地震应急预案，将防震减灾和应急管理工作列入目标管理考核，同全市经济、社会事业各项工作同部署、同检查、同考核、同奖惩，不断提高防震减灾工作制度化、规范化、现代化水平。建立应急救援机制，结合实际，请自治区安科院专家编制《沙湾市地震应急专项预案》，提请市政府下发《沙湾市地震应急专项预案》，形成市委市政府统一领导、各级各部门全力救灾、社会力量广泛参与的协调联动抗震救灾应急救援机制，进一步完善细化地震应急处置程序，抗震救灾指挥成员单位落实具体工作职责，不断增强做好抗震救灾工作的责任感、使命感、紧迫感。

【地震灾害预警体系及监测站点建设】 2021年，沙湾市加大群防群测网络体系建设，加强地震宏观测报网、地震灾情速报网、地震知识宣传网及防震减灾助理员队伍建设，在各乡镇、社区建立宏观观测点21处，确定防震减灾助理员，明确工作责任，加大灾情信息收集力度，形成“横向到边，纵向到底”的地震群防群测网络体系。通过对全市253名灾害信息员的日常培训和信息沟通，做到对全市地震风险隐患进行及时排查，一旦有灾情发生，做到第一时间上报和处置。强化地震监测站点建设，积极配合抓好地震台站建设，地区地震局在沙湾市设立强震台5个，用于监测有感地震（一般指4级以上）的数据；分别位于老沙湾镇政府院内、三道河子镇体育广场内、安集海镇政府院内、博尔通古乡政府院内和温泉，以上观测站点均能正常运转。地震前兆观测站3个，分别是沙湾市博尔通古大坂26号观测站和沙湾市温泉25号观测站，观测项目有硫化氢、水温、二氧化碳、地温、水位等。正在建设的沙湾市城西地震宏观观测场，观测项目动物宏观异常。加大气象预警保障，全市共有自动气象监测站19座，其中，山区片10座、平原片8座、本站1座。自动气象站数据可通过无线信号发送到地区、自治区中心站，可满足在地震、洪水等灾害发生后的紧急预警工作。同时气象局每月对设备进行巡检维护，确保设备正常运转，为做好灾害性天气监测预警工作提供数据保障。

【隐患排查】 2021年，沙湾市召开抗震救灾防震减灾工作会议进一步研究部署各项工作，5月23日抗震救灾指挥部副指挥长、副市长张卫武主持会议，传达学习自治区、地区、市委市政府会议精神，统筹抗震救灾和疫情防控，把确保人民生命安全放在第一位落到实处，要求抗震救灾指挥部各成员单位对照各行业防震减灾开展地毯式排查，消除安全隐患，确保自治区、地区、市委市政府决策部署落地落实见效。由市建筑施工安全生产专业委员会牵头，扎实开展农村房屋安全隐患排查整治，共排查30820户农村房屋，其中用作经营类自建房1414户、未用作经营类自建房28707户、非自建房699户；经营性房屋已全部排查完毕，初步判定无存在风险房屋；未用作经营房屋经专业资质人员再次鉴定，44户存在风险，其中32户已拆除，剩余12户已转移人员、封房处理。由市地质灾害安全生产专业委员会牵头，结合前期已经布设的地质灾害监测预警设备，落实群防群测专职人员，对辖区内存在受地震影响导致的崩塌、滑坡、地面塌陷等地质灾害现象进行重点关注并做好定期巡查记录，发现预警，及时调查反馈；同时要求临近灾害隐患点位重要单位成立领导小组，设置专职检测人员，不定期开展监测，留意地震部门下发通知。由市旅游安全生产专业委员会牵头，重点突出文化市场人员密集场所、旅游景区道路自然灾害方面的风险防控和隐患排查治理，制作文旅市场安全隐患大排查大整治作战图、起草《沙湾市文旅市场经营单位、场所危险源辨识清单》，制定《文化市场经营单位安全风险隐患等级管控一览表》《旅游景区安全风险隐患等级管控一览表》，以此对整改问题隐患和拉网式、全覆盖过程中出现的新情况、新问题，及时研究部署，及时整改。由市水利安全生产专业委员会牵头，重点对水利工程建设和运行、水库、农村供水、农田水利基础建设、农村水电站、车辆交通、防火防爆、人员密集场所、危险部位、维稳和防疫工作等17个点位进行大排查，发现问题隐患66条，已整改59条。联合地区地震局、住建局、自然资源局、水利局、文旅局、林草局、气象局等单位于8月23日至27日在全市范围开展防灾减灾救灾工作大检查，发现问题28项，已经整改完成24项，整改完成率86%。9月16日，召集住建局、水利局、交通运输局、商工信局、卫健委、电力公司等单位，召开“关于做好房屋设施抗震设防信息采集”工作会议，明确各自工作职责，加快有序推进采集进度做好首次采集工作。

【地震应急保障】 2021年，沙湾市开展地震应急桌面推演活动。市抗震救灾指挥部21个成员单位负责人通过推演，进一步明确自己的应急职责，熟悉应急预案，提高了成员单位之间的协调配合能力，达到了演练的预期目的。各单位（部门）、各乡镇开展地震、消防和有限空间作业等各类演练28次，投入资金3.9万元，参演人数3046人。由商工局对移动公司、联通公司、电信公司安排网络设备和人员调配设立应急通信保障办公室，组建通信应急救援队伍，加强对卫星电话、应急通信车、应急电源车、应急备用光缆、后勤保障车、备战应急发电机等应急通信物资调配，详细掌握食盐及成品油基础数据，确保灾情时快速动用商业储备稳定市场。卫健委要求各医院聚焦处置突发事件物资保障短板，制定地震应急演练预案，组织人员参与学习应急预案，全力做好日常需用的防护用品、呼吸机、抢救药品、救护车辆等物资储备，完善应急医疗物资储备品种、规模、结构，创新完善储备方式，切实提升应急处置能力。

【防震减灾宣传教育】 2021年，沙湾市以“5·12”全国防灾减灾日和宣传周及“安全生产月”为契机，加强对地震、泥石流、洪涝灾害等防灾减灾知识的宣传。悬挂以“防范化解灾害风险，筑牢安全发展基础”内容的横幅40余条，发放《安全生产进万家》倡议书共1000份，各乡镇、各成员单位开展应急演练49场，发放各类宣传材料17186份，举办防灾减灾知识讲座75次；灾害事故隐患排查数101条，灾害事故隐患治理数55条；开放科技馆、科普教育基地8场，受教育74664人。利用沙湾市电视台、交通广播电台、沙湾零距离、沙湾融媒体等平台，面向社会加强对安全生产和防灾减灾救灾知识的宣传，进一步提高群众的主动避险意识和自救互救能力。

（常　丽）

消　防

【概述】 2021年，沙湾市消防救援大队践行习近平总书记授旗训词精神，紧紧围绕“党建带队建、队建促发展”中心思路，扛起守正创新、稳定发展的政治大旗，团结和带领大队队员真抓实干、主动作为、锐意进取，不断提升消防监督管理水平和灭火救援能力，实现了队伍内外“两个稳定”，赢得了驻地党委、政府的高度肯定和人民群众的广泛赞誉。

乌鲁木齐东路消防救援站接警出动各类火灾

150起、各类灾害事故抢险救援23起，社会救助及公务执勤出动9起，共计出动车辆365辆次，出动警力1823人次，抢救被困人员14人，疏散被困群众8人，抢救财产价值3175万元。

【灭火救援】 2021年，沙湾市消防救援大队深化全员岗位练兵活动，提升队伍实战能力。从严落实“党委议训抓管、主官组训组考、全员普训普考”制度，科学制定训练计划，系统组织实施，确保训练内容、时间、人员、器材四落实，同步抓好辖区六熟悉演练和防消联勤等基础工作。全年共开展“六熟悉”96次，实战演练56次，修订灭火救援预案130份。严抓安全防事故工作，队伍管理水平全面提高。大队以“九无一创”为目标，结合安全集中排查整治暨纪律作风整顿和“基层安全万里行”活动，在强化作战训练安全的基础上紧盯“人、车、酒”等关键环节，坚持定期自查，扎实开展安全风险评估，列出安全隐患的高风险、中风险和日常性风险点，研究制定整改措施。通过安全教育、安全警示、讨论分析、责任捆绑，全力纠治队伍“安全工作不实不紧、思想认知麻痹大意、责任主体虚化空转、执行落实偏差走样、科学指挥能力不足”的问题，确保队伍内部安全稳定。提升综合救援水平，灭火救援能力显著增强。始终坚持战斗力标准，紧贴辖区灾害事故特点，强化道路交通事故、地震救援、山岳（绳索）救援等专业队伍的建设，成功处置“5·10”鹏硕煤化工火灾、“8·10”沙湾市西戈壁镇温泉景区救援。

【火灾防控】 2021年，沙湾市消防救援大队全面推动各级消防工作责任落实。提请市政府召开消防工作会议、联席会议6次，专题听取消防工作汇报20余次，将消防工作纳入政府目标、综合治理和安全生产责任体系，层层签订消防安全责任书，市委、市政府主要领导先后50余次作出批示指示，2次视察慰问消防救援队伍，8次带队检查消防安全工作。稳步推进高层建筑消防安全综合治理，提请政府下发《沙湾市高层建筑消防安全综合治理工作实施方案》，召开高层建筑专项整治动员部署会和约谈会，联合应急、三道河子镇、消防救援、住建、应急管理等部门对全市高层建筑消防安全状况进行逐一检查摸排，定期将排查隐患函告文旅、教科、公安、住建等有关部门，及时督促社会单位履行单位主体责任，落实整改措施，确保隐患消除。全面夯实公共消防安全基础，提请政府将公共消防基础设施建设纳入沙湾市老旧小区改造项目同步推进，在将2021年市政消火栓建设任务纳入老旧小区改造建设的同时，有计划地对往年市政消火栓欠账任务进行推进。定期利用综治视联网对相关人员进行视频通报并组织培训，确保所有网格员熟练使用网格化App和基本防火检查业务知识。持续开展居民楼院“三清”行动，排查居民楼院100余栋次，清理电动车150余辆。

【后勤保障】 2020年，沙湾市消防救援大队争取地方消防业务经费65万元、高危补助经费21万元、政府专职消防员经费155.11万元，争取1080万元援疆经费用于北京路消防救援站训练馆、训练塔及附属设施建设，争取将北京路消防救援站执勤楼建设列入2022年政府一般债券资金项目，为各项基础业务工作的顺利开展提供有力保障。抓好营区绿化建设，在营区补植海棠、白蜡、紫叶稠李、沙枣等树木近100棵，补种草坪500余平方米，种植各类花卉1000余棵，定期邀请园艺工人修剪绿植，有效美化营区环境。邀请医护人员为队员开展卫生防病、健康急救讲座2次，组织队员进行健康体检2次，建立健康档案。安排专人定期到农贸市场询价，科学合理制定食谱，并组织外聘厨师到驻地酒店学习，全面提高队员伙食质量。坚持搞好小养殖、小种植，饲养鸡、鸭、鹅200余只，种植各类瓜果、蔬菜20余种。

（黄文新）

农业农村

农村工作

【概况】 2021年，沙湾市紧紧围绕粮食安全，按照“稳粮、优棉、强畜、扩种、促果蔬、兴特色”的思路，用推进农业供给侧结构性改革工作主线来明确重点任务，用稳中求进的总基调来统筹工作布局，强力实施乡村振兴战略，深入推动乡村治理体系和治理能力现代化建设，农业农村经济继续保持平稳发展，农牧民持续稳定增收。2021年，全市完成农业总产值231.21亿元，增长6.9%；实现农业增加值125.79亿元；农牧民人均可支配收入23708.4元，增长15.2%。沙湾国家农业科技园区顺利通过科技部验收。

【农业重点项目建设】 2021年，沙湾市积极谋划并成功申报沙湾市农村产权交易平台配套设施建设项目、塔城地区沙湾市畜禽资源化利用整市推进项目、沙湾市高标准农田建设项目等25个项目进入2021年中央预算内投资项目储备库，申报农村产权交易平台地方政府债券专项1项。完成2019年高标准农田建设4333.33公顷、2020年高标准农田建设2466.67公顷，均已完成竣工验收。2021年4万亩高标准农田建设项目，已完成2473.33公顷田间地埋管工程，工程进度达90%；2020年2000公顷优质棉基地建设试点项目，工程进度已达91%。

【农业产业化建设】 2021年，沙湾市完成2021年度自治区农业产业化龙头企业监测和申报工作，10家自治区级农业产业化龙头企业顺利通过监测，成功申报3家自治区级农业产业化龙头企业。积极开展“沙湾市优质棉花全产业链典型县”和“沙湾市优质棉花全产业链重点链”申报工作，持续推进产业强镇项目，建立4000公顷玉米烘干厂，与农民合作社建立分红机制，促进农民增收。大力招商引资，实施广东秦天集团6万吨优质皮棉项目，申报沙湾市安集海镇（红色辣椒产业）农业产业强镇建设项目。积极推进产业化联合体建设，依托沙湾市乡村振兴大数据中心建设棉花产业联合体。开展沙湾市家庭农场系统录入工作，已完成7638家农场信息录入。建立协同推进机制，加强部门联动，共同推进合作社优化发展，指导各乡镇开展示范社、示范家庭农场申报工作，申报家庭农场50家，申报地区示范社8家、自治区示范社3家。认真审核、研究，确定合作社承担项目，制定《沙湾市2021年农业社会化服务项目实施方案》，扶持项目资金444万元。积极宣传、鼓励新型经营主体发展先进技术用于农业生产，沙湾市天忠农民合作社率先在本合作社126户成员的手机安装“疆天卫星棉图”智慧管理系统模块，使用智慧农业生产技术监控管理6666.67公顷棉田。清理“僵尸”合作社，积极探索农民合作社简易退出（注销）程序，通过与市市场监督管理局多次商讨、研究，初步确定农民合作社简易退出（注销）程序，促进合作社持续健康发展。

【农产品质量安全示范市创建】 2021年，沙湾市农业农村局配合自治区完成4个季度监督抽检和例行抽检工作任务，抽检农产品样品290批次，检测合格率100%。配合地区完成农产品监督抽检和风险监测任务5次，抽检蔬菜水果样品111批次，合格率100%。开展市级千人1.5批次农产品日常检测任务，已完成定量检测399批次，检测参数8379项次，检测合格率100%。加强“两品一标”认证产品的证后监管工作，对全市2个企业5个产品、2个全国绿色食品原料标准化生产基地进行产品检测；积极推进承诺达标合格证工作，张贴合格证上市4976份，上市销售农畜产品1062.6吨。举办农产品质量安全培训班4期，培训生产主体和监管人员100余人。

2021年4月18日，市农业农村局工作人员在乌兰乌苏镇开展鱼塘养殖投入品专项检查

【农村改厕】 2021年，沙湾市制定下发《2021年沙湾市农村“厕所革命”工作实施方案》，落实市领导包乡镇、乡镇领导包村（社区）、村干部（“访惠聚”工作队队员）包农户机制。抽调干部成立沙湾市改厕专班，建立二道河子农村厕所革命现场教学示范基地，发挥好“教学培训、成果展示、示范指导”功能，年内组织各乡镇村队观摩学习46场次，建立13个改厕示范村、141个改厕示范户。严格落实农村改厕培训方案、摸排工作方案，共计摸排户数54871户，摸排厕所49061个，摸排问题173601条，排查期间立行立改问题11973条，合格率为96.4%，全面完成自治区推送7类问题整改任务。制定农村户厕运行维护的规范化管理办法，已成立1个市管护中心、12个乡镇管护站、173个村级管护队，投入各级管护员685人。

【农村改革】 2021年，沙湾市扎实做好产权制度改革，完成244个村组的农村集体产权制度改革登记赋码工作和246个村（组）2020年度清产核资工作，共计105473.97万元。市人民政府与天津农村产权交易所签订战略合作协议，借助天津市成熟的市场建设和运营模式，共建沙湾市农村产权流转交易市场，方便农民参与流转交易。制定统一的土地入股、转包、出租等流转合同文本。针对土地流转中，可能出现的各种情况，明确了土地流转双方的权利、义务及其他约定，保证了转入、转出的有机对接，有效预防了土地流转的矛盾纠纷。率先在金沟河镇、大泉乡、安集海镇开展产权交易试点工作，明确市乡村三级工作职责，做好流转合同登记备案鉴证工作，产权交易平台已成功实现网络竞价，村集体机动地和农户二轮土地已有序的上平台进行流转交易。2021年，农民合作社等经营主体通过土地经营权抵押贷款2100万元。稳步推进农村土地承包经营权确权登记颁证工作，积极协调自治区第一测绘院完成了自治区农村承包地确权登记颁证数据汇交工作，汇交数据顺利通过自治区确权办验收。全力做好农村集体“三资”管理工作，对全市11个乡（镇）、244个村组、1472名第九届村“两委”村干部任期（2016年9月至2021年6月）和离任经济责任情况进行了审计，完成审计单位244个，圆满完成村组干部任期和离任审计工作任务。

2021年3月15日，市人民政府和天津市农村产权交易所签订共建沙湾市农村产权交易市场战略合作框架协议

【农业机械化建设】 2021年，沙湾市农业农村局采取委托第三方开展社会化培训，共举办培训班19期，其中大型工程机械驾驶操作人员培训13期，制发操作证580人；农业机械（采棉机、联合收割机）驾驶操作人员培训6期，制发驾驶证245人。不断提升农业综合机械化水，全年全市新增1331台（架）农机具，其中，轮式拖拉机110台、棉花收获机22台、辣椒收获机2台、耕整地机械80台（套）、精量播种机460台、植保机械100台（套）、秸秆粉碎还田机40台、残膜回收一体机4台、无人植保机40台、农业用北斗终端460台（套）、畜牧养殖机械13台。

【新型农牧民培训】 2021年，沙湾市农业农村局推进乡村振兴七个一工程，加快城乡居民技能培训，提高农牧民科技文化素质，共开办美容美发、家电维修、家政服务等6个专业培训班，培训人员1000余人次。与市委组织部、市委党校合作，共同举办党员干部、村队后备干部、农牧民综合素质提升培训班3期，累计培训学员296人次。抓好高素质农民培育，在西戈壁、东湾镇举办小麦、玉米种植合作社负责人培训班，培训学员50人，在金沟河镇举办农机手培训班1个，培训学员50人。积极做好农村实用人才带头人培训工作，三道沟村培训基地顺利举办6期培训班，共计培训新疆国定贫困市的村两委成员、党员骨干、大学生村官、村级后备力量等学员394人。

2021年4月14日至28日，中组部、农业农村部2021年第一期农村实用人才带头人和大学生村官示范培训乡村治理与发展主题培训班在三道沟村培训基地举办

【安全生产监管】 2021年，沙湾市农业农村局切实做好岁末年初、重要节日、重要节点农业综合执法检查，由市农业综合行政执法大队牵头，深入农资经营门店、兽药店、屠宰场、活畜交易市场、农机营销（维修）网点、农机库棚及农机合作社，重点对安全防火、机具停放、油料储存、住房取暖和用电安全进行检查，排查整治安全隐患以及安全生产管理上存在的问题和薄弱环节，对排查发现的隐患和问题，严格按照闭环管理制度进行整改，共检查农资、兽药门店、农机营销（维修）网点、农机合作社98家，查处治理安全隐患17处。结合春耕春播、三夏、三秋安全生产特点，农业综合行政执法大队、各乡镇执法

中队深入各乡（镇）村队、田间地头持续开展农机安全隐患排查整治，重点对农业机械安全防护装置、播种、采收等环节安全操作规范进行检查和现场指导，着力查处拖拉机无牌无证、违章载人、不按时参加年度检验、未张贴反光警示标识等违法违规行为，消除各类事故隐患。加大宣传教育力度，利用村队大喇叭、微信群、发放宣传单等形式广泛宣传涉农法律法规、安全知识和操作规程。全年共检查各类农业机械、大型工程机械12500余台，查处违法违规行为298起，行政处罚8.98万元，未发生农机安全生产事故。结合全市农业农村监管领域分布情况，深入持久开展全覆盖、拉网式安全隐患大排查大整治，每月对责任区域监管对象进行拉网式排查，确保每3个月全覆盖一次。市乡执法人员共组成3个检查组，深入城乡接合部、各乡镇对分管区域逐一进行安全排查，重点围绕消防设施器材配备不全、无效、违章用火用电、物资乱堆乱放及储存油料等行为展开，共排查农资、兽药经营门店162家、农机营销维修网点46家、合作组织28家、养殖场21家、饲料经营企业5家、渔业养殖场6家、肥料厂1家、种子企业1家，发现消防设施器材配备不全、无效、违章用火用电等35起安全隐患，其中立查立改4起，责令限期整改31起。加强畜禽定点屠宰厂日常监管，对市区牛羊、家禽定点屠宰厂进行全覆盖执法检查，开展屠宰行业专项整治，规范屠宰厂管理，持续推进畜禽屠宰监管“扫雷行动”，共查处10起动物卫生案件，处罚金额6.0207万元；以全市乡镇农资销售门店为日常监管重点，对有隐患的重点区域和重点产品进行重点排查，加强对假劣农资游商游贩活动及活跃区域的监管，共查处种子案5起、农药案1起，处罚金额1.5万元。

2021年8月20日，市农业农村局执法人员开展执法检查

【惠农政策落实】 2021年，沙湾市农业农村局做好耕地地力保护补贴兑付工作，共兑付补贴资金1983.6万元。落实棉花目标价格补贴政策，按照自治区、地区棉花目标价格补贴工作要求，完成全市棉花目标价格补贴资金统计核实和补贴资金的发放工作，累计发放补贴资金9.01亿元。全面落实农机购置补贴，受益户671户，补贴资金864.703万元。组织农科金岳农机农民专业合作社联合社投入12台深松作业机械在10个乡镇14个村实施深松作业3633.33公顷，经核实验收，符合补助条件的作业面积3326.67公顷，发放补助资金149.676万元。有序开展保险市场适度竞争，2021年由人保财险、中华财险和太平洋财险三家保险公司在全市范围内开展政策性农业保险全险种保险业务。全年种植业共承保11.41万公顷，完成率99.6%，理赔3.28万公顷，赔付金额4562.11万元；养殖业共承保28753头，完成率77.48%，理赔706头，赔付金额654万元。

（张　薇）

种植业

【种植结构调整】 2021年，沙湾市按照“稳粮、优棉、扩种、促果蔬、兴特色”思路，完成正复播面积15.13万公顷（正播15.07万公顷、复播586.67公顷）、粮食面积2.46万公顷（其中小麦5546.67公顷、玉米18906.67公顷）、棉花面积117746.67公顷、加工番茄533.33公顷、加工辣椒3466.67公顷、青储饲料3820公顷、其他作物1120公顷。棉花、小麦、玉米、番茄、辣椒等大宗农作物机耕、机播、机收均实现100%机械化。2021年，秋季压种冬小麦6020公顷，完成地区下达的6000公顷冬小麦约束性目标任务。建立棉花超宽膜栽培技术高产示范田，全面推进棉花高质量发展，大力推广棉花超宽膜种植新技术，在大泉乡大泉村双泉农场、大泉乡烧坊庄子村双泉合作社等棉田建立470.67公顷。通过在农业技术试验站同品种、同地块超宽膜栽培模式和普通宽膜栽培模式进行对比试验，采用超宽膜栽培技术的棉田，棉花收获株数普遍增加，亩结铃数增加，单产增加，平均每亩增产20—60公斤/亩，增产率5.7%—15.3%。保墒效果好，每亩地可节约用水36—61立方米，节水率8.78%—13.7%，助推棉花产业高效发展。建立优质棉花品种筛选示范基地，按照棉花主产县市棉花主推品种实现“一主两辅”用种模式的具体要求，依托中国棉花研究所、新疆中棉种业公司、石河子市棉花研究所、新疆农业大学等科研单位，在良种场对新陆早76号、新陆早78号、创棉508、新陆早61号等5个主推棉花品种进行示范、繁育，示范推广面积达1160公顷，对37个棉花品种进行小区、中区对照实验，从中筛选出优质、高产、早熟、抗病、抗逆强的优质棉花品种进行大面积推广种植。逐步建立优质棉花品种数据库，为市域内相同生态区域确定主栽品种提供科学依据，为实现棉花主栽品种“一主两辅”用种模式打下坚实基础。

【现代种业发展】 2021年，沙湾市依托自治区棉花、玉米、小麦和特色作物“四个百万亩”制种基地，加强与中棉所、创世纪、金丰源等科研院所和种业公司对接，大力推进育种、制种基地建设，实施玉米、小麦、棉花制种4140公顷（其中玉米制种1733.33公顷、棉花制种2400公顷、小麦制种66.67公顷）。

【农业科技推广服务】 2021年，沙湾市农业农村局通过网络微信在线培训、在线指导、在线答疑、现场田间指导等多种方式进行农业科技服务活动。全年累计发布肥情8次，发布墒情8次，组织发动农技员651人次，指导农户2万次，制定指导意见11个，通过电话微信等进行农技咨询192次；开展各类培训18期次，培训人员达4320人次，涉及农作物有棉花、小麦、玉米、加工番茄、辣椒；线上推送明白纸0.3万份，服务辐射面积4万公顷。扎实做好农作物病虫害监测预报，累计开展农作物病虫害大田普查10次，发布《农作物病虫情报》15期、《农作物病虫动态》9期，完成棉花、小麦、玉米病虫害、蝗虫等农作物病虫害发生周报12项次；受理各种农作物制种产地检疫申报55个；安装智能虫情测报灯6个、杀虫灯智能性诱自动监测系统（诱蛾罐）3套、杀虫灯6300盏。推广测土配方施肥面积143666.67公顷，涉及1.2万农户；开展肥效试验2个，涉及面积20公顷；建立3个有机肥示范基地开展有机肥大田示范推广，涉及面积3万亩，施用有机肥1500吨。大力推广棉花“一主两辅”用种模式、超宽膜种植新技术和玉米宽膜密植高产配套栽培技术，引进超宽膜机械10台。通过建立棉花超宽膜栽培技术示范田，探索超宽膜栽培技术示范经验，进一步大面积示范推广，大力提升棉花质量。继续推进农田“白色污染”攻坚战，已完成53.33公顷降解膜试验示范阶段性工作，新购残膜回收机12台，合作社与村队签订4733.33公顷废旧地膜回收作业面积。

（张　薇）

林 业

【概况】 2021年，沙湾市辖林地面积103443.8817公顷，蓄积量21.43万立方米。按地类分，乔木林地3220.4公顷，占林地面积的3.11%；疏林地361.65公顷，占0.35%；灌木林地82397.93公顷，占79.65%；未成林地2589.26公顷，占2.5%；苗圃地149.33公顷，占0.14%；无立木林地402.99公顷，占0.39%；宜林地14322.33公顷，占13.85%。按林地权属分，国有林地面积为98878.66公顷，占95.59%；集体林地面积为4565.22公顷，占4.41%。按森林类别分，公益林地面积为94471.26公顷，占99.34%；商品林地面积为687公顷，占0.66%。公益林地中，重点公益林地面积为71386.76公顷，一般公益林地面积为31370.13公顷。公益林地按事权登记分，国家级公益林地71387.4公顷、地方公益林地31369.49公顷。按林地保护等级分，II级保护林地面积63949.36公顷，占61.82%；III级保护林地面积38071.03公顷，占36.8%；IV级保护林地面积为1097.6公顷，占1.06%。按林种分，防护林85784.57公顷，占82.93%；风景林47.5公顷，占0.05%；经济林685.2公顷，占0.66%。按起源分，天然林82118.58公顷，占79.38%；人工林6450.66公顷，占6.24%。

天东局沙湾分局林地总面积66766.68公顷，天东局乌苏分局（沙湾行政界线内）林地总面积9596.74公顷。

【森林草原资源保护】 2021年，沙湾市林草局制定并下发《沙湾市2021年度森林草原防灭火工作应急预案》，4个国家级公益林中心管护所分别制定森林草原早期火情处置应急预案，坚决做到早发现、早处置，全年实行禁火令。加强森林草原防火宣传力度，2021年，共悬挂宣传横幅38条，发放宣传单8000余份，并全年在电视台上定时播放防火警示教育片。强化督导检查，对下属单位、公益林管护所（站）、木材经营加工厂开展安全生产隐患大检查6次，对检查出的问题下达限期整改通知书。及时成立沙湾市森林火灾风险普查工作领导小组，制定《沙湾市森林火灾风险普查实施方案（试行）》和细则。聘请国家林业和草原局西北调查规划设计院协助开展森林火灾风险普查工作，已完成12个标准样地调查工作任务。强化林政管理，完成2021年林地更新一张图资料准备工作，全年核发林木采伐许可证419份，采伐面积254.21公顷；加强林地保护管理，办理项目建设使用林地24宗。扎实有序推进林（草）长制工作，召开沙湾市全面推行林长制工作培训和推进会，培训各级林长和林长办工作人员80余人次。认真分析比对三调图和森林资源分布图，对占用基本农田种植林木的土地进行清退，督促指导各乡镇完成资源台账的建立，完成全市12个乡镇森林资源矢量图的制作及村、社区森林资源分布图的绘制并分发到各乡镇。严格按照要求落实好林长公示牌设置工作，强力推进林长制公示牌设置工作，制作市、乡、村三级林长公示牌208块。按照规定完成年度巡林任务，市各级林长实际巡林2300次。

【造林项目建设】 2021年，沙湾市扎实做好春季造林工作，完成春季造林593.33公顷。扎实推进村庄“四旁”绿化，70余个村队开展村庄绿化，植树6万余株。联合科协、农业农村局、组织部、人社局开展林业技术培训，累计培训群众4场次、600余人。制定下发《关于做好2021年秋季及2022年春季植树造林工作的通知》，指导督促乡镇做好秋季植树造林工作。完成对2020年三北防护林五期工程33.33公顷退化林修复验收任务，完成2019年三北防护林五期工程333.33公顷人工乔木造林复验任务。

【有害生物防治】 2021年，沙湾市人工林有害生物应施调查监测面积为17830.8公顷，监测面积为17830.53公顷，监测覆盖率为99.9%；荒漠林鼠害寄主树种面积为70822.67公顷，监测覆盖率为100%。2021年，全市人工林有效防治面积为192.07公顷，防治率为100%；全面使用生物药剂和性诱剂防治，鼠害防治1985.33公顷。对全市各乡镇林木种苗生产经营单位和个体所生产场所的林木种苗进行产地检疫，共产地检疫31家苗木生产单位和个人，合计402.83公顷、412.9万株林木种苗。全年调运复检数177份，苗木169.75万株、花卉3.09盆、电缆盘87个、板材210立方米，未发现检疫性及危险性林业有害生物。对辖区内生产、经营、加工木材的26家个体经营户进行木材产地检疫，未发现相关林业有害生物。

【草原鼠虫害防治】 2021年，沙湾市林草局扎实开展草原有害生物调查及预测预报工作，对2021年虫鼠害发生情况进行预测、预报，调查样点35个。开展草原有害生物防治工作采用高效环保性农药2.0%苦参碱进行喷药，从6月18日至27日开展防治工作，飞行20架次，共防治面积6666.67公顷。开展生物防治，在西戈壁镇三个泉子区域草场招引粉红椋鸟防治蝗虫1333.33公顷。

【草原动态监测】 2021年，沙湾市林草局开展草原返青监测工作，分析返青率，共完成监测8次。7月15日至8月15日开展沙湾市2021年草原牧草生长高峰期样地外业监测工作，完成7个大类草原的监测工作，共监测样地24个，监测样方72个。开展草原枯黄期监测（冷季监测）工作，2021年9月15日至9月27日完成牧草生长物候期（冷季监测）监测工作，完成监测样地7个，样方21个。开展国家级固定监测点监测工作，2021年5月1日开始每隔15天监测1次，直到9月底完成，共监测10次。通过开展返青监测、牧草生长高峰期监测、枯黄期监测（冷季监测），重点对全市天然草原植被生长状况、草原生产力及利用状况、草原生态保护建设工程效益等方面进行综合分析与评价，分析天然草原综合植被盖度、综合植被高度、鲜草产量，为沙湾市草原生态修复和草原保护提供基础数据。

2021年5月17日，草原站工作人员现场登记草原监测数据

【野生动物保护】 2021年，沙湾市共救助野生动物20余只，共出动执法人员230余人次，检查重点野生动物活动区域20余次，检查重点场所20余次、餐饮场所130余次，发放宣传单635份、宣传册212本。全年常态化开展野生动物疫源疫病监测工作，在候鸟迁徙、禽流感高发季节等重要时节，加大野生动物集中区域、越冬地的巡护工作。

2021年5月，市林草局工作人员通过爱鸟周活动宣传保护野生动物

（郭　靖）

【国有林场】 2021年末，沙湾市三道河子林场林业面积463.3公顷，其中经济林175.99公顷、生态公益林192.33公顷、苗圃基地80公顷。居民区、道路面积14.98公顷，已确权发证面积463.3公顷。林场主要采取以林为主，旅游为辅，多种经营，共同发展的方式。现主要以经济林基地、苗圃基地、森林公园及森林植被恢复项目区四大产业为主。截至2021年底，销售各类苗木38.9万余株，新育杨树苗3.67公顷、插条65万株，移栽夏橡树345棵、大叶白蜡1100余棵，完成防护林造林任务6.99公顷。抓好林果业建设，发展葡萄、桃子、李子、苹果、香梨、红枣等八类特色林果基地126.67公顷，年产水果2500吨，年产值1100万元。抓好苗圃基地建设，建成种苗基地113.33公顷，已育有杨树、榆树、白蜡、水曲柳、红叶海棠等30多个品种，年产种苗150万株。抓好森林公园建设，计划利用2—3年的时间，将沙湾森林公园打造成国家AAAA级旅游景区和国家级生态文明教育基地。2021年，重点清理哈拉干德植被恢复区的枯树、病树工作，对哈拉干德植被恢复区33.33公顷生态林进行撒药工作，对东坑蓄水池进行清淤沙工作，86.67公顷退化林修复项目已完成60公顷整地工作，修补渠道3千米，加强133.33公顷林区苗木灌溉、除草及病虫害防治，对老化的高压线进行更换新线2.7千米。

2021年4月13日，技术员陈亚军（左三）指导农户修剪果树

（李　艳）

【国有林管理】 天东林管局沙湾分局经营区总面积411965.22公顷，林业用地67051.498公顷，共有5个森林管护所、13个管护站、127个区划林班、3900个小班。纳入天然林资源保护工程的林地面积39360公顷，纳入国家公益林补助范围的面积10320公顷，活立木蓄积512万立方米。2021年，沙湾分局克服林牧矛盾，争取地方政府支持落实66.67公顷造林地块，全年完成造林66.67公顷、森林抚育666.67公顷。建立森林防火联防联动机制，成立半专业化扑火队伍1个、应急分队1个，在5个森林管护所邻近村队成立应急小分队5个。全年共签订各类森林草原防火责任书58份，组织开展森林草原防灭火演练6次。投入219.61万元完成森林草原消防物资购置项目，配发到管护所站、小分队等，强化消防物资储备。投入44.84万元开展防火宣传设施建设项目，在沟口、路口、景区及人员出入频繁的林区，设立大中小型宣传牌196块。投入46万元维修大白杨沟、蒙古庙、哑巴沟、石头沟等区域的森林防火道路50余千米。全面推行林长制，制定《自治区天山东部国有林管理局沙湾分局全面推行林长制实施方案（试行）》《自治区天山东部国有林管理局沙湾分局林长制领导小组工作规则（试行）》等制度，严格落实林长及副林长巡林工作，编制分局全面推行林长制五级网格化管理图册并发放到每一个网格员。全年制作安装林长公示牌12块、资源管理提示牌20块，完成布设生态效益监测样地60个。开展打击毁林专项行动，共立案林业行政案件3起。大力开展林业普法，充分利用包括“世界森林日”“森林防火宣传周”“湿地日”等在内的全年16个宣传载体，在重要时间节点，多层次、多渠道开展宣传宪法、法律法规活动。全年发放各类宣传单（品）1万余份，参与100余人次，推进普法进机关、进林区、进管护所站、进农村，增强各族人民群众法治意识、法治观念和法治思维。

2021年9月28日，天东林管局沙湾分局联合多部门在东大塘景区开展森林草原早期火情处置实战演练

（乌拉丽·托汗）

畜牧业

【概况】 2021年，沙湾市年末牲畜存栏达50.25万头（只），同比增长3.06%；累计饲养量达155.5万头（只），同比增长3.7%；最高饲养量达62.5万头（只），同比增长4.2%；牲畜出栏达48.5万头（只），同比增长3.6%；家禽存栏达90.5万只，同比增长5.2%；家禽出栏118.34万只，同比增长5%；肉、蛋、奶、毛产量分别为51687.9吨、3832.5吨、30150吨、508吨，分别同比增长3.5%、5%、6.3%、0.2%。

【牲畜疫病防控】 2021年，沙湾市畜牧兽医局采取非洲猪瘟防控工作日排查日报告制度，建立非洲猪瘟疫情排查长效机制，全市共排查生猪54096头，未发现异常情况。对市域内所有存栏牲畜进行防控责任分解，实行重大动物疫病排查、防控包联责任制，明确责任人，做到每场每户都有专人包联、专人排查，专人防疫、专人防控。积极宣传畜禽规模养殖场和生猪规模养殖场申报动物疫病净化示范场和非洲猪瘟无疫小区创建工作，上报5家生猪养殖场创建非洲猪瘟无疫小区。持续推进畜牧兽医社会化服务，提升重大动物疫病防控能力。通过政府购买服务的方式，深入推进兽医社会化服务改革。加强村级防疫员队伍管理，加大检测检查力度，强化防疫监督，养殖户强制免疫率、建档率均达到100%，重大动物防疫工作防疫密度明显提高，防疫质量明显提升。及时组织全市兽医站干部和村级防疫员及养殖合作社负责人（养殖大户）开展重大动物疫病防治知识专题培训，提高村级防疫员和养殖户对重大动物疫情的鉴别诊断和预防防控能力，进一步增强了广大养殖户的自主防控意识和主体防控责任。2021年，采购到位各类重大动物疫病疫苗378.15万毫升（头份），发放各类疫苗309.44万毫升（头份），完成羊口蹄疫免疫57.53万只、牛口蹄疫免疫20.11万头、猪口蹄疫免疫12.47万头、家禽禽流感免疫226.55万只、羊小反刍兽医免疫40.8万只，防疫密度达99.52%。

【动物疫病排查整治】 2021年，沙湾市畜牧兽医局严格按照《自治区动物疫病防控专项大排查、大整治工作方案》有关要求，深入各乡镇、进村入户，走进基层兽医站，畜禽养殖关键环节及重点场所，对重大动物疫病防控各项措施落实、春秋集中防疫、大清洗、大消毒工作推进情况，消毒灭源、动物检验、落地监管、电子出证、活畜调运监管、车辆备案、防疫物资储备、应急处置等领域开展深入细致的重大动物疫病安全隐患排查，并对安全隐患建立动态台账和长效机制，对发现的安全隐患问题立即进行整改，并开展跟踪服务管理，切实加强行业监管责任，严格整治畜禽养殖领域的疫病防控安全隐患。

2021年3月17日，市活畜交易市场执法人员查证验物

【动物卫生监督】 2021年，沙湾市畜牧兽医局有序推进产地检疫工作，加大产地检疫工作管理，督促乡镇兽医站规范开展产地检疫工作，产地检疫生猪61460头、牛17650头、羊43550只、鸡138900羽。进一步规范屠宰检疫工作，完成产品检疫牛肉811.5吨、羊肉230.1吨、鸡肉200吨。加强动物检疫证章管理，全面推广使用牛羊卡环和验讫标。严格加强动物检疫证章管理，认真落实专人负责、专库保管制度，2个牛羊定点屠宰场已使用2.5万枚卡环。进一步强化动物卫生监督执法，开展活畜交易市场专项整治工作，切实提高交易牲畜持证率，确保交易牲畜凭证入场、交易牲畜持证率达100%。严格落实奶业监管，对全市5个生鲜乳收购站和20辆生鲜乳运输车辆进行4次监督检查，在生产、运输环节抽检生鲜乳样品26份。

【牲畜品种改良】 2021年，沙湾市畜牧兽医局不断增强畜牧兽医技术服务能力，发展壮大专业技术人员队伍，建立健全畜牧业技术服务体系，加强种公畜引进和牧区黄牛品改工作，积极推广杂交改良技术，全力促进牲畜品种改良工作。全市共发放冻精17725枚，其中西门塔尔牛冻精11975枚、荷斯坦牛冻精1650枚、褐牛冻精1600枚、安格斯冻精2500枚，发放一次性手套2300支、细管外套5570支，牛冻精冷配完成8223头。共组织拉运液氮6525升、已发放液氮5995升。全面开展畜禽遗传资源普查，组织开展专题培训12次，培训人数380余人次，圆满完成资源普查数据录入。畜禽遗传资源情况如下：14个畜种，37个品种；群体数量914254头（只），能繁母畜261211头（只），种公畜24163头（只），新发现资源1个品种，普查登记完成率100%。

【牲畜越冬度春】 2021年，沙湾市及早动手，摸清底数，切实加强对饲草料储备和牲畜越冬度春工作的组织领导和服务指导，科学制定储备计划，层层分解任务，落实储备责任，抓紧抓实饲草料储备和牲畜转场工作，保证牲畜安全有序转场，确保牲畜安全越冬度春。全市完成储备饲草26.37万吨，完成储备计划的100%；完成储备饲料2.63万吨，完成储备计划的100%。

（张　薇）

乡村振兴

【概况】 2021年，沙湾市被自治区确定为20个乡村振兴示范县（市）之一，安排24个部门（学校）助力市内91个示范村推进示范引领工作；严格落实“五级书记”抓乡村振兴工作要求，建立市级领导包乡联村责任机制，29名市级领导分别包联11个乡镇、173个行政村；成立市乡村振兴局，核定编制22个，及时调整乡村振兴领导小组办公室为农业工作领导小组暨乡村振兴工作领导小组办公室，统筹农业农村与乡村振兴工作，从相关部门抽调30人组成工作专班，乡（镇）级专班140人、村（社区）专班938人负责乡村振兴工作，与新疆农业大学合作，签订《农业科技战略合作协议》，挂牌成立新疆农业大学沙湾市乡村振兴学院，借助“农大智慧”，指导相关部门编制完善

“十四五”农业现代化发展等相关规划，稳步推进乡村振兴工作。

【乡村振兴项目建设】 2021年，沙湾市到位乡村振兴项目资金15648万元。其中政府一般债券资金13000万元，实施博尔通古乡博尔通古村人居环境提升、大泉乡乡村道路建设改造、示范村人居环境整治综合提升和示范村镇垃圾集中收集清运4个项目；争取中央财政衔接推进乡村振兴补助资金2648万元，实施大泉乡二道河子村供排水工程、大泉乡大泉村排水工程、安集海镇元兴宫村排水工程和窝巴特渠首除险加固4个项目。项目涉及5个乡（镇）10余个村队，以村内供排水、巷道渠、道路、垃圾处理等为主要建设内容。项目自6月开始开工，当年10月全部完工并验收，使村队基础设施进一步完善，人居环境得到全面提升，极大改善群众的生产生活条件。

【乡村振兴典型示范】 2021年，沙湾市以示范乡镇、村建设为重点，在反复研究论证的基础上，选定区位优势突出、基础设施配套完善、产业发展能力较强、人员集聚效应凸显的乌兰乌苏、大泉、金沟河等6个示范乡镇和金沟河镇二道湾村等91个示范村，坚持示范引领、典型带路，合理规划项目，带动社会资本，构建本地财力引导、争引项目保障、一般债券支持、村集体经济投入、农户投工投劳建设、金融及社会资本积极参与的多元投入格局，加快乡村公共服务基础设施建设。围绕农村人居环境整治五年行动，以“百村引领、千村示范、万村整治”建设为重点，立足产业发展需求，完成2个示范乡镇、7个市级示范村建设，完善小游园、农机大院、农村幸福大院等公益性设施，补齐乡村发展基础设施短板，提升乡村公共服务设施能力，拓展二、三产业发展空间，激发乡村“五大振兴”潜能。高度重视乡村振兴规划编制，加强与新疆农业大学等科研院校沟通，学习借鉴疆内外乡村振兴典型，紧贴乡村实际，按照“一村一规”要求，突出乡村特色，高标准编制乡村振兴发展规划，科学绘就乡村“五大”振兴发展蓝图，为持续推进乡村振兴发展提供基础，已完成大泉乡杨家庄村规划编制。围绕乡村短板弱项，深入研究国家投资政策，建立项目库，抓好项目储备。已完成项目论证532个，调整完善“十四五”期间乡村振兴项目储备227项，总投资177.4亿元。梳理汇总2021年巩固拓展脱贫成果同乡村振兴有效衔接项目126个，实施高标准农田建设、农网改造等一批事关乡村居民生产生活的重点项目。

【巩固拓展脱贫攻坚成果同乡村振兴有效衔接】 2021年，沙湾市在统筹推进乡村振兴的同时，抓好巩固拓展脱贫攻坚成果与乡村振兴相衔接工作。加强“三类户”动态监测，深入开展巩固拓展脱贫攻坚成果集中排查，逐一对农业户籍人员进行排查，排查登记47259户、141449人。严格落实“四个不摘”，持续加强2020年排查确定的784户、1766人动态监测，强化19户、44人监测户帮扶，建立监测户档案，做实做细帮扶措施，坚决防止因病致贫。2021年，通过水滴筹等方式募捐16万余元，并给予低保金5万余元，协调相关企业、合作社给予监测户鸡苗300羽以及生产母羊等生产物资，为4户4人协调就业岗位实现长期稳定就业。加强扶贫项目资产后续管理，梳理全市扶贫项目资产28个，根据扶贫资产的资金来源、资产类型、受益范围等进行分类，其中入户类2个、经营类1个、公益类25个，全部登记造册，明晰资产权属，建立扶贫资产管理台账。进一步完善确权登记、运营维护、收益分配、资产处置和监督管理等制度，建立市统筹、行业部门和乡镇、村队具体落实，多形式、多层次、多元化管护模式，构建扶贫资产相关部门监管、审计部门监督的动态监查机制，确保经营性资产保值增值，公益性资产高效运转、扶贫效益持续发挥。抓好消费扶贫工作，依托电子商务进农村综合示范工作，进一步完善农村市场体系，促进农村流通现代化和农产品标准化、品牌化建设。全市购买脱贫地区农产品2.05万元，销售脱贫地区农产品34.27万元；在中石油石河子分公司布放消费帮扶专柜13个，累计销售额16.95万元，在万客隆、爱购两家超市布设消费帮扶专区2个，累计销售额10.76万元；协调瑞隆公司、天宝绿色食品公司完成扶贫产品销售6.56万元，带动贫困人口致富369人。

【农村环境卫生整治】 2021年，沙湾市以村庄环境卫生整治为切入点，研究制订农村环境卫生整治工作方案，根据乡村环境卫生整治各细节要点，下发量化评分细则。切实发挥村民主体作用，深入实施农村人居环境整治提升五年行动，全面推进农村“三清三拆三整治一提升”专项行动，加快完善农村基础设施，加大农村环境卫生整治，切实改善农村人居环境。建立信息周报制度，每周对环境卫生整治进行汇总通报，每月组织各乡镇随机抽取乡镇、村对常态化环境卫生整治进行检查，实行积分量化评比，座谈交流推进工作开展经验做法，常态化推进农村环境卫生整治，重点抓好卫生死角清理，切实改善村容村貌，提升农村人居环境卫生质量。

（孟钰淇）

水 利

【概述】 2021年，沙湾市水利局深入践行新时期水利改革发展总基调，统筹疫情防控和水利高质量发展，加快补齐水利工程短板，不断强化水利行业监管，推动“十四五”全市水利改革发展良好开局。全市共完成水利工程建设总投资7994.31万元，其中国家及自治区投入2172万元、市级投入1209.98万元、企业投入4500万元、水费投入112.33万元。至2021年年末，全市已建成干、支、斗、农四级防渗渠道2608.97千米，引水渠首7座、堤防98.238千米，配套水工建筑物6473座，机电井保有量为3500眼，铺设安全饮水管道1367千米，高效节水覆盖率达85%以上，建成中型水库2座、小型水库5座，总库容达4776万立方米。

2021年3月22日，市水利局组织开展以“深入贯彻新发展理念，推进水资源集约安全利用”为主题的水法宣传活动

【水利建设】 2021年，沙湾市实施500万元以上水利工程项目5项，其中续建工程2项、新建工程3项，计划总投资11064万元，其中中央资金864万元、市财政自筹资金1000万元、企业自筹资金9200万元。续建项目：新疆玛纳斯河防洪治理工程沙湾市段于2021年9月26日全部完工；沙湾市巴音沟灌区节水配套改造项目于2021年12月底完工。新建项目：沙湾市窝巴特渠首除险加固工程于2021年11月完工；沙湾市金沟河十级水电站建设项目为企业自筹，已完成发电厂房基础土方开挖，尾水渠土方开挖、发电厂房基础混凝土浇筑、发电设备采购等工作，计划2022年5月底前完工；沙湾市宁家河二级水电站工程为企业自筹，前期手续基本完成，因项目在生态红线保护范围内，正在协调办理手续，计划2022年6月初开工建设。项目前期：开展沙湾市巴音沟河元兴宫段至肃州户村段中小河流治理、玛纳斯河防洪治理工程柳毛湾镇沙门子段、柳树沟水库进出库渠道改造、宁家河灌区现代化提升改造等

工程前期工作，设计方案报塔区水利局审查。完成沙湾市2021年农业水价综合改革项目、三座小型水库维修养护项目、沙湾市宁家河东湾镇四道班至张家庄村段中小河流工程、沙湾市窝巴特渠首除险加固工程的实施方案上报及批复。完成沙湾市大南沟水库可行性研究报告上报，并通过自治区水利厅审查。完成沙湾市2021年农业水价综合改革、窝巴特渠首除险加固、支持保障水库安全运行等3项工程施工招标工作。委托招标机构开展沙湾市大南沟水库工程、“十四五”时期中小河流治理工程玛纳斯河防洪治理工程柳毛湾镇沙门子段、柳树沟水库进出库渠道改造、宁家河灌区现代化提升改造、宁家河等7条河流勘界定桩等工程设计招标工作。

【水资源综合管理】 2021年，沙湾市水利局重点推进节水载体建设工作，已经初步完成全市节水型社会建设工作，准备迎接自治区终验。严格执行取用水项目水资源论证制度，2021年度受理取水许可审批项目（更新、新打机电井）8件，严格按照要求编制建设项目水资源论证报告书（表）、建设项目环境影响评价报告书（表），已审批3项。坚决落实“三条红线”，做好退地减水、关停机电井工作，抓好水资源费征收工作，2021年度征收水资源费10870.69万元。在全市范围内开展水事违法行为巡查工作，共查处非法凿井、破坏井电双控计量设施的水事违法行为34起，罚款73.5万元。严格落实水土保持“三同时”制度，加强对企业的日常监督检查，共下发责令改正水行政违法行为通知书等执法文书40余份，审批水土保持方案37个，对煤矿、工业企业、砂石料场、房地产等项目，现场监督检查30余次，日常巡查50余次，执法检查生产建设项目93个，下达各类整改意见70余份，征收水土保持补偿费250余万元。全市各相关单位协同配合，加强水土流失治理力度，2021年全市共完成水土流失治理面积10676.34公顷。

2021年6月9日，沙湾市举行节水型公共机构、节水型居民小区授牌仪式

【河长制工作】 2021年，沙湾市各级河长常态化开展督查、巡查，共开展自治区级河长巡河2次、地区级河长巡河5次、市级河长巡河77次、乡级河长巡河160次，巡河中各级河长共发现并现场处理涉河问题6个。开展采砂专项整治工作，关停采砂场10家，拆除房屋41间，总建筑面积1670平方米；拆除砂场采砂设备13套，拉运成品料50.8万余立方米，回填砂石料坑121.4万立方米，清理整治面积1.678平方千米。开展“清四乱”专项行动，积极对水利部卫星遥感影像推送沙湾市境内3个疑似四乱问题，辖区内河道内废弃砂石料场乱占、乱堆、乱建等管理保护突出问题，河湖管理范围内乱采、乱堆、乱建、乱占等突出问题再摸排，共排查“四乱”问题3个，排查发现的“四乱”问题已整改销号3处。加强联合执法监管，对市域内河道进行联合检查，发现问题6个，整改6个，下达责改通知书5份、现场检查反馈单46份、限期整改通知书27份，有效地遏制河道非法采砂、侵占河道岸线、乱倒垃圾等现象。委托塔城地区水利水电勘察设计院测算沙湾市2条自治区级河流，3条规模以上、2条规模以下河流勘界报告费用，有序推进沙湾市河湖水域岸线管理界桩埋设工作。

【防汛抗旱】 2021年，沙湾市牢固树立“抗大旱、防大灾”思想，严格落实以行政首长负责制为主要内容的各项防汛抗旱措施，坚持防汛、抗旱两手准备。对市域所有河流、水库、行洪通道、山洪地质灾害隐患点等防汛重点部位进行全面排查。组织开展渠道清淤18千米，渠道维修37千米，争取水毁修复项目资金80万元，对大南沟河道部分堤防险段修复。实施沙湾市2021年度小型水库维修养护项目、3座小型水库项目，总投资80万元，工程已完工并通过验收。编制完成《沙湾市6座水库大坝安全监测及雨水情监测设施实施方案》并组织实施，项目建成后水库配套设施及管理水平将得到进一步提升。加强与气象、水文部门、流域管理部门的协调沟通，及时发布天气、水文信息，为防汛抗旱提供信息保障。严格落实行政首长负责制，明确各河流、水库、各区域的三级责任人在政府网站予以公示，强化对水库汛期值班值守力度，加强对水库、防洪险工险段进行监测、巡查频次，确保发现问题及时处理，全市水库安全运行。组织开展水库大坝拉网式安全隐患排查，抓好问题整改，有序推进水库大坝降等报废工作。

【灌溉用水管理和农村饮水安全】 2021年，沙湾市投资112.79万元对全市水利设施进行春修、岁修等工作，灌溉期安排专人定期对所有的渠道进行检查，对破损渠段进行维修。同时在确保安全度汛的前提下，充分发挥水库调节蓄水作用，大力加强和流域管理部门沟通联系，全力保障农业生产供水。2021年，全市用水总量7.2亿立方米，其中地下水用水总量4.57亿立方米、地表水水量为2.63亿立方米，征收地表水水费4000万元，灌溉1179.283万亩次。建立健全乡镇集中式饮用水水源地保护、水质检测等各项制度，邀请新疆合普联科检测技术研究院、市疾控中心对各乡镇集中式供水水质进行2次抽样检测，保证水质各项指标正常。对各乡镇场供水管网出现的安全隐患进行积极抢修，共维修各乡镇供水管网88处，应急抢修5处。对部分乡镇的农村饮水安全工程实施维修养护，组织人员及时对供水管道、观察井和水源供水设施进行维修更换，进一步夯实农村安全饮水工作，确保全市农村饮水安全。

（冯婉萍）

工业·建筑业

综　述

【概况】 2021年，沙湾市统筹疫情防控和经济社会发展，扎实做好“六稳”工作，全面落实“六保”任务，加强工业经济运行监测、分析、预警工作，促进沙湾工业经济平稳健康发展。1—12月，全市31家规上工业企业完成产值54.2亿元，实现增加值8.3亿元。其中，纺织服装产业完成产值21亿元，占总数的38.7%，同比增长63.3%；精细化工产业完成工业总产值20.5亿元，占总数的38%，同比增长59%；绿色食品产业完成工业总产值6.2亿元，占总数的11.4%，同比增长21%；建材产业完成工业总产值2.5亿元，占总数的4.6%，同比下降86%；煤炭能源产业完成工业总产值4.0亿元，占总数的7.2%，同比下降19.7%。

【推进工业经济发展】 2021年，沙湾市商务和工业信息化局强化工业经济运行监测，每月组织到规模以上企业实地调研，了解规上企业生产经营状况。与各成员单位联动加大对重点行业、重点企业的协调、服务、监测力度，增强“煤、电、油、气、运”生产要素保障，确保规上企业运行正常。落实驻企包联帮扶机制，对规模以上企业制定“一企一策”工作推进措施，明确包联责任人，压实责任，帮助协调解决影响企业生产运行的各类问题，推进企业有序达产增效。积极争取上级纺织类专项优惠政策，助力纺织服装企业健康发展。落实信泰纺织、裕鑫源纺织等企业纺织专项补贴和贷款贴息，2021年，共拨付纺织专项补贴1142.94万元，争取贷款贴息274.87万元。加大企业人才培训力度，组织沙湾市重点企业52人次参加两期新疆中小微企业经营管理人才培训班，帮助企业拓宽融资渠道，规范财务管理。建立政银企座谈会、交流会工作机制，通过组织召开“企业开放日”、政银企座谈会、交流会等方式，在政府、企业、银行金融部门之间搭建交流沟通平台，收集借鉴企业家、金融部门对搞好经济工作的意见建议和想法，共收集各类问题建议17个，着力构建亲清新型政商关系。做好企业指标应统尽统及“小升规”工作，众泰汇鑫1家企业实现“小升规”，博硕思、汇金燃气、盘龙油脂、恒巍工贸4家企业复规。持续做好淘汰落后产能及“地条钢”排查工作，制定下发《沙湾市加快推进淘汰砖瓦行业落后产能工作方案》《关于开展“地条钢”企业排查严防“地条钢”死灰复燃工作的通知》等文件，经排查，全市无上级重点要求排查的常减压炼油装置、小焦化企业、水泥、平板玻璃、5万千瓦及以下燃煤小火电机组等国家早就明令淘汰的落后产能及“地条钢”生产企业。推进工业企业环境保护、污染治理、清洁能源替代利用工作，制定下发《沙湾市工业企业重污染天气应急减排措施预案》《关于水泥行业错峰生产的通知》等文件，联系环保部门确定重点排污企业名单，加强监管，严格落实采暖季重点行业企业错峰生产，经与地区生态环境局沙湾分局、市应急管理局等部门对天山水泥等重点企业落实情况进行现场检查，未发现有违规生产行为。推进企业技术改造转型升级，通过提高企业装备和技术水平提升产品的开发与质量档次，引导和鼓励企业以市场为导向、产学研相结合，引导创新要素和资源向企业聚集，巩固和扩大传统行业企业的市场占有率，共完成10个项目技改备案工作。

【重点项目】 2021年，沙湾市工业固定资产投资项目共26个，计划总投资52.5亿元，当年计划完成投资9.7亿元，已完成3.69亿元，完成计划的38.0%。其中新开工项目15个，当年计划完成投资6.7亿元，已完成1.75亿元；续建项目11个，已累计完成投资15.3亿元，2021年计划完成投资5.6亿元，已完成1.94亿元。全年完成工业固定资产投资4.35亿元。

【招商引资】 2021年，沙湾市落实执行项目58项，投资总规模224.9亿元，完成到位资金35.03亿元，较上年增长71.6%。沙湾市通过“请进来”洽谈企业80余家，签约企业21家，签约金额162亿元；沙湾市5次外出参加会展开展招商引资活动，先后参加商博会（线上）、农特产品产销会、厦洽会、塔洽会、辽洽会，通过各类会展宣传推介沙湾市资源优势，发放宣传册1000余份，拜访企业30余家，与20余家企业达成投资、合作意向。

【油气资源勘探工作】 2021年，中石油、中石化在沙湾辖区内共部署各类探井22口（包括上年未完钻探井），其中中石油16口（金龙57井、天安1井、拐193井、GHW1704井、拐251井、金223井、金226井、金龙58井、安5井、拐173井、金230井、沙湾1井、金224井、金227井、沙排15井、中佳10井）、中石化6口（沙12-1井、征10井、沙12-2井、沙4-平2井、沙4-3井、永11井）。截至12月底，沙湾辖区共有出油井8口，其中中石油7口（拐171井、拐191井、金213井、金龙54井、GHW1701井、GHW1702井、GHW1703井）、中石化1口（沙4－1井）。辖区全年生产原油1.63万吨，上交全口径税收997.4万元，其中市级创税710.2万元。

（邵　强）

园区建设

【概况】 2021年，沙湾工业园区入驻企业54家，其中规上企业16家，完成政府投资类固定资产投资1.5亿元、企业固定资产投资4623万元；完成工业总产值44.36亿元，增长48.6%；完成工业增加值6.28亿元，总就业人数4363人；其中纺织行业完成产值20.98亿元，化工行业完成产值20.42元，建材、装备制造等其他行业完成产值2.96亿元。

【园区基础设施建设】 2021年，沙湾工业园区认真梳理园区基础设施存在的问题，研究制定“十四五”项目13项，并积极申报2022年中央专项债券项目8项（新项目5项，续建项目3项）。加快三个纺织服装标准厂房和哈拉干德污水资源化利用项目建设。全年完成固定资产投资1.5亿元，其中，标准厂房一期项目完成投资2000万元、标准厂房二期项目完成投资5500万元、标准厂房三期项目完成投资3000万元、污水资源化循环利用项目完成投资4500万元。纺织服装标准厂房一期建设项目。项目占地面积8.67公顷，建筑面积6.8万平方米，总投资1.5亿元。其中，厂房5栋，总建筑面积5.4万平方米；宿舍楼1栋，建筑面积5525平方米；办公楼1栋，建筑面积5803平方米；食堂1栋，建筑面积660平方米。至2021年年末，3栋建筑面积5600平方米的厂房宿舍楼和餐厅完工，1栋织布厂房框架主体完工，1栋织布厂房基础和附房主体完工，办公楼主体完工。该项目已完成投资1.2亿元，2021年完成投资2000万元。纺织服装标准厂房二期建设项目。项目占地面积31.87公顷，总建筑面积20.3万平方米，总投资4.8亿元；主要建设织布、服装类厂房及库房14栋，建筑面积16万平方米；配套宿舍楼6栋、办公楼1栋和食堂1栋，建筑面积4.3万平方米。至2021年年末，6栋建筑面积1.8万平方米的厂房、3栋5600平方米的厂房、1栋7300平方米的厂房和食堂主体基本完工，1至6号宿舍楼和办公楼工程收尾；累计完成投资3.2亿元，2021年完成投资5500万元；纺织服装标准厂房三期建设项目。项目于2017年4月开工建设，2017年11月停工，2021年4月复工，总建筑面积21万平方米，总投资4.4亿元，已完成投资3.1亿元。主要建设厂房13栋，建筑面积17万平方米；库房1栋，建筑面积5859平方米；宿舍楼5栋，建筑面积3万平方米；业务楼1栋，建筑面积3579平方米；食堂1栋，建筑面积5850平方米；项目总投资4.4亿元。至2021年年末，7栋建筑面积7400平方米的厂房基本完工，2栋1.8万平方米的厂房主体和1栋4万平方米的厂房主体基本完工，2栋1.8万平方米的厂房主体和1栋7400平方米的厂房基础工程完工；累计完成投资3亿元，2021年完成投资3000万元。沙湾工业园哈拉干德区污水资源化循环利用工程。污水厂处理规模2.5万立方米/日，项目总投资4.8亿元，主要建设内容为：建设污水厂1座、厂外粗格栅1座、污水管道28千米、中水管网52.8千米，配套建设中水加压泵1座、浓水库、尾水库、生态林地及污泥处置场等。项目建成后，处理工艺达到疆内最高水平，可将污水处理成工业级自来水直供企业生产使用；至2021年末，污水处理厂和尾水库已建成，中水管道已开挖9千米、安装管道3千米，3个污水提升泵站和高位水池基础工程正在施工、设备已到场，浓缩车间和蒸发结晶车间钢结构主体工程完工，累计完成投资2.3亿元，2021年完成投资4500万元。

2021年7月29日，纺织服装标准厂房一期工程

【园区企业服务】 2021年，沙湾工业园区制订《沙湾工业园区干部包联企业实施方案》，确保园区52家生产性企业管理全覆盖，服务无盲点。做好纺织企业各项补贴工作，完成2021年第一、二、三季度以及天泰纤维2020年补报的申报工作，合计申报金额3110万元。园区主要领导联系金融部门赴企业召开银企座谈会10次，让企业了解金融政策，让银行了解企业生产经营情况，努力解决融资中的瓶颈问题。牵头组织纺织企业分别奔赴公路沿线和山区片7个乡镇开展招工活动，努力帮助企业解决招工难的问题。通过招商引资引进沙湾域润禾棉业公司在博尔通故乡喀拉阔勒队投资3700万元建设棉花加工厂，园区管委会主动帮助企业办理完善立项、用地等审批手续，项目于秋季投产，当年收购籽棉2.6万吨。

【园区安全生产】 2021年，沙湾工业园区制定主要领导包区、分管领导及局办领导包片、全体干部包企的园区安全生产包联制度，坚持逢会必讲安全生产，下企业必问安全生产，全年召开专项工作会议8次，强化安全生产培训教育，分片区组织企业负责人和安全生产工作主管开展二轮专题学习，传达学习全国、自治区、地区安全生产工作电视电话会议精神，观看警示教育片，提高企业主体责任意识。成立4个安全生产检查组，定期对哈拉干德区、金沟河区高速公路以南、金沟河区高速公路以北、柳毛湾区四个区域的企业进行安全生产大检查，检查企业落实主体责任情况，指导督促企业开展安全隐患自查自纠，督导企业落实区、地、市各级检查组反馈问题的整改。全年检查企业186家次，发现隐患644条，立行立改625条，限期整改19条，整改完成率为97%。

【园区环境保护】 2021年，沙湾工业园区制定园区中央环保督察反馈问题整改“回头看”和“举一反三”工作方案，召开中央环保督察反馈问题整改“回头看”和“举一反三”工作推进会4次，持续跟踪8家企业整改工作进度，2家企业已完成污染物排放整改工作，4家企业完成低氮改造整改工作。配合地区生态环境局沙湾市分局完成园区24家企业拉网式环保检查工作。

（高　杰）

主导产业

【纺织服装产业】 2021年，沙湾市继续落实自治区支持纺织服装产业带动就业相关政策，积极推进纺织产业向织造、家纺、针织、成衣等下游产业纵深延伸，加快发展化纤、织造、针织产业，带动纺织服装面料、家纺面料和工业用纺织品发展。进一步支持纺织服企业拓宽融资渠道，着力解决制约纺织服装企业融资瓶颈问题，纺织服装企业平稳健康发展。纺织服装产业规模以上企业6家，其中，棉浆粕企业1家、黏胶纤维企业1家、地毯企业1家、人棉纱企业1家、纱线企业2家。2021年完成产值21亿元，占规模以上工业企业产值总数的38.7%，同比增长63.3%，形成6万吨人棉纱、1.2万吨棉纱、15万吨黏胶纤维、15万吨棉浆粕、390万平方米地毯、6000吨BCF地毯纱线、2700吨包覆纱生产规模。

【精细化工产业】 2021年，沙湾市面对疫情影响，以建设资源节约型和环境友好型企业为发展目标，积极引导企业调整产业结构，不断改进精细化工产业发展。化工产业规模以上企业7家，其中，焦炭企业3家，煤制沥青、沥青企业2家，再生水企业1家，农药中间体1家，形成180万吨焦炭、10万吨煤制沥青、20万吨沥青、1095万吨污水处理的年生产能力。2021年，完成工业总产值20.5亿元，占总数的38%，同比增长59%。

【新型建材产业】 2021年，沙湾市为可持续发展建材产业营造良好的经营环境，积极实施产业发展政策，化解传统建材过剩产能，发展环保新型建材、绿色建材、新型墙体材料等产业。规模以上企业7家，其中，水泥生产企业1家、商用混凝土企业4家、板材企业1家、玻璃丝棉1家，形成40万吨水泥、110万立方米商砼、30万立方米预拌混凝土、3500吨玻璃丝绵的生产能力。完成工业总产值2.5亿元，占总数的4.6%，同比下降86%。

【绿色食品产业】 2021年，沙湾市立足农产品资源优势，充分利用沙湾市位于天山北麓特色优势产业的基础和条件，结合市场需求，统筹发展农产品初加工、精深加工，推动农副产品加工技术装备升级，推进农副产品加工集聚发展。依托新疆塔城重点开发开放试验区有利条件，重点发展油料、粮食加工等产业，做强绿色有机农副产品精深加工业，进一步提升精深加工能力。农副产品加工规模以上企业5家，其中，食用油企业2家、面粉企业1家、乳制品企业1家、番茄酱企业1家，形成年产11.47万吨食用油、2万吨番茄酱、日处理200吨鲜奶生产规模。2021年，完成工业总产值6.2亿元，占总数的11.4%，同比增长21%。

【煤炭等能源产业】 2021年，沙湾市加快发展能源产业，面对煤炭市场萎缩、煤炭价格高位走势的不利局面，加大煤炭资源整合力度，努力建设现代化大型矿井。在绿色环保的基础上合理开发煤炭资源，推动煤炭清洁生产与智能高效开采，积极推进煤炭分级分质梯级利用，稳步开展现代煤化工产业升级示范。能源类规模以上企业6家，其中供热企业2家、发电企业1家、煤炭企业3家，形成968万平方米的供热能力、1.5亿万千瓦时的水力发电能力、150万吨的煤炭生产规模。2021年，完成工业总产值4.0亿元，占总数的7.2%，同比下降19.7%。

（邵　强）

2021年规模以上工业产值及产品产量情况表

表5

序列码	名　称	计量单位	2021年产值、产量	增长（%）
01	工业总产值总计（现行价格）	万元	542.00	38.7
03	在总计中：轻工业	万元	272.44	51.2
04	重工业	万元	269.57	28.0
05	在总计中：国有企业	万元	0.0	0.0
06	集体企业	万元	0.0	0.0
07	股份合作企业	万元	0.0	0.0
08	股份制企业	万元	539.56	39.0
09	外商及港澳台商投资企业	万元	2.44	-7.1
10	其他经济类型企业	万元	0.0	0.0
11	在总计中：国有控股企业	万元	49.57	9.2
12	在总计中：非公有工业	万元	483.65	44.8
13	在总计中：大中型工业企业	万元	238.07	90.5
14	其中：国有企业	万元	0.0	0.0
15	工业销售产值总计（现行价格）	万元	555.78	43.7
16	在总计中：出口交货值	万元	2.79	0.4
17	在总计中：轻工业	万元	263.11	42.1
18	重工业	万元	292.67	45.1
19	在总计中：国有企业	万元	0.0	0.0
20	集体企业	万元	0.0	0.0
21	股份合作企业	万元	0.0	0.0
22	股份制企业	万元	553.34	44.0
23	外商及港澳台商投资企业	万元	2.44	-7.1
24	其他经济类型企业	万元	0.0	0.0
25	在总计中：国有控股企业	万元	50.40	2.9
26	在总计中：非公有工业	万元	496.88	52.2
27	在总计中：大中型工业企业	万元	233.86	89.6
28	其中：国有企业	万元	0.0	0.0

续表5

序列码	名　称	计量单位	2021年产值、产量	增长（%）
1310010	小麦粉	吨	25373.0	-23.7
1310030	大米	吨	0.0	0.0
1320010	饲料	吨	54812.0	45.4
1321720	其中：配合饲料	吨	0.0	0.0
1321730	混合饲料	吨	0.0	0.0
1331020	精制食用植物油	吨	7896.0	-52.2
1440010	乳制品	吨	31911.7	13.8
1440020	液体乳	吨	31911.7	13.8
1440030	固体及半固体乳制品△	吨	0.0	0.0
1440040	其中：婴幼儿配方乳粉	吨	0.0	0.0
1440070	其中：乳粉	吨	0.0	0.0
1450010	罐头	吨	19049.0	74.8
1461010	味精（谷氨酸钠）	吨	0.0	0.0
1462010	酱油	吨	0.0	0.0
1711010	纱	吨	57325.7	27.1
1711020	棉纱	吨	56830.9	30.1
1711030	棉混纺纱	吨	494.7	-64.9
1751010	化纤长丝机织物	万米	91.0	56.9
2020010	人造板	立方米	7647.0	-82.7
2800010	化学纤维用浆粕	吨	36878.0	133.1
2800020	化学纤维	吨	69423.0	29.0
2812010	人造纤维（纤维素纤维）△	吨	66297.0	29.0
2812021	其中：黏胶短纤维	吨	66297.0	29.0
2812022	黏胶纤维长丝	吨	0.0	0.0
2812032	醋酸纤维长丝	吨	0.0	0.0
2820010	合成纤维	吨	3126.0	27.7
2821010	其中：锦纶纤维	吨	0.0	0.0
2822010	涤纶纤维	吨	0.0	0.0
2823010	腈纶纤维	吨	0.0	0.0
2824010	维纶纤维	吨	0.0	0.0
2825010	丙纶纤维	吨	3126.0	27.7
2826010	氨纶纤维	吨	0.0	0.0
3011010	硅酸盐水泥熟料	吨	173993.1	9.1
3011020	其中：窑外分解窑水泥熟料	吨	173993.1	9.1
3011030	水泥	吨	326774.3	-9.1
3011140	其中：强度等级42.5水泥（含R型）	吨	171561.1	-5.8
3011150	强度等级52.5水泥（含R型）	吨	0.0	-100.0
3012010	石灰	吨	0.0	0.0
3021010	商品混凝土	立方米	272700.0	0.6
3021020	水泥混凝土排水管	千米	0.0	0.0
3021030	水泥混凝土压力管	千米	0.0	0.0
3021040	水泥混凝土电杆	根	0.0	0.0
3021050	预应力混凝土桩	米	0.0	0.0

续表5

序列码	名　称	计量单位	2021年产值、产量	增长（%）
3061010	玻璃纤维纱	吨	2460.8	–11.2
3061020	玻璃纤维布	米	0.0	0.0
4342010	船舶修理	载重吨	102.5	3.5
4610010	自来水生产量	万立方米	0.0	0.0
02	产销率	%	102.5	3.5

2021年规模以上工业财务情况表

表6

指标名称	计量单位	代码	1月—12月	上年同期
一、期末资产负债	—	—		
流动资产合计	万元	201	331.49	321.37
其中：应收账款	万元	202	53.15	49.27
存货	万元	205	88.40	58.91
其中：产成品	万元	206	29.22	21.70
固定资产原价	万元	209	656.34	639.28
资产总计	万元	213	924.70	895.69
负债合计	万元	217	686.70	664.20
二、损益及分配	—	—		
营业收入	万元	301	562.67	405.30
营业成本	万元	307	519.65	376.10
税金及附加	万元	309	3.46	3.25
销售费用	万元	312	14.71	12.09
管理费用	万元	313	30.40	20.63
研发费用	万元	331	0	0
财务费用	万元	317	15.35	5.85
资产减值损失	万元	320	–0.07	0.86
信用减值损失	万元	333	0.0008	–0.0124
其他收益	万元	330	0.59	0.56
投资收益（损失以“–”号记）	万元	322	13.99	0.13
净敞口套期收益（损失以“–”号记）	万元	334	0	0
公允价值变动收益（损失以“–”号记）	万元	321	0	0
资产处置收益（损失以“–”号记）	万元	335	0.55	0.02
营业利润	万元	323	–5.69	–12.76
营业外收入	万元	325	13.93	6.97
营业外支出	万元	326	4.59	0.94
利润总额	万元	327	3.65	–6.73
三、应交增值税	万元	402	10.61	2.53
四、平均用工人数	人	606	5354	5484

（李世春）

电力工业

【概况】 国网沙湾市供电公司是隶属国网奎屯供电公司管辖的供电企业。沙湾主电网东接玛纳斯天山电力、石河子天富电网，西联奎屯、独山子电网，北通下野地八师垦区、克拉玛依电网，处于北疆750千伏凤凰—乌苏—伊犁疆电外送大通道枢纽位置。供电辖区有35千伏及以上变电站39座、主变67台、配电变压器变8336台、35千伏及以上线路71条、10千伏线路172条。沙湾市供电公司负责运行维护6—10千伏供电线路2461.44千米、0.4千伏线路2238千米、城市营业网点1个、农村营业网点12个，服务客户13.35万户；供电营业区面积1.31万平方千米。

【安全生产】 2021年，国网沙湾市供电公司深入开展配网线路及设备专项隐患排查治理，组建专业技术人员队伍13支，落实电网侧、用户侧设备隐患治理，完成线路巡视823条次，开展医院、防疫检查点、政府、电视台等重要用户线路设备特巡268条次，设备测温5132台次，治理缺陷隐患2128项，清理树障6395棵，保障了电网的安全稳定运行，4个供电所实现全年零跳闸，平均供电可靠率达99.70%。开展重点场所用电安全检查，配合市应急管理局全面开展11户高危及重要客户、5家煤矿隐患排查，发现安全隐患77处，完成整改70处，整改率90.9%。加强供暖侧用电安全检查，完成14条集中供暖线路、971台居民用电台区、4户集中式、1236户分散式电供暖用户侧用电安全检查，发现问题36处，已全部完成整改。截至12月31日，年度安全运行365天，跨年度长周期安全生产5314天。

2021年12月21日，国网沙湾市供电公司党员服务队开展用电安全检查

【电网建设】 2021年，国网沙湾市供电公司坚持规划引领，以服务沙湾市经济发展和乡村振兴为目标，主动作为，努力构筑与沙湾市发展相适应的坚强电网。2021年，落实年度项目建设任务，投资1.07亿元完成农网项目建设83项、技改大修16项、营销项目3项，新建改造线路316.69千米，新装断路器71台，新装更换变压器114台、容量13379千伏安。

【供电保障】 2021年，国网沙湾市供电公司开展事故应急预案和大面积停电事件应急预案修编，强化应急演练，发布恶劣天气风险预警18次，开展雨雪灾害应急处置、大风天气大面积停电应急联动、消防地震等各类应急演练10次，高质量完成新疆公司应急能力建设评估迎检工作，电网风险预控能力得到有效提升，进一步提高公司面对突发事件应急处置能力、应急故障抢修总体反应能力和保电处置能力。落实各类应急保电，累计出动保电人员531人次、车辆249车次，圆满完成沙湾市自学教育考试、中高考、中国共产党成立100周年、党代会、国庆节等重大保电任务，实现保电工作“零差错、零闪动、零投诉、零故障”。

2021年1月13日，国网沙湾市供电公司党员服务队对重要10千伏线路进行巡视

【经营管理】 2021年，国网沙湾市供电公司完成售电量20.08亿千瓦时，同比增长26.14%，电网最大负荷320.51兆瓦，同比增长0.08%。狠抓线损管理和对标管理，印发《国网沙湾市供电公司同业对标弱势指标34项提升工作措施》，同业对标基础管理稳步提升，金沟河镇供电所、西戈壁镇供电所入选新疆公司线损管理50强供电所。深入开展“党建+经营管理”工程，组织召开供电所综合管理协调会议1次，协调解决基层班所问题34项。东湾镇供电所通过四星乡镇级供电所复验，大泉乡供电所获评五星级乡镇供电所。储备管理创新课题2项，6项实用新型专利授权，1项专利获新疆公司专利奖三等奖。

【优质服务】 2021年，国网沙湾市供电公司持续优化营商环境，深入推行“三零”服务，积极服务辖区客户报装，大中型企业实现“三省”服务完全覆盖，小微企业、低压客户投资到客户红线，4089户低压客户“三零”接入电网，高压新装、增容分界点设备投资76户，电采暖接入2521户，累计为客户节省成本713.45万元。全面推广“阳光业扩一站通”平台，深化移动作业终端应用，推动市政府出台占掘路审批简化程序政策，实行小微企业备案制。开展乡村电气化推广工作，推广棉花加工企业电烘干项目4家，使用农产品电烘干技术3户。全力服务市域居民生活用电，注册、绑定“网上国网”26338户，开通远程充值业务39635户，成功缴费647976笔，居民用户线上缴费率52%，非居民用户线上缴费率56%，线上办电率100%，打通优质服务“最后一公里”。

（王森琰）

建筑业

【概况】 2021年，沙湾市有资质的建筑施工企业28家，其中一级企业1家、二级企业7家、三级企业9家、不分等级企业11家。全市有注册建造师176人，其中一级建造师21人、二级建造师155人，基本满足企业需要。全年建筑企业完成产值57593万元，同比增长113.4%，建筑企业房屋建筑施工面积达3.22万平方米，竣工面积12.41万平方米，竣工产值54310万元。

【建筑从业人员】 2021年，全市完成建筑从业人员结业考试3778人，其中2882人通过考试，合格率94.96%。人社局已发证2927人、住建局发证2927人。本地培训合格人员就业150人。

【建筑工程消防设计审查验收】 2021年，全市受理消防设计审查、验收和验收备案行政审批事项44件，其中受特殊工程消防设计审查11件，完成特殊工程消防设计审查11件，审查完成率100%；受理特殊消防工程消防验收8件，完成特殊消防工程验收8件，验收完成率100%；受理其他建设工程消防验收备案25件，完成其他建设工程消防验收备案25件，备案完成率100%。

【建筑工程质量安全监管】 2021年，沙湾市建筑工程质量、安全生产总体受控，稳中有升，无人员伤亡事故发生。截至2021年，共监督建筑工程48项184个单位工程，面积79万平方米，造价12.85亿元，其中新开工33项125个单位工程，面积54.4万平方米，造价11.7亿元；跨年度20项42个单位工程，面积22.0万平方米，造价4.3亿元。受理工程质量投诉4起，办结4起；完成工程竣工16项，受理建设工程消防验收15项，消防验收备案56项，竣工备案14项。有1项工程申报自治区级文明工地，组织开展全市建筑工程质量安全执法大检查2次。

【建筑工程行政审批制度改革】 2021年，沙湾市把工程建设项目审批制度改革作为“最多跑一次”改革的重要内容，通过梳理审批事项、合并审批事项、转变管理方式、调整审批时序规范审批事项、合理划分审批阶段等多种措施，实现“一张蓝图”统筹项目实施、“一个窗口”提供综合服务、“一张表单”整合申报材料、“一套机制”规范审批运行，为沙湾市建筑施工及房产企业提供更为方便快捷的办事服务，提高审批程序，提升服务水平。沙湾市全程网办项目件数18件，将办件时限压缩在120个工作日内。

【建筑工程扬尘污染整治】 2021年，沙湾市严格落实施工扬尘防治措施，狠抓扬尘污染治理。印发《沙湾市建筑工地施工扬尘治理实施方案的通知》，并按照方案要求，严格开工、复工前扬尘防治措施审查，对扬尘防治措施达不到要求的，不予开工、复工。在施工过程中，严格按照自治区安全生产文明工地标准要求，狠抓文明施工管理，从施工现场围挡、出入车辆冲洗、物料堆放覆盖、路面硬化、渣土车辆密闭运输、土方开挖和拆除工程湿法作业六个方面进行治理。市城区13个新开工规模大于5000平方米的项目已安装了扬尘在线视频监控系统。

【综合应急演练】 2021年，沙湾市组织协调防震减灾各成员单位定期开展地震应急综合演练，进一步提高地震成员单位团队协作的基本能力，确保在地震来临时，沙湾市地震应急预案能够快速启动，抢险救援队调动程序进一步完善，确保在发生地震灾害时救援队拉得出、用得上，使大家在实战中得到锻炼。

（宁欣娴）

房地产业

【概况】 2021年，沙湾市有备案房地产开发企业29家，其中二级开发资质2家、三级开发资质2家、四级开发资质6家、暂定级开发资质19家。

【房地产开发经营】 2021年，沙湾市房地产新开发建设项目5个，完成投资6690万元，比上年增长59%；续建项目7个，完成投资13480万元，增长2.23%。全年全市新开工房屋面积9.68万平方米，累计房屋竣工面积6.81万平方米，住房施工面积22.95万平方米，住房竣工面积5.8万平方米，销售住房18.96万平方米，增长45.07%，销售总额7.02亿元。

【房地产市场监管】 2021年，沙湾市住建局依法依规持续规范整顿房地产市场秩序，按照自治区建设厅印发的《关于开展自治区房地产市场执法检查的通知》和《塔城地区开展整治规范房地产市场秩序三年行动方案》要求，制订执法检查计划，结合“双随机、一公开”的要求，安排2名专职干部对全市的22家房地开发企业和20家中介机构进行执法检查，采取日常巡查、季度检查方式；对检查中发现的问题，现场反馈并要求限期整改，对整改结果及时进行回头看。对问题较多、投诉频繁的企业则联合发改、市监和房屋登记机构进行调查并处理，及时把该企业的不良信用行为记入企业信用档案或移交司法部门。

【房地产调控】 2021年，沙湾市库存房屋42.31万平方米，其中住宅2201套、24.77万平方米，商业经营用房17.54万平方米；普通商品住房中高层住宅209套，占住宅总量9.5%，多层住宅1992套，占住宅总量90.5%。加大棚改购买服务消化存量；大力宣传刺激活跃市场；针对存量中仅完成主体不能竣工交付使用的项目，要求不再新建；在国家资金补助到位的情况下成本回购相应房源进行改造，同时对支付的回购资金严格监管来保证项目竣工。

【住房保障】 2021年，沙湾市配租保障性住房120套，解决新就业职工、中低收入家庭住房困难问题。受理120人公共租赁住房申请，已实施保障。对已入住公租房家庭的房产和工作情况进行核查，对不符标准的实施清退。推进公租房信息平台建设，完成信息录入工作。

（宁欣娴）

城乡建设·环境保护

城乡建设

城市综合管理

【城市精细化管理】 2021年，沙湾市住房和城乡建设局抓好城市精细化管理工作，针对重点路段的流动摊贩和店外经营进行治理和规范，规范店外经营6000余户，疏导占道流动摊贩2万余起，督促清理乱堆乱放600余起，清除“牛皮癣”、小广告、破旧横幅1600余处，规范门头牌匾800余个。针对私搭乱建方面，共发现违章建筑41处，并进行拆除。对市政设施、道路损坏情况实地巡查40余处；治理广场、小区周边噪声、商铺装修噪声等30余起；排查市内80余户烧烤商户油烟净化器安装情况，发现40余处违法建设，建筑面积共计600余平方米，并限时整改。

【市政设施建设管理】 2021年，沙湾市共投资1.2亿元新建、改扩建杭州路、广州路等10条道路，对城区5个较为拥堵的交叉口进行提升改造，对两个十字路口建筑外立面进行改造及对1条道路基础设施改造提升，新建免费公厕4座。完成城区主次干道坑槽修补2600平方米，完成人行道修复约2000平方米，完成商铺间混凝土地坪约11000平方米，完成主次干道供排水、通信井盖修复142个，完成道路集水井疏通8处，疏通道路排水孔505个，移动、联通、电信光标箱粉刷300个。更换路灯电缆215米，修复光源238个，修复灯杆8个，修复电缆故障点位115处，亮灯率达96%以上。

【城市绿化】 2021年，沙湾市住房和城乡建设局日常做好园林绿地养护管理工作，春季对道路绿化带垃圾、落叶进行清理，扶正被积雪压倒的绿篱、灌木，对宿根花卉枯叶进行清理，夏季道路和广场完成正常的卫生保洁，浇水、除草、松土、草坪、绿篱修剪等养护工作，进一步提升园林绿化景观效果。2021年，栽植草花共计30万余株。对春尺蠖、蚜虫、红蜘蛛等病虫害进行防治，喷洒药液150余吨。

【市容环境整治】 2021年，沙湾市住房和城乡建设局加大改善市容市貌环境卫生，开展生活垃圾收集清运及道路清扫保洁工作，每日对城区内380余个船式垃圾箱、27个地埋式垃圾箱、80余个果皮箱、

75个垃圾桶，进行垃圾分类日产日清。全年共清运生活垃圾3.3万余吨、餐厨垃圾200余吨。道路清扫保洁采用人工与机械相结合，每日出动8辆洗扫车、5辆电动扫路车对城区主要街道进行洗扫，机械清扫率达75%以上。同时，环卫工人分2个班，对全市34条道路19个段进行全天候错时清扫。与个体工商户签订冬季清雪责任书，督促商户按时清扫积雪。开展乡镇生活垃圾分类收集，转运、处置工作，与周边50千米范围内的乡镇签订《生活垃圾转运协议》，由乡镇建立专业中转站，负责进行垃圾分类、收集，然后转运至沙湾市生活垃圾填埋场进行计量和无害化处理。

【城市垃圾无害化处理】 2021年，沙湾市有生活垃圾填埋场一座，用地面积71.3万平方米，近期有效库容79.62万立方米，有效服务年限10年。2018年，通过自治区城镇生活垃圾卫生填埋场二级评定，2020年顺利通过复审工作，垃圾无害化处理率达到100%。年末，沙湾市生活垃圾填埋场已填埋约52万立方米，渗滤液主要以自然挥发为主，将填埋区垃圾渗滤液统一抽至备用填埋区进行自然挥发。

【老旧小区改造项目】 2021年，沙湾市对8个老旧小区进行改造，涉及楼栋268栋、6924户。在老旧小区改造过程中，按照先基础、后完善、再提升的原则，在拆除各类违建的基础上，优先进行地下管网、道路及建筑外墙保温的改造，再进行停车位、绿化、健身设施建设，对部分小区增设社区活动用房。通过老旧小区改造预计新增停车位2000个，缓解老旧小区停车难问题；依法拆除老旧小区违法违章建筑296间，面积2586平方米；外立面改造涉及楼栋268栋，在小区外人员密集区域施划停车位1500个；结合环境卫生整治利用城区闲置边角地修建小型停车场3处650平方米，施划停车位40个；新增社区活动用房一栋，建筑面积200平方米。改造完成后可有效完善小区内配套设施、提升物业服务质量及标准，逐步把小区打造成环境优美、整洁有序、邻里和谐、守望相助的美丽家园。

【自然灾害风险隐患排查】 2021年，沙湾市住房和城乡建设局重点对市区1994年（含1994年）以前的居民住宅楼进行摸排，共排查92栋，建筑面积约12万平方米，涉及住户1406户。对农村房屋安全隐患开展全覆盖摸排，共排查30820户，其中用作经营类自建房1414户，未用作经营类自建房28707户、非自建房699户。经营性房屋已全部排查完毕，初步判定无存在风险房屋。未用作经营房屋经专业资质人员再次鉴定，存在风险44户，其中已拆除32户，剩余12户已转移人员、封房处理，并于6月底前完成维修加固或拆除。

【两违清查整治】 2021年，沙湾市住房和城乡建设局结合《沙湾市城镇房屋建筑违法建设和违法违规审批专项清查整治工作实施方案》，认真抓好2021年7月开始的整治阶段各项工作落实，对城镇房屋建筑立项、用地、规划、施工、消防、特种作业等建设及运营等相关行政许可手续进行核查，切实压紧压实相关责任主体整治责任。2021年年末，自治区城镇房屋信息管理系统中三道河子镇14个社区已录入信息2812条，发改委已审批信息565条，住建局已审批信息1061条。

【物业管理服务】 截至2021年年末，沙湾市城区有成片小区及独栋楼178个（栋），其中有物业管理小区76个、单位自管17个、社区兜底管理85个。全年全市备案物业企业27家，有物业管理的小区76个729栋楼28737户，服务面积410.6万平方米。沙湾市物业办贯彻国务院《物业管理条例》及《新疆维吾尔自治区物业管理条例》《新疆维吾尔自治区住宅物业服务标准》精神，充分发挥行业指导作用，对全市物业服务企业进行监督管理，进一步提高物业管理水平。通过建立行业考核机制、业主满意率测评、年度等级评定等方式制定物业服务企业红黑榜排名，优胜劣汰，选出优质企业扩大物业市场。

【城市供热】 2021年，沙湾市城区有3家供热企业，分别是恒力热力公司、金诚热力公司及国家电投集团沙湾智慧能源公司。全市共有热水交换站57座，供热一级主管网58.3千米，二级主管网70.4千米。城区供热企业已累计投入供热技改资金13亿元，有供热锅炉13台，锅炉总容量931兆瓦，城区现有供热面积700万平方米，远期供热面积预计达860万平方米，供热覆盖率达98%。多次协调现有热力公司，将原有恒升热力公司供热区域划转至华电新疆沙湾能源有限公司，确保城区正常供热。督促城区三家供热企业完成管网改造投资730万元，对康华小区、新华书店门口、和谐新村、四小片、教育路、百合苑、锦泰华庭、桃园二期、电信小区的分支管网及部分老旧小区管网进行更换改造维修，惠及168栋楼5821户居民。多次协调供热公司与开发商，解决桃园二期供热温度低的历史遗留问题。突发爆管事件30处，全部给予及时抢修，同时，对供暖温度不达标等原因引起的供热纠纷问题，给予协调处理。对反馈“污散乱”燃煤小锅炉问题，再次进行回头看，对城区10蒸吨以下的燃煤生产用气锅炉会同监察大队进行全面排查梳理，对发现污染排放的小型锅炉限期予以拆除，已拆除13台。

【城市燃气】 2021年，全市液化气站3个，加气站6个（其中市区液化气站1个、加气站4个，乡镇液化气站2个、加气站2个）。邀请自治区安全专家开展安全检查1次，组织各燃气企业安全员开展安全生产检查3次。对查找出的问题及时进行整改，共发放《燃气经营企业现场抽查情况通知书》49份，均已完成整改。

【村镇建设】 2021年，沙湾市农房抗震防灾工程建设任务276户，竣工276户，竣工率100%。重点解决60户低保户、五保户及一般困难群众的住房问题。

【城乡一体化建设】 2021年，沙湾市完成沙湾市示范村人居环境整治综合提升、博尔通古乡博尔通古村人居环境提升、大泉乡乡村道路建设改造和沙湾市示范村镇垃圾集中收集清运4个项目；7个示范村新修道路17.67千米、防渗渠64.17千米，铺设人行道11.76万平方米，架设路灯400盏，建成农村供排水管网32.65千米、污水管网15千米，4个村的污水接入城市排污管网，3个村新建一体化污水处理设施，切实解决农村生活污水治理难题。建成金沟河镇垃圾集中收集转运站日处理垃圾30吨，惠及村民8200余人。

（宁欣娴）

住房公积金管理

【概况】 2021年，住房公积金沙湾市管理部认真贯彻落实“放管服”改革、“跨省通办”工作任务要求，立足支持职工合理住房消费，狠抓住房公积金管理，不断提高工作效能和服务质量，实现住房公积金高效运转，有力发挥了住房公积金支持改善职工住房条件的保障作用。

【住房公积金归集扩面】 2021年，全市共有215家单位10594人缴存住房公积金，其中新增缴存单位12家、537人。2021年，归集计划任务15500万元，完成归集19379.3万元。

【住房公积金提取使用】 2021年，住房公积金沙湾市管理部为进一步加强防范风险意识，严格按照中心下发的各项业务操作规范和流程进行操作，加大骗提骗贷打击力度，坚决杜绝一切违规行为，对于异地、二手房的提取、贷款申请将严格执行落实房屋信息的真实性，严格落实公积金提取和贷款审批中主审人、复核人、稽核人和审批人集体审批制度，从而保证资金安全。2021年，办理公积金提取30378笔（含对冲），完成提取16255万元左右（含对冲）。

【住房公积金贷款发放】 2021年，住房公积金沙湾市管理部为方便贷款职工及时按月偿还贷款，开展月对冲业务，大大降低贷款职工逾期率，提高职工生活质量，同时保障职工征信记录良好。2021年，贷款计划任务5500万元，发放贷款325笔，发放金额合计9714.2万元。

【住房公积金管理信息化建设】 2021年，住房公积金沙湾市管理部大力推行“单位网厅”“个人网厅”“开发商网厅”及手机App等互联网服务，推广柜台业务互联网“预约”办理方式。2021年，通过手机App办理退休、终止劳动关系、租房等提取业务1403笔。打造一体化住房公积金综合服务平台，通过“12329”热线、官方网站、“12329”短信、微信公众号、网上业务大厅、手机App等渠道为缴存职工提供全方位、全时段的住房公积金服务。

【住房公积金“放管服”改革】 2021年，住房公积金沙湾市管理部为减轻疫情对房地产开发企业造成的压力，帮助企业共渡难关，降低贷款阶段性保证金缴纳比例直至取消保证金制度，完成房地产开发企业保证金退付5000万元。精简异地贷款办理要件，通过完善业务系统实现异地公积金共享查询功能，极大简化异地贷款办事流程，缴存职工办理疆内异地公积金贷款业务时，无须再提供缴存证明等纸质材料。减轻贷款职工负担，将住房公积金贷款不动产登记费由职工缴纳变更为住房公积金管理部统一支付，共计支出不动产登记费306笔25420元。认真落实“跨省通办”工作部署要求，实现个人住房公积金缴存贷款等信息异地可查询、贷款职工住房公积金缴存使用证明异地可出具、正常退休提取住房公积金异地可办理。

（夏远洁）

环境保护

【概况】 2021年，沙湾市空气质量Ⅰ、Ⅱ级天数（有效天数328天）261天，占79.6%。1—12月空气质量达标比例（AQI）79.6%，同比下降1.9%；1—12月环境空气综合质量指数为4.11。辖区内地表水质达到国家Ⅱ类及以上水质标准，城镇饮用水源水质和城市饮用水源地水质、水厂出水水质和用户水质均符合国家标准；主要河流总体水质状况为优，一、二、三类优良水质断面有3个，占100%。市区交通噪声监测达到城市区域环境噪声标准，城市主要交通干线噪声均值小于68分贝（A），城市生产生活环境得到进一步改善。

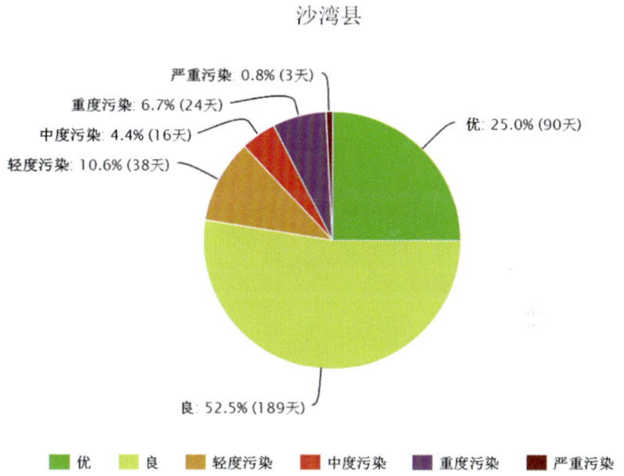

图1　2021年沙湾市空气质量优良天数对比图

【污染物减排】 2021年，塔城地区生态环境局沙湾市分局积极落实污染物总量减排工作，合运、永弘、帅科、恒巍和天舜沥青公司重要工序已基本完成挥发性有机物（VOCs）治理工作；淘汰城乡结合部燃煤散烧锅炉8台，关停淘汰砖厂5家，恒力热力完成超低排改造、中粮天海完成“煤改气”；委托第三方编制完成《2021年沙湾市农村生活污水治理专项规划》，为大泉乡城郊东村、城郊西村争取农村环境综合整治资金400万元；全年共核发排污许可证简化管理1家、变更2家，重点管理、简化管理现场核查共30家，登记管理35家企业；指导土壤污染重点监管单位6家完成土壤污染隐患排查报告编制工作。全年挥发性有机物（VOCs）共减排30吨，氮氧化物共减排141吨。

【生态环境保护行政执法】 2021年，塔城地区生态环境局沙湾市分局对国控、区控、工业园区等重点工业企业，严格落实每月两次的监督检查，使用移动执法系统建立企业电子档案，对企业的建设项目“三同时”执行情况、生产情况、污染物排放情况、治理设施运行情况做详细的检查记录，坚决杜绝企业偷排漏排或通过暗管、渗井、渗坑等逃避监管的方式排放污染物。共出动执法人员760余人次，对120余家次企业进行500余次现场监察，共办理环境违法行政处罚案件12件，收缴罚款278万元。

2021年10月6日，地区生态环境局沙湾市分局工作人员开展危废检查。

【生态环境监测】 2021年，塔城地区生态环境局沙湾市分局对沙湾市65个区域环境噪声及14个道路交通、10个功能区噪声点位进行监测。按照《声环境质量标准》，区域环境噪声均达到2类限值标准，主干道交通噪声达到2类限值标准，功能区环境噪声均可达到限值标准。依照《声环境质量常规监测暂行技术规定》要求，结合沙湾市具体情况，合理地对城市区域环境噪声、功能区环境噪声及道路交通噪声监测点位进行了增设和调整，制定《沙湾市城市规划区声环境功能区划分技术报告》，为科学、准确掌握城市环境噪声的质量状况提供了数据基础，计划2022年开始实施。对办理排污许可证的53家企业在“新疆维吾尔自治区污染源监测数据管理与信息共享”系统中公开企业基本信息、监测方案、在线监测和自行监测数据等内容，2021年企业监测数据公开率达到98.5%。

【生态环境保护宣传教育】 2021年，塔城地区生态环境局沙湾市分局开展以“人与自然和谐共生”为主题的“6·5”世界环境日宣传教育系列活动。各环委会成员单位在鑫沙湾步行街设立咨询台、宣传展板、发放宣传品并提供政策解答等，各乡镇组织社区（站、所）干部、村“两委”和“访惠聚”驻村工作队通过入户走访、大喇叭宣传、发放宣传资料等形式呼吁老百姓了解、支持和参与环境保护。教科局组织中小学开展了“人与自然和谐共生”主题班会、环保宣讲等主题实践活动。利用春节、端午节和“七一”建党节等重要节日，开展以关爱他人、关爱社会、关爱自然为主的多类型志愿服务活动。全年共开展清洁家园3次、新时代文明实践大讲堂3次、环保进企业活动3次、走访慰问困难群众志愿服务4次。

2021年6月5日，地区生态环境局沙湾市分局在市鑫沙湾步行街开展宣传活动

（阿依丁·艾赛因汗）

商　务

综　述

【概况】 2021年，沙湾市实现社会消费品零售总额17.54亿元，同比增长16.6%。受新型冠状病毒肺炎疫情影响，餐饮、商超、农（集）贸市场、商贸综合体、中西药品店、汽车销售、个体工商户等经营状况均不如往年。为帮助商贸流通经营单位制定切实可行的营销策略，先后通过加大限上限下企业走访力度，动态了解掌握解决企业困难，加强日常促销与节日促销、产品推广，对已摸排计划新增的重点纳统企业、个体工商户负责人进行面商，通过各部门齐抓共管开展工作，全年新增限额以上企业13家，其中批发企业6家、零售企业7家。

【对外贸易发展】 2021年，沙湾市完成外贸进出口额278.31万美元，同比增长13%，其中沙湾家和番茄制品公司番茄酱出口额227.81万美元、新疆中安华金商贸有限公司氰化钠出口额50.5万美元。受国际环境以及新冠疫情等因素影响，外贸进出口受限，为支持外贸企业发展，2021年，为家和番茄制品公司申请到中央外经贸发展专项资金83万元、塔城地区边境贸易能力建设资金29.98万元；为新疆中安华金商贸有限公司申请到中央外经贸发展专项资金5万元、塔城地区边境贸易能力建设资金4.3万元。

【内贸流通提升】 2021年，沙湾市商务和工业信息化局协助统计部门积极摸排培育商贸纳统企业2家，常态化走访商贸领域限额以上企业及生活必需品保供样品企业，了解掌握企业实际困难，主动作为，帮助解决困难。鼓励餐饮企业积极开展夜市经营，促进夜间经济繁荣。强化市场监管，加强商业市场监测，及时掌握市场供求和价格变化情况，做好市场形势分析研判、保障应对措施。申报实施沙湾市公共配送中心项目，完成4个新（改）建加油站项目建设规划确认的初审与申报、沙湾鑫润驰二手车交易有限公司在地区商务局备案。

【农村电商发展】 2021年，沙湾市商务和工业信息化局大力发展农村电子商务，加强乡村电子商务服务网点运营，提升电商网点服务质量，采用大团购形式开展运营，实现区域内果农、菜农的直销模式，促进村点服务人员收入增加。充分发挥市级电子商务公共服务中心、物流中心作用，建设30个农家菜园子直销店、15个乡镇级电子商务服务站（乡镇服务中心）、131个村级电子商务服务网点，乡镇级站点达到全覆盖，村级站点覆盖率达到80%。联系对接邮政公司，为全部131个乡镇村电商点位进行快递直配覆盖；对接多多买菜、美团优选、橙心优选等团购平台，并将业务叠加至部分村级服务网点，年营业额增加300万元。开展农村电商基础工作，共打造农村电商示范站点14个，基本做到“一乡镇一示范站点”。深化电商普及，进行以电商基础普及和本地大团购为主的电商普及性培训，共计培训2500人次。运用新媒体运营，完善电子商务公共服务中心功能、网红培育和直播带货工作，在沙湾市电子商务公共服务中心建设3个共享直播间，配备声卡、补光灯、直播支架、背景支架、背景布等设备。开展线上电商直播讲师专业技能在线培训，共培训学员61人，有34名学员通过考试并获得由中国国际电子商务中心颁发的国家专业技术人员继续教育基地电子商务讲师（直播电商方向）能力证书。共培育本地主播5人，培育孵化入驻企业1家（中易传媒有限公司），2021年有工作人员14人，其中主播5人、助理9人。建设专业直播孵化间3间，供企业免费使用，并为本地企业免费制作短视频宣传片，已制作沙湾大盘鸡等短视频内容进行推广；实地下乡进行乡镇网红探访工作，寻找到乡镇网红5人，为后期推进“一村一人”本土网红带货活动进行前期工作铺垫。不断推进服务网点增收增益、大团购及快递下乡工作，对接邮政公司进行小香薯团购活动，将小香薯销售至全市15个乡镇数十个村队。同时对接邮政公司，在131个村委会办公室设置服务站点，不断推进快递进村全覆盖。对各乡镇电商服务站点所在村进行调研，采集农特产品数据，现已收集大泉乡土豆、白菜、红薯、林边苹果、绿皮鸡蛋、金沟河新品种土鸡等10余种产品，逐一对接获取其名称、产量、价格、相关资质、联系电话等信息，丰富产品库，进行线上推广。

【规范寄递业管理】 2021年，全市快递行业经营单位共计11家、从业人员165名，主要集中在北坡建材城、和谐批发市场，分别是申通快递、中通快递、圆通快递、韵达快递、顺丰快递、京东快递、百世快递、德邦快递、邮政快递、速通快递、袋鼠快递，平均每日到件6000—8000件；共有货物运输车辆80辆，全部从乌鲁木齐、石河子上游公司对口派送。沙湾市商务和工业信息化局开展寄递业安全管理宣传活动，组织人员在寄递企业张贴宣传挂图、发放宣传单，加大对《中华人民共和国邮政法》《中华人民共和国治安管理处罚法》《中华人民共和国反恐怖主义法》等法规的传播，广泛宣传“依法寄递、安全寄递”理念。开展专项整治行动，建立健全联合执法机制，联合消防大队、交通局、治安大队等单位，对全市10家快递网点进行拉网式消防安全大检查，强力推动寄递企业落实收件物品100%开包验视，寄递活动100%实名制，邮件100%通过X光机安检制度。检查中共计下达责令整改通知书13份，发现问题33个。全面掌握全市寄递企业底数，建立台账。2月15日，组织10家寄递业负责人在消防大队参加自治区消防视频培训会议，进一步提高寄递行业安全生产水平。

【食盐经营】 2021年，沙湾市通过自治区工信厅验收审核的盐业批发企业仅有沙湾市新辉盐业公司1家，公司有配送车辆1辆，主要销售食用盐、加碘食用盐、腌菜盐、牧业盐、工业盐等。2021年，加大宣传国家、自治区盐业政策力度，对宝源蔬菜批发市场、综合农贸市场、各大超市、各乡镇商店、饭馆等经营户宣传国务院《食盐专营办法》，要求经营户务必按照《食盐专营办法》的规定购进食盐，合法经营。积极与市监、卫健委等部门联系，加大联合执法检查活动，对宝源蔬菜批发市场、综合农贸市场、各大超市、各乡镇商店、饭馆等进行检查，对违法、违规批发、售卖食盐行为要求限期改正，对无法提供厂家相关资质及当前销售批次食盐检测报告单的，要求停止销售盐产品，过期食盐要求下架。鼓励新辉盐业公司等通过验收审核的盐业批发企业，改变以往的销售经营模式，深入各经营户、乡镇调查研究，做好跟踪服务。2021年，销售食用盐300吨，同比下降30%。

（邵 强）

供销合作

【概况】 至2021年底，沙湾市供销合作社联合社参股企业5个，为棉业公司、家家乐农资公司、盖瑞乳业公司、天宝公司、银盛祥公司。共有基层社12个、棉花加工企业9家。农资连锁网络基本形成覆盖全市的农资配送流通网络，棉花收购、农资销售发挥了主渠道作用；盖瑞公司是全国供销系统和自治区农业产业化重点龙头企业，“盖瑞”牛奶、“西域白浪”棉花获得新疆农业名牌产品称号；棉业公司、天宝公司均是自治区农业产业化重点龙头企业。2021年，社属企业完成销售收入10.36亿元，年收购棉花14.5万吨，销售各类农资4万吨，生产各类奶制品3.8万吨，实现利润580万元，上缴税费470万元。

【基层社提质改造】 2021年，沙湾市供销合作社联合社提质改造东湾、商户地等供销社，提升基层社的硬件水平。博尔通古供销社在做好农资商品销售主业的同时，代购代销生产企业产品及生产原料，依托山区片畜牧养殖优势经营饲料、兽药等，开展院内空闲场地租赁业务，进一步拓展基层社综合为农服务功能，起到助农增收、企业增效作用；乌兰乌苏供销社庄稼医院农资销售、农技服务成效显著。2021年，通过积极开展基层社示范创建工作，有5个供销总社示范专业合作社、5个供销总社基层社标杆社、3个自治区供销社经济强社；成立19个农化服务中心，已全面辐射全市11个乡镇。

【社属企业】 2021年，沙湾市家家乐农资公司和各乡镇供销社结合当地农业生产特点，安排部署农业生产物资供应，全力做好各项保障工作。依托棉业各分公司和基层供销社，组织好农业生产资料供应工作，积极组织储备，充实库存，全年农业生产资料储备和供应总体充足，保持价格稳定，为农户提供了物美价廉的农资商品，发挥了农资供应主渠道作用。棉业公司不断加大与内地大型棉商和纺织企业合作力度，逐步延伸和完善棉花产业链条，不断提高农业社会化服务规模和水平。采取走出去、请进来、早筹划、早动手的方法，加大与内地大的棉花企业联合与合作。盖瑞乳业公司积极应对外部环境变化，不断提升产品质量档次和生产能力，销售网络已遍及全疆30个地州县级城市，市场份额在不断扩大，日销量150吨左右，产品深受消费者的青睐，已成为天润乳业公司的核心企业。天宝绿色食品公司累计投入技改资金4000余万元，并依托山区片优质小麦种植地缘优势，与山区片乡镇供销社合作，通过利用基层社的网络、设施优势，代收、代储小麦、玉米，形成小麦、玉米收储、加工、运输和营销的全产业链，企业经济效益明显提升。

【社有资产监管】 2021年，沙湾市供销合作社联合社完善社有资产管理办法，就社有资产精细管理、高效运行、稳步推进、发展逐一作出规定，用制度约束、规范、完善社有资产运行轨迹，融市场开发、资本运作、资金收益于一体，依法依规，保资产保值。引导社有企业依法经营、合法守规生产；

推进管理体制清晰、产权管理明；严格资产处置、资本重组、资金使用渠道及管控，实现资金资本使用降耗增效、减负增。扶优扶强，促资产增值。抓优势企业、建优势项目，扶持市场占有率高、生命力强、竞争力大的农产品加工项目或企业，给其创造更大发展空间。

【“三位一体”综合合作试点】 2021年6月，沙湾市被自治区选定为全区“三位一体”综合改革试点县市。沙湾市供销合作社联合社积极对接各乡镇，根据《沙湾市生产、供销、信用“三位一体”综合合作试点工作的实施方案》要求，由乡镇制定《生产、供销、信用“三位一体”综合合作试点工作的实施方案》，通过加大与当地党委、政府的工作联系，强化乡镇供销社的服务能力。

（李民发）

粮油购销

【概况】 沙湾市粮油购销公司是隶属沙湾市发展和改革委员会下属国有独资企业，是沙湾市唯一国有粮食企业，担负着沙湾市粮油收购、粮食供给、平衡粮食供求关系和粮食安全的责任。2021年，沙湾市粮油购销公司认真贯彻落实各项政策，解放思想，转变观念，大力推动企业内部改革，推进小麦产业供给侧结构性改革，圆满地完成各项工作任务，发挥了国有粮食企业流通主渠道作用。2021年，累计收购小麦33142吨、销售小麦19283吨。

【粮食收购】 2021年，沙湾市小麦收储继续执行“政府引导、市场定价、多元主体收购，生产者补贴、优质优价、优质优补、应急托市收购”为主要内容的市场化收购。精心安排部署夏粮收购工作，做到早计划、早汇报、早安排、早落实，夏收前公司与农户签订冬麦收购订单7万亩；合理估产，申请小麦收购贷款资金8000万元，缴存信用保证金400万元，在市农业发展银行的大力支持下，小麦收购贷款在收购开秤前落实到位，没有出现“卖粮难”“抢购风”“打白条”的现象。2021年，累计收购小麦33142吨，圆满完成夏粮收购工作。推进小麦产业供给侧结构性改革，改善小麦品种品质，大力推广优质、高产符合市场需求的小麦品种，公司和新疆昌吉金天山种业公司、新疆奇台金色盛源种业公司接洽合作，购入冬、春麦优良种子1078吨，在全市推广销售。为增加职工收入，通过职工自愿缴纳风险抵押金，采用利益共享、风险共担的方式经营，每股收益2200元，参与职工人均增收8275元。

【粮食销售】 2021年，沙湾市粮油购销公司与天山面粉集团石河子分公司、呼图壁中粮八一面业、石河子天丰面粉厂、天山面粉集团北站分公司、中储粮石河子储备库、沙湾天宝绿色食品有限责任公司等企业达成收购销售意向，推行“产购储加销”一体化模式，“直购直销”“优质优价”，推动粮食供给侧结构性改革，促进粮食产业创新发展，转型升级和农民增收、企业增效。截至2021年12月30日，公司销售小麦19283吨，其中，销售2020年小麦3853吨、销售2021年小麦11986吨、轮换地储小麦3444吨。

【仓储业务】 2021年，沙湾市粮油购销公司在夏粮收购前组织站点负责人和保管员检验员等开展岗前培训，讲授“一规定两守则”“三个安全”管理要求、冬春品种小麦辨认方法、《国家粮食局关于印发〈中央储备粮质量扦样检验管理办法〉的通知》，提高业务人员工作能力。制定建立用电、药剂使用、动火等审批制度，建立粮情分析制度和保管员工作日志制度，进一步规范仓储管理工作。大力推广绿色储粮技术应用，购置240千克惰性粉，协助指导各站点在空仓消毒、入仓过程和机械通风过程等环节使用惰性粉200千克，全年没有发生大的虫害事故。及时更换各库点到期灭火器，维修协调各库点离心风机配置，保证秋冬季库存粮食机械通风。

烟草专卖

【概况】沙湾市烟草专卖局隶属塔城地区烟草专卖分局，与分局合署办公，承担着沙湾市烟草专卖行政管理和卷烟经营管理的双重职能。2021年，有在岗员工14人、专卖办主任1人、市场经理1人、基层专卖市场管理员7人、客户经理6人，服务辖区1156名零售客户。

【专卖管理】2021年，沙湾市烟草专卖局以卷烟市场基础管理为重点，依托“亮剑”“春雷”等专项行动，开展有针对性的市场检查，加强与公安部门联合执法，有效遏制卷烟违法经营行为。共查处各类涉烟违法行为62起，查扣卷烟1692.5条、莫合烟1.19吨，涉案金额34.81万元，取缔莫合烟厂1个。持续深化“放管服”改革，坚持推进“互联网+政务服务”等措施，全面推行“一网通办”，在各乡镇设立咨询办理服务点，大力推行网办业务，真正实现让群众“一趟不用跑”。扎实落实合理布局修订工作，组织烟草专卖市场管理员深入各社区、乡镇、农村，调取当地人口、住户数据，获取第一手权威数据，反复讨论、修改，顺利召开合理布局听证会并向社会公布实施。

【营销服务】2021年，沙湾市烟草专卖局挖掘终端资源，提升终端建设质量。通过示范小组创建工作，有效挖掘终端功能，紧紧围绕终端评价“三级指标”，开展现代终端建设，充分发挥示范小组带动效应，打造终端“可视化名片”，以点带面，向客户输入“形象带动效益，示范推进提升”的创建理念，精准指导促客户转型升级。指导客户积极顺应和应用新的思维和理念，逐步转变经营业态，建立讲解新零售“操作指南”和“常见问题库”，有效提高客户服务质量。稳步推进新零售信息系统推广工作，充分发挥终端专员、客户经理、零售客户职责，以三员为抓手，切实激发客户经理工作动力、增强新零售客户现代经营意识、提高现代经营技能、活跃现代经营氛围。多举措提升客户满意度，采取卷烟货款结算方式多样化，积极与各大银行对接，确立开通沙湾市首批跨行结算客户，实施网上结算有效、快捷、方便，提升辖区卷烟零售客户满意度。2021年年末，零售客户综合满意度为93.97%；全年创建现代零售终端客户146户，拟建现代终端户260户，新零售开通客户156户。

（葛赛群）

图书销售

【概况】塔城地区新华书店沙湾市连锁分店始建于1957年，前身是沙湾市新华书店，2007年改制为塔城地区新华书店沙湾市连锁分店，隶属于塔城地区新华书店，占地面积2294.93平方米，物流发行库房占地面积5290平方米。承担着全市26所中职、中、小学生三种文字的一般图书和教材发行任务，担负着全市“东风工程”和“农家书屋”免费赠阅出版物的配送工作，常年开展图书团购配送、“七进”流动售书、上门征订等各种便民售书服务活动，并坚持全年举办“书香沙湾　读书分享会”活动。

【图书发行经营管理】2021年，塔城地区新华书店沙湾市连锁分店发行全市中小学生免费教材4359025.95元，发行“东风工程”和“农家书屋”赠阅出版物44129册，码洋1284937.9元；一般图书销售462.21万元。为沙湾市商场、超市、医院等5家读书角赠送图书共计263册，价值15619.70元。积极开展进部队、进监狱、进集市、进学校，进广场等流动售书活动，全年开展流动售书20次，销售图书312册，码洋11211.94元。4月23日世界读书日，参加由沙湾市委宣传部、沙湾市图书馆承办的“百年党史、诵红色经典暨、书香沙湾全民阅读活动”，完成重点发行《中国共产党简史》等4种政治性读物共计44594册。

（董翠玲）

交通运输·邮政·通信

交通运输

铁路运输

【概况】 沙湾市火车站中心里程位于第二座亚欧大陆桥的兰新铁路2120千米+633米处、沙湾市区南部，站区主要由车务、工务、电务、供电、公安等部门组成。沙湾市火车站隶属于中国铁路乌鲁木齐局集团有限公司奎屯车务段管辖，是三等客运站。客运设备配有候车室795平方米，内有供旅客候车休息的座椅216个、供旅客饮水的热水器2台、卫生间及洗漱间1个、便利店1个。2021年1月，沙湾市站候车室内新建综合服务台，专门为旅客提供身份信息确认及车票发售、改签、退票、遗失物品招领等服务。售票厅内还设有2台自动售取票机，专门为旅客提供购票及换取报销凭证业务。为方便广大沙湾市站旅客购票，沙湾市站在塔城东路瑞佳公寓底商11号金鹿旅行社开设客票代售点1个。站内另设2个客运站台、1个地下通道，在前置安检房内设有实名制验证系统、安检查危仪、安检门、手持查危仪、液体探测仪等设备，有公安、安检人员值守，防止旅客携带危险品进站上车。站内有5条客货到发线、1个货场，配有2条货物线。

【铁路运输业务】 2021年，沙湾市火车站全年客运吞吐量41万人次，共办理客运业务列车36列；日接发货物列车80列，成为沙湾市经济建设的主要交通窗口，成为沙湾市人员流动、物资进出的主要通道。

（王　谨）

公路运输

【概况】 2021年年末，沙湾市公路总里程3008.31千米，国省干线在市域内共508.31千米，农村公路共2500千米，其中高速公路（G30线）市域里程51.46千米、8条省道市域里程456.85千米。农村公路中县道10条202千米、乡道107条653千米、村道1358条1645千米、桥梁43座952.2米。市域内所有国省干线、县道、乡道100%实现黑色化，市区连接各乡镇和所有行政村公路全部通畅，通畅率100%。

全市有出租车公司4家，出租车380辆；国有公交公司1家，新能源公交车30辆；客运公司2家，客运车辆268辆，市域内乡镇、村队全部能够通达客车；货运车辆2890辆，规模以上（主车50辆以上）货运企业7家、危货企业7家；小型客车驾驶员培训学校7家，摩托车驾校1家；二类机动车维修企业5家，备案三类机动车维修经营户59家；物流业户10家。全年各种交通运输工具共完成货运量641.73万吨，同比增长57.5%；货运周转量33970.16万吨千米，同比增长51.8%；完成客运量668.92万人，同比增长32.7%；客运周转量5035.68万人千米，同比增长413.4%。

（史　赟）

【农村公路建设】 2021年，沙湾市投资1000万元实施大泉乡乡村道路建设改造项目，该项目已全面完工。实施商户地乡自然村通硬化路项目，该项目已全面完工。

【农村公路养护】 2021年，沙湾市交通运输局按照“乡道乡管”“村道村管”的责任要求，定期开展公路巡查工作，确保将农村公路管护好、养护好。在冰雪雨雾天上路巡查，打冰防滑，疏导交通，在养护施工作业现场，维持交通秩序，保障道路畅通及养护工人的生命财产安全，对辖区县道进行除雪工作，共出动清雪车辆40台次，布撒工业融雪剂70吨，累计清雪里程308千米。做好“四好农村公路”工作，各乡镇成立养护站，设立监管员，村队设立护路员，职责、制度、道路图上墙，制定公路巡查台账，定期开展公路巡查工作。2021年，出动巡查车120台次，上路巡查人员达360人次，巡查里程22000千米，查处道路污染案件一起，处理X819线道路安全隐患两处。及时消除公路隐患，6月至9月对X814水毁路段进行修复，累计投入资金43万元用于农村道路坑槽修补、水毁路面修复，其中道路水毁恢复11万元；修补路坑槽12万元，修补面积1200平方米；修复水毁桥梁一座，投入资金20万元。

（史　赟）

【省道公路养护】 2021年，石河子公路管理局沙湾分局共管养143.572千米，其中，省道3条、专用公路1条；沙湾分局共管养143.572千米，其中S224线39.074千米、S219线32.232千米、S312线69.546千米、Z889线2.72千米。2021年，共处置路面坑槽1031.72平方米、沥青路面拥包362.13平方米，完成路面保洁13753.536千平方米，处治纵横裂缝20197.4米、重度龟裂2800平方米、路面重度车辙828.25平方米，整修路肩505638平方米，整修边坡332075平方米，处治中度边坡坍塌494.5平方米、重度边坡坍塌520平方米，新科技处治网裂502平方米，桥梁金属栏杆刷漆338平方米，涵洞清淤179.9立方米，清洗波形护栏44556米，喷涂里程碑217块，喷涂百米桩1959块，粘贴波形梁端头反光膜165平方米，粉刷标志牌立柱210.24平方米，维修道路交通标志（双柱式）33.14平方米，更换黄闪灯11个，更换里程碑76块，更换百米牌666块，埋设示警桩19根，整修S219线示范路段5千米，安装陶瓷急流槽92.4米。

（桑　婷）

【城市客运】 2021年，沙湾市公共交通有限责任公司有公交车30辆，线路由之前的5条线路编减至3条，编减线路的同时，增加了线路运力，大大缩短了旅客候车时间。2021年，实现安全运营734万余千米，实现运营收入396万元。沙湾市公共交通有限责任公司是沙湾市唯一一家公益性客运企业，每年高考期间组织所有车辆“爱心送考”，并在交管部门的安排下，抽出8辆公交车在高中城路段做为路障封路。2021年，作为市第一届党代会、人大、政协会议保障单位，公司筛选优秀驾驶员和性能良好车辆，服务于各界代表。天目湖地毯厂作为市招商引资项目，冬季员工出行不便，公司根据该企业作息时间，安排车辆绕行接送职工上下班。全民体检期间，公司安排车辆免费接送市敬老院的老人体检；驻地部队官兵外出购物，公司出动车辆保障官兵出行购物等。持续做好全市65岁以上老人免费乘车工作，截至2021年年底，累计办理老年卡1520张，老年卡全年累计刷卡76.6万人次。

（代　磊）

【路政管理】 2021年，沙湾市交通运输局与公安交警部门联合加大“打非治违”工作力度，制定下发《沙湾市道路交通领域打击非法营运专项行动方案》，并积极开展联合执法行动，确保客运市场健康有序发展。通过沙湾94.3交通广播电台连续7天宣传“打黑”行动，在“沙湾零距离”微信公众号及微信群中宣传“珍爱生命、拒乘黑车”，利用出租车顶灯、公交车车载电视滚动宣传，播放宣传标语410车次，组织执法人员在“大十字”商业区发放宣传单450余份，悬挂横幅4条，3家运输企业通过LED屏进行宣传，设置“打非治违”举报箱1个。出动执法人员203人次，出动执法车辆71车次，查获非法营运车辆12辆，罚款6万元，查处违法行为2起，罚款5万元，对交通运输领域的非法违法行为形成有力震慑。

（史　赟）

【国省道公路管理】 2021年，自治区交通运输综合行政执法局克拉玛依执法支队沙湾执法大队依法维护路产路权，履行公路管理职责，依法保护路产、维护路权，对管辖国省干线218.572千米公路实现全覆盖。2021年，出动执法人员1920人次、660车次，检查桥159座次、涵洞113个次，巡查里程累计达到104886千米；清除控制区内临时性摊点12处，治理临时性非标39块。依法治理跨越、穿越设施144处。查处路政案件案103起，收回公路赔（补）偿费556820.59元，罚没收入15101元，合计571921.59元。依法维护路产路权，召开“路、警、养护部门”三方联勤联动工作会议，制订“一路三方”工作实施方案、应急处置预案、联合巡查方案等，加强协作，共签订各类协议书7份，深化联勤联动工作机制，共同维护好路产路权，做好冬季公路保通工作。深入开展治超工作，执行《公路货车超限超载认定标准》，开展路警联合治超工作，查处超限运输车辆49辆，卸载货物2347.435吨，交警部门罚款89000元，计294分。开展公路扬尘污染、抛洒治理，加强路面管控，查处污染公路案件33起，检查指导源头企业1家。开展执法领域整治突出问题大调研大走访活动，协助解决提出的实际困难，现场解答难题8件，梳理心愿5条。

（王虎生）

【农村公路安全管理】 2021年，沙湾市交通运输局持续不断对农村公路开展巡查，加强事故多发路段、危险路段的综合治理，保障交通运输畅通。加强在建公路建设项目的安全监管；定期对农村道路进行巡查，联合交警部门对超限超载车辆进行治理，发现影响安全的较大坑槽及时组织修补。加强与应急管理、公安交警、自然资源、气象等部门的沟通联系，及时发布气象灾害和道路交通预警信息，减少和控制一般性事故，严防重特大事故的发生。配合相关部门做好车辆的疏散、人员救助和服务工作，避免极端天气发生大范围的车辆拥堵、人员滞留情况。严格值班值守和重大灾害事件报告制度，随时掌握重大节日期间动态，一旦发生突发事件和事故险情，及时妥善处置，及时、准确、完整地做好信息上报。指导客货运输企业建立安全生产和防灾减灾体系，完善各类应急预案，加强风险评估和监测预警。在客运站候车厅、出租车、公交车上播放应急常识，提升群众对防灾减灾工作的认识，积极做好大风大雨、霜冻、冰雹等天气的应急防范工作。企业向从业人员普及各类灾害知识，讲解灾害事故的防范应对技能，通过观看警示片加强道路运输从业人员的安全意识，积极开展应急演练，提升应急反应能力。加强运营车辆动态监管，严厉查处营运性车辆交通违法行为，对出租车、公交车运营行为不定期上路检查，对不进站的乡镇班线车长期治理，督促企业落实车辆动态监控管理职责，完善管控制度，严格管控超速、疲劳驾驶行为。持续对驾校、物流以及修理厂开展安全生产检查指导，确保不出问题。加强消防安全管理，组织开展电气和燃气线路设施安全检测，加强客车消防器材、安全锤、旅客安全“生命带”的设置检查，加强对道路危险化学品运输车辆的技术状况、油罐的质检安全状况及配备的车辆押运员、消防设施器材逐项排查，督促企业加强GPS卫星定位系统的动态监控力度，防止火灾事故发生。

（史　赟）

【省道安全管理】 2021年，石河子公路管理局沙湾分局加大安全生产资金投入，购买公路养护标志牌1套、车辆长条爆闪灯1套、对讲机12部、红外线紧急撤离报警器2套、反光马甲180件、肩灯80个、锥筒35个、隔离墩80组、车载预警系统1套、微型消防站6套，共计投入156840元。扎实推进安全生产工作，不断强化干部职工安全稳定责任意识与法治观念，组织全体职工集中培训、专题会议33次，开展作业区布设桌面演练工作1次，参与420余人次。狠抓作业现场，严格按照养护作业施工规定落实安全防护措施，针对性开展岗前5分钟培训，规范设置施工警告区、过渡区、缓冲区，摆设警告、限速、禁止超车等标志标牌，以及规范锥形桶摆放等。加大自查和整治力度，共开展安全隐患自查95次，发现并整改隐患73处，整改率100%。加强机械设备和机驾人员的现场管理，严格执行机械设备安全操作规程，定期对机械车辆进行维修保养、年检、审验等工作。强化应急管理，组织开展应急演练，全面推动安全生产应急预案管理、应急体制机制和救援队伍建设，全年组织各类应急演练4次，参与人数68人。为机械车辆安装车载雷达安全预警装备，实时观测上游车辆偏离车道数值，为保障作业人员安全提供科学智能化防撞（防闯入）预警。加强应急物资储备中心管理，每月对应急物资进行检查，及时对带电设备进行充电。

（桑　婷）

邮　政

【概况】 2021年，沙湾邮政分公司坚持以习近平新时代中国特色社会主义思想为指导，全面贯彻落实各项决策部署和工作要求，立足新发展阶段，贯彻新发展理念，服务新发展格局，各项工作均取得积极进展，沙湾邮政事业实现高质量发展。2021年，沙湾邮政累计完成收入3159万元，较上年同期增长9.98%。

【金融业务】 2020年，沙湾邮政分公司突破常规跨越式发展代理金融业务，分阶段开展各项营销活动，市分公司各级管理人员扎根在一线，全年出动各级帮扶人员90人次、1050天，与网点人员同吃、同住、同走访，进行精准营销，落实分田管户、协助网点深入到田间地头、棉加厂、烘干厂、经纪人和收购商，与客户充分联络，精准走访3000多户，完成电访12000户。扎实推进金融业务发展，提前63天完成全年目标2亿元，余额年增位列全疆第五，在全疆十强县评比中，荣获“十强县分”称号。在塔城地区分公司评比中，获得“二强二快”县分公司称号；沙湾十个金融网点全部提前完成年增拼搏目标，沙湾市场支局、安集海支局被评为区公司“十强网点”，老街、市场、安集海、古道街、老沙湾、柳毛湾获塔城地区“六强网点”称号，市场、安集海、老沙湾、柳毛湾、商户地获塔城地区“六快网点”称号。

【寄递业务】 2021年，沙湾邮政分公司提早组织由分管领导带领寄递专管、揽投人员一同进行寄递客户大走访活动。开展地毯式走访，通过中心区商铺、药店、汽贸园、大盘美食城，瓜子厂、各大银行等企事业单位签订用邮协议，产生标快收入3.5万元。走访挖转快递公司仓配客户安集海辣皮子，累计揽收2000件，产生快递包裹收入2万元。进入业务旺季，开展乌兰乌苏富硒小香薯专项营销活动，通过线上、线下进行宣传营销，累计寄递和配送2479件，实现寄递收入7.43万元。扎实走访网套协议客户，宣传网套寄递时限和资费情况，实现棉包收入30万元。加大走访力度，共收寄法院文书1989件，完成收入19.48万元，实现特快业务增收创收。加快身份证快证转化率，积极与行政中心公安户籍警及各乡镇派出所户籍警沟通和对接，办理加急证13115笔，实现收入19万元。

【集邮与文传业务】 2021年，沙湾邮政分公司报刊业务在开展好日常补续订工作的同时，认真组织销售党史学习教育系列图书1735册，创收5.64万元；同时在商务期刊业务的开发上取得了突破，填补了塔城地区商务期刊业务开发的空白，实现收入0.4万元。开展生肖邮品营销活动，实现收入33万元；在组织好地区文传部开展的各项工作的同时，在阶段性的集邮产品国印盛典，1号财富等项目的销售上取得了较好的业绩，实现收入28.6万元，为2022年集邮业务健康稳步发展奠定了基础。通过积极拜访沙湾市人民医院及多家房地产公司，函件纸媒及文创产品业务开拓成效显著，实现收入9.48万元。

【普遍服务工作】 2021年，沙湾邮政分公司代开税票1514笔，累计征税额75.46万元，实现收入2.26万元；代征车购税1563笔，实现收入2.34万元。收回税务历史欠费126万元。车主通业务共完成车险180笔，完成收入4.06万元；简易险64笔，实现收入0.2万元。全年销售鲁北二胺532吨、金田野肥料477吨，销售额达365.68万元，福至新春销售额31.35万元，端午邮情销售额6.04万元，思乡月销售额16.92万元，酒水项目销售额35万元，累计实现收入381.05万元。

【物流体系建设】 2021年，沙湾邮政分公司与市商工局召集各民营快递公司负责人召开“快递进村”现场会，会议明确发挥邮政公司市、乡、村三级网点、邮路优势，以161个建制村全部通邮为依托，将邮政公司作为推进快递进村工作的主渠道，通过邮快合作，逐步完善农村三级物流体系建设，打通“工业品下乡、农产品进城”的瓶颈。积极响应乡村振兴决策部署，融入乡村经济发展，为农村电商和消费者提供便捷的快递服务。各快递企业与邮政分公司签订合作协议，全市161个建制村，通过“邮快合作”方式进村邮件6.3万件，实现收入9.46万元。

（马新萍）

通　信

中国电信股份有限公司沙湾分公司

【概况】 2021年，中国电信股份有限公司沙湾分公司认真履行主体责任，加强基层基础工作，夯实管理基础，实施精确化管理，做好网络技术转型工作，全面落实各项网络运行维护工作。2021年，沙湾电信分公司实现业务收入5771.18万元，移动净增4136户，宽带净增2594户，ITV净增2392户，5G用户新增11896户。

【经营服务】 2021年，中国电信股份有限公司沙湾分公司聚焦“5G用户、5G终端、智家、千兆规模、智慧社区、丰收计划”六大营销计划，以5G引领个人信息化拓展，智家突破家庭信息化市场，从普通融合形态到131X新极致融合，在销售路径、资源配置、责任穿透、客户视图制作等方面推动融合发展。提升乡村环境美化及提高乡村网络安全，优化通信保障与普遍服务，共修建通信管道10余千米、光缆皮长62.67千米，其中在沙湾市大泉乡修建管道1.5千米，共投资5.5万元；博尔通古乡、西戈壁镇、东湾镇布防30余千米，共投资90余万元。针对乡村完成光缆环线建设10余千米，共投资30余万元。与沙湾市委宣传部、沙湾市疫情指挥部协商，将沙湾市新闻台、党建活动、防疫知识、电力缴费、翼支付中加入公交缴费功能等加入电信IPTV。安装乡村1000余户“智慧家庭”。投资300万元在沙湾市老沙湾镇、四道河子镇、柳毛湾镇、安集海镇、大泉乡新建无线网络优化基站10个，解决部分乡镇手机信号弱问题。针对5G网络建设，完成8套5G-IPRAN设备建设，新建开通5G基站48个，完成26套4G无线设备安装，新建5G室分覆盖5处。加快千兆小区建设，完成5套10GE中兴OLT（C600）设备安装开通，完成416个PON口割接，10GPON口使用率达到100%，整体完成千兆小区7个，完成千兆分光器割接1767个。

（张　辉）

中国移动通信集团新疆有限公司沙湾市分公司

【概况】 中国移动通信集团新疆有限公司沙湾市分公司隶属于中国移动通信集团新疆有限公司塔城地区分公司，2021年有干部职工23人，其中党员10人。2021年，沙湾市移动公司始终坚持“以人民为中心”的发展理念，加快建设信息“高速”，打造品质一流新型基础设施；创新运营信息“高铁”，拓展信息服务新场景、新产品、新业态，聚焦科技创新，加强信息技术与经济社会民生的深度融合，打造竞争发展新优势；广泛开展“我为群众办实事”主题实践活动，认真履行企业社会责任，坚定信心，勇毅前行，为沙湾市各族干部群众提供专业优质的移动通信和网络服务。

【通信建设】 2021年，中国移动通信集团新疆有限公司沙湾市分公司立足网络基础，强化运营能力，加快新型网络基础设施建设，服务大众。加快步伐开展5G网络建设，持续做大做强做优5G精品网络。2021年，沙湾市新建5G基站95个，其中市区新建53个、乡镇及各大景区新建42个，总投资1960万元。持续深入开展“5G+”计划推广落地工作，加快推动5G赋能百业、服务大众。紧紧围绕“5G+”计划，与当地教育、农业、交通、公安、住建等行业积极接洽，递交5G+智慧行业解决方案。2021年，为沙湾市应急管理局搭建应急平台，保障全市危化品企业安全运转；为沙湾市交警队采购120台4G执法仪设备，助力智能化高效执法；与沙湾市第七小学、沙湾市第三中学合作完成智慧校园建设，获得客户一致好评。通过将物联网、云计算等信息技术应用到教育、农业、交通等各个领域，力促城市化与信息化的深度融合。推动“平安乡村”工程，为乡村持续稳定健康发展搭建坚实平台，数字赋能，助力乡村振兴。始终坚持以人民为中心的发展思想，积极践行企业社会责任，大力推动“平安乡村”广覆盖与深覆盖。2021年，沙湾市移动公司完成辖区95个“平安乡村”标杆示范村建设，已在行政村接入视频监控摄像头超3000个，基于“移动看家”平台，村民通过手机即可轻松实现看家护院，24小时不间断“专职保镖”值守；外出打工的村民还能利用“和家亲”实现远程亲情沟通，出门在外更放心。

2021年1月25日，沙湾市移动公司收到用户送来锦旗

（王　艳）

中国联合网络通信有限公司沙湾市分公司

【概况】 2021年，中国联合网络通信有限公司沙湾市分公司实行网格化运营机制，规范营销渠道建设和管理，大力发展轻触点建设，全年新建二级渠道6家，消除业务服务盲点，优化资源配置，实施精细化管理，不断提升市场运营水平和内部管理能力。截至2021年年末，沙湾市全网用户23025户。

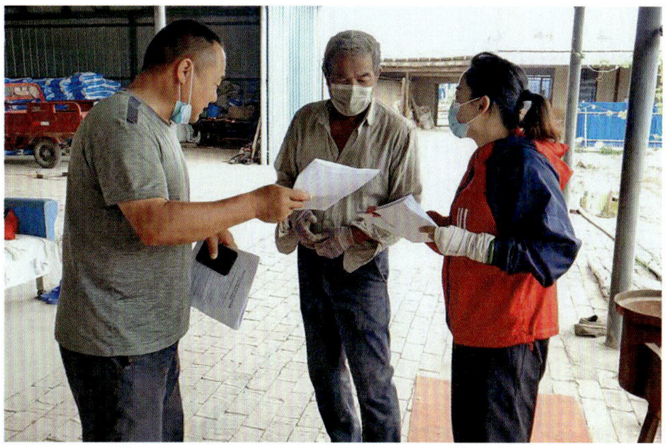
2021年5月，联通沙湾市分公司业务员开展营销

【通信建设】 2021年，中国联合网络通信有限公司沙湾市分公司以加快5G网络规划建设，推进站址资源共建共享，统筹推进信息通信基础设施建设，实现5G网络部署和全面商用，推动数字经济与实体经济深度融合。在推进全光网城市建设中，联通已对市内46个小区、2个乡镇实现光纤覆盖。

【服务工作】 2021年，中国联合网络通信有限公司沙湾市分公司根据工信部要求，完成网络改造、系统测试和业务试用等工作，正式开通了携号转网业务，促进电信市场竞争，提高行业整体服务水平，提高号码资源的使用率，充分受益于广大消费者。

（张建桂）

金融业

中国人民银行沙湾市支行

【概况】 2021年，中国人民银行沙湾市支行充分发挥央行职能作用，利用窗口指导、政策指引、货币政策工具等手段和措施，积极支持地方经济建设，确保市辖金融业稳步健康发展。截至12月末，市辖金融机构各项存款余额1685066万元，较年初增加344896万元，增长25.74%。其中，居民储蓄存款余额1346328万元，较年初增长299695万元，增长28.63%。金融机构各项贷款余额为1226837万元，较年初增加308261万元，增长33.56%。其中企业及机关团体贷款913966万元，较年初增加313185万元，增长52.13%。

【金融环境建设】 2021年，中国人民银行沙湾市支行持续推进金融生态环境建设。聚焦稳贷增贷续贷，通过普惠小微信贷支持及应延尽延两项直达货币政策工具，以人民为中心，扩大普惠金融覆盖面，加大辖区内金融机构信贷投放力度，增强金融服务能力。灵活运用再贷款、再贴现、存款准备金、普惠金融、宏观审慎评估、征信管理等政策工具，为实体经济高质量发展营造稳健灵活的货币金融环境。通过实施动产和权力担保统一登记平台及中征应收账款平台，促进中小微企业担保融资发展，提高融资的透明度和确定性，降低信贷机构放贷成本。推进征信信用体系建设，加强与地方政府沟通，建设地方征信平台，利用地方政府掌握的中小微企业数据，为金融机构提供信息支持，扎实开展征信基础业务。2021年，支行征信自助服务查询机办理查询共计11927笔，收费5990元，柜台企业查询116笔，征信异议处理5笔。积极对接市监局，加入沙湾社会信用体系推进工作组，督导辖区内金融机构大力开展农村信用体系建设。强化“三农”关键领域金融供给，引导辖区内金融机构进一步加大涉农信贷投放力度，指导辖区各金融机构有针对性地丰富贷款产品，简化申贷流程，帮助辖区农业合作社扩展规模，达到资源配置最大化、农民增产增收最大化。辖内金融机构涉农贷款余额98.04亿元，其中农户贷款余额37.87亿元，涉农企业及组织贷款余额56.79亿元。引导地方法人机构发挥支农优势，推出合作社土地经营权抵押贷款产品，已建档评级48户，获贷金额2.56亿元，有力支持了合作社的发展。

【金融稳定】 2021年，中国人民银行沙湾市支行充分运用货币政策，奠定金融稳定基础。完善金融服务，促进全国支付清算体系的顺利运行，确保金融稳定。加强农村支付环境建设，对金融服务空白点的清零工作。切实发挥“最后贷款人”的职能，必要时救助高风险金融机构，化解系统性金融风险。

【国债市场】 2021年，储蓄国债（电子式）、储蓄国债（凭证式）自3月至11月，每月10日开始发行，至19日发行结束。2021年3—11月，沙湾辖区共销售国债6724.5万元，其中3年期国债发售5415.43万元、5年期国债发售1309.32万元。整体发行秩序井然。

【货币政策执行】 2021年，中国人民银行沙湾市支行积极推动贷款市场报价利率（LPR）在辖区金融机构中的运用，提高利率政策传导效率，降低实体经济融资成本。持续推进贷款利率下行，降低融资成本，确保总行利率政策的有效贯彻实施以及辖区利率定价机制改革的稳步推进。2021年10月末，法人金融机构贷款执行利率为6.7686%，同比下降0.9463个百分点。充分利用两项货币政策工具，普惠小微信贷支持以及应延尽延奖励金。保持对小微企业金融支持力度，确保小微企业融资更便利、综合融资成本稳中有降。向辖内法人金融机构累计办理普惠小微信用贷款支持计划额度6721.6万元，撬动法人金融机构发放普惠小微信用贷款1.68亿元。累计办理普惠小微贷款延期还本付息1.15万元，获得激励资金额度115.22万元，普及小微企业79家，确保资金精准支持普惠小微企业。

【金融服务】 2021年，中国人民银行沙湾市支行持续优化企业开户服务，督促辖区各银行切实落实取消企业银行账户许可工作要求，进一步完善开户审核流程、消除冗余环节，在扎实落实账户实名制要求前提下，最大程度提高开户审核效率、压缩资料传递时间，要求银行机构管理行要全面掌握本银行分支机构网点企业开户情况，将相关要求落实到岗位、落实到经办人员，落实工作责任。切实做好小微企业账户服务，各银行切实践行普惠金融理念，积极承担社会责任，不断提高小微企业开户服务意识和水平，确保本银行分支机构为网点开通小微企业开户绿色通道，不断提升服务小微企业的广度和深度。要求辖区各银行机构原则上在受理小微企业开户申请时“即接即办”，在资料完备的情况下，银行机构不得以各种理由随意拒绝小微企业开户。在资料不完备的情况下，银行机构必须做好解释工作。2021年，沙湾市辖区取消企业银行账户许可工作中，基本存款账户开立1189户，变更515户，撤销237户；非临时机构临时存款账户开立13户，变更1户，撤销2户。按要求向社会公开开设企业账户的服务标准、资费标准和办理时限，各银行按照《优化营商环境条例》要求，主动向社会公开开设企业账户的服务标准、资费标准和办理时限，便利企业开办银行账户。根据上级行相关安排，人民银行沙湾市支行对辖区所有银行网点的公示情况进行核查，各行均已整改完成。积极向企业做好账户服务宣传解释，人民银行沙湾市支行要求各银行在账户业务开办过程中，主动介绍银行账户的开办流程、资料审核要求、办理期限等情况，取得客户的充分理解。对于账户开办过程中发现的问题，耐心向客户宣介相关工作要求，不能一拒了事、一推了事，不断提高服务水平。严格发行基金管理，认真落实查库制度，确保账账、账款、账实三相符。发行基金投放、回笼有序，发行基金调入1次，发行基金调出1次，按要求高质量完成2021年各类纪念币的发行工作。2021年11月11日，发行库正式撤并（零库存），辖内各金融机构在人民银行规定的出入库时间到乌苏市支库办理现金存取款业务。认真落实反宣币及反假工作，全辖金融机构上缴假币246张，切实做好假币收缴与调运工作，确保辖区经济安全。

【国库管理】 2021年，沙湾支库在受理各项支出业务中严格审核，账务处理分类规范进行，实现了无差错、无事故责任目标。按时处理收入业务216909笔、支出49445笔、退库14315笔、更正调库352笔、其他业务69736笔，总业务量达到350757笔。拨付“突发公共卫生事件应急处理”资金343笔，上级财政专项调拨收入136笔，其中直达资金拨付30笔，切实做到了国库资金收、付、退的准确、及时、高效。2021年1月1日至12月31日，国家金库沙湾市支库共拨付各类资金合计49946笔，切实做到资金收、付的准确、及时、高效，为打赢防疫阻击战提供有利的资金支持。

（张继红）

中国农业发展银行沙湾市支行

【概况】 2021年，中国农业发展银行沙湾市支行始终以服务“三农”和乡村振兴为己任，在立足沙湾经济发展需求的基础上，聚焦主场主责主业，精准发力，大力支持市域经济发展，进一步彰显了政策性金融的先锋主力作用。年内，累计投放贷款197400万元，累计收回贷款109554万元；年末各项贷款余额为238600万元，同比增加66088万元；其中，投放粮油贷款15200万元、棉花收购贷款157300万元、棉花预购贷款5000万元、产业化龙头企业固定资产贷款2240万元、农业小企业贷款1360万元、涉农产业固定资产贷款16300万元。

【扶持地方经济发展】 2021年，中国农业发展银行沙湾市支行充分认识粮棉油基础贷款工作的重要性，发放棉花预购贷款5000万元，助力棉农春耕备耕。严格落实“钱等粮”，发放粮食收购贷款14700万元，保障沙湾市粮食收购工作安全有序进行。发放棉花收购贷款156000万元，保障棉花收购工作稳中有序。助力企业扩能增效，培育壮大优势主导产业，发放产业化龙头企业固定资产贷款2240万元，其中，累计向沙湾天宝绿色食品有限公司年精深加工12万吨绿色小麦自动化技改（扩建）项目贷款1340万元、沙湾棉花产业有限责任公司技改贷款900万元。

【助推小微企业发展】 2021年，中国农业发展银行沙湾市支行积极履行政策性银行责任担当，充分发挥农业政策性银行“当先导、补短板、逆周期”的职能作用，为减少新冠肺炎疫情对当地小微企业的冲击，沙湾支行主动助推当地优质种养殖小微企业，使政策性金融的支农方式更加灵活化、便捷化。2021年，支持普惠小微企业3家，贷款涉及生猪产业、农副产品流通领域、农产品技术服务业，推动小微企业的可持续发展。

【服务经济发展】 2021年，中国农业发展银行沙湾市支行建立与地方党政有关部门日常联系机制，加强沟通与对接，大力培育和营销政府增信强、政策支持多、信用环境优、风险防控强的新客户。在对塔城水发农业发展有限公司土地流转规模化经营建设项目的可研性进行评估后，确定此项目在沙湾市流转土地10万亩，通过土地规模化经营，带动沙湾市基础农户稳定收入，促进产业结构调整，推动农业产业化经营。充分利用农发行政策保障及专业服务优势，积极开展客户营销和项目跟进工作，助力国有农用地整合，发放土地流转规模化经营贷款16300万元。

【抓好风险防控】 2021年，中国农业发展银行沙湾市支行牢固树立全面风险理念，合理统筹好发展和安全两个要素，做实贷前调查，强化贷款贷后和基金投后管理。结合支行实际情况，重点加强资金支付、库存监管、收贷收息三个关键环节的管理。严格资金支付环节管理，合规选择贷款支付方式。对信贷资金支付凭证，合同发票及时查验；对收入下游企业进行穿透式核查，确保信贷资金安全。强化库存核查和信息核实，加强库存监督管理，在坚持出库报告制度和定期查库制度上，健全库存核查记录单的实用性，按期核查，杜绝企业私自销售及挪用农发行贷款行为发生，从源头上把控风险。及时跟踪企业销售活动，确保销售货款及时足额归行；同时按相关规定及时准确地分解相应贷款本金、利息和费用，跟踪管理企业销售账、商品账及应收账款，保证贷款本息及时、足额收回，做到应收尽收。明确各岗位人员职责，制订本部考核方案、加强内部管理。按时召开各部室例会，对例会中职工反映工作开展中的难点、文件把控中的模糊点，及时进行梳理，组织全员开展业务集中学习和讨论，提升全行员工业务素质和经营合规理念、岗位监督能力及案件风险防范意识。

（尚　玲）

中国农业银行股份有限公司沙湾市支行

【概况】 2021年，中国农业银行股份有限公司沙湾市支行以习近平新时代中国特色社会主义思想为指导，深入学习贯彻中共十九大精神，深入实施治行兴行“六维方略”，服务沙湾经济社会发展。2021年，荣获农业银行总行“饶才富奖”先进集体称号，支行营业部被农总行授予2019—2020年“模范职工小家”称号。在塔城分行“春天行动”综合营销竞赛活动中，沙湾支行以零售板块1169.28分、对公板块1048.89分的成绩取得第一名，获得19项专项奖励。荣获塔城分行2021年“春天行动”综合营销优胜单位奖、综合营销公私联动营销优秀支行称号、零售业务综合营销示范支行称号、对公业务综合营销优胜支行称号、公司存款竞争力提升贡献奖等。支行营业部、健康路分理及城南分理处荣获新疆分行“金钥匙春天行动”卓越网点称号。

【存款工作】 2021年，中国农业银行股份有限公司沙湾市支行存款工作平稳运行，各项存款余额231749万元，比上年末上升41823万元，其中，储蓄存款158581万元，比上年末上升33960万元；对公存款73168万元，比上年末上升7863万元。

【服务“三农”】 2021年，中国农业银行股份有限公司沙湾市支行积极开展金融扶贫工作，服务“三农”工作取得大突破。全行人民币贷款余额140087万元，比年初上升53182万元，累计投放贷款177458万元，累计收回124276万元，支持龙头企业和小微实体经济，完成38家企业的评级工作，新增授信客户15家，累计投放法人贷款120813万元，其中普惠小微企业累计投放20户，余额5227万元，营销投放“新棉通”棉花收购贷款8.8亿元。深耕市场，将惠农E贷做大、做优、做强。全年累计投放惠农E贷2237户，金额39494万元。推进8个乡镇106个村队，完成农户信息建档2335户，发放乡村振兴卡2800余张，惠农卡有效发卡量6万余张，惠农通服务点升级改造52户。

【经营效益】 2021年，中国农业银行股份有限公司沙湾市支行经营效益成效显著，全行实现中间业务收入1724万元，实现营业收入7877万元，实现拨备前5561万元、拨备后利润5149万元、净利润3954万元。

【合规文化建设】 2021年，中国农业银行股份有限公司沙湾市支行案件防控能力稳步提升，认真组织开展合规文化学习教育和案件治理工作，开展了“知敬畏 守底线 促合规”案件警示教育活动，“三线一网格”管理模式实现员工全覆盖，营造了全员防控风险的良好氛围。安全生产上加大安全防范设施技防、物防的资金投入。对全行监控设施进行了改造、更新，全行更换监控摄像头12路，其中更换网点ATM主机高清摄像头8路。

（田文山）

中国银行股份有限公司沙湾市支行

【概况】 2021年，中国银行股份有限公司沙湾市支行成立于1994年，内设营业部、城东新区支行、综合管理部。全行职工35人，大专以上学历占职工总人数的97.1%。支行有女性职工18人、男性职工17人，全行由汉族、维吾尔族、回族、俄罗斯族、土家族5个民族组成。

【经营情况】 2021年12月末，中国银行股份有限公司沙湾市支行各项人民币存款余额112537万元，其中，人民币企业存款余额33678万元、储蓄存款余额78859万元；贷款余额60612万元，中间业务收入257万元，实现利润2325万元。2021年，支行继续加大对沙湾市经济发展的授信支持力度，着力突出普惠业务的战略地位，全年累计为18家普惠小微企业发放贷款9951.84万元，为农户种植提供2.76亿元贷款，为城镇居民提供住房贷款、消费贷款、个人投资经营贷款9000余万元，有力地支持地方经济发展。

（仲卫敏）

中国建设银行股份有限公司沙湾市支行

【概况】 截至2021年年末，中国建设银行股份有限公司沙湾市支行一般性存款余额8.57亿元，较年初新增0.98亿元；其中对公存款余额1.74亿元，较年初新增0.22亿元；个人存款余额6.82亿元，较年初新增0.75亿元。支行各项贷款余额11.62亿元，较年初新增1.74亿元；其中对公贷款8.76亿元，较年初新增1.89亿元；个人贷款2.85亿元，较年初减少0.15亿元。其中普惠金融贷款10735万元，较年初新增1095万元，户数180户。中间业务收入906.85万元，其中对公中收242.11万元、个人中收664.74万元。公租房系统完成缴费236笔，金额合计34.35万元，实现新疆天泰纤维有限公司企业住房租赁系统上线缴费，截至11月30日，共实现缴费113笔，金额1.18万元。新增双10服务点44个，双50服务点4个，双100服务点4个，村支两委服务点79个，新增发卡2455张。同时按要求完成裕农通智能终端布放。

【业务发展】 2021年，中国建设银行股份有限公司沙湾市支行实现劳务安鑫业务突破，全年实现4户建筑企业代发，代发笔数2649笔，金额合计1651万元。完成沙湾市人民医院新院区建融智医项目审批。实现沙湾市公安局户籍业务非税收入转入支行。实现建行生活入住商户28户，顺利完成建行生活开城工作，新增建行生活用户334户。实现自治区重点水利项目红山水库工程基本账户和项目资金专户落地支行，该项目总投资8.3亿元，本年到位资金0.49亿元。实现与沙湾市农村产权交易中心业务合作，已开立农村产权交易保证金账户。深挖存量客户，通过补充修改绿色信贷标示，实现沙湾碧水源2300万元贷款纳入银监局口径绿色信贷。通过办理履约保函、工程质量保函等承接沙湾市人民医院、沙湾市妇幼保健院专项债资金700万元。通过银行承兑汇票、保函、供应链等产品组合，在满足客户需求的同时，实现中间业务收入165万元。通过疆棉云贷和棉易贷拓展，实现新开家庭农场和合作社账户92户，发卡300余张，带动个人存款新增5000万元，同时带动了私行客户、对公有效客户、个人全面关系客户等业务发展。通过大资产业务带动代发工资业务增长，特别是通过信贷支持建筑企业，实现农民工代发工资业务增长。

【践行“三大战略”】 2021年，中国建设银行股份有限公司沙湾市支行结合沙湾实际，紧抓疆棉云贷和棉易贷在沙湾试点机遇，通过全员营销，新增家庭农场账户92个，新增疆棉云贷客户38户，授信金额1756.9万元，贷款支用649.8万元，在试点行中排名第一；新增棉易贷239户，授信金额3401万元，贷款支用1552万元。本年积极落实裕农通进村委工作要求，新增村支“两委”服务点79个，在塔城分行排名第一。与沙湾市农业农村局达成乡村振兴大数据平台项目和智慧畜牧平台合作意向。

（邓俊丽）

沙湾农村商业银行股份有限公司

【概况】 沙湾农村商业银行股份有限公司自成立以来，始终坚守服务“三农”、服务小微、服务沙湾经济的市场定位，主动适应农村实际、农业特点和农民需求，不断深化改革创新，积极构建多层次、广覆盖、可持续的金融服务体系。2021年，共设有13个常设职能部门和1个营业部、18个支行，有从业人员226人。截至2021年12月末，沙湾农村商业银行股份有限公司资产负债规模突破百亿，其中各项贷款余额57.74亿元、各项存款余额92.67亿元，存贷款市场份额持续保持市域同业第一。全年缴纳各项税收4766万元，为市域经济发展做出积极贡献。

【服务“三农”】 2021年，沙湾农村商业银行股份有限公司认真践行普惠金融理念，坚持农业农村优先发展，以实施乡村振兴战略为抓手，围绕沙湾市优势产业布局和发展需要，出台符合当地产业发展方向和生产周期的信贷产品，重点加大对粮食、棉花、畜牧、林果及区域性特色农作物等领域的金融服务供给，全力保障“三农”的信贷需求，不断提升服务“三农”质效。全年共投放涉农贷款76.04亿元，惠及全市15796户农户，做到行政村覆盖率100%。

【服务小微企业】 2021年，沙湾农村商业银行股份有限公司结合沙湾实际，大力扶持地方中小企业，助力辖区中小企业健康发展。降利率、拓渠道，同时依托“信易贷”平台，拓宽小微企业融资渠道，为小微企业提供更加便捷、高效的金融服务。充分发挥金融机构稳企业保就业作用，推动两项政策工具落地落实，对受疫情影响暂遇困难或不能及时还贷的企业，及时给予政策支持，缓解企业资金压力，助力企业健康发展。针对小微企业规模小、实力弱、融资难等特点，推出应收账款质押业务。支持传统制造业及第三产业做大做优。为9家相关企业提供信贷资金2.15亿元，有效解决企业流动资金短缺问题。探索“农户+合作社+棉花收购企业+棉花贸易企业+纺织企业”合作模式，全年累计投放棉花产业贷款48.02亿元。截至2021年年末，沙湾农商银行累计为1422户小微企业投放贷款51.11亿元，全年实现让利实体企业0.67亿元。

【扩展便民支付场景】 2021年，沙湾农村商业银行股份有限公司不断丰富银行卡产品，挖掘服务深度，拓展移动支付应用场景，积极推进公交、校园、公共缴费、餐饮、商超、洗车等移动支付便民消费场景建设，与沙湾市公交公司、燃气公司、供排水公司、物业公司、热力公司及国有资产经营公司等合作打造8种民生类缴费场景，给居民生活带来便捷。沙湾农商银行在全市累计布设助农取款点47个，改造升级普惠金融服务站5个，向全市商户免费提供POS机2514台，为客户提供更便捷、有温度的金融服务。

（毕萱茹）

中国邮政储蓄银行股份有限公司沙湾市支行

【概况】 中国邮政储蓄银行股份有限公司沙湾市支行辖内有营业网点11个，其中自营网点1个、代理网点10个（沙湾市邮政公司代理），自助存取款机18台，服务涉及8个乡镇。沙湾市支行自营网点属全功能一级支行，内有贵宾室、理财室、经理室，开设有公司业务台席1个、个人业务台席2个。截至2021年年底，支行共有各族员工32人，其中合同工31人、劳务工1人；31人取得大专以上学历；29人取得银行从业资格证书；1人取得助理经济师证书；13人取得会计证。2人取得理财规划师证；9人取得基金从业证书；支行连续三年被地区分行工会评为先进基层工会，被地区分行评为先进集体。

【业务工作】 截至2021年年底，中国邮政储蓄银行股份有限公司沙湾市支行服务县域客户数2万余户，个人储蓄存款14亿元。发放个人经营性贷款2.24亿元，惠及农户1095户；累计发放个人经营性贷款22.84亿元，惠及农户超过2万户；累计发放住房贷款3.2万元，惠及1891户家庭；不良贷款余额87.08万元、不良率0.27%；发放小企业信用贷款11户、1581万元；服务当地81户对公业务客户。

【安全生产】 2021年，中国邮政储蓄银行股份有限公司沙湾市支行强化责任落实，逐级签订《消防安全责任书》《案件防控责任书》《安全管理目标责任书》《案件防控及安全生产责任书》等，层层落实安全责任，明确责任分工，落实工作责任。支行全面开展教育引导工作，利用晨夕会、周例会、职工大会、安全保卫工作会议、安全教育培训的时间，全面教育引导员工加强安全生产、提高安防能力、强化安全意识。积极开展各项活动，严格落实上级行要求的各项工作。比如开展了“安全生产月”、“安全隐患随手拍”、安全生产三年整治宣传教育、“风险隐患大排查”、“两节期间安全大检查”、各类警示教育、宣传学习、预案演练等活动。为加强员工从业行为管理，增强员工风险防范意识，规范员工行为，防患于未然，及早发现和有效化解案件风险，支行按照上级行的工作要求每季度按时开展员工行为排查工作，防范风险案事件发生。积极开展新媒体宣传工作，支行组织员工以微信朋友圈、抖音以及LED电子显示屏、宣传栏、宣传横幅等形式，积极宣传支行各项业务、宣传消费者保护知识、预防电信诈骗等金融知识，为企业树立了良好的社会形象。

（程巨红）

保　险

中国人寿保险股份有限公司沙湾市支公司

【概况】 中国人寿保险股份有限公司沙湾市支公司在监管部门及上级公司的正确领导下，在沙湾市委、市政府及各合作单位帮助和支持下，坚持公司业务发展和社会稳定、长治久安、疫情防控及经济建设有机结合，积极履行社会责任，关注社会民生，支持公益事业；自觉接受服务对象和社会各界的监督，各项工作取得较好成绩，规模平稳增长，地位保持稳固，结构持续优化，效益有效提升。至年末，总保费收入突破1.7亿元。

【业务发展】 中国人寿保险股份有限公司沙湾市支公司经过多年的发展和沉淀，公司保费收入由1996年分业时的196万元发展至2021年的1.7亿元。公司围绕“成己为人、成人达己”的“双成”核心理念，持续提升服务质量，为客户提供有温度、有速度的理赔服务。2021年，全年累计赔付支出达1326.52万元，公司长期客户达6.2万人，短险累计客户18万人，长短险合计客户数达24.2万人。多年来，公司服务不断向纵深化推进，强化柜面管理，有效缩短客户临柜等候时长；同时，大力倡导科技国寿，e化服务成为保全业务主渠道；大力推广智能2.0投保系统、团客系统。在业务发展的同时，积极营造销售与服务融合的文化氛围，送培训进职场，推动销售人员贴心服务，以服务促销售，以服务促发展。保险业务辐射全县各乡、场、镇及兵团第八师5个团场，为全市各族百姓承担着上千亿元保险责任。

【队伍建设】 2021年，中国人寿保险股份有限公司沙湾市支公司公司始终坚持依法合规、队伍驱动、价值优先、协同发展的经营理念，不断发展壮大销售队伍。2021年年末，公司大个险销售人员达160人，其中销售主管17人；机构业务部9人，其中银保客户经理5人、团险客户经理4人。

（卢　璐）

中国人民财产保险股份有限公司沙湾支公司

【概况】 2021年，中国人民财产保险股份有限公司沙湾支公司继续加强农业保险经办和服务网络建设，有乡镇农业保险营销服务部10个，设立村级农业保险服务点265个，签订协议、聘用乡村协保员286人。主要开展机动车辆保险、企业财产保险、货物运输保险、责任保险、意外伤害保险、短期健康保险、农业保险、信用保险、保证保险、家庭财产保险等人民币保险业务。2021年，公司以服务构建新发展格局为核心，以深化保险供给侧结构性改革为主线，以深入推进体制机制变革为动力，以强化党建引领为保障，科技赋能、创新驱动，牢牢守住风险底线，全面落实“六大战略服务”，更好服务实体经济发展，奋力推进集团“卓越保险战略”，深入打造保险业的“国之重器”。截至12月31日，中国人民财产保险股份有限公司沙湾支公司保费收入1.14亿元，同比下降6.41%。

【公司文化建设】 2021年，中国人民保险集团正式发布新版企业文化，公司积极践行集团公司企业文化理念，始终秉承“人民保险 服务人民”的初心和使命，将“诚信、专业、创新、卓越”的企业价值观全面融入各项工作，大力弘扬“担当、协同、清正、奉献”的企业精神，以新文化打造新面貌、构建新格局、谱写新篇章，为深入践行“建设全球卓越保险集团”的美好愿景、建设全球一流财险公司提供文化支持和思想保证。

【企业管理】 2021年，中国人民财产保险股份有限公司沙湾支公司坚持一手抓疫情防控，一手抓业务发展，贯彻党中央“疫情要防住、经济要稳住、发展要安全”的精神，将疫情防控、业务发展和安全生产齐抓并进。查不足查短板，按照公司企业文化做好“人民保险、服务人民”的使命。

（王　荣）

中华联合财产保险股份有限公司沙湾市支公司

【概况】 2021年，中华联合财产保险股份有限公司沙湾市支公司隶属于中华联合财产保险股份有限公司塔城分公司，下设老沙湾镇、安集海镇、四道河子镇、柳毛湾镇4个乡镇保险服务咨询网点。主要经营业务险种：机动车辆保险、农业保险、财产损失保险、责任保险、信用、保证保险，各类健康、意外保险，货物运输保险等。截至2021年末，中华财险沙湾市支公司保费收入4300万元，较上年增长650万元，增长17.5%，其中农业保险1860万元，车险1600万元，意外健康保险450万元，财产责任保险390万元。

【服务“三农”】 2021年，中华联合财产保险股份有限公司沙湾市支公司承保沙湾市良种场、安集海镇、博尔通古乡、博尔通古牧场4个乡镇场的农业保险，全年实现种养两业保费收入1860万元。公司在不断加大政策性农业保险业务宣传力度的同时，严谨负责，责任明确，在工作中突出早计划、早部署，谋在前、干在前，强化责任分工，结合实际制定方案。4月30日公司结束种植业的承保工作，其间在受到风灾、冻灾、雹灾、洪灾等极端天气灾害影响下，积极作为、限时查灾，在10月15日前将各项受灾理赔款全部打卡到户，是连续三年全市出单最早、理赔最及时的一家保险公司，为沙湾市农业生产工作做出应有的贡献，受到政府部门及广大农户的一致认可和广泛认同。

2021年5月10日，中华财险沙湾市支公司农险部现场查勘农户受灾情况

【理赔服务】 2021年，中华联合财产保险股份有限公司沙湾市支公司全年各险种累计赔付1855万元，单笔最高赔付额200万元。自2020年承保自治区人身意外伤害保险以来，始终秉承“贴心服务人民群众、确保惠民政策落实到位”的服务精神，积极认真开展办理自治区人身意外伤害保险服务及赔付工作，不断健全工作机制，加大宣传力度，在沙湾市医疗保障局设立全民意外专职岗位，切实做到服务零推托、工作零堆积、办事零投诉、服务零繁琐，最大限度服务广大人民群众。

（芦仁娜）

中国人寿财产保险股份有限公司沙湾市支公司

【概况】 2021年，中国人寿财产保险股份有限公司沙湾市支公司认真贯彻执行党和国家关于保险业改革发展的决策部署，依托中国人寿集团化综合经营优势，创新驱动发展战略，着力打造一流财险公司，已稳步成长为具有较强竞争力和影响力的财产保险市场主体，公司保持着规模效益协调发展基础，2021年，在沙湾财产保险市场保费份额排名前三位。

【业务范围】 中国人寿财产保险股份有限公司沙湾市支公司险种业务包括机动车保险、企业家庭财产保险、工程保险、责任保险、保证保险、货物运输保险、船舶保险、特殊风险保险、农业保险、意外伤害保险、短期健康保险、综合保险等各个门类超过5500个保险产品，为客户提供全方位、多层次、专业化保险保障。科学组合产品定制保障方案，充分满足市场客户的个性化需求。

【服务乡村】 中国人寿财产保险股份有限公司沙湾市支公司大力做好农村服务网点建设，2021年，完善建立3个“三农”服务站点，做到为沙湾农户提供贴心服务，送保险下乡，让百姓能够零距离地享受到国家政策帮助和保险服务。

【理赔服务】 中国人寿财产保险股份有限公司沙湾市支公司以专业理赔为基础服务宗旨，坚持“主动、及时、准确、合理”的理赔宗旨，努力做到“便捷理赔、快速理赔、透明理赔”。2021年，在承保的个体及企业客户发生保险事故时，公司在最短的时间内调集资金及时赔付，为沙湾市经济发展与社会稳定做出了积极的贡献。

【回馈社会】 中国人寿财产保险股份有限公司沙湾市支公司为更好地回报社会回馈百姓，积极参加各类公共事业，并投身各类爱心工程。积极开展“保险伴你行”送爱心送温暖活动，2021年6月，参加公司组织的电商扶贫支持“三农”发展活动，2021年6—8月，参与塔城地区爱心捐物捐款捐物。开展“国寿在身边，爱心在行动”捐书等活动，以及银保监及保险行业组织的其他各类爱心捐赠活动。

【线上服务】 中国人寿财产保险股份有限公司沙湾市支公司坚持“专业、快捷、便利、贴心”的服务理念，全面做到“365+”（3大服务通道、6项安心举措、5重权益保障）客户服务承诺，365天陪伴在身边，随时随地为百姓提供安全安享佳服务。公司VIP客户专享“怡享通道”“服务有信”“爱车管家”“尊享无忧”四大版块增值服务。利用Chinalife.com.cn电子商务平台、“空中服务”小程序、移动App，线上线下为客户提供各类服务。

（郭海英）

太平人寿保险有限公司沙湾支公司

【概况】 太平人寿保险有限公司沙湾支公司（以下简称太平人寿沙湾支公司）于2014年11月5日取得营业执照，至2021年已经营发展近8年。截至2021年12月，当年度公司年累计实现总保费收入601.8万元，开业以来累计总保费收入约3943万元，为全疆千名客户提供7.46亿元有效保险保障金额。

【优化运营流程】 2021年，太平人寿沙湾支公司运营时效全面提速，保单15日送达率100%，保险理赔服务申请支付时效0.65天，保全作业时效0.0040天。通过秒赔服务、服务密码升级、太平通App、太平好食节、海外服务精品栏目等创新项目，优化客户体验，提高客户满意度，其中通过提高理赔受理质量和调查时效，推广“秒赔”等一系列举措，提升理赔申请支付时效。

【社会责任】 2021年，太平人寿沙湾支公司举办公益活动，开展“心脑血管检测”“甲状腺检测”“少儿绘画比赛”“太平好食节”“海外服务精品栏目”等活动，肩扛社会责任，践行央企大爱，为更多的客户送去服务与保障。

【防范风险】 2021年，太平人寿沙湾支公司强化合规意识，秉承着合规经营的经营理念，通过合规品质沟通会、现场培训、柜面宣传等形式，全面提升全员合规意识；加强自查整改，组织开展多项排查项目，通过“反洗钱”培训、常态化开展扫黑除恶相关工作、反销售误导、自媒体风险排查等项目，以查促改，提高防范化解风险能力。

（刘曼玲）

文化·广播电视·旅游

文　化

【群众文化活动】 2021年，沙湾市文化体育广播影视和旅游局积极引导各文艺社团、文艺工作者开展文艺精品创作工作，先后创作出音诗画舞《兄弟情》、秦腔现代戏《抗疫情》、快板《党的光辉照我心》、剪纸作品《建设新农村　幸福千万家》、舞蹈《祖国颂》等原创文艺作品216件次。在中国共产党成立100周年之际，组织广大文艺爱好者编排舞台剧《特殊党课》，为中国共产党成立100周年献礼。进一步加大自治区精品文艺作品艺术基金扶持项目的申报工作，原创舞台剧《大盘鸡的故事》成功申报为2021年艺术基金项目，舞台剧《特殊党课》申报了2022年艺术基金项目。为丰富疫情防控期间群众精神文化生活，特编排文艺演出小分队节目62个，以小规模多频次方式开展送戏下乡。先后开展“我们的中国梦——文化进万家”“累积吧·冠军”石榴籽竞赛系列文体活动12场次；开展了2021年沙湾市网络春晚、“欢歌献给党”庆祝纳吾热孜节网上文艺晚会、“文化润疆·奋进沙湾”群众文艺作品展、“童心向党　礼赞百年”欢庆“六一”儿童节优秀节目展播、舞台剧《特殊党课》、庆祝中国共产党成立100周年专场音乐会大型文化活动6场次。以“石榴籽”小分队、文艺社团会演、文化志愿服务等形式，扎实开展“文化惠民”下乡演出活动共计46场次。组织书法家协会老师深入乡镇、村队、社区开展“春联福字进万家”等文化惠民活动3场次，把党和政府的温暖和祝福送进了老百姓家里，激发广大基层群众干事创业的热情。

【文体队伍建设】 2021年，沙湾市文化体育广播影视和旅游局克服疫情困扰，以小班额形式，组织文工团、文化馆专业编导，调动文艺团体力量，开展基层文体培训20期，培训基层文体志愿者、体育社会指导员610余人次，形成市乡村三级文化志愿者协调联动机制。加大对全市各文艺协会及社团骨干的培训和扶持力度，提高文艺社团参与各类活动的积极性，依托各协会社团组建文艺志愿服务员小分队，开展文化志愿培训和表演活动18场次，切实把中共十九大精神和党的各项惠民政策送到各族群众的家门口。

【“两馆一站”开放】 2021年，沙湾市文化体育广播影视和旅游局举办“全民阅读”线上线下活动12场次、展览8场次、业务培训4场次、新书推介5场次，建立图书馆分馆7个，图书借阅13600册次，文献借阅17558人次。文化馆、乡镇文化站等22个活动场所，每天开放8小时以上，累计接待群众达9万余人次。持续做好文化馆免费开放服务群众工作，馆内开展合唱与指挥、朗读、民族器乐、舞蹈等培训班（活动）10期，培养群众文艺爱好者650人次。开展“学党史　颂党恩”最美塔城摄影作品展，开展“党的光辉照我心”庆祝中国共产党成立100周年美术、书法、摄影、剪纸展等各类线上、线下展览6期，展出各类作品580余幅，观看群众达8000余人次。推行文化馆总分馆制实施，设立、挂牌12个乡镇场文化站为文化馆分馆。积极申请自治区2个文化大院扶持建设项目，进一步加强基层公共文化网络化服务平台建设，满足群众日益增长的精神文化需求。

【文化事业交流】 2021年，沙湾市文化体育广播影视和旅游局邀请石河子豫剧团在沙湾文化馆设立豫剧传承实践基地，开展豫剧展演交流活动2场次，举办豫剧演唱、化妆、乐队演奏等培训4次。加盟天山北坡经济带文化馆联盟，参加石河子少儿春晚、桃花节、旗袍秀展演等活动6场次。积极参加兵地文旅事业融合发展洽谈会，全力推动兵地文旅事业繁荣发展。

【非遗传承项目挖掘】 2021年，沙湾市文化体育广播影视和旅游局积极挖掘，重点保护，成功打造大泉烧坊庄村“苏莱曼维吾尔族小刀”为非遗传承实践基地。成功申报“黄沙梁苦瓜酒制作技艺”为沙湾市级非物质文化遗产项目。

【文物保护】 2021年，沙湾市文化体育广播影视和旅游局积极开展文物保护工作，协调自治区考古挖掘队及时做好红山水库古墓抢救性挖掘工作。清理墓葬32座，出土陶器5件、铁器3件、铜器2件、石器1件、金器1件，其中挖掘发现的戳印纹寰底罐在沙湾市属首次发现，这对研究北疆地区的农牧业文化发展和人口迁徙都有重要意义。开展文物看护员培训班2期，文物工作人员开展文物巡查15次，看护员对各文物保护单位开展巡查1500余次。征集文物及老物件21件，其中群众捐赠8件、看护员捐赠9件、巡查采集1件，涉案文物移交2件（国家三级文物）。广泛开展文物宣传，借助各类活动、展览、演出，开展流动博物馆进乡村、进社区、进校园、进机关巡展活动30场次，观看人数达23000人次。

【文化市场监管】 2021年，沙湾市文化体育广播影视和旅游局启动“扫黄打非”联防工作机制，并开展“两节”“两会”文化市场集中整治、校园周边出版物市场专项整治、“春秋两季”教辅资料专项督查检查等行动，利用“3·18”全国文化市场法制教育宣传日、“4·26”世界知识产权日等时期，深入普及文化市场相关法律法规知识，发放“扫黄打非”传单2000份，全年共出动“扫黄打非”专项检查执法人员370人次、车辆60余台次，收缴查封各类非法出版物286本，收缴非法“卫星电视锅”20件。共查处出版物案件3起、行政处罚0.43万元。深化“放管服”改革，完成动态调整市级权责清单。制定《关于进一步深化文化市场综合执法改革的实施方案》，大力推行行政执法三项制度，推进行政处罚（强制）权力上网运行。开展“双随机、一公开”工作，共开展3次双随机抽查活动，随机检查城区、乡镇等20余家经营业户。

【图书馆服务】 2021年，沙湾市图书馆开展“两馆一站”免费开放活动，每天开放 8 小时。全年图书馆举办阅读推广活动线上5次，参与350余人次；线下8次，参与560余人次；展览10次，参与2500人次；讲座3次，参与人次160人次；培训5次，参与人次360人次；举办书香迎新春系列活动、“4·23”世界读书日活动全民阅读活动启动仪式、庆“三八”活动等。通过各种活动开展，把广大读者吸引到图书馆中，让他们走进图书馆，更好地为广大读者服务。全年图书流通3082人次，借阅图书12636人次，新办证308人。自治区图书馆沙湾分馆在博尔通古乡下西湾村民宿点浑食小居挂牌成立，沙湾市图书馆温泉景区分馆挂牌成立，探索“图书馆+民宿”“图书馆+景点”文旅融合模式，以民宿为载体，将公共图书资源和文化服务引进景点，促进文旅深度融合，进一步提高公共图书馆综合服务效能，满足广大群众基本文化需求。

【体育工作】 2021年，沙湾市文化体育广播影视和旅游局开展不同层次、不同范围的赛事，1月组织开展迎新春“体彩杯”全民健身比赛活动（线上），6月举办“健康杯”职工篮球赛，7月举行“学党史　促振兴—工会杯”拔河比赛，国庆节期间组织开展庆“十一”太极拳展演、山地自行车展演，12月举办“我为北京冬奥会加油”迷你马拉松比赛，沙湾、石河子、玛纳斯三地三方“聚星杯”斯诺克球王争霸赛，2021年“全民健身·健康中国”全国县域社会足球赛事活动暨沙湾市“健康杯”11人制足球比赛，冬季垂钓比赛，“星飞源杯”棋类大赛。9月，全市各乡镇、社区40名干部完成自治区体育局体育场地普查线上培训及普查工作。全年共完成体育彩票销售710万元。培训乡村体育社会指导员170余人次。2021年9月，被评为全国群众体育先进单位。

（李　艳）

广播电视

【事业建设】 2021年，沙湾市文化体育广播影视和旅游局强化服务基层工作目标，广电深度发展得以推进。不断丰富节目内容和形式，投资87万元落地中央及省市高清卫星信号，完善中心机房前端系统，有效提高了全播出质量，实现高清节目电视画面分辨率1920×1080的标准。成功完成有线电视部分频道高清设备调试工作。成功地将数字电视前端信号发送设备调试成为高清电视信号。配合老旧小区改造，全力整治电视线路，搭建小区网络光纤，不断提升广电网络服务质量。根据塔城地委要求，无偿将沙湾新闻信号源输送三大运营商（电信、移动、联通），全市群众收看沙湾新闻的选择方式不断丰富。及时保障群众收听收看，全年开展农村广播电视维护人员业务知识和安全生产集中培训2次，线上业务技术培训2次，定期组织各片区维护员进行集中维护，确保广播电视设施设备正常运行。及时协调解决各村队广播电视故障，开展广播电视设备巡查6次，共维护设备障碍283个，保障2100户有线电视、5300户无线数字电视、1.63万户“户户通”用户设备的正常运转。做好广播电视的安全播出，坚持广播电视播出机房24小时专人职守、台站每周巡视、重大节日和重要节点不定期检查，及时消除安全隐患，确保全市广播电视播出安全及庆祝中国共产党成立100周年现场直播转播工作万无一失。

（李　燕）

融媒体

【概况】 沙湾市融媒体中心（沙湾市广播电视台）于2019年6月25日挂牌成立，11月正式投入使用，机构规模为正科级，为市人民政府直属事业单位，归口市委宣传部管理。中心核定编制42个，全部为专业技术人员。中心现有广播电视、“沙湾好地方”手机客户端、户外大屏、“沙湾零距离”微信、“沙湾市融媒体中心”微博、“沙湾融媒”抖音、“沙湾融媒”今日头条等多个传播平台，运用音视频、H5、海报、微视频、图文信息等丰富多彩的形式发布各类信息，稿件平均每天总量120条，承担全市大型活动、会议直播、录制，各类公益专题片、短视频、线上培训等任务的采编、制作工作。

【融媒体队伍建设】 2021年，市融媒体中心通过党组理论学习中心组学习、党支部主题学习、编前会、新闻分析会、周一晨会等，提升思想认识、开拓思路观念、强化理论学习、完善采编流程，积极探索从“+互联网”到“互联网+”的融媒格局。坚持“走出去”和“请进来”相结合，充分利用上级媒体记者到沙湾采访机会开展讲座、跟班学习，全方位提升业务能力。开展“约融媒”四力主题实践活动、“爱沙湾网红达人在行动”抖音大赛等，对涌现出的好作品进行奖励，常态化开展践行“四力”岗位大练兵活动，强化全媒实战演练，形成“兵合一处、将打一家”的生动局面。先后与石河子大学文学艺术学院新闻与传媒系、新疆财经大学文化与传媒学院签订共建校外实习基地协议，有效推动高校在人才培养、师生交流、教学研究等方面的深度交流与合作。不断加强与疆内及其他省市大中专院校的交流合作。2021年5月，新疆财经大学文化与传媒学院“发现·记录大美新疆”社会实践活动走进沙湾市，10名师生入农家、进地头，在新华网、人民网等国家级主流媒体特别推出“这里的村不简单”系列报道10篇。2021年7月，湖北省武昌理工学院影视传媒学院“雪域未来”计划——新月支疆志愿服务团队到沙湾市开展全国大中专学生“三下乡”暑期社会实践活动，推出多篇新闻报道。

【融媒体平台建设】 2021年，市融媒体中心以平台建设为重点，不断推进传统媒体与新兴媒体在内容、渠道、平台、管理等方面深度融合发展，按照融“新闻+政务+服务”的理念，积极运营“沙湾好地方”App，推动新闻宣传、政务服务、生活服务一体发展，有效连通党建服务、社会保障、医疗卫生、便民服务等公共服务和信息平台，实现各类信息及时发布，让“信息多跑路，群众少跑腿”。

【融媒体产品创新】 2021年，市融媒体中心通过采编流程融合再造，打通广播、电视、网站新闻版块、“两微一端”传播资源壁垒，有针对性地推出具有沙湾特色的融媒体产品，实现推送内容、展示形式等全面创新，使新闻宣传“接地气”“上水平”。在推送内容创新上，借助流行的网络元素，改变传统刻板方式，制作微视频、微动漫等作品在第三方平台发布，融入沙湾美食、文化等特色内容，使“沙湾融媒”抖音公众号更具时代性、立体感和生活气息。在展示形式创新上，持续加大对正能量优秀事迹的挖掘，进行“二次创作”，推出涵盖图文、海报、H5等形式的全媒体作品，深受群众喜爱。常态化运用广播、电视、H5、海报、微视频、图文信息等丰富多彩的形式，让党的声音“飞”入寻常百姓家。2021年，沙湾市融媒体中心各平台共发布作品4.5万余条，各网络平台粉丝量达40万余人，总浏览量达9000万+，为讲好沙湾故事提供了坚强的舆论支撑。

【融媒体内宣】 2021年，市融媒体中心围绕庆祝中国共产党成立100周年、第三次中央新疆工作座谈会、党史学习教育、自治区第十次党代会、中共十九届六中全会、走进乡村看小康等重大主题内容，在各平台开设《学党史 悟思想 办实事 开新局》《我为群众办实事》《砥砺奋进五年间》《走进乡村看小康》等近20个专栏，深入报道沙湾市贯彻落实习近平新时代中国特色社会主义思想的生动实践、典型经验和取得成效，全面营造团结奋进的主流舆论环境。在电视平台增加现代剧、都市剧、红色革命剧及电影共2700多集，播出时间增加到16小时，沙湾电视台主频道、沙湾人民广播电台主频率进驻“沙湾好地方”APP，台网结合，全天候收听收看不间断。相继在“沙湾好地方”客户端、“沙湾融媒”抖音平台、“沙湾零距离”微信平台开办《永远跟党走》《童心向党》《同心奔小康》等13个专题。沙湾人民广播电台开办广播直播节目《党旗飘扬》共计40期。打通广播和网络平台，开播红色经典诵读490期，推送经典红歌200余首。

【融媒体外宣】 2021年，市融媒体中心积极运营“沙湾好地方”手机客户端，深度推进与上级媒体的融媒合作，用好技术平台的“助推器”激活再造，参与联盟合作的“竞技场”倒逼再造。开展大型融媒体直播，由新疆报业集团主办的大型融媒特别策划《走进乡村看小康》联合沙湾市融媒体中心，开展《沙湾新农人挑起现代农业“金扁担”》主题直播。这是融媒体中心成立后，首次利用石榴云平台进行多部门、“多兵种”联合大型融媒直播活动。加强与上级媒体沟通联动，沙湾市融媒体中心制作的《人勤春来早 奋进正当时|新疆春耕备耕由南向北逐渐推进 各地组织力量助力春耕》《新疆 北部棉田开始播种 新栽培模式助农增收》等融媒体产品被中央电视台《朝闻天下》《新闻直播间》及《新疆新闻联播》等平台推送。2021年，沙湾市融媒体中心在央视、新华社等中央媒体的新闻作品刊播量为40余篇，在新疆广播电视台上稿267篇，在新疆日报“石榴云”平台上稿180篇，在学习强国、人民网、天山网、中新网等平台上稿1598篇，达到广播有声，电视有影，网站有图，微博、抖音有视频的全媒体联动播出效果，充分发挥了媒体融合的优势作用，增强了对外宣传主动性，提升了沙湾市的知名度和美誉度。

【融媒体联动宣传】 2021年，市融媒体中心积极尝试探索，打破传统生产模式，建立“一体策划”每日选题会商共享机制、“一次采集”跨部门联动机制、“多种生成”团队协同机制，以及“多端发布”网台由“快”到“深”梯次发布机制。抓住撤县设市这一历史机遇，各平台结合自身特色，陆续推出形式多样的融媒产品，《你好，沙湾市》抖音作品在十几小时内播放量突破200万次。9月23日农民丰收节，沙湾市融媒体中心邀请央视直播团队对安集海辣椒产业进行直播，同时制作丰收节海报、进行主播带货等一系列产品推送，通过农民丰收节主题的策划、宣传报道，市融媒体中心进行了一次媒介资源、生产要素整合、催化融合质变、放大一体效能的成功尝试。丰收节期间，通过直播创建的“在新疆万物都是调色大师”“新疆辣椒可以做成口红”话题，阅读量分别为4460万次、932.1万次，单条阅读量在470万次以上，通过网络直播带货助农增收、直播带岗帮助待业失业人员就业。2021年，新媒体平台直播50余场次，观看累计10万余人次，制作发布H5、海报、微视频1万余个，涌现出千万+作品1个，百万+作品20个，十万+作品282个。

（陈卓君）

旅游业

【概况】 沙湾市文化底蕴深厚，旅游资源丰富，是自治区旅游强市。境域内有国家AAAA级景区1家（鹿角湾），国家AAA级景区9家（温泉、东大塘、森林公园、大盘美食城、华录文化广场、千泉湖、娟道影视城、文化广场、汉唐文化酒庄），国家水利风景区和国家湿地公园1处（千泉湖），全国农业旅游示范点和自治区4星级农家乐1处（相约田园），SS级滑雪场1家、SSS级滑雪场1家，旅行社及分社、门市部4家，规模以上旅游企业11家，被列入第一批自治区乡村旅游重点村名单1个（东湾镇傢什窑村）。2021年，进一步完善规划体系，编制完善《沙湾市鹿角湾景区控制性详细规划》《疆山纪（鹿角湾）野奢营地修建性详细规划》，已通过市政府审批；推进《雷达山庄组团式星空度假村修建性详细规划》编制工作，已提交评审，为景区业态提升和科学高质量发展奠定坚实规划基础。全年全市共接待游客286.35万人次，同比增长52.7%；旅游综合收入16.07亿元，同比增长58.5%。全市旅游接待能力日益增强，呈现出旅游经济规模快速扩大、“全域旅游”特色日益明显、市场占有率和知名度不断提升的美好前景。

【旅游基础设施建设】 2021年，沙湾市坚持以游客为本，满足游客多样化需求，在成功创建鹿角湾国家AAAA级景区基础上，推动旅游基础设施建设和公共服务设施建设。鹿角湾景区修建完成标志性网红大门“奔放的灵鹿”，完成游客中心外立面改造及游客中心7000平方米前广场铺设，完成游客中心前座真空环保旅游公厕，维修停车场旅游公厕并投入使用，新增智能地埋式垃圾箱2座，新设立景区标识标牌38块，极大方便游客进入景区游览。温泉景区完成二期精品酒店A座的内装及部分设施采购，积极申请2022年地方专项债券资金9500万元，计划完善温泉景区游客服务中心、停车场、景区道路风貌提升等基础设施，不断提升温泉景区品质。完成安集海大峡谷景区大门、游览步道、游客服务中心的部分建设。加快旅游厕所建设进度，逐步解决“三难一不畅”问题，建成鹿角湾景区游客服务中心广场旅游公厕和文旅中心特种旅游集散中心旅游厕所。加快旅游民宿建设，全年新建旅游民宿10家、70个床位，申报国家级旅游民宿等级评定的有3家，分别为商户地乡千泉湖生态园、柳毛湾镇王家客栈、大泉乡相约田园，申报等级均为丙级。大力保护生态环境，实现核心景区禁牧，清理整顿旅游经营户68户，对私搭乱建现象进行彻底清理。丰富旅游商品，全市共有特色旅游商品26类150种，主要有真空包装大盘鸡系列、禧安骄辣椒系列、富硒农产品系列、酒品、奶制品等。实施“沙湾礼物”产品包装升级和宣传推广项目，努力打响“食色倾城·沙湾好礼”特色旅游商品品牌。完成农产品进景区统一经营中心建设景区8家（AAAA级景区1家、AAA级景区7家），实现农产品销售额2434万元。

【旅游宣传促销】 2021年，沙湾市借助“沙湾融媒”抖音账号及“沙湾零距离”“沙湾文旅之声”微信公众账号，广泛宣传鹿角湾景区“云中牧场，鹿谷奇缘”的主题形象，吸引广大游客来鹿角湾景区感受云中牧场的独特魅力。通过人民网等自媒体，广泛宣传景区美景以及时常出没的野生动物，提升景区知名度。在官方省级以上媒体投放旅游广告30条，在抖音、快手、微视等各类自媒体平台发布点击量超一千万次以上的短视频2条。融媒体官方抖音直播“沙湾礼物”宣传2场次。在中国共产党成立100周年之际，举办“喜迎中国共产党成立100周年，鹿角湾景区向全国游客免费开放”活动，免门票金额达到100万元，鼓励部门单位、企业去景区组织团建等活动，营造浓厚氛围。赴疆内其他地州（市）开展旅游宣传推介3次，分别是石河子市、伊犁州霍城县、和田地区和田市。市委、市政府分管领导带队前往其他省市开展宣传推介6次，分别是陕西西安市第五届丝绸之路国际博览会、厦门投洽会、辽宁投洽会、北京市驻点招商、南京驻点招商和珠海市挂职宣传推介，通过向来往客商及嘉宾发放沙湾投资指南、洽谈等方式，推介沙湾市优质的旅游资源和特色农产品。

（李　艳）

教育·科技·气象

教　育

综　述

【概况】 2021年，沙湾市现有各级各类学校34所（小学21所、初级中学4所、九年一贯制5所，另有教学点2个，高中1所、中等职业技术学校1所）；全市幼儿园45所，其中公办40所。在校学生29549人，其中小学12557人、初中6618人、高中3992人、职业技术学校791人、在园幼儿5591人。全市在职教职工3556人，其中专任教师2693人。

2021年，经市委研究决定成立沙湾市技工学校，使用中等职业技术学校校区，将原中等职业技术学校迁至市第二中学校区，第二中学原有3个班迁至第四中学，由第四中学统一管理。

【教育工作机构】 沙湾市教育和科学技术局于2016年10月由原沙湾县教育局和沙湾县科技局合并而成，2019年10月搬迁至智慧大道东路融媒体中心，2021年有核定编制68人，其中公务员10人、工勤编2人、参公5人、事业编51人。有在岗干部63人，缺编5人。共有科室14个，其中股级科室8个，分别是基础教育中心、教育教学研究中心、成教职教中心、青少年活动中心、信息技术中心、学生资助管理中心、双语教学研究中心、经费核算中心。内设科室7个，分别是科技办、办公室、政工办、人事办、条装办、综治办、考试中心。科室办公地点分布在融媒体中心二楼、六楼及四楼部分办公室。

【教育经费】 2021年，全市教育经费总收入6.24亿元，比上年增加0.46万元；其中，财政拨款收入6.12亿元、预算外资金收入993.16万元、其他收入150.53万元。教育经费总支出6.14亿元，比上年增加4602万元，其中财政拨款支出6.12亿元、预算外资金支出993.16万元；人员经费支出4.47亿元、商品和服务支出0.47亿元、其他支出150.53万元。

【学校设施建设】 2021年，沙湾市推进学前教育发展资金项目、学前园舍维修项目、义务教育薄弱能力提升项目、义务教育校舍安全长效保障机制项目、一般债券项目等教育项目建设，总投资5981万元，建设项目98个。

学前教育发展资金项目。2021年中央下达沙湾市支持学前教育发展项目资金1963万元，实施项目13个。投入343万元重点用于9所市区幼儿园和3所乡镇幼儿园采购玩教具和校园园舍维修改造，12个项目已全部完工。投入1620万元用于新建4320平方米第五幼儿园教学楼项目。

学前园舍维修项目。2021年中央下达沙湾市学前园舍维修项目资金225万元，实施项目13个。重点用于13所乡镇村幼儿园采购幼儿园玩教具和校园园舍维修改造，13个项目已全部完工。

义务教育薄弱能力提升项目。2021年中央下达沙湾市义务教育薄弱能力提升资金1085万元，实施项目30个，重点用于采购信息化设备、课桌椅、护眼灯教室等教学仪器、实施校园附属设施改造等，30个项目已全部完工并投入使用。

义务教育校舍安全长效保障机制项目。2021年中央下达义务教育校舍安全长效保障机制项目资金663万元，实施项目29个，重点用于对义务教育各学校院内实施粉刷、防水、地面维修、门窗暖气改造等校园校舍维修改造项目，29个项目已全部完工并投入使用。

一般债券项目。2021年下达沙湾市一般债券项目及自治区2045万元，实施项目13个，其中投入1800万元一般债券项目资金实施项目12个，重点解决12所学校校园基础设施陈旧问题，投入245万元自治区资金新建800平方米第二小学教辅用房，项目主体已完工准备实施内部装修工程。

【教育惠民政策实施】 2021年，沙湾市继续落实各项资助政策，完善贫困学生信息库，对符合条件的贫困学生应补尽补。年内，发放各项教育资助资金1083.63万元，受益人数13238人次（其中，发放建档立卡贫困户学生金额4.58万元、受益人数4.58人次）。发放高中国家助学金人数1180人，发放金额236.63万元；免除高中学杂费91人，免除金额4.58万元；义务教育家庭经济困难寄宿生生活费补助人数6175人，发放金额501.59万元；学前教育伙食补助5736人，发放金额291.06万元；大学新生路费补助发放学生26人，发放金额1.75万元。办理大学生生源地信用助学贷款50人，贷款金额48.02万元。

【学校德育】 2021年，全市各学校落实立德树人根本任务，通过开学典礼、开学第一课、班队会活动、升国旗、学雷锋实践活动、文明班级及文明宿舍评比、沙湾市“十佳班主任”评选和重大节日纪念活动，突出抓好师生德育教育。积极创建“德育示范校”，全市共有9所自治区德育示范校、18所地区德育达标校，年内推荐2所学校申报自治区德育示范校。

【控辍保学】 2021年，沙湾市常态化做好“控辍保学”工作，市教科局成立“控辍保学”领导小组，强化“控辍保学”工作责任。各中小学开展“控辍保学专项活动”进村入户，进行控辍保学宣传劝返活动，提高群众法律知晓度。实现建档立卡贫困户义务教育适龄学生辍学清零的目标，全市没有出现义务教育学生因贫辍学情况。

【学籍管理】 2021年，市教科局加强学籍常规管理，每学期开学时组织各中小学学籍管理员召开培训会，进一步明确学籍管理工作职责。加大中小学电子学籍管理工作总结交流，全市各学校学籍管理人员互相交流电子学籍管理工作中的经验，进一步明确规范全市中小学电子学籍管理的组织结构与岗位职责，确保学籍工作规范完成。

【推普脱贫行动】 2021年，教科局加强少数民族教师和农村教师国家通用语言文字培训力度，每年制定《沙湾市教师国家通用语言文字应用能力提升培训方案》，利用国培、线上及校本培训项目，采取集中培训与个人自学、学习研修与结对帮扶相结合的方式，对普通话水平未达标的教师实施强化培训。截至年末，国通语专项培训1982人次。2021年6月，教科局建成普通话水平测试点，宣传动员全市干部群众参加普通话水平测试，面向学校教师、国家机关工作人员、播音员、主持人、在校生等群体开展普通话水平测试4场、1473人次。中小学通过“课前一诵”“每周一诵”“国学经典诵读活动”和班队会等形式把国家通用语言文字教育贯穿于学生的学习生活中、落实在课堂教学中。同时，在学校与家长之间广泛开展“小手拉大手，共同学国语”活动，全市义务教育学校在校生19326人、19121位家长参加了此次活动。

【招生考试管理】 2021年，沙湾市加强考务管理制度建设，继续完善各类教育招生考试管理制度和工作规程。强化考试工作岗位职责、明确责任、层层签订责任书、强化责任落实。充分认识招生考试管理的重要性、敏感性和复杂性，切实加强管理，不断提高管理的精准、精细化水平，确保招生考试各项工作安全平稳有序。严格执行国家教育考试安全保密、考务管理等工作规定，进一步细化考前试卷保密的各项工作流程和关键节点、关键人员的管理，确保运送、保管、分发、施考等关键环节的安全保密，程序严密。明确责任，做到有据可查和责任可究。坚持正确的舆论导向，及时、准确、全面做好政策宣传解读。严格遵守保密工作纪律，任何个人和单位不得向社会发布相关信息。对不实信息、网络谣言和非法煽动言论，及时发布正面声音，协调有关部门严肃查处。对于重大事件，要审慎研究决策，避免问题带来问题、舆情引发舆情。坚持公平公正的招生原则，积极开展招生考试工作宣传，全面落实岗位目标责任制，努力提高工作效率，增强服务意识，创造性地开展工作，确保顺利完成各项招生考试工作任务。

【校外培训机构整治】 2021年，沙湾市加大校外培训机构整治。7月，由教科局、市监局、公安局、疾控中心等部门联合开展校外培训机构违规办学行为专项整治，20所校外培训机构（10所学科类、10所艺术类）中有10所因环境卫生、安全管理问题被责令整改。“双减”工作开始后，有10所学科类校外培训机构转型为艺术类。9月30日，20所艺术类校外培训机构均移交至文旅局归口管理。

（王恒其）

学校安全管理

【学校安全责任落实】 2021年，沙湾市教科局召开校园安全生产专题会议，及时传达自治区、地区及市委、市政府关于安全生产工作会议精神，对做好校园消防安全、食品安全、交通安全等工作进行安排部署，与各学校（园）签订安全工作责任书，压实责任，层层抓好落实。各学校（园）健全校园安全工作组织机构和四级网格化安全生产工作责任制，成立以校长为组长的校园安全工作领导小组，明确职责，健全制度，压实层层责任，把各项安全防范措施抓紧抓实。

【安全教育宣传】 2021年，沙湾市教科局组织各学校（园）将安全、法治、禁毒等方面知识纳入教育教学，做到课时、师资、资料“三落实”。利用职工例会、个人自学等方式，学习习近平总书记关于安全生产的重要论述，观看《生命重于泰山》电视专题片，不断强化教职员工的安全理念，健全制度，压实责任，抓好各项安全措施的落实，共开展学习宣传1000余次。以开展“安全教育日”、创建“平安校园”建设、“安全生产月”等活动为契机，发挥“1530”安全提醒教育模式作用，通过开学第一课、主题班会、校园广播，以及参观消防、地震等科普教育基地，观看警示教育片，邀请法治副校长和专业人士开展专题讲座等多种方式，持续向师生宣传消防安全、食品安全、交通安全以及防溺水、防诈骗和《中华人民共和国未成年人保护法》《中华人民共和国禁毒法》等内容，进一步提高师生自我保护意识和能力。强化家校联系，运用学生家长钉钉群、致家长的一封信、专题家长会等多种方式，向家长宣传各类安全知识，增强安全意识，督促家长加强对学生的监管，对学生行踪做到“知去向、知同伴、知内容、知归时”。年内开展各类宣传4000余次，受益师生15万余人次。

【安全演练】 2021年，沙湾市教科局组织各学校（园）开展每月一主题的应急演练，修订完善消防、地震等应急预案，明确各类突发事件的应急处置措施，增强预案的针对性、实用性。配齐灭火器、铁锹、手电筒等应急物资，落实专人管理，定期检查维护，确保正常使用。主动邀请应急、公安、消防、住建、市监等部门专业人士实地指导，及时总结分析，提高演练效果。年内，全市各学校（园）开展应急演练1000余次。

【安全日常管理】 2021年，沙湾市各学校（园）按照《中小学幼儿园安全管理办法》要求，严格落实24小时领导带班干部值班制度和校园封闭式管理，发挥公安、学校、社区联防机制作用，强化校园及周边管控。配齐校舍管理人员，严格落实各项监管措施。开展消防安全标准化达标创建工作，不断提高火灾防控能力。完善应急处突预案，如遇突发事件，立即启动应急响应，妥善处置。

【学校安全隐患排查整治】 2021年，沙湾市教科局加大校园安全隐患排查与整治，在春秋季开学、全国“两会”“十一”等重要节点前，组织各学校（园）对照《沙湾市教育系统防范化解重大风险“1+3”任务清单》《校园安全生产风险点位清单》等内容，对值班备勤、消防安全、交通安全等工作进行自查，对发现的隐患整理归类，登记造册，建立台账，制定整治方案，采取有针对性的措施，及时整改销号。发挥成员单位作用，联合公安、消防、市监等部门对学校危化品管理、交通安全、施工安全及校园周边安全等工作进行检查指导，督促做好各项安全措施。同时教科局主要领导及综治办干部对各学校（园）隐患整改情况进行“回头看”，确保整改到位。共发现隐患157个，均已整改销号。

（王恒其）

学前教育

【学校教育概况】 2021年秋季期，全市有各类幼儿园41所，其中公办幼儿园38所、持证办园民办幼儿园3所。全市有自治区级示范园1所、地区级示范园2所、全国足球特色幼儿园3所、普惠性幼儿园覆盖率100%。城区和乡镇幼儿园均按年龄设小班、中班、大班，主要接纳3—6岁的儿童就读。在园幼儿5591人，其中公办幼儿园4436人、民办幼儿园1155人，公办幼儿园在园幼儿占总数的79.34%。学前三年毛入园率95.85%。公办幼儿园核定编制356名，幼儿园教师352人，按幼儿园教师配备标准尚缺幼儿教师4人。

（王恒其）

小学教育

【小学教育概况】 2021年，全市有小学19所、九年一贯制学校5所（含小学部）、教学点1个，小学生12557人，小学学龄儿童毛入学率102%，小学教职工1479人，其中专人教师1376人。

【小学教育科研】 2021年，沙湾市教科局教研中心分别在4—5月、10—11月深入基层学校，采取听（听推门课）、看（看学校的各类计划、制度、相关活动记录等材料）、查（查听课记录、教案、教师作业布置与批改、成绩分析、各类常规表册等）、访（与听课教师交换意见、向学校领导、与青年教师和学生座谈）等方式对学校开学教学常规工作进行督导调研。为基层学校列出教学教研问题清单累计240余条，提出整改建议130余条，对学校教学管理工作的规范、课堂教学模式的优化、教师队伍的成长起到了很大的推动作用。2021年，教研中心牵头举办了沙湾市小学组语文、数学、英语、科学、体育、道德与法治、音乐课堂教学竞赛，参赛选手623人，其中获得自治区级奖励21人、地区级奖励52人、县市级奖励165人。

【农村小学教学质量提升】 2021年，沙湾市教科局聘请石河子研培中心专家、名师每周一次对沙湾市各学校尤其是农村学校的学校管理、课堂教学、教研交流、中青年教师培养等多方面给予指导，真正实现优质教育资源共享，使石沙两地教育深度融合发展。项目共引进石河子研培中心和一线名师73名，举办了12个批次、176节同课异构现场课、60场评课主题教研、14场专题讲座，直接受益教师4500余人次。菜单式送教下乡，弥补短板，带动乡镇教师课堂教学、教研活动有效、扎实。组织部分名优教师及自治区、地、市三级教学能手培养工作室及地区名师工作室成员对全市乡镇中心校进行全覆盖送教下乡活动，每乡镇送教16—18节，共214节，各校汇报课214节，合计428节，名师专题讲座30场次，有效地提高广大乡镇中小学教师实施新课程的能力和水平，提升了乡镇学校教学质量和教学效益。

（王恒其）

初中教育

【概况】 2021年，全市有初中学校3所、九年一贯制学校5所（含初中部）；初中生6618人，初中阶段教育入学率99.49%；初中教职工920人，其中专任教师481人。

【初中教研活动】 2021年，沙湾市教科局教研中心牵头，举办了沙湾市教育系统中学组语文、数学、英语、生物，体育，道德与法治课堂教学竞赛，参赛选手268人，其中获得自治区级奖励13人、地区级奖励31人、县市级奖励89人。

（王恒其）

高中教育

【概况】 2021年，全市有高中学校1所，为沙湾市第一中学（简称沙湾一中），有教学班83个，在校生3984人，其中少数民族学生约占35%，有住校生1638人；教职工446人，其中特级教师1人、高级教师211人、中级教师174人。学校先后荣获全国精神文明建设工作先进单位、全国教育系统先进集体、国家级体育传统项目学校、自治区级示范性高中、自治区级德育示范学校、自治区高中新课程改革样本学校、自治区未成年人思想道德建设工作先进单位、国家级国防教育示范学校等称号。

【教学经验交流】 2021年，沙湾一中注重教师专业素养的培养，为学校高质量和可持续发展保驾护航。采取线上与线下相结合的方式，多举措组织学科教师参加疆内外研讨交流共计10余次；开展高级教师示范课、援疆教师公开课、思政教师素养大赛等课堂交流活动，搭建青年教师成长平台；坚持“请进走出”的理念，邀请疆内外专家、名师，开展高效课堂讲座，选派班子成员、骨干教师赴郑州、厦门、北京、乌鲁木齐、石河子等地参加教学交流培训等共150人次；与乌苏一中、石河子二中、石河子高级中学四校共同成立“手拉手”互助教育联合体，学校通过教师交流、干部交流、信息交流，形成一体发展、优势互补的合作机制，以推进两地教育深度融合，确保兵地高中教育共同发展和提升；随后沙湾一中与石河子二中又签订了兵地融合互助合作协议书，自2021年5月至今，双方开展兵地联合校级交流活动12次，参与交流教师人数达153人次，通过交流学习互通有无，提升经验。

【高考备考工作】 2021年，沙湾一中始终坚持“成功在课堂、优势在团队、潜力在学生、关键在落实”的教学管理理念，通过内抓管理、外塑形象，从落实最基本的每周集体备课和上课、作业、晚自习辅导、考试等教学教研常规，到坚持月考制和运用大数据分析，切实提高教学的有效性。

【高考成绩】 2021年，沙湾一中有1212人参加高考，一本上线人数文理科共计401人，上线率为34.8%；本科上线人数共903人，上线率为78.3%。学校学生被国内排名前10位的大学录取的人数分别为：清华大学2人、北京大学2人、复旦大学3人、上海交通大学2人、中国科学技术大学2人。塔城地区高考成绩600分以上共15人，沙湾一中占8人，居地区各校之首。

（王恒其）

特殊教育

【概况】 2021年，全市经市残联确认登记的义务教育残疾适龄儿童、少年141人；其中，在特殊教育学校就读8人、随班就读91人、送教上门32人，经特殊教育专家委员会鉴定失能3人、出国2人、初中毕业3人、死亡1人、延缓入学1人，入学率100%。2020—2021年已建立特殊教育资源教室2间，正在积极协调配备师资队伍。

【特殊教育计划实施】 2021年，沙湾市贯彻落实新教规《关于做好义务教育阶段重度残疾儿童少年送教上门服务工作的指导意见（试行）的通知》要求，对适龄残疾儿童少年的身体状况、接受教育的能力和适应学校学习生活的基本能力等方面进行评估，提出教育安置建议，为残疾儿童少年的矫治与康复、教育问题等提供咨询和个性化指导，协调处理残疾儿童少年在入学、转学工作中出现的疑难、争议问题等工作。

（王恒其）

职业教育

【概况】 2021年，沙湾市有公办中等职业学校1所，即沙湾市中等职业技术学校，始建于1974年，原名沙湾师范。2008年8月12日，自治区教育厅正式批准该校为中等职业技术学校，2013年，被自治区人社厅批准为沙湾市技工学校。学校实行党支部领导下的校长负责制，机构下设有校工会、党政办、教务处、德育处、总务处，招生就业办、培训部等，开展包括中等职业教育、技工教育、网络函授学历教育、职业技能培训，社会化成人培训等业务，努力为沙湾社会经济发展服务。学校现共有教职工106人、全日制在校生总数1081人、在校班级34个。

【专业建设】 沙湾市技工学校开设有机电技术应用、汽车应用与维修、幼儿教育、幼儿保育、电子商务、棉花加工与检验等全日制中专专业和相关技能工种；借助奥鹏远程教育学习中心资源，与东北师范大学、西安交通大学、中国医科大学等重点名校联系，开设专业遍及师范类、管理类、技能类等文理科一百多个专、本科专业。2021年，学校汽车运用与维修专业被评为自治区中职学校首批品牌专业。

（王恒其）

师资队伍建设

【概况】 2021年，全市有编制教职工3289人，其中，幼儿园383人、小学1479人、中学920人、高中446人、职业学校61人；有高级职称938人、中级职称1294人；有地区级学科带头人29人、市级学科带头人36人、地区级骨干教师14人、县市级骨干教师62人、自治区特级教师6人；有名师工作室5个。

【教师队伍扩充】 2021年，沙湾市多渠道补充教师队伍，解决教师紧缺问题。采取自主招聘、公费师范生安置等形式招聘教师40人，其中义务教育教师23人、学前教师17人，有效缓解义务教学学校教师结构性紧缺问题，为义务教育学校开足开齐课程打下基础。

【师德师风建设】 2021年，沙湾市加大师德师风建设力度，组织召开师德师风专项会议，签订《中小学教师师德师风承诺书》，设置举报电话，制定下发《关于开展沙湾市中小学有偿补课和教师违规收受礼品礼金专项整治工作的通知》，强化教师行为规范，界定师德红线，明确对违规参与有偿补课的教师在各级各类评优评先、职称评审、岗位聘任等工作中实行“一票否决制”。

【教学能手培养工作室】 2021年，沙湾市共有27个三级“教学能手培养工作室”、273名成员；其中，自治区级工作室1个、地区级工作室7个、县级工作室19个（含地区级名师工作室5个），涉及小学、初中及高中三个学段，涉及科目有语文、数学、外语、政治、历史、地理、物理、化学、生物、音乐、体育、美术、科学、书法等15个学科。“教学能手培养工作室”（含地区级名师工作室）集教学、科研、培训和专业引领等职能于一体，在地区教育局和沙湾市教科局领导下、各学校的大力支持下，主持人带领全体成员通过课题研究、专题讲座、教学研讨、送教下乡、兵地融合等教研教学活动，让工作室的每一位成员在学习、思考、实践、反思、总结的过程中，把先进的教育理念、独特的教学风格、精妙的教学技巧、灵活的教学方法渗透到日常教学中去，着力培养一批具有良好师德修养、先进教育理念、厚实专业素养、扎实教研能力，有教育情怀、敢于担当、有创造力的教师。

（王恒其）

教育科研

【教育教学科研】 2021年，沙湾市教科局于6月、10月召开了两次小课题申报、结题培训会，有60余名小课题主持人参加培训。对2021年新申报的415项课题审核、修改，确定22项上报地区、62项在本市立项。10月14日，沙湾市教科局召开县市级“以校为本”小课题结题评审会。经过认真、严格的审核，全市共有16项小课题报塔城地区评审、结题，50项在沙湾结题。

【讲课技能比赛参赛活动】 2021年，沙湾市教科局教研中心牵头举办沙湾市小学组语文、数学、英语、科学、体育、道德与法治、音乐课堂教学竞赛，参赛选手623人，其中获得自治区级奖励21人、地区级奖励52人、县市级奖励165人。

（王恒其）

民族教育和教育督导

【民族教育概况】 2021年，全市所有学段、学科全部实行国家通用语言文字教学，实行混合编班、混合住宿，切实提高学生国家通用语言文字的应用水平。制定《2021年沙湾市教师国家通用语言文字应用能力提升培训方案》，采取集中培训与个人自学、学习研修与结对帮扶相结合的方式，对普通话水平未达标的155名教师实施强化培训。投入45万余元建成普通话测试站，已完成530名教师的普通话测试工作。

【教育督导】 2021年，沙湾市教科局进一步深化教育督导体制机制改革，调整政府教育督导委员会成员单位，新增组织部、宣传部等部门，制定了督委会议事规则，督导全市12个乡镇人民政府和19个市直部门履行教育职责工作。联合公安、市场监督管理局、卫健委、消防大队等部门进校园督导检查，开展沙湾市幼儿园规范办园行为督导评估，按计划完成2021—2022年度23所幼儿园的办园行为督导评估。开展"学前教育普及普惠县创建"前期各项工作安排部署。2021年，市教育督导室将"双减"（减轻义务教育阶段学生作业负担和校外培训负担）和"五项管理"（手机、睡眠、读物、作业、体质管理）督导作为重点，组织教科局教研中心、基教中心和责任督学联合开展"双减""五项管理""课后托管服务"工作调研、专项督导检查。开展全学段的责任督学挂牌督导工作，48名兼职督学严格按照《责任督学挂牌督导办法》规定的职责、督导事项和程序，对中小学校和幼儿园的一日常规进行督导，认真开展每月进校督导。

（王恒其）

学校文体

【体艺卫工作概况】 2021年，沙湾市开足开齐体育、艺术和劳动课程，持续开展阳光体育活动，确保学生每天锻炼一小时，认真开展学生体质健康监测工作，坚持举办"一会（田径运动会）、一跑（冬季长跑）、三赛（篮球赛、足球赛、乒乓球赛）"活动。举办市中小学"我和祖国共成长"师生书法、美术大赛作品展评活动。开辟"开心农场"劳动教育基地，增强学生劳动感受，全面提升劳动教育成效。建立了校内课后托管服务工作体制机制，全市28所义务教育学校均开展了"课后托管服务"工作，"课后托管"实现了全覆盖。

【公益性校外教育】 沙湾市青少年活动中心（以下简称中心）隶属沙湾市教科局，是全市建设规模最大、硬件设施最全、培训种类最多的公益性校外教育机构。2021年，7月之前中心开设美术与书法、舞蹈、国画与儿画、篮球、乒乓球、围棋、手风琴、葫芦丝、古筝、钢琴、电子琴、双排键等兴趣班，8月以来响应国家"双减"政策，活动中心又先后开设陶艺、二胡、非洲鼓、剪纸、象棋、电子创客、少儿编程、足球、羽毛球、跆拳道、田径体适能等共计21个兴趣班，培训学员1100余人。中心为丰富全市广大青少年学生校外文化生活，组织承办各类规模赛事活动，如沙湾市校园乒乓球比赛、庆祝中国共产党成立100周年2021沙湾市中学生篮球比赛；承担墨轩塔城师生"三笔字比赛"赛点工作，作为中国美术学院社会美术考级沙湾考点；开展少年路社区"大党委"共驻共建活动、沙湾市"体验、创新、成长"青少年科技创新大赛、全市学生乒乓球比赛、象棋比赛；沙湾市教育系统体音美专业培训学习，由中心专业教师负责理论实操培训，主要有体育（篮球，乒乓球）、音乐（葫芦丝，手风琴，钢琴，电子琴）、美术（国画，素描，水粉，书法）等培训，总参与400余人。

（王恒其）

科学技术

【科技人才队伍建设】 2021年，沙湾市加大科技创新人才培养，累计培养各类人才109名；选派3人赴辽宁参加科技创新创业培训；深入实施科技特派员农村科技创业行动，全市网上注册备案科技特派员74人，组织实施自治区科技特派员农村创业行动项目9项，获得项目资金21万元；积极选派懂技术、有经验的3名科技特派员赴裕民县开展技术服务和科技培训工作，支付“三区”人才支持计划科技人员专项经费6.08万元。

【科技项目】 2021年，沙湾市组织实施自治区科技计划项目15项，获得项目资金263万元。加强对科技项目实施的监督、管理和验收，3个科技援疆项目和1项青年基层科技人才培养项目顺利通过验收。

【创新驱动发展】 2021年，沙湾市全面落实自治区“天山众创行动”，申报实施自治区“星创天地”补助项目2项，拨付项目资金13万元；新疆花生工程技术研究中心正式挂牌；组织4家企业参加塔城地区第七届创新创业大赛，1家企业获地区初创组一等奖，入围自治区行业赛并获得第八届新疆创新创业大赛总决赛初创组三等奖，有力推动大众创业、万众创新。

【国家农业科技园区建设】 2021年，沙湾市通过“企业+基地”“企业+基地+合作社”“企业+基地+农业合作社+农民”及农业经纪人等模式，围绕“一核三区”功能布局和棉花、辣椒、畜牧三大产业，全力做好国家农业科技园区建设工作，申报实施自治区科技基地建设项目——沙湾国家农业科技园区建设项目1项；沙湾国家农业科技园区顺利通过科技部复验评估。

【科技活动】 2021年，沙湾市大力实施“科技兴新”素质工程，举办“科技活动周”“科技文化卫生”三下乡等科技科普活动，共举办科普活动28场次，通过线上、线下累计培训农牧民3500人，开展义诊200人次，科技咨询300人次；开展科学讲座10余次，开放科技馆、科普馆、科普教育基地4个，发放各类资料2000份/册。

（王恒其）

气　象

【概况】 2021年，沙湾市年平均气温略偏高，年降水量略偏少，日照时数偏少，对农牧业生产来说，属正常年略偏丰气候年景。

【降水量】 全年，沙湾市年降水量190.5毫米，比去年同期偏多80.1毫米，比历年同期偏少10%，属于正常年份。1—3月降水偏多，10月、12月略偏多，其余月份不同程度偏少。其中冬季（上年12月—2月）降水量34.9毫米，比历年同期偏多10.1%；春季（3—5月）降水量68.1毫米，比历年同期偏少3.7%；夏季（6—8月）降水量42.0毫米，比历年同期偏少32.5%；秋季（9—11月）降水量36.3毫米，比历年同期偏少22.9%。

【平均气温】 全年平均气温8.6℃，比去年同期偏低0.6℃，比历年同期偏高0.1℃，属于正常年份。2月、5月、7月、9月和12月气温偏高，偏高度数在1.3℃—2.7℃之间，其余月份接近常或略偏低。其中冬季（上年12月—2月）平均气温-12.9℃，比历年同期偏低1.0℃；春季（3—5月）平均气温11.7℃，比历年同期偏高0.3℃；夏季（6—8

月）平均气温25.6℃，比历年同期偏高0.4℃；秋季（9—11月）平均气温8.1℃，比历年同期偏低1.2℃。

【日照时数】 全年日照时数2322.5小时，比上年同期偏少386.4小时，比历年同期偏少412.1小时，属于偏少年份。年内各月日照时数均较历年同期偏少，其中2月、3月、11月偏少明显，偏少幅度在48.0%～68.5%之间。

【相对湿度】 全年平均相对湿度57%，比上年同期偏高4%，比历年同期偏低2%，属于正常年份。

沙湾市2021年气象要素一览表

表7

要素	1月	2月	3月	4月	5月	6月	7月	8月	9月	10月	11月	12月
降水量（毫米）	18.4	12.0	30.9	9.5	27.8	10.1	16.9	15.0	7.8	19.7	8.8	13.6
平均气温（℃）	–16.2	–7.4	0.6	13.2	21.4	23.8	28.1	24.8	20.0	7.5	–3.2	–9.5
日照时数（小时）	80.5	45.3	110.6	242.3	286.9	267.6	293.2	304.7	265.1	191.9	154.2	80.2
相对湿度（RH）	77	83	76	39	35	38	41	46	43	62	69	79

（哈依夏）

卫生健康

综　述

【概况】 2021年，沙湾市拥有各级各类医疗卫生机构217个，其中市直医疗卫生机构4个、民营医院3所、乡镇卫生院12个、农牧场卫生院2个、社区卫生服务站8个、村卫生室161个、个体诊所27个。全市核定公立医疗卫生机构人员总编制953人，现有在职在编人数856人，空编97个。核定总床位数702张，其中，市人民医院编制床位400张、中医院49张、妇幼保健院19张、利民医院45张、同德医院45张、中山医院15张、各乡镇卫生院编制床位129张。全市卫生人员805人，其中医生388人、护士224人、医技95人、管理岗18人、工勤岗50人、其他人员30人。

【公立医院改革】 2021年，沙湾市公立医院改革围绕市级诊疗病种，对照医疗服务能力的基本标准和推荐标准，加强科室学科建设，建立癌痛规范化治疗示范病房、介入（导管）室等，不断开展新的治疗项目，不断满足市级群众和患者的就医需求，顺利通过2021年市级推荐标准。坚持以急危重症为重点的创新医疗服务，全面启动胸痛、卒中、创伤、危重孕产妇救治及危重儿童、新生儿中心建设，建立心脑血管疾病、重度创伤、眩晕、危重孕产妇和危重新生儿分级诊疗体系，积极打造多学科联合救治模式，提升重大疾病防治水平。加大基础投入，强化基本保障。政府投入上千万元用于支持重点学科建设，大幅改善医疗条件，高端移动诊疗设备的投入使用，为医院建设、发展和核心竞争力提升保驾护航。成立全民健康体检质量控制中心，全面实施改善医疗服务行动计划，医院利用信息化建设平台对全民体检数据库的积极探索，实现由“被动医疗”向“主动健康”的转型，中心以其高品质的健康体检及健康管理服务在疆内市级诊疗单位赢得了很高的声誉。深入推进“互联网+医疗”建设。充分发挥“互联网+医疗”独特优势。构建线上线下一体化服务模式，在医院微信公众平台上开设了“疫情防控”专栏，及时发布医院防控动态，进行在线科普，预约挂号、缴费、报告查询等医疗便民服务。借助“互联网+”开展针对新冠肺炎的网上问诊、网上预约、居家医学观察指导等服务，拓展线上医疗服务空间，引导患者有序就医，缓解门诊疫情防控压力。利用“医联体”形成合力。借助远程医疗平台，在发热门诊安装远程会诊平台，让“移动远程会诊室”进入发热门诊及隔离区，实现了院内外多学科会诊，提高诊治能力。在发热门诊留观间、患者入口处与诊室安装可视对讲系统，实现与患者一对一即时通信，为高效观察病人情况提供了安全保障。安装HIS、LIS、PACS、电子病历等智慧医疗软件系统，实现发热门诊与普通门诊形成信息共享网络，方便医务人员及时查询、会诊、诊疗，让智慧医疗在疫情防控中成为一重要“利器”。开展网上预约10701人次、网上结账90440人次、远程会诊355人次、远程心电诊断12人次、远程病理诊断55人次、远程教学活动83场次，培训3075人次。

【医共体建设】 2021年，沙湾市积极推进紧密型医共体建设，市域医共体2021年下派专家26人次，教学培训32次、受益449人次；远程会诊6次、远程心电47人次、远程B超12人次、远程影像29人次；门诊病人16525人次，住院患者31人，下转患者1人次，上转21人次。市乡远程会诊的开展，实现全方位医疗资源共享，大大提升卫生院整体诊疗水平，使病人的就诊时间和费用明显减少，卫生院整体诊疗水平有了质的飞跃。积极推进紧密型医共体建设，在市医院中医科、康复理疗科各位专家的大力帮扶下，东湾镇卫生院可开展针灸、烤电、拔罐、艾灸、刮痧、电针、中频治疗、推拿、温针、埋线、穴位封闭、放血、塌渍及中药外敷等治疗项目，治疗患者2847人次。为更好地服务群众，2021年体检项目新增口腔检查，同时还邀请市医院增加眼科普查，极大方便东湾镇口腔、眼部疾病患者就医。

【公共卫生服务】 2021年，沙湾市不断提升居民电子健康档案质量，加强慢性病人规范化管理。根据国家《基本公共卫生服务规范第三版》要求，定时开展慢性病人季度随访工作，截至11月底，辖区内常住居民200805人，建立电子健康档案人数194948人，电子健康建档率97.08%。档案中有动态记录的档案份数130234份，健康档案使用率66.8%。高血压和糖尿病患者管理人数稳步提高，慢性病规范管理率分别达到60%以上。高血压患者规范管理率88.18%，2型糖尿病患者规范管理率87.83%。依托全民健康体检数据，规范化管理慢性病，提升随访率、管理率，控制率、为建档达标率打牢基础。

【母婴安全保障】 2021年，沙湾市成立母婴安全专项整治领导小组和质控专家小组，制定母婴安全专项整治实施方案，建立沙湾市母婴安全约谈通报制度、母婴安全保障季度质控机制、母婴安全保障上下联动机制、母婴安全例会制度等，为母婴安全保障工作落实奠定坚实基础。与各乡镇卫生院签订妇幼卫生工作责任书，召开全市母婴安全工作推进会，下发任务清单，明确各项指标任务分解和人民医院、妇幼保健计划生育服务中心及各乡镇卫生院院长、计生办主任、妇幼专干主要职责，确保母婴安全保障工作扎实有序高效开展。同时，进一步规范妊娠风险评估，做到“发现一例，登记一例，报告一例，管理一例，救治一例”。落实母婴安全约谈通报制度，对死亡率偏高的乡镇，做到及时提醒，及时给予针对性指导，年度对任务措施落实不力的乡镇进行约谈。2021年，沙湾市产妇848人，孕产妇死亡1人；新生儿死亡0人；婴儿死亡1人，婴儿死亡率1.19‰；5岁以下儿童死亡3人，5岁以下儿童死亡率3.49‰。

【家庭医生签约服务】 2021年，沙湾市提供门诊医疗、上门访视等医疗卫生服务，通过开具健康指导处方，对老年人、儿童进行每年一次的中医体质评估。对慢性病糖尿病患者、高血压病患者、重性精神病患者等特殊人群进行每年四次随访，随访时都要进行有针对性的“一对一”健康指导，开具健康处方。2021年，组建家庭医生团队231个，辖区内常住居民200805人，常住人口签约157174人，签约率78.27%。

【全民健康体检】 2021年，沙湾市提前谋划，高位推进，年初对2021年全民健康体检工作进行安排部署，多次召开推进会，举办2021年全民健康体检质量管理培训班，提升全民健康体检中质量和管理水平。不定期下乡开展督导检查，强力推进全民健康体检质控，当场下发质量督查反馈单，督促规范体检各项工作，保障体检质量。2021年，完成体检131511人，完成率100%，录入率100%。

2021年7月1日，沙湾市全民健康体检质量控制中心揭牌仪式

【卫生项目建设】 2021年，沙湾市高标准完成7个中医综合服务区（中医馆）服务能力建设项目，专项资金105万元已全部支付完毕。沙湾市医疗垃圾分类、收集、转运一体化建设项目主体工程完工，已支付174.79万元。专项债项目（沙湾市市域内医共体信息化建设项目、沙湾市中医医院诊疗能力提升项目、沙湾市妇幼保健计划生育服务中心诊疗能力提升建设项目）均已按要求完成专项债券资金支付，剩余资金已放入代管账户中，根据工程进度予以支付。新申请专项债券项目（沙湾市人民医院传染病病区及购置医疗设备建设项目）正在施工中。2021年续建项目：沙湾市人民医院急救中心建设项目，已签订合同；沙湾市妇幼保健院业务用房、沙湾市妇幼保健院病房楼及计划生育指导站业务用房项目、沙湾市妇幼保健院业务用房配套基础设施建设项目，正在建设中。

【爱国卫生运动】 2021年，沙湾市共开展4次城乡集中环境治理活动，活动共清理生活垃圾8000余吨，清理沟渠淤泥400余吨，清理沟渠292千米，清理畜禽养殖粪污等农业生产废弃物280吨，清理村内河流公路两侧林带中垃圾588千米，开展庭院绿化2300余户，开展树木刷白、修剪树枝等活动；清理脏乱差场所和居民住宅区，治理背街小巷、城乡接合部等重点场所，参加活动54270万余人次。

【老龄工作】 2021年，沙湾市共发放高龄津贴20151人次，金额2255180元，使高龄老人及时享受到国家的惠民政策。开展老龄健康周活动和敬老文明月活动。配合市纪委开展“运用大数据开展高龄老人生活保障补贴”专项整治工作。2021年，共办理老年优待证1064本。

（吕　艳）

卫生计生监督

【医疗机构监督】 2021年，卫生计生综合监督执法局坚持日常监督与疫情防控督导相结合，对乡（镇）卫生院、民营医院、个体诊所、村卫生室从人员资质、超范围执业、消毒登记、医疗废物处置以及落实疫情防控各项措施等方面进行监督检查，共检查医疗机构400余户次，下达监督意见书及督导反馈单305份。对在检查中发现的违法违规问题立案查处10起，共罚款44650元，2021年底全部结案。做好《医疗机构执业许可证》年度校验现场审查工作，对1家妇幼保健计划生育服务中心、8家乡（镇）卫生院、12家村卫生室、2家民营医院、1家中医医院、1家门诊部、19家个体诊所年度校验工作进行现场审查，出具现场审查报告。根据《关于常态化开展疫情防控下自治区2021年医疗机构灭菌效果与环境卫生学监督监测工作的通知》的工作要求，对市医院、妇幼保健计划生育服务中心疫情防控八项监测预警机制和灭菌效果与环境卫生学监督检测进行监督检查，3—5月共对两家医疗机构重点科室及部位采样122份，检测结果均合格。及时组织开展定期环境采样工作，发放防疫物资，督促指导27家个体诊所、3家民营医院、3家社区卫生服务站对210家美容美发机构、54家机关单位、16家洗浴足浴场所及1家和顺洗衣房做好每轮环境采样任务。

【公共场所监督】 2021年，卫生计生综合监督执法局按照《公共场所管理条例》及《公共场所管理条例实施细则》等相关要求，共办理公共场所卫生许可证99家。对美容美发、洗浴等场所开展日常监督和疫情防控监督检查320户次，下达监督意见书及督导反馈单180份，督查从业人员严格落实进店人员的查验工作，从业人员及环境的定期核酸检测、场所日常消杀通风、人员不扎堆、不聚集等各项要求。接群众举报查处1家美容场所非法开展医疗美容服务，进行立案处罚，处罚3500元。对辖区内影剧院、游艺厅（室）、公共浴室、超市等空间密闭性高、人群密集度大的公共场所以及使用地下空间举办的26家公共场所（影剧院2家、游艺厅（室）5家、公共浴室16家、超市3家）通风情况开展专项监督检查工作，未发现通风卫生隐患。

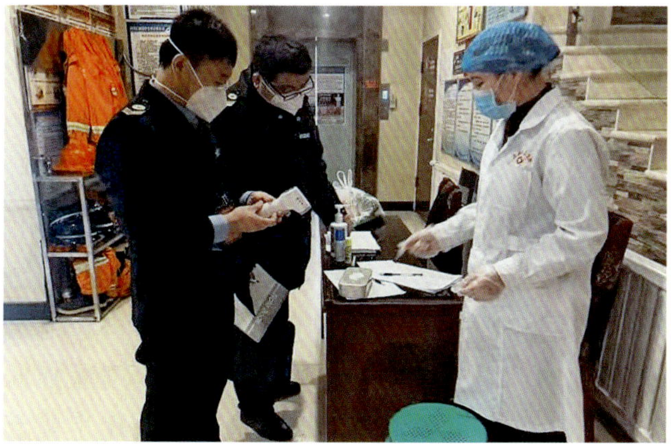

2021年3月16日，市卫生计生综合监督执法局卫生监督员对暖鑫阁足浴店进行卫生监督检查

【消毒产品监督】 2021年，卫生计生综合监督执法局对县城内1家餐具集中消毒配送单位的布局、设备、人员、包装以及卫生要求进行现场监督检查指导，要求被监督单位每月将餐饮具定期进行送检，针对检查中发现出厂的餐饮具未附消毒合格证明的情况，当场给予警告的行政处罚，下达监督意见书责令整改。组织监督员对辖区56家消毒产品经营单位（药店39家、母婴洗浴店11家、大型超市4家、市场2家）开展专项监督检查，均未发现“益芙灵”“开心森林”“婴芙清”抑菌霜等消毒类产品。在检查中针对消毒产品索证制度不全、外包装无夸大消毒产品功效、明示或暗示宣传对疾病疗效的行为，下达卫生监督意见书10份。

【职业卫生监督】 2021年，卫生计生综合监督执法局开展“职业病防治法宣传周”宣传活动，联合疾控中心走上街头、深入企业，通过悬挂横幅、发放宣传资料、现场讲解等多种形式，为劳动者普及职业病防治相关知识，要求用人单位落实主体责任，组织劳动者开展职业病健康检查，配备合格、充足的职业病防护用品等。共发放职业病防治法宣传手册700余份，为企业送宣传展板10块、宣传横幅6条。加大对企业的监督检查力度，配合自治区职防院对全市范围内的大中小企业，全面开展用人单位职业卫生监督检查和危害因素检测，共检查检测企业19家，下达监督意见书19份，立案2起，当场给予警告行政处罚。

【现制现售直饮水机监督】 2021年，卫生计生综合监督执法局组织执法监督员经过摸底调查，在沙湾市辖区12个小区、1个建材市场设置有13台现制现售直饮水机，均为沙湾市思清源饮水设备服务中心经营。对现制现售直饮水机设置周围环境卫生、清洗消毒记录、涉水产品生产卫生许可批件是否与直饮水机型号一致、工作人员健康证明、水质检测报告等方面进行监督检查。针对检查中发现的问题下达监督意见书1份，责令限期整改。对沙湾桃园二期、华中新天地、北坡建材城等使用的9处现制现售直饮水机出水进行抽样检测，委托石河子市科正检测有限责任公司对色度、浑浊度、pH值、菌落总数、总大肠菌群等指标进行检测，结果全部合格。落实备案管理制度，在直饮水机醒目位置公示经营者名称、工商营业执照注册号、联系电话以及现制现售饮水机设备名称、卫生许可批件、滤芯更换记录、水质抽检结果等信息，确保现制现售水经营单位为居民提供符合国家标准的饮用水。

【托幼机构监督】 2021年，卫生计生综合监督执法局组织监督员对辖区内4家托幼早教机构开展疫情防控监督检查，督促托幼机构落实工作人员和幼儿体温检测、核酸检测，做好卫生间、门把手、玩具、口杯、餐具等场所及物品的消毒登记，落实来访人员的测温、查健康码、规范佩戴口罩等各项措施。

【国家“双随机”卫生监督】 2021年，卫生计生综合监督执法局根据国家卫生监督部门依托卫生计生监督信息平台对公共场所、医疗卫生、传染病防治、生活饮用水、学校卫生等下达的“双随机”监督任务，把日常监督、专项监督与“双随机”任务相结合，2021年下达“双随机任务33家，已完成双随机”任务33家。针对检查中发现的问题下达监督意见书33份，立案处罚1家，罚款1000元，2021年底已结案。

【非法医疗美容专项整治】 2021年，沙湾市召开打击非法医疗美容动员会，与生活美容场所业务签订承诺书，进行法律法规等知识的培训，监督检查生活美容机构50余家，下达监督意见书50余份，未发现非法医疗美容行为。

2021年9月27日，沙湾市2021年度打击非法医疗美容服务专项整治工作动员会召开

【二次供水单位监督】 2021年，卫生计生综合监督执法局组织执法监督员对全市二次供水单位进行全面监督检查，对自建设施（水箱）储存的10家居民小区进行全覆盖现场监督检查，对无自建设施（水箱）储存的29家二次供水单位进行监督抽查。针对检查中发现的问题下达监督意见书，对自建设施（水箱）储存的10家二次供水单位要求办理“卫生许可证”。组织辖区内二次供水单位开展二次供水相关管理知识培训会，对人员健康体检、水质检测、清洗消毒、涉水产品索证、健全制度、制定应急预案等工作做相关要求。配合地区联合督导检查组对自建设施（水箱）储存的10家二次供水单位进行再检查，对发现的问题及时进行督促和责令限期整改，存在的问题均已整改完毕。

（李　芳）

计划生育工作

【概况】 2021年，沙湾市计划生育协会按照“五个围绕”工作布局精准发力，深化落实“六项重点任务”（宣传教育、生殖健康咨询服务、优生优育指导、计划生育家庭帮扶、权益维护和家庭发展服务），加强组织网络建设，转变群众生育观念，提升服务群众能力，坚定不移走中国特色社会主义道路。截至2021年年末，全市市、乡、村三级计生协会组织网络健全，共有各级计生协会217个，其中市级协会1个、乡级协会12个、村级协会189个、企业协会8个、流动人口协会7个。共有协会会员21048人，占全市总人口的10%。

2021年7月11日，市计划生育协会在步行街开展宣传咨询活动

【生育关怀】 2021年，沙湾市计划生育协会深入落实计生协六项重点任务，以广泛深入开展“暖心行动”为重点，经常开展计划生育特殊家庭走访慰问活动。坚持以“生育关怀”为主线，充分利用元旦春节、母亲节、中秋、国庆节走访慰问计划生育特殊家庭、计划生育贫困家庭、计划生育干部，受益群众458人次，送去价值5.86万元的慰问品（金）。扶弱济困常态开展，坚持落实计划生育特殊家庭联系人制度，认真落实“精神慰藉、走访慰问、志愿服务、保险保障”四项制度，推动落实双岗联系人、就医绿色通道、家庭医生签约三项制度，推进计生特殊家庭帮扶工作常态化、制度化、规范化。坚持逢节必访，坚持市级半年、乡镇季度、村级每月走访制度，及时了解计划生育特殊家庭生产生活状况，协助解决生产生活中存在的困难问题。2021年，完成计划生育特殊家庭市级2次走访慰问全覆盖，为全市132户家庭每人送去100元的生活物品，深受特殊家庭的好评。深入实施计划生育家庭意外伤害保险项目，全市乡村计生协会秘书长广泛宣传计划生育系列保险范围、理赔知识，为全市计划生育特殊家庭购买保险，实现计生特殊家庭保险全覆盖。会同中国人寿公司沙湾支公司开展计生协会知识暨计生系列保险知识培训，进一步提高乡村计生协会干部业务水平。累计开展培训2场次，培训46人。“七一”前夕，市计划生育协会为特殊家庭中的7户党员户赠送保险，切实提高计生家庭的政治荣誉。全市累计购买保险1025户，保额达10.234万元。

【计生协改革】 2021年，沙湾市计划生育协会围绕“强三性”（增强政治性、先进性、群众性）“去四化”（去机关化、行政化、贵族化、娱乐化），加强培训指导，加强计生协组织和工作创新，丰富服务内涵，推进转型发展。加强基层计生协规范化建设，确保乡镇、村（社区）计生协有人干事，激发基层组织活力。依据自治区、地区计生协会改革方案，制定下发《沙湾市计划生育协会改革方案》，并抓好落实。结合换届选举结果，完成乡村两级协会理事推选换届工作，调整完善协会理事，充实村级协会会员，为新一届计生协注入新鲜血液。切实夯实村（社区）计生协建设，巩固基层网底，健全计生协服务体系。引导群众自我管理、自我教育、自我服务，助力营造共建共治共享的社会治理新格局。因地制宜做好计生家庭维权工作，切实维护群众合法权益，促进社会和谐稳定。11月18日，沙湾市计划生育协会第一届会员代表大会召开，大会审议通过计生协上届理事会工作报告，选举产生沙湾市计划生育协会第一届领导机构，完成会议的各项任务。

2021年11月18日，沙湾市召开计生协会第一届会员代表大会

【困境母亲扶弱济困项目】 2021年，沙湾市计划生育协会结合沙湾市实际，申请“困境母亲扶弱济困”种植养殖及个体经营项目资金150万元，覆盖全市两乡三镇40名有创业意向、家庭有困境的妇女家庭。项目共申请资金150万元，其中146万元为每名妇女提供2—4万元创业起步资金，主要用于农村妇女家庭发展生产，可带动142名群众增收致富；其中扶持17名妇女发展牲畜养殖业、18名妇女发展种植业、2名妇女发展种植和养殖业、3名妇女发展个体经营；4万元项目执行费，主要用于项目管理、宣传费用等，力争以协会项目促进计生协会工作发展。

【第五次全国城乡老年人抽样调查】 2021年，沙湾市计划生育协会根据国家卫健委、计生协等部门有关第五次全国城乡老年人抽样调查工作要求，在全市9个乡镇20个村队，对400位老年人开展抽样调查，沙湾市积极组建乡村两级督导员、调查员队伍，7月29日开展培训，发放培训资料及标语，上报60周岁以上人员花名册，8月1日至8月31日开展调查工作。其间，村级调查员开展入户调查并发放礼品，市、乡督导员进行入户督导和后台问卷审核、录音审核等，确保抽样调查工作按规定时间高质量完成。

（白淑慧）

妇幼保健

【概况】 2021年，沙湾市妇幼保健计划生育服务中心进一步在全院落实目标管理责任制，与科室签订《目标管理责任书》，制定年度考核细则。以提高两个系统管理率及重大妇幼卫生项目落实为目标，定人包乡包社区，强化平时督导检查及经常性教育培训工作力度。2021年，全院医护人员深入乡镇、村队、社区现场督导走访320余天，院领导带队开展集中督导检查2次，组织召开妇幼专干例会12次，培训乡镇妇幼专干12次，外派职工参加上级医院各类进修学习9人次，为提升工作质量和工作水平奠定坚实基础。

【母婴安全工作】 2021年，沙湾市高度重视母婴安全工作，卫健委成立母婴安全专项整治领导小组和质控专家小组，制定母婴安全专项整治实施方案，落实母婴安全“五项制度”等，为母婴安全保障工作落实奠定坚实基础。召开全市母婴安全工作推进会，下发2021年度妇幼卫生工作任务清单，明确各项指标任务分解和人民医院、妇幼保健计划生育服务中心及各乡镇卫生院院长、计生办主任、妇幼专干主要职责，建立信息互通工作机制，确保母婴安全保障工作扎实有序高效开展。截至2021年12月31日，沙湾市活产数920人，孕产妇死亡1人，孕产妇死亡率108.7/10万；新生儿死亡0人；婴儿死亡1人，婴儿死亡率1.09‰；5岁以下儿童死亡3人，5岁以下儿童死亡率3.26‰。

2021年3月18日，沙湾市召开母婴安全工作推进会

【免费婚检】 2021年，沙湾市妇幼保健计划生育服务中心在市民政部门的全力配合下，认真实施好免费婚检工作，为提高出生人口素质、预防出生缺陷把好第一道关口。借助免费婚检工作，加大免费孕前优生健康检查的宣传实施，不断提升服务质量和服务水平，完成国免孕优建档检查工作任务。参加自治区孕前优生健康检查室间质评获得“优秀”等次。2021年，免费婚检998对，婚检率为100%。

【增补小剂量叶酸预防神经管缺陷项目】 2021年，沙湾市妇幼保健计划生育服务中心积极与相关部门对接，利用公众号、培训讲座、发放宣传单等多种有效形式，加大增补小剂量叶酸预防神经管缺陷项目宣传培训力度，同时借助免费婚检、孕前优生健康检查的有利时机，实施“关口前移”，对待孕人群进行提前宣教及免费发放。2021年，新增免费服用叶酸901人，举办项目培训班1期。

【预防艾滋病、梅毒、乙肝母婴传播项目】 2021年，沙湾市妇幼保健计划生育服务中心继续实施好预防艾滋病、梅毒、乙肝母婴传播项目，进一步健全完善快速检测和咨询室，落实“逢孕必检”措施，完成艾滋病、梅毒、乙肝免费咨询检测工作，对阳性患者给予规范随访治疗，对乙肝阳性孕妇所生新生儿及时免费注射乙肝免疫球蛋白。2021年，艾滋病、梅毒、乙肝免费咨询检测1109人次。

【新生儿疾病筛查项目】 2021年，沙湾市妇幼保健计划生育服务中心积极与助产医疗机构对接，广泛宣传教育，认真组织开展新生儿疾病筛查工作，及时完成送检、阳性追踪随访及转诊工作。新筛血片781份，可疑阳性召回13人，确诊苯丙1人、甲减1人。听力筛查781人，复筛未通过转自治区人民医院听力诊断中心12人。

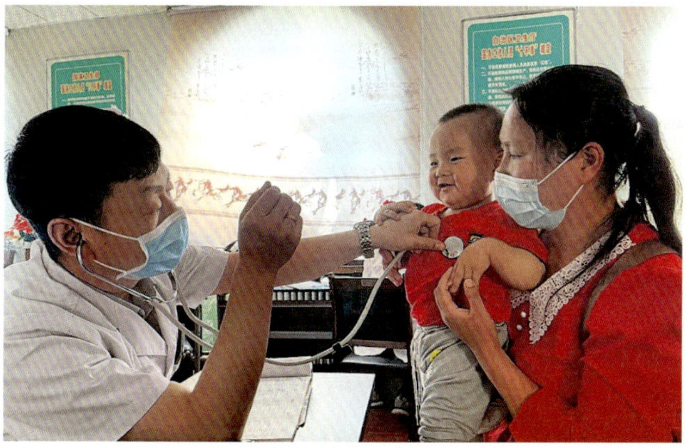

2021年5月24日至25日，自治区第三人民医院相约市妇幼保健计划生育服务中心开展儿童先天性畸形疾病免费筛查救助活动

【农村妇女“两癌”筛查项目】 2021年，沙湾市妇幼保健计划生育服务中心积极协调市妇联，深入乡镇卫生院组织开展35—64岁农村妇女的免费宫颈癌、乳腺癌筛查工作，做好阳性病例的追踪随访，充分发挥项目惠民作用，及时完成项目筛查任务。完成乳腺癌筛查4500人、HPV筛查4500人。

【计划生育技术服务工作】 2021年，沙湾市妇幼保健计划生育服务中心加大计划生育免费技术服务工作力度，坚持选派优秀技术人员到乡镇卫生院定期督导检查，实行城乡联动“一体化”服务，结合全民免费体检同步开展查环工作。

【健康教育与健康促进】 2021年，沙湾市妇幼保健计划生育服务中心充分利用下乡、企业事业单位健康讲座、乡镇妇幼专干例会、“三八”妇女节、“母亲节”等举办知识讲座33次，共1617人次；孕妇学校开展理论课48期、运动瑜伽课41节；举办准爸爸准妈妈趣味活动1次；微信公众号宣传稿件85篇；大众宣传11次，共1338人次；发放宣传单、宣传品2200余份。

（李辉强）

疾病预防控制

【疫情监测与监控】 2021年，沙湾市疾病预防控制中心通过传染病网络报告系统共审核传染病报告卡532张，调查处理传染病预警信息60起。完成12期传染病疫情月分析、年分析。2021年，全市无甲类传染病报告，共报告乙类、丙类法定管理传染病14种1132例，其中乙类9种825例、丙类5种307例。法定管理传染病发病率为327.63/10万，较2020年度（250.51/10万）上升30.78%；无突发公共卫生事件及聚集性疫情报告。

【地方病监测】 2021年，沙湾市疾病预防控制中心加大地方病监测力度。碘缺乏病监测。对大泉乡、四道河子镇、柳毛湾镇、东湾镇、博尔通古乡小学200名学生进行甲状腺肿大情况B超检查，检测肿大率为0.00%。采集学生盐样200份及孕妇盐样100份，碘盐中位数分别为26.3毫克/千克及24.6毫克/千克，检测合格率为100%，均非无碘盐；采集学生200份尿样、孕妇100份尿样，尿碘中位数分别为318微克/升及151.5微克/升，均达到国家碘缺乏病消除标准。38名家庭主妇开展基线调查，知晓率为97.9%。氟中毒监测。完成四道河子镇3个监测点饮用水氟化物检测水样及中心校8—12岁学生氟斑牙患病率监测工作；共监测292名学生，氟斑牙检出率为0.68%，氟斑牙指数为0.007。完成50份茶氟的采样任务，检测结果氟含量均值为880.76毫克/千克，人日均通过砖茶摄入的氟含量均低于1.699毫克。城乡饮用水监测。每年对城区6监测点、农村37监测点及农村学校3监测点，开展丰水期和枯水期共92份水样的采集工作，检查结果均符合饮用水标准，水质检测结果已录入上报全国城乡饮用水水质卫生检测系统。鼠疫监测。宿主动物密度调查5个样地，观测面积38公顷，路线法平均密度为0.91只/公顷，定点观察平均密度1.07只/公顷，5米夹线法捕获率1.7只/百夹次，捕获活体旱獭101只，染蚤率24.8%，蚤指数0.55，病原、血清学检测，结果均为阴性，牧犬血清23份，结果均为阴性，通过鼠疫网络直报系统按时对各项监测数据进行了录入上报。包虫病防治、监测工作。完成人群B超筛查7500人，小学B查筛查1747人，血清学检测60人，均为阴性；登记家（牧）犬4193条，管理4193条，累计犬驱虫40089次；新发包虫病9例，均为囊性包虫，手术治疗7人；药物治疗2人，共发放免费治疗包虫病药品阿苯达唑乳剂211500毫升。监测点人群B超筛查1006人，家畜感染监测任务羊500只，均为阴性；监测中间宿主啮齿动物监测500只，剖检均无异常；14个乡镇2160份犬粪采样工作，检测结果均为阴性，完成小学生防治知晓人数达306人。人间布病监测工作。14个乡镇场卫生院开展布病初筛检测1213人，阳性43人，完成确诊病人102例流行病学调查及布病病例个案调查表及布病病人管理。

【结核病防治】 2021年，沙湾市累计登记活动性肺结核患者148例，其中病原学阳性病人96例、病原学阴性病人36例、结核性胸膜炎16例，病原学阳性率64.86%。发放营养早餐率100%。重点人群结核病筛查人群目标数26763人，完成率100%。通过筛查，发现活动性结核病患者2例。

【免疫规划】 2021年，沙湾市疾病预防控制中心通过举办培训班、现场培训等方式，不断提升全市预防接种工作人员的信息化操作水平，确保高质量完成预防接种工作任务。在全市范围内开展两轮脊髓灰质炎疫苗补充免疫工作，共服苗6182人次，快速评估率均在97%以上。每季度开展对各乡镇的免疫规划工作督导考核，不断提升免疫规划疫苗接种率；为各乡镇配送常规免疫疫苗12轮次，确保疫苗在运输过程中的温度处于规定范围；积极督促各乡镇将预防接种证查验工作纳入开学报名程序，及时对儿童免疫规划疫苗接种情况进行查验并完成补种工作，全市免疫规划疫苗接种率均达90%以上。

【慢性病防控】 2021年，沙湾市疾病预防控制中心加强严重精神障碍患者管理工作，每季度召开工作例会、开展业务指导，对各乡镇卫生院患者随访情况每月进行质控。管理严重精神障碍患者764人，管理率98.43%，规范管理率97.77%，面访率98.04%，服药率98.43%，规范服药率96.86%；精神分裂症服药率98.93%，精神分裂症规律服药率97.5%。体检率81.68%。死因监测，按报告地区录入日期统计累计审核死亡卡1238人；按户籍地死亡日期统计累计报告死亡卡1002人，死亡率503.34/10万。完成上消化道癌机会性筛查胃镜1783人，指导市医院报肿瘤卡71人。承办沙湾市首届万步有约健走激励大赛，全市共有39个单位32个团队400人参加大赛，荣获“区内优秀健走示范区”称号，5个单位荣获“全国优秀健走组织单位奖”，3个团队获得“优秀团队奖”，10人获评“优秀团队传播信使”、36人获得“满分奖”。完成全国第五次口腔监测沙湾监测点抽样工作，共抽取四道河子镇杨家道村、博尔通古乡阿热勒托别村、三道河子镇天山路社区、沙湾市第四中学、乌兰乌苏镇中心学校、安集海镇中心学校、城东幼儿园、老沙湾路幼儿园、萌生幼儿园、七彩乐迪幼儿园共10个村队（社区）、单位，由市人民医院完成全国第五次口腔监测沙湾监测点500人的调查和检查工作。

【健康教育】 2021年，沙湾市启动健康促进县复评工作，指导健康单位、学校、企业、医疗机构、社区村队74个，新建健康小屋7个、健康步道1条、健康主题公园1个，维护健康步道3条。组织完成营养健康知识知晓率项目问卷调查576人，完成率115.2%。制订健康素养监测实施方案，抽取4个乡镇，12个社区（村）完成540份问卷的调查录入工作。开展全民营养周、世界家庭医生日、世界无烟日、全国爱眼日等宣传咨询活动，发放宣传资料5000余份，接受咨询群众1000余人，3万余人受益。启动健康促进县复评工作，调整完善健康政策，持续开展健康场所建设，大力开展全民健身活动，运用融媒体+，广泛开展健康教育。通过健康评估，沙湾市城乡居民健康素养水平由2016年的19.6%提高到27.7%。

（李玉财）

医疗机构

沙湾市人民医院

【概况】 沙湾市人民医院创建于1950年，是一所集医疗、急救、康复、预防和保健于一体的县级综合性二级甲等医院，承担着城乡和驻地兵团近46万人民群众的医疗服务任务。自1992年评为自治区文明单位以来，医院连续11次顺利通过届满复验。先后荣获“全国巾帼建功先进集体”、自治区总工会“模范之家”、自治区“先进基层党组织”、伊犁州“民族团结先进集体”、塔城地区“先进基层党组织”、塔城地区“民族团结进步示范单位”等称号。医院为自治区全科医生转岗培训基地，承担新疆医科大学、石河子大学医学院、甘肃医学院、河西学院、塔城卫校、伊犁卫校等院校的实习教学任务；分别与自治区人民医院、新疆医科大学第一附属医院等疆内三甲医院和四川华西医院、北京301医院建立远程会诊。2021年有职工730人，定编床位400张，有卫生专业技术人员603人，其中副高以上职称145人、中级职称95人，医院下设29个临床医技科室、13个职能部门。医院装备大中型医疗设备，拥有层流洁净手术室五间和医院信息化管理系统。

【友好路院区建设】 2021年，沙湾市为深入推进医药卫生体制改革，优化资源配置，加强技术帮扶，切实提升中医院综合实力，促进中医院健康持续发展，由市人民医院对原中医院实行人、财、物一体化管理。成立针灸推拿软伤科、心病脑病科、脾胃肺病科，购置国内外先进的诊疗设备，充分发挥全国基层名老中医“名医堂”工作室作用，开设针灸、艾灸、推拿、温泉水疗、蜡疗、沙疗等中医特色治疗，经过精心筹备建设，11月8日友好路院区正式运行，每日门诊量达200人次，住院患者90人次。

【医疗新技术】 2021年，沙湾市人民医院在原有学科基础上，充分整合现有医疗人才队伍、重新细化分科，新成立心血管二病区、内分泌与风湿免疫科，着力为患者提供更精准、更专业的医疗服务。同时加强学科建设内涵，不断提升医院的核心竞争力。普外胸外肿瘤科独立完成腹腔镜下小肠破裂修补术、乙状结肠癌根治术、胃大弯神经纤维瘤切除术得到患者及家属认可。面向肿瘤患者在全地区率先开展“输液港”治疗，给肿瘤患者带来了福音。普外泌尿科开展的体外碎石术让结石患者免受“开刀之苦”；率先在本地区开展激光前列腺剜除术，独创的剜除术让“无痕”成为现实。骨科烧伤整形科开展的下腔静脉滤网植入术、腰椎间盘髓核摘除术合并神经松懈术、膝关节置换术后假体松动翻修术、尤其是各部位小切口外架固定术，大大缩短了手术时间，减轻患者痛苦。呼吸与危重症科为推动学科的规范化建设，创建PCCM（规范化诊疗建设）中心。开展纤维支气管镜筛查及治疗，填补了医院危重呼吸疾病介入诊疗的空白。消化血液科新引进奥林巴斯cv-290内窥镜，独立完成胃底食道静脉曲张套扎、硬化剂注射治疗及ESD术，填补医院消化内科领域又一项技术空白。医院选派业务骨干参加第四届青年导师杯暨奥林巴斯消化道早癌技能实战大赛荣获三等奖。肾病血透室新增20台血液透析机，新开展应用连续性血透滤过治疗脓毒血症，较去年同期透析患者增长21.3%。中医科主动加强与临床科室合作，加大对中医药“治未病”力度，患者恢复效果显著；眼耳鼻喉科全年顺利完成白内障手术390余例，开展左耳骨桥植入术，再次填补了沙湾市眼耳鼻喉科专科技术的空白，给更多的患者带来“有声”的希望。皮肤科大力开展激光美容项目，尤其新开展的司库齐尤单抗治疗银屑病取得良好效果。康复医学科创新康复诊疗手段，尤其加强脑血管疾病早期治疗及康复，大大降低患者的致残率。口腔科新开展口腔CT检查，让更多口腔患者受到更加精准的诊断与治疗服务。手麻科加强B超引导下深静脉穿刺、神经阻滞，靶控输注等技术水平，为临床保驾护航。2021年检验科在繁重的核酸检测任务下仍推进ISO 15189实验室认证工作，新开展白介素-6检测、GM试验、G试验等检测项目，为临床诊断提供更科学的医疗数据。ISO 15189实验室认证工作进行认可阶段。放射科联合临床科室开展的CT引导肺部穿刺术、多排螺旋CT下肢动脉多期血管成像、头颈血管多期CT扫描、肺动脉CTA、MRI乳腺检查，不断提升医院诊疗水平。病理科配合临床科室开展肺部及乳腺肿物穿刺早期诊断恶性肿瘤，为临床医师提供了更加全面、精准的技术保障。临床功能检查科开展的超声引导下锁骨下静脉穿刺术，让PICC诊疗技术又迈了一大步。新开展的胎儿系统性三级筛查（四维彩超），大大满足沙湾市广大孕产妇产前筛查需求。

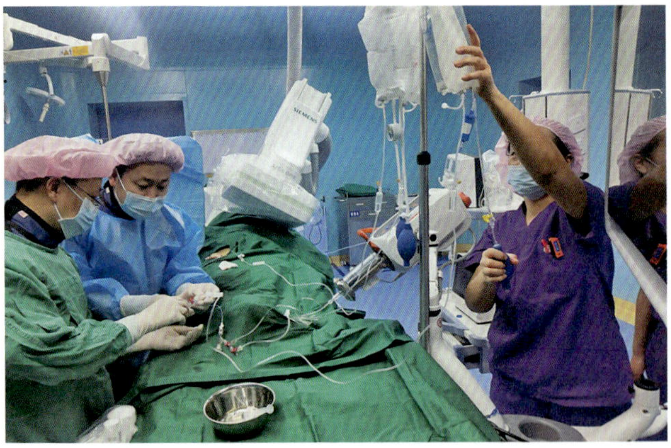

2021年1月20日，沙湾市人民医院为患者进行脑血管介入诊疗

【多学科联合救治体系】 2021年，沙湾市人民医院整合多学科力量，持续完善孕产妇危急重症救治中心、新生儿危急重症救治中心、脑卒中救治中心、胸痛救治中心、创伤救治中心五大中心建设，实现了从院前急救、基层转诊到院内多学科联合诊治流程的畅通，为全市心脑血管疾病患者、创伤患者、危重孕产妇和新生儿救治打造一张生命救治网络。

医院卒中中心在国家卫健委防脑委发布的AIS血管内治疗技术排名第21位。创伤中心加入“中国创伤救治联盟创伤救治中心建设单位”“新疆创伤救治联盟成员单位”。新生儿救治中心多次成功救治超低体重早产儿，新生儿重症救治水平又迈了一大步。在此基础上，成立了眩晕中心、房颤中心，进一步发挥介入中心作用，按照《国务院办公厅关于印发治理高值医用耗材改革方案的通知》要求，“百元支架”落地该院，真正减轻患者的就医负担。开展介入术800余例，其中造影术581例，成功植入支架187个，自主开展急诊介入术32例，急诊加装临时起搏器3例。其中在全疆县级医院由神经医学科开展的脑卒中支架取栓术、经皮选择性左叶血管瘤硬化栓塞术、妇产科开展的瘢痕妊娠子宫动脉栓塞术进一步提高了危急重症患者的救治水平，最大限度地缩短患者治疗时间，切实发挥中心的重要作用。

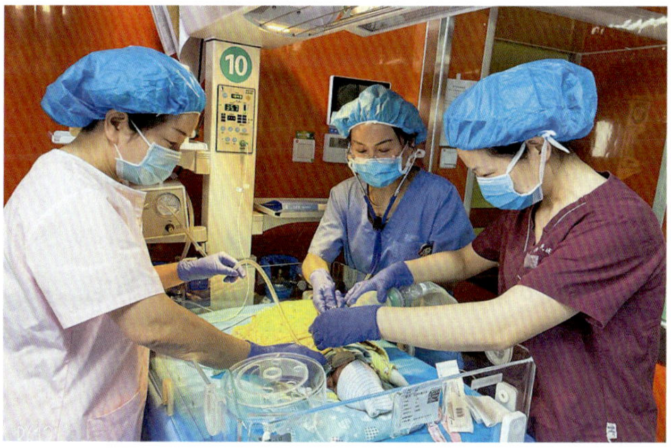

2021年1月11日，沙湾市人民医院救治新生儿

【分级诊疗和医疗共同体建设】 2021年，沙湾市人民医院搭建医疗联合体协作平台，邀请上级医院专家坐诊、教学查房，接诊患者1297人次，开展手术3899例，远程会诊202人次、远程心电诊断12人次、远程病理诊断49例，让各族百姓在家门口就能享受到疆内外专家的优质的医疗服务资源。构建整合型医疗服务体系，全面推进医共体建设。积极推进紧密型医共体医改试点工作，继续对东湾镇卫生院实施“一体化”管理，定期安排医疗、护理、医技专业人员到卫生院开展医疗工作，逐步形成全新的分级诊疗格局。全年下派专家25人次，开展教学查房44次，门诊病人12666人次，大大提高了东湾分院医疗能力。

【智慧医疗建设】 2021年，沙湾市人民医院不断推进智慧医院建设，以患者和管理需求为导向，门诊分诊叫号系统正式投用，在微信公众号上新增了预约挂号、缴费、报告单查询等功能，不断提升患者就医体验。为实现医院财务管理趋于科学化、规范化、精细化，2021年正式启动HRP项目建设，为医院科学决策提供有力支持。同时处方事前审方系统、输血管理、手术麻醉管理、医学装备管理等信息化系统的上线与应用为医院搭建了一个良好的信息共享、统一高效的管理平台。为推动信息化建设规范化、科学化发展，提高卫生信息化在紧密型县域医共体建设的支撑能力，2021年，以实现互联互通、信息共用共享、远程医疗覆盖、提升智慧管理服务水平为目标，市人民医院作为牵头单位，着力打造沙湾市紧密型医共体信息一体化平台，整合现有基本公卫信息系统，构建县乡村一体化医疗服务体系，逐步实现全市范围内数据共享、检验检查结果互认、影像及云心电远程会诊服务，不断提升全市整体医疗服务能力和水平，逐步构建基层首诊、双向转诊、急慢分治、上下联动的分级诊疗就医格局，为各族提供民便利、优质、多层次、多样化的医疗健康服务，从而实实在在解决基层群众看病就医难的问题。

（李婷婷）

人力资源和社会保障

人力资源管理

【人事制度改革】 2021年，沙湾市人力资源和社会保障局根据《自治区关于事业单位人事制度改革的实施意见》（新党办〔2004〕14号）文件精神，坚持“尊重劳动、尊重知识、尊重人才、尊重创造”的方针，以推行聘用制和岗位管理制度为重点，按照人事制度管理流程，建立人员能进能出，职务能上能下，待遇能升能降，优秀人才能脱颖而出、充满生机活力的用人机制，实现事业单位人事管理制度化、法治化、科学化。2021年，全市共有事业单位349个、人员5902人，其中，专业技术岗4663人、管理岗748人、工勤岗491人。

【人才引进】 2021年，沙湾市人力资源和社会保障局大力宣传《关于印发〈塔城地区急需紧缺人才引进优惠政策（暂行）〉的通知》和沙湾市委办公室《关于印发〈关于贯彻落实塔城地区急需紧缺人才引进优惠政策（暂行）〉的任务分解方案》的通知文件精神，经用人单位初步审核，市住建局与市人社局核查复审通过，共有6位绿色通道引进急需紧缺人才符合购房补贴申请标准，按照博士20万元、硕士10万元的标准，共发放购房补贴70万元。

【人才培养】 2021年，沙湾市人力资源和社会保障局按照自治区人社厅《关于改进自治区事业单位专业技术二级岗位聘任工作有关问题的通知》文件要求，进一步落实自治区职称工作向基层倾斜政策，为31位符合管理岗低岗高聘政策人员办理聘任手续，为432名聘用合同到期专业技术人员办理合同续聘手续。根据自治区人社厅“访惠聚”三年高定政策审定了7名“访惠聚”三年优秀高定人员的职称申报申请，增强了专业技术人才服务基层的信心决心。

【事业单位人员管理】 2021年，沙湾市人力资源和社会保障局完成39名2020年塔城地区事业单位公开招聘工作人员考察录用工作；配合塔城地区人社局做好2021年塔城地区事业单位公开招聘工作。完成事业单位在职职工5969人绩效工资及13名离休干部离休补贴调整工作，完成62名机关事业单位死亡职工丧葬费、一次性抚恤金和遗属生活补助金材料审核工作。

【技术人才培训考核】 2021年，沙湾市人力资源和社会保障局开展各类优秀人才推荐选拔工作，推荐少数民族科技骨干特殊培养人选3名，推荐第六届全国杰出专业技术人才2人、先进集体2个，确定沙湾市第四中学胡娟霞老师为自治区天山英才计划第三期培养人选。为取得相应专业技术职务任职资格的275名专业技术人员办理职称聘任手续，兑现相应待遇。

【专业技术人才管理】 2021年，沙湾市人力资源和社会保障局完善机关事业单位技术工人人才库，强化动态管理，正高级职称118人、副高级职称1203人、中级职称1793人、初级职称1443人、未定等级106人，有效激励了机关事业单位技能人才的快速成长。

【人才开发】 2021年，沙湾市人力资源和社会保障局认真做好高技能人才管理。全市共有高技能人才491人，其中高级技师44人、技师74人、高级工151人、中级工101人、初级工115人、普通工6人。全力做好专业技术人员服务工作。

（王胜亭）

劳动就业保障

【概况】 2021年，沙湾市重点抓好农村富余劳动力转移、城镇失业人员、就业困难人员等重点群体就业工作，共转移农村富余劳动力15324人次，完成全年任务的113.5%；全市实现城镇新增就业5294人，完成全年任务的120.3%；就业困难人员就业321人，完成全年任务的115.5%；失业再就业2699人；城镇登记失业率控制在3.5%以内，零就业家庭动态清零。

【稳定就业】 2021年，沙湾市人力资源和社会保障局在沙湾市人社局微信平台大力宣传社保补贴、稳岗补贴、见习补贴、以工代训补贴等就业政策，共拨付就业专项资金2080.81万元，其中发放公益性岗位补贴380.73万元、社保补贴1508.23万元、见习补贴119.58万元、返乡高校毕业生基层就业补贴71.37万元、求职创业补贴0.9万元，同时审核纺织专项资金补贴共计330.75万元。落实政策稳定就业，全市公益性岗位在岗人员共有190个，发放公益性岗位补贴370.83万元，其中就业资金支出289.52万元、市财政发放岗位补贴81.31万元。基层服务“三支一扶”23人，给予工作生活补贴、社保补贴及安家费补贴103万元，进一步发挥了稳就业保就业作用，促进了各类群体的就业。创新措施服务就业，在全市建立175个村级就业和社会保障服务站，配备兼职信息员255人，在各乡镇劳保所的管理下，及时发布用工招聘信息、就业政策，扎实开展农村富余劳动力转移就业工作。疫情防控期间，联合沙湾市移动公司开发了“就业见习在线报名”填报小程序，常态化实施“就业服务不打烊、网上招聘不停歇”的线上见习招聘服务，实现了审批“不见面”，服务“不打烊”。

【高校毕业生就业创业】 2021年，沙湾市人力资源和社会保障局鼓励创业带动就业，全市实现新增创业实体1083户，创业带动就业1610人，引领37名大学生自主创业，向59名高校毕业生拨付一次性创业补贴59万元，开展高校毕业生创业培训圆梦计划9人。组织有创业意愿的560人开展创业培训，审核10名个体工商户的创业担保贷款，为463名自主创业人员拨付2021年上半年社保补贴202.16万元；沙湾市共有创业孵化基地3家，为7户入驻各创业孵化基地商户发放创业引导性资金14万元。

【人力资源市场】 2021年，沙湾市人力资源和社会保障局利用新疆公共就业服务网、塔城地区招聘和求职信息在线系统、沙湾市政府网、沙湾零距离、大美沙湾今日信息、人社局微信公众号等媒体平台在线发布用工信息1400余条，举办线上线下专场招聘会13场，组织400家（次）用工企业参加，提供就业岗位5000余个，参加招聘会4300人次，达成就业意向600人次，实现就业450人次，发放就业再就业政策宣传手册1万余份。

【技工教育】 2021年，沙湾市人力资源和社会保障局制订《沙湾市2021年职业培训工作实施方案》，共培训13082人，补贴性培训209期8808人次；开展非补贴性培训并录入4274人。培训后实现就业6045人，落实职业技能提升补贴3549人、395.01万元，纺织服装企业岗前培训补贴153人、32.22万元。

【劳动关系】 2021年，沙湾市人力资源和社会保障局坚持施工企业与农民工先签订劳动合同后再进场施工，全面实行农民工实名制管理制度，明确用人单位对农民工的工资支付责任，发放《中华人民共和国劳动法》《中华人民共和国劳动合同法》等宣传资料4000余份，发放《保障农民工工资支付条例宣传册》500余份，主动监察用人单位95家次，涉及劳动者6200余人，补签劳动合同380份，指导有雇工的个体工商户悬挂劳动保障权益告知牌40个，督促指导用人单位开展劳动用工年65家，签订集体合同110家。

【劳动维权】 2021年，沙湾市人力资源和社会保障局严禁办理项目复工手续，督促企业规范用工，督促118个在建项目开设农民工工资专用账户，催缴农民工工资保证金311.39万元，督促各施工企业按月发放农民工工资2200余万元。根据《关于印发〈新疆维吾尔自治区企业劳动保障守法诚信等级评价实施办法〉的通知》文件精神，联合住建、交通、水利、工会等164家行政部门评定A级劳动保障守法诚信单位74家。

【劳动保障监察执法】 2021年，沙湾市人力资源和社会保障局按照《关于在全市工程建设领域实行农民工工资专用账户管理和银行代发工资制度的通知》要求，抓好根治欠薪专项行动。积极开展根治欠薪“冬季攻坚”专项行动，“冬季攻坚”专项行动欠薪平台共推送沙湾市欠薪线索102件，办结率100%，圆满完成“双清零”工作任务。落实岗位责任制、首问责任制等制度，共接待政策咨询320余人次，协调处理各类投诉案件226件、信访交办案件12件。

【劳动人事争议调解仲裁】 2021年，沙湾市人力资源和社会保障局加强仲裁院规范化、标准化建设，完善争议调节例会、疑难案件会审、监督、回避、回访、公开、错案追究等制度，对重大争议案件发挥三方协调机制作用，保证劳动争议处理的快捷、公正、公开。认真落实线上线下劳动人事争议仲裁调解工作，引导企业及时与劳动者协调解决劳动争议。2021年，劳动人事争议仲裁院共受理劳动人事仲裁案75件，其中工伤25起、工亡1起、经济补偿金21起、拖欠工资18起、劳动关系10起，调解裁决金额500余万元。

（王胜亭）

社会保障

【养老保险】 2021年，沙湾市人力资源和社会保障局进一步加强基金财务管理，规范基金收支管理，全面落实“全程电子化系统”管理。2021年，全市城镇职工基本养老保险参保23836人（不含离退休），征缴城镇职工基本养老保险费30643.15万元。其中，企业职工基本养老保险参保15706人，征缴企业养老保险费15980.63万元；机关事业养老保险参保8130人，征缴机关事业养老保险费14662.52万元。城乡居民基本养老保险参保77209人，征缴城乡居民养老保险费3497.69万元。2021年，累计支付机关养老保险待遇50646人，支付金额27128.41万元；企业养老保险待遇97807人，金额26379.56万元；城乡居民养老保险待遇260199人，金额4556.75万元。

【失业保险】 2021年，全市失业保险参保15998人，失业保险基金收入939.73万元，失业保险基金支出521.90万元。其中，支付失业金176.92万元，基本医疗保险费75.07万元、失业补助金160.21万元、技能提升补贴2.7万元、价格临时补贴13.62万元、稳岗补贴93.38万元。

【工伤保险】 2021年，沙湾市工伤保险参保14515人，工伤保险基金征缴收入726.12万元，工伤保险基金支出1533.14万元。其中，工伤待遇支出746.70万元，劳动能力鉴定费1.23万元，上解上级支出为729.42万元，其他支出为55.79万元。

【养老保险待遇调资补发】 2021年，沙湾市机关养老保险调资4209人，调资补发金额553.15万元，人均调资219.03元；企业养老保险调资8111人，调资补发金额806.24万元，人均调资165.67元；城乡居民养老保险调资21446人，调资补发金额32.05万元，人均调资5元。

【落实丧葬费、抚恤金政策】 2021年，沙湾市累计支付丧葬费、抚恤金2218人，支付金额1804万元。其中，支付企业职工丧葬费、抚恤金249人，支付金额1550.68万元；退机关养老个人账户36人，26.85万元；支付城乡居民养老一次性待遇1933人，支付金额226.47万元。

（王胜亭）

医疗保障

【医疗保险参保登记】 2021年，沙湾市城乡居民参保人数达149886人，参保率稳定在95%以上。在全地区率先召开2022年度城乡居民基本医疗保险参保工作电视电话会议，印发宣传单和通告3.3万份。优化缴费服务，畅通银行网点、网上税务App、微信、村队（社区）POS机等缴费渠道。按月做好企业医保退休人员个人账户划账工作，全年划账1.68万人次，医疗保险登记手册过账125人，视同认定498人次，接续退役军人医保80余人次，办理医保转移业务310人次。

【医疗保险待遇结算】 2021年，沙湾市医疗保障局完成对109家定点医药机构2021年全年的费用清算业务，累计支付医保基金14592.32万元。医保中心共审核、结算报销城乡居民票据1711份、支付基金735.83万元；审核、结算报销职工票据687份、支付基金336.05万元；审核、结算报销职工生育保险票据339份、支付基金219.31万元。认真落实医保政务服务“放管服”要求和自治区医保行风建设评估标准，狠抓医保公共服务标准化、规范化建设。梳理服务事项，简化办事流程，优化整合医保服务窗口。完成了定点医药机构普通门诊费用跨省直接结算测试，市人民医院已实现普通门诊费用跨省结算。受理参保群众办理事项7938件次，其中，异地安置备案1026人次、急诊和转院备案2764人次、二类慢性病绿色通道认定327人次、外伤稽核505人次、定点医药机构药品审核1785次。

【医疗保险基金管理】 2021年，沙湾市各项基金总收入3.4953亿元、总支出4.4422亿元。其中，职工基本医疗保险基金收入18723万元、支出24651万元；公务员补助收入1097万元、支出1480万元；大额医疗收入870万元、支出753万元；城乡居民基本医疗保险收入14142万元、支出16964万元；医疗救助保险基金收入121万元、支出574万元。落实医保基金地级统筹要求，年度累计上解医保基金25377万元。

【困难群众医疗救助】 2021年，沙湾市医疗救助基金按规定资助2021年、2022年度共计8641名低保、特困、“三类”监测户参保235.6万元；已累计救助3119人次，救助金额452.9万元。系统维护“两病”患者5295人，结算1104人次、基金支付5.43万元，有效保障患者用药需求。

【医保待遇认定】 2021年，沙湾市医疗保障局认定审批通过企业退休人员339人、个体灵活就业人员117人，审核通过职工、城乡居民慢性病1782人，联合卫健、人社、市监等部门开展新申请医药机构查验评估工作，新纳入医保定点医药机构13家，向地区申报慢性病定点药店2家。

【药品集中带量采购】 2021年，沙湾市医疗保障局组织市内18家公立医疗机构按时完成6批次131种252万片（剂、支、盒）药品带量申报、采购及回款工作，节约医保基金800万元，减少患者用药负担300万元。规范特殊药品使用管理。落实癌症等重大疾病特殊药品市人民医院和定点慢性病药店两个渠道供应保障和定患者、定医院、定医师的“双通道、三定”的管理机制，市人民医院发挥主渠道作用，同时市内1家慢性病定点药店申请备案药品品种达1000多个，慢性病药品销售额近690万元，纳入医保支付500万元。

【国家医保新系统成功上线】 2021年，沙湾市成立国家医保新系统贯标工作专班，搭建医保新系统骨干网络。完成市医保局与地区医保局骨干网联通、机柜、出口防火墙、接入交换机的路线布局及安装。协调市财政保证6.1405万元的骨干网设备采购和每年1.92万元的网络运行费用。为全市985名医保医师、医保护士、医保药师申领国家医保统一代码，及时清理系统悬挂垃圾数据2.38万条，完成对码映射药品、耗材、诊疗项目3.34万条，开展门诊、住院、慢特病等项目结算测试450次，沙湾市率先完成医疗机构贯标成果物包报送和首个通过地区医保局审核验收。10月1日起，国家医保新系统正式在沙湾市成功上线运行。全市40家定点医疗机构、70家定点零售药店全部实现医保电子凭证的部署应用，全市激活医保电子凭证121761人，占全市参保人员的67.98%。

【医疗保险基金监管】 2021年，沙湾市医疗保障局及时与110家定点医药机构签订协议，制定《沙湾市定点医药机构年度考核细则》，启动第三个全国“打击欺诈骗保维护基金安全”宣传月活动，悬挂宣传条幅108条、张贴宣传海报1710份、发放宣传折页13800份、宣传单28450份，电子屏幕滚动播放骗保案例580次，受教育群众达10余万人。开展打击欺诈骗保专项整治，按期完成地区审计局推送5大类、23条问题整改任务，联合卫健、公安部门对108家定点医药机构开展了全覆盖专项检查，聘请医保基金使用社会义务监督员8名，收到群众电话、短信举报5起。全市共查处违反协议、违规案例23起，媒体通报23起、医疗系统内部通报26起，约谈37家，暂停6家，解除服务协议6家，拒付和追回违规基金共计161.96万元。

2021年4月20日，市医疗保障局干部宣传打击欺诈骗保相关知识

（王素艳）

社会生活

社会救助

【城乡最低生活保障】 2021年，沙湾市根据塔城地区民政局、财政局相关文件要求，先后两次提高沙湾市最低生活保障标准、特困人员和孤儿生活保障标准，均按要求及时发放。2021年，全市共有城乡低保2515户3517人，发放全年低保金1555.24万元，发放物价补贴20.28万元。

【特困人员救助供养】 2021年，沙湾市共有特困人员356人，全年发放供养资金280.91万元（含丧葬费）；发放物价补贴0.94万元；发放照料护理费38.6万元。

【临时救助】 2021年，沙湾市结合“放管服”工作要求，审批权限下放到乡镇，设立临时“备用金”，乡镇在政策范围内用足、用活、用好临时救助资金，提高资金使用率。共办理临时救助5986人，救助资金596.68万元。2021年，救助流浪乞讨人员15人，支付医疗救助、生活救助、返乡路费等2.76万元。协调公安部门为长期滞留在救助站内的5名流浪乞讨人员登记办理落户，并按照特困人员相关政策安置在福利机构集中供养。

【残疾人两项补贴】 2021年，沙湾市为全市残疾人发放全年残疾人“两项”补贴2515人、536.20万元。

（甄建芳）

社会事务管理

【社团组织登记】 2021年，全市共有社会组织46家，其中社会团体30个、民办非企业16个。单独组建社会组织党组织4个，其他均为挂靠组建党组织，实现了党的组织和党的工作全覆盖。

【殡葬管理】 2021年，沙湾市大力倡导殡葬新观念、新风尚，弘扬先进殡葬文化，提倡文明节俭办丧事，引导群众破除丧葬陋俗，树立殡葬改革新风。2020年，共接待丧户473户，其中火化遗体31具（骨灰寄存17盒）、土葬442具，完成收入82万元。

【婚姻登记】 2021年，沙湾市民政局不断提升婚姻登记工作水平，严格落实《中华人民共和国民法典》关于婚姻登记的相关规定和工作程序，并启用2.0版婚姻登记系统。2021年，办理在线结婚登记1291对、离婚登记325对，补办结婚证524对、离婚证56对。与上年同期相比，离婚率明显下降。配合卫健部门完成婚前免费医学检查工作，婚检率100%。

【儿童福利】 2021年，沙湾市民政局依法做好儿童收养登记，按照《中华人民共和国民法典》关于收养登记法律要求，通过登记员审查、主任审核、收养登记评估、领导审批四个环节。2021年，依法办理收养登记5例。2021年，儿童福利院集中收养孤儿18人、困境儿童12人，集中收养率100%。发放全年孤儿及困境儿童基本生活费30人44.41万元（含物价补贴）。

【公办养老服务机构】 2021年，全市共有五保户342户，中心敬老院集中供养“五保”老人78人，有意愿入住的“五保”老人集中供养率100%。

【民营养老服务机构】 2021年，沙湾市民办养老机构运营2家。金沟河镇瑞福养老服务中心建筑面积6852.33平方米，设置床位260张，收住老人43人，有工作人员15人；大泉乡杨家庄祥和老年公寓建筑面积2000平方米，设置床位120张，收住老人42人，有工作人员13人。

【高龄津贴】 2021年，沙湾市为全市3153名80岁以上的老人发放全年高龄津贴及体检费254.38万元。

（甄建芳）

退役军人事务

【概况】 2021年，沙湾市退役军人事务局规范退役军人服务中心（站）工作流程、运行机制，充分利用网络和信息系统实现业务办理，让“数据信息多跑路，退役军人少跑路”。加强对服务站工作人员的培训和指导，强化服务意识，对基层服务站开展日常工作指导16次、解答政策问题20余条，有效提升服务中心、服务站保障能力和水平。

【就业创业及职业技能培训】 2021年，沙湾市退役军人事务局结合技能培训，积极扶持退役军人就业创业。发放《退役军人就业创业政策问答》宣传册1400余份，定期向退役军人推送招聘信息，与人社局联合举办沙湾市“春风行动”和“就业暖心　职等你来”退役军人（军属）专场招聘会2场，参与招聘企业38家，提供就业岗位1180余个。稳步推进退役军人移交安置工作，推行以扶持就业为主，自主就业、安排工作等多种方式相结合的退役士兵安置制度，组织13个乡镇对全市退役军人就业培训需求进行摸底调查，掌握需求情况。2021年，开展适应性培训1期、创业培训1期。做好退役军人教育培训工作，成立退役军人职业技能培训工作领导小组，积极与本地有资质的培训机构对接，筹划协商退役军人技能培训实施方案并签订合同，为退役军人就业创业提供更多的机会。根据退役军人技能培训需求，积极联系驾校拟定驾驶技能培训方案，帮助退役军人掌握驾驶技能，确保将来拥有更好的就业机会。引导广大退役军人在突出抓好职业技能培训的同时，统筹推进学历教育，对有意向参加高职扩招的退役军人进行登记并做好政策宣传。积极关心关注退役军人创业基地发展，沙湾市天博大酒店、沙湾市莱恩健身会所为退役军人创业典型，也是吸纳其他退役军人更好创业就业的基地。在退役军人中建立微信群，及时发布就业创业信息，通过与市消防大队、公安局、应急管理局、网信办等单位对接沟通，推送优秀驾驶员。

【双拥共建】 2021年，沙湾市成立双拥工作领导小组，机构机制健全，全市成员单位、村队、社区、学校、企业等经常性开展拥军优属活动。春节、“七一”、“八一”、中秋节和国庆节等重大节日期间，为驻市部队官兵、抗美援朝老战士、烈士子女、企业军转干部、最美退役军人、困难退役军人等各类服务对象送去慰问金及慰问品，为立功受奖现役军人家庭送去喜报及慰问金，为全市军属悬挂光荣牌，做到应挂尽挂全覆盖。实现年度有计划，活动有总结，军地有互动，全市呈现出“军爱民、民拥军、军民团结一家亲”的良好氛围。大力支持驻疆部队建设，积极开展“情系边海防官兵春节专项慰问”活动，充分调动社会力量，为边海防官兵送去价值4万余元的春节糖果大礼包及各类新春贺年卡、手工绘画、名家春联、拥军标语等，鼓励官兵们继续发扬部队的优良传统，牢记宗旨使命，为边防事业做出更大的贡献。积极对接市住建、水利等部门，协调解决驻市部队供排水、环境卫生清理等困难。积极选树“天山脚下守墓人张秋良”最美退役军人典型事迹，制作音乐情景剧大力宣传，全市涌现出疫情前沿跑赢时间的救护车司机退役军人张涛、义务接送医护人员的暖心公交车司机退役老兵蒋伟、为社区防疫工作人员免费送午餐的退役军人杨金坡等一批先进典型。2021年，张秋良被评选为自治区级“最美退役军人”。

【优抚帮扶】 2021年，沙湾市退役军人事务局落实各类优抚对象优待政策。采用“一卡通”管理方式，将各类优抚补贴资金足额及时发放到优抚对象手中，实现全程规范化管理。为符合要求的退役士兵申报60周岁以上农村籍退役士兵老年生活补助。对困难退役军人进行认真梳理，对其进行建档立卡，制定帮扶措施，精准扶贫帮困，提高困难退役军人的生活保障。定期走访慰问困难帮扶退役军人，带去基本生活用品，宣讲国家的好政策。根据地区转发自治区《关于向部分困难退役军人提供临时帮扶援助的通知》文件要求，进行摸排后，对符合政策的困难退役军人进行临时救助，发放救助金，用于改善困难退役军人的生活。对生活困难的优抚对象进行精准帮扶，通过签订劳动合同方式，改善生活困难现状。

【移交安置】 2021年，沙湾市退役军人事务局稳步推进退役军人移交安置工作。落实退役士兵阳光安置政策，对2021年符合安置条件的转业军官进行安置。对自主就业退役士兵进行审核，按照政策要求核算发放退役士兵经济补助金。完成退役伤残军人换证材料收集、录入、上报工作，退役士兵、自主择业军队专业干部退役报到后，及时完成落户及党团组织关系转接等手续。对自主择业干部基本信息进行核对，积极完成网上年审工作。做好军转干部服务管理工作，完成新增自主择业军转干部医疗保险录入医保局系统及自主择业军转干部到龄退休个人补缴基本医疗申请填报、审核工作。每月做好军转干部医疗保险按期缴纳工作，平时为自主择业军转干部扎实做好服务管理工作，对企业军转干部定期开展走访慰问活动，着力解决企业军转干部急难愁盼问题，对孤独老年企业军转干部，给予精神慰藉。

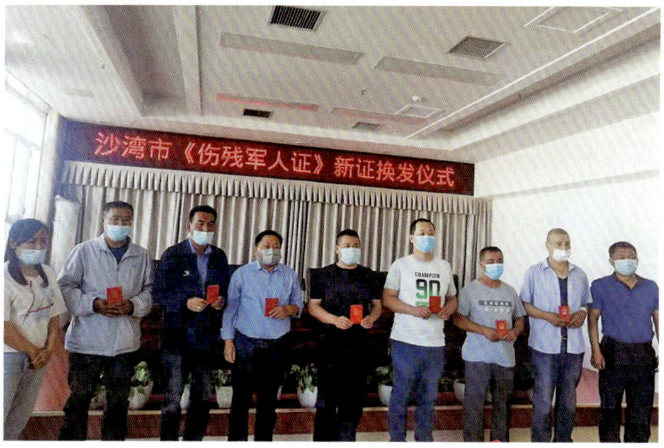

2021年5月11日，市退役军人事务局组织换发新版伤残军人证

【退役士兵社保接续工作】 2021年，沙湾市退役军人事务管理局持续开展以政府安排工作方式退出现役的退役士兵社保接续工作。严格按照国家解决部分退役士兵社会保险问题的决策部署和自治区、地区统一工作要求，学深悟透相关政策，强化指导服务，并通过市乡两级退役军人服务站继续宣传《解决部分退役士兵社会保险问题公告》，做到全市部分退役军人符合享受社保接续政策不漏人。协同市人社局、医保局在完善信息录入工作基础上，继续做好退役军人基本信息认定、断缴时间核查、费用计算补缴等工作。

（刘倩倩）

关心下一代工作

【概况】 2021年，沙湾市关心下一代工作委员会有各级组织212个，有老干部、老战士、老专家、老教师、老模范“五老”宣讲团1个，“五老”宣讲员13人，开展调研、帮扶、关爱等活动，对青少年进行爱国主义教育、革命传统教育、理想信念教育，开展保护未成年人主题教育等活动，做好青少年的培养、教育、关爱、引导工作。

【宣传教育】 2021年，沙湾市关心下一代工作委员会开展专题学习习近平总书记“七一”重要讲话精神及习近平总书记对关心下一代工作的重要指示精神和中国关工委表彰会议精神，组织各成员单位召开专题会传达学习自治区关心下一代工作会议精神，研究沙湾关心下一代工作新思路。用好红色资源开展党性教育，采取召开情况通报会、举办专题辅导班、开展座谈研讨、短信微信等方式，加强老同志思想政治教育引导。组织参加自治区关工委系统专题培训班，加强五老骨干思想政治学习教育。组织开展“五老弘扬好家教好家风”主题教育活动，推进家庭教育服务指导，推动家庭、学校和社会形成教育合力。发挥五老人员作用，走进学校、机关、社区、乡镇、企业，讲好中国共产党故事、党的光荣传统和优良作风，引导青少年用实际行动践行初心和使命。开展大宣讲5场次，受众400余人次。

2021年3月31日，五老宣讲员进学校开展宣讲活动

【未成年人红色教育】 2021年，沙湾市关心下一代工作委员会围绕庆祝中国共产党成立100周年，以感党恩、听党话、跟党走为主题，在青少年中广泛开展形式多样、内容丰富的爱党爱国爱疆教育，引导青少年传承红色基因、争做时代新人。各中小学校开展阅读“红色书籍”、诵读“红色家书”、观看“红色电影”、传唱“红色歌曲”、聆听“红色故事”、演绎“红色英雄”等主题活动，举办“学百年党史 传红色精神”新时代文明大讲堂、“学党史 知爱国”主题班队会大赛、“学党史 悟思想 争当传承红色基因的新时代好队员”融情一日营等活动，引导各族师生知史爱党、知史爱国。在中国共产党成立100周年之际，市团委、关工委组织各中小学开展“青春奋进心向党 献礼建党一百年——红领巾寻找奋进的足迹”寻访活动，追溯红色记忆，感受革命情怀，接受革命传统教育。

【未成年人帮教关爱】 2021年，沙湾市关心下一代工作委员会发挥成员单位优势，协调联动开展未成年人关心关爱工作。持续开展法治教育活动，加大《中华人民共和国未成年人保护法》《中华人民共和国预防未成年人犯罪法》等法律法规宣传力度，巩固发展法治副校长、网吧监督员、心理咨询员等关爱工作团。联合市妇联、团委、市人民检察院等开展保护未成年人主题宣讲及走访慰问活动，加强对农村留守儿童、困境儿童、外来务工人员子女、服刑人员子女和“五失”青少年等群体的关爱帮扶，促进青少年群体健康成长。教育系统开展“放飞科技、放飞梦想”航模演示研学、“劳动最光荣我们去实践”教育、2021年度“天文知识校园巡展”等活动，营造出“处处是课堂，时时受教育”的浓厚氛围，增强科技教育的渗透力、影响力和带动力。团市委先后组织开展了“低碳生活，绿建未来”教育宣传活动，“红领巾”走进禁毒基地、致敬先锋主题教育活动，“寻访英雄人物、传承红色基因”主题教育活动，丰富少先队员校内外活动。暑期，各乡镇、社区、村队组织举办“红领巾”小课堂，引导和帮助中小学生度过一个愉快、安全且有意义的假期。

（全玉华）

乡镇概览

安集海镇

【概况】 沙湾市安集海镇历史上是丝绸之路碎叶道的咽喉，地处新疆天山北坡经济发展带中西部，镇区东距沙湾市城区27千米，西连独山子、奎屯，北与兵团第八师142团相邻，连霍高速（G30）和国道312线横贯东西，省道224线纵贯南北，是乌鲁木齐通往伊犁、塔城、阿勒泰的交通要道。辖区总面积375平方千米，下辖11个行政村，耕地面积9533公顷。全镇以种植辣椒、棉花、玉米、花生、大葱等作物为主，先后获农业农村部“全国绿色蔬菜种植原材料基地”和“自治区级农产品气候品质认证”，被命名为“中国辣椒之乡”“中国花生之乡”。2021年，年末全镇总人口17847人，其中汉族11910人、哈萨克族1912人、回族2986人、维吾尔族798人、柯尔克孜族5人、藏族13人、蒙古族41人、俄罗斯族3人、满族2人、锡伯族1人、其他民族176人，少数民族占总人口的33.27%；农业人口17079人，非农业人口768人。

【经济综述】 2021年，安集海镇坚持以供给侧结构改革为主线，注重“三品”、坚持“四化”方向，合理规划种植结构，扩大辣椒等特色农作物种植规模，打造具有区域特色的农业主导产业。2021年全镇农作物总播面积9533公顷，其中棉花4000公顷、辣椒2800公顷、玉米2000公顷、其他农作物733公顷；全年粮食总产42000吨、棉花总产3万吨、辣椒总产21000吨。大力发展现代畜牧业，年末牲畜存栏6.3万头（只），改良黄牛125头；全年防疫口蹄疫羊58362只、牛5273头、猪3267头，防疫小反刍兽疫41920只，防疫布病120只（头），防疫禽流感73944羽，防疫马炭疽152匹，防疫犬驱虫病482只。加强牲畜检疫，全年检疫牛260头、羊2680只、鸡21280羽、猪930头、兔160只、马36匹。全力以赴做好非洲猪瘟防控工作，从年初开始对全镇养猪户进行大排查，发放宣传单460份、消毒粉80袋、消毒液80瓶、石灰160公斤。2021年，全镇享受草畜平衡奖励牧民305户，草畜平衡奖励面积4635公顷，发放奖励资金41.6万元。全镇完成植树造林绿化面积25.33公顷，更新片林9.45公顷；完成树木刷白、修枝1066.67公顷；栽植各类风景树木7730棵。全力做好防洪抗旱工作，严格落实防汛责任制，完善应急预案，落实抢险队伍、器械、物资，确保全年汛期安全度汛；完善水利基础设施建设，新建沉沙池2座，新修渠道3.5千米，完成量水设施、水尺刻画及渠道闸门的维修保养，清理沉沙池14座，清理渠道15千米。发展壮大农村集体经济，进一步规范机动地承包程序，2021年，村集体收入1479.97万元；征缴水利规费、水费358万元。全年完成农业政策性保险9040公顷，其中棉花4000公顷、辣椒2800公顷、玉米2000公顷，其他240公顷，收缴政策性保险费130万元。2021年，实现农牧民人均纯收入23100元，较上年增加352元。

【民生建设】 2021年，安集海镇有1所学校、1个教学点、4所幼儿园，学校教职工119人，有34个班级1221名学生，其中初中12个班级475名学生，小学22个班级746名学生，幼儿园教职工59人，有11个班级235名学生。全镇有卫生院1个，专业卫生技术人员22人，病床20张；村卫生室20个，村医22人。持续抓好计划生育工作，发放各项奖励优惠政策138人173040元，办理生育服务证61张、新生儿48人，出生人口符合率达100%。持续巩固脱贫攻坚成果，组织开展专题核查培训14期400余人次，对全镇5325户16502人的收入进行全面核查，人均纯收入1万元。全面落实就业惠农政策，大力开展职业技能培训，举办各类培训6期，培训各类实用人才220人次，建立农村富余劳动力就业库，解决880人就业问题。落实好弱势群体帮扶政策，发放各类惠民政策131.4万元。加强基础设施建设，完成8千米10千伏农村电网改造，新修农田标准化道路3.1千米，铺设路缘石2.8千米、人行道2.8千米，修缮养护破损道路2.3千米，新修文化墙3.6千米，完成“花园”巷道建设23.1千米。深入开展农村人居环境卫生整治，以垃圾清理，村容村貌提升为主攻方向，全力推进村庄清洁行动，全年拆除危旧房屋38户，清理残垣断壁7千米，整治私搭乱建52处，新建安居富民房29套，完成改厕248户；全镇11个行政村均将人居环境卫生整治纳入村规民约，并聘请环境卫生监督员158名，设立垃圾堆放点11处，着力打造人与自然和谐发展的生态人居环境。

【宣传思想】 2021年，安集海镇结合党史学习教育，深入学习贯彻习近平新时代中国特色社会主义思想、党的百年历史、第三次中央新疆工作座谈会、十九届六中全会精神等内容，开展理论学习中心组学习23场次、机关干部理论学习50余场次、理论测试10余次。接待中央电视台、新疆电视台等各级新闻媒体记者20余次，在央视媒体刊稿9篇、自治区级媒体刊稿35篇、其他媒体刊稿95篇。围绕中国共产党成立100周年，大力开展群众喜闻乐见的“宣讲+”“文艺+”活动，开展“庆祝中国共产党成立100周年”系列文艺会演12场次，开展宣讲、朗诵、知识竞赛等各类比赛10场次，各村队组织开展自编自导自演的各类群众文体活动100余次，开展巡回宣讲、入户宣讲200余次。2021年，安集海镇在沙湾市“不负韶华争朝夕　牢记使命共奋进”学习贯彻十九届六中全会知识竞赛中荣获一等奖，在沙湾市“百万党员学党史，学习达人挑战赛”中荣获第三名，在沙湾市“我的入党故事”演讲比赛中荣获优秀奖，在“学党史·话团结·促振兴工会杯”拔河比赛中荣获优秀组织奖。加强精神文明建设，充分利用“大培训、大就业、大评比”活动的开展，采取由下而上、层层选拔的方式，共评选出“十星级文明户”680户，“优秀草根宣讲员”“最美志愿者”“优秀联户长”“好婆婆、好媳妇”“最美村干部”“优秀四老人员”等各类先进100余人，形成崇尚先进、学习先进、争当先进的浓厚氛围，用典型的力量激励人、影响人、感化人。充分发挥新时代文明实践所、站作用，进一步健全镇村两级志愿者队伍，围绕群众所需所盼所想，结合党史学习教育，镇党委、各基层党组织完成“我为群众办实事”66件，开展志愿服务活动37场次；党员个人为群众办实事好事482件，开展志愿服务活动514次。

【民族团结工作】 2021年，安集海镇深入挖掘民族团结进步工作中的好经验、好做法和涌现出的民族团结先进典型事迹，持续加强“民族团结一家亲”工作，对全镇218户493人完成四轮走访。走访过程中，注重搜集结亲户困难诉求、排查矛盾纠纷，宣传好党的惠民政策。通过结亲走访，调解矛盾纠纷3起，解决困难诉求12件，为各族群众办实事好事720件，开展民族团结联谊活动23场（次），参加各类联谊活动2000余人次，各族干部群众之间的友谊不断深化。提高民族团结进步示范创建的知晓率，下发宣传标语目录和民族团结、民族团结进步创建工作要点，以村为单位，结合升国旗、农牧民学校，持续扩大宣讲范围。在全镇范围内完成“民族团结模范”“民族团结进步集体”申报，评选民族团结模范2人。举办民族团结演讲比赛1场，以身边人讲身边事，讲好民族团结故事，宣传好党的民族政策，全面加强各民族交往交流交融，不断增进各民族之间的感情。

【党的建设】 2021年，安集海镇共有45个基层党组织，包含10个村队党总支、1个机关党总支、34个党支部（25个村级党支部、9个机关站所党支部）。全镇共有党员667名，其中村队支部党员574人、机关站所党员93人。圆满完成党委、人大、政府、村“两委”换届选举工作，扭住换届选举关键点，组建指导组11个，督促做实调研摸底、选民登记、大会选举等规定动作，选举产生村“两委”班子成员117名，其中35岁以下班子成员14名、高中及中专以上学历63名，年龄、学历实现“一降一升”。坚持每月集中学习和专题学习，采取“外聘专家讲、党政领导讲”等形式，开展党委理论学习中心组学习23次、干部集中学习50余次，组织专题宣讲40余次；举办安集海镇村干部党员培训班3期，培训党员干部500余人次。开展农村实用人才培训，累计培训各类专业技术人才500余人。做好发展党员工作，2021年，提交入党申请人80人，确定入党积极分子28人，召开发展党员专题座谈会2场次。落实党建第一责任人职责，组织开展党建业务专题培训11场（次）、中心组学习23次，“党旗映天山”主题党日11场（次）。抓好村级队伍建设，建立村干部实绩台账、负面台账等奖惩机制，鼓励村干部提升学历，6名村干部参加党校学历培训；按照每村4—6名后备力量，储备57名村级后备干部，其中储备正职后备力量20名。根据市、镇反馈抓党建工作问题，镇村两级分别制定问题清单、整改清单、责任清单，确定2021年镇党委书记项目为“健全议事决策程序，创新民主治理机制”，村级决策议事严格执行“四议两公开”，建立年初申报实施审批制度，已审批完成重大事项89件。持续抓好“两新”组织党建工作，对全镇在册的21个合作社、18个企业进行摸底，运营5家企业、1个合作社，建立联合党支部1家，下派党建指导员13名，推动党的组织全覆盖。深入实施“温暖工程”，落实党内激励、关怀、帮扶机制，修订完善“四老”人员管理办法，加大对困难党员和弱势群众的资助，落实“四老”人员、特困户、高龄老人、军烈属等补贴资金的发放工作。抓好“访惠聚”驻村工作，通过发放征集卡、入户走访、梳理报告单等多种形式，征集到群众困难诉求和意见建议291条，已全部协调解决。加大远程设备利用率，以农牧民需求为主，强化培训，分期分批组织学习；狠抓远程教育示范点建设，打造远程教育示范点2个，以点带面推动全面开展。

2021年安集海镇各村基本情况表

表8

序号	村名	党总支（支部）书记	村委会主任	总户数（户）	总人数（人）	年末耕地面积（公顷）	年末牲畜存栏（头/只）	集体收入（万元）
1	安集海村	黄　勇	黄　勇	430	1268	460	4650	147.02
2	王家渠村	黄继俊	王延友（任至9月） 段文彬（9月起任）	336	1108	400	4080	23.3
3	古道村	许尔伟	窦保廷（任至9月） 李卫飞（9月起任）	436	1395	710	6100	172
4	交通新村	阿巴斯江（维吾尔族，任至9月） 马俊林（回族，9月起任）	陈功勇（任至9月） 马文革（9月起任）	363	1257	420	6960	127.4
5	夹河子村	赵友翠（女）	赵友翠（女）	609	1899	840	6320	323.11
6	古树村	高思彬	胡宽亮	461	1520	1400	8100	225.78
7	和谐新村	王玉全（任至9月） 李　强（9月起任）	王宗明（任至9月） 李新会（9月起任）	456	1350	700	4450	80.63
8	双旗村	刘　玲（女）	刘　玲（女）	419	1325	467	4860	89.75
9	农庄村	陈少华（回族）	陈少华（回族）	680	2276	976	4600	125.58
10	和平新村	车成果（回族）	刘宝成	545	1480	414	6030	80.4
11	元兴宫村	刘建强	段风军（任至9月） 陈　明（9月起任）	731	2201	1902	6850	85

（杨　燕）

乌兰乌苏镇

【概况】沙湾市乌兰乌苏镇位于市区以东19千米，东距石河子5千米，石河子机场位于该镇南部，连霍高速（G30）和国道312线横穿而过，交通十分便利。乌兰乌苏系蒙古语，地名意为“红色的水”，因其地处宁家河口洪积冲积扇中部，是宁家河、石头沟等山水河流潴水区，流水和潴水皆为红色，故得此名。乌兰乌苏是丝绸之路新北道上一个重要驿站，更是清军平定准格尔叛乱之后的重要驿站。1994年9月13日，经自治区民政厅批准乌兰乌苏撤乡建镇。2021年，乌兰乌苏镇下辖13个行政村，辖区总面积153平方千米，年末总人口18030人，耕地总面积7067公顷。2021年，乌兰乌苏镇获第十一批全国“一村一品”示范村镇、“全国模范司法所”、“自治区先进基层党组织”、“自治区第八次民族团结进步模范集体”等称号。

【经济综述】2021年，乌兰乌苏镇不断优化种植结构，全镇农作物种植棉花4393公顷，比上年减少482.3公顷；玉米1266.7公顷，比上年增加176.2公顷；小麦播种面积200公顷，与上年持平；加工番茄226.7公顷，比上年增加76公顷；蔬菜528公顷，比上年增加288公顷；辣椒180公顷，比上年增加52公顷；红薯等其他作物共93公顷，比上年减少16.7公顷。完成植树造林139.6亩，种植各类林果树4530棵。改建规模化养殖合作社、养殖场4家，养殖鸡26.1万羽、牲畜2.4万余头（只）。建立“共赢制”农民土地股份合作社29家、入股土地面积3467公顷、占流转土地面积的75%，建成自治区级农民专业合作社4家、地区级4家，新型农业经营主体不断壮大。全镇具有特色“富硒”农产品加工企业4家、家庭农场1个、具有特色产业、地域文化、民族风情的“农家乐”15家，农村“庭院经济”发展活力不断激发。农机化水平不断提高，推广应用拖拉机卫星导航无人驾驶技术设备26台，拖拉机保有量1443台，大型工程机械82台，安装大型工程机械卫星定位控制终端设备18台，农具保有量达2143架。棉花、小麦、玉米等大宗农作物机耕率、机播率达100%，机收率达95%。农村集体经济不断壮大，全镇共有机动地1920公顷，收取承包费1221万元，较上年增长45%。全面落实各项农业补贴政策，2021年发放2020年棉花补贴4161万元，小麦、玉米等耕地地力补贴87万元，农机具购置补贴135万元，为全镇57户2844公顷草场发放国家草畜平衡奖补资金255990元。全面推行农业政策性保险5067公顷，为农户挽回1507公顷213.59万元损失。

2021年8月24日，乌兰乌苏镇富硒红薯开始采收

【民生建设】 2021年，乌兰乌苏镇实现新增就业127人，农村富余劳动力转移就业1651人，城镇零就业家庭保持24小时动态清零，城镇登记失业率控制在3.5%以内。加强职业技能培训，组织开展地区建筑领域职业技能培训275人、市人社局电子商务职业技能培训15人、市技工学校各类培训105人次，努力做到“培训一人，就业一人”。全年累计发放农村低保生活补贴金1314436元、城镇低保金44184元、五保生活补贴金152200元、高龄补贴202680元。全年发放农村及退役士兵生活补贴金1759659.61元。扎实推进居民养老保险工作，完成养老保险缴费3832人、医疗保险缴费10611人，完成生存认证3379人。健全控辍保学机制，强化“两基”工作，着力从源头减少留守儿童，全镇中小学辍学率均为0。持续推进全民免费健康体检，加强医务人员管理培训，提高体检质量；完成免费健康体检10539人，体检率100%。加大人口和计划生育法律法规政策宣讲力度，加强对1422户享受计划生育奖励扶助资金动态监测，开展专项资金清理清查，全面开展免费孕前优生健康检查35对。加强农村人居环境整治，投资50余万元购买薰衣草、月季、玫瑰等花卉和灌木，对主干道路两旁、房前屋后、庭院内外进行绿化，栽植风景树6.67公顷；累计投入资金100余万元，调运大型机械100余台，拆除危旧房屋180余套，清理垃圾500余吨；全镇13个村队巷道内墙面进行统一规划，绘制1.5千米文化墙，铺设人行道3千米，修补残垣断壁5千米；投资20余万元购置150盏灯箱，对全镇进行亮化，完成绿化带改造提升2.5千米。

2021年7月15日，石河子大学医学院第一附属医院青少年生殖健康科普基层医疗综合服务专家在乌兰乌苏镇开展义诊

【宣传思想】 2021年，乌兰乌苏镇紧扣“学习宣传贯彻习近平新时代中国特色社会主义思想”重大主题，突出庆祝中国共产党成立100周年重要主线，抓好文化润疆、党史学习教育、重大主题宣传、新时代文明实践所（站）建设等重点工作，不断开创宣传思想文化工作新局面。深入实施文化润疆工程，持续推进宣传文化阵地建设，投资30万元改造提升镇区新时代文明实践站（所），加强志愿者服务队建设，注册志愿服务队伍14个，有志愿者315人，开展志愿服务活动1800余场次；持续办好村史馆、图书

室、文化室，绘制文化墙、感恩墙等，打造占地120平方米的老榆树村林则徐史馆，已收集到老物件150件；持续开展群众性文化活动，开展以“我们的节日——文化进万家”为主题的活动30余场（次）；深化兵地文化交流，联合举办“永远跟党走·乌兰乌苏镇庆祝中国共产党成立100周年暨民族团结进步表彰”文艺会演、“学党史·兵地文墨丹青颂党恩”书法交流以及“庆祝中国共产党成立100周年”“兵地融合、守望相助”等活动10余场（次）；借助“学习强国”平台，推送并采用特色稿件5篇，做到内宣外宣、网上网下，全面立体开展宣传。

【民族团结】 2021年，乌兰乌苏镇坚持贯彻落实党和国家民族法律法规和方针政策，营造平等、团结、互助、和谐的民族大团结良好氛围，促进各民族共同团结奋斗，共同繁荣发展。深入开展“民族团结一家亲”和民族团结联谊活动，全镇结亲干部102人共走访300余人次，为群众解决困难诉求13件，捐款捐物1.1万元；创新民族团结进步创建活动形式，打造老榆树新村、黄家梁新村民族团结进步创建示范点，大力推进“六进”活动，积极评选民族团结进步“好村民”6349人、“好家庭”2154户、“好干部”66人、“好巷道”174个、“好科室”16个、“好商铺”54户。全面贯彻党的宗教工作基本方针；坚持保护合法、制止非法、遏制极端、抵御渗透、打击犯罪，坚持新疆伊斯兰教中国化方向，积极引导宗教与社会主义社会相适应；依法治理非法宗教活动，巩固深化去极端化成果，促进宗教领域和谐稳定。加强驻村管寺管理。坚持以入户宣讲为契机，加强政策法律法规宣传，增强信教群众明辨是非、抵御宗教极端思想渗透的能力，引导信教群众树立正行正信的思想，将宗教人士和信教群众紧密团结在党和政府周围。

【党的建设】 2021年，乌兰乌苏镇坚持把党的政治建设摆在首位，依托理论学习中心组学习、党员干部夜校、“主题党日”、“党员红色教育基地”等，采用“集中+自学”“远程+实地指导”等方式，深入学习习近平新时代中国特色社会主义思想、新时代党的治疆方略、中共十九届六中全会精神等，持续抓好党员干部政治理论学习。持续强化“抓好党建是本职、不抓党建是失职、抓不好党建是渎职”的理念，发挥“关键少数”作用，落实班子成员“1+2+X”责任制，加强党建干部能力提升，开展包村指导，与第一书记、支部书记谈心谈话35人次。坚持把党建履职情况纳入镇村两级干部实绩考核，混编村队与“访惠聚”工作力量，实行“工作互促进、业绩共捆绑”机制，推行互学互促“流动红黑旗”，形成层层抓党建的工作格局。着力提升党的组织力，下大气力解决基层组织软弱涣散问题，实现水磨沟村、城庄子村成功“摘帽”。深化拓展“星级化”创建，推行党组织评星定级、党员评星定格。加强党员积分制管理，推行流动党员年审制，完善无职党员设岗定责，落实“四审四谈”制度，发展党员48人。全面落实“1+2”文件精神，强化运用“选育带用管”机制，选优配强“一村一名大学生”13人；建立“四位一体”帮带机制，动态储备村级后备干部63人；组织参加专题培训、挂职锻炼、学历提升50人次。依法依规选举产生新一届村“两委”班子成员119人，为镇村发展储备了一支忠诚干净担当的高素质干部队伍。突出党建引领，召开座谈会30余次，研究制订乡村振兴发展方案，建立五年发展项目库。推行“党支部+合作社+农户+企业”产供销一体化经营模式，发展富“硒”农产品加工业，创造经济收益510万元，带动就业200余人；推行村级重大事项申报审批制度，构建“镇党委+镇财经领导小组+包村领导+第一书记+党支部书记”监督体系，专项清理集体土地1600亩，增加村集体收入50余万元；制定壮大村集体经济效益奖励机制，激励干部积极主动作为。深入推进党风廉政建设，严格落实《党委（党组）运用监督执纪“第一种形态”实施办法》，运用“第一种形态”提醒谈话12人。专项开展“三资”提级监督，打造村级示范点1个，发现“三资”管理问题46个、问题线索2个，已立案查处；解决政策咨询、纠纷调解等问题125件。深化作风建设，开展干部作风专项督查12次，通报批评机关站所村干部6人，提醒谈话15人。成立村干部作风专项整顿小组，对水磨沟村、王家梁村基层基础、干部作风、财务管理等开展专项整顿，清理清查村队历欠52万元，开展党员党性教育集中座谈4场（次）。保持查办案件高压态势，案管室转办线索15条，其中立案7人、结案4件、移送审理2件；了结5件，初核3件。召开廉政建设动员会、推进会4次，开展家风家教宣传会1次，组织开展干部任前廉政谈话3次，不断提高党员干部政治意识及纪律意识。扎实开展巡察整改监督工作，开展专项督查15次，对整改进度较慢、态度不端正的村党支部书记下发任务通知书9份，提醒谈话5人。

2021年乌兰乌苏镇各村基本情况表

表9

序号	村名	党总支（支部）书记	村委会主任	总户数（户）	人口数（人）	年末耕地面积（公顷）	年末牲畜存栏（头/只）	村集体收入（万元）
1	头浮新村	杨维康	庄震浩（9月起任）	662	1805	576.83	14899	105.32
2	皇宫新村	刘　勇	马　云（回族，9月起任）	784	2018	667.28	2219	63.87
3	城庄子新村	鲁世兵	鲁世兵（9月起任）	410	1055	521.67	1383	141.22
4	黄家梁新村	刘　强	梁建新（9月起任）	700	2063	1283.41	3430	288.36
5	水磨沟新村	侯东来（任至8月） 雷怀恩（8月起任）	摆成贵（回族，9月起任）	688	1947	569.13	22513	36.17
6	老榆树新村	陈兴东	陈兴东（9月起任）	889	2540	889.03	10137	360.86
7	乌兰乌苏村	马彦军（回族，任至9月） 马俊忠（回族，9月起任）	马俊忠（回族）	324	950	212.78	131233	8.5
8	王家梁村	杨鹤翔	朱　军（任至9月） 庄文建（9月起任）	227	674	437.47	442	153.86
9	苏家庄村	宋建军（任至9月） 苏春江（9月起任）	苏春江	363	983	294.57	2239	16.16
10	下四宫村	梁　明	梁　明（任至9月） 杨金花（女，9月起任）	322	907	302.27	3396	32.65
11	小庙村	齐加军	邓来兵（任至9月） 齐加军（9月起任）	353	920	332.35	942	51.62
12	下三宫村	林建和	王建成（9月起任）	287	799	288.35	33109	13.14
13	三宫店村	何贵明（回族，任至8月） 李沅芃（8月起任）	艾尔西丁·艾合买（维吾尔族，任至9月） 玉散江·阿义甫（维吾尔族，9月起任）	395	1369	360.01	4039	92.02

（关　兵）

四道河子镇

【概况】 沙湾市四道河子镇位于古尔班通古特沙漠南缘，距沙湾市区45千米，省道201线穿境而过。1965年12月，由东风人民公社分为东风人民公社、四道河子人民公社、柳毛湾人民公社。1968年，四道河子公社更名为东方红公社。1978年重新恢复四道河子公社名称。1984年四道河子人民公社改建四道河子乡，2000年改为建制镇。下辖21个行政村，辖区总面积420平方千米，耕地总面积20466公顷、林地面积573公顷、草场面积707公顷，主要种植棉花。辖区总人口16896人，其中汉族13122人，占总人口的77.6%；回族1800人，占总人口的10.7%；哈萨克族1183人，占总人口的7%；维吾尔族642人，占总人口的3.8%；其他民族149人，占总人口的0.9%。先后荣获“全国文明村镇”“中国民间艺术之乡”“全国群众体育活动先进集体”“全国科普惠农先进单位”“全国乡村青年文化建设先进单位”“全国经济普查先进单位”“自治区级文明乡镇”等国家级、自治区级称号。

【经济综述】 2021年，四道河子镇按照“稳粮、优棉、强畜、扩种、促果蔬、兴特色”思路，做优做强现代农业。严格按照“稳面积、稳产量、稳政策”要求，全年完成冬小麦播种面积6625亩，超额完成上级分配任务；科学实施粮食作物绿色高质高效行动和重大病虫害防控工作，鼓励群众优先采用种肥分离式播种技术，有效提高小麦出苗率和保苗率，全镇冬小麦产量平均达520公斤/亩，产量再创新高。按照“六统一”模式建成优质机采棉试验田1333.33公顷；推进棉花产业供给侧结构性改革，主导成立棉花产业社企联盟，成立专业合作社7家，入股土地1333.33公顷，成立家庭农场76家，入股土地1520公顷；全年棉花种植面积14533.33公顷，籽棉亩产450公斤。大力推广农业综合机械化，大马力北斗导航系统精准耕作、约翰迪尔CP690型采棉机使用、无人机应用普及率达80%以上。全镇拖拉机保有量2779台，农具保有量6486台，农机总动力达13.2万千瓦。新报3个村队（三个庄子村40公顷、许家庄村1333.33公顷、草湖村533.33公顷）农业基础设施类高标准农田建设项目，智慧农业贡献率不断扩大；推广节水工程，投入资金170万余元，对各村地表水和地下水首部连同，提升抗旱救灾能力；投入资金98万元，新修三个庄子村斗渠长2.8千米。因地制宜发展特色种植、养殖业，结合地理区位优势，以棉花产业为主导，兼有少量特色种植、养殖业。种植特色甜瓜90.8公顷、山药130.31公顷、蟠桃2.67公顷、葡萄3.33公顷、葫芦27.13公顷，依托众兴合力、八户、天益禾等农民专业合作社建立示范种植基地，借助电商平台，扩增优质销售渠道，进一步推广优质品牌产品。以家庭式养殖为主，发展特色养殖，年末牲畜存栏羊11680只、牛2186头、猪232头、鸡1299羽、鸭60羽、鹅105羽。围绕群众“菜篮子”“果盘子”工程，有效利用闲置庭院94.53公顷，80%的农户在自家庭院种上玉米、搭起葡萄架、栽植苹果树。2021年，农业生产喜获丰收，农民家庭经营收入10.03万元，同比增长24.3%；农民专业合作社经营收入1183元，同比增长21.6%；农业收入7.21万元，同比增长2.4%；牧业收入6889元，同比增长15%。巩固脱贫攻坚成果同乡村振兴有效衔接，认真组织开展两轮防止返贫监测和动态监测摸排工作，全镇“两不愁三保障”均达标。树立乡村建设典型示范，新修主干道围墙1.05万米，新建“小公园、小广场、小游园”9处，打造许家村至镇区5.9千米处和北沙沟村至三岔坪村8.3千米处两条绿色通道，点亮巷道路灯209盏，新修防渗渠道0.5千米，庭院硬化整治1.2万平方米。预计投资360万元，打造常胜西村红色电影院和新时代文化实践站、四道河子西村村史馆和党史馆、八分地村文化康养活动中心示范点，示范点完成整体设计。同时，通过以点扩面的方式，引领周边村队积极为乡村振兴助力，完成农田防护林建设面积41.33公顷，完成率73%，成活率60%。坚决打赢村容村貌美化战，通过不断宣传和定期检查评比，形成每月逢“1”全员参与的环境卫生整治良好制度。组织集中开展环境卫生整治232次，投入资金2209.78万元，投工投劳2.3万人次，清理转运生活垃圾、粪污2691吨，清理沟渠9.28万米，拆除残垣断壁1.3万米。科学确定农村户用厕所改厕模式，做到“两有两化四防”，全年摸排厕所5631户，新建卫生厕所217户。

【民生建设】 2021年，四道河子镇全年完成养老保险征收缴费5088人，完成率73%。为115人申请60岁到龄人员养老金102万元，清理系统内待遇暂停发放380人。完成低保户、五保户、孤儿特殊人员享受国家医疗补贴身份认定141人；新增医疗保险53人，暂停65人。完成三类户数据维护9315人。农村富余劳动力转移1744人，办理就业创业证29人，申请灵活就业保险补贴21人。发放高龄津贴279人13.22万元、孤儿补助2人1.5万元、五保供养补助44户45人21.74万元，发放城市低保4户6人、农村低保44户72人补贴资金26.15万元，申请照料护理补贴47户47人，补贴资金共计3.04万元；宣传计划生育相关政策，统计已婚育龄妇女1555人，综合避孕率达84.88%，长效避孕率达71.38%，药具应用率100%。本年度新增农村奖励扶助户52户、少生快富户2户、自治区特别扶助2户、自治区少生快富14户，并已录入系统。开展计生协艾滋病日、元旦、“三八”妇女节等节假日宣传活动16场次，受教育群众1000余人次。按照上级部门要求，严格落实属地管理责任，全面摸排辖区内适龄儿童432人，均已入校；按照开学复课“六到位”要求，做好开学复课期间疫情防控各项工作。完成全民健康体检6456人。多次邀请住建局专家到镇进行房屋鉴定，鉴定后积极动员群众拆除危房、旧房共264栋，申请需改造自建房住户28户，新建7栋抗震安居房。全力保障和改善民生，提高全镇各族群众幸福指数。

【宣传思想】 2021年，四道河子镇把意识形态宣传教育纳入中心组学习首要政治任务，通过上党课、谈心谈话、民主讨论等多渠道筑牢意识形态防线。坚持把党史学习教育作为贯穿全年的一项重大政治任务抓牢抓实，创新制作党史知识每日一学微视频100期，不断将全镇党史学习教育推向高潮。利用学习强国、人民网等国家媒体拓宽宣传渠道，信息被沙湾市零距离采用10篇、被沙湾新闻采用8条、被塔城零距离采用7篇、被《塔城日报》采用13篇、被中新网采用25篇、被石榴云采用1篇、被《新疆日报》采用2篇、被学习强国采用2篇。依托新时代文明实践所、站等平台，开展志愿服务400余场次，服务群众4700余人。充分发挥“清风行动”、“扫黄打非”专项工作，严防热点重点问题被恶意炒作发酵走偏，为庆祝中国共产党成立100周年营造良好的舆论氛围。

【民族团结】 2021年，四道河子镇开展结亲走访4轮，开展各类民族政策宣传9场次，累计发放宣传单1800余份、制作板报7块、悬挂横幅12条，举办《中华人民共和国宪法》知识讲座5期，受教育群众达700余人次；先后举办“民族团结杯”篮球比赛、农民运动会等民族团结联谊活动16场次，有力促进了各民族间广泛交往、全面交流、深度交融。扎实开展民族团结进步创建活动，制作永久性横幅50余条，绘制民族团结文化墙6面，制作专题宣传板报37块；坚持典型带动，深入推进“细胞工程”，先后选树民族团结先进个人8人、先进集体5个、民族团结进步好科室（站所）5个、好巷道40个、好家庭419户，民族团结示范基地4个。选优配齐驻村管寺干部，严格落实“七进两有”“九配备”制度，确保宗教活动依法、有序。2021年，基层干部和驻村干部宗教工作业务培训66场9636人次，开展“四项活动”98场次，发放慰问金28016万元。

【党的建设】 2021年，四道河子镇全年共召开党委会议4次、党建工作例会5次、党建工作协调推进会11次，深入落实两级书记抓党建述职评议整改工作，对照三个清单，坚持真抓真改贯穿全年。聚焦“1+2”文件精神，强化村党组织领导核心地位，健全完善“一支部三中心”组织框架，科学统筹、整合配置村级各类组织和各类人员。全面贯彻落实两个“条例”，用好“互学互促”“双向排名”“奖优罚劣”，激发村队学先进、赶先进、当先锋、作表率的内在动力。抓实发展党员工作，2021年，共发展党员48名，储备正式党员1056名。组织开展农牧民党员“双联双亮双述一服务”活动，建立103名党组织班子成员和564名党员联系群众的结对帮带关系，864名农牧民党员挂牌亮户，结合设岗定责承诺事项121个，承诺办实事好事143件，收集群众困难诉求135件，及时解决130件。充分发扬民主，严格程序贯穿换届工作始终，顺利推选产生镇第八届党员代表60名，镇第七届人民代表54名，新一届村“两委”班子成员139人。积极推进“党支部+合作社”，召开推进会3场次，下发章程规范21册，采取“确股、确权、不确地”的经营模式，带动农户142户，平均分红达1200—1500元/亩，探索出了一条“党建富民”的新路子。全年开展相关业务培训309场次，协助参与化解各类矛盾纠纷59条，在“我为群众办实事”实践活动中办实事好事1675件，发放慰问金28016元。深入推进党风廉政建设和反腐败工作，将党风廉政建设责任制列入党委工作的重要议事日程，与业务工作同研究同部署同落实。落实党委书记每半年听取领导班子成员履行“一岗双责”情况，领导班子成员听取分管站（所）、村（队）党风廉政建设工作情况汇报。以“零容忍”的态度，坚持有案必查、有腐必惩。截至2021年年底，移交上级交办问题线索2件，本级处置问题线索31件，结案6件，给予党纪政务处分16人，组织处理13人。对全镇445名委员和党员代表人选进行了换届廉政审查，从源头上把好基层干部“入口关”。结合党史学习教育、以案促改专题民主生活会、第二十三个党风廉政教育月活动开展各类学习教育，引导广大党员干部带头遵规守纪，不断增强规矩意识和纪律意识。完成地委第五巡察组对镇党委开展的巡察反馈意见3个方面11个问题，及时督促村队完成市委巡察反馈问题整改工作。

2021年四道河子镇各村基本情况表

表10

序号	村队名称	党总支（支部）书记	村委会主任	总户数（户）	人口数（人）	年末耕地面积（公顷）	年末牲畜存栏（头/只）	集体收入（万元）
1	许家庄村	魏生强（10月起任）	魏生强	181	500	297.09	313	45.35
2	高头庄村	张学国	张全仁（任至5月） 张学国（10月起任）	159	461	218.97	28	117.81
3	四道河子新村	冯金宝（蒙古族）	李如刚（10月起任）	456	1216	216.23	475	68.23
4	上野地新村村	丁学军（回族）	丁学军（回族，10月起任）	191	580	182.67	788	51.86
5	野地庄村	丁志海（回族，任至4月） 马天水（回族，7月起任）	丁志海（回族，任至6月） 撒文俊（回族，9月起任）	324	924	272.48	750	118.47

续表10

序号	村队名称	党总支（支部）书记	村委会主任	总户数（户）	人口数（人）	年末耕地面积（公顷）	年末牲畜存栏（头/只）	集体收入（万元）
6	四道河子西村	杨青山（任至9月） 尹爱民（10月起任）	许方成（10月起任）	546	1593	616.1	1486	366.39
7	八分地村	吴献民（任至9月） 邓香玲（女，10月起任）	高立元（10月起任）	255	642	173.62	1489	237.53
8	李家庄村	李长忠（任至6月） 姜婷（女，7月起任）	郑天军（任至9月） 李　磊（10月起任）	145	366	134.81	401	64.7
9	油坊庄子村	尹万忠（副书记）	闫继军	210	567	192.06	125	87.6
10	杨家道村	王　刚（任至9月） 赵齐文（10月起任）	孙建新（任至9月） 赵齐文（10月起任）	99	278	159.32	177	75.15
11	常胜西村	蔺宏儒（任至7月） 李春旺（8月起任）	李春旺（8月起任）	498	1310	461.43	416	166.37
12	常胜东村	李国荣（任至7月） 吉　学（8月起任）	李国荣（10月起任）	474	1299	430.98	382	327.54
13	沙包村	王生贵（任至6月） 张仁元（7月起任）	张仁元（10月起任）	93	257	87.37	151	157.96
14	河滩村	哈力别克·阿合曼（哈萨克族，任至7月） 杨建忠（8月起任）	包兰·胡沙英（哈萨克族）	106	298	609.3	873	96.25
15	农胜村	刘志辉	刘志辉（10月起任）	768	2208	559.36	1719	403.33
16	三岔坪村	吕东文	杨　丽（女，10月起任）	270	688	375.28	1038	188.47
17	永胜村	贾瑞亮	杨守贵（任至9月） 贾瑞亮（10月起任）	202	581	189.36	1572	156.69
18	渠边新村	王德川（任至9月） 郭磊江（10月起任）	张　桥（任至9月） 郭磊江（10月起任）	308	849	217.33	467	206.07
19	下八户村	王金虎（任至9月） 司俊强（10月起任）	李广荣（任至9月） 李　伟（10月起任）	341	907	360.49	304	71.21
20	龙口村	叶尔胡马尔·托乎提拜（哈萨克族，任至9月） 胡尔买提·阿林（哈萨克族，10月起任）	叶尔胡马尔·托乎提拜（哈萨克族，任至9月） 沙那提·哈勒汗（哈萨克族，10月起任）	78	240	666.7	434	432.3
21	下沙门子村	俞中山	俞中山（任至9月） 赵邵华（10月起任）	126	390	474.49	720	254.23

（石　娜）

老沙湾镇

【概况】 沙湾市老沙湾镇位于沙湾市以北45千米处，呼克公路S201线横穿境内。1929年，沙湾县城由小拐迁至老沙湾乡政府驻地；1950年，沙湾县人民政府成立，仍驻老沙湾；1956年，沙湾县城由老沙湾迁至三道河子镇。老沙湾镇辖区总面积540平方千米，总人口13902人，其中汉族12432人、维吾尔族599人、回族438人、哈萨克族298人、蒙古族45人、俄罗斯族10人、东乡族41人、其他民族39人。下辖17个行政村，耕地面积17600公顷，以棉花种植为主，山药、小麦、玉米等作物为辅。2021年，建成老沙湾镇史馆、萨瓦里文化广场，建成文化彩门10余座，打造老沙湾镇“圣碗福地、农耕古镇、作家摇篮”文化品牌。先后荣获“全国乡村治理示范乡镇”“地区民族团结进步示范单位”等称号。

【经济综述】 2021年，老沙湾镇坚持以农民增收为目标、市场为导向，持续深化供给侧结构性改革，宜棉优棉，引导促进棉花种植向小麦、山药、玉米、药材等作物种植转变。以“稳粮、优棉、强畜、抓特色产业”为思路，鼓励引导村民调整优化产业结构，运用“党支部+合作社”“企业+基地”模式推动农产品生产提质增效，2021年，申报家庭农场40个，推荐地区级示范家庭农场8个，种植冬小麦498.4公顷、棉花17400公顷、春小麦28.07公顷、玉米24.47公顷、山药38公顷。鼓励引导村干部解放思想，宜棉优棉，完成智慧棉田建设666.67公顷，实施高标准农田建设项目610公顷，投入资金982万元；打造优质棉基地1233.33公顷。农业机械保持快速增长，各类农机具14308架，使大型农业机械作业成为现实。全面推进畜牧业整体发展，全镇共计养殖牛889头、羊12140只、猪1229头、鸡2万余只，包虫病，防疫密度82.43%。加强落实生态护林员政策，修建“林长制”公示牌18个，新栽防护林10.6公顷，新建绿色通道5千米。进一步加强农村财务、土地规范管理，清理国有土地2800公顷，收取国有土地承包费1001.63万元，村集体土地收入5273.96万元。

【民生建设】 2021年，老沙湾镇始终坚持以人民为中心的发展思想，坚持民生优先，持续推进各项惠民工程，不断增强各族群众的获得感、幸福感。多渠道促进就业创业，做好就业失业登记证的发放、管理及就业援助对象认定工作，转移农村劳动力1407人，城镇就业113人，办理就业失业登记证30人。全面完成全民健康体检任务，加快补齐医疗短板，全镇17个村均已配备卫生室和村医。采取多种方式积极推动惠民政策宣传，加快推进城乡居民养老保险、医疗保险政策全覆盖。办理到龄人员发放手续2210人、死亡销户领取丧葬费103人，追回待遇98384.04元；申请灵活就业保险补贴17人，城乡居民医疗保险、大病保险参保率达95%。完成自治区“少生快富”8户、农村部分计划生育家庭奖励扶助制度128人、特别奖励扶助制度6人的年审工作。做好社会救助工作，按照“应保尽保、规范运作、分类施保、动态管理”要求，对新申请的低保户严格按照申请、核查、公示、上报程序进行办理，并实行“动态管理”。加强双拥优抚工作，维护优抚对象的合法权益，及时、足额、打卡发放各种定补和抚恤金，为优抚对象解决吃饭、就医、住房“三难”问题。全镇享受残疾人“两项补贴”共177人，80岁高龄补贴260人。

【宣传思想】 2021年，老沙湾镇按照“五有”标准，完善镇村两级文化中心配套设施，先后投入16万元打造萨瓦里文化广场、镇史馆，已收藏老物件400余件，接待党员群众观摩8000余人次。推进“农家书屋”规范化，创建大梁坡村、老沙湾村、魏家庄村“民族团结农家大院”，为各民族共居、共学、共乐提供重要载体。采取群众喜闻乐见的有效方式，推动社会主义核心价值观融入农村，成立道德礼仪讲师团、道德评议会、孝善理事会，开展道德礼仪“六进”，向群众普及道德礼仪知识，定期评选十星级文明户、文明家庭等，已评选好婆婆、好媳妇、好公公共30人。以“圣碗福地、农耕古镇、作家摇篮”为载体，以“创新路子、搭建平台”为推手，加大培育“换上演装能上台、挽起裤腿能下地”的“四支队伍”，让群众在文化活动中得到熏陶，增长见识，凝聚共识。充分发挥农村文艺队的宣传带动作用，以中国共产党成立100周年为契机，传承“红色基因”，以“圣碗福地、农耕古镇、作家摇篮”为载体，举办“庆建党百年 忆红色初心”“建党杯”党员拔河比赛、“学党史 悟思想 践行动”“建党杯”党员篮球比赛、感恩党送祝福、我与党旗合个影、“感党恩 庆丰收”庆祝2021年中国农民丰收节等一系列有历史、有文化、有情感、有活力的文体活动10余场次，参加1500余人次。扎实推进农村“厕所革命”摸清全镇农村厕所底数和问题户厕底数，共摸排户厕5258个、常住户数3295户、旱厕2323座、水厕2551座、长期有人居住的宅院2022座。截至2021年年底，共改厕1929座，其中享受财政支持的1625座，卫生厕所普及率达到95%。持续推动院里院外“六件事”，充分动员各族干部群众自觉主动清理道路两侧、巷内巷外、房前屋后杂草及闲置不用的土堆、砂石堆、粪堆、柴草堆等，加大力度清除各类小广告，共清理林带71千米、生产生活垃圾3400余吨、沟渠131千米。

【民族团结】 2021年，老沙湾镇以铸牢中华民族共同体意识为主线，推动新时代党的民族工作高质量发展，紧扣“共同团结奋斗、共同繁荣发展”主题，深入推进民族团结进步创建活动。着力打造“同呼吸、共命运、心连心”民族团结示范林10个；常态化推进“民族团结一家亲”和民族团结联谊活动，本镇结亲干部共318人，结亲群众累计318户，充分利用中华民族传统节日开展一系列的联谊活动，通过举办百家宴、农牧民运动会、广场舞大赛、秧歌社火等群众喜闻乐见的活动，使民族团结之花在老沙湾镇常开长盛；通过在重要节日积极开展走访、举办民族团结联谊活动等增进感情，使“三个离不开”的思想深入人心，打牢民族团结进步群众基础；坚持以现代文化为引领，促进民族大团结，增强文化认同，引导村民认真学习科学文化知识，崇尚科学精神，自觉防范和抵制宗教极端化思想。

【党的建设】 2021年，老沙湾镇有2个村级党委、43个基层党支部，党员910名。2021年，镇党委开展中心组学习20次，党建工作领导小组学习5次，各级党组织开展学习130余次，党建知识测试3次，开展党员干部大轮训4轮900余人次，提升了全镇党员干部的理论水平。圆满完成村“两委”换届工作，配齐配强村“两委”班子特别是村党支部书记，着力提高基层党组织引领发展、服务群众的能力和水平，现有党总支书记17名，其中党总支书记、村主任“一肩挑”4人，村“两委”班子报考提升学历人员23人；深化发展党员“四个一”工作机制，发展党员51名。以“五个依托”（学党章、戴党徽、唱党歌、上党课、缴党费）为抓手，增强广大党员干部的政治认同、身份认同、情感认同、组织认同、理论认同；推行片区座谈交流会制度、实施清单化管理，积极推行第一书记抓党建工作清单，基层党建责任清单，定期组织观摩学习和“互学互促”，召开访惠聚工作例会9次，督促“访惠聚”驻村工作队落实“七项重点任务”，以点带面全面提升基层组织建设工作水平。采取广宣传、严联审、强保障，联系培养村级骨干人才74人，着力提升农村乡土人才数量和质量。加大对后备干部的培养，培养后备干部72名。规范“星级化”创建，把村级组织“星级化”创建活动与基层组织建设、“访惠聚”驻村工作、村队“三个中心”工作职责等深度融合，形成“党委主管、驻村工作队主帮、村级党组织主抓、群众主体”的创建格局，研究制定《老沙湾镇“星级化”档案收集建立指引图》，村队星级化创建更加规范。结合实际，将示范村队与4个软弱涣散党组织进行结对共建，整合组织、纪检、综治及各站所力量组建专班，深入村队帮助指导软弱涣散党组织开展整顿工作。2021年，4个软弱涣散基层党组织已全部摘帽。继续推行“六项制度”管理办法，对基层管理操作人员进行量化考核，考核结果与绩效工资挂钩，选优配强村级远程教育终端接收站点管理员。加强党风廉政建设，2021年，镇纪委共处置线索19件，初核了结线索3件，立案审查15件，现已结案14件。

2021年老沙湾镇各村基本情况表

表11

序号	村名	党总支（支部）书记	村委会主任	总户数（户）	人口数（人）	年末耕地面积（公顷）	年末牲畜存栏（头/只）	集体收入（万元）
1	八坪口村	郑延福	朱光亮（任至10月） 郑延福（10月起任）	214	607	914.07	1820	393.88
2	白家庄村	杨亚军（任至10月） 雷建江（10月起任）	方如军（任至10月） 胡生友（10月起任）	231	643	1052.93	4309	320.93
3	红山庙村	邓序寿（任至10月） 侯东林（10月起任）	马序寿	135	351	418.67	1120	27.18
4	东渠村	石学东（任至10月） 潘多荣（10月起任）	侯建新（任至10月） 卢小龙（10月起任）	151	410	675.33	140	225.66
5	林家庄村	李新泉（任至10月） 张俊廉（10月起任）	张俊廉（任至10月） 郑云花（女，10月起任）	169	452	634.07	1200	179.37
6	窟窿湾村	秦荣林（任至10月） 杨雪刚（10月起任）	秦荣林（10月起任）	114	327	429.6	887	102.09
7	黄沙梁新村	潘竞宝	何文强（10月起任）	427	1171	1382.93	1170	383.25
8	十坪口新村	保世武	王　磊（10月起任）	299	905	1574	706	198.18
9	芦湾新村	王　刚	温福军（10月起任）	253	728	1669.16	7789	530.55
10	胡家海子新村	吴　军（任至9月） 郑　健（10月起任）	李宗祥（10月起任）	347	522	729.59	158	152.6
11	胡家渠新村	赵艳丽（女，10月起任）	伊学春（10月起任）	356	932	1013.43	310	282.79
12	老沙湾新村	雷建江（任至9月） 高　扬（10月起任）	杜正燕（10月起任）	596	1656	1443.37	4761	506.76
13	包家庄新村	时利尚	何建章（10月起任）	434	1192	1215.21	2723	386.29
14	头沟新村	雷文强	雷文强（10月起任）	402	1108	1231.63	640	667.62
15	南梁新村	高国军	姚树功（10月起任）	156	463	792.87	1477	228.01
16	渠西新村	侯弼前	林国虎（10月起任）	167	501	913.93	1375	308.73
17	大梁坡新村	樊玉新	郭德峰（10月起任）	322	942	1223.80	1406	300.26

（杨秋丽）

柳毛湾镇

【概况】 沙湾市柳毛湾镇距离沙湾市56千米，东临农八师146团和147团，呼克公路S201线横穿境内。辖区面积174.6平方千米，耕地面积9794.38公顷。全镇有4个行政村、19个自然村。全镇人口8196人，共有13个民族，其中汉族7603人，占92.8%；回族298人，占3.6%；维吾尔族167人，占2%；哈萨克族101人，占1.2%。柳毛湾镇解放前属沙湾第一区。解放后建立皇渠、居士堂、肃州户三乡。新中国成立后，属沙湾区皇渠乡。1956年，与农8师146团调换土地，全乡移至皇渠上部的柳毛湾地区。1958年，属东风公社。1966年，析置柳毛湾公社。1979年，商户地大队从柳毛湾公社析出成立商户地公社。1984年，改柳毛湾乡。1999年12月，撤乡建镇。

【经济综述】 2021年，柳毛湾镇制定乡村振兴工作实施方案，4个新村分别制定“一村一策”方案及计划，明确时间表和路线图。全镇完成总播面积9794.38公顷，其中棉花9667.98公顷、小麦125.84公顷、玉米0.53公顷。完成冬小麦压种面积91.03公顷。全镇棉花参保9817.01公顷、小麦参保125.84公顷。严守“三条红线”，严格落实“井电双控”制度，全年农业地下水用水总量为2663.5万立方米，农灌地表水用水总量为842.3万立方米，均在总量控制范围。推动农业可持续发展，回收残膜9200公顷。发展特色林果业，种植沙棘12.8万棵。新购农业大中型机具82台、导航系统5套，全镇农业机械动力保有量1574台，其中采棉机80台、各类农具4450台（架），大型工程机械73台，农业机械总动力达69860瓦。拓宽农民增收渠道，发展庭院养殖109户、3.83公顷，发展庭院种植1358户、68.9公顷，其中种植蔬菜类37.21公顷、饲草料类13.13公顷、经济作物10.1公顷、林果1.13公顷、其他作物7.33公顷。截至年底，全镇有规模以上工贸企业1家、棉花加工企业8家、滴灌带厂8家、农机制造厂1家。持续整治人居环境，全镇坚持落实每月逢“5”环境卫生整治工作制度，评选镇级“最美人家”18户、村级“最美人家”432户次，整治“最邋遢人家”432户次。开展集中整治工作，拆除危旧房屋13栋，拆除旱厕361余处、乱搭乱建660余处，清理残垣断壁4.6千米、沟渠1.2千米、畜粪167吨，清理乱堆柴草180余处、垃圾21处。推进环境美化、绿化建设，种梅花草36000棵，植树造林83.07公顷；投入资金约117万元实施绿化管网工程，美化亮化绿化村容村貌，整治环境卫生。大力实施厕所革命，全镇共摸排厕所3439个，其中旱厕1292个、水厕1821个、简易茅厕326个，每个村打造3户示范户，共新建卫生厕所309座。

【民生建设】 2021年，柳毛湾镇在全镇范围内开展防止返贫致贫监测工作，共排查2735户、7576人，“两不愁三保障”均全面达标。落实惠民政策，新建抗震安居房2栋，柳毛湾镇A级房屋1151栋、B级房屋450栋，均达到安全住房要求。严格执行“一卡通”惠农补贴绿色通道，发放棉花目标价格改革补贴1251户8183.2万元，发放最低生活保障补助99户19.6万元，发放特困供养人员补助15户4.95万元，发放农村籍退役士兵补助32户24.8万元，发放大型水库移民补助40户2.4万元，发放80岁以上老人高龄生活补助共139户2.5万元，发放农村籍重度残疾人两项补贴共95户8万元、“四老”人员补贴68户32.3万元。开展技术人才就业培训，组织参加市级建筑领域培训83人、电子商务培训6人、疫病防治培训4人。转移富余劳动力960人次，新增就业人员130人，实现富余劳动力就近就地就业501人。

【宣传思想】 2021年，柳毛湾镇研究制定《柳毛湾镇宣传思想工作绩效考核管理办法》，严格落实月例会、月通报、月推进制度。全方位立体式做好外宣工作，利用新媒体传播拓宽宣传渠道，在学习强国、人民网等国家媒体刊发4篇，在中新网、《新疆新闻联播》、天山网、石榴云等自治区级媒体刊发29篇，在塔城地区行政公署专网、《塔城日报》《塔城零距离》等地区级媒体刊发12篇，在沙湾融媒体、沙湾好地方、《沙湾零距离》《沙湾新闻》等市级媒体刊发51篇。结合乡村振兴制作微视频50余个，打造主题巷道300米，绘制文化墙400平方米。广泛开展志愿服务活动，分别建立镇村两级新时代文明实践所、站，打造新时代文明实践基地3个，成立志愿服务队5个，注册全国志愿者735人，开展志愿服务活动350余场（次）。弘扬中华优秀传统文化，组织开展柳毛湾镇“诵诗忆党史·奋进新征程”主题朗诵比赛2场次，开展“永远跟党走·舞出新生活”中国共产党成立100周年文艺会演1场次，开展“永远跟党走·红色七月”送文化下乡暨学习贯彻习近平总书记“七一”讲话精神进万家活动，深入村队、企业开展文化演出6场次，受益群众2300余人。组织开展文明家庭、身边好人、好媳妇、好婆婆、美丽庭院等先进典型评选活动，全镇共评选“最美人家”18户、“最美商铺”6户、好婆婆19人、好媳妇19人、最美柳毛湾人5人。沙门子新村探索开展“婆媳互夸会”“好妯娌·好邻里”分享会等活动，引导群众向上向善、孝老爱亲、勤俭持家、爱护环境，让社会主义核心价值观根植人心。弘扬和践行社会主义核心价值观，不断激发乡村文化活力，绘制党史学习教育、乡村振兴战略、中华优秀传统文化、社会主义核心价值观等主题文化墙400平方米、展板20余块。

2021年7月20日，柳毛湾镇开展学习贯彻习近平总书记“七一”讲话精神进万家活动

【党的建设】 2021年，柳毛湾镇共有3个党委、4个总支、29个基层党支部，有党员506名。2021年，柳毛湾镇不断深入推进党建“七个一”制度落实，召开全体会议1次、专题研究党建工作2次、党建工作例会4次、党建工作协调推进会11次，向市委报告党建工作情况2次、向全体会议报告党建工作1次，组织开展党建工作述职评议考核1次。深入贯彻落实自治区党委“1+2”文件，圆满完成第三届村“两委”换届工作，选优配强村级干部61人。加强政治理论学习，规范开展“三会一课”“党旗映天山”主题党日等组织生活，深入学习十九届六中全会、第三次中央新疆工作座谈会、“四史”等。党委中心组理论学习24次，轮训党员干部245人。坚持示范引领，打造皇渠新村红色股份、沙门子新村“支部+合作社”、汇民渠新村规范程序提升发展党员质量、柳毛湾新村网格化管理等党建示范点。皇渠新村获自治区先进基层党组织荣誉称号。加强队伍建设，全镇26名村干部参加学历提升，其中5名已毕业。组织参加市级后备干部培训7人次，镇级村干部培训13人次。按程序选拔后备干部21名，新发展党员38人。抓实“访惠聚”驻村工作，入户走访群众9000余次，收集群众困难诉求98件，办结98件。慰问群众340户，发放慰问品折合2.2万元，办实事好事38件。

2021年柳毛湾镇各村组情况一览表

表12

序号	新村	村组	新村党总支部书记	新村村民委员会主任	党支部书记	总户数（户）	人口数（人）	年末耕地面积（公顷）	年末牲畜存栏（头/只）	集体收入（万元）
1	柳毛湾新村	柳毛湾组	王成宝（任至7月）张芳（8—9月任），王建兵（10月起任）	王成宝（任至9月）王建兵（10月起任）	王成宝（任至9月）王建兵（10月起任）	316	860	951.72	1616	327.67
2		板桥组			张　芳	158	393	488.30	420	203.26
3		秦家渠组			陶天立（任至9月）叶尔扎提（10月起任）	240	610	795.91	802	276.71

续表12

序号	新村	村组	新村党总支部书记	新村村民委员会主任	党支部书记	总户数（户）	人口数（人）	年末耕地面积（公顷）	年末牲畜存栏（头/只）	集体收入（万元）
4	汇民渠新村	叶家庄组	高艳芳（7—9月任）李彬（10月起任）	赵和善（10月起任）	高艳芳（任至9月）朱才贵（10月起任）	208	551	588.87	290	221.02
5		陶家庄组			范　勇（任至9月）高艳芳（10月起任）	221	617	603.66	448	142.49
6		新户组			刘建兵（任至9月）成文兵（10月起任）	146	399	602.28	131	306.40
7		汇民渠组			师怀刚（任至9月）马　超（10月起任）	117	301	600.13	351	405.54
8	皇渠新村	葫芦峪组	马存刚（任至9月）贡献（10月起任）	贡献（10月起任）	王　岩	156	494	634.34	601	290.74
9		王家庄组			王月军（任至9月）赵正才（10月起任）	111	277	262.18	558	22.10
10		头坪组			郭建兵（任至9月）贡献（10月起任）	199	527	453.86	279	62.49
11		窦家庄组			闫新兵（1-2月任）孙金义（10月起任）	125	332	399.94	98	195.70
12		皇渠组			赵　江（10月起任）	125	425	440.39	166	84.57
13		二坪组			窦世强	126	317	257.85	60	85.88
14	沙门子新村	徐家庄组	朱保军（1—7月任）吴小英（8月起任）	卢占福（任至9月）吴小英（10月起任）	卢占福（任至9月）林军敏（10月起任）	102	280	216.56	112	48.45
15		杨家湾组			杨成云（1-5月任）吴小英（10月起任）	120	325	303.52	402	129.17
16		雷家庄组			朱保军（任至9月）徐　森（10月起任）	141	359	845.25	363	612.79
17		皇渠庙组			王　毅（任至9月）师怀刚（10月起任）	94	271	508.06	87	370.41
18		刘家庄组				78	215	349.43	—	176.42
19		沙门子组			吴小英（任至9月）朱保军（10月起任）	89	244	492.13	438	306.40

（兰月龙）

金沟河镇

【概况】 沙湾市金沟河镇位于天山北麓中段，准噶尔盆地南缘，金沟河冲积扇平原，沙湾市以东5千米，由于位于金沟河河畔而得名。新中国成立初，金沟河隶三道河子乡，1958年人民公社化时，三道河子乡建为城镇人民公社（后改名为红旗公社），金沟河公社为兴奋和红星两个大队。1975年，该公社的大泉大队和红星大队的部分析出建大泉公社，兴奋大队和红星大队的东部仍名红旗公社。1978年红旗公社更名为金沟河公社。1984年金沟河公社改建为金沟河乡。2001年5月金沟河乡撤乡建镇。金沟河镇下辖15个村和1个社区（阔克塔勒社区），2021年年末总人口15658人，其中汉族7320人，占46.75%；回族5478人，占34.99%；哈萨克族1718人，占10.97%；维吾尔族902人，占5.76%；其他民族240人，占1.53%。行政区域总面积为101.51平方千米，耕地面积8411.4公顷。2021年，全镇实现农林牧渔业总产值53066.89万元，比上年增长16.6%。实现农牧民人均纯收入21860元，较上年增加1819元。2021年主要农产品产量：粮食19998吨、薯类288吨、油料109吨、棉花34227吨、甜菜4120吨、辣椒25585吨、番茄23416吨、瓜果类397吨、其他作物13557吨。

【经济综述】 2021年，金沟河镇播种面积8411.4公顷，其中棉花5620.26公顷，平均单产6090千克/公顷；玉米1267.47公顷，平均单产14250千克/公顷；小麦262.3公顷，平均单产5805千克/公顷；辣椒682.27公顷，平均单产37500千克/公顷；番茄195.1公顷，平均单产12万千克/公顷；其他作物384公顷。持续做好农业科学技术推广和服务工作，举行农技培训班13场（次），发放农科资料1000余份。持续加强畜禽良种繁育、饲草料保障、动物疫病防控等工作，抓好动物免疫和疫病防控工作，全镇牲畜年末存栏37522头（只），其中牛8307头、羊26768只、猪2042头、马35匹、驴80头、鹿14头、犬276条。完成植树造林面积10.44公顷，办理林木采伐证41个，核实林权证280个，栽植防护林1.29万棵，村巷道绿化种植风景树1.52万棵，新发展庭院经济986户，栽植各类经济林果1.1万棵。全镇病虫害发生面积10.27公顷，病虫害发生率0.75%，有效防治面积10公顷，防治率达96%。全镇有大中型农机1258台、大中型农机具6987台、小型拖拉机755台、小型农机具2870台。全面推进土地清理和水权水价综合改革，完成水资源征收238.7万元，安装井电双控155套。2021年，全镇农作物参保面积7390公顷，收取保费150万元，理赔450余万元，完成土地租赁金收缴1000万余元。确定金沟河镇2021—2025年度巩固拓展脱贫攻坚成果同乡村振兴有效衔接项目库项目210个，其中基础设施类项目186个、产业类项目24个。

2021年8月15日，自治区农牧业专家到金沟河镇下村助力访惠聚促进乡村振兴专项活动

【民生建设】 2021年，金沟河镇常态化设立就业信息推送平台，全年推送就业岗位200余个，高校毕业生就业率达100%，转移富余劳动力1435人。累计发放低保、五保、临时救助、高龄津贴、残疾人“两项补贴”等保障资金297.53万元，惠及899人。强力推进暖心惠民工程，投入1500万元推进泉水沟村和金沟河村1000公顷高标准农田建设项目，投入2515万元实施泉水沟村、金沟河村、洪沟村优质棉基地建设项目，投入2100万元建设二道湾村、宋圣宫村基础设施建设项目。建成16个标准化村级卫生室，启用镇卫生院门诊楼，完成居民免费健康体检9648人，覆盖率达100%；为辖区居民建立家庭健康档案13474人次，有1515名老年人接受健康管理，发放宣传资料8000余份，举办健康知识讲座83期，公众咨询活动101次；对450余名儿童进行脊髓灰质炎的疫苗补充免疫工作，各种疫苗的接种率达到95%。持续加大教育基础设施投入力度，投资200万元维修改造镇中心校学生宿舍和教师周转房，义务教育学校办学条件持续改善。落实教育惠民政策，发放各类教学助学金8.4万元，惠及学生45人次。

2021年8月27日，金沟河镇二道湾村乡村振兴下水改造项目施工现场

2021年6月28日，金沟河镇举行“礼赞建党百年　唱支红歌给党听”红歌比赛

【宣传思想】 2021年，金沟河镇把学习宣传贯彻中共十九大、十九届中央历次全会精神和中央第三次新疆工作座谈会等内容作为重中之重，大力开展“宣讲+”工作，受教育群众5.5万余人次。积极做好疫情防控宣传教育工作，利用村队大喇叭、流动宣传车在各个巷道持续播放疫情防控相关知识及政策，并借助微信、QQ、抖音等网络平台，大力转发“沙湾融媒”“沙湾网信”等发布的消毒液配比、核酸检测医疗机构名单、居家自我保护方法等，向群众及时宣传疫情防控相关政策和措施；全镇参与疫情防控志愿者329人，为群众办好事实事1192件，解决群众困难1080件。充分调动各单位及广大群众的创建热情，把文明创建活动与改陋习、树新风，倡导文明健康生活方式，与遵守城市管理、维护公共秩序等结合起来，形成全民参与、人人创建的浓厚氛围。打造宋圣宫村和二道湾村2个新时代文明实践站示范点，开展新时代文明实践志愿服务105次，召开“爱心行”志愿服务活动1次，举办“助力脱贫攻坚”宣讲比赛1场。加强农村环境整治，调动农民主观能动性，各村共清理垃圾、粪污10238余吨，动用机械582台次，投入人力23020人次，清理沟渠93.66千米，清理残垣断壁82处3312米，拆除危旧房屋24栋。新建安居富民房34栋，完成墙体刷白13355平方米，建成文化墙380.6米，投资103万元，完成道路硬化11.8千米、修补路面76处；已建成美丽庭院示范户125户，新建和改建厕所491座。

【党的建设】 2021年，金沟河镇共有25个基层党支部、612名党员。加强党员教育管理，以远程教育、党员微信群等为载体，着重抓好农村党员的理想信念教育；结合中国共产党成立100周年庆祝工作，对50年以上党龄的11名党员进行表彰。完善修改党员承诺、设岗定责2次，农村党员联系群众350户，完成党员户挂牌348个。以市委党校+乡镇党校联合办学模式，完成327名村“两委”成员、农村党员5天集中大轮训，对不能参加集中学习的90名年老体弱党员和流动党员，采取微信送学、上门送学等方式，做到学习全覆盖。大力推行“书记项目”，借助乡村振兴进一步摸清土地现状，为推进土地清理整合“小并大”“多并连”工作奠定基础，金沟河镇土地交易平台已搭建完成并入网投入使用。严格按照管理办法和标准对“四老”人员进行管理，完善“四老”人员档案，按时发放补贴，解决好“四老”人员的政治生活待遇。把发展村级集体经济作为硬任务，建立村级集体经济发展责任制，明确责任和奖惩措施，2021年全镇村集体经济收入达6363.26万元，增长13%以上，阔克塔勒社区实现收入240万元。扎实开展“访民情、惠民生、聚民心”活动，围绕“访惠聚”“1+2+5”工作任务，通过常态化入户、结亲、结对扶贫等形式，面对面开展宣讲23375人次，化解矛盾纠纷83件，治理安全隐患321个，联系培养入党积分子47人；帮扶一般困难群众499户，落实入户项目1173

户；精准发力为群众办好事实事，工作队帮助新建滴灌项目1个，维修文化广场，为农户发放灭火器等。发挥访惠聚工作员兼职远程操作员、村远程操作员、镇远程专干作用，指导督促各村严格落实远程教育站点管理员职责、教学管理制度、设备操作规范、学员考勤、安全管理制度，组织党员干部群众开展“农村科技实用技术”“民法典”等各类视频讲座，受教育群众达3万人次。做好换届选举工作，2021年村“两委”换届选举职数共96个，平均年龄42.8岁，比上届下降4.3岁，圆满完成换届选举各项工作任务。坚持一手抓反分裂斗争、一手抓党风廉政建设和反腐败斗争，严格执行中央八项规定及其实施细则，全面落实党风廉政建设主体责任，从严执纪监督问责。对全镇15个村开展“三资”审计和“三资”监督检查，检查中发现问题49个、问题线索15条，党政纪立案6条。

2021年金沟河镇各村基本情况表

表13

序号	村名	党总支（支部）书记	村委会主任	总户数（户）	人口数（人）	年末耕地面积（公顷）	年末牲畜存栏（头/只）	集体收入（万元）
1	南五宫村	刘兴虎（任至5月） 刘军德（5月起任）	王爱霞（任至9月，女，回族，代理村主任） 王强荣（9月起任）	423	1240	813.3	3801	95.01
2	二道湾村	许尔威（任至5月） 古丽努尔·依拉洪（5月起任）	殷建荣	555	1524	410.24	1364	143.16
3	兴奋村	许志明（任至9月） 张建武（9月起任）	畅金林（任至9月） 毛伟忠（9月起任）	411	1217	884.97	953	177.93
4	宋圣宫村	穆建辉	穆建辉	409	1057	889.14	1106	122.7
5	南头道河子村	李桂芝（女）	马福贵（回族）	575	1631	607	5044	35.4
6	东戈壁村	冯万新	冯万新	109	304	199.66	228	27.88
7	曹家坡村	马德华	练新德（任至9月） 马丽英（9月起任，女，回族）	315	865	495.87	1480	140.5
8	泉水沟村	马林奇（任至9月，回族） 周雪娟（9月起任，女）	任明先（任至9月） 周雪娟（9月起任，女）	333	866	474.65	6520	24
9	金沟河村	外力汗·阿布得（任至9月，哈萨克族）丁文举（9月起任，回族）	丁文举（9月起任，回族）	297	876	762.89	2846	51.5
10	沙河子村	孟里中（任至9月） 陈　冰（9月起任）	马立雄（任至9月，回族） 张东立（9月起任）	330	947	842.71	2324	68.98
11	北头道河子	王汉福（回族）	苏有明（任至9月，回族） 王汉福（9月起任，回族）	496	1402	559.46	2695	59.29
12	三道湾村	张万龙（任至4月） 巴吾尔江·布哈了汗（4月起任，哈萨克族）	赵喜全（任至9月） 付秋菊（9月起任）	238	645	422..27	2230	84
13	南干渠村	杜新成	马正仓（回族）	207	666	407.55	3052	50.5
14	洪沟村	刘军德（任至5月） 王卫雄（7月起任）	张小民（任至9月，回族） 阿依恒（9月起任，哈萨克族）	217	605	479.26	1174	57.8
15	柳树沟村	马文兵（回族）	马海龙（任至9月，回族） 买天云（9月起任，回族）	337	988	705.65	2705	35.4
16	阔克塔勒社区	杨振虎（任至4月） 王亚伟（4月起任）	王亚伟（4月起任）	270	331	573.4	17053	—

（沙晓娟）

东湾镇

【概况】 沙湾市东湾镇位于南部山区，距沙湾市48千米，海拔890—1150米，境内交通便利，石南公路横贯其中与312国道相通。东湾镇原属博尔通古辖区，中华人民共和国成立后属石河子区（第四区）东湾乡。1956年改属牛圈子区（第五区），仍名东湾乡。在农业合作化高潮中，成立金湾、东风、金河、先锋4个初级农业生产合作社。1958年，成立先锋人民公社，驻地东湾。1978年更名为东湾人民公社。1982年12月改建东湾乡。1995年6月撤乡建镇，成立东湾镇。全镇共有19个行政村，其中牧业村3个。全镇总面积417平方千米，其中耕地4866.67公顷、林地400公顷、草场80933.33公顷、次生林200公顷。总人口10520人，由汉族、哈萨克族、回族、维吾尔族等15个民族组成，其中汉族人口占52%、少数民族人口占48%。

【经济综述】 2021年，东湾镇完成总播面积4890.13公顷，种植冬小麦224.8公顷、饲料玉米3168公顷、制种玉米1366.33公顷、春小麦47.47公顷、苜蓿66.67公顷、其他农作物16.87公顷。积极推进现代畜牧业发展，加快标准化养殖小区建设，打造高标准养殖小区2个。依法加强村集体土地发包监管，规范发包农村集体土地797.07公顷，公开发包村集体机动地442.59公顷。2021年全镇农村集体经济总收入372.3万元，较上年增长3.7%。完成政策性农业保险参保作物3260.34公顷，全年获得理赔保款658080元。全力推进厕所革命，新建户厕191座。抓好植树造林工作，开展“我要认领一棵树”绿色公益活动，先后在镇区种植300余棵白蜡、5200棵榆树。加强水利管理，计收水费水资源费602.34万元。大力发展庭院经济，稳步推进“党支部+合作社+农户”经营模式，依托百佳养殖专业合作社生产经营优势，大力发展禽蛋产业，加大土鸡养殖，推广真空大盘鸡打包项目；依托润年、海润养猪合作社，拓宽流通高品质绿色猪肉销售渠道。在全镇范围内推广种植阿魏草、甜食玉米等特色品种，带动庭院经济提质增效。创建属于本地的农副“土特产”品牌，各村因地制宜制定庭院经济方案，围绕庭院种植、养殖提高收入，加大宣传，鼓励群众搞庭院旅游。发展休闲旅游业，依托东大塘景区和101省道网红公路等旅游景观和地位优势，卡子湾“红色”烈士墓地、“农机博物馆”，发展牧家乐、民俗产业，鼓励村民发展庭院休闲观光，种植绿色蔬菜、推广无公害畜禽、蛋奶产品，游客采摘购买带动庭院经济发展。以田家庄村、卡子湾村为中心，带动周边村队以美丽庭院为基础，发展观光、庭院蔬菜采摘，家什窑村发展度假休闲、牧家乐、民宿等庭院服务产业，成功举办“乡约·家什窑”活动，吸引游客观光旅游8000余人次。积极培育新型农业经营主体，培育发展农民合作社41家，其中农业合作社3家、农资合作社1家、种植合作社21家、农机合作社1家、养殖合作社13家、刺绣合作社2家。

【民生建设】 2021年，东湾镇始终将保障和改善民生作为重中之重，幼有所育、学有所教、病有所医、老有所养、弱有所扶取得新成绩。坚持教育惠民，围绕创建教育强县目标，抓好双语教育、认真落实国家义务教育“免费制”，小学入学率达到100%，辍学率为0，升学率达到100%。落实学前教育三年行动计划，学前三年适龄幼儿入园率达到100%。坚持医疗惠民，注重提高服务能力和业务水平，门诊就诊10100人次，建立健康档案人数达到10320人，进一步巩固城乡居民医保参保率，不断扩大受益面，城乡居民医疗保险完成收缴95%以上。高度重视全民健康体检工作，有序组织开展全民体检，全民体检完成率达65%。认真落实农村计划生育家庭奖励扶助政策，全镇出生人口政策符合率达100%，出生人口统计准确率达100%，人口和计划生育整体工作水平全面提升。清理清查1992年以来违法生育21例，违法生育21户（立案率100%），结案21例（结案率100%）。坚持社会保障惠民，认真抓好大中专毕业生、失业人员和农村富余劳动力转移就业工作，完成农村富余劳动力转移就业1100人，城乡居民医疗保险人员7724人，城乡居民养老保险4458人，认真贯彻落实做好五保户、农村“四老”人员、退役复转军人保障制度，已落实农村低保户211户277人（城市低保8户10人）的低保金发放工作，及时保障了困难群众的基本生活。2021年累计发放各项国家惠农财政补贴资金1905户379.8943万元。

【宣传思想】 2021年，东湾镇坚持抓好“关键少数”，做到宣传对象精准，定期开展党委中心组学习，将第三次中央新疆工作座谈会、自治区党委、地委和市委重要会议精神作为学习重要内容，做到凡是自治区党委、地委召开的会议第一时间传达学习。全年开展党委理论学习中心组专题学习19次，撰写发言材料126篇，观看教育影片8次。强化网络安全教育，开展业务培训2场（次），搜集各类新闻线索10余条，制作短视频约10余条，转发正面信息15500余条。开展中国共产党成立百年永远跟党走、唱红歌颂党恩主题党日、红色经典诵读等文化活动，参与2000余人次，为各村农家书屋配发各类图书89本，下东地村被自治区评为全区“扫黄打非”示范点。广泛开展志愿服务活动，全镇共注册志愿团体20个，注册志愿者700余人，组建志愿服务分队27支，其中特色分队8支，在创建文明乡镇、人居环境整治、美丽乡村建设、民族团结创建、疫情防控、安全生产等工作中参与志愿服务达3000余人次，组织开展新时代文明志愿服务活动1000余次。

【党的建设】 2021年，东湾镇高度重视基层党组织建设，严格落实“七个一”工作机制，党委换届后及时调整党建工作领导小组，召开党建工作专题会议5次、党建领导小组办公室会议9次、工作例会9次、专题培训5次，对党建基础业务工作、村干部队伍建设、“访惠聚”工作、换届工作等重点任务进行专题部署。进一步加强党员教育管理，分批次选派33人到市委党校培训学习。完成农牧民党员集中培训337人，上门送学38人，不断提升党员干部的思想素质和理论水平。按照“控制总量、优化结构、提高质量、发挥作用”总要求，有序做好发展党员工作；发展党员33名，确定入党积极分子10名，吸收入党申请人33名，组织参加市级发展对象培训班7期33人。压实班子成员包村责任，到村指导参加组织生活会、党员评议、“党旗映天山”、主题党日等活动，落实双重组织生活制度，共组织讲党课29场（次）。党员领导干部结合“七一”走访慰问工作要求，共走访慰问生活困难农村“四老”人员12名、生活困难党员3名、南疆任职干部家属2名，各发放慰问金500元。依规依纪依法开展审查调查，运用执纪监督“四种形态”，坚持抓早抓小，始终坚持把纪律挺在前面，全年镇纪委立案9起，结案5起，党纪处分5人，组织处理2人。

2021年东湾镇各村基本情况表

表14

序号	村名	党总支（支部）书记	村委会主任	总户数（户）	人口数（人）	年末耕地面积（公顷）	年末牲畜存栏（头/只）	集体收入（万元）
1	东湾村	于永明	王建国	183	465	197.47	275	26.95
2	串庄子村	司俊建（任至9月） 张学成（10月起任）	张学成（9月起任）	153	416	291.97	670	14.86

续表14

序号	村名	党总支（支部）书记	村委会主任	总户数（户）	人口数（人）	年末耕地面积（公顷）	年末牲畜存栏（头/只）	集体收入（万元）
3	上东地村	张国辉	张国辉（任至9月） 杨延玲（10月起任）	125	389	414.25	1630	49.86
4	卡子湾村	谭西龙	卢海元（任至9月） 谭西龙（10月起任）	264	746	360.02	6730	61.93
5	胡家庄村	严志杰（任至1月） 姬　刚（2月起任）	姬刚	162	462	172.22	1678	10.26
6	田家庄村	屈志勇（任至8月） 张新海（8月起任）	屈志勇（任至8月） 王小兰（10月起任）	120	329	167.95	838	29.07
7	张家庄村	张华文（任至8月） 屈志勇（9月起任）	李文虎（任至9月） 王吉奎（10月起任）	124	382	237.18	1545	45.2
8	下戈壁村	董建华（任至9月） 康新军（9月起任）	康新军	191	542	343.48	2630	31.05
9	下东地村	罗刚	李会明（任至9月） 罗　刚（10月起任）	179	542	434.2	1630	42.86
10	夹山子村	武东恩（任至9月） 胡吉顺（9月起任）	加依达尔·扎汉（哈萨克族）	256	732	347.53	1860	32.55
11	阔克萨孜小组	—	—	307	856	447.93	2190	—
12	西地村	苏建荣（任至6月） 赛尔木拉提·贺那亚提（7月起任）	叶尔包里·许汉（哈萨克族，任至9月） 居马别克·努尔木哈买提（哈萨克族，10月起任）	266	849	395.56	3310	0.3
13	潘家庄村	闫学龙（任至9月） 韩金凤（10月起任）	闫学龙（任至9月） 韩金凤（10月起任）	81	213	176.87	435	23.46
14	宽沟村	木拉提别克·买买提（哈萨克族）	木拉提别克·买买提（哈萨克族）	98	284	141.04	1530	8.2
15	双桥村	芦金生（任至9月） 王　海（10月起任）	芦金生（任至9月） 王　海（10月起任）	86	198	107.66	560	25.74
16	南湾村	于晓辉（任至9月） 王恒阔（9月起任）	哈斯铁尔·阿布都热合曼（哈萨克族，10月起任）	209	529	211.15	1830	21.56
17	青山村	胡军年（任至9月） 王志新（10月起任）	王志新	175	463	173.74	1970	10.34
18	傢什窑村	沙合达提·哈山（哈萨克族）	哈纳提·阿合西（哈萨克族）	190	481	64.38	5238	10.15
19	宁家河村	居马地力·吐尔地（哈萨克族）（任至6月） 哈依沙尔·哈地里别克（哈萨克族）（7月起任）	哈则孜·合孜尔（哈萨克族，任至9月） 哈依沙尔·哈地里别克（哈萨克族，10月起任）	134	428	99.51	4245	—
20	东山沟村	努尔哈孜·吐马尔别克（哈萨克族）（任至4月） 杨中山（7月起任）	木合塔尔汉·玛里克（哈萨克族，任至9月） 沙里塔那提·居玛哈里（哈萨克族，10月起任）	154	393	78.27	4165	5.46

（龙懿翔）

西戈壁镇

【概况】 沙湾市西戈壁镇地处天山北麓，距沙湾市38千米，辖19个村、4个社区。全镇总面积1250.7平方千米，耕地9000公顷，草场12.2万公顷；总人口5719户15157人，由13个民族构成，其中汉族4269人，占28.16%；哈萨克族9118人，占60.15%；维吾尔族65人，占0.42；回族1364人，占8.99%；东乡族234人，占4.54%；其他民族107人，占0.7%。有“四老人员”105人。镇域主要以种植业和养殖业为主，是农牧并重、农牧结合发展经济的乡镇。在金沟河东岸曾有八户农牧户居住，故称八家户。1974年，此地成为沙湾市知识青年农场。1978年，原农场改为沙湾市青年农场。随着知青返城、此地逐渐随着迁移人口增加形成一个自然村队，1984年，撤销公社建制原青年农场更名为八家户乡。1958年，成立西戈壁公社，因西戈壁公社位于戈壁滩，水资源缺乏，随着人口增加，1975年上级下派工作组，修建了西干渠，1976年成立西戈壁乡，1995年撤乡建镇，八家户乡和西戈壁乡合并为西戈壁镇，2018年12月牛圈子牧场并入西戈壁镇。

【经济综述】 2021年，西戈壁镇按照“稳粮、强畜、扩种、促果蔬、兴特色”思路，科学调整农业种植结构，持续壮大粮食主导产业，扩大玉米种植，大力扶持发展安全、绿色、富硒、有机农产品。全镇种植小麦2000公顷、玉米4666.67公顷、各类经济作物400公顷，实现节水滴灌覆盖面积8666.67公顷。引进日处理300吨玉米的烘干厂2家、日处理500吨玉米的烘干厂1家。持续推动辖区内宁家河、金沟河灌区水利基础设施建设，改造提升支渠灌溉能力，新建防渗渠6千米、维修干渠170千米。现代畜牧业快速发展，积极引进西门塔尔、新疆褐牛、巴什拜、阿勒泰大尾羊等疾病少、生长快、易饲养、肉质好、效益高的养殖品种，畜群结构不断优化，年末牲畜存栏达7.24万头（只），出栏率达85%，商品率达80%。培育发展特色农（牧）家乐24家，从事旅游相关产业的农村劳动力527人。积极动员各村开展植树造林，完成造林23.62公顷，建造绿色通道4000米。大力发展庭院经济，引导群众在庭院种植苹果、葡萄、草莓等特色林果和糯玉米、有机蔬菜，组织村民对前庭后院进行整治，推动庭院标准化建设；以农村家庭庭院为阵地，建设文化大院、红色庭院、幸福大院等特色庭院，新建文化大院、红色庭院2个。

【民生建设】 2021年，西戈壁镇新增城镇就业120人，实现农村富余劳动力转移就业1101人。加强职业技能培训，参加建筑领域培训人员460人、电子商务参加培训人员8人、保安培训29人。西戈壁镇把农村人居环境整治作为一项重要任务常抓不懈，调动广大农牧民对村内乱堆乱放、积存建筑垃圾、生活垃圾、禽畜粪便进行集中清理，共拆除危房20户，清理沟渠47千米，粉刷树木15千米。认真落实河湖长制，及时摸排河周边农业、企业污染源、河岸垃圾污染等污染源，各河段定期定人清理污染物。加强水源地保护，安装保护区围栏围网1000米，标识标牌12块。加大示范村项目建设推进力度，投入1200万元完善白滩村基础设施建设，完成13.63千米村队巷道防渗渠及坡道修建，完成中心路以南人行步道改造3760平方米，中心路以北人行步道改造完成2820平方米，下水管网改造项目完成5292.4米，检查井完成175座，安装路灯200盏。

【宣传思想】 2021年，西戈壁镇抓实党委中心组学习和党员干部集中学习，探索创新党委中心组学习形式，用好各类网络学习平台，开展中心组学习18次、领导班子撰写发言材料198篇，调研报告12篇，组织机关干部开展集中学习61场（次）。抓好“学习强国”学习情况，全镇580名党员干部参与平台学习，活跃党员数450人以上。加强村级文化阵地建管用，曾家庄村、庙台子村、北山村、五道沟村投入36万元进一步完善文化阵地。全镇已建成农家书屋20个，共有图书1.5万多册。开展“永远跟党走”群众性主题宣传教育活动，全镇培养宣讲员115名，组建理论宣讲队2个、文艺宣讲队2个、冬不拉特色宣讲队1个，开展示范宣讲活动45场次，举办宣讲员比赛1场。大力弘扬时代新风，评出乡镇文明家庭75个、村级文明家庭460个，评出地区级最美家庭2个、县级最美家庭5个。积极挖掘文化能人，建立文化能人库，培养文化带头人4人、文化能人35人。开展“永远跟党走”系列文化活动，举办“永远跟党走”大型文艺活动2场（次），参与群众3000余人次。加大宣传报道力度，围绕乡村振兴特色、亮点工作，开展多形式、多角度、多层次对内对外宣传，2021年报各类信息、新闻线索89条。认真做好中国共产党成立100周主题宣传教育活动，拍摄送祝福视频5条。

【精神文明建设】 2021年，西戈壁镇充分利用村级文化阵地，丰富群众文化生活。通过开展习近平新时代中国特色社会主义思想进万家、去极端化教育、基层大宣讲等活动，不断增强群众对“四个自信”“五个认同”的认识和理解，教育引导各族群众爱党、爱国、爱社会主义。成立25个新时代文明实践站，打造“扫黄打非”示范点2个、宣传文化工作示范村队2个，申报地区级文明村队5个，“零基启动”县级文明村队4个。做好文明餐桌行动宣传教育，制作张贴“公筷公勺”海报60份，制作张贴“厉行节约，杜绝浪费”海报80份，“文明健康有你有我”为主题的公益广告300余份。开展新时代文明实践志愿活动，每周制定一个服务内容，村队根据服务菜单开展志愿服务活动。实施文化惠民工程，各村队实现文化阵地建管用，图书室实现免费开放，开展各类文化活动300余场（次）。建成自治区级文明村队2个、地区级文明村队5个、市级文明村队2个。

【民族团结】 2021年，西戈壁镇把民族团结工作摆上重要议事日程，建立并完善了民族团结工作协调会议制度，坚持定期召开专题会议进行研究。镇领导坚持包村包户，与各族群众结对认亲，掌握第一手资料，解决群众反映的热点、难点问题，总结经验，指导全镇的民族团结创建工作。将“民族团结一家亲”和民族团结联谊活动、民族团结进步创建工作纳入到各村队（社区）日常考核中，按照“季有安排，年有总结”的工作要求，每季度开展互评互查工作，确保各项工作落实。利用重要节庆、民族团结教育月精心开展主题突出、内容丰富、形式多样、寓教于乐的民族团结联谊活动，组织开展“我与亲戚庆三八”“我与亲戚学党史”“向雷锋同志学习”“我与亲戚共栽民族团结树”活动，结亲干部解决群众实际困难115件，送去慰问品清油、米、面等，总价值46980元。开展民族团结先进集体、先进个人、民族团结进步好站所、好科室、好村民、好党员、好邻居、好巷道等推荐评选活动，对2021年度评选出的2个先进集体、4名先进个人，打造的2个民族团结示范点、6个民族团结进步“好巷道”、15名民族团结进步“好家庭”、13名民族团结进步“好邻居”、15名民族团结进步“好村民”、15名民族团结进步“好党员”进行表彰。

【党的建设】 2021年，西戈壁镇优化“两委”班子结构、加强基层组织建设，切实将思想政治素质好、道德品行好、带富能力强、协调能力强、公道正派、廉洁自律、热心为群众服务、熟练掌握国家通用语言的优秀人员选拔进入村“两委”班子，实现年龄学历“一降一升”。着力建强基层战斗堡垒。优化“三个中心”设置，将驻村干部、村干部、后备力量等各支力量统筹分配至

"三个中心"设岗定责，选拔培养后备力量92名，大力实施"铸魂、固本、筑梦"三项工程，聘请市委党校教师每月对全体村干部进行2次政治理论知识集中授课，聘请专业教师对村干部计算机操作、国语能力进行专题培训，锻造一批"用得上、留得住、懂科学、有技能、会管理"的新时代基层干部队伍。严格落实"三会一课""四议两公开"等制度，扎实开展党史学习教育，开展我为群众办实事、志愿服务活动756件，"党旗映天山"主题党日活动186场（次），受教育党员群众达6000余人次。着力发展壮大党员队伍，发展党员46名，培养入党积极分子37人。着力壮大村级集体经济，对全镇集体土地进行全面清理，成立西戈壁镇农村土地交易中心，规范开展集体土地公开招投标，深化农村集体产权制度改革，规范村队"三资"管理。大力推动"党支部+合作社+农户"的新型发展模式，实现村集体和农牧民持续增收。加强"访惠聚"管理，驻村干部开展入户走访9783户次，化解矛盾纠纷58个，治理安全隐患55个；成立文艺队14个163人、绘制文化墙500余平方米；动员6000余人，拆除危房10户、沟渠32千米，粉刷树木8.5千米。持续抓好党风廉政建设，镇纪委、监察办公室处置反映问题线索14件，立案10件，其中党纪立案9件、政务立案1件、初核了结线索2件、第一种形态处理5人，全镇通报批评8人，上缴违规资金17万余元。

2021年西戈壁镇各村基本情况表

表15

序号	村队名称	党总支（支部）书记	村委会主任	总户数（户）	人口数（人）	年末耕地面积（公顷）	年末牲畜存栏（头/只）	集体收入（万元）
1	白土崖子村	马丽丽（回族，女）	哈依那尔·哈布力（9月起任，哈萨克族）	202	582	5505	2242	108.72
2	十三户村	达吾列提汉·阿斯哈热里（哈萨克族）	达吾列提汉·阿斯哈热里（9月起任，哈萨克族）	224	620	5857.9	1820	46.31
3	白滩村	翟广剑（任至9月） 也里哈力·坎吉汉（9月起任，哈萨克族）	禹　剑（回族）	284	818	7911	2730	21.31
4	夹槽子村	阿合买提汉·巴提哈孜（哈萨克族）	买尔汉·夏依多拉（任至9月，哈萨克族） 胡玛尔·撒买提（9月起任，哈萨克族）	239	716	7572	2450	74.86
5	曾家庄村	尹　红（女）	尹　红（9月起任，女）	230	556	5946.8	720	25.35
6	罗家庄村	吴德军（任至9月） 刘　勇（9月起任）	刘　勇（9月起任）	149	383	3980	585	20.21
7	庙台子村	杨树国	杨树国（9月起任）	150	371	4176	760	66.98
8	白碱台子村	黎怀华（任至9月） 哈则孜·波合那（9月起任，哈萨克族）	哈则孜·波合那（哈萨克族）	240	724	4748	1950	21.85
9	西戈壁村	刘玉玲（女，任至9月） 阿布扎勒汗·哈布勒拜克（9月起任，哈萨克族）	阿布扎勒汗·哈布勒拜克（哈萨克族）	120	332	4095	1950	157.60

续表15

序号	村队名称	党总支（支部）书记	村委会主任	总户数（户）	人口数（人）	年末耕地面积（公顷）	年末牲畜存栏（头/只）	集体收入（万元）
10	北山村	马学文（任至9月，回族） 何晓虎（9月起任）	马学文（任至9月，回族） 吴锦霞（9月起任）	202	620	6963.5	805	88.82
11	金河畔村	葛健康（任至9月） 陈清理（9月起任）	陈清理	137	358	4581.37	472	68.17
12	东山村	马红军	木拉提江·夏力扎提（任至9月，哈萨克族） 努尔木哈买提·哈皮什（9月起任，哈萨克族）	164	498	6214.3	1060	55.10
13	独山村	梁怀学	梁怀学（任至9月） 肉扎依·斯哈克（9月起任，女，哈萨克族）	176	506	4217.9	925	60.95
14	二层台子村	杨　峰（任至9月） 赵建军（9月起任）	杨　峰（任至9月） 赵建军（9月起任）	234	622	7846.3	1646	72.07
15	上八家户村	张　军（任至9月） 何　花（9月起任）	牛晓峰（任至9月） 何　花（9月起任）	245	600	6214.3	996	93.83
16	小平原村	张红宝（任至9月） 王　波（9月起任）	郭保定（任至9月） 周全定（9月起任）	105	275	4774.6	288	147.02
17	阿合德尔村	哈则孜·波合那（任至9月，哈萨克族） 努尔波拉提·阿勒布斯拜（9月起任，哈萨克族）	努尔兰·哈旦（9月起任，哈萨克族）	324	914	9168	5956	6.09
18	西河沿村	王金凤（任至9月，女） 夏清松（9月起任）	夏清松	134	374	6087.4	170	58.24
19	五道沟村	托兰·依布拉英（任至9月，哈萨克族） 萨哈提别克·合孜买提（9月起任）	萨哈提别克·合孜买提（哈萨克族）	213	632	6365	6880	24.15
20	三个泉子社区	黄志高（任至9月） 李　俊（9月起任）	李　俊	114	308	2600	1650	0
21	塔斯布拉克社区	赛尔克波拉提·阿斯力汗（任至9月，哈萨克族） 李副云（9月起任）	李副云	382	963	5756	7468	0
22	天泉社区	比毛拉·哈布地力（哈萨克族）	塔里哈提·拜都拉（哈萨克族）	404	1140	3131	9684	0
23	什巴尔塔勒社区	加尼别克·哈布尼哈吉（哈萨克族）	莫胡达尔·胡尔马什（任至9月，哈萨克族） 加尼别克·哈布尼哈吉（9月起任，哈萨克族）	253	757	692	6058	0

（曾海雪）

三道河子镇

【概况】 沙湾市三道河子镇辖区面积39.5平方千米，户籍人口4.5万人，常住人口10.6万人，流动人口9000余人，由汉族、哈萨克族、维吾尔族、回族等24个民族组成。全镇下辖14个社区、1个农场、5个站所，30个党组织，有党员1016人、社区工作人员393人，下派第六批“访惠聚”工作队队员60人（派出单位31个）。建立“镇级—社区级—网格级—居民格点级”四级网格体系，将14个社区科学划分为66个大网格、284个小网格。全镇66个三级网格共覆盖小区146个、楼栋（巷道）1231个、居民35010户87643人、重点单位136家、重点场所34处、重点要素2564个。

【民生建设】 2021年，沙湾市三道河子镇坚持就业惠民，对困难群体托底安置，累计登记失业5761人，安置就业5761人；办理就业失业登记证560人，协助开展建筑领域培训四期276人、电子商务培训班2期64人、普通电子商务培训班2期120人；联合举办人力资源招聘会2场，提供就业岗位1230多个，达成就业意向120多个。坚持社保惠民，累计开发益性岗位122个；办理城镇居民医疗保险26950人，办理城乡居民养老保险3511人；为3900余名灵活就业人员初审上报社保险补贴；为883名达到法定退休年龄城乡居民办理待遇申领，涉及金额153万元；为镇农场145名达到法定退休年龄的失地农民发放养老补助118万元。为568户877人的低保户发放低保金291.89万元。坚持暖心惠民，为440名残疾人发放各项补贴57.87万元；为540户发放冬春救助资金共20万元。为68名优抚对象发放优抚金109.89万元。坚持扶贫惠民，做好一般困难群众的动态监测，全力开展脱贫攻坚大排查。第一时间研究制定《巩固拓展脱贫攻坚成果集中排查工作实施方案》，成立以党委书记、镇长为组长，其他班子成员为副组长的脱贫攻坚集中排查领导小组。成立“1+14”工作组，即1个综合协调组，14个社区指导组。督促各社区及时制定计划、成立集中排查工作领导小组，补充精干力量，开展排查工作，以强大合力推动脱贫攻坚大排查工作高质量完成。组织社区书记、主任、工作队长、扶贫专干召开脱贫攻坚大排查工作业务培训26场227余人次，进一步提升业务知识。抽调12个明白人作为全镇审核员，分成4组，由主要领导和分管领导带队审核、复核社区采集表，确保了表格填写规范、准确。此轮共采集摸排546户1649人，涉及老沙湾路、凯旋路、乌西路、林场、沙城路、人民路、光明路、体育场路、广场路、塔城路10个社区。坚持暖心惠民，为符合政策育龄夫妇审核办理“两证”33个、生育服务证166个，完成查环查孕4850人次。利用“节水周”、“6·5”世界环境日、宣传月活动等落实绿色发展理念和生态文明建设要求，宣传禁养区养殖畜禽的危害。组织开展联合党委进社区卫生月集中整治活动并常态化开展环境卫生整治清理工作，集中清理环境卫生死角，消除牛皮癣，打扫无物业居民区卫生。不定期对所辖三包区、责任区卫生进行督查检查。推进两违清查整治，逐步按楼栋对房屋四大类30项全生命周期基本信息和管理要素进行采集，形成城镇房屋建筑基础数据。为居民审核并申请农机购置补贴，发放3户居民的机具补贴款32.31万元。扎实开展农村户厕摸排工作，摸排户数631户，摸排厕所511个，摸排发现问题250余条。开展新冠肺炎疫苗接种64652人，接种率98%。坚持安全惠民，持续推进打通“生命通道”集中治理行动，发放占压消防通道告知单100余份，张贴打通“生命通道”公益挂图5000余张，向居民群转发消防警示教育视频等3000余条。完成58个小区消防通道划线工作，共施划标线1万余米、禁停标识93个，设置警示牌58个。全力贯彻落实4月11日区、地、市三级会议精神，开展安全隐患大排查和大整治工作，排查点位529个，发现问题隐患1200余条，发现突出问题线索146条。引导居民做好“三清、三查、三关、三灭”，排查楼栋2000余栋，发现阻塞疏散通道、占压消防通道等隐患问题800余条，清理楼道及地下室内杂物30余吨，发放居民住宅安全隐患排查整改告知书600余份，完成楼院“三清”安全隐患整改300余处，排查地下室住人安全隐患19处，全部完成整改；扎实开展“安全生产月”活动，发放天然气安全知识宣传单3万余份、液化气安全知识宣传单1万余份，安全用电等宣传单2万余份，通过近200个居民微信群转发安全用气、用电、用火等灾害事故、科普视频，受教育群众9万多人。

【宣传思想】 2021年，沙湾市三道河子镇深挖辖区内涌现出来的好人好事、先进典型等，及时对接媒体，加大宣传力度，全镇外宣稿件《塔城日报》30余条、自治区新闻网站50余条。以“我的中国梦——文化进万家”活动为契机，各社区文艺队积极编排群众喜闻乐见的文艺活动，通过快板、舞蹈、歌曲、三句半、小品等形式将党的惠民政策传播给各族居民，举办文艺活动20场次。各社区新时代文明实践志愿者服务队活跃在居民小区、街头巷尾，全年累计开展清洁家园、便民利民志愿服务活动500余场次。充分利用辖区优秀党员、草根宣讲员、先进典型人物组成的宣讲团，开展社会主义核心价值观宣传宣讲15场（次）、参观红色教育基地10场（次）。履行好意识形态工作责任制，及时制订网络安全管控工作方案、网络安全宣传教育工作方案、重要节点网络应急管控调控预案。

【精神文明建设】 2021年，沙湾市三道河子镇14个社区新时代文明实践站已挂牌，相关制度均已上墙。组建15支1200人的新时代文明实践志愿服务队，开展好“万名党员当先锋”新时代文明实践志愿服务活动、“践行宗旨组团式志愿服务”活动。制作新时代文明志愿队队旗15面、新时代文明实践志愿服100余件、志愿服务帽100余顶，开展各类志愿服务活动3000余场（次）。三道河子镇14个社区成立新时代文明实践站，站牌、志愿服务工作制度、宣讲工作制度、管理制度、工作制度上墙。各社区新时代文明实践站设立新时代文明实践大讲堂，依托新时代文明实践大讲堂开展各类宣传教育讲座，暑期组织大学生志愿者为小学生开展红领巾小课堂。成立未成年人心理健康辅导站，做到未成年人心理辅导站人员组织架构上墙、制度上墙，建立未成年人心理辅导工作台账。在社区居民服务大厅设立学雷峰志愿服务站，为前来办事的居民提供饮水服务、充电服务以及针线包、医疗急救箱等便民服务项目。抓好文明实践服务，科学规划活动内容。抓好文化工作，结合重大节日、主题活动等，广泛开展群众喜闻乐见的文体活动，年初以来组织开展各类文体活动20余场（次），举办剪纸、舞蹈、手工艺等各类培训20余场（次）、培训1000余人次；积极组织各社区参加县委宣传部组织的欢乐“宅”家舞蹈大赛、欢乐“宅”家音乐会及爱国卫生运动“全家总动员”网络竞赛活动等，参加人数累计80余人；在中秋、国庆双节之际，各社区纷纷组织开展文艺演出活动30场（次）。

【党的建设】 2021年，沙湾市三道河子镇坚持全面从严治党“七个一”工作机制，完善党委内部议事和决策机制，下发党建工作清单9期、召开3次党建专题会议、年初开展一次社区党组织书记述职评议，召开半年党建工作推进会，通过实地观摩示范点、找差距、表决心、“传学述学”等形式，强化各级党组织负责抓党建的政治责任。坚持每月党组织书记党建例会制度，听取党组织书记履行党建工作责任制汇报。坚持每月社区工作排名，对工作完成不力的，党委主动运用监督执纪“第一种形态”，对排名靠后的三名社区书记进行约谈，形成“比学赶帮超”的浓厚氛围。扎实推进党建基础业务工作。坚持两个条例强化支部规范化建设，依照相关规定，对11名不合格党员作出处理：限期改正8名，停止党籍2名，党内除名1名。坚持“三会一课”制度，组织14个社区党组织以多种形式开展庆祝中国共产党成立100周年、喜迎中秋佳节等“党旗映天山”开放式主题党日系列活动。坚持发展党员十六字方针，储备入党申请人116名，全年发展党员42名，抓好47名后备干部跟踪培养，通过“带推辅放”为党支部注入新的内生动力。坚持“抓两头促中间”推动四个社区党建示范点发挥示范效应，充分凸显“一居一特”、“党建+”、沙城路社区主题党日“三堂课”、林场社区党建引领物业、“党员中心户”等特色做法，提升党组织凝聚人心、服务群众能力。深化社区“大党委”区域化党建机制。深化社区“大党委”区域化党建机制，建立“项目、需求、资源”双向清单，统筹辖区142个机关企事业单位党组织和1194名在职党员到社区“双报到”，在疫情防控、小区值守、疫苗接种、核酸检测辅助、卫生整治、扶贫帮困等重大任务中发挥社区“大党委”统筹作用。每季度按时召开“大党委”联席会，对上年度作用发挥好的成员单位进行表彰。做好社区干部职业化管理。提升社区干部学历教育水平，鼓励45周岁以下社区干部参加在职学历提升教育，每周四18：00—20：00组织社区干部开展夜校培训，培训内容包含双语学习、政策理论、文字写作、电脑操作、口语表达、经验分享等。建立社区干部人才库，对后备干部确定培养联系人跟踪一对一帮带培养。组织社区干部开展“岗位大练兵”“技能大赛”“每月一星”评选，不断提高社区工作人员维护稳定、服务群众的能力和水平。党建引领推进社会治理。深入推进书记项目——“党建+物业”工作机制，确定林场社区、老沙湾路社区、体育场路社区作为“党建+物业”试点社区。对全市35家物业服务企业、197个居民小区进行摸底排查，指导成立42个业主委员会，3个物业企业党支部，推行社区和物业服务企业工作人员“双向进入、交叉任职”。召开“社区居委会、业委会、物业公司”三方联席会，对居民反映的小区治理的44个问题梳理分类，建立台账、办理销号，以党建引领物业强化社会治理。圆满完成党委、政府、社区“两委”换届选举工作。按照党委换届选举工作要求，组织17个选举单位选出镇党代表62名。召开三道河子镇第十一届党员代表大会第一次会议，成功选举新一届党委委员9名、纪委委员5名，市党代表18名。7月26日至28日召开了三道河子镇第十三届人民代表大会，成功选举新一届人大主席1名、政府镇长1名、副镇长4名。9月23日至26日全面完成社区“两委”换届工作，社区“两委”班子年龄、学历结构整体实现“一降一升”；社区书记、居委会主任“一肩挑”100%。

【党风廉政建设】 2021年，沙湾市三道河子镇落实主体责任，把党的政治建设摆在首位，发挥纪委监督执纪职能。完善党委领导反腐败工作体制机制，落实责任清单，压实“一岗双责”职责，督促班子成员认真落实党风廉政责任。加强监督，主动参与党委决策，提出党风廉政建设意见。实施巡察整改工作“书记工程”，由党委书记担任巡察整改工作领导小组组长，压实巡察整改责任，地委巡察发现的17个问题已完成整改15个，2个问题正在全力整改中。让“小微权力”在阳光下运行，公开“小微权力”清单内容及办事流程，畅通群众反映渠道，增强工作透明度，主动接受群众监督。严格落实“三资”提级监督及监督向基层延伸专项监督检查要求，对社区“三资”核查清理结果真实准确性和资产、合同签订及履行情况、债务偿还等情况进行监督检查，确保资产台账清楚，资产管理到位。始终密切关注换届各程序工作开展情况，严明纪律，确保了党委换届工作顺利完成。严肃整治“四风”，狠抓干部作风建设，2021年以来党纪立案7人，政务立案2人，批评教育1人。协助镇党委运用监督执纪“第一种形态”处置7人次，取得了良好成效。开展党员干部违纪违法典型案例警示教育学习2场（次），起到一定的警示震慑作用。充分利用宣传栏、电子屏等传播渠道和阵地，及时宣传廉政文件精神和廉政文化有关内容，发挥宣传工作在传播廉政教育中的积极作用。组织14个社区开展“清风满天山”讲故事比赛活动，充分发挥典型引路作用，加强理想信念教育，着力提高党性觉悟，努力营造崇尚廉洁、学习先进的良好氛围。牢固树立宗旨意识和组织纪律观念，坚持集中学习与自主学习相结合的制度，镇党委组织干部开展政治理论、党风廉政、业务知识等多方面学习培训。

【各社区情况】

光明路社区　光明路社区位于三道河子镇东北郊，周边分别与大泉乡城郊西村、东村、二道河子村开发区相交，东以金沟河北路为界，南至世纪大道北路，西至智慧大道东路，北至金沟河北路瑞隆油脂分公司，辖区面积1.1平方千米，社区共有居民1078户2627人，2021年常驻2035户6110人，其中汉族1590户4770人，哈萨克族181户543人，回族159户477人，维吾尔族99户297人，其他民族6户23人。社区“两委”成员10名，社区第一书记刘春、居委会主任、“访惠聚”工作队队长党长城。社区阵地面积1336.54平方米，建筑面积1609平方米。2021年6月，被评为地区级先进基层党组织。社区党支部定期召开党小组会、支部委员会、支部党员大会，按时上好党课，严格执行“三会一课”制度。以中国共产党成立100周年为契机，结合社区实际，全年开展“学党史　我为群众办实事”活动以来共计办理100余件好事实事。切实将抓安全生产放在日常工作首位，对法院小区、检察院小区、疾控中心小区、公安局小区以及无物业零散楼栋楼道或地下室堆放的易燃易爆杂物、破旧家具、干柴、纸壳子等安全隐患进行集中整治，共清理安全隐患杂物12车、重量约30吨，立行立改问题135个。社区党支部狠抓新时代文明实践活动的宣传落实工作，全年召集社区干部、志愿者组织各类志愿活动50场（次），共计450余人参加，组织十九届六中全会精神宣讲15场（次），参加群众120人，组织文艺进小区2场（次），节日文艺会演2场（次），丰富了辖区居民的文化生活。

广场路社区　广场路社区成立于2003年10月，位于沙湾市城南，东起世纪大道、西至友好南路、南接北疆铁路、北邻塔城西路，辖区面积1.3平方千米。辖区总人口2019户5030人，居住着汉族、哈萨克族、回族、维吾尔族等9个民族。社区办公场所建筑面积780平方米，辖区划分为育才巷、工行、邮电巷、合作巷、帝都华庭5个网格、9个格点。社区党总支下设3个网格党支部、6个网格党小组，2021年有党员86名。社区党总支所属居民党支部3个，共有两委委员12人，社区党总支书记营丽、居委会主任姚磊、“访惠聚”工作队队长唐吉运。2021年以来，广场路社区党总支在镇党委、政府的正确领导下，在全体党员的支持下，班子精诚务实、干部团结一致、党员无私奉献，圆满完成上级安排的各项工作。2021年，新发展预备党员4名，储备入党申请人10名，积极分子3名。进一步规范“三会一课”制度，创新主题党日计划，组织开展党员佩戴党员徽章、“党员清洁家园奉献日”、庆祝中国共产党成立100周年重温入党誓词、发放在党50年纪念章、观看红色电影等系列党员主题实践活动21场（次），常态化开展“党员过政治生日”、重大节日走访慰问老党员、困难党员，适时开展谈心谈话活动，及时掌握党员干部思想、生活动态适时进行关心关爱，提高党组织凝聚力。紧盯群众反映的困难诉求，协调解决低保户库来依·阿斯哈尔看病难临时救助1500元，育才巷垃圾杂物堆放安全隐患，邮电巷地下室自来水管漏水，塔城西路居民房屋漏水纠纷，协助寻找走失精神障碍患者等问题39件次。从为民办实事经费中出资5000元为国税小区购置安装了充电桩；出资5000元为合作巷购置安装了居民健身器材；出资3000元中秋国庆节前对10户困难群众、6户党员进行了慰问。积极配合住建部门做好邮电巷、育才巷老旧小区改造，协调解决改造施工过程中居民有关问题4件次。

凯旋路社区　凯旋路社区位于城区东侧，东起金管处干渠，西至金沟河南路，南接北疆铁路，北邻115省道，辖区面积2平方千米，社区总面积2100平方米。“大党委”成员单位15家，在册人口5747户16912人，由汉族、维吾尔族、哈萨克族、回族等17个民族组成。现有干部34人，“访惠聚”工作队由市委宣传部派驻4名队员。2021年，社区始终以“党建引领”为主线，推进社区“大党委”区域化党建、党员中心示范户、“在职党员双报道双服务”、“临时党支部+”、“红心网格”等党建载体，党组织引领下的社会治理成效突显。优化“红心网格”管理，划分7个网格、26个格点，发挥和调动在职党员、居民党员、包片民警、律师、志愿者、联户长等队伍作用，开展组团服务；试点“一卡一牌一箱”工作，真正让“小网格”托起服务群众“大民生”。突出先锋引领，以社区“大党委”为基础，助力疫情防控、安全生产整治、扶贫帮困、党员教育等工作，累计开展安全生产整治5次、核酸检测60轮、疫苗接种35次，126名在职党员为122名群众实现微心愿。突出基层民主政治，按照“选优配强两委班子”和实现“一升一降”要求，选出支委7名、居委7名、交叉2人、监委3人、专职专选5人。

奎屯路社区　社区成立于2018年12月，辖区面积0.81平方千米，社区于2000年建成开始使用，社区办公场所建筑面积1500平方米。辖区总人口4696人，其中汉族3592人，占总人口81%；哈萨克族394人，占总人口9%；回族141人，占总人口3%；维吾尔族252人，占总人口6%；其他民族18人，占总人口1%。2021年，奎屯路社区高度重视民生工作，共办理困难群众各类救助15人，发放救助金1.22万元，为辖区27名65岁以上老人办理老年优待证。辖区共有32人享受残疾人“两项补贴”，补贴金额864万余元。为辖区居民办理医疗保险缴费，为“4555”人员和就业困难人员办理公益性岗位上岗手续5人，审核上报灵活就业补贴91人，办理自主创业就业补贴14人，办理城镇居民医疗保险1085人，办理就业失业登记证80余人，困难人员认定5人，居民养老参保167人，本年度已享受养老待遇3人。

老沙湾路社区　老沙湾路社区成立于2008年6月，辖区面积5.7平方千米，社区共有人口14766人，其中包含两栖居民7671人。2021年，老沙湾路社区以社区“大党委”工作机制为依托，以“党建+志愿者”为载体，在辖区网格成立12个临时党支部，负责落实各项防控措施，积极动员、广泛参与。强化宗旨意识，不断完善“访惠聚”工作机制，结合党员先锋岗和党员示范户，开展各种形式居民宣讲教育76场（次），发放各类惠民、救助帮扶资金20万余元，办好事实事36件。结合各类人员精准施策，开展就医、就学、创业以及生活救助。抓好民族团结一家亲工作，建立困难诉求台账，畅通搜集渠道，专班分析，制定措施共收集各类群众困难诉求63条，解决59条。结合社区实际，10个责任单位认领16个责任区、16个责任岗，解决居民反映的热点难点，解决热点问题12件，开展党建共建活动16次。接待咨询来访的党员群众252人次，帮助答疑解难40余件，协助社区解决群众性、社会性、公益性难题4件，为13名困难党员群众协调解决就业问题。强化政策落实，完成3316名居民全民健康体检任务，完成300人就业促进任务，完成3700名城乡居民医疗保险。完成援疆、工会以及民政助学各项费用12000元。2021年，社区解决居民反应热点难点问题24个。

林场社区　林场社区总面积0.9平方千米，户籍人口3009人，常住人口9861人。社区划分4个网格、24个格点，有双联户120个。社区党支部现有党员43名、干部职工22名，居委会委员共有5名。2021年，市委老干部局派驻“访惠聚”工作队队员4名。社区大党委成员单位8个。2021年，林场社区坚持开展“三会一课”，全年召开支委会17次、党员大会16次、党小组会12次，支部书记带头讲党课2次；扎实开展党员承诺践诺，无职党员设岗定责，支部除10名年老体弱党员外全部认领公益性岗位。精心设计全年主题党日活动计划，结合党史学习教育、建党百年、基层治理、传统节庆、志愿服务等活动组织开展“学党史忆初心　传承红色精神”“共驻共建促和谐，砥砺奋进谱新篇”等主题党日活动12次。“大党委”成员单位联合开展主题党日活动5次，为社区解决安装下水井盖16个，提供疫苗接种点位座椅100个，赠送防疫物资价值5000余元，为辖区树木喷洒除虫药物1次，慰问困难群众19户，为社区投入资金5万元更换陈旧的桌椅。207名在职党员根据各自职能和特长参加社区志愿服务活动达600余人次，参与圆梦“微心愿”活动75人次，点亮“微心愿”45个。通过入户走访、大宣讲大排查、党员干部进物业坐班、在职党员双报到、党史学习教育宣讲等有利契机深入居民区，全面开展摸排调研，协调解决矛盾纠纷43起，消除风险隐患96个、办结群众困难诉求75件，开展群众宣讲活动20余场（次），受教育群众6000余人次。结合党史学习教育、疫情防控、安全生产、乡村振兴等重点工作，深入居民区组织开展各类政策宣讲10余场（次），入户宣讲100余户，受教育群众2365人次，积极组织参加技能培训50余人次，巩固脱贫攻坚成果摸排农户33户134人，将党的好政策送到更多基层群众家中。

人民路社区　人民路社区位于三道河子镇中心，坐落于沙湾市金沟河路42号。辖区总面积2.25平方千米。共有户籍人口2953人，常住人口3498人，由汉族、哈萨克族、维吾尔族、回族等7个民族组成，其中汉族2866人，占总人口83%；哈萨克族161人，占总人口4%；维吾尔族224人，占总人口6%；其他民族8人，占总人口0.1%。人民路社区党总支下设2个党支部、3个党小组，共有党员50名。社区“两委”共7人，其中国家干部2名。2021年，人民路社区扶持壮大两个志愿者服务团队，推动志愿服务常态化、制度化，组织开展志愿服务活动5场次，受益群众1200多人。通过联合党委运行机制，13个包联单位认领小区，41名在职党员认领任务，担任单元联络员114人，建立网格党支部2个、党小组2个。认真落实联系商铺工作，对辖区1105家商铺集中走访4次。

沙城路社区　沙城路社区成立于2002年，辖区面积约0.5平方千米，东至世纪大道北路、南至智慧大道东路、西至和平路农建巷、北至乌鲁木齐东路。辖区实有户数2590户7317人。辖区有沙湾第二小学、电力公司、同德医院3家企事业单位。辖区共有27个小区，分为7个大网格、14个小网格。社区有工作人员20名，其中事业编干部6名、财聘干部6名、公益性岗位干部8名，市委政法委驻社区“访惠聚”工作队共有队员4名。2021年，沙城路社区压实工作责任，严把人选质量，圆满完成换届选举工作。强化基层组织建设，开展“党员中心户”服务工作，建立点面辐射新型党员教育管理模式，实现党员带家庭、家庭带单元、单元带楼院、楼院带小区的组织格局。推进新时代文明建设，开展环境整治行动40余次，开展电子商务知识培训会，受益100余人；开展“阳光七送”服务活动，借助干部包联双促等机制，社区6个共建单位结对帮扶7户贫困家庭，落实各项帮扶资金，为“三无”老人解决生活困难；为老年人、弱势群众上门送药。落实计划生育、民政、社保惠民生政策，按时走访慰问8户辖区低保人员、空巢老人，共为23人发放残疾人“两项补贴”45840元，为2名瘫痪在床残疾人申请到免费护理床；为1名肢体残疾人员申请到拐杖。全年为35位年满65周岁以上老人办理老年优待证。新增12位80岁以上老人，全年共发放高龄补贴44370元。2021年，城乡医疗保险2000余人，城乡居民养老保险340人。持续做好48人养老待遇发放和生存认证工作，为180人办理两个季度灵活就业社保补贴，完成城镇新增就业380人。办理就业失业登记证120人，办理大病住院救助7人、门诊救助4人，完成妇联爱心一元捐5000余元。

少年路社区　少年路社区成立于2003年，位于县城中心地段，东至广场西路、南至乌鲁木齐西路、西至友好南路、北至世纪大道，辖区面积约1.4平方千米。社区办公场所建筑面积837平方米。共有户籍人口3898人、常住人口5308人，由汉族、维吾尔族、哈萨克族、回族等9个民族组成。2021年，少年路社区健全落实党建工作责任制、规范党建工作程序。每月定期召开一次研究讨论社区重点工作会议，每月召开一次网格党支部书记党建工作开展情况及协调推进会，及时研究解决网格内热难点问题，每季度定期召开一次党员大会，研究社区党建工作，报告社区重点工作，通报民生项目进展情况，完善党务公开、居务公开、财务公开等制度，增强党组织工作透明度。认真贯彻社区“大党委”工作运行机制，社区有大党委成员单位13家，按照年初签订的共建责任书，每个单位负责走访慰问一户辖区困难户，为他们带去党组织的关怀。在职党员进社区报到102人，认领岗位数102个，认领服务子项目数102个，社区党组织结合实际，根据在职党员的单位性质、个人特长，按照“适宜、适时、适度”的原则，精心设计服务岗位，让在职党员积极参与社区建设和服务。

塔城路社区　塔城路社区辖区面积0.62平方千米，有户籍人口4421人，常住人口5873人。辖区内，有物业的小区5个、无物业小区6个、商铺356个，社区有大网格4个、小网格11个。社区工作人员19人，其中事业编制5人、财政聘用2人。党总支下设3个党支部，有党员130名。2021年，塔城路社区建立“大党委”工作机制，成员单位协助社区做好小区值守、核酸检测等疫情防控工作，完成3个小区的合并改造，利用传统节日走访慰问弱势群体6户，联办主题党日活动12次。结合老旧小区改造解决“瓷砖、墙皮”脱落、房顶漏水等群众关心的热难点问题。组建4个新时代文明实践志愿服务队，开展新时代文明实践志愿服务活动40余次，申请领办就业失业登记证48人，给10人办理困难人员认定，办理申请灵活就业补贴人员150余人，完成居民养老保险190人，办理城镇居民医疗1400余人。全年共解决矛盾纠纷7起，开展普法宣传活动8次。结合婚姻新风进万家活动对贫困家庭、流动人口、国特扶家庭送去面粉、清油、大米等慰问品，为辖区31名重度残疾人发放两项补贴，全年累计发放低保金额81376元。

体育场路社区　体育场路社区成立于2003年2月，辖区总面积0.8平方千米，社区现有户籍人口4830人，常住人口9518人，由汉族、哈萨克族、维吾尔族、回族等10个民族组成。2021年，体育场路社区开展党内帮扶机制，建立群众温馨家园。由社区党组织牵头，中国银行、第三小学、金宏昌超市、老干局、三道河子镇卫生院等单位共同开展扶贫帮困活动，为辖区贫困户6户送去清油、大米、面粉、牛奶等生活物资，共计价值1500余元；组织辖区2375名居民参加免费健康体检，收缴居民医疗保险2101人、养老保险274人。慰问困难居民83户，慰问金21300元；发放80岁老人高龄补贴104人；临时救助4户8人。全年累计为居民解决居民楼漏水、下水堵塞、暖气不热等日常问题105件次。

天山路社区　天山路社区位于沙湾市区以

南，东至金沟河路南延，南至G30连霍高速公路，西至西公园路，北至北疆铁路，辖区面积6平方千米。社区共有户籍人口832人、常住人口665人；其中，汉族565人、哈萨克族54人、回族19人、维吾尔族24人、其他民族3人。2021年，天山路社区党支部把班子建设作为凝聚力量、促进工作、为民服务的有力抓手，充分发挥班子的战斗堡垒作用和党员干部示范带动作用，通过开展理论学习、专题党课，不断增强班子成员决策、执行、创新、担当、为民服务的能力。社区充分发挥“大党委”机制作用，扎实开展“党建联抓、稳定联控、设施联建、队伍联育、活动联办、环境联治、困难联帮”的“七联”共建活动。5个成员单位根据各自单位性质，分别在不同月份牵头开展形式多样的主题活动，为社区提供便捷的为民服务项目。

乌西路社区　乌西路社区辖区面积约8平方千米，辖区户籍人口2583人、常住人口5713人。辖区共有5个小区、3个平房区，其中有物业小区4个；有大网格6个、小网格15个，网格长6个，网格员15个。社区工作人员21人，其中事业编制8人、财政供养人员5人、公益性岗位8人。2021年，乌西路社区开展社区“大党委”成员单位、在职党员进社区活动，在职党员共102人，认领岗位107个。开展各类志愿活动15场（次），邀请县领导组织成员单位召开共驻共建联席会四次，与沙湾市民政局等9家共建单位签订共建协议，已完成共建协议任务22条，共建单位投入活动资金约8000元。推行党员中心户工作模式，形成以大党委为核心，网格党支部为基础，党员中心户为基本单元的“三位一体”的新型社区党员学习教育和管理新途径。认真开展“双实”摸底排查和智慧社区基本信息录入，摸排信访案件和矛盾纠纷60余起；及时帮助居民解决困难诉求82条；完成12000人居民医保、1100余人的养老保险缴费任务；与责任单位签订环境卫生责任书，组织发动4000余人，清理垃圾杂物卫生死角18处，清除“牛皮癣”380余处；协调包联单位和爱心人士走访慰问各类家庭360余户，送去粮油、生活用品折合人民币6万余元；协调解决辖区小区200余户居民的暖气改造问题；开展大规模安全生产排查整治300余次，排查隐患400余条，下发整改通知书12份，签订安全责任书1960户；发放最低生活保障共计16087元，申请发放残疾人补贴3360元，申请发放临时救助资金5100元，完成新增就业岗位60人。

伊宁路社区　伊宁路社区地处城乡接合部，辖区面积1平方千米，有居民1845人，由汉族、维吾尔族、哈萨克族、回族等9个民族组成。2021年，伊宁路社区以打造“民族团结互助型社区”为抓手，推进“民族团结进步示范社区”创建各项工作。社区从实际出发，发挥社区的优势，突出特色，组织开展民族手工艺品展、民族团结文艺演出、知识竞赛、“百家宴”、民族团结趣味运动会、“累积吧”石榴籽冠军竞赛活动，开展民族团结文化进小区等活动。定期组织志愿者和热心居民积极开展邻里互助，采取每人为各族贫困居民“办一件实事、解一道难题、献一份爱心”“民族团结互助金”、发放壹基金温暖包、组织爱心“一元捐”等方式，累计资助各类困难户167人。通过社区干部带动，各族居民邻里之间互办实事300余件。社区充分发挥成员单位、辖区志愿者作用，先后慰问困难家庭21户，开展环境卫生整治10次；为辖区14户困难家庭点亮微心愿，折合人民币2500余元，为200余户居民送去新春祝福及春联；为辖区居民免费更换电线，维修电路等。持续加强党员志愿者队伍建设，广泛开展在职党员双报到、无职党员设岗定责等活动，社区有参与双报到的在职党员13名，共建单位党员121名，全年组织开展免费义诊、扶贫帮困、政策宣传等组团式志愿服务活动10余次。以优秀党代表“顾海英爱心工作室”为平台，党员志愿者积极参与，捐送物品累计34500余件，帮扶困难家庭3000

多户，争取壹基金温暖包1000多套，疫情期间捐赠8万元防疫物资；社区共组建便民利民、政策宣讲、环境整治、矛盾调节、敬老爱老5支党员志愿者小分队，开展环境卫生整治、政策宣讲志愿服务10余次，化解各类矛盾纠纷30余起，完成居民“微心愿”56个。

（刘雅婷）

大泉乡

【概况】 沙湾市大泉乡位于沙湾市郊，乡政府距市区4千米，全乡辖区面积260平方千米，耕地面积9173.33公顷，下辖13个村。年末总人口1.31万人，其中汉族7801人、哈萨克族2215人、回族2140人、维吾尔族725人、其他民族198人，农业人口1.22万人，非农业人口0.09万人。2021年，全乡农村经济总收入10.3亿元，比上年增长20.3%。其中，农业收入4.1亿元、林业收入0.05亿元、牧业收入2.68亿元、工业收入1.01亿元、商业服务业收入2.44亿元、其他收入0.02亿元。年末牲畜存栏19.51万头（只），全年肉类总产量4.4万吨，羊毛65吨、牛奶500吨、禽蛋450吨。年末拥有农牧业机械总动力10.7万千瓦，拖拉机保有量1610台，各类农机具1806部。拥有各类专业技术人员58人，其中中级以上28人。有卫生院1个、村级卫生室13个，拥有专业卫生技术人员31人。荣获“全国文明乡镇”等称号。

【经济综述】 2021年，大泉乡坚持以供给侧结构性改革为主线，注重“三品”、坚持“四化”方向，合理规划种植结构，全面推广精准农业技术应用，打造具有区域特色的农业主导产品和支柱产业。全乡完成农作物总播面积9173.33公顷，其中棉花8133.33公顷、玉米294.73公顷、小麦348.51公顷、番茄113.33公顷、辣椒33.47公顷、西瓜17.33公顷、其他蔬菜45.73公顷。完成棉花农业政策性保险7258.57公顷，保费1524299.98元；核赔棉花受灾户1818936元。全面做好秋收工作，全乡棉花总产量达47714.25吨，籽棉平均单产398公斤/亩；小麦总产2950吨，平均单产500公斤/亩。积极争取项目支持，稳步推进高标准农田建设，五道河子村优质棉基地建设项目、西泉村和二道河子村高标准农田建设项目全面开工。坚持畜牧业规模化、集约化、产业化发展思路，加快以散养为主向大户规模场、小区为重点的规模经营、股份经营、合伙经营等模式转变。积极推行“四统一”管理模式，完成中泉、二道河子两个村队共计37.33公顷规模化养殖小区选址上报工作。扎实做好动物防疫工作，已防疫口蹄疫牛8000头、羊16000只，猪30900头，禽流感鸡252340羽，布病8600头（只）、羊四联苗1.59万只、羊小反刍1.54万只、羊痘14000只。全面做好出栏检疫工作，共计检疫出栏猪31800头、牛4320头、羊8200只、禽254000只。积极做好品种改良工作，购进优质牛冻精650枚，完成牛冷配152头。深入落实林草长制改革，建立乡、村林长制组织体系，设立乡、村两级林长30人，设置林长公示牌18个，确保0.142万公顷林地、森林、0.674万公顷草场及村庄绿化区域专人负责，累计开展乡级巡查12次、村级巡查78次。围绕“双绿”，完成人工造林45.33公顷，其中经济林7公顷，村庄巷道种植风景树约3000棵，森林抚育23.47公顷，退化林修复38.07公顷，发展林果采摘园4家、总面积达20公顷。全面落实河长制，每月河长巡查2次。严格落实防汛责任制，完善应急预案，落实抢险队伍、器械和物资，完成渠道清淤1.5千米，完成引水量886.67万立方米，收缴水费169万元。加大水资源费征收力度，保证水资源费及时足额上缴财政，共收回水资源费800.9万元。加大农机技术培训力度，扎实开展农机技术服务，举办农机安全、新技术推广等各类培训班5期，培训农牧民160余人次，发放安全生产宣传单500余份，检验拖拉机及各类农机具2200辆（台）。

【民生建设】 2021年，大泉乡坚持就业惠民，积极创新工作方式，设立常态化动态式就业信息公布栏，及时公布用工信息。办理就业失业登记52人，就业失业咨询42人，困难人员认定3人，帮助银鹰工贸、信泰纺织有限公司在各村招工4人，实现富余劳动力就业1109人。开展建筑领域专项培训208人、其他各类培训36人。不断完善计划生育工作服务体系，落实计划生育奖励扶助130人，发放计划生育奖励金14.5万元；查环、查孕2192例。坚持社保惠民，认真落实社保政策，发放丧葬补助金156人，清理清查双重待遇78人，60岁新增待遇89人，16—59周岁新增参保32人，申请灵活就业171人，发放各类政策宣传3000份，完成城乡居民养老参保缴费4456人。全力推进城乡居民医疗保险工作，2021年，全乡城乡居民医疗保险参保缴费11002人。全面落实低保、五保、高龄、残疾人两项补贴政策，发放低保、五保、高龄、残疾人等各类政策资金262.81万元，发放优抚对象补贴62人91万元，办理65岁以上老年优待证50个，录入残疾人信息366条。推进美丽乡村建设，以建设生态宜居乡村为导向，以农村人居环境整治为重点，坚持“横向到边、纵向到底、不留死角、全面推进”的原则，深入开展农村环境整治村庄清洁行动，集中开展农村环境卫生整治6次，累计投入资金64.2万余元，组织村民投工投劳11260人次，清理转运生活垃圾、粪污9700吨，清理沟渠94.22千米，拆除危旧房屋62栋、残墙断壁260处4545米，新建围墙3658米，完成墙体刷白0.26万平方米，建成文化墙3658米，完成道路硬化3.8千米、修补路面2处，新修防渗渠道4千米。建成垃圾集中处理点10个，配套垃圾转运车4辆，购置户用垃圾箱861个，聘用保洁员118人，常态化抓好垃圾分类收集处理。新建农村排水管网12.6千米，1个村污水实现集中处理。完成村内完成林床整治31处、新栽植苗木3000棵。推进“三区分离”，1个村规划畜禽集中养殖点1个，5个村新建养殖小区5个，通过联户分舍集中养殖、委托代养等方式，42户养殖户3.5万头只牲畜进入小区集中养殖。全面摸排农村户厕，打造二道河子村示范村1个、示范户34户。

【宣传思想】 2021年，大泉乡始终把政治理论学习作为提高思想认识的一项基础性工作，通过不断的学习，提高全乡党员干部的政治素养。围绕党的十九届五中、六中全会、第三次中央新疆工作座谈会精神、全面从严治党“七个一”工作机制具体措施、中央民族工作会议精神、“七一”重要讲话精神、党史学习教育等内容，开展党委理论学习中心组22次，撰写交流发言材料230余篇，举办专题读书班39次、专题党课39次、专题培训26次，每月每人撰写心得体会1篇、开展理论测试9次。紧紧围绕“习近平新时代中国特色社会主义思想进万家”、第三次中央新疆工作座谈会精神、中共十九届五中和六中全会精神、“七一”重要讲话精神，民族团结等主题，利用新时代文明实践大讲堂、新时代文明实践讲习所，采用快板、三句半、小品“宣讲+”等百姓喜闻乐见、通俗易懂的方式，常态化开展各类线上、线下宣讲，全年开展各类宣讲210余场次，发放读本2万余册。举办庆祝中国共产党成立100周年“永远跟党走”主题宣讲员大赛、“我的入党故事”演讲比赛及“风雨兼程百年路 不忘初心再出发”宣讲员大赛，广泛传宣传宣讲党的各项政策和身边优秀典型。围绕政策宣传、乡村振兴、“我为群众办实事”、党史学习教育、各类主题活动等重大宣传任务，及时向主流媒体供稿，全年在区、地、市各类媒体刊播新闻稿件120余篇（条），在“学习强国”刊播5篇（条）。规范运行新时代文明实践组织机构，建立新时代文明实践所1个、新时代文明实践站13个，打造新时代文明实践示范点4个，完成14支志愿服务队伍网上注册，注者志愿者265名。组织开展学雷锋志愿服务活动，开展清洁清家、扶贫帮困等志愿服务活动1000余场（次）。

2021年6月24日，大泉乡开展“践行初心使命深化岗位建功”志愿服务活动

【民族团结】 2021年，大泉乡大力开展“民族团结一家亲”活动，56名工作队队员与75名村干部、61名后备干部建立帮带关系，入户走访1.6万余户次，化解矛盾纠纷76件，治理安全隐患143起，为群众办实事好事191件，收集解决群众困难诉求200余件。深入开展结对帮扶，解决群众困难诉求，累计为结亲群众办实事好事191件，收集解决群众困难诉求200余件；组织企业及合作社为2户三类监测户捐助资金1.2万元、羊10只；征集的84件“急难愁盼”事项已解决80件；提供就业岗位信息，实现培训与就业的无缝衔接，向社会提供就业岗位信息150余条，达成就业意向40余人，实现创业12人。将“民族团结一家亲”活动纳入精神文明、民族团结进步创建全过程，加强舆论宣传，挖掘典型事迹，大力弘扬民族团结进步主旋律，用模范的力量影响人、感召人，营造民族团结的浓厚氛围，全乡形成共建民族团结，共创美好家园的良好局面。

【党的建设】 2021年，大泉乡把制度建设作为首要前提，分解自治区“1+2”文件、“访惠聚”驻村工作七项重点任务，从严落实“七个一”，每月召开工作例会，制定工作清单10个，印发《工作简报》27期。按照“抓两头、促中间”要求，开展“互学互促”3次，定期评比分析支部运转情况，采取主要领导调研、包村领导蹲点等办法，发挥好党政领导班子成员作用，形成全力以赴抓党建的工作格局。统一“三个中心”门牌和工作职责牌，制定统筹运行图，坚持“早派工、晚研判”工作机制，保障基层运转体制顺畅。严格落实“三会一课”“党旗映天山”主题党日等制度，做好中国共产党成立一百周年庆祝活动，发放在党50周年纪念奖章16枚，发展党员22名。做好党员管理服务工作，特别是对全乡36名流动党员、14名两栖党员建立台账，支部指定联系人进行定期联系管理。做好新招录1名公务员的考察工作，做好新任村干部的政审管理工作，调整村党支部书记3名、其他村干部7名，鼓励5名村干部报名考取大专学历。储备村级后备力量57名，建立健全“选、育、带、用、管”闭环培养机制，选派13名后备干部参加市级培训班。依托今冬明春党员大轮训，对400余名村干部、党员、后备力量开展培训，素质能力大幅提升。申报“老干部”待遇1人、“老党员”待遇3人，核减“四老”人员4名。全力打造三道沟村、烧坊庄子村、二道河子村3个示范点，建设标准党群活动中心。持续推进星级化建设工作，将星级化创建分到三个中心，全乡13个村八星级村队3个、七星级村队8个、六星级村队2个。发挥党员干部先锋模范作用，465名党员干部群众组建疫情防控志愿者服务队16支，协助党支部做好防疫宣传、核酸检测及疫苗接种等工作，收集解决群众困难诉求200余件，为群众办实事好事191件，化解矛盾纠纷76件，治理安全隐患143起。党员群众团结在支部周围。

【党风廉政建设】 2021年，大泉乡全面落实党委主体责任，主动统筹谋划部署，党委书记坚持做到重要工作亲自部署、重大问题亲自过问、重点环节亲自协调、重要案件亲自督办。召开党风廉政建设和反腐败工作专题会议2次；听取纪委专题汇报2次；组织站所长、各村两委成员开展廉政约谈4次243人次。将党风廉政建设责任制目标任务细化、量化，明确责任分工。进一步规范主要负责人和班子成员责任和权力，认真落实“三重一大”和“四不直接分管”，进一步强化对权力的监督制约，确保权力运行安全有序。规范党委运用监督执纪“第一种形态”，处置12人。优化队伍党风政风，从源头治理，早敲警钟、防微杜渐，上廉政党课31次，组织开展警示教育大会6次，用身边事教育身边人，累计受教育人数达600余人次。将《中国共产党章程》《中国共产党纪律处分条例》等党纪法规纳入党委中心组学习、主题党日学习内容，增强党员干部廉洁意识。严格履行纪委监督责任。常态化开展监督检查，全面落实基层“小微权力”运行机制监督检查，共计16次，利用乡镇纪委片区协作监督检查、问题线索审查调查契机，对所有村队进行监督检查。认真细致地开展案件查办工作，2021年，立案6起，处置问题线索11条，组织处理5人，其中诫勉谈话1人，提醒谈话4人。

2021年大泉乡各村基本情况表

表16

序号	村队名称	党总支（支部）书记	村主任	总户数（户）	人口数（人）	耕地面积（公顷）	牲畜存栏数（头/只）	集体收入（万元）
1	河西村	吴晓辉（任至2月） 孙国礼（2月起任）	马国强（任至9月） 蒲树斌（9月起任）	438	1258	606.67	4300	55
2	烧坊庄子村	谢　文（俄罗斯族）	再努拉·科奎（任至9月，哈萨克族） 谢文（9月起任，俄罗斯族）	357	897	414	3620	83
3	东泉村	卢金海（任至9月） 牛君林（9月起任）	常爱军（任至9月） 杨明德（9月起任）	320	882	764.44	3546	60
4	杨家庄村	范金宝	张从谊	391	1139	910	1636	52
5	大泉村	杨　智（任至6月） 孟士高（6月起任）	衡军	199	554	660.1	525	96
6	三道沟村	马玉甫（任至8月） 阿达力·宝拉提（9月起任，哈萨克族）	阿达力·宝拉提（任至9月） 姬金霞（9月起任，女）	336	908	587.8	1500	48.2
7	中泉村	谭国华	谭国华	361	1091	782.5	2061	85.6
8	西泉村	李东川（任至11月）	代庆军	323	998	695.2	3200	33.27
9	五道河子村	李大成（任至9月） 陈建新（9月起任）	陈建新	335	819	437.7	570	105
10	叶家湖村	成海忠	玛宁·巴依斯曼（哈萨克族）	373	1168	663.1	2959	127
11	城郊东村	杨政军	艾力·吾甫（任至9月，维吾尔族） 麦尔比耶·哈斯木江（9月起任，女，维吾尔族）	420	1212	661	367	3.9
12	城郊西村	丁元龙	丁元龙	260	712	109.52	105	22
13	二道河子村	陈思文	王德忠（任至9月） 程德轩（9月起任）	395	1352	951.2	4191	111

（杨雪葳）

商户地乡

【概况】 沙湾市商户地乡位于沙湾市以北38千米，东靠第八师石总场，西临老沙湾镇，南倚良种场，北接柳毛湾镇，辖区总面积107平方千米。2021年，下辖12个行政村。全乡总人口8346人，其中汉族6675人，占全乡人口的80%；哈萨克族1084人，占全乡人口的13%；回族439人，占全乡人口的5%；维吾尔族81人，占全乡人口的0.1%；其他族别67人，占全乡人口的0.8%。耕地总面积9107.49公顷，草场面积1898.53公顷，林地面积346公顷，人均占有耕地面积1.09公顷。商户地乡经济作物为棉花，棉花种植业是主要支柱产业，农牧民人均纯收入由2020年的21103元增加到2021年的22158元。

【经济建设】 2021年，商户地乡深入贯彻粮食安全战略，积极推动农业发展现代化，促进农业产权制度改革。全乡耕地面积9107.49公顷，其中种植棉花8929.7公顷、小麦266.7公顷。完成农作物保险7300公顷，收缴保费150.61万元，根据春夏季受灾情况，棉花赔付金额235.83万元。以“国家现代农业沙湾市商户地乡机采棉花示范区”为核心，积极推进全乡12个行政村“路、林、渠、田、机、电、井、滴灌”八配套建设，逐步形成“田方、地平、路通、林直”的现代化农田基础格局。持续推进高标准农田建设，完成满江红新村二桥小组、居士堂村、杨李村高标准农田建设总体工程量的60%。根据《沙湾市2015年农村土地承包经营权确权登记颁证整县推进试点工作实施方案》文件精神，乡、村领导小组继续指导顺利推进农村土地承包经营权确权登记工作，通过土地确权，查清12个村总面积底数、权属状况、承包关系状况，完成12个村土地确权合同签订及档案整理，颁发新证2248本，完成全乡2248户每户一档的装订及录入工作。全年清理各类土地30.3公顷，收缴国有土地租赁金650多万元、水资源费451.64万元、水费300.19万元。宅基地确权颁证工作有序开展，颁发新证1329本。继续推进“美丽乡村”建设，组建以乡党委书记、乡长为组长的乡、村林长制管理专班54人，完成植树造林35.87公顷。继续提升畜牧业发展水平，年末牲畜存栏20765头（只），其中牛2031头、羊8304只、猪3819头、马225匹。扎实抓好家畜禽春秋季免疫接种、消毒工作和检疫工作，全年牲畜防疫71118头（只），分别为口蹄疫26942头（只），其中牛4054头、羊16533只、猪6355头；布病951头（只），其中牛84头、羊867只；羊小反刍兽疫13747只；羊包虫506只；猪伪狂犬6200头；猪蓝耳6200头；猪瘟6200头；禽流感10212羽；犬驱虫160条。加大畜产品投入监管，确保畜牧业健康有序发展，严格把控群众初端肉类消费品质量。2021年，全乡农机保有量1543，各类配套机具保有量1254架（台），实现深松533.53公顷，完成残膜回收354.8公顷。

【民生建设】 2021年，商户地乡大力提升教职员工素质，开展教研活动22次，外派学习培训5人次；完善基础设施，投入专项资金10万元对中心校校园基础设施进行维修。创建普及普惠幼儿园，对中心幼儿园和蘑菇湖幼儿园新增幼儿园大型户外玩具、铺建草坪跑道等投入资金12万元。落实“两免一补”政策，幼儿享受人均725元每学期伙食补助等政策。关注困难群体，全年慰问低保户、五保户、孤寡老人等困难群体300余人次，投入资金1.5万余元。让群众共享医疗卫生体制改革成果，2021年，医保报销27.04万元，完成全民健康体检4541人，建立健康档案7489份；规范慢性病管理1417人，家庭医生累计签约6295人，其中老年人、慢性病患者及残疾人等特殊群体100%完成签约；完成全乡医保缴费6445人；新建中医馆已投入使用。落实计划生育惠民政策，全乡新增2022年农村部分计划生育奖励扶助23人、自治区特扶转国特扶2人、自治区少生快富7户。关心关爱妇女儿童群体，积极开展“贫困母亲两癌救助”“爱心一元捐”“温暖包”等公益活动，共筹款1.6万余元。利用春节、“三八”妇女节、“六一”儿童节、“古尔邦节”等节庆日，积极开展“爱心生日会”、温暖包发放、微心愿等志愿服务活动，慰问困难妇女2名、儿童41名。不断拓宽群众就业渠道，新增就业82人、创业8人，帮助高校毕业生58人就业，新增办理就业创业登记证4人，实现城乡劳动力转移就业1002人。全力做好社会保障工作，累计发放农村低保户补贴资金92.1万元、城市低保户补贴资金4.41万元，累计发放五保户补贴资金13.99元，发放临时救助金9300元，发放高龄补贴资金11.26万元，发放残疾人两项补贴资金24.4万余元。

【精神文明建设】 2021年，商户地乡加大人居环境整治，出动1200余人对各村和沙柳公路沿线两侧22千米进行环境卫生整治，更新和补种行道树51792余株，乡政府机关及各村购置船式垃圾箱130个、各村配置垃圾桶共计640个，垃圾集中归类设施科学合理覆盖，实现“脏、乱、差”治理、绿植覆盖。深化落实富民安居工程，完成危旧房屋修缮24套、新建12套。深入推进“厕所革命”专项行动，累计新建卫生厕所1186座。引导个人成立物业服务公司，组织11个村与物业公司签订合同，对乡内垃圾集中统一清理。配合市住建局完成全乡19.4千米中水回用管线铺设工作。完成1个新时代文明实践所、12个新时代文明实践站的建设，均统一挂牌、制度上墙。全乡共有志愿服务支队1个、志愿服务小分队12个，有在册志愿者300余名，常态化开展爱国卫生、清洁家园、疫情防控、邻里守望、美好生活、绿水青山、共建平安等主题志愿服务活动300余场（次），党支部层面为群众办实事123件，投入资金403.64万元，惠及群众63303人次。党员个人共为群众办实事523件，投入资金420015元，惠及群众1500余人。乡党委组织乡村两级开展“大评比”表彰活动，发掘、宣传来自基层感人事迹和先进典型，表彰“抗疫先锋”“基层优秀人民警察”“优秀共产党员”“新时代好青年”“十星级文明户”等先进集体7个、先进个人128人。

【民族团结】 2021年，商户地乡积极开展民族团结政策宣传教育活动，强化宣传，制作横幅24条、宣传单1000余张。做实做细“民族团结一家亲”活动，坚持每三个月开展一次“结亲周”走访活动，宣传党的第三次中央新疆工作座谈会精神及十九届六中全会精神等，累计投入慰问资金1.5万元；统筹疫情和民族团结工作，开展“共栽民族团结树”联谊活动1场，参与人数60人。

【党的建设】 2021年，商户地乡共有村级党总支1个、网格党支部4个、行政村党支部11个、机关新成立机关党总支1个、五办六中心党支部7个、“两新”党支部1个，做到党的组织全覆盖。全乡党员共有534人、“四老人员”89名，动态储备后备力量49名，实现“一村一名大学生”全覆盖。着力夯实执政根基，认真履行第一责任人责任，严格落实“七个一”制度，定期召开党建工作领导小组专题会议和党建工作协调推进会、党委专题会议。制定下发党员群众积分制管理、“两栖”党员管理、“三个中心”职责制度等6项长效机制。9名班子成员对所包的12个村队党建工作定期走访、指导，参加双重组织生活，每年至少讲2次党课，每周至少三分之一的时间到村指导，帮助村“两委”查问题、找对策。以支部为单位，结合“主题党日”现场收缴党费，共收取党费3.2万余元。落实党建基础工作，组织2场（次）“三会一课”“四议两公开”等基层党建业务知识培训；制定本乡“四老”人员年度考核计划，下发农村“四老”人员增减核查工作提示和日常管理制度，对“四老”人员生活中的困难予以协调解决。各行政村以基层党组织建设为基础，结合“三个中心”服务机制，搭建“网格化”管理新模式，打通服务群众“最后一公里”，开展入户走访3545户次，化解矛盾纠纷32个，治理安全隐患225个。收集群众困难诉求66个，办结64个。抓好基层基础保障，建立村“两委”、后备力量、“一村一名大学生”3个动态管理台账，实施村党组织书记素质能力提升行动，建立“轮训+测试+专题党课”培养机制，每季度开展1次“党建基层知识测试”。储备后备力量49名，实行“四位一体”帮带机制。鼓励新一届村“两委”班子成员中45岁以下高中以下学历人员继续提升大专学历，发动驻村干部与村干部结成学习对子72个。完成商西村、湖西村、居士堂村、硝坑村文化墙打造，商东村党建主题公园铁艺雕塑，满江红新村投入100万元打造“匠人馆”红色基地及附属设施。硝坑村、蘑菇湖村党支部牵头成立合作社，拓宽级村集体经济发展思路，鼓励党员先试先行。以党员为骨干、养殖大户为主要带头人，带动全村群众扩大养殖规模，注册“千泉湖”品牌商标，与旅游公司展开洽谈，联合周边村队打造旅游联合体，共同开发熏马肉等特色食品产业，打造民俗文化街。全乡12个行政村集体收入主要来源于土地流转，2021年全乡村集体收入平均增加15%，村均70万元。乡党委坚定不移查“四风”、纠“四气”，坚决整治形式主义、官僚主义，加强纪律作风建设，筑牢党员干部思想意识防线，抓紧党员干部纪律作风不松懈，以严把制度落实为抓手，落实党风廉政建设责任制，加强党廉宣传教育工作，全面落实“两个主体责任”，认真履行“一岗双责”。2021年，开展日常监督检查47次，党纪政务立案审查调查11人，履责约谈4人，批评教育54人，提醒谈话5人。

2021年商户地乡各村基本情况表

表17

序号	村队名称	党总支（支部）书记	村主任	总户数（户）	人口数（人）	年末耕地面积（公顷）	牲畜存栏数（头/只）	集体收入（万元）
1	湖西村	窦永军	窦永军	132	395	687.98	3273	145.69
2	居士堂村	郭　全（任至7月） 邵国威（7月起任）	王兴全（任至9月） 杨续强（9月起任）	161	503	488.41	10	154.12
3	满江红新村二桥小组	倪忠安	王宏英（9月起任）	152	398	394.19	260	37.97
4	满江红新村西梁小组	李金贵	王宏英（9月起任）	183	511	704.1	300	54.19
5	满江红新村中渠小组	张书田	王宏英（9月起任）	83	295	194.43	200	26.05
6	满江红新村蒲秧沟小组	闫新波	王宏英（9月起任）	188	605	555.63	360	48.82
7	蘑菇湖村	金恩斯汉·斯拉木（哈萨克族）	金恩斯汉·斯拉木（哈萨克族）	323	890	1090.07	5067	21.03
8	聂家渠村	叶生礼（任至9月） 段正春（9月起任）	任志刚	168	491	748.52	1420	163.99
9	商东村	杨学席（任至8月） 王洪永（8月起任）	杨学席（任至8月） 王洪永（8月起任）	238	706	518.03	314	47.10
10	商西村	赵德荣	赵德荣	133	413	372.77	235	56.29

续表17

序号	村队名称	党总支（支部）书记	村主任	总户数（户）	人口数（人）	年末耕地面积（公顷）	牲畜存栏数（头/只）	集体收入（万元）
11	五户村	马金军（任至9月） 李晓欧（9月起任）	马金军（任至9月） 潘存辉（9月起任）	273	827	943.51	1824	101.54
12	硝坑村	徐光亮	黑巴提·哈湾（哈萨克族，任至9月） 木拉里太·巨马克（哈萨克族，9月起任）	79	268	225.8	937	63.15
13	泻水渠村	丁　永	马金钟（回族，任至9月） 韩子亮（9月起任）	194	556	618.8	793	189.69
14	新桥湾村	丁加举	丁加举	173	536	656.17	169	45.47
15	杨李村	丁文清	杨亚军（任至9月） 陈志坚（9月起任）	214	706	1013.21	3819	84.18

（李新举）

博尔通古乡

【概况】 沙湾市博尔通古乡位于依连天山中部的哈比尔尕山北麓、准噶尔盆地南缘，距沙湾市45千米，是典型山区地形、其地势为南高北低，属温带干旱气候，其特点是冬暖夏凉，无霜期短，气候相对温和，昼夜温差大。境内有大南沟河、小南沟河、白杨沟、阿克布拉克等水系，总径流量为3985万立方米。博尔通古乡辖区总面积855.49平方千米，全乡有17个行政村和5个社区，2021年，全乡总人口14118人，由哈萨克族、汉族、回族等15个民族组成，其中哈萨克族10881人，占77.07%；汉族1589人，占11.26%；回族1409人，占9.98%；其他民族239人，占总人口的1.69%。耕地面积4053.33公顷，主要种植小麦、玉米等农作物。集体机动地733.33公顷，集体草场13800公顷。2021年，实现农林牧渔业总产值2.32亿元，比上年增长6.83%。有卫生院2个，拥有专业卫生技术人员23人、病床9张。有11430名农牧民参加新型农村医疗合作保险，转移农村富余劳动力1462人次。

【经济建设】 2021年，博尔通古乡完成种植面积7082.27公顷，其中冬麦1264.39公顷、春麦20.75公顷、玉米791.13公顷、青贮1677.13公顷、辣椒5公顷、苜蓿131.99公顷、其他农作物191.87公顷。做好春秋季重大疫病防疫工作，加大对口蹄疫、布鲁氏病、禽流感等重大疫情防疫力度，全乡有牛29827头、羊80164只、马1269匹、骆驼207峰；全面做好牲畜越冬度春饲草料储备工作，储备饲草63320.6吨，完成储备率88%；储备饲料6188.1吨，完成储备率88%。构建农村生态安全屏障，完成春季造林15.73公顷，其中农防林13.87公顷、经济林1.87公顷，种植庭院经济苹果树2500株，零星植树2万株，义务植树3.5万株，树木刷白累计35千米，修枝33.33公顷。

【民生建设】 2021年，博尔通古乡稳定和扩大就业，全面落实就业政策，实现农村富余劳动力转移就业1469人；加强技能培训，开展建筑领域培训434人，从事建筑领域就业269人；铲车操作证培训52人，从事铲车操作就业41人。组织参加沙湾市人社局电子商务职业技能培训36人，组织参加沙湾市职业培训动物疫病防治员、西面点师、馕店文化产业、电焊学项等培训工种学员532人。不断完善社会保障体系，认真落实城乡最低生活保障，共有农村低保户209户311人，城市低保有25户38人。持续推进全民参保计划，全乡城乡养老保险应参保4052人，已完成缴费2616人。推进养老制度改革，全乡80周岁以上老年人有136人，90周岁以上老年人有7人，全部享受高龄补贴。加大保障性住房建设力度，44户富民安居房全部竣工。加强五保户供养工作，全乡现有五保户19人，其中集中供养3人。持续加强残疾人服务工作，助残日帮助10名残疾人解决器具，其中轮椅4架、拐杖2个、坐便椅4个。认真宣传贯彻计划生育法律、法规，完成孕前优生健康检查55对，确认各项奖励辅助对象36人，资金按时发放到位。

【宣传思想】 2021年，博尔通古乡党委结合习近平新时代中国特色社会主义思想和中共十九大精神学习教育，把意识形态工作纳入学习内容，切实抓好党员干部思想教育和理论学习工作。共开展理论学习中心组学习20次，开展党员干部集中式、自学式学习40次，开展主题讨论20次。结合中共十九届六中全会精神、第三次中央新疆工作座谈会精神、习近平在庆祝中国共产党成立100周年大会上的重要讲话精神、党史学习教育等，通过党员干部集中学习传达、理论学习中心组学习等强化党员干部的学习，通过大喇叭、入户面对面宣讲、发放《群众读本》等方式，让党的声音“飞入寻常百姓家”，悬挂横幅100余条，发放群众读本1万余本；组织开展“我为群众办实事”实践活动、党组织层面实事好事48件、志愿服务25场（次），参与志愿者550余人次；党员个人开展事实好事210件，参与志愿者236人次。扎实推进新时代文明实践所、站阵地建设工作，乡文化站成立新时代文明实践所、各村（社区）均成立新时代文明实践站，各项制度、牌匾、领导小组和组织架构均已上墙。建立新时代文明实践志愿服务支队1支、分队23支，结合新时代文明实践志愿服务月、学雷锋月、主题党日等，开展清洁家园、政策宣讲、关心关爱等志愿服务活动200余场（次）。

【党的建设】 2021年，博尔通古乡有基层党支部32个，党员670人，其中农牧民党员545人，全年发展党员47人。抓牢党员干部学习教育，持续反复学习习近平新时代中国特色社会主义思想精神内涵、党内法律法规以及自治区、地委、市委关于加强基层党建的重要指示精神等，教育党员明责、履责、尽责。发挥好党委统揽全局作用，严格落实“七个一”机制，精心组织换届选举工作实施，选举乡党代表60名、乡人大代表52名，党委、政府换届工作圆满完成。扎实做好村（社区）两委换届工作，选出两委班子成员116名，村两委成员中45岁以下共103人，村两委成员中高中（中专）及以上学历78人，实现村两委班子学历和年龄“一升一降”。规范“一支部三中心”建设，用“三个中心”统筹图规范各支力量任务，搭建精干协同高效的运行组织构架。紧盯基层党建薄弱区域，储备后备力量88名，组织10名后备力量参加地委党校集中培训、28名后备力量参加市委党校集中培训。严格按照惯例办法和标准对“四老”人员进行管理，有农村“四老”人员52人（老党员14人、老干部26人、老模范2人、老军人10人）。乡党委积极引导各党支部结合区位、资源优势，探索发展旅游综合体，通过“党支部+合作社”草场租赁项目，5个牧业村集体经济增加57万元。结合“党支部+旅游”，打造“网红打卡点”花海基地，结合鹿角湾景区优势吸引游客，带动旅游经济发展和牧民增收。争取乡村振兴项目资金1800万元，启动博尔通古村美丽乡村建设项目，进一步改善村容村貌，为实现乡村振兴奠定基础。乡党委深入落实“一岗双责”，班子成员带头厉行节俭，严控“三公经费”支出，车辆运行等其他办公经费同比下降5%。严肃执纪问责，立案11件，其中政务2件已结案、党纪9件结案3件、移送审理1件，剩余5件在审查中。对党员干部作风、纪律上的问题早发现、早提醒，对发现的微小问题进行提醒和诫勉等组织处理，运用“第一种形态”谈话12人。

2021年博尔通古乡各村基本情况表

表18

序号	村名	党总支（支部）书记	村委会主任	总户数（户）	人口数（人）	年末耕地面积（公顷）	年末牲畜存栏（头/只）	集体收入（万元）
1	阿克吉也克村	哈纳什·苏力旦（任至7月，哈萨克族） 赛尔江·托列干（9月起任，哈萨克族）	哈迪里别克·达亚尔（哈萨克族，任至9月） 巴合提哈孜·努尔哈布力（9月起任，哈萨克族）	116	447	192	3816	12.6
2	阿热勒托别村	王新林	叶尔哈孜·马迪牙尔（哈萨克族）	169	635	268	2780	30
3	下西湾村	赵廷松（任至9月） 张庆虎（9月起任）	麻新和（任至9月） 张庆虎（9月起任）	147	391	300	300	43
4	塔斯萨依村	王宪法（任至9月） 居马别克·居马太（9月起任，哈萨克族）	哈吾克西·托合塔尔别克（哈萨克族）	123	418	332	800	64
5	托普铁热克村	努尔加娜提·萨特别克（哈萨克族，女）	木拉提别克·居买（哈萨克族）	160	564	0	14000	5.68
6	齐勒窝则克村	黑布拉提·哈依达尔（哈萨克族）	赛里克·托列干（哈萨克族）（任至9月） 阿依提哈孜·托合塔吾别克（哈萨克族）（9月起任）	159	536	191.4	2272	15.8
7	玛依托别村	赛力江·热哈提（哈萨克族）（任至9月） 阿不拉买提·卡开（哈萨克族）（9月起任）	塔勒达吾·阿汗（哈萨克族）（任至9月） 艾力达·托哈吾（9月起任，哈萨克族，女）	101	321	192.13	724	1.7
8	阔克柯牙村	达吾列提·夏里甫汗（任至9月，哈萨克族） 对山太·阿很（9月起任，哈萨克族）	叶尔肯·拜哈力（哈萨克族）	107	333	152.27	915	40
9	库勒逊托亥村	焦文学（任至9月，回族） 胡锦鹏（9月起任）	焦文学（任至9月，回族） 焦玉平（9月起任，回族）	126	440	202	800	10.6
10	肯阿根村	王五星	阿依波拉提·卡斯曼（任至9月，哈萨克族） 阿曼哈志·哈布都瓦里（9月起任，哈萨克族）	212	676	20.9	4280	13.6
11	克孜勒阿根村	哈布都瓦力·哈布都哈孜（哈萨克族）	哈帕斯·哈米提（哈萨克族）	148	512	254	2720	48
12	喀拉萨依村	叶尔波拉提·朱安汗（哈萨克族）	加那提·吾拉孜汗（哈萨克族）	185	655	0	15800	8.95
13	喀拉巴斯陶村	蔡成学	胡沙英·阿不力马井（任至9月，哈萨克族） 魏新和（9月起任）	185	555	237.8	3100	20
14	捷勒阿尕什村	阿达克·托提坎（任至9月，哈萨克族） 古拉依·吾拉孜曼（9月起任，哈萨克族，女）	哈勒木·胡瓦尼什（任至9月，哈萨克族） 阿达克·托提坎（9月起任，哈萨克族）	76	266	179.33	1300	2.6

续表18

序号	村名	党总支（支部）书记	村委会主任	总户数（户）	人口数（人）	年末耕地面积（公顷）	年末牲畜存栏（头/只）	集体收入（万元）
15	加尔苏瓦特村	努尔太·波拉提（任至9月，哈萨克族） 王登贵（9月起任）	叶斯木别克·达吾肯（任至9月，哈萨克族） 米娜拉·巴祖尔汗（9月起任，哈萨克族，女）	150	503	23.47	4100	47.6
16	加尔肯加尕村	都曼·朱玛胡里（任至9月，哈萨克族） 加尔肯·达吾提汗（9月起任，哈萨克族）	马合沙提·拜提坎（任至9月，哈萨克族） 加尔肯·达吾提汗（9月起任，哈萨克族）	150	496	108.27	16945	89.9
17	博尔通古村	赛力克哈孜·胡尔曼（哈萨克族）	赛力克哈孜·胡尔曼（哈萨克族）	161	486	260	3700	12
18	哈拉干德社区	哈力·叶尔杰甫（哈萨克族）	哈力·叶尔杰甫（任至9月，哈萨克族） 江赛力克·温德尔汗（9月起任，哈萨克族）	557	1560	1146.8	3436	0
19	喀拉阔勒社区	李碧英，女	肖福山（回族）	323	1006	0	940	0
20	开干齐社区	赛力克波力·哈米扎（哈萨克族）	哈那提·胡那西（哈萨克族）	193	590	0	1359	0
21	阔克加依达克社区	叶尔肯别克·胡加别克（哈萨克族）	格勒木哈孜·达吾列提（哈萨克族）	457	1588	0	28796	55.2
22	阔斯托别社区	木拉提别克·哈德尔（哈萨克族）	热哈提·吐尔帕克（哈萨克族）	182	528	0	1145	0

（李　静）

良种场

【基本情况】 沙湾市良种场距离沙湾市区20千米，312国道以北15千米处，东临商户地乡，南靠金沟河镇，西依大泉乡，北接农八师144团，沙柳公路横穿场区，交通便利。行政区域总面积28.34平方千米，耕地面积2168.9公顷，辖区总人口1520人，其中汉族1250人、维吾尔族8人、哈萨克族91人、回族24人、其他民族31人。2021年，全场农牧民人均纯收入23000元。有卫生院1个、个体诊所1个，拥有专业卫生技术人员8人。

【经济综述】 2021年，良种场紧紧围绕“产业兴旺、生态宜居、乡风文明、治理有效、生活富裕”总要求，持续开展高标准农田规范化建设、道路、绿化等基础设施，坚持农业与旅游融合发展，以红良园合作社为抓手，打造旅游休闲生态观光园，集田园观光、枸杞采摘、休闲垂钓为一体的观光旅游示范点，发展休闲农业、观光农业、体验式农业，培育农耕体验、健康养生、民俗风情、历史文化等特色品牌，全面推进实施乡村振兴战略。抓好主导产业，积极引导农户了解市场信息，学习现代农业新技术、新方法，做强支柱产业。以合作社为引领，发展棉花产业，与周边144团、石河子农科院、中棉所开展技术合作，加大技术培训力度，采取派出去学和请进来教的方式，对入社成员进行种植技术培训，推动合作社技术带动能力。振兴农民专业合作社以加入聚力社企联盟为契机，带动入社农户65户，入社总面积446.67公顷，从品种选育、农资供应、农机服务、农业技术及信息指导服务、机械采收、企业收购各环节实现统一管理。依托文平种植专业合作社、红良园合作社与县农业农村局及大数据服务中心合作，开展棉花优质品种的筛选，尝试建立测土配肥站，开展节肥增效实验。依托红良园、文平2个合作社确定制种基地982.87公顷。加快推进庭院经济，庭院种植面积15.33公顷。充分利用庭院的空间饲养鸡、鸭、鹅、鸽子等传统家禽，年末存栏牛543头、猪361头、羊1370只、鸡5000只。坚持农业现代化和农村现代化一体设计，完成一分场、二分场、开发区1000公顷农田实施高标准农田建设项目。棉花、小麦、玉米等大宗农作物机耕、机播、机收率达100%。运用超宽膜播种20公顷，与农科院合作大田示范新品种8个、小品种20个。

【宣传思想】 2021年，良种场指导规范使用中共十九届六中全会精神系列挂图、文化站图书、39条规范标语，逐展、逐窗、逐板清查清理不符合要求的标语、制度牌、图书等，清理不规范标语4条，清理不规范使用展板11块、墙体标语26条，指导各分场、站所装裱悬挂挂图5套。全年共开展中心组学习13次、干部理论学习48次。各分场结合实际制定村规民约，成立红白理事会，通过流动道德讲堂不断提高村民的道德素质。投入3万余元打造良种场新时代文明实践所，投入2万余元在主要街面悬挂中国结和灯笼，投入200余万元进行人居环境整治、美丽乡村建设和村委会阵地改造等。3个新时代文明实践所（站）已全部建成并投入运行，全场共组建8支特色和常规志愿服务小分队，志愿者云平台注册66名志愿者，参与疫情期间疫情防控志愿者达20人，通过微信群等形式为志愿者专题培训10期。组织成立10个“人员排查”志愿巡逻小组开展疫情防控知识宣传工作，发放《疫情防控宣传漫画（农村版）》手册200余册，防疫宣传单300余份，防疫宣传横幅8条，草根宣讲员和乡土文化人才制作防疫宣传视频、书画等文艺作品10个，社会各界志愿者捐赠各种防疫和后勤保障物资达3000余元。探索建立“户分类、村收集、场转运”环境卫生整治工作机制，继续完善农村公共基础设施，全力推进农村人居环境整治，清理主干道路50千米，刷白树木1.5万余棵；拆除危旧房屋68栋，拆除残墙断壁680米，累计清运垃圾800吨，为农户配置垃圾桶280个，完成厕所新建246户。

2021年1月26日，良种场新时代文明实践志愿者入户送春联

【党的建设】 2021年，良种场党委统筹推进领导班子和干部队伍建设、基层党组织和党员队伍建设，全年提交入党申请书人员5人，确定入党积极分子5人，发展党员8名，其中农牧民党员6名。以十九届六中全会精神学习为抓手，充分利用“三会一课”、远程教育、“两学一做”、“学转促”专项活动等多种形式，不断提高党员干部综合素质，开展各类培训12场（次），培训党员干部及群众1100人。印发“三会一课”制度、“主题党日操作规范”等，全场主题党日活动、“三会一课”、民主生活会等党内政治生活更加标准化、规范化。继续推行“六项制度”管理办法，对基层管理操作人员进行量化考核，考核结果与绩效工资挂钩。推进作风建设监督检查常态化，督查损害群众利益、“四气”、落实维稳工作不力等问题，协助市纪检委查办案件1起。

（肖　倩）

小拐农业开发区

【概况】 沙湾市小拐农业开发区位于古尔班通古特沙漠腹地，东临玛纳斯县，西接克拉玛依市小拐乡，南与四道河子镇和一三五团接壤，北靠和布克赛尔蒙古自治县，距离城区130余千米。区域面积1534平方千米，区域内生态林面积7万公顷。辖区范围内建有滴灌带厂7家、棉花加工厂4家、移动公司通信基站1座、农资店11家、饭馆5家、商店8家、机井维修店4家、农机修理店6家、网套加工点1家。

【经济建设】 2021年，小拐农业开发区完成各种农作物播种面积0.13万公顷，主要种植农作物为棉花，籽棉平均亩产450千克。长期经营的种植户有390余户，春播及秋收季节短期雇工2000余人。在对各种农作物种植面积进行丈量核实、及时进行公示的基础上，按时上报农作物信息采集表。农业保险做到应保尽保，确保政策性农业保险参保率达到100%。对辖区391户种植户2020年棉花目标价格补贴进行签字确认，协助农业农村局发放2020年棉花补贴资金109406195.72元。完成防风固沙防护林66.7公顷，主要树种为沙枣树、榆树、梭梭等。定期召开安全生产工作例会，制定《小拐农业开发区防震减灾应急救援预案》《小拐农业开发区防范自然灾害应急预案》，组织企业、种植户等开展极端天气自然灾害预防和应急知识宣传教育。严格落实安全生产相关要求，与企业签订安全生产目标责任书11份，与种植户签订安全生产责任书391份，坚持每月深入辖区内企业、个体户进行常态化检查，一批安全隐患问题得以及时整改。协调水利局对辖区内退耕还林的树林带水费调整为5分钱/立方米；引进12千米电信光缆项目，建设两个基站；对团结新村通往153团6米宽、599米长的便道进行砂石化；协助市水利、土地管理部门收取水资源费、土地费1.6亿元。

【宣传思想】 2021年，小拐农业开发区党委把落实意识形态责任制和网络意识形态责任制作为重要政治责任，列入党委重要议事日程，把加强党组织建设和加强意识形态工作紧密结合起来，充分发挥党组织作用、不断激发党员干部主体意识，强化对意识形态工作的领导，认真落实意识形态责任制，强化意识形态领域阵地管理，立足实际，把握正确导向，坚持价值引领，开展宣传思想工作。充分利用微信、QQ等新兴媒体在线学习平台进行宣讲，大力宣传“扫黄打非”、安全生产、环境治理、新冠肺炎防控等，营造积极向上的舆论氛围。

【党的建设】 2021年，小拐农业开发区党委下设党支部3个，其中机关党支部1个、两新组织党支部2个，有党员19名，其中女党员4名、少数民族党员2名。注重发展党员工作，规范选拔入党积极分子和发展对象，2021年新发展党员2名，党员转正1名；深入开展“我为群众办实事”实践活动，解决各族群众“急难愁盼”问题7件，较好地发挥基层党组织的战斗堡垒作用和党员的先锋模范作用。扎实做好巡察整改工作，2021年4月20日至29日，市委第五巡察组对小拐农业开发区党委开展巡察，指出15个问题，提出3条整改意见，15个问题均已完成整改。定期对党员干部进行监督检查，运用“第一种形态”提醒3人次。结合单位三定方案，按照决策权、资金使用权、物资采购权、人事管理权、审批监管权、工程项目实施权6项权力，确定10项权力清单、5项负面清单、10项责任清单，制定5项工作流程图。

（陈倩茹）

先进集体·人物

先进集体

国家级荣誉

1. 2021年8月，沙湾市文化体育广播电视和旅游局荣获国家体育总局群众体育司2017—2020年度全国群众体育先进单位称号；

2. 2021年10月，沙湾市乌兰乌苏镇司法所荣获“全国模范司法所”称号；

3. 2021年8月，沙湾市人民检察院荣获全国检察机关“文明接待室”称号；

4. 2021年11月，沙湾市人民检察院荣获全国维护妇女儿童权益先进集体称号。

自治区级荣誉

【自治区先进基层党组织】

1. 乌兰乌苏镇党委
2. 柳毛湾镇皇渠新村党总支
3. 公安局建设路派出所便民警务站联合党支部
4. 辽宁省鞍山市援疆工作队党支部

【自治区工人先锋号】

沙湾盖瑞乳业有限责任公司技术部

新疆天泰纤维有限公司纸改浆使用攻关小组

【开发建设新疆奖状】

沙湾双泉农业专业合作社

【自治区第八次民族团结进步模范集体】

沙湾市乌兰乌苏镇人民政府

地区级荣誉

【地区先进基层党组织】

1. 沙湾市疾病预防控制中心党支部
2. 沙湾市人民检察院党总支
3. 沙湾市三道河子镇光明路社区党支部
4. 沙湾市乌兰乌苏镇下四宫村党支部
5. 西部银泰建设工程有限责任公司党支部
6. 沙湾市第一小学党支部
7. 国家税务总局沙湾市税务局党委

市级荣誉

【市先进基层党组织】

1. 公安局党委
2. 纪委监委机关党委
3. 安集海镇农庄村党委
4. 乌兰乌苏镇城庄子新村党总支
5. 商户地乡满江红新村党总支
6. 安集海镇古道村党总支
7. 第五中学党总支
8. 金沟河镇宋圣宫村党支部
9. 商户地乡湖西村党支部
10. 柳毛湾镇新村板桥党支部
11. 西戈壁镇五道沟村党支部
12. 博尔通古乡下西湾村党支部
13. 良种场二分场党支部
14. 三道河子镇林场社区党支部
15. 民政局中心养老院党支部
16. 农机安全监理站党支部
17. 私营个体企业协会党支部
18. 第三小学党支部
19. 沙湾盖瑞乳业有限责任公司党支部
20. 财政局机关党支部
21. 商务和工业信息化局机关党支部
22. 审计局党支部
23. 西戈壁镇卫生院党支部
24. 市委办公室党支部
25. 交通运输综合行政执法局克拉玛依执法支队沙湾执法大队党支部

【市民族团结进步创建模范单位】

1. 沙湾市农业农村局
2. 沙湾市委党校
3. 沙湾市政务服务中心
4. 沙湾市市场监督管理局
5. 沙湾市人民医院
6. 沙湾市医保局
7. 沙湾市人社局
8. 沙湾市民政局
9. 沙湾市三道河子镇
10. 沙湾市第二小学
11. 沙湾市三道河子镇乌鲁木齐西路社区
12. 沙湾市大泉乡烧坊庄子村
13. 沙湾市金沟河镇北头道河子村
14. 沙湾市柳毛湾镇皇渠新村葫芦峪组
15. 沙湾市乌兰乌苏镇南渠村
16. 沙湾市东湾镇南湾村
17. 沙湾市商户地乡五户村
18. 沙湾市老沙湾镇老沙湾新村
19. 新疆信泰纺织有限公司
20. 沙湾盖瑞乳业有限责任公司

先进人物

国家级荣誉获得者

【全国司法所模范个人】 2021年10月，司法部表彰全国模范司法所和全国司法所模范个人，沙湾市1人受到表彰。

杨彬　沙湾市司法局大泉司法所所长

自治区级荣誉获得者

【自治区优秀共产党员】 2021年7月1日，中共新疆维吾尔自治区委员会印发关于表彰自治区优秀共产党员、优秀党务工作者和先进基层党组织的决定，沙湾市2人被授予优秀共产党员称号。

1. 多里坤·木哈买提哈孜　沙湾市西戈壁镇水管所党支部书记、所长

2. 穆建辉　金沟河镇宋圣宫村党支部书记、

村委会主任

【自治区第八次民族团结进步模范个人】 2021年9月15日，自治区党委、自治区人民政府印发关于表彰自治区第八次民族团结进步模范集体和模范个人的决定，沙湾市1人被授予自治区民族团结进步模范个人称号。

顾海英　沙湾市三道河子镇伊宁路社区居民

【自治区脱贫攻坚先进个人】 2021年5月21日，自治区党委、自治区人民政府印发关于表彰脱贫攻坚先进个人和先进集体的决定，沙湾市1人被授予新疆维吾尔自治区脱贫攻坚先进个人称号。

冯华　沙湾市老沙湾镇人民政府副镇长

【自治区“最美退役军人”】 2021年2月7日，自治区党委宣传部、自治区退役军人事务厅、新疆军区政治工作部联合授予“最美退役军人”个人和集体称号，沙湾市1人被授予“最美退役军人”称号。

张秋良　沙湾市东湾镇卡子湾村农民

地区级荣誉获得者

【地区优秀共产党员和优秀党务工作者】 2021年7月1日，中共塔城地区委员会印发关于表彰自治区优秀共产党员、优秀党务工作者和先进基层党组织的决定，沙湾市16人被授予优秀共产党员称号，6人被授予塔城地区优秀党务工作者称号。

地区优秀共产党员

1. 吴小英　沙湾市柳毛湾镇沙门子新村党委副书记、沙门子组党支部书记

2. 谭国华　沙湾市大泉乡中泉村党支部书记、村委会主任

3. 阿巴斯江·牙合甫阿肯　沙湾市安集海镇交通新村党总支书记

4. 黎怀华　沙湾市西戈壁镇白碱台子村党支部书记

5. 雷文强　沙湾市老沙湾镇头沟新村党总支书记、头沟村党支部书记、村委会主任

6. 罗雪敏　沙湾市棉花产业有限责任公司副总经理

7. 魏岗　沙湾市供排水公司党支部副书记、经理

8. 王佳　沙湾市委办公室四级主任科员

9. 高亚帅　沙湾市公安局巡逻防控大队党支部书记、大队长

10. 白承江　沙湾市委巡察办正科级巡察专员、纪委监委机关党支部书记

11. 富多霞　沙湾市第三中学第三党支部书记

12. 冯萍　沙湾市委宣传部（文明办）干部、驻西戈壁镇白滩村“访惠聚”工作队队长、第一书记

13. 马俊强　沙湾市大泉乡四级主任科员、河西村党支部第一书记

14. 高扬　沙湾市老沙湾镇党委副书记、组织委员

15. 马宁　沙湾市委常委、副县长

16. 陈冲　沙湾市委组织部副部长

地区优秀党务工作者

1. 叶尔肯别克·胡加别克　沙湾市博尔通古乡阔克加依达克社区党支部书记、第一书记

2. 刘保平　沙湾市商户地乡党委书记

3. 任黎星　沙湾市第一中学党委书记、副校长

4. 沈涛　沙湾市人民医院党委书记、副院长

5. 蒲建浩　沙湾市三道河子镇沙城路社区党总支书记

6. 谭西龙　沙湾市东湾镇卡子湾村党支部书记

【地区劳动模范和先进工作者】 2022年1月20日，中共塔城地区委员会、塔城地区行政公署表彰2021年塔城地区劳动模范和先进工作者，沙湾市9人被授予塔城地区劳动模范称号，2人被授予塔城地区先进工作者称号。

地区劳动模范

1. 高俊清　沙湾市盖瑞乳业有限责任公司设备工程师

2. 张玉泉　新疆速能居民服务有限公司沙湾分公司业务部主管

3. 热西亚·巴合提别科（女，哈萨克族）　新疆信泰纺织有限公司车间操作工段长

4. 道里洪·外孜汗（哈萨克族）　中粮天海粮油工业（沙湾）有限公司职工

5. 周彦勋　沙湾市棉花产业有限责任公司总经理

6. 李衍新　新疆信泰纺织有限公司党支部书记、总经理

7. 王银山　沙湾市天泉生猪养殖专业合作社党支部书记、理事长

8. 朱清江　沙湾市柳毛湾镇鑫业农机服务专业合作社理事长

9. 徐学俊　沙湾市天宝绿色食品有限公司机电技术员

地区先进工作者

1. 吾兰·哈力有拉（哈萨克族）　沙湾市公安局刑侦大队副大队长

2. 彭一峰　国家税务总局沙湾市税务局党委委员、副局长

市级荣誉获得者

【市优秀共产党员和优秀党务工作者】 2021年7月2日，中共沙湾市委员会表彰沙湾市优秀共产党员、优秀党务工作者和先进基层党组织，70名优秀共产党员、35名优秀党务工作者受到表彰。

市优秀共产党员

1. 于金辉，男，回族，大泉乡城郊西村党员

2. 于梅，女，藏族，移动公司党支部书记、经理

3. 马秀梅，女，回族，博尔通古乡纪检监察委员、镇区管委会负责人

4. 王刚，男，汉族，市场监督管理局食品科负责人

5. 王华英，女，汉族，新疆瑞隆农业发展有限责任公司副总经理

6. 王轩，男，汉族，公安局网络安全保卫大队大队长

7. 王国志，男，汉族，小拐农业开发区管委会党委副书记、管委会主任

8. 王岩，女，汉族，柳毛湾镇皇渠新村葫芦峪党支部书记

9. 王建国，男，藏族，机关事务服务中心党支部书记、主任

10. 王思东，男，汉族，东湾镇下东地村治保主任、远程操作员

11. 王银珊，女，汉族，市委党校副校长、三道河子镇人民路社区“访惠聚”工作队队长

12. 王景，女，汉族，人民医院妇产科副主任

13. 王淼，女，汉族，妇联二级主任科员

14. 王新和，男，汉族，家家乐农资有限责任公司金沟河分公司职工

15. 牛连勤，女，汉族，西戈壁镇东山村村医

16. 古丽·乌拉孜汗，女，哈萨克族，疾病预

防控制中心临床医师

17. 代宗辉，男，汉族，市委网信办干部

18. 兰玲，女，回族，园林绿化中心党支部书记

19. 毕丰雷，男，汉族，人民法院党组成员、副院长

20. 吕东文，男，汉族，四道河子镇三岔坪村党总支书记

21. 刘向东，男，汉族，农村饮水安全工程管理站党支部书记、副站长

22. 刘俊，男，汉族，市委政法委副书记

23. 刘速，男，汉族，融媒体中心总编室副主任

24. 刘晓明，女，汉族，审计局干部

25. 刘强，男，汉族，乌兰乌苏镇黄家梁新村党总支书记

26. 闫建军，男，汉族，市委正科级巡察专员

27. 许岳成，男，汉族，市委人才服务中心干部

28. 那斯依哈提·朱玛别克，男，哈萨克族，博尔通过乡驻村管寺干部

29. 苏宗超，男，汉族，住房和城乡建设局工程造价管理站副站长

30. 杜斌，男，汉族，商务和工业信息化局招商科科长

31. 李广，男，满族，人民医院骨科副主任

32. 李岩平，男，汉族，商务和工业信息化局商贸科干部

33. 李菊花，女，汉族，大泉乡二道河子村妇联主席、计生宣传员

34. 李琪，女，汉族，市委史志研究室四级主任科员

35. 杨平，男，汉族，政府办公室四级主任科员

36. 杨亚军，男，汉族，金沙湾商贸城党支部书记

37. 杨新龙，男，汉族，新疆天舜众鑫沥青有限责任公司党支部书记

38. 何文强，男，汉族，老沙湾镇黄沙梁新村党总支委员、七角地村党支部书记

39. 张文华，男，汉族，老沙湾镇太平渠村党支部书记

40. 张海燕，女，汉族，金沟河镇社保民政（保障）服务中心主任、劳保所所长

41. 阿布来提·毛拉买提，男，哈萨克族，西戈壁镇居民党员

42. 阿达力·卡肯，男，哈萨克族，博尔通古乡托普铁热克村农牧民党员

43. 阿黑哈提·对山别克，男，哈萨克族，交通运输局党组成员、副局长

44. 陈丽，女，汉族，第三中学党总支书记、副校长

45. 陈俊旺，男，汉族，发展和改革委员会干部

46. 陈殿有，男，汉族，文化体育广播电视和旅游局干部

47. 周子然，男，汉族，公共交通有限责任公司经理

48. 郑雅升，男，汉族，安集海镇玖润农机服务部负责人

49. 赵永乐，男，汉族，民政局干部

50. 胡忠建，男，汉族，财政局干部

51. 胡春艳，女，汉族，第五小学高级教师

52. 哈那提·胡斯木汗，男，哈萨克族，农业农村局综合办干部、畜牧兽医师

53. 姚莎，女，汉族，商户地乡农业（畜牧业）发展中心干部

54. 姚韩斌，男，汉族，塔城地区生态环境局沙湾市分局党组副书记、局长

55. 徐国龙，男，汉族，新疆西部银泰建设工程有限责任公司党支部书记

56. 徐荣，男，汉族，政协办公室四级主任

科员

57. 高永强，男，汉族，文工团团长

58. 高磊，男，汉族，统战部副部长

59. 陶军，男，汉族，应急管理局干部

60. 陶阳，男，汉族，人民医院心血管内科副主任

61. 黄庆禹，男，汉族，三道河子镇人民路社区居民党员

62. 黄涛，男，汉族，柳毛湾镇柳毛湾新村团支部书记、板桥报账员

63. 曹春香，女，汉族，塔城恒基武装守护押运有限责任公司沙湾分公司党支部组织委员

64. 阎东，男，汉族，沙湾工业园区管委会规划建设局干部

65. 彭一峰，男，汉族，国家税务总局沙湾市税务局党委委员、副局长。

66. 董文亭，男，汉族，人民检察院法警大队大队长

67. 韩秀丽，女，汉族，人民医院感染控制办公室主任（主任护师）

68. 焦祖卿，男，汉族，融媒体中心党组成员、副主任

69. 窦永毕，男，汉族，四道河子镇中心村党员

70. 潘会，女，汉族，人大常委会办公室干部

市优秀党务工作者

1. 马乐乐，女，汉族，西戈壁镇党建办副主任（四级主任科员）

2. 王国军，男，汉族，沙湾市信息化中心主任、商户地乡蘑菇湖村第一书记、“访惠聚”工作队队长

3. 王胜亭，男，汉族，人力资源和社会保障局党建干事

4. 王洪华，女，汉族，农业农村局党建干事

5. 王新燕，女，汉族，三道河子镇凯旋路社区党总支书记

6. 古丽孜拉·马合吾亚，女，哈萨克族，住房和城乡建设局党建干事

7. 卢东明，男，满族，公安局党委委员、副局长

8. 白涛，男，汉族，机要保密局副局长

9. 吕德海，男，汉族，统计局党建干事

10. 刘鑫，男，汉族，中国电信股份有限公司沙湾分公司党支部书记、经理

11. 玛河朴扎·曲乃，女，哈萨克族，市委党校教师

12. 杜新霞，女，汉族，柳毛湾镇汇民渠新村新户党支部党建联络员

13. 李菲，女，汉族，司法局机关党支部副书记

14. 李慧，女，汉族，卫生健康委员会党建干事

15. 杨文奇，男，汉族，安集海镇中心学校联合党支部书记

16. 杨明果，男，汉族，乌兰乌苏镇党建办干部

17. 杨星娟，女，汉族，第七小学副校长、党支部组织委员

18. 张娟，女，汉族，文化体育广播电视和旅游局党建干事

19. 张雪娇，女，汉族，公安局广场路派出所教导员、三级警长

20. 张锐，男，汉族，市委办公室党支部党建干事

21. 张瑜，女，回族，三道河子镇党委副书记、组织委员

22. 阿丽亚·马合木提，女，维吾尔族，人民检察院党建干事

23. 陈东伟，男，汉族，市委直属机关工委书记

24. 陈俊涛，男，汉族，财政局党组成员、副局长、机关党支部书记

25. 郑威，男，汉族，发展和改革委员会党组成员、副主任

26. 赵友翠，女，汉族，安集海镇夹河子村党总支书记、村委会主任

27. 哈布都瓦里·哈布力哈子，男，哈萨克族，博尔通古乡克孜勒阿根村党支部书记

28. 聂卫国，男，汉族，市场监督管理局党组书记、副局长

29. 菅丽，女，汉族，三道河子镇广场路社区党总支书记

30. 梁辉，女，汉族，良种场党委委员、组织委员

31. 景亮，男，汉族，大泉乡党委副书记、组织委员

32. 谢文，男，俄罗斯族，大泉乡烧坊庄子村党支部书记

33. 窦广振，男，汉族，国家税务总局沙湾市税务局党建干事

34. 翟智斌，男，汉族，公安局机关第一党支部书记、督察大队大队长（一级警长）

35. 魏晓燕，女，汉族，塔城地区地震局党支部书记

【市民族团结进步模范个人】 2021年6月2日，中共沙湾市委员会、沙湾市人民政府表彰沙湾市民族团结进步模范集体和模范个人，50人被授予沙湾市民族团结进步模范个人称号。

1. 安序，男，汉族，中共党员，沙湾市公安局治安大队副大队长

2. 马拉提·也力肯，男，哈萨克族，中共党员，沙湾市公安局金沟河派出所教导员

3. 王宁，男，汉族，中共党员，沙湾市公安局柳毛湾派出所副所长

4. 马小飞，男，回族，中共党员，沙湾市公安局乌兰乌苏派出所辅警

5. 艾喜丁·也尔肯，男，维吾尔族，中共党员，沙湾市大泉派出所民警

6. 段胜刚，男，汉族，沙湾市公安局博尔通古牧场派出所民警

7. 杨志倩，女，汉族，中共党员，沙湾市公安局刑警大队民警

8. 徐芳，女，汉族，中共党员，沙湾市公安局治安管理大队户籍窗口民警

9. 李刚，男，汉族，中共党员，沙湾市人民法院审判管理办公室主任

10. 蔺淑梅，女，汉族，沙湾市税务局风险管理股三级主办

11. 席刚，男，蒙古族，中共党员，沙湾市发改委重点项目服务中心主任

12. 刘长兴，男，汉族，中共党员，沙湾市委组织部副部长、老干部局局长

13. 艾力木丁·尼扎木丁，男，维吾尔族，中共党员，沙湾市市场监督管理局柳毛湾市监所副所长

14. 张玲，女，俄罗斯族，沙湾市统计局干部

15. 刘晓明，女，汉族，中共党员，沙湾市审计局固定资产投资审计所负责人

16. 王胜亭，男，汉族，中共党员，沙湾市人社局干部

17. 张秋良，男，汉族，中共党员，沙湾市退役军人

18. 红都斯·玛蒂亚尔，女，哈萨克族，中共党员，沙湾市委宣传部干部

19. 程华，女，汉族，中共党员，沙湾市第二幼儿园教师

20. 房玉慧，女，汉族，中共党员，沙湾市乌兰乌苏镇中心校教师

21. 阿依古丽·哈比汗，女，哈萨克族，中共党员，沙湾市实验幼儿园副园长

22. 殷庆华，男，汉族，中共党员，沙湾市职

业技术学校教师

23. 陈丽，女，汉族，中共党员，沙湾市第三中学党支部书记

24. 哈依扎提·对山，男，哈萨克族，中共党员，沙湾市大泉乡中心校东泉分校副校长

25. 朱娜娜，女，汉族，中共党员，沙湾市第二中学教师

26. 刘冬琳，女，汉族，中共党员，沙湾市第一小学教师

27. 党云龙，男，汉族，中共党员，沙湾市委组织部干部

28. 杨新丽，女，汉族，中共党员，沙湾市人民医院护理外勤护士长

29. 毛志泽，男，汉族，中共党员，沙湾市人民医院副院长、医教科主任

30. 齐慧艳，女，汉族，沙湾市妇幼保健计划生育服务中心副主任医师

31. 郑俊基，男，汉族，沙湾市金沟河镇三道湾村乡村医生

32. 塔依尔·阿不力孜，男，维吾尔族，中共党员，沙湾市农业农村局农机安全监理站站长

33. 虎威军，男，回族，沙湾市东湾镇南湾村村民

34.叶尔肯别克·胡加别克，男，哈萨克族，中共党员，沙湾市博尔通古乡阔克加依达克社区第一书记、党支部书记

35. 努尔达吾列提·哈那哈提，男，哈萨克族，沙湾市博尔通古乡绿地毯合作社理事

36. 马金春，男，汉族，中共党员，沙湾市三道河子镇人民路社区居委会主任

37. 刘红艳，女，汉族，中共党员，沙湾市三道河子镇塔城路社区妇代专干，纪检员

38. 贾伟萍，女，汉族，中共党员，沙湾市三道河子镇乌西路社区副主任

39. 唐加力克·哈力木，男，哈萨克族，中共党员，沙湾市三道河子镇统战办干部、驻村管寺干部

40. 苏来曼·塔伊甫，男，维吾尔族，沙湾市三道河子镇光明路社区干部

41. 迪里努尔·达哈德尔，女，维吾尔族，沙湾市三道河子镇泽景源物业服务有限公司四季花城小区物业任

42. 刘宗元，男，汉族，中共党员，沙湾天润生物有限责任公司董事长、党支部书记

43. 托合塔尔哈孜·吐尔地汉，男，哈萨克族，沙湾市西戈壁镇五道沟村牧民

44. 古丽·套胡提，女，维吾尔族，沙湾市老沙湾镇沙窝道村村民

45. 伊曼古丽·吾甫，女，维吾尔族，中共党员，沙湾市安集海镇人民政府干部

46. 茹仙古丽·亚合甫，女，维吾尔族，中共党员，沙湾市安集海镇和平新村村民

47. 刘志辉，男，汉族，中共党员，沙湾市四道河子镇中心村党支部书记

48. 邓志力，男，汉族，中共党员，沙湾市良种场一分场村民

49. 索文礼，男，回族，中共党员，沙湾市金沟河镇南头道河子村村委会委员

50. 赵德荣，男，汉族，中共党员，沙湾市商户地乡商西村党支部书记

功勋退役军事人物

【杜戈】 杜戈，男，汉族，新疆沙湾市三道河子镇人，中共党员，1980年10月出生，2000年12月入伍，中国人民解放军某部队服役。参军入伍多年，矢志不渝，不忘初心，多次被评为优秀党务工作者、优秀基层干部、优秀共产党员，荣立个人三等功1次，二等功1次。入伍以来，先后完成了23项国家和全军级等重大任务保障工作。抗击疫情期间，依令建立疫情防控隔离点，完成4个批次隔离任务，确保疫情防护万无一失。2020年在组织单

位手榴弹实投过程中，1名同志因紧张导致弹体滑落，该同志临危不乱，严格按照处置突发险情预案成功处置弹体滑落险情，避免人员牺牲，并留下了如何成功处置弹体滑落高清的影像资料，尽管身体受伤，仍扎实工作任劳任怨。作为领导干部，讲原则、顾大局，从基础工作着手，带头讲好每月思想政治教育课，灵活教育组织方式，邀请官兵上讲台当老师，主动盘活社会资源，增强官兵红色传统教育效果。因年度工作表现突出，2021年1月，荣立个人二等功。

【孙圣鉴】 孙圣鉴，男，新疆沙湾市三道河子镇人，中共党员，1998年7月出生，2004年12月入伍，中国人民解放军某部队服役。该同志政治信念坚定、军事素质过硬、指挥素质较高、模范表率突出，在大项任务面前能够主动请缨，担当尽责。先后荣立个人二等功1次、三等功3次、嘉奖14次，集体三等功3次。2020年，在参加某项任务期间，奉命带领3名同志营救战友，为争夺抢救时间，不顾自身左膝旧伤打有钢钉，不畏冰冷的加勒万河水，直接涉水将战友抬至救护车，期间反复淌过冰冷的河水7次。在完成救援任务后，又迅速带领人员奔赴一线，在非常艰苦的情况下，始终冲锋在前，不畏英勇反击，毫不胆怯。因表现突出，2021年9月，荣立个人二等功。

附　录

组织机构及负责人名录

【中国共产党沙湾市委员会】

书　记：黄佳俊

副书记：俄合拉斯·斯巴达克（哈萨克族）、张大江、邹勇（6月离任）、赵震（援疆）

常　委：王宏平（9月离任）、赵伟（9月任职）、李永翔（2月离任）、哈米提·阿吉（维吾尔族，9月离任）、图尔逊·木拉提（哈萨克族）、范正权、王超、孟虹（女，4月离任）、马宁、曹自乾（2月任职）、李艳（女，4月任职）、杨晓峰（6月任职）、伊斯凯德·乌拉英（维吾尔族，9月任职）

市委办公室

主　任：霍峰辉

副主任：严军、孔明智（2月离任）、苏志生、仝善鹏（2月任职）、冯斌（6月任职）

市委经济发展研究中心副主任：田浩

市委机要保密局局长：李耘耕

市委机要保密局副局长：张森（7月离任）、白涛（援疆）、王盼盼（女）

市委专用通信服务保障中心主任：蒋浩

档案局局长：仝善鹏（2月任职）

档案馆馆长：冯锐

档案馆副馆长：阿哈里·胡斯曼（哈萨克族）

政法委

书　记：张大江

副书记：杨新立、朱清营、刘俊

网格化管理服务中心副主任：特里克·哈化（哈萨克族）

维稳指挥中心主任：田生花（女，6月任职）

维稳指挥中心副主任：魏军

组织部

部　长：曹自乾（2月任职）

副部长：任继刚（10月离任）、卡玛里汉·托汗别克（女，哈萨克族）、张建辉、陈冲（援疆）、蔚靖（女）、刘长兴（10月离任）

部务委员：李建斌、吴晓波（10月任职）、谢翠品（女，10月任职）

公务员局局长：蔚靖（女）

宣传部

部　长：孟虹（女，4月离任）、李艳（女，4月任职）

副部长：哈里达·马纳甫（女，哈萨克族，5月任职）、孙彦彬、窦龙、胡志莉（女，5月任职）

文明办主任：窦龙

宣传文化产品鉴定中心主任：汪莹（女）

统战部（民宗局）

部　长：图尔逊·木拉提（哈萨克族）

副部长：宋鸿飞、高磊、夏里哈尔·苏里坦（哈萨克族、10月离任）、穆合亚提·苏莱曼（哈萨克族、10月任职）、肖宜霏（女、5月离任）、赵军（5月任职）、李成

民宗局局长：夏里哈尔·苏里坦（哈萨克族、10月离任）、穆合亚提·苏莱曼（哈萨克族、10月任职）

侨办主任：宋鸿飞

侨联主席：安金华（女、7月任职）、宋鸿飞（7月离任）

侨联副主席：达列勒·毛拉提汗（哈萨克族）

伊斯兰教协会秘书长：达尔汗·哈布里（哈萨克族）

直属机关工作委员会

书　记：陈东伟

副书记：刘改玲（女）

工委委员：罗菊（女）、房巨军

机构编制委员会办公室

主　任：蒋爱杰

副主任：冯斌（6月离任）

事业单位登记管理局局长：鲁媛娟（女）

老干部局

局　长：刘长兴（10月离任）

副局长：王文君

老干部活动中心主任：王文君

关心下一代工作委员会办公室主任：李晓红(女)

网信办

主　任：孙彦斌

副主任：秦怀华、田生花（女、蒙古族、6月离任）、李健（6月任职）

巡察办

主　任：王和艳（女，7月离任），张魏琴（女，7月任职）

副主任：王建新、李静姗（女）

巡察专员：孟新、李江红（女）、白承江、闫建军、邓新军、燕文德

党史和地方志研究室

主　任：单新生

副主任：李红涛

党校

校　长：曹自乾（2月任职）

常务副校长：韩振激

副校长：王银珊（女）、巧盼·哈山（女，哈萨克族）

【沙湾市人大常委会】

沙湾市人大常委会党组

党组书记：张大江（6月离任）、刘永华（女，6月任职）

党组副书记：玉山·阿依甫（维吾尔族，6月离任）、哈米提·阿吉（维吾尔族，9月任职）

党组成员：阿力木·哈力（哈萨克族）、马晖（回族）、霍峰辉、张建喜（2月任职）

沙湾市第一届人民代表大会常务委员会组成人员

（2021年9月11日沙湾市第一届人民代表大会

选举产生）

主　任：哈米提·阿吉（维吾尔族）

副主任：刘永华（女）、阿力木·哈力（哈萨克族）、马晖（回族）、霍峰辉

委　员：曹自乾、罗刚、张建喜、托里坤·卡因克（哈萨克族）、韩登斌、刘晶晶（女）、杨峻爱、高　勇、吴　军、刘东红、马晓麟（东乡族）、赵长清、何洪涛、哈里达·玛纳甫（女，哈萨克族）、赛里克·谢力扎提（哈萨克族）、阿尔亭古丽·木拉提（女，哈萨克族）、张金生（回族）、伊卫国、顾海英（女）、史洪洲、古丽孜亚·司马义（女，维吾尔族）、刘芳（女，回族）

办公室

主　任：张建喜（2月任职）

教科文卫委

主　任：托里坤·卡因克（哈萨克族）

副主任：赵霞（女）

代表人事委

主　任：刘晶晶（女）

副主任：艾山江·司马义（维吾尔族）

财经委

主　任：韩登斌

副主任：杨峻爱（6月离任）

法工委

主　任：杨峻爱（6月任职）

副主任：司俊志

【沙湾市人民政府】

市　长：俄合拉斯·斯巴达克（哈萨克族）

副市长：王超、杨新立、马宁、李艳（女，5月离任）、齐新英（女，4月任职）、米磊（6月离任）、张卫武（6月离任）、魏东军（6月任职）、王卫东（9月任职）

政府办公室

主　任：袁金鹏（10月离任）、任继刚（10月任职）

副主任：夏远冰（2月离任）、马新龙、王子伦（2月任职）

信息化中心主任：王国军

信访局局长：夏远冰（2月离任）、王子伦（2月任职）

政务服务中心

党组书记、副主任：张伟（俄罗斯族）

党组副书记、主任：马兵

党组成员、副主任：王生刚

机关事务服务中心

主　任：王建国（2021年7月离任）

党组书记、主任：叶亮（2021年7月任职）

党组成员、副主任：白帆（女，2021年7月任党组成员）

融媒体中心

党组书记、主任：冯梅（女）

党组副书记、副主任：张华（女）

党组成员、副主任：焦祖卿

公安局

党委书记、局长：杨新立

党委副书记、政委：蔡国庆

党委委员、副局长：孙彦斌、黄建兵、木哈买提汉·哈马江（哈萨克族）、卢德佳、卢东明、舒博（5月任职）、郭言锁（挂职）、王建评（7月任职）

党委委员：陈钢、刘咏梅（女，回族）、孙伟、崔宁波、陈晓鑫（7月任职）

司法局

党组书记、副局长：白玉红（女）

党组副书记、局长：席金军

党组成员、副局长：叶尔剑·哈山（哈萨克族、3月去世）、李宏（挂职、3月离任）、叶尔肯·吾化哈孜（哈萨克族、6月任职）

退役军人事务局

党组书记、副局长：王斌

党组副书记、局长：唐顺天（11月任职）

党组成员、副局长：唐吉运

农业农村局

党组书记、局长、畜牧兽医局局长：宋才吉（藏族，11月任局长、畜牧兽医局局长，11月离任农业农村局副局长）

党组副书记、副局长：唐新涛（11月离任局长、畜牧兽医局局长，11月任农业农村局副局长）

党组成员、副局长：杜满·拜开买提（哈萨克族）、张慧（女，回族，10月离任）、邢军（7月离任）

党组成员、农经中心主任：靳涛

农业广播电视学校校长：杨丽香（女）

农村经济合作管理中心党支部书记、副主任：黄继振

农业技术推广中心主任：郑建平

质量检测中心主任：郭继潮

动检所党支部书记：何永忠

动检所所长：吾兰·帕孜里克（哈萨克族）

畜牧兽医站站长：张金生

种子站党支部书记：王芳吉（女）

种子站站长：蔺哲

林业和草原局

党组书记、副局长：席和（6月离任）

党组副书记、局长：也尔肯·包尔拜（哈萨克族，2月任职）

党组成员、副局长、三道河子镇林场党支部书记：薛方

党组成员：哈力布亚提·好开（哈萨克族）

乡村振兴局

党组书记、副局长：席和（2021年6月任职）

党组副书记、局长：母祥明（2021年6月任职）

党组成员、副局长：赵栋（2021年6月任职）

水利局

党组书记、副局长：夏里哈尔·苏里坦（哈萨克族，10月任职）、买提汗·哈力克（哈萨克族，10月离任）

党组副书记、副局长：王道强（10月离任局长任副局长）

党组成员、副局长：黄丽（女）

党组成员、水利管理站站长：王盛江

移民管理中心主任：李强

水政监察大队队长：沈军

农村饮水安全工程管理站党支部副书记、站长：杨建川

海子湾水库管理站党支部副书记、站长：柴冀

金沟河水管站副站长：张永栋

工业园区管委会

党工委书记、管委会副主任：范正权（6月离任）、刘平海（6月任职）

党工委副书记、管委会主任：施江平

党工委委员、管委会副主任：王新、赵永强

工业园区管委会办公室主任：陈勇

工业园区管委会办公室副主任：高杰

规划建设和生态环境局局长：陈源

规划建设和生态环境局副局长：李建国

企业服务局局长：曹斌红（女）

招商发展局局长：安景昶

安全生产监督管理办公室主任：沈忠

商务和工业信息化局

党组书记、副局长：马军平（女，5月离任）、肖宜霏（女，5月任职）

党组副书记、局长：闫海

党组成员、副局长：吴红宇、木尔扎别克·卡买（哈萨克族，5月离任副局长）

油气资源开发服务中心主任：赵大军

供销合作社联合社

党委书记、副主任：贾永新（女）

党委副书记、主任：李健

发展和改革委员会

党组书记、主任、粮食和物资储备局局长：李坚

党组成员、副主任：赵栋（6月离任）、徐云忠、郑威、席刚（蒙古族、6月任职）

重点项目服务中心主任：席刚（蒙古族、6月离任）

统计局

党组书记、副局长：陈敏（女）

党组副书记、局长：王立军

党组成员、副局长：阿依古丽·木哈买提（女，哈萨克族）

审计局

党组书记、副局长：朱成龙

党组副书记、局长：任志愿（7月任党组副书记，8月任局长）

副局长：任志愿（8月离任）

市场监督管理局

党组书记、副局长：聂卫国

党组副书记、局长、知识产权局局长：葛振龙

党组成员、副局长：王宏源

应急管理局

党委书记、副局长：程子虎（2月离任）、代洪涛（2月任职）

党委副书记、局长：代洪涛（2月离任）、穆勇（2月任职、11月离任局长）

党委书记、局长：代洪涛（11月任局长）

自然灾害综合预警监测中心主任：王磊

财政局

党组书记、局长：王金海（10月离任）

党组副书记、局长：陈俊涛（10月任职）

党组副书记、副局长：韩震

党组成员、副局长：陈俊涛（10月离任）

国有资产事务服务中心主任：孙福梅（女）

财政投资评审中心主任：赵红梅（女）

乡镇财政资金保障中心主任：张继革

交通运输局

党组书记、副局长：王洪斌

党组副书记、局长：刘长兴（10月任职）

党组成员、副局长：阿黑哈提·对山别克（哈萨克族）

住房和城乡建设局

党组书记、副局长：朱海学

党组副书记、局长：母祥明（6月离任）、徐德亮（6月任职）

党组成员、副局长：赛博拉提·铁木尔别克（哈萨克族）

党组成员、村镇办主任：赵多军

保障性住房服务中心主任：崔国栋

城建监察大队党支部书记：李红卫

环境卫生服务中心党支部书记、副主任：龚旭

环境卫生服务中心主任：陈文星

园林绿化服务中心党支部书记、副主任：兰玲（女）

园林绿化服务中心主任：刘涛

供排水公司党支部副书记、总经理：魏岗

房屋征补中心

党组成员、副主任：朱成文

塔城地区生态环境局沙湾市分局

党组书记、副局长：朱红丽（女）

党组副书记、局长：姚韩斌

党组成员、副局长：杨茜（女）

环境监测站站长：杨艳（女）

文化体育广播电视和旅游局

党组书记、副局长：仲会奇

党组副书记、局长：丁志毅

党组成员、副局长：杨志兵

党组成员、鹿角湾景区管理委员会党组书记、主任：杨绪光

鹿角湾景区管理委员会党组成员、副主任：俄合拉斯·叶尔肯（哈萨克族）

鹿角湾景区管理委员会副主任：李鹏

自然资源局

党组书记、副局长：李玉学（满族）

党组副书记、局长：卢梦宁（满族）

党组成员、副局长：朱成武

党组成员：常虹（女）、刘怀平、黄国亮

人力资源和社会保障局

党组副书记、局长：张新忠

党组成员、副局长：加那尔别克·努尔沙帕（哈萨克族）

党组成员、社会保险中心党支部副书记、主任：张翔（12月任职）

劳动监察大队大队长：黑学虎

创业服务中心主任：唐啸恬

医疗保障局

党组书记、副局长：王洪兵

党组副书记、副局长：何玉萍（女）

医疗保障事业发展中心党支部书记、副主任：袁志刚

民政局

党组书记、副局长：依布拉英·肖拉提（哈萨克族）

党组副书记、局长：高西京

党组成员、副局长：朱成强

教育和科学技术局

党组书记、副局长：赵春林（7月任职）

党组副书记、局长：赵春林（7月离任）、马琴（女，7月任职）

党组成员、副局长：张立民（8月离任）

卫生健康委员会

党组书记、副主任：吴桂芸（女）

党组副书记、主任：蒋涛

党组成员、副主任：托列吾汗·扎肯（女，哈萨克族，7月离任）、吴江平

卫生计生综合监督执法局党支部书记：何永忠

卫生计生综合监督执法局局长：杨宏伟

【政协沙湾市委员会】

政协沙湾市第一届委员会主席、副主席及常务委员

党组书记、副主席：邹勇

党组副书记、主席：周卫东

副主席：周少林（回族，不驻会）、艾山江·斯拉木（维吾尔族）、买提汗·哈里克（哈萨克族）

常务委员：马俊江（回族）、田辉、冯连才（回族）、刘凤琴（女）、李艳（女）、吾尔古丽·卡德尔（女、维吾尔族）、张玉泉、张念玉（女）、纳戈曼·许汉（哈萨克族）、图尔逊·木拉提（哈萨克族）、周亚明、袁劼（女）、顾光一、唐啸恬（女）、韩伟、蔚靖（女）

办公室

主　任：顾光一

副主任：王剑矛

联络议事委

主　任：谈新明

副主任：赵勇

【中共沙湾市纪律检查委员会、市监察委员会】

中共沙湾市纪律检查委员会

书　记：邹勇（6月离任）、杨晓峰（6月任职）

副书记：李芳（女）、达吾列提拜·吾马尔（哈萨克族）

常　委：张魏琴（女）、刘林、穆合亚提·苏来曼（哈萨克族，7月离任）、叶尔哈力·托合提拜（哈萨克族，7月任职）、王和艳（女，7月离任）、袁劼（女，7月任职）

沙湾市监察委员会

主　任：邹勇（6月离任）、杨晓峰（6月主任候选人，9月任监委主任）

副主任：李芳（女）、达吾列提拜·吾马尔（哈萨克族）

委　员：张魏琴（女，9月任职）、穆合亚提·苏来曼（哈萨克族，7月离任）、王和艳（女，7月离任）、叶尔哈力·托合提拜（哈萨克族，7月任职）、姜庆基、田安邦

纪委监委内设机构负责人

办公室主任：李磊

组宣部部长：张魏琴（女，7月离任）

党风政风监督室主任：党长城

信访室主任：努尔古丽·波力森（女，哈萨克族，10月离任）

案件监督管理室主任：窦欣慧（女）

纪检监察干部监督室主任：孙秀花（女）

案件审理室主任：姜辉（女）

第一纪检监察室主任：张立健

第二纪检监察室主任：张杰

第三纪检监察室主任：郭姣姣（女）

第四纪检监察室主任：哈力木江·拜斯汗（哈萨克族）

第五纪检监察室主任：袁劼（女）

派出纪检监察组

直属机关纪检监察工委书记：房巨军

直属机关纪检监察工委副书记：阿合里太·哈布都拉（哈萨克族）

第一纪检监察组组长：纪名秀（女）

第一纪检监察组副组长：田生荣（蒙古族）、李新生

第二纪检监察组组长：程新胜

第二纪检监察组副组长：王丽红（女）

第三纪检监察组组长：肖虎

第三纪检监察组副组长：杨文品、尹伟英（女）

第四纪检监察组组长：张立新

第四纪检监察组副组长：张建娟（女，2月任职）

第五纪检监察组组长：叶尔哈力·托合提拜（哈萨克族，7月离任）

第五纪检监察组副组长：张俊玲（女）、裴建军（2月任职）

第六纪检监察组组长：张健

第六纪检监察组副组长：何承龙、王媛（女，蒙古族）

【沙湾市人民检察院】

党组书记、副检察长：杨小江

党组副书记、检察长：李国金

党组成员、副检察长：王永明、佳妮古丽·哈布拉合买提（女、哈萨克族）、艾金刚

党组成员、检察委员会专职委员：徐志康

党组成员、政治部主任：周亚明

【沙湾市人民法院】

党组书记、副院长：陈良杰

党组副书记、院长：陈杰

党组成员、副院长：许金成（10月离任副院长）、毕丰雷

党组成员、政治部主任：王新

党组成员、审委会专委：高靖、牛挺学

【群众团体】

总工会

党组书记、副主席：马琴（女，7月离任）、闫坤（10月任职）

党组副书记、主席：闫坤（10月离任）、袁金鹏（10月任职）

中国共产主义青年团沙湾市委员会

党组书记、团委书记：哈里达·马纳甫（女、哈萨克族、5月离任）

团委副书记：徐景乾（5月任职）

妇女联合会

党组书记、主席：王结（女）

党组副书记、副主席：古丽佳依娜尔·胡马尔（女，哈萨克族）

科学技术协会

党组书记、主席：贾志华

党组副书记、副主席：毕沙兰.胡达别尔干（女，哈萨克族）

工商联合会

党组书记、常务副主席：肖宜霏（女、5月离任）、赵军（5月任职）

副主席：于金莲（女、回族）

党组成员：韩彤（女）

残疾人联合会

党组书记、理事长：姜爱斌

党组成员、副理事长：黄玲（女）

计划生育协会

秘书长：高泽勇

红十字会

会　长：杨修彦

社会科学界联合会

主　席：（暂缺）

文学艺术界联合会

主　席：张发军（藏族）

【驻市单位】

新疆金沟河流域管理局

党委书记、副局长：汪世国（1月任职）

党委副书记、局长：曾凯（2月任职）

党委委员、纪委书记：陆海军

党委委员、副局长：木塔力甫·木沙（维吾尔族）、张松涛、秦增忠（援疆干部，5月离任）、潘祖华（援疆干部，1月离任）

自治区天山东部国有林管理局沙湾分局

党委书记、副局长：阿布力克木·阿瓦孜（维吾尔族）

党委副书记、局长：刘新华

党委委员、副局长：王彦新、张宪东

党委委员、纪委书记：李名军（女）

沙湾市税务局

党委副书记、副局长：齐心

党委委员、副局长：彭一峰、白玉杰、张军（12月挂职）、段广腾（10月任职）、田菲（女，12月挂职）

党委委员、纪检组长：迟北宁（4月任职）

人民银行沙湾市支行

党组书记、行长：王学成（4月离任），周颢（4月任职）

副行长、纪检组长：肖新耀

副行长：赵其英（女）

沙湾市烟草专卖局

局长、主任：周文华

专卖办主任：古松

市场经理：刘雯（女）

石河子公路管理局沙湾分局

党组书记、副局长：李春杰（女）

党组副书记、局长：龚磊

副局长：赵云龙

沙湾执法大队

大队长：贾建勇

党支部书记：蒲艳（女）

气象局

党支部书记、局长：井立军

纪检员、副局长：周斌

消防救援大队

党委书记、政治教导员：李思裕

党委委员、防火监督员：杨伟

党委委员、防火监督员：张浩政

党委委员、政治指导员：黄文新

大队党委委员、副站长：陈佳佳

【教育】

第一中学

党委书记：任黎星

校　长：张广容（女）

副校长：高华明、王照才

第二中学

党委书记、副校长：杨胜利

党委副书记、校长：居玛别克·夏里扎（哈萨克族）

党委委员、副校长：巴哈提汗·托汗（女，哈萨克族）

第三中学

党总支书记、副校长：陈丽（女）

党总支副书记、校长：徐超

副校长：李军、也尔哈孜·阿不都拉汗（7月任职）

第四中学

党总支书记：李玉江（回族）

党总支副书记、校长：刘少峰（8月离任）、杨建秀（女，8月任职）

副校长：阿不来提·艾山（维吾尔族，8月离任）、匡文婷（女，8月任职）、艾买提江·巴拉提（维吾尔族，8月任职）

第五中学

党总支书记：江北超

校　长：何晓红（女，8月任职）

副校长：窦燕（女，8月离任）、刘瑞

中等职业技术学院

党支部书记：杨铭华（7月离任），吴文如（7月任职）

校　长：吴文如（7月离任），张立民（8月任职）

副校长：李启生，巴扎别克·克孜拜克（哈萨克族）

技工学校

党支部书记：王超（6月任职）

校长：张新忠（6月任职）

党支部副书记、常务副校长：吴文如（6月任职）、杨铭华（7月任职）

副校长：陶新军（6月任职）、张敏（6月任职）

【卫生机构】

人民医院

党委书记、副院长：沈涛（女）

党委副书记、院长：陈伟

党委委员、副院长：廖新慧（女、蒙古族）、毛志泽、阿不都外力·吾布力（维吾尔族、6月任职）

中医院

副院长：阿黑哈提·库万巴依（哈萨克族）、郑军文

疾病预防控制中心

党支部书记、副主任：殷忠新

党支部副书记、主任：程天山

副主任：张艳（女）、热比古丽·阿依铺（女，维吾尔族）

妇幼保健计划生育服务中心

党支部书记、副主任：张慧（女、10月任职）

党支部副书记、主任：吴星燕（女）

副主任：刘学燕（女）

【乡镇（场）】

安集海镇

党委书记：雷军（2月离任）、夏远冰（2月任职）

党委副书记、镇长：陈锋

党委委员、人大主席：史洪洲

党委副书记、政法委员、副镇长：潘存亮

党委副书记、宣传委员：张玲（女）

党委委员、派出所所长：高庆辉

党委委员、组织委员：骆晓惠（女）

党委委员、纪委书记、市监察委员会派出安集海镇监察办公室主任：段清成（2月任职）、张建娟（女，2月离任）

党委委员、统战委员：祁诚（2月任职）、吕彦云（2月离任）

党委委员、武装部部长：许尔伟（2月任职）、张永生（2月离任）

副镇长：达吾列提别克·阿合买提汗（哈萨克族）、马俊林、朱婷婷（女）

大泉乡

党委书记：刘洪财

党委副书记、乡长：张清扬（女，2月离任）、吴倩（女，2月任职）

党委委员、人大主席：吕东亮

党委副书记、政法委员、副乡长：赵多智（7月离任）、牛君林（7月任职）

党委副书记、组织干事：景　亮

党委委员、宣传委员：马兰花（女，回族）

党委委员、武装部部长：安辉

党委委员、纪委书记、市监察委员会派出大泉乡监察办公室主任：李怀明

党委委员、派出所所长：马义勇

党委委员、统战委员：马合沙提·热苏里（哈萨克族）

副乡长：崔晓晶（女）、陈杰（2月任职）、杨晞越（女，2月任职）

金沟河镇

党委书记：穆勇（2月离任）、李建江（2月任职）

党委副书记、镇长：王卫东（回族）

党委委员、人大主席：邱平

党委副书记、政法委员、副镇长：张建武

党委副书记、宣传委员：孔明智（2月任职）

党委委员、武装部部长：韩峰

党委委员、宣传干事：张玲（女，2月离任）

党委委员、纪委书记、市监察委员会派出金沟河镇监察办公室主任：刘宏刚

党委委员、组织委员：陈冰

党委委员、统战干事：张波（2月任职）

党委委员、派出所所长：王军

副镇长：袁芳（女）、宋慈丽（女，2月任职）、安凯尔·阿合买提江（维吾尔族，2月任职）

乌兰乌苏镇

党委书记：侯治国（2月离任）、雷军（2月任职）

党委副书记、镇长：艾山江·斯拉木（维吾尔族，2月离任）、亚力坤·亚森江（维吾尔族，2月任职）

党委委员、人大主席：石成强

党委副书记、政法委员：武晓平

党委副书记、宣传委员、副镇长：张森（7月任职）

党委委员、纪委书记、市监察委员会派出乌兰乌苏镇监察办主任：王燕明（女）

党委委员、武装部部长、副镇长：何勇（2月离任副镇长）

党委委员、统战委员：雷怀恩

党委副书记、宣传委员、副镇长人选：詹明（2月任职、7月离任）

党委委员、宣传干事：薛建荣（2月离任）

党委委员、组织委员：李伟（2月任职）

党委委员、组织干事：吴倩（女，2月离任）

党委委员、派出所所长：梁杰

副镇长：杨福军（回族）、贾伟、王靖升

四道河子镇

党委书记：李鸿

党委副书记、镇长：李建江（2月离任）、庞涛（2月任职）

党委委员、人大主席：何蓬州（2月离任）、伊卫国（2月任职）

党委副书记、副镇长：柏晓飞（回族，1月任职）；

党委副书记、政法委员、统战委员：李金龙

党委委员、纪委书记、市监察委员会派出四道河子镇监察办公室主任：濮传斌

党委委员、组织委员：司俊强

党委委员、派出所所长：巴晓磊

党委委员、武装部部长：叶亭

党委委员、宣传委员：陈曼（女，2月任职）

副镇长：刘金年（2月离任）、江春（2月任职）、王进鹏（2月任职）

老沙湾镇

党委书记：李国疆

党委副书记、镇长：郑健

党委委员、人大主席：吴军

党委副书记、组织委员：高扬

党委副书记、政法委员、副镇长：雷建江（2月任职）

党委委员、纪委书记、市监察委员会派出老沙湾镇监察办公室主任：裴建军（2月离任）、吕彦云（2月任职）

党委委员、统战委员：时利尚

党委委员、宣传委员：赵艳丽（女）

党委委员、武装部长：代宁宁（2月任职）

党委委员、派出所所长：王洪伟（7月离任）、洪刚（7月任职）

副镇长：冯华（女）、伊力多斯·伊力夏提（维吾尔族）、郭屹凡（俄罗斯族，2月任职）

柳毛湾镇

党委书记：董宏生

党委副书记、镇长：廖海龙

党委委员、人大主席：关维祥（2月离任）、何蓬洲（2月任职）

党委副书记、政法委员：李体陵（7月离任）、邢军（7月任职）

党委副书记：詹明（2月离任）、周燕（女，2月任职）

党委委员、纪委书记、市监察委员会派出柳毛湾镇监察办公室主任：郑浩

党委委员、派出所所长：缪建强

党委委员、武装部长：毕文博（2月任职）

党委委员、统战干事：庞涛（2月离任）、丁一（2月任职）

党委委员、副镇长：窦广杰（2月离任）

党委委员、宣传委员：蒋红（女，2月任职）

副镇长：刘龙（2月离任）、刘万里（2月任职）、马迪·热斯别克（哈萨克族，2月任职）、李彬（7月任职）

东湾镇

党委书记：曾刚（2月任职）

党委副书记、镇长：杜曼·夏热扎提（哈萨克族）

党委委员、人大主席：张青刚（2月任职）

党委副书记、政法委员、副镇长：高建军（2月任职）

党委副书记、组织委员：王恒阔

党委委员、纪委书记、市监察委员会派出东湾镇监察办公室主任：杨军

党委委员、宣传委员：李娟（女）

党委委员、武装部长：王成

党委委员、统战委员：胡吉顺

副镇长：赛尔木拉提·贺那亚提（哈萨克族）、李建平（回族）、屈志勇（2月任职）

商户地乡

党委书记：刘保平

党委副书记、乡长：孙福栋（2月离任）、刘龙（2月任职）

党委委员、人大主席：刘东红

党委副书记、政法委员、统战委员：朱晓刚（2月前任党委副书记、副乡长，2月任政法委员、统战委员）

党委副书记、副乡长：李晓欧（2月前任副乡长，2月任党委副书记、副乡长）

党委委员、纪委书记、市监察委员会派出商户地乡监察办公室主任：陈克强

党委委员、统战干事：赵长清（2月离任）

党委委员、宣传委员：周娜（女）

党委委员、组织委员：宋其瑞

党委委员、派出所所长：刘德宏

党委委员、武装部长：谢建柏

副乡长：毕文博（2月离任）、金恩斯汉·斯拉木（哈萨克族）、邵国威（2月任职）、冯杰（2月任职）

西戈壁镇

党委书记：颜勇

党委副书记、镇长：沙拉瓦提·阿赛提（哈萨克族）

党委副书记：伊卫国（2月离任）

党委委员、人大主席：赵长青（2月任职）

党委副书记、副镇长：张国庆

党委副书记、政法委员、统战委员：王波（2月任职）

党委委员、武装部部长：刘俊江

党委委员、纪委书记、市监察委员会派出西戈壁镇监察办公室主任：姚军文

党委委员、宣传委员：加孜拉·波拉提（女，哈萨克族）

党委委员、组织委员：魏永强

党委委员、西戈壁镇派出所所长：付洪源

党委委员、牛圈子派出所所长：哈里木别克·切尔扎（哈萨克族）

副镇长：热哈提·贺孜尔（哈萨克族）、努尔波拉提·阿勒布斯拜（哈萨克族，2月任职）、蔡佳莹（2月任职）

牛圈子牧场副场长：叶尔江·哈帕斯（哈萨克族）、王敬鑫

博尔通古乡

党委书记：夏宗新

党委副书记、乡长：夏提合·朱马汉（哈萨克族，2月任职）

党委委员、人大主席：赛里克·谢力扎提（哈萨克族）

党委副书记、政法委员、统战委员：杨彬

党委副书记、副乡长：陈自飞（2月任职）

党委委员、纪委书记、市监察委员会派出博尔通古乡监察办公室主任：五扎特汗·和保克（哈萨克族）

党委委员、武装部长：杨金涛

党委委员、组织委员：李长友

党委委员、宣传委员：李静（女）

副乡长：王健、阿布拉买提·卡开（哈萨克族）、比巴提马·卡热木别克（女，哈萨克族，2月任职）

三道河子镇

党委书记：郑金梅（女）

党委副书记、镇长：阿不力米提·艾比布拉（维吾尔族）

党委副书记、人大主席：高勇

党委副书记：张红艳（女）

党委副书记、组织委员：张瑜（女，回族）

党委委员、武装部部长、副镇长：王俊杰

党委委员、纪委书记、市监察委员会派出三到河子镇监察办公室主任：刘涛

党委委员、统战委员：哈杰提·阿不力哈斯木（哈萨克族）

党委委员、宣传委员：俞万新

副镇长：刘亚、张长伟、张娜（女，2月任职）

良种场

党委书记：唐顺天（10月离任）

党委副书记、场长：宋兵

党委委员、统战干事：杨国刚

党委委员、宣传委员：李开成

党委委员、组织干事：梁辉（女）

小拐农业开发区

党委书记、管委会副主任：孙福栋

党委副书记、管委会主任：王国志

媒体报道题录

《人民日报》刊载关于沙湾的重要报道一览表

表19

序号	时间	标题	作者	备注
1	2021年3月27日	新疆沙湾破获一起“裸聊”敲诈案抓获涉案嫌疑人11人	中国新闻网	人民日报—海外版
2	2021年9月20日	开设丰收节专区，从源头促进产销对接 农村土特产搭上了电商快车	潘旭涛	人民日报—海外版
3	2021年10月23日	棉花收购忙	胡虎虎	
4	2021年11月30日	叶家湖村：乡村振兴有良方，农民致富有人帮	新疆法制报	人民日报客户端

《新疆日报》刊载关于沙湾的重要报道一览表（部分）

表20

序号	时间	标题	作者
1	2021年3月22日	富硒小香薯丰收了	曾照美、何晓英
2	2021年7月16日	沙湾市安集海镇：“辣椒之乡”的热辣和甜蜜	热依达、拍热扎提·阿不都
3	2021年7月25日	蜜瓜上市	兰　玲
4	2021年8月2日	阅读分享	兰　玲
5	2021年8月2日	在小康现实画卷里品读乡村诗意	张　蓓
6	2021年8月24日	快乐暑假多彩生活	王芳吉
7	2021年8月25日	助农服务	王芳吉
8	2021年9月5日	志愿服务	王芳吉
9	2021年9月8日	沙湾市数百人献血救助高危产妇	热依达
10	2021年9月24日	最是丰收能醉人	王芳吉
11	2021年9月25日	这一年，脱贫攻坚取得决定性胜利	兰　玲
12	2021年10月4日	坚守，是对祖国最长情的告白	兰　玲
13	2021年10月5日	齐聚一堂话团结载歌载舞颂党恩	王芳吉
14	2021年10月19日	采收辣椒	刘　伟
15	2021年12月11日	冬闲忙“充电”	王芳吉

索　引

说　明

一、本索引采用主题分析法编制，按主题词首字汉语拼音顺序排列，同音字按声调排列，音调相同按下一字的音序排列。

二、“特载”“大事记”“附录”等部类的具体内容未做索引，仅以其一级目名称标引。其他相同条目名称5条以上的不做索引。

三、类目、分目用黑体字标引，条目用宋体字标引。索引款目后的阿拉伯数字表示内容所在的页码。

D

H

J

N

P

Q

R

S

T

Y

Z

非音序